国家社科基金
后期资助项目
GUOJIA SHEKE JIJIN HOUQI ZIZHU XIANGMU

意大利战争研究
（1494～1559）

A History of the Italian Wars
1494–1559

蒲利民　著

社会科学文献出版社
SOCIAL SCIENCES ACADEMIC PRESS (CHINA)

国家社科基金后期资助项目
出版说明

后期资助项目是国家社科基金设立的一类重要项目，旨在鼓励广大社科研究者潜心治学，支持基础研究多出优秀成果。它是经过严格评审，从接近完成的科研成果中遴选立项的。为扩大后期资助项目的影响，更好地推动学术发展，促进成果转化，全国哲学社会科学规划办公室按照"统一设计、统一标识、统一版式、形成系列"的总体要求，组织出版国家社科基金后期资助项目成果。

全国哲学社会科学规划办公室

目 录

图表目录

绪　论

　　意大利战争（1494～1559）是欧洲中世纪末期与近代早期的重大历史事件，是意大利历史的分水岭，在欧洲政治史、外交史和军事史上占据着重要的历史地位，对于近代欧洲国际关系模式的形成发挥了建构性作用。意大利战争史的研究具有广泛的学术意义，对于探讨欧洲近代主权国家的起源、欧洲近代国家关系格局，以及《威斯特伐利亚和约》以前的欧洲国际社会具有重要的学术价值，为欧洲国际关系研究突破威斯特伐利亚情结的束缚提供了一把历史的钥匙。近年来有学者不断质疑《威斯特伐利亚和约》的历史地位和国际法价值，1648 年威斯特伐利亚体系的建立固然重要，但是主权国家体系的建构是一个持续漫长的历史过程，1648 年之前的历史发展也是我们研究欧洲国际关系史的应有组成部分，应当注意旧时代与新时代之间的连续性，因为历史发展过程中的延续性远比断裂性来得多，意大利战争研究正是这种认识的产物。

　　在通常的历史分期中，意大利战争时期属于中世纪末期与近代早期，是欧洲历史上一个充满矛盾的转折时期，也是欧洲近代国家体系的形成时期。种种迹象表明，这一时期依然留有中世纪的印记，中世纪的思想方法、形态及习尚还在延续着，宗教信诚依然高涨，贵族林立的“封建无政府状态”依旧存在，教权与王权的矛盾继续深化，整个政治的主旋律还是以家族政治为主，婚姻、世袭、出生和死亡往往决定着政治和外交的走向，地方主义阻碍着国家主义观念的发展与成熟。但是这一时期的欧洲还是开始出现了一些被视为近代特征的新的因素：中世纪基督教国际主义精神正在解体为分立的王权，基督教世界的宗教共同体正在转变为众多强调领土性的王朝国家，人们赖以生存的政治和经济环境悄悄地发生着决定性的变化，商业再度繁荣，经济生活领域的范围在不断扩大，西欧逐渐壮大的王权开始遏制封建大贵族的独立性，贵族的身份与角色也在悄然发生着变化，强大的王朝出现在欧洲国际政治舞台的西部，教皇和帝国的权威已是今非昔比，宗教信诚与教会组织之间的分歧日渐加深，宗教意识逐渐被新的国家意识所取代。

　　中世纪晚期的意大利没有出现相对的中央集权倾向，意大利半岛在帝国和教皇的严重对立中出现了不可挽救的分裂，政治上呈现出四分五裂的局面，至 15 世纪演变为以五个强大的政治实体为主构成的微妙的权力均势：那不勒斯王国、教皇国及佛罗伦萨、米兰、威尼斯三个北部城市国家，他们之间角逐抗衡，以 1454 年《洛迪和约》构筑的"意大利平衡"为标志，形成了一个合纵连横的复杂的军事外交网络和"微型的国际体系"，成为意大利文艺复兴的政治背景。1494 年查理八世借口对那不勒斯的所谓世袭领土要求，应米兰公国的邀请率领一支强大的法国军队跨越阿尔卑斯山侵入亚平宁半岛，意大利的均势宣告破产，此后几十年，意大利成为法国瓦洛亚王室和哈布斯堡王室（权势遍及西班牙、德意志、低地国家等地）对峙的战场和欧洲战争的中心。

　　意大利战争将文艺复兴以来的外交权术、外交思想和外交的制度化及维持"政治均势"的原则推广到阿尔卑斯山以北，从而开始将欧洲各国纳入一个多边国际政治结构之中，一种漠视传统道义约束和教会斡旋的近代潮流，即外交建立在力量均势基础之上的理念开始落地生根，开花结果，而常驻使节制度的拓展使国家间的相互交往逐渐常态化、正规化，为形成一个稳定的国际交往体系奠定了基础。

　　意大利战争标志着欧洲军事史上战争艺术在本质上的转变，经过改进的火器（火枪和轮式炮架青铜火炮）首次在意大利战场上得到广泛使用，骑兵控制战场的格局受到打击，步兵在战场上逐渐取得主导地位，意大利式军事防御工事的构筑改变了战争的进程，战争形态从在空旷平原上进行的战役转向了对重要城市的包围作战，军队的规模、费用以及组织渐趋膨胀，战争的代价急剧增大。雇佣军虽然依旧发挥着非常重要的军事作用，但常备军的建设也成为国防发展的方向。军事技术的变革扩大了战争的规模与破坏性，结束了过去那种在城市国家之间小规模战争的状态，王朝之间的战争更具规模、更具破坏性。

　　意大利战争的重大意义不仅在于它带来了欧洲外交与军事领域制度性与技术性的重大变革，而且在于它开启了近代欧洲国际争衡的序幕。随着意大利战争的持续、蔓延和展开，随着同时不断发展的新教运动、英格兰亨利八世的宗教改革以及奥斯曼帝国对基督教世界的重大威胁，意大利战争变得日益复杂化和国际化，新的政治秩序、政治形态以及国际关系模式开始逐渐形成。大国政治已初露端倪。哈布斯堡王室与瓦洛亚王室争夺意大利，进而主导欧洲的各种努力，使欧洲其他主要国家相继卷入这场欧洲范围的争夺，甚至开启了欧洲国际政治与奥斯曼土耳其之间至关重要的联系，这些主要国家成为欧洲外交舞台的主角，决定了意大利战争进程及其后的欧洲政治平衡，产生了现代欧洲的政治框架，意大利战争成为一场真正意义上的欧洲大战。

本研究是以意大利战争如何最终导致《卡托—康布雷奇和约》及其对近代欧洲国际关系产生的重要意义作为核心内容，重视意大利战争（强调《卡托—康布雷奇和约》的重要性）作为近代欧洲国际关系重要节点的历史价值和历史地位，从一个更为广阔的纵向角度来认识和评价意大利战争，将欧洲国际关系研究从"威斯特伐利亚体系"往前追溯至意大利战争与《卡托—康布雷奇和约》构筑的欧洲秩序，从而有助于更好地认识 17 世纪之前的欧洲国际关系，弥补以"威斯特伐利亚体系"为核心的欧洲国际关系研究的不足与缺憾，从而更好地理解欧洲近代主权国家体系的形成过程。

一　学术史：意大利战争研究动态综述

（一）国外研究动态综述

意大利战争的影响促使 16 世纪初的西方历史著述进入了一个新旧交替、"群星闪烁"的时代，涌现出众多政治思想家和历史学家。这场几乎影响整个西欧的持久战争促成了欧洲政治意识形态的嬗变，意大利战争所产生的影响和那个时代的"新政治"见解在其中均有体现，被称为"1494 年一代人"的政治思想家和历史学家可以说是意大利战争研究的先驱。

意大利战争研究属于欧洲文艺复兴史研究的范畴。就史观和方法而言，欧洲文艺复兴史研究的发展深刻影响着意大利战争研究。1860 年，雅各布·布克哈特（Jacob Burckhardt）发表《意大利文艺复兴时期的文化》（*The Civilization of the Renaissance in Italy*），拉开了近代文艺复兴史研究的序幕，拓宽了欧洲传统史学的研究范围，赋予欧洲政治、军事和外交史更多的文化意涵。书中用相当篇幅去勾勒 15、16 世纪连绵不断的欧洲战争（其中包括意大利战争[①]）。英国历史学家约翰·阿丁顿·西蒙兹（John Adding-

---

[①]　雅各布·布克哈特：《意大利文艺复兴时期的文化》，何新译，商务印书馆，1983。关于外交与国际关系详见第八章"意大利各国的外交政策"（第 86～95 页）；关于军队和战争的论述详见第九章"战争艺术"（第 96～99 页）。

ton Symonds）的《意大利文艺复兴》（*Renaissance in Italy*）几乎与布克哈特的著作同时发表，两部著作的观点接近。布克哈特的研究方法和传统影响巨大。其间文艺复兴史研究经历了对若干学术问题的讨论过程，形成了不同的学术流派。通过学者的不懈努力，不断向纵深发展，并相继出现了外交史研究、军事史研究、马基雅维里利研究等重点研究领域。关于文艺复兴时期政治史、外交史和军事史的研究成果曾集中出现于 19 世纪下半叶与 20 世纪上半叶，这种情况与当时历史学研究热衷于反思欧洲政治、外交和军事的发展有着密切的关系，因此这一阶段的专题研究成果较为丰富。关于意大利战争的评述则多散见于通史类和专门史类著作中，整体性的研究略显不足，而且关于意大利战争史实的梳理和史料的钩稽还需要做大量基础性工作。

　　20 世纪中后期以来，历史学进入了一个迅速转变和反思的时期，文艺复兴史研究呈现出整体研究与专题研究相结合的特点。随着史料来源的拓宽、档案文献典籍的再发现、新的史学方法的引入、专门研究机构和主题刊物的涌现，史学研究更注重对历史各方面、各层次的有机联系的综合研究，从而使研究的内容扩展到经济、文化和社会生活等方面，新问题、新研究领域不断呈现和延伸，研究成果极为丰富，涌现出了以英国史学家约翰·里格比·黑尔（John Rigby Hale）为代表的新史家。黑尔的许多学术成果围绕文艺复兴时期的战争、外交、武器、城堡等问题展开。黑尔的《马基雅维利与文艺复兴时期的意大利》（*Machiavelli and Renaissance Italy*）、《文艺复兴时期欧洲的战争与社会（1450～1620）》（*War and Society in Renaissance Europe*，1450－1620）、《文艺复兴时期的欧洲（1480～1520）》（*Renaissance Europe*，1480－1520）等著作享誉学界。14～16 世纪是近代欧洲国际关系的萌动时期，当时通过战争与外交事务建立的一些国际关系准则影响至今。黑尔还为《新编剑桥世界近代史》（*The New Cambridge Modern History*）撰写了第一卷第 9 章"西方的国际关系：外交与战争"（*International Relations in the West：Diplomacy and War*）、第二卷第 16 章"陆军、海军与战争艺术"（*Armies，Navies and the Art of War*）两部分内容。有些学术问题如意大利战争的历史背景与进程、马基雅维里等人的军事外交思想等有待学人的进一步探索。总之，黑尔为文艺复兴史研究做出了重要贡献。此外，英国学者丹尼斯·哈伊（Denys Hay）的《意大利文艺复兴的历史背景》（*The Italian Renaissance in Its Historical Background*）

运用丰富的史料，从政治、经济、历史、科学以及地理环境等综合角度出发，为文艺复兴的历史背景提供了一幅完整的图景，立论新颖、见解独到。意大利学者欧金尼奥·加林（Eugenio Garin）主编、多位历史学家撰写的《文艺复兴时期的人》（L'uomo del Rinascimento）以"文艺复兴时期的君主""雇佣兵队长""枢机主教""廷臣"等社会群体为研究对象，涉及文艺复兴时期的各种历史现象，深入考察不同类型人物所处时代的制度、结构和环境，从而理解文艺复兴时期的时代精神与价值取向及其对欧洲历史的深远影响。前辈学者的成果为意大利战争研究奠定了坚实基础。不过西方史学界关于意大利战争全面系统的研究成果屈指可数，这不仅体现了西方史学研究传统的特点，也表明了意大利战争涉及问题之广泛与庞杂。

近年来，较为全面记述意大利战争和分析意大利战争影响的代表性著作有如下几种。一是 2003 年出版的由让－路易·富尔内尔（Jean－Louis Fournel）和让－克洛德·赞卡里尼（Jean－Claude Zancarini）合著的《意大利战争——争夺欧洲之战（1494～1559）》（Les guerres d'Italie：Des batailles pour l'Europe，1494–1559）（法文版）；二是 2009 年出版的由马尔科·佩莱格里尼（Marco Pellegrini）撰写的《意大利战争（1494～1530）》（Le guerre d'Italia，1494–1530）（意大利文版），这两本著作属于一般性普通读物，内容精简，但各具特色，不失学术性，且书后收录的书目对研究意大利战争颇有助益。此外，2012 年著名学者迈克尔·马利特（Michael Mallett，2008 年过世）和克里斯蒂娜·肖（Christine Shaw）合著的《意大利战争（1494～1559）——近代早期欧洲战争、国家与社会》（The Italian Wars，1494–1559：War，State and Society in Early Modern Europe）得以出版。这部富有里程碑意义的学术著作填补了西方学术界意大利战争研究的空白，两位权威文艺复兴史学家的研究著述全景式地呈现了意大利战争。该书这样评价意大利战争："意大利战争是意大利历史、欧洲历史和战争史的分水岭。"[1] 意大利战争对文艺复兴时期的欧洲产生了重大影响，两位学者把这场旷日持久的战争置于政治、经济、文化和社会的研究背景之下，通过对史料的钩稽，探索意大利战争发展过程、特点以及各种

---

[1]　Michael Mallett and Christine Shaw，The Italian Wars，1494–1559：War，State and Society in Early Modern Europe，Harlow：Pearson，2012，p.1.

影响，以蠡测意大利战争中战争、国家和社会的发展轨迹，其中强调和分析了意大利战争中军事技术和军事组织等方面的重要发展，审视了意大利战争对意大利社会各方面的重大影响以及由此带来的政治、经济和社会变化。这部著作对于研究意大利战争和文艺复兴史具有很高的价值。

1. "1494年一代人"（Generation of 1494）：意大利战争研究之缘起

尼科洛·马基雅维里① （Niccolò Machiavelli，1469－1527）、弗朗西斯科·圭恰迪尼（Francesco Guicciardini，1483－1540）、马里诺·萨努多（Marino Sanuto the Younger，1466－1536）、菲利普·德·科米纳（Philippe de Commines，1447－1511）、克洛德·德·塞瑟尔（Claude de Seyssel，c.1450－1520）等人都生活在1494年法国查理八世入侵意大利的时代，他们的著作都是在意大利战争这样一个历史大背景之下完成的，历史著作的写作中呈现出古典主义、实证主义、实用主义和民族主义的倾向，② 以历史解读政治开创了一个史学研究的新范式，这些人被称为"1494年一代人"，③ 这种历史现象与意大利战争有密切联系，值得深思和研究。意大利战争的影响在他们的著作和观念中俯拾即是，而他们的著作也为意大利战争研究提供了重要的历史信息和充满时代色彩的历史见解。

1494年法国入侵意大利是一个划时代的历史事件，这个观点是由文艺复兴时期意大利两位历史学家首次提出来的。米兰公国史官贝尔纳迪诺·科里奥（Bernardino Corio，1459－c.1519）在其著作《米兰史》（*History of Milan*）中指出，查理八世入侵意大利"点燃了一场无法熄灭的大火，这场大火不仅摧毁了斯福查家族，而且摧毁了整个意大利"。另一位历史学家乔瓦尼·鲁切拉伊（Giovanni Rucellai，1475－1525）则在其著作《法国入侵史》（*History of the French Invasion*）中把查理八世的入侵视为"这个时代最为重大的事件，它将对整个人类产生影响"④。到16世纪初，对于1494年法国入侵意大利的历史评价逐渐形成了一种普遍观点：这次

① 关于"Machiavelli"，国内还有"马基雅维利""马基雅弗利"等译名，这里统一为"马基雅维里"。有关专著和译著中保留原有译名。

② 刘明翰主编，孙锦泉、徐波、侯树栋著《欧洲文艺复兴史》（史学卷），人民出版社，2010，第6～20页。

③ Claude de Seyssel, *The Monarchy of France*, translated by J. H. Hexter, New Haven, Conn.: Yale University Press, 1981, p.2.

④ Felix Gilbert, *Machiavelli and Guicciardini: Politics and History in Sixteenth Century Florence*, New York and London: Princeton Univeristy Press, 1984, pp.258－259.

事件对于意大利和整个欧洲产生了深远影响，它是一次历史的转折点，因为它结束了一个稳定与和平的时代，开启了一个战争与剧变的时代。① 当代意大利著名作家兼记者路易吉·巴尔齐尼（Luigi Barzini）把 1494 年查理八世远征与 19 世纪英国对中国发动的鸦片战争（Opium Wars，1839 - 1842、1856 - 1860）相提并论，"它引起了不可预料的连锁反应，并且为长期的外国干涉、流血冲突、内战和起义开辟了道路。英国人（和查理八世时代的法国人一样）让全世界看到了一个伟大民族的无能，外国人可以毫无危险地在那里掳掠大批战利品；让全世界看到了这些创造出高度文明的个体消极无为的软弱性；他们不能紧密团结成一个有内聚力的集体，发挥集体的作用；他们甘心听任粗暴的、残忍的、铁石心肠的侵略者的摆布。"②

　　1494 年法国入侵意大利之所以是意大利历史进程中至关重要的一次历史事件，不仅在于它打破了意大利历史发展的正常轨迹，而且在于这次事件的冲击对意大利历史写作带来了颠覆性的变化，其精神与气质随之而改变了，治史方式和史学观念也在发生着转变，可以说"政治现实主义和道德上的悲观怀疑是 1494 年入侵及其灾难性后果产生的大量历史文献的副产品"③。意大利的整体命运第一次超越了对城市历史的关注而成为历史写作的焦点，历史写作的范围必须突破城市历史的区域界限，必须置意大利于欧洲的宏观历史背景下，考察更加广阔而复杂的欧洲政治事务，才能廓清意大利半岛发生的重大历史事件和各种政治、外交、军事斗争的因果关系。意大利史和欧洲史的编撰渗透着"大历史"的思路，对 1494 年前后历史的反思与困惑是意大利乃至欧洲历史著述的整体特点。著名学者埃里克·沃格林（Eric Voegelin）在其《政治观念史稿（卷四）·文艺复兴与宗教改革》（*History of Political Ideas：Renaissance and Reformation*）中形容法国入侵意大利事件为"1494 年的创伤（The Trauma of 1494）"④。经历"创伤"的"1494 年一代人"逐渐认识到旧秩序的日渐瓦解和权力

①　*Machiavelli and Guicciardini：Politics and History in Sixteenth Century Florence*，pp. 261 - 262.

②　Luigi Barzini，*The Italians*，New York：Atheneum Publishers，1964，pp. 302 - 303.

③　唐纳德·R. 凯利：《多面的历史：从希罗多德到赫尔德的历史探询》，陈恒、宋立宏译，三联书店，2003，第 282 页。

④　沃格林：《政治观念史稿（卷四）·文艺复兴与宗教改革》，孔新峰译，华东师范大学出版社，2016，第 33 页。

政治的新现实。马基雅维里的《君主论》（*The Prince*）、《佛罗伦萨史》
（*The History of Florence*）和四卷本的《马基雅维里历史、政治和外交论
集》① （*The Historical，Political，and Diplomatic Writings of Niccolò Machiavel-
li*）、圭恰迪尼的《意大利史》② （*Storia d'Italia*） 和《格言与反思》③
（*Maxims and Reflections*）、萨努多的《日记》（*Diarii*）、科米纳的《回忆
录》④ （*The Memoirs of Philip de Comines*）、克洛德·德·塞瑟尔的《法国
君主制度》（*The Monarchy of France*） 等，都表现出这样的思想倾向。"我
们常说的伟大作品往往是反时代逆流的战斗火花之意。……因为这种'反
逆流斗争'实际上就是前述15世纪的危机促成文化高涨的社会机制在16
世纪的新形势下的特殊表现。"⑤

　　马基雅维里是一个颇具历史和学术争议的人物⑥，他的政治、军事思
想和史学观念影响深远，但是他的外交思想却鲜为人知，其实马基雅维里
的著作也可被视为重要的外交文献，闪烁着外交思想的光芒。英国著名学
者昆廷·斯金纳（Quentin Skinner）在其所著《马基雅维里》（*Machiavel-
li：A Very Short Introduction*） 中，开篇将马基雅维里称为外交使者（The
Diplomat），把个人经历、国家处境、时代状况、外交关系、国际政治诸因
素贯穿起来，呈现出一个理论政治家与实践政治家错位交叠的立体的马基
雅维里形象。⑦ 马基雅维里的前半生处在佛罗伦萨的黄金时代、文艺复兴
的全盛时期，后半生则处在法国和西班牙等国在意大利角逐的战争时期。

---

① Christian E. Detmold （ed. &trans. ），*The Historical，Political，and Diplomatic Writings of Niccolò Machiavelli*，4 Vols. Boston，1882.

② Francesco Guicciardini，*The History of Italy*，translated，edited，with notes and an introduction by Sidney Alexander，Princeton，N. J.：Princeton University Press，1969；本书采用了《意大利史》的两个英译本，另一个译本：Francesco Guicciardini，*The History of Italy*，translated by Chevalier Austin Parke Goddard，London：John Towers，1753.

③ Francesco Guicciardini，*Maxims and Reflections* （*the Ricordi*），Mario Domandi （trans. ），Philadelphia：University of Pennsylvania Press，1972.

④ Philip de Comines，*The Historical Memoirs of Philip de Comines*，London，1817.

⑤ 刘明翰主编，刘明翰、朱龙华、李长林著《欧洲文艺复兴史》（总论卷），人民出版社，2010，第168页。

⑥ 马基雅维里一方面享有现代政治思想奠基者的声名，另一方面则饱受邪恶导师之名的指责，被认为是实用的无情政治信条的创始人，是狡诈、阴险和政治事务中背信弃义的象征，莎士比亚形容其是"心狠手辣的马基雅维里"（The murderous Machiavel）。读懂马基雅维里还需将其置于15世纪末16世纪初意大利城邦生活的政治语境和欧洲国际政治的特定情境中。（参见昆廷·斯金纳《马基雅维里》）

⑦ 昆廷·斯金纳：《马基雅维里》，李永毅译，译林出版社，2014，第3～22页。

意大利战争早期，由于佛罗伦萨在意大利半岛国际关系中的重要地位，外交角逐空前激烈，处理复杂的外交关系成为佛罗伦萨政治生活中非常重要的事务。1498 年马基雅维里担任佛罗伦萨共和国"自由与和平十人委员会"（简称"十人委员会"）的秘书，负责管理外交事务，就在那时即意大利战争爆发仅四年后，他开始涉足外交领域，而后受雇于外交使团先后出使罗马教廷、法国和德意志等国。"有时……或者出于节约开支，或者由于事务的特殊性，或是其他原因，当政府不希望派遣真正的大使（am-bassadors）时，他们（秘书或国务大臣）就受外交代表团甚至使馆的委托。肩负这些使命而被派遣的国务委员，不是被称为大使或是演说家，而是被称为公使（envoys）。他们不是被派去参加和平条约或同盟协议的谈判工作，而只是观察和报告，或是就急迫但并非最重要的事务进行谈判，或是为正式选出大使做准备工作，或是为了陪伴、协助、监督大使或为大使出谋划策。"① 虽然马基雅维里在外交事务中常以配角的身份出现，但诚如黑尔所言，与大使相比，只有公使才能"最清晰地看见国际关系中的阴暗面"②。多年的政治生活、外交经历和军事活动为他以后的学术创作拓展了广阔的思路，提供了丰富的历史例证。凭借敏锐的洞察力和丰富的外交、军事阅历，他在外交实践和军事活动中感悟到了利益、人性、实力、环境等多种因素对历史发展具有决定性的作用。

出使法国对马基雅维里政治思想的形成及其对意大利政治处境的分析产生了极大影响。他仔细观察法国的风土人情，分析法国政治治理的过程，在认识法国的过程中领悟到了许多政治道理，从而对于正处在战争时期的意大利的政治形势以及当时的欧洲国际现状有了一个较为清晰的认识。以意大利为中心的国际政治斗争变幻莫测，每隔一段时期（短至几个月）就会有新的联盟出现，处理复杂、紧急、棘手的事物也成为马基雅维里外交生涯的经常性内容，例如 1501 年 8 月，马基雅维里受命出使锡耶纳，暗地调查瓦伦蒂诺公爵切萨雷·博尔贾的政治军事行动。1502 年 6 月，他再次衔命出使切萨雷·博尔贾的驻地，目的是查明切萨雷·博尔贾是否在酝酿密谋反对佛罗伦萨，这次拜访对马基雅维里思想的形成和发展

---

① R. Ridolfi, *The Life of Niccolò Machiavelli*, trans. C. Grayson, London, 1963, p. 25. 转引自杰夫·贝里奇、莫里斯·基恩斯—索珀、奥特著《外交理论：从马基雅弗利到基辛格》，陆悦璘、高飞译，北京大学出版社，2006，第 7～8 页。

② John Rigby Hale, *Machiavelli and Renaissance Italy*, London：Penguin Books, 1972, p. 7.

极其重要。①

　　显而易见，马基雅维里担任外交使节和其他公职期间，撰写外交报告和政府公函，和同事探讨公务，书信往来，在潜移默化之中锤炼了他的文笔，拓展了他的思考维度，这对其日后的著述风格必然有影响。离开时代背景和政治环境谈论马基雅维里的创作与思想是不可能的。马基雅维里把自己对意大利乃至欧洲的政治观察写进了《君主论》等著作，《君主论》的写作风格简洁紧凑，不时穿插一些名言警句。马基雅维里没有使用轻快的节奏和华丽的词语来修饰他的文章，整部著作充满了大胆的陈述和令人惊讶的论断，气势凌人。他在《君主论》里对当时的法国、西班牙、罗马教廷等几种政治势力给予了充分关注，同时就上述力量在意大利造成的政治影响做出了详细分析，例如切萨雷·博尔贾如何利用法国和其他雇佣军以达到自己的政治目的；教皇尤利乌斯二世如何利用法国、西班牙、威尼斯等政治力量之间的矛盾来实施收复罗马涅以及驱逐法国的政治抱负。马基雅维里还潜心研究当时大国之间错综复杂的关系，认为法国在意大利的失势，就是因为没有及时充分调整与西班牙和教廷之间的关系。

　　马基雅维里的另一部著作《佛罗伦萨史》既是一部反映意大利战争之前的意大利历史——尤其是佛罗伦萨历史的编年体史学著作，也不失为一份国际情势分析的外交观察报告，它同样也是研究意大利战争历史渊源的不可或缺的文献资料。意大利战争之前，城市国家的历史著述始终是意大利历史编纂学的主流，史学视野都限于城市国家的内政外交。意大利战争让意大利成为欧洲列强的角逐场，不断冲击着所谓的意大利微型国际体系，外交关系和外交事务日显重要，历史事件间的因果关系已经突破了城市国家和区域界限，各种势力的交织形成了意大利乃至欧洲的复杂的国际关系网络。马基雅维里笔下的佛罗伦萨和意大利的历史，斗争不断、动荡不止，他从意大利和欧洲国际关系史的角度分析了党派之争、家族之争、城邦之争以及王国之争。意大利战争的爆发可以说是意大利乃至欧洲历史长期发展和积累的结果，外交分析的一个主要目的是对历史发展趋势做出综合判断，外交是为了维护国家的生存，因此需对影响自己国家生存的相关国际形势进行综合判断。《佛罗伦萨史》第八卷的第五章至第八章详细

　　① G. R. Berridge, Maurice Keens - Soper and T. G. Otte, *Diplomatic Theory from Machiavelli to Kissinger*, New York：Palgrave, 2001, pp. 8 - 9；周春生：《马基雅维里思想研究》，上海三联书店，2008，第 37～39 页。

叙述了罗马教会、神圣罗马帝国皇帝、佛罗伦萨、威尼斯、米兰等政治势力之间的复杂外交关系。从中可以看出马基雅维里的大外交视野，分析中特别关注了法国、德意志、西班牙等意大利半岛以外的干涉势力。例如，神圣罗马帝国皇帝与教皇为了获取各自的利益，利用意大利各城市国家间的矛盾，在意大利内部形成两个对立的派别，使意大利的政治斗争很早就具备了国际斗争的特点。在判断意大利半岛事务时时刻不能忘记外部势力如法国等国的动机和所作所为，由于意大利特殊的政治背景，外部干涉成为意大利历史的一个重要现象，在这种情况下，意大利的政治力量必须对外部势力有一个实际的考虑，因此法国与意大利各城市国家之间的关系发展为以后意大利战争的爆发奠定了历史基础。《佛罗伦萨史》第六卷第六章还记载了 1454 年《洛迪和约》的形成过程以及对意大利政治的影响，马基雅维里试图借此表明，外交关系中往往是多重利益纠葛在一起，外交事态的演变取决于各国对自己利益的考量，呈现的是外交关系中的利益驱动和相互利用的复杂关系。

马基雅维里著作中充满了那个时代的重大政治问题和他对这些问题的解释和看法，如意大利的整体意识、教皇的历史和现实作用、教皇与皇帝的攻讦、党派之争、教俗矛盾、家族仇恨、雇佣军的积弊等，这些问题在意大利战争研究中都是无法回避的。例如雇佣军的历史教训是马基雅维里多次探讨的中心话题之一。马基雅维里认定雇佣军是意大利一切灾难的原因，"他们的勇武带来的结果，却是使意大利遭受查理（八世）的蹂躏、路易（十二）的掠夺、费迪南德的摧残和瑞士人的凌辱"。[①] 他深切地感到雇佣军制度和外国援军的种种弊端，迫切要求用自己的武装力量取而代之。他在《君主论》中引证古今，反复谈论武力和雇佣军问题，通过对法国、瑞士、德意志各国军事制度的优劣以及意大利积弱原因的分析，表明建立本国武力的重要性，批判意大利城市国家那种依靠雇佣军维持稳定的传统做法，注意到法国等国开始由王室募捐和收税组织军事力量。其中，他特别提到了法国查理七世时代军事制度的变化，强调"依靠自己的军队武装自己的必要性"。马基雅维里认为，查理七世之后的法国国王并未继续深化查理七世的军事改革，转而开始招募瑞士士兵，这样的做法一方面成就了瑞士雇佣兵的盛名，降低了法国士兵的士气；另一方面又促使法国

①　尼科洛·马基雅维里：《君主论》，潘汉典译，商务印书馆，1986，第 62~63 页。

军队作战过分依赖瑞士雇佣兵，"这种错误以及随之而来的其他错误就是这个王国陷入危难的原因"。①

卡尔·冯·克劳塞维茨（Carl von Clausewitz）认为，马基雅维里是一个"非常明智的军事事态评判者"，是"一位对战争操作和战争性质的洞察具有恒久价值的著作家"。② 马基雅维里的《兵法》（*The Art of War*，又译为《战争艺术》）是其军事思想的集大成之作。《兵法》一书共七卷，作者以对话的形式，假借教皇副将法布里乔·科隆纳（Fabrizio Colonna，c. 1460－1520）之口，实则表达的是作者的理念，依次纵论了国家的兵役制度，军队的训练、布阵、开战、行军、宿营、攻城、围困以及部队管理等涉及战争和军队建设各个方面的许多重大问题，意大利战争中的许多战役成为马基雅维里分析的案例。尽管马基雅维里对军人职业化以及对火器和骑兵作用估计不足，但《兵法》一书体现出当时军事变革中的时代精神，是欧洲文艺复兴时期社会进步思想在军事上的映照，对欧洲近代军事思想的形成和发展具有重要影响。正如德裔美国历史学家菲利克斯·吉尔伯特（Felix Gilbert）断言："马基雅维里在军事思想领域占据着一个独特的地位，因为他的思想建立在认识下述两者之间联系的基础上：一边是军事组织中出现的变化，另一边是社会和政治领域发生的革命性进步。"通过研读，吉尔伯特还得出这样一个结论：马基雅维里是"最早把握现代国际体系的竞争性质的人之一，是最早断定一国的生存依赖其战争能力的人之一"③。

马基雅维里对国家间的征服问题，或者说意大利面临的被征服问题也有敏感的意识，马基雅维里对驻外使节十分看重，甚至认为其是国家征服关系的重要环节。马基雅维里举例说，法国国王路易十二在与意大利发生的国家关系中犯了许多错误，其中之一就是忽视了派驻使节问题。

马基雅维里作为外交使节撰写的呈文、报告和书信是后世观察意大利战争期间外交关系发展的第一手资料，研究者将这些文书整理成册，冠名

① 尼科洛·马基雅维里：《君主论》，第 57～72 页。
② 克里斯托弗·林奇：《解释性论文》，收录于《马基雅维利全集 03：用兵之道》，时殷弘译，吉林出版集团有限责任公司，2013，第 190 页。
③ Felix Gilbert, *Machiavelli: The Renaissance of the Art of War*, 收录于《马基雅维利全集 03：用兵之道》，时殷弘译，第 248、267 页。

为《驻外公使论集》①（*Legations*），又称《通信集》（*Missions*），其中《法兰西事务概述》（*An Account of the Affairs of France*）、《记述瓦伦蒂诺公爵在塞尼加利亚残杀维特洛佐·维特利、奥利韦罗托·达·费尔莫、帕戈罗大人以及格拉维纳公爵奥尔西尼的方式》（*Description of the Manner in which Duke Valentino Proceeded to Kill Vitellozzo Vitelli，Oliverotto da Fermo，and the Signor Pagolo and the Duke Gravina Orsini*）、《关于日耳曼国家状况的报告》（*Report on the Affairs of Germany*）、《关于日耳曼国家状况的第二份报告》（*Second Report on the Affairs of Germany*）和《给拉法埃洛·吉罗拉米大使出使帝国的建议》（*Confidential Instructions To Raffaello Girolami，On His Departure，23 October，1522，As Ambassador to the Emperor Charles V，in Spain*）② 等体现了鲜明的马基雅维里式的外交理念。这些文书均有理论概括和实务分析的特征，体现出长期经历政治生活和外交事务的马基雅维里对那个时代佛罗伦萨和欧洲政治事件的熟知。文书向世人展现了马基雅维里关于外交事务和外交形势的判断力，以及处理外交事务的思路和手段。例如，马基雅维里相信外交必须是延续性而不是偶发性的活动，只有这样，外交才能成为君主可资利用的力量。君主应当至少在有利益涉及的相关宫廷各设一名常驻外交官，而且必须从本国臣民中挑选出最杰出的人才，作为派驻在重要宫廷的大使。马基雅维里还指出仅仅在外国设有代表处是不够的，君主必须给本国大使提供一切手段，使他们与国内保持经常、迅速、安全的交流。在《给拉法埃洛·吉罗拉米大使出使帝国的建议》中，结合外交官如何完成外交使命、如何以合适的内容和语气撰写外交呈报、如何陈述自己对事件及其可能走向的观点等问题，马基雅维里主要关注了常驻大使的问题，强调常驻使节在联系本国政府与常驻国家之间的重要性，认为外交官是治国术中非常重要的角色。③ 哈罗德·尼科尔森

① Christian E. Detmold（ed. & trans.），*The Historical，Political，and Diplomatic Writings of Niccolò Machiavelli*，Vols. III & IV.

② *The Historical，Political，and Diplomatic Writings of Niccolò Machiavelli*，Vol. IV，pp. 377 - 383、404 - 418、421 - 425；《马基雅维利全集 08：政务与外交著作·下》，徐卫翔、段保良、曹钦、成鸿译，吉林出版集团有限责任公司，2013，第 944 ~ 957、958 ~ 963、971 ~ 977、1008 ~ 1011 页。

③ G. R. Berridge，Maurice Keens - Soper and T. G. Otte，*Diplomatic Theory from Machiavelli to Kissinger*，pp. 21 - 22；*The Historical，Political，and Diplomatic Writings of Niccolò Machiavelli*，Vol. III，pp. 60、98 - 99、195、245、262；Vol. IV，pp. 421 - 425；《马基雅维利全集 08：政务与外交著作·下》，第 1008 ~ 1011 页。

（Harold Nicolson） 在对"意大利体系"的外交进行描述时，特别强调了马基雅维里的著作，不仅是因为它们所揭示的内容，而且因为它们对外交产生的影响。①

外交是近代国际政治实践中的关键因素，在当时纷繁复杂的国际形势中，只有具备强大实力的国家才能与其他势力抗衡，并在弱肉强食的国际政治斗争中占据一席之地，这是马基雅维里经过仔细分析后得出的结论。布克哈特对此评论说："在所有那些认为有可能建设一个国家的人们当中，马基雅维里是一个最无与伦比的伟大人物。他把现存势力看作是有生命的和能动的，对于可能采取的方法，观察得广泛而精确，既不想自欺也不想欺人。……他的政治论断具有客观性，其坦率程度有时令人吃惊，但它是危急存亡之秋的时代标志，在那个时代里，人们是难于相信正义或者别人有正义的行为的。……尽管他与大多数同时代人一样，言行放任，但国家的兴隆繁荣始终是他的期待。"② 马基雅维里处在意大利战争的时代背景之下，"不仅仅是单纯的现场证人。……（马基雅维里）用他无与伦比的敏锐深刻的洞察力把握了那个时代。"③

从国家自身的存在理由和国际关系发展的角度来分析思考当时所有的问题，对国与国抗衡的实力和外交手段的使用给予了充分关注，解读马基雅维里的著作是从事意大利战争研究的重要环节。他的主要著作《君主论》、《李维史论》（*Discourses on the First Decade of Titus Livius*）、《兵法》等集中体现了有关对外关系的思想，专论对外关系和军事（军事实际是对外关系的一种表现形式）的内容均占有相当大的比例。④ 马基雅维里的著作反映出其思想的基本倾向，意大利战争时期的意大利乃至欧洲的国家关系是马基雅维里的"目的证明手段的正当性"这一原则产生的土壤，也是其真正的归宿。在分析极其丰富的事实素材的基础之上，他提出了政治、政权、国家、法律、管理、军事和外交等各个方面的重大理论问题。尽管马基雅维里的著作包含着许多争论性的观点，引发了不同的理解，但在文本释读的过程

---

① Harold Nicolson, *The Evolution of Diplomatic Methods*, London：Constable, 1954, pp. 31 - 33.

② 雅各布·布克哈特：《意大利文艺复兴时期的文化》，第83~84页。

③ 盐野七生：《我的朋友马基雅维利——佛罗伦萨的兴亡》，田建华、田建国译，中信出版集团，2016，第430页。

④ 王挺之：《近代外交原则的历史思考——论马基雅维里主义》，《历史研究》1993年第3期，第112~127页。

中，还是要尽量避免不合时宜地将后人的理解带入著作本身中去。

马基雅维里早期的诗歌作品《十年纪》① 充满了对那个时代的悲情记忆，作者深刻回忆了 1494 年法国入侵意大利以来发生的现实政治事件，充分表达了这场战争对包括佛罗伦萨在内的意大利带来的深刻变化和影响，以文学体裁的形式为后世留下了诸多历史信息。作为书信作者的马基雅维里也并非广为人知，透过其私人信件，从中亦可看到一个更具时代感和立体感的马基雅维里。这些书信提供了一套虽不系统、却极其珍贵的关于意大利和欧洲历史中一段战乱时期的第一手叙述。其中，弗朗西斯科·维托里（Francesco Vettori，1474 - 1539）和弗朗西斯科·圭恰迪尼与马基雅维里之间的书信往复不仅谱写了他们之间的深厚友谊，而且为后世了解马基雅维里的历史写作、政治思想与史学思想及意大利战争期间的时局发展提供了重要的历史信息。维托里是意大利战争时代的外交家、政治家和史学家。他曾和马基雅维里一起出使德意志，后又担任佛罗伦萨驻教廷的大使，著有被后世赞为"第一部欧洲外交史"的《意大利史摘要》（*Summary of the History of Italy*）。两人经常就佛罗伦萨国内和国际政治事务展开激烈的讨论，通信中蕴含着对那个时代的批判与思考。

圭恰迪尼与马基雅维里都生活在佛罗伦萨，经历也比较相似，两个人保持着长期稳定的书信往复，他们之间的友谊建立在对彼此才智的惺惺相惜的基础上，深厚笃定，两人经常通信交流对时事的意见。圭恰迪尼在《意大利史》中所展示的历史大视野绝不输马基雅维里。马基雅维里非常佩服圭恰迪尼，他临终前两个月在给维托里的最后通信中深情地写道："我爱弗朗西斯科·圭恰迪尼先生……"（书信331）② 威尔·杜兰（Will

---

① 史诗《十年纪》是献给佛罗伦萨的贵族阿拉曼诺·萨尔维阿蒂（Alamanno Salviato）。《第一个十年》（Decennale primo，*The First Decade*，1506）时间横跨 1494 ~ 1504 年，回顾了从法王查理八世入侵意大利到教皇亚历山大六世去世、切萨雷·博尔贾垮台这十年中佛罗伦萨的重要事件。《第二个十年》（Decennale secondo，*The Second Decade*，1509）宣称要覆盖接下来的 1504 ~ 1514 年，但未完成，止于 1509 年。在这两首诗中，皇帝、教皇、王侯、贵族、雇佣兵无一能逃过马基雅维里的敏锐目光。《十年纪》在某种程度上续写了《佛罗伦萨史》。关于《十年纪》，可参见《马基雅维利全集 04：戏剧·诗歌·散文》，吉林出版集团有限责任公司，2013；王倩《被长期忽略的马基雅维利诗歌艺术》，《文化艺术研究》2013 年第 3 期，第 9 ~ 20 页；刘训练《命运是一条河——达·芬奇与马基雅维里》，《读书》2013 年第 10 期，第 49 ~ 58 页。

② 《马基雅维利全集 06：书信集·下》，段保良译，吉林出版集团有限责任公司，2013，第782 ~ 783 页。

Durant）在《世界文明史·文艺复兴》中说到这样一个故事：有一天下午，查理五世在博洛尼亚会见了圭恰迪尼，他竟不顾其他将军和朝臣的久等，而与圭恰迪尼长谈许久，他说："我可以在一个小时之内，造就出一百位贵族，但是，我在二十年之内，也没有办法培植出这样一位历史学家。"① 詹姆斯·W. 汤普逊（James Westfall Thompson）在《历史著作史》（*A History of Historical Writing*）中也写道："马基雅维里的伟大继承者和唯一可以与之匹敌的人是弗兰西斯科·圭恰迪尼。"②

1512 年 1 月，年轻的圭恰迪尼被佛罗伦萨政府任命为驻西班牙大使，开始了他的政治和外交生涯。两年的西班牙之旅，给圭恰迪尼提供了很好的国际政治入门教育。在一个战争频仍的时代，他有机会观察西班牙的军事技术及其实力，还以旁观者的角度细心观察意大利混乱不堪的斗争状态。若说圭恰迪尼的历史观越过佛罗伦萨的城墙而将全世界囊括其中，也是由此次西班牙之行带来的。③ 如同马基雅维里著作中的切萨雷·博尔贾一样，西班牙国王费迪南德在圭恰迪尼的著作中被视为政治欺骗艺术的模本。教皇利奥十世的当选使佛罗伦萨的命运与罗马紧密联结起来，"佛罗伦萨新近依附于罗马的一个重要好处是佛罗伦萨人可以在教皇行政区划中担任职务"④。1516 年圭恰迪尼开始为教皇服务，在其后的二十年，圭恰迪尼先后服务于三位教皇，以出色的行政才能获得迅速提拔，相继担任摩德纳、雷焦和帕尔玛的执政官，继而成为罗马涅总督，后又出任神圣罗马帝国军队的副将、教皇军队的总管，亲身参与了意大利战争期间的多次战役，获得了丰富的政治、外交和军事经验。

在历史编纂学方面，圭恰迪尼最伟大的成就是根据第一手资料编写了《意大利史》。20 卷本的《意大利史》叙述了始于 1494 年查理八世入侵意大利、止于 1534 年教皇克莱门特七世去世和保罗三世继任的近四十年的意大利战争史。该书最突出的特点是将意大利的政治社会变动与当时神圣

① 威尔·杜兰：《世界文明史·文艺复兴》，幼师文化公司译，东方出版社，1999，第 691 页。

② J. W. 汤普森：《历史著作史》（上卷，第二分册），谢德风译，商务印书馆，1988，第 714 页。

③ Francesco Guicciardini, *The History of Italy*, p. xx.

④ Francesco Guicciardini, *Maxims and Reflections*（*the Ricordi*）, p. 8.

罗马帝国、法国等国际社会的变动结合起来叙述，因此几乎是一部以意大利为中心的国际关系史。《意大利史》是这部著作通常的名称，然而圭恰迪尼自己从来没有使用过这个标题。他把著作视为一部"关于意大利事务"的历史，认为意大利由于文化的优越性而不同于欧洲其他国家，虽然他不认为意大利是一个政治单元，但字里行间对战争中意大利的命运和民众遭受的疾苦表达了揪心的伤痛和深切的关怀，并强烈谴责发起战争的各国君主（包括罗马教皇）。将外国入侵者逐出意大利是他一生的迫切愿望。因此，《意大利史》叙述的不是一个作为政治单元的意大利的历史。他认为，存在于意大利的不同力量不适合作为单独的历史题材，因为每个国家的发展不可避免地要与其他国家相联结，同样的，所有发生在意大利的事件也要同欧洲其他地区所发生的事件联系起来。[1] 他在记录1512年一次军事冲突时曾这样说："如果我提及1512年发生在法国的事情，这或许看起来超出了我不涉及意大利之外事务的想法，但是因为发生在法国的事情业已影响到我们，因为某人的成败与其他人的成败和决定息息相关，所以我不能忽略法国的事务而保持沉默。"[2] 这部著作的视野超越了意大利城市国家历史的地域局限，把意大利历史作为一个有机的整体进行论述，并扩大到与意大利有关的整个欧洲，这是"第一部有系统地介绍整个欧洲政治事务的书"[3]。

圭恰迪尼非常重视历史档案文献资料的搜集和运用。《意大利史》这部著作为我们研究意大利战争提供了非常重要的历史资料，可以说是一部颇有价值的历史信息库，对后世的历史著述和史学研究产生了深远影响。圭恰迪尼对欧洲各国的政策和外交动向的分析有其独到之处，对于教皇和君主以及重大事件的历史描述有其深邃的观察。圭恰迪尼以历史学家特有的细腻和视野，以详尽的笔法分析了法国入侵背后复杂的外交准备、种种欺骗行为和手段，分析了西班牙、意大利各个城市国家的反应，分析了查理八世、阿拉贡的费迪南德、洛多维科·斯福查、教皇亚历山大六世等主要人物的性格，还分析了权势人物之间复杂而残酷的权力斗争。这些分析以批判的方式呈现，表现出圭恰迪尼敏锐的心理洞察，从而使圭恰迪尼的

---

① Felix Gilbert, *Machiavelli and Guicciardini: Politics and History in Sixteenth Century Florence*, pp. 294 – 295.

② Francesco Guicciardini, *The History of Italy*, p. 268.

③ 威尔·杜兰：《世界文明史·文艺复兴》，第 690 ~ 691 页。

著作在欧洲史学史上占有非常重要的地位。"他是一位勤奋的历史作家。从他的著作中可以了解到和从任何其他作家的书中了解到的他那个时代同样准确的事实真相，在这些事情中，他本人大多都亲自参加过。……没有任何一件事情说明他曾由于爱憎或虚荣而隐瞒了真相，这一点可用下述事实证明：他对大人物的评价直言不讳，特别是在记述像教皇克莱门特七世那样曾经提拔过他、任用过他的人的时候则更坦率。……他从来都不曾把任何事情记在道德、宗教或良心的账上。在任何一项行为背后他总能发现有某种野心唆使或谋利的意图。"①

圭恰迪尼不仅在历史编纂学上有所超越，也拓宽了历史的视野，把历史人物的动机看作是一个偶然因素。圭恰迪尼把这种视角揉入他的分析框架之中，不仅不懈地对人物动因进行探究，而且将历史写作聚焦于针对重要历史人物的性格和心理分析上，耐心地重新勾画复杂的因果关系，以期揭示出历史的本来面目。这种框架之内存在一种因果关系的分析，建立在对诸如洛多维科、亚历山大六世、查理八世、利奥十世、克莱门特七世以及其他主要人物心理动机分析的基础之上。② 比如教皇尤里乌斯二世的果敢刚毅、教皇克莱门特七世的怯懦犹豫，幕僚们策划建议的功利性等，他们的行为构成和推动了历史的进程。对圭恰迪尼而言，大量历史事件的发生是由于皇帝、国王、教皇依据自我利益行事而导致的结果。在追溯 15 世纪晚期意大利政治的种种结盟、战争、外交行动的起因过程中，圭恰迪尼描绘出一幅城市国家体系的图景，这一体系通过某种军事机制和外交机制而实现自我调解。这幅图景作为文艺复兴时期意大利的一笔遗产而流传后世，圭恰迪尼的贡献不可埋没。③

圭恰迪尼撰写的《格言与反思》又名《回忆录》或《札记》（Ricordi），是他 18 年国外公务生涯中考察随感的汇编，主题涉及广泛。此书有几种版本，前两种写于他出任驻西班牙大使期间，回到佛罗伦萨之后又撰写了另一种，但后来佚失。1528 年他又重新撰写并对这些格言做了另一次汇集，共包含 181 条。1530 年他又编纂了包括 221 条格言的最终版本，

---

① J. W. 汤普森：《历史著作史》（上卷，第二分册），第 720 页。

② Felix Gilbert, *Machiavelli and Guicciardini: Politics and History in Sixteenth Century Florence*, p. 292.

③ Torbjorn L. Knutsen, *A History of International Relations Theory: An Introduction*, Manchester and New York: ManchesterUniversity Press, 1992, p. 31.

通常称为"C 系列"（Series C）。① 《格言与反思》以精辟的格言以及对形形色色事务的评价，向世人展现出了某种均势外交思想的光辉。② 他在描述 1494 年之前的佛罗伦萨政治时写道："如果任何大国试图扩张它的势力范围，都将成为佛罗伦萨共和国以及他个人（洛伦佐·德·美第奇）最大的威胁，他仔细地看护着意大利局势的平衡，不让它过分地向某一方面倾斜。"③ 圭恰迪尼的观点体现了均势的思想。洛伦佐·德·美第奇对意大利的政治影响固然很大，但问题是洛伦佐是否在自觉地运用均势理论？答案恐怕是否定的。很大程度上那个时代外交政策的运作是因势论事，并没有既定的模式，统治者热衷于短期的目标，而不是持久的国际关系。在文艺复兴时代的价值观里，耐心地培养信用和善意是不合时宜的，可以说这一时期政治的指导原则是机会主义而不是周密计划。对文艺复兴时代的统治者而言，国际关系是一场收益高、见效快的危险博弈。④ 圭恰迪尼所阐释的均势思想可能在更大程度上是他本人的创见，而不是论述对象的本来意图，他界定并分析了均势原则在欧洲的运用。他认为外交同权力平衡有关，关注外交在维持权力平衡上的特别意义，而外交之所以能维持均势，是通过同盟者在谈判中保持持续警惕和创造均势来达到的。⑤

在圭恰迪尼的《格言与反思》中，他关于外交论述的主题之一就是君主与其大使的关系。他带着明显的赞成语气评论道："洛多维科·斯福查公爵曾说过考验君主和弓弩可以用相同的法则。弓弩是否优良取决于它射出的箭是否够远。同样，判断君主价值的根据是看他派出的人的素质。"⑥ 圭恰迪尼指出了这样一个现实，在那些年里，好的大使对于君主的威望有着超乎寻常的价值。在讨论"外交之箭"（Diplomatic Arrows）的素质的同时，圭恰迪尼也赞同广设外交代表和尽可能广泛地维持外交关系，强调连续性外交的重要性。真正的外交谈判所需要的策略以及谈判的最佳时机也是圭恰迪尼外交思想中的另一个主要话题，他认为"机会只敲一次门，并

① Francesco Guicciardini, *Maxims and Reflections*（*the Ricordi*), p. 10; G. R. Berridge, Maurice Keens - Soper and T. G. Otte, *Diplomatic Theory from Machiavelli to Kissinger*, p. 34.

② Joycelyne G. Russell, *Peacemaking in the Renaissance*, London: Gerald Duckworth & Co. Ltd., 1986, p. 213; *Diplomatic Theory from Machiavelli to Kissinger*, p. 43.

③ Torbjon L. Knutsen, *A History of International Relations Theory: An Introduction*, p. 31.

④ *A History of International Relations Theory: An Introduction*, pp. 31 - 32.

⑤ *Diplomatic Theory from Machiavelli to Kissinger*, p. 39.

⑥ *Maxims and Reflections*（*the Ricordi*), C171, p. 84.

且在很多情况下你必须做出选择、快速行动"①，然而圭恰迪尼也指出："当你陷入窘境或纠缠于麻烦时，耽搁一下，尽可能地多等等。因为通常时间会启发你或解放你。"②《格言与反思》充满了冷静的现实主义和对荣誉与自我利益的关切，在他的笔下，文艺复兴时期的政治是一场由"虚伪的、阴险的、撒谎的和狡诈的"人参与的疯狂而危险的游戏（C－157），君主必须时刻以自我利益为指南（C－218），必须假装和隐藏自己的意图（C－49、104），夸大自己的实力（C－86），掩盖自己的弱点（C－196），不要袒露个人隐私（C－184）。③《格言与反思》反映了意大利战争时期意大利政治思想家和外交家对意大利和欧洲国际政治的深刻反思与自我评判，揭示了意大利战争时期圭恰迪尼提出的一些关键的外交因素，而意大利战争时期是近代外交形成的关键时期。圭恰迪尼的史学思想、政治思想、外交思想及写作方式、修史原则、语言风格等在近代欧洲产生了重要影响。必须将圭恰迪尼的著述置于那个动荡的时代中予以解读和分析，这对于意大利战争研究也是至关重要的。

　　马里诺·萨努多又称小萨努多，他是威尼斯编年史学家，出身元老世家，多次担任政府要职，著有《查理八世远征意大利史》（*La spedizione di Carlo VIII in Italia*）和《日记》等。他的《日记》（共计 58 卷、4 万页手稿）详细记述了 1496 年 1 月 1 日至 1533 年 9 月这段时期欧洲发生的历史事件，尤其是意大利战争和奥斯曼帝国对威尼斯及基督教世界的威胁。萨努多的这部用威尼斯方言写成的《日记》，其内容之翔实、涉猎之广泛让后人叹为观止。菲利克斯·吉尔伯特这样评论《日记》："在我从事威尼斯历史研究之前，就多次听说过萨努多的《日记》。但是当我开始研究意大利历史并研读《日记》时，我深深地折服于《日记》内容的丰富。《日记》没有为我们呈现出一个内容相互连接的历史，而是提供了大量的日复一日的关于威尼斯的各种生活报告。当然，《日记》的内容与政治有关，记录了威尼斯元老院的各种会议，描述了那个时代的各个政治人物。但是《日记》也记载了社会生活的各个方面，例如宗教仪式、接待外国使节的隆重场面、婚姻与家族仇恨、洪水与火灾、神职人员的影响与北欧宗教运动的消息、当时意大利战争和地理大发现的报告。这 58 卷的《日记》为

---

① Francesco Guicciardini, *Maxims and Reflections（the Ricordi）*, C79, p. 61.

② *Maxims and Reflections（the Ricordi）*, C79, p. 61.

③ *Maxims and Reflections（the Ricordi）*, p. 29.

我们展现了威尼斯以及文艺复兴时期生活的各个方面。"① 《日记》是一部巨大的史料总汇，其中包含专家团和"特聘顾问"的讨论纪要、官员名单、官府函件摘要或原件全文副本、条约原文、威尼斯驻外大使记事、私人信件以及大量的地图等，《日记》中记载了威尼斯、罗马、米兰、曼图亚、费拉拉、那不勒斯、佛罗伦萨、比萨、热那亚和蒙费拉的政治发展，还保留了关于法国、西班牙、德意志和英格兰的外交资料，没有威尼斯人可以忽略地中海东部诸国的事务，萨努多清晰地记录了来自亚历山大和伊斯坦布尔的各种消息与传闻，因此《日记》具有重要的历史价值和历史影响。② 萨努多说："我记载了很多的事情。不敢相信的是，我有那么多的时间去注意在威尼斯的大街小巷里所发生的每一件事情，无论这些事情有多么的微不足道！"③

萨努多的《日记》至今尚无完整的外译本，2008 年约翰·霍普金斯大学出版社出版了一本经过整理的选译本《萨努多日记选编》（Venice, Cità Excelentissima: Selections from the Renaissance Diaries of Marin Sanudo, 以下简称《选编》），《选编》把萨努多的《日记》按照不同的领域分为九个方面，分别为萨努多的个人历史、威尼斯的政治治理、司法与犯罪、外交事务（战争与外交）、经济网络与经济制度、社会生活、宗教与迷信、人文与艺术、威尼斯生活的其他方面。笔者透过这个《选编》中关于外交事务的记载和散落在各个专著与文献中的引文摘要，将其中的部分史料用于意大利战争研究。

萨努多的《日记》作为历史著作具有先天的弱点，④ 由于威尼斯特殊的政治环境与地理位置，作为当时重要的政治与商业中心，威尼斯汇聚了众多的外国政客、使节与商人，在这里几乎每天都有来自不同渠道的各式各样的信息与传言，这是萨努多编写《日记》的重要资料来源之一，但是

---

① Marino Sanuto, *Venice, Cità Excelentissima: Selections from the Renaissance Diaries of Marin Sanudo*, translated by Linda L. Carroll, Baltimore: JohnsHopkinsUniversity Press, 2008, p. xv.

② Robert Finlay, *Politics and History in the Diary of Marino Sanuto*, Renaissance Quarterly, Vol. 33, No. 4 (Winter, 1980), pp. 585 – 598; Kenneth M. Setton, *The Papacy and the Levant* (1204 – 1571), Philadelphia: The American Philosophical Society, 1978, Vol. II, pp. 499、508、509；J. W. 汤普森：《历史著作史》（上卷，第二分册），第 693 页。

③ Robert Finlay, *Politics and History in the Diary of Marino Sanuto*, pp. 585 – 598.

④ *Politics and History in the Diary of Marino Sanuto*, pp. 585 – 598.

萨努多不仅缺乏对于信息与史料的甄别与分析，而且对于部分历史的记述也缺乏史家应有的严谨，采用一些道听途说的谣言与无法证实的消息，这是《日记》的缺憾之处。

意大利文艺复兴时期的传记作家保罗·乔维奥（Paolo Giovio, 1483 - 1552）生于科莫（Como），早年学医，但他对于研究当代史更有兴趣，他的长篇传记和短篇颂词享有盛誉，著有《名人颂》（*Eulogies of Famous Man of Letters*）、《名将颂》（*Praise of Men Illustrious for Courage in War*）、《他自己时代的历史》（*Histories of His Own Times*，以下简称《历史》）等，是意大利战争的重要历史见证人之一。乔维奥是教皇利奥十世的挚友（由他撰写的教皇利奥十世的传记久负盛名），与马里诺·萨努多等人交往甚密，并作为教皇的扈从之一亲历了许多重要的历史事件，如1515年教皇利奥十世与法王弗朗索瓦一世的博洛尼亚会晤、1529～1530年及1532年教皇克莱门特七世与皇帝查理五世的博洛尼亚会晤、1533年教皇克莱门特七世与法王弗朗索瓦一世的马赛会晤、1536年教皇保罗三世与皇帝查理五世的罗马会晤以及1538年教皇保罗三世的尼斯调停。乔维奥通过肖像的收集与仿制，对统治者、神父、军人、学者和其他人进行整理、分类和评价，他的《历史》叙述了1484～1547年的意大利历史，其中涉及哈布斯堡王室与瓦洛亚王室之间的斗争、洗劫罗马、查理五世的战争、土耳其人在地中海的军事威胁等历史事件。与同时代圭恰迪尼的《意大利史》关注历史人物的动机、外交行动的目的有所不同的是，乔维奥的《历史》更多地关注历史事件的结果与影响、战役的诸多细节（例如1509年的阿尼亚德洛战役）。由于乔维奥与当时的许多政治和军事人物联系密切，后人从《历史》中可以窥见从康布雷同盟结成到《克雷皮和约》签订之间意大利战争的许多重要史实。

历史学者T. C. 普莱斯·齐默尔曼（T. C. Price Zimmermann）于1995年出版了一部名为《保罗·乔维奥——一位历史学家与16世纪意大利危机》[①]（*Paolo Giovio: the Historian and the Crisis of Sixteenth - Century Italy*）的学术著作，他以乔维奥的《历史》一书为主轴，深入分析了在意大利面临深刻的政治、社会危机之际，乔维奥对于意大利社会中统治者、

---

① T. C. Price Zimmermann, *Paolo Giovio: The Historian and the Crisis of Sixteenth - Century Italy*, New Jersey: PrincetonUniversity Press, 1995.

文人、军人以及神职人员等各阶层人物所做的观察与评论，但是齐默尔曼也认识到乔维奥作为历史传记作家的肤浅与不诚实，乔维奥的《历史》是一部偏见与主观并存的历史传记著作，缺少应有的客观性并带有一定程度的功利性，他本人与圭恰迪尼的史家品格也是无法相提并论的，因此乔维奥的历史著作长期遭到历史学界的忽视。① 尽管如此，乔维奥作为意大利战争时期重要的历史见证人还是值得肯定的，其著述还是具备了一定的历史价值，布克哈特有言："他的书中充满了那个时代的呼吸，他的（教皇）利奥（十世），他的（那不勒斯国王）阿尔方索……完全生动地活动在我们的眼前，似乎已经使得我们进入了他们的灵魂深处。"②

意大利战争实质上是关于欧洲主导权的斗争，其影响已经远远超出意大利半岛的地理范畴，它不仅给意大利的政治带来了无法衡量的损失和破坏，而且对法国、英格兰、西班牙等西欧国家都产生了非常重要的影响。当时以菲利普·德·科米纳为代表的法国政治历史学家也把意大利战争作为其著述的重要组成部分。菲利普·德·科米纳"被比作修昔底德"③，他生活的年代正是法国王权日益加强的路易十一时代，并经历了勃艮第公爵大胆查理与路易十一的斗争、查理八世入侵意大利和路易十二早期统治的岁月，他在政治上和外交上都表现得十分活跃，经常参与重大外交事务。④ 1478 年以后意大利事务逐渐成为科米纳外交生涯的主要领域，这不仅让他在政治上重获国王恩宠，而且让他见识到了意大利文艺复兴的繁荣，深刻影响了他日后的历史著述。他曾经在不同的场合与佛罗伦萨的洛伦佐·德·美第奇打过多次交道，深谙意大利外交之术，被委任负责处理和意大利各国的关系。1491 年科米纳在查理八世手下担任顾问，成为《森里斯条约》的谈判者之一。当查理八世远征意大利时，科米纳以他在意大利事务上的经验反对这次远征。查理八世征服那不勒斯王国时，他担任驻威尼斯使节，目睹了威尼斯同盟的成立，参加了福尔诺沃战役和《韦

---

① *Paolo Giovio: The Historian and the Crisis of Sixteenth – Century Italy*, pp. 263 – 284.

② 雅各布·布克哈特：《意大利文艺复兴时期的文化》，第 328 页。

③ 修昔底德（B. C. 460 或 455 ~ 400 或 395 年），希腊历史学家，所著《伯罗奔尼撒战争史》从军事上、政治上，特别是从心理上论述了公元前 431 ~ 前 404 年雅典和斯巴达之间发生的战争。——唐纳德·R. 凯利：《多面的历史：从希罗多德到赫尔德的历史探询》，第 269 页。

④ William J. Bouwsma, "The Politics of Commynes", *The Journal of Modern History*, Vol. 23, No. 4 (Dec. , 1951), pp. 315 – 328.

尔切利条约》谈判。

科米纳的《回忆录》原本没有分卷分章，近代以后被分为八卷，前六卷叙述的是路易十一统治时期的历史（1488～1494），后两卷则写查理八世远征意大利直至去世（1494～1498）。科米纳对事件和人物的描写表现出本人极高的历史叙述能力和问题分析能力。在讨论意大利远征时，科米纳认为这件事在策略上和战术上都犯了错误，严厉指责竭力主张侵犯意大利的贵族势力。他以路易十一和查理八世作为君王成功的范例和失败的教训，阐明自己的政治主张，认为获取忠告对政治成功而言甚为重要，没有经验、资金供给不足加上不听忠告便是年轻的查理八世冒进意大利失败的原因，这是一个重大且有深远影响的事件，它不仅是科米纳《回忆录》的主题，还是欧洲几代政治作家和历史作家好奇和反思的焦点。科米纳的《回忆录》针对不同国家的变迁沉浮，以就事论事、抒发感触的方式为历史留下了一系列卓越的人物刻画，把一段段政治军事历史写得栩栩如生，也不乏提供给君主们借鉴的忠告，成为当时欧洲最有影响的具有君王宝鉴性质的著作之一。出使威尼斯的那一次惊险遭遇，让他在 15 世纪与 16 世纪之交的欧洲外交史上占据一席之地，对福尔诺沃战役的记述也可以算是意大利战役历史记载的佳作。总之，在科米纳的《回忆录》中，"那些带普遍性和永久性的使人感兴趣的东西看上去比 15 世纪任何其他著作中包括的都多"，[①] 科米纳在法国对抗英格兰、英格兰对抗苏格兰、西班牙对抗法国、勃艮第对抗法国、阿拉贡对抗安茹等国家或王室之间的对立中看见了一种神圣的平衡，君主诸侯能在这种平衡中左右逢源、进退自如，但是又永远不能控制这种平衡。科米纳的《回忆录》对于研究意大利战争早期的状况具有重要的学术价值。

克洛德·德·塞瑟尔来自意大利萨伏依公国的贵族家庭（萨伏依公国是法国王室的附庸，因而塞瑟尔的父亲曾担任萨伏依公国的最高军事长官，塞瑟尔家族有义务服务法国王室），他与科米纳一样在为法兰西王国服务时获得了丰富的政治和外交经验。1499 年塞瑟尔成为法王路易十二的宫廷顾问，协助其远征意大利，并多次衔命出使意大利和英格兰，代表法王及萨伏依公爵与瑞士各州商定雇用瑞士雇佣兵的事宜。[②] 1512 年塞瑟

---

① J. W. 汤普森：《历史著作史》（上卷，第二分册），第 736～739 页。

② Rebecca Ard Boone, *War, Domination, and the Monarchy of France: Claude de Seyssel and the Language of Politics in the Renaissance*, Leiden and Boston: Brill, 2007, pp. 59、114.

尔出使罗马教廷，达到了其外交生涯的顶峰。① 塞瑟尔的外交生涯主要是在路易十二统治时期和弗朗索瓦一世统治前期，并经历了意大利战争的前期阶段，这个阶段曾是科米纳的政治分析，也是马基雅维里和圭恰迪尼思想和著作的形成时期。他们在外交和战争方面的经历作为一种历史观的基础也是类似的。这种历史观认为，统治者与其谋臣治国有方以及战争成功的关键所在是君主应该阅读历史，研究历史伟人的行动，审视他们在战争中的作为以反省他们胜利与失败的原因，以便效法成功的范例而避免失败。历史研究不仅仅是好古的行为，它还是通往政治、外交与战争胜利的钥匙，是制定合理慎重的对内对外政策的关键。

塞瑟尔对法国的民族史学做出了直接贡献，他的《路易十二传记》（*A Biography of Louis XII*）从科米纳《回忆录》终止处开始写起，尽管充满了溢美之词，但是在塞瑟尔看来，路易十二的功绩足可与查理大帝比肩，② 因为路易十二重新奠定了塞瑟尔为之服务并穷尽大半生精力为之歌功颂德的"伟大的君主国"，并被称为"平民之父"（Father of his People，1506 年法兰西三级会议授予路易十二此项称号③）。塞瑟尔还翻译了修昔底德的《伯罗奔尼撒战争史》（*the Peloponnesian Wars*）并呈送路易十二御览。④ 塞瑟尔的《法国君主制度》作为献给即位不久的法王弗朗索瓦一世的一部政治作品，成书于 1515 年。此书描绘了法国之"强势"和"伟大"的来源，在许多方面与马基雅维里的《君主论》一样，代表了对年轻的弗朗索瓦一世的政治观感。

塞瑟尔的政治见解与当时法国的历史发展有着紧密的联系。15 世纪后期法国逐渐发展成为西欧最强大的新君主制国家，相对统一的法国能够在周围寻找征服的空间，在国际事务中法国瓦洛亚王室企图通过扩张来夺取欧洲的主导权，为此法王于 1494 年发动了旷日持久的意大利战争，与神圣罗马帝国皇帝、西班牙和罗马教廷等争夺对意大利的控制权。

---

① Rebecca Ard Boone, *War*, *Domination*, *and the Monarchy of France*：*Claude de Seyssel and the Language of Politics in the Renaissance*, pp. 1 – 2, 7.

② *War*, *Domination*, *and the Monarchy of France*：*Claude de Seyssel and the Language of Politics in the Renaissance*, p. 12.

③ *War*, *Domination*, *and the Monarchy of France*：*Claude de Seyssel and the Language of Politics in the Renaissance*, p. 9.

④ *War*, *Domination*, *and the Monarchy of France*：*Claude de Seyssel and the Language of Politics in the Renaissance*, p. 93.

正是在这样的历史背景下，塞瑟尔以其丰富的政治、外交经历与深厚的古典文化和神学功底，从社会变动与国际形势出发，去探求法国君主制度巩固发展的途径，力图确保法国的繁荣、安全及其对欧洲国际社会的主导权。

在塞瑟尔的政治学说中，外交与战争艺术占有显著的位置，[①] 在《法国君主制度》一书的第四部分和第五部分，塞瑟尔分别讨论了法国与邻邦之间的关系以及征服战争与控制占领地的措施。这是当时大国冲突与争霸的形势使然。塞瑟尔认为，由于法兰西王国东临萨伏依、瑞士和意大利，西面与布拉班特、荷兰及英格兰为邻，南面和北面则分别与西班牙和德意志接壤，因此要与周边国家妥善相处，要与既不熟悉又无权支配的外国人交往，是法兰西王国面临的一个艰巨问题，所以处理外交事务远比王国内政更难于把握。[②] 基于此，制定合理的外交策略对于君主是十分重要的，"每一个君主制国家的和平、安定、繁荣与发展，在很大程度上都依赖于这方面的知识。"[③] 从灵活务实的外交理念出发，塞瑟尔为君主提出两条外交准则：一是"为了获得稳定的、真正的与完整的和平，所有善良的君主与其他统治者或领主应与所有邻国建立友爱、和睦的关系，除非它们是异教徒那样的天然宿敌。"[④] 二是为了捍卫国土与臣民的利益，或为了协防邻邦、盟友与友邦免于不公正与邪恶的侵害，"在这些情况下，君主可以根据神法与人法宣战"，此举"不仅是允许的，而且是必须做的"。[⑤]

塞瑟尔还从人性的角度分析了战争的必然性，他认为，人类天性贪婪、易于堕落且私欲旺盛，大国的君主和统治者尤其如此，因此防人之心不可无，必须时刻对邻邦提高警惕，随时做好战争的准备。[⑥] 塞瑟尔进一步强调维持法国强大海上力量的重要性，因为法国两面临海，所以强大的海上力量不仅可以拒敌于法国本土之外，而且还能有效地威慑邻国，以确保海上贸易航线的畅通，从而为王国创造更大的利润。[⑦] 塞瑟尔还在《法

---

① Claude de Seyssel, *The Monarchy of France*, p. 17.

② *The Monarchy of France*, p. 129.

③ *The Monarchy of France*, p. 130.

④ *The Monarchy of France*, p. 130.

⑤ *The Monarchy of France*, p. 131.

⑥ *The Monarchy of France*, p. 131.

⑦ *The Monarchy of France*, p. 138; Rebecca Ard Boone, *War, Domination, and the Monarchy of France*: *Claude de Seyssel and the Language of Politics in the Renaissance*, p. 125.

国君主制度》中主张强化军事力量，鼓吹对外进行殖民地征服，并提出了巩固殖民地的诸多措施。[①] 这一点对于法国国王而言更具实际意义，因为当时的法国面临着如何控制意大利战争中占领的意大利北方领土问题。[②]具有意大利血统，通晓法语、意大利语和拉丁语三种语言，服务于法国王室的塞瑟尔，其外交策略是建立在多年观察与实践基础之上的，是在意大利战争的时代背景之下，从意大利与法国的政治传统中去挖掘思想资源，同时又立足于外交与战争的变动进行思考，把对历史的分析融入对政治、外交与军事的深刻反思之中，继而为适应新君主的咨询需要，提出自己的分析与见解。

历史学者丽贝卡·阿尔德·布恩（Rebecca Ard Boone）于 2007 年出版了名为《战争、统治与法国君主制度——克洛德·德·塞瑟尔与文艺复兴时期的政治语言》（*War, Domination, and the Monarchy of France: Claude de Seyssel and the Language of Politics in the Renaissance*）的学术著作，布恩在书中以塞瑟尔扮演的不同社会角色为研究单元，以意大利战争作为时代背景，从外交、战争、政治与文化的不同角度深入解析了塞瑟尔的《法国君主制度》。书中的第二章与第四章详细分析了意大利战争对欧洲外交与军事带来的重大变化，特别强调了意大利与法国贵族政治文化传统对欧洲外交方式与内容的深刻影响，注意到外交制度的变化与王国政策制定过程的微妙关系（外交人员更加积极地介入政策制定的机制之中）。[③]布恩同时认为意大利战争中欧洲军事出现的诸多变化对于塞瑟尔如何看待战争以及战争与王朝统治秩序之间的关系产生了非常现实的影响，[④] 同时指出，从瑞士雇佣军长枪方阵的优劣到王国军队军纪的重要性等军事议题入手，该书在意大利战争的语境之下体现了塞瑟尔政治关怀的终极目标，即通过合理的外交与军事策略的制定，以提升王国的力量，巩固王国的优

① 关于塞瑟尔的政治学说，可参见孟广林《塞瑟尔的〈法国君主制度〉与"新君主制"学说》，《历史研究》2004 年第 2 期，第 183 ~ 186 页；刘明翰主编，孟广林著《欧洲文艺复兴史》（哲学卷），人民出版社，2008，第 171 ~ 185 页。

② Rebecca Ard Boone, *War, Domination, and the Monarchy of France: Claude de Seyssel and the Language of Politics in the Renaissance*, p. 108.

③ *War, Domination, and the Monarchy of France: Claude de Seyssel and the Language of Politics in the Renaissance*, pp. 54 – 83.

④ *War, Domination, and the Monarchy of France: Claude de Seyssel and the Language of Politics in the Renaissance*, pp. 107 – 127.

势，形成一种适合法兰西王国的统治秩序。

　　1494 年法国入侵意大利的事件不仅造就了近代欧洲政治的新框架，而且对于欧洲政治思想及政治意识形态的嬗变产生了重大影响。政治危机和政治挫折驱使马基雅维里、圭恰迪尼等人去探索意大利困境的原因，甚至去寻求可能摆脱困境的方法。15 世纪和 16 世纪意大利历史写作的精神和性质发生了改变，在这个混乱得令人眼花缭乱的多事之秋，马基雅维里和圭恰迪尼等人以他们在外交和战争方面的经历作为历史著述观的基础，从意大利人的立场出发，从重视古典和关注现世的角度来追问有关政治变迁的根本问题。在他们的笔下，历史成了生与死、善与恶、幸福与灾难、显赫与式微的轮替，充满了务实睿智与历史经验主义。在对政治形势做判断时、在对各种具体事务进行处理时，他们始终以人性为中轴点，紧紧贴近现实的需要。菲利克斯·吉尔伯特（Felix Gilbert）在其著作《马基雅维里与圭恰迪尼——16 世纪佛罗伦萨的政治与历史》（*Machiavelli and Guicciardini: Politics and History in Sixteenth Century Florence*）中这样评论 1494 年法国入侵意大利的事件：和许多意大利人一样，马基雅维里和圭恰迪尼把入侵意大利视为蛮族人的入侵。马基雅维里将意大利的不幸归结为意大利政治中的宗派斗争与雇佣军制度的毒害。而圭恰迪尼则将入侵视为命运对于意大利城市国家相互竞争的惩罚。他们没有意识到入侵事件的真正本质所在。1494 年法国入侵意大利已经不仅仅是一个简单的入侵事件，意大利战争是处于中世纪末期的欧洲与处于文艺复兴时期的意大利之间的一次正面交锋，具有政治、文化与经济的丰富内涵。[①]

　　意大利政治的陡然变化让意大利人实实在在感受到了前所未有的危机感与挫折感，但是 1494 年事件的影响力显然已经超出了意大利半岛的范围，巨大的冲击波甚至触动了包括法国、英格兰、西班牙等王国在内的整个基督教世界，对这场战争的叙述、描写与评论充斥着这一时期的历史著作，"1494 年一代人"通过历史实践，记录下战争、征服、毁灭，从而形成对政治、外交与军事的新思维。西方史学家在分析这些变化时，自然会将之与"意大利战争"联系起来，认为正是这场漫长的战争促成了西方历史的一次重大变化与转折。

---

① Felix Gilbert, *Machiavelli and Guicciardini: Politics and History in Sixteenth Century Florence*, pp. 255 – 270.

2. 历史学家的洞察力：专题研究综述

"1494 年一代人"的思想与理念深刻影响着后世学者对意大利战争的研究与认识，对于分析和认识意大利战争前后的意大利乃至欧洲社会都有着重要的学术影响。从 14 世纪到 16 世纪，欧洲处于由中世纪封建社会向近代欧洲国家体系的转型时期，而意大利战争是这个转型时期的重要历史事件。在那个时期，各种历史现象交错呈现，头绪繁多，所发生的一切尽在变与不变之间，如何透过变与不变的历史薄雾，透过各种表象去发现变的一面，有些看似不起眼的语言、符号和形式的变化，其背后蕴含着丰富的思想和制度变化。欧洲转型时期有各种显著的特征：第一，政治、法律、社会运行方式正在发生一系列变化；第二，世俗权力及其运作也在发生重要变化，国家权力机构以征税、外交、战争等形式在不断强化和完善自己的功能；其三，与转型相伴随的还有宗教改革问题，或者是教会势力与世俗势力的权力调整问题。[①] 基于前人的研究方法和研究成果，通过介绍、评点意大利战争研究各个领域的学术成果，把学者们如何思考、分析和解答问题的线索展示出来，从而进一步提出一些核心观点和重要学术问题。就具体研究而言，以下将分为六个专题进行学术性的梳理与评价，从中窥见意大利战争研究具体涉及的问题和思路。

（1）国家体系研究

国际关系学界普遍认为，以国家主权原则为基础的国际体系发端于 17 世纪中叶的欧洲，其形成的标志是 1648 年缔结的《威斯特伐利亚和约》，威斯特伐利亚体系的建立意味着欧洲国际关系历史的真正开始。但是近年来也有学者指出，欧洲国际关系的历史传统可以上溯至古希腊时代的城邦体系，中世纪固然不存在现代意义上的"国际关系"，但是国际关系的实践却是真实存在的。国际关系是一个模糊且具有丰富内涵的语汇，关于国际关系的讨论充满了分歧，其中的一个原因是，这些讨论经常将实践与理论、历史传统与分析传统混为一谈。实践通常是先于理论存在的，关于战争的起源、均势和遏制的实践、权力与道德的关系、君主和国王的结盟政策等的讨论都是建筑于政治实践的基础之上的，是对政治互动和历史发展的自然反应。国际关系的历史传统是国际关系历史实践本身形成的模式，它可以追溯至古典时期，并沿着历史的发展轨迹为国际关系理论的产生与

---

① 周春生：《文艺复兴史研究入门》，北京大学出版社，2009，第 7~8 页。

分析传统的形成提供前提。中世纪欧洲国际关系历史的发展与进程已经触及国际事务中的若干重大问题，如战争与和平问题、外交与军事问题，这些为欧洲历史上第一个真正意义上的国际体系——威斯特伐利亚体系的出现积淀了深厚的历史土壤，意大利战争是其中非常重要且具有决定性意义的一个环节。

《拉丁与日耳曼民族史（1494~1514）》（*Geschichte der romanischen und germanischen Völker von* 1494 *bis* 1514）是德国 19 世纪史学大师利奥波德·冯·兰克（Leopold von Ranke，1795－1886）的成名作。从意大利战争的角度来看这部著作，兰克以查理八世和路易十二远征意大利为核心内容，详细论述了这二十年欧洲国际关系的发展，反映了这一时期法国、西班牙、英格兰、神圣罗马帝国和意大利的政治、军事和外交以及各国围绕意大利问题而展开的外交博弈，内容非常丰富。作者旁征博引，引用了大量的原始资料、个人传记与专著，包括马基雅维里、乔维奥、萨诺多和科米纳的著作，对于了解欧洲中世纪的政治史和意大利战争提供了丰富的史料和精彩的论述。这部著作的出版标志着西方近代史学方法的开端。在柏林大学讲学期间，兰克在柏林档案馆发现了 16 世纪和 17 世纪威尼斯大使的报告四十七册，这些报告为他以后的研究道路指明了方向，即重视原始资料的利用与考辨。作为西方近代史学思想的主流学派，兰克学派倡导历史研究的基础是史料，史料的准确无误可以保障历史研究的真实性，主张以不偏不倚、公正客观和超然事外的态度据实直书。兰克学派的历史编纂偏重于政治史、军事史、外交史等，重视对其所获得史料（政府文件、军事和外交档案及政治家的日记和回忆录等）进行谨慎的考订与客观的批判，将其视为历史学家科学研究的基础。兰克学派的影响在欧美各国促成了整理编辑历史档案的热潮，这股热潮将欧美各国浩如烟海的史料呈现在读者与研究者面前，为国际关系学的兴起和国际关系历史的系统性研究奠定了史料基础。

从 19 世纪末到 20 世纪初，近代西方历史学深受兰克学派的影响。戴维·J. 希尔（David Jayne Hill）是 19 世纪末 20 世纪初美国一位非常活跃的外交家和历史学家，著有多部关于外交历史与外交政策的著作，其中有代表性的是《欧洲国际进程中的外交史》（*A History of Diplomacy in the International Development of Europe*）。三卷本《欧洲国际进程中的外交史》的撰写是建立在丰富的历史资料和外交档案基础之上的，作者对罗马帝国崩溃以后欧洲外交历史的进程进行了较为详尽的叙述，书中的注释和各章附录的参考资料数量惊人，从而使这部著作呈现出严肃的学术性。希尔在第一卷序言中写道："传统上认为'威斯特伐利亚和会'与《威斯特伐利亚和约》是现代外交的起点，但是这主要是因为人们对于早期的欧洲外交活动知之甚少。事实上威斯特伐利亚和会与《威斯特伐利亚和约》是欧洲长时期外交活动的自然产物。……因此要想充分地理解现代外交，就需要追溯现代外交构成因素的真正起源，这些因素共同形成了现代国际公法与欧洲国际关系，不仅如此，还需要逐步地按照历史发展的足迹追溯至欧洲国际体系最初形成的时期。……现代国际关系的整体结构深深植根于过去的历史，受到过去种种因素的共同影响。尤其是在欧洲，在很大程度上仍受制于对其自身的追忆。"①

希尔站在历史空间的高度，把欧洲外交历史的进程作为一个宏大的整体过程加以叙述与研究。《欧洲国际进程中的外交史》第一卷的副标题为"争夺普世帝国的斗争"（*The Struggle for Universal Empire*），这一卷具体涵盖了公元前30年到公元1313年的欧洲外交历史。第一卷以"欧洲的同一性"（the Unity of Europe）作为历史叙述的开端，强调"从整个人类的角度来衡量，欧洲尽管存在着种族、语言和利益的多样性，但似乎还是具有其自身的同一性，这是因为欧洲不同民族文明都来自同一个源头，而且基本上是通过同样的渠道而予以接受"。这个源头就是罗马帝国，而其渠道就是罗马军团的推进和罗马法的实施。希尔说："古代的利益共同体留下了不可磨灭的记忆，许多观念和影响在欧洲陷入分崩离析之时依然得以延续并被共同继承下来，这些观念和影响在随后的欧洲外交历史发展进程中发挥了巨大的作用。"② 由此可知，罗马帝国崩溃以后欧洲历史的主题之一，便是以这样或那样的方式追求欧洲的重新统一。这样的追求，先是体现为法兰克人逐步建立加洛林帝国的努力，随后表现为日耳曼人重建神圣罗马帝国的历程，接着又转化为罗马教皇与神圣罗马帝国皇帝之间对欧洲控制权的长期争斗，这些不断追求构成了第一卷"追求普世帝国的斗争"的主要内容。

《欧洲国际进程中的外交史》第二卷以"领土主权的建立"（*The Es-*

---

① David Jayne Hill, *A History of Diplomacy in the International Development of Europe*, London: Longmans, Green, and Co., 1921, Vol. I, p. viii.

② *A History of Diplomacy in the International Development of Europe*, Vol. I, pp. 1 – 2.

tablishment of Territorial Sovereignty）为副标题，叙述了1313年到1648年欧洲外交的历史进程。英国外交官欧内斯特·萨道义（Sir Ernest Satow）[①]在其著作《外交实践指南》（*A Guide to Diplomatic Practice*）中给出了现代外交的一个经典定义，即"外交是运用智力和机智处理各独立国家的政府之间的官方关系……一种不通过暴力，而通过协商和条约实践国际关系的方式……或者更简单地说，是指以和平的方式处理国与国之间的事务"。[②]希尔在本卷序言中写道："如果以现代外交的含义来界定外交，那么在欧洲早期，现代意义的外交是不存在的。因为正如国际体系一样，现代外交是欧洲历史发展的产物。"[③] 他认为"如同实现帝国理念是中世纪的特征一样，民族君主的动机和政策锻造了近代欧洲"[④]。在中世纪欧洲向近代演进的过程中，日益兴起的新君主制国家运用外交与战争的手段，围绕着王朝利益的争夺拉开了欧洲近代历史的序幕，而意大利战争在其中的地位更显突出，其也成为希尔历史考察的重点之一。

　　对于意大利战争期间的欧洲外交，希尔给予了大量的笔墨，占去了第二卷一半以上的篇幅。"这段时期之所以占如此大的篇幅，一是因为其间夹杂着哈布斯堡帝国的兴盛以及中世纪式的帝国梦想的再现，二是因为宗教改革运动与欧洲外交紧密地结合在一起，使这段宗教战争时期的欧洲外交极其丰富多彩，并呈现出新旧交替的景象。"[⑤] 希尔把15世纪的最后几年时间界定为欧洲国际政治的起点，正是由于意大利战争中各种新旧因素在欧洲政治舞台上的反复较量，近代欧洲国际体系才得以萌芽。他认为："查理八世的远征恰恰可以被视为欧洲历史上最后一次大规模的中世纪式的冒险行动，也可以被视为现代史上的第一次大规模战争。同样，这次远征也标志着国际政治的开始。"[⑥] 希尔以大量的篇幅全景式地展现了意大利战争的主要过程，以各君主的利益诉求作为主线，把各国围绕不同利益

---

① 欧内斯特·萨道义（Sir Ernest Satow, 1843 - 1929），英国职业外交家、日本问题专家。萨道义作为外交官多年常驻日本，曾于1900～1906年担任驻华公使。

② Sir Ernest Satow, *A Guide to Diplomatic Practice*, London, New York and Toronto: Longmans, Green and Co., 1932, p. 1.

③ David Jayne Hill, *A History of Diplomacy in the International Development of Europe*, London: Longmans, Green, and Co., 1914, Vol. II, p. v.

④ *A History of Diplomacy in the International Development of Europe*, Vol. II, p. ix.

⑤ *A History of Diplomacy in the International Development of Europe*, Vol. II pp. 163 - 488；计秋枫：《戴维·J. 希尔和他的〈外交史〉》，《史学月刊》2007年第12期，第102～107页。

⑥ *A History of Diplomacy in the International Development of Europe*, Vol. II, p. 209.

诉求而展开的外交谈判以及由此形成的各种协议、条约作为重点，说明意大利战争对于近代欧洲国际关系的决定性意义，尤其强调了《卡托—康布雷奇和约》的历史地位，认为这个和约是"《威斯特伐利亚和约》之前欧洲的宪章"①，是近代欧洲国际关系的重要基础与关键节点。

德国历史学家爱德华·富埃特（Eduard Fueter）的《欧洲国家体系的历史（1494～1559）》（*Geschichtedes Europäischen Staatensystems von* 1494 *bis* 1559）一书是研究意大利战争政治史与外交史的佳作，也是迄今为止少见的一部较为全面地反映意大利战争的学术专著。本书以欧洲各国争夺意大利主导权的斗争导致哈布斯堡王朝在欧洲建立短期霸权为中心论题，突破欧洲传统的历史叙事方式，以历史观点的解释和分析作为全书的开始，然后再对历史史实进行追述。书中第一部分阐述了政治斗争手段（political *Kampfmittel*，例如外交组织、政治宣传等）、军事斗争手段（military *Kampfmittel*，例如步兵战术、军队招募、骑兵、炮兵、海上军事力量等）、经济斗争手段（economic *Kampfmittel*，例如商业冲突、军队粮草补给等）以及诸多的思想因素（例如均势思想、基督教世界团结的思想、宗教教义的变革等），并且以此作为论述的角度，系统性地剖析了欧洲各国在政治、外交与军事等各方面的优势与劣势。② 书中第二部分翔实地论述了欧洲国家体系在意大利战争期间的演变历程，而且给予了一定的评论与分析。富埃特认为，在对米兰公国的争夺战中，各国都非常重视控制和利用热那亚的海上力量，其中的一个主要原因是控制热那亚是控制整个意大利的关键。③ 富埃特还认为，意大利南方之所以对西班牙如此重要，是因为西西里是西班牙的主要粮仓之一，具有重要的战略意义。④ 富埃特还指出，威尼斯在意大利北方的扩张行为，是因为威尼斯迫切需要足够的粮食供给。同样，瑞士各州不断地输出雇佣兵，其原因也是以此作为财政收入的一个主要来源，继而可以购买更多的粮食。⑤ 书中多有诸如此类的史实分析与精彩评论。书中还提供了 1919 年之前关于意大利战争历史著述的书目，

① David Jayne Hill, *A History of Diplomacy in the International Development of Europe*, Vol. II, p. 485.

② Eduard Fueter, *Geschichtedes Europäischen Staatensystems von* 1494 *bis* 1559, Münich und Berlin, 1919, pp. 1–250.

③ *Geschichtedes Europäischen Staatensystems von* 1494 *bis* 1559, pp. 3–4, 208.

④ *Geschichtedes Europäischen Staatensystems von* 1494 *bis* 1559, p. 96.

⑤ *Geschichtedes Europäischen Staatensystems von* 1494 *bis* 1559, pp. 158, 173, 233.

为相关研究提供了重要参考。

与希尔、富埃特的体系观点相类似的，还有罗伯特·B. 莫瓦特（Robert B. Mowat）的《欧洲外交史（1451～1789）》（*A History of European Diplomacy*，1451－1789）、詹姆斯·S. 安德森（M. S. Anderson）的《欧洲现代国家体系的起源（1494～1618）》（*The Origins of the ModernEuropean-State System*，1494－1618）等著作。

莫瓦特的《欧洲外交史（1451～1789）》在第一部分分别以职业外交的兴起、东方问题的复杂性、法王路易十一与勃艮第查理的斗争以及意大利战争的推进为具体史实，对于近代欧洲国际体系的形成与发展进行了分析与论述。莫瓦特认为，均势体系在意大利城市国家间的应用已经存在，目的就是防止出现任何一个强国。入侵意大利的战争和多次反法同盟的形成证实，欧洲国家开始从整个国家体系来看待各自独立的但又相互依赖的利益关系。[①] 安德森的《欧洲现代国家体系的起源（1494～1618）》一书考察了形成欧洲现代国家体系的各种因素及其发展与变化，继而以意大利战争作为欧洲近代国家体系形成的开端，进一步阐述了各种因素的历史作用。这些因素包括军事技术与军事战略的发展、贸易财政与国际政治的关系、外交制度与均势观念的演变。上述诸多因素在意大利战争这样一个历史平台上得以展现，不仅促进了战争与外交方式的改变，而且令欧洲国家之间形成了更为紧密的、相互制约的政治关系，由此构成了欧洲现代国家体系。安德森认为，欧洲近代国家体系的出现一定程度上是均势实践与均势理念发展成熟的历史产物。均势理念之所以受到如此关注，原因是多方面的，其中历史实践是重要的原因之一，意大利城市国家之间的政治平衡为欧洲近代早期的均势理念与实践提供了一个经典模型。[②]

理解现代欧洲威斯特伐利亚体系起源的钥匙是对中世纪欧洲政治秩序的考察，这已经成为国际关系学界的共识。成立于 1959 年"英国国际政治理论委员会"（British Committee on the Theory of International Politics，"英国委员会"）集合了以马丁·怀特（Martin Wight）、巴里·布赞（Bar-

---

① R. B. Mowat, *A History of European Diplomacy*, *1451－1789*, London: Edward Arnold & Co., 1928, pp. 1－57, 28.

② M. S. Anderson, *The Origins of the ModernEuropeanState System*, *1494－1618*, London and New York: Longman, 1998, pp. 1－138.

ry Buzan）、理查德·利特尔（Richard Little）为代表的英国国际关系学者，这些学者奉行的理论尽管各有差异，但是采用的研究途径和核心思想却近乎相同，这些人形成了当代国际关系理论研究的英国学派。在研究途径上，他们都崇尚历史、法律、哲学等传统方法；在核心思想上，他们主张摆脱威斯特伐利亚情结的束缚，以历史发展的眼光研究国际关系的形成与发展。英国学派重视历史分析法，从历史的角度考察国际现象，更多强调历史发展的实际进程，在世界历史和国际关系研究之间建立起联系的纽带。英国学派研究国际关系的历史性思维为中世纪欧洲秩序研究的展开奠定了理论基础，聚焦于中世纪欧洲模式及其向近代转型，把握欧洲国际关系的历史变迁有助于理解威斯特伐利亚体系的形成，其中关于意大利战争的研究也成为他们关注的重要内容。

当代西方国际关系理论家和思想家马丁·怀特在其著作《国家体系》（*Systems of States*）中总结了中世纪欧洲的六大基本特征：第一，存在着单一的、不可分割的基督教社会，倡导统一而非分裂，强调等级而非平等，重视权利而非利益，这是一切关系与冲突的基础。第二，权力分散于各种各样的统治单位之中。它们之间的互动，促使其内部组织结构与外部权利要求同步成长，从而产生了"主权"与"国家"观念。第三，帝国声称对世俗界拥有普遍管辖权，尽管愿望与事实相去甚远。第四，教会声称对宗教界拥有普遍管辖权，并通过教会的国际官僚机构得以实施，从而成为制约世俗主权成长的主要力量。第五，帝国与教会为争夺最高权威而发生的冲突，限于基督教社会内部。第六，无论是皇帝还是教皇，均声称是全人类的主人。[①] 怀特把中世纪欧洲放到了一个更大的历史舞台上，认为中世纪欧洲参与建构了更大的国际体系，近代欧洲国家体系至少在 15 世纪后期就已经出现了。[②] 怀特把 1494 年查理八世入侵意大利视为一次具有标志性的国际事件，把意大利战争视为欧洲国际体系形成中的一个里程碑，而《威斯特伐利亚和约》的订立表明欧洲国际体系已经步入成年。[③]

巴里·布赞和理查德·利特尔合著的《世界历史中的国际体系——国际关系研究的再构建》（*International Systems in World History：Rethinking*

---

① Martin Wight, *Systems of States*, Leicester：Leicester University Press，1977，p. 29.

② *Systems of States*, pp. 129 – 152；张乃和：《英国学派与中世纪欧洲模式研究》，《吉林大学社会科学学报》2007 年第 2 期，第 43 ~ 50 页。

③ *Systems of States*，p. 150.

the Study of International Relations）是近年以来英国学派的代表著作。两位学者提出，"欧洲中世纪末期发生了从封建主义向主权国家的威斯特伐利亚体系的复杂转换，而这一转换是如何发生的和为什么会发生，还远没有为人们所完全理解。……中世纪之所以引人注目是因为：从理论上看，它对国际关系理论有关政治结构的诸概念提出了挑战；从历史视角上看，它是形成全球范围的威斯特伐利亚国际体系的前身。……现代国家本质上是一种欧洲现象，所以只有依据欧洲的历史才能对此做出解释。……现代国家的特征在于，它是军事、征税、行政、再分配性和生产性组织的结合。……这一发展的最初表现是1494年法国人侵占意大利的城市国家。"①

荷兰蒂尔堡大学法律史教授兰德尔·勒萨弗尔（Randall Lesaffer）主编的《欧洲历史中的和约与国际法——从中世纪晚期到第一次世界大战》（*Peace Treaties and International Law：From the Late Middle Ages to World War One*）是一部从历史的角度出发研究和约文本和国际法历史实践的论文集。学者们撷取从欧洲中世纪末期及近代早期到一战之前的重要国际条约作为国际法历史的研究对象与研究途径，考察国际法律秩序的发展变动，寻找国际法历史演进中的规律。兰德尔·勒萨弗尔的论文《从洛迪和约到威斯特法利亚和约》（Peace treaties from Lodi to Westphalia）针对"威斯特伐利亚神话"（The myth of Westphalia）明确指出，传统观点认为的主权、平等、宗教中立和均势等现代国际法的基本原则并没有出现在《威斯特伐利亚和约》的文本中，和约没有确立这些基本原则，而是为欧洲各国重建国际法律秩序奠定了政治和宗教基础。在前威斯特伐利亚时代，诸多近代国际关系要素已初显端倪，关涉国际法主体要素，包括承认制度、邦君权与国家主权问题、领土权利问题；国际法运行机制要素，包括国家均势理念和集体安全机制。和约中仍然留有中世纪封建性概念和规则的印迹。支离破碎的基督教世界逐步被和约予以现实化和法律化，加快了世俗实体摆脱神圣秩序的步伐。② 和约塑造了近代国际关系的演进路径，追溯意大利战争及《卡托—康布雷奇和约》生成的历史背景和社会基础及其在近代国际关系法则形成过程中的地位与意义，有助于客观认识欧洲近代国家体系的形成与发展。

---

① 巴里·布赞、理查德·利特尔：《世界历史中的国际体系——国际关系研究的再构建》，刘德斌等译，高等教育出版社，2004，第217、218～220、222页。

② Randall Lesaffer, *Peace Treaties and International Law：From the Late Middle Ages to World War One*, Cambridge：Cambridge University Press, 2004, pp. 9 – 44.

　　研究意大利城市国家体系对于弄清意大利战争的起因具有重要作用。文艺复兴时期意大利城市国家体系的实践与整个欧洲政治秩序的新旧交替几乎是同时进行的，它对于近代欧洲国家体系的形成产生了巨大影响，为正在兴起的新君主制国家寻求摆脱中世纪模式并构建新型国际秩序提供了最初的具有先验性的历史模型。正是在这个意义上，一些国际关系史学者（如马丁·怀特等人）认为近代欧洲国际体系的兴起创造出了更加紧密的政治环境，在这个方面没有比意大利城市国家体系更为典型的了。意大利城市国家体系的形成、发展与衰落从一个方面印证了意大利战争的历史影响，折射出意大利政治生活转变的历史过程。

　　学者温弗里德·弗兰克（Winfried Franke）的论文《作为一种国际体系的意大利城市国家体系》（*The Italian City - State System as an International System*）以均势概念作为切入点和中心论题，论述了意大利城市国家体系的形成与发展。弗兰克认为，尽管这些城市国家拥有不同的历史经验和政治制度，但在它们之间发生的互动关系却很快显现出现代国际关系的某些特性（权力平衡与常驻使节制度的建立）。论文把意大利城市国家体系的历史分为四个阶段：1300 年至 1425 年是城市国家体系的形成时期，这个时期的意大利半岛经过多次的战争与内乱，逐渐形成了由若干个城市国家互相制衡的一种区域性国际格局；1425 年至 1474 年是城市国家体系的发展和巩固时期，这个时期以 1454 年《洛迪和约》和意大利联盟为标志，随着常驻使节制度的广泛确立，意大利城市国家之间的互动关系日益常态化与功能化；1474 年至 1494 年是城市国家体系的危机时期，意大利城市国家之间的政治平衡由于各方的利益冲突而一直处于不稳定的状态，时刻面临着外来的威胁；1494 年至 1559 年是城市国家体系的瓦解与转型时期，意大利战争的风暴把意大利各城市国家卷进了大国政治的旋涡，城市国家体系逐渐瓦解并融入一个更广泛的欧洲国际体系之中。论文最后得出这样一个结论：法国入侵与意大利城市国家体系的解体是意大利内部不平衡（米兰公国的孤立）与外部不平衡（围绕查理八世意大利政策的争论）共同作用的产物。[①]

　　意大利外交史专家里卡尔多·富比尼（Riccardo Fubini）的论文《意

---

① Winfried Franke, "The Italian City - State System as an International System", in *New Approaches to International Relations*. Edited by M. Kaplan, New York: St. Martin's Press, 1968, pp. 426 - 459.

大利联盟与洛伦佐·德·美第奇执政以来的均势政策》（*The Italian League and the Policy of the Balance of Power at the Accession of Lorenzo de'Medici*）论述了意大利同盟成立前后意大利城市国家之间的政治互动关系，对圭恰迪尼关于洛伦佐·德·美第奇作为意大利平衡的设计者和仲裁者的双重角色的政治论断做出了深入分析。论文认为洛迪和平的达成与意大利同盟的成立与在此期间历任教皇的政治外交努力是分不开的。因为掌握意大利政治与外交平衡的主动权是罗马教廷政治生存与安全保障的基本要素，这其中罗马教廷内部的家族斗争无疑发挥了重要作用。佛罗伦萨地处意大利南北的交汇之处，战略地位决定了佛罗伦萨在意大利政治生活中的历史地位。无论是威尼斯和米兰在意大利北部的主导权之争，还是教皇国与那不勒斯在意大利南方的争夺，均对佛罗伦萨的生存构成严重的威胁（让佛罗伦萨更为担心的是，米兰、那不勒斯和教皇可能形成的政治联盟有可能切断佛罗伦萨与罗马涅地区的传统政治联系），这也是佛罗伦萨内部一直都有浓厚的亲法传统的原因之一。事实上对于实现意大利和平的方式在佛罗伦萨内部是有很大的争论，《洛迪和约》的签署是科西莫·德·美第奇（洛伦佐·德·美第奇的父亲）力排众议而促成的外交成果。洛伦佐·德·美第奇执政以来，继承和维护其祖父与父亲的政治遗产成为其毕生追求的目标，但是这个过程充满了艰辛与必要的妥协，意大利联盟内部自始至终存在的矛盾与不和谐让意大利付出了沉重代价。富比尼认为神圣罗马帝国再一次介入意大利政治（马克西米连一世授予洛多维科米兰公爵爵位）标志着一个时代的开始，意大利成为欧洲大国政治的中心舞台，而佛罗伦萨重新回到了亲法国的传统政治轨道上来。由此富比尼认为，圭恰迪尼的政治论断过于简单化与情绪化，忽视了历史过程的复杂性。[1]

　　文艺复兴史研究专家文森特·伊拉尔迪（Vincent Ilardi）的论文《意大利联盟、弗朗切斯科·斯福查与法王查理七世（1454～1461）》（*The Italian League, Francesco Sforza, and Charles VII 1454 – 1461*）详细阐述了意大利联盟与法王查理七世之间的政治冲突与斗争，他认为对于这种关系的历史考察，有助于了解和把握法王路易十一在 15 世纪下半叶干涉意大利事务的利益之所在，以及最终导致查理八世入侵意大利的深刻历史原

---

① Riccardo Fubini, "The Italian League and the Policy of the Balance of Power at the Accession of Lorenzo de'Medici", *The Journal of Modern History*, Vol. 67, Supplement: *The Origins of the State in Italy, 1300 – 1600* (Dec. , 1995), pp. S166 – S199.

因。论文认为，意大利联盟在某种程度上可以说是一个反对法国干涉的政治和军事联盟。论文以大量的历史事实充分展现了查理七世与意大利联盟在意大利事务中的合作与冲突，说明以法国为代表的外部势力始终是意大利政治事务中的一个重要因素，法国力量一直是意大利城市国家无法摆脱的政治阴影。米兰爵位继承问题的产生为查理七世干涉意大利事务提供了一次重要机会，意大利城市国家则利用萨伏依公国与勃艮第问题回击法国的干涉。1459 年法国安茹家族入侵那不勒斯王国实际上是对意大利联盟有效性的一次政治考验，是 1494 年查理八世入侵意大利的预演，是长期以来法国干涉意大利事务的历史产物。[①]

挪威学者托布约尔·克努成（Torbjrn L. Knutsen）在其著作《国际关系理论史导论》（*A History of International Relations Theory：An Introduction*）中对国际关系无理论传统的看法提出了挑战，并展示了七百多年以来学者、士兵和政治家们在这一领域的思想成果，围绕战争、财富、和平与权力这四个恒久不变的主题追述了国际关系思想发展的过程，认为新君主制国家的兴起改变了欧洲的社会进程[②]，十字军运动的刺激让商业网络延伸到欧洲各地，意大利北部地区尤其受益匪浅。大量的过境贸易极大地刺激了意大利城市的发展与繁荣，意大利的城市国家也逐渐意识到订立跨国协议对于商品流通的重要性。这些跨国条约逐渐扫除了笨拙的封建法律体系，为外交关系的开展奠定了基础。外交关系的发展在意大利半岛形成了一个微型的国际体系（显然具有某些近代国际体系的重要特征），随着常驻使节制度和势力均衡观念的发展，开启了意大利城市国家通往权力政治的大门。文艺复兴时代论述战争和外交的手册十分普遍，意味着欧洲国家对待外交和国际政治的目的及手段的态度更加具有自觉性，[③] 所有这些变化均离不开意大利战争这样一个时代的大背景。

关于意大利战争与三十年战争（Thirty Years War, 1618 – 1648）之间的历史联系，学者萨瑟兰（N. M. Sutherland）的论文《三十年战争的起源与欧洲政治结构》（*The Origins of the Thirty Years War and the Structure of European Politics*）有所阐述。论文以三十年战争的历史起源为中心论题，对传统的观

---

①　Vincent Ilardi, "The Italian League, Francesco Sforza, and Charles VII 1454 – 1461", *Studies in the Renaissance*, Vol. 6 (1959), pp. 129 – 166.

②　Torbjorn L. Knutsen, *A History of International Relations Theory：An Introduction*, p. 26.

③　*A History of International Relations Theory：An Introduction*, pp. 26 – 27, 40.

点——三十年战争主要是一场以德意志为中心战场的宗教战争——提出了挑战。萨瑟兰认为，传统的宗教视角遮盖了问题研究的视野，法国与哈布斯堡王朝之间的矛盾冲突才是欧洲政治中最重要的因素，三十年战争与之有着密不可分的关系，应将三十年战争的起源研究置于更广泛的欧洲政治背景之下。虽然早在 1938 年历史学家韦奇伍德（C. V. Wedgwood）便提出宗教问题并不是三十年战争的主要原因，但是萨瑟兰以对历史事件的深入思考，形成了对传统观点的重要修正。

三十年战争是过去历史冲突的延续，是"16 世纪未竟事业（the unfinished business of the Sixteenth Century）"的继续，几乎所有的战争与冲突都汇聚在一个问题上，即延续了至少三百余年的反哈布斯堡王朝的斗争。萨瑟兰继续写道，从这个角度来说三十年战争事实上是欧洲反对哈布斯堡王朝系列斗争中的一个主要阶段。萨瑟兰把这一系列的斗争分为四个阶段：第一阶段是 1494 年至 1559 年的意大利战争，战争的焦点在意大利、勃艮第与德意志之间不断移动；第二阶段是 1559 年至 1598 年，这一时期的斗争焦点主要是在尼德兰、英格兰以及法国，西班牙国王菲利普二世的去世标志着这一阶段的结束；第三阶段是 1598 年至 1659 年，其中包含了三十年战争以及 1635 年至 1659 年法国与西班牙之间的战争；第四阶段是 1659 年至 1715 年，西班牙王位继承战争（War of the Spanish Succession，1701－1714）结束了西班牙在欧洲的霸权地位，"查理五世的局面（Charles Vsituation）"不再是法国的梦魇，奥地利成为哈布斯堡王朝事业的旗手。尽管每个阶段的侧重点各有不同，但是反对哈布斯堡家族主导欧洲事务是这四个阶段的共同特点。

意大利战争中已经蕴含了以后战争的基本因素，1494 年法国入侵意大利揭开了其与哈布斯堡王朝斗争的序幕，争夺意大利的主导权成为这一时期的战争主题。围绕那不勒斯问题、米兰问题、勃艮第问题、纳瓦尔问题、神圣罗马帝国皇帝的选举问题和德意志的宗教问题等，法国与哈布斯堡家族之间的斗争与冲突越来越具有王朝政治与大国政治的特点。1555 年神圣罗马帝国皇帝查理五世做出了分割帝国的政治安排，1559 年《卡托—康布雷奇和约》结束了意大利战争，但是这种政治安排与国际安排并没有根本消除欧洲对于哈布斯堡家族强盛的担忧。①

---

① N. M. Sutherland，"The Origins of the Thirty Years War and the Structure of European Politics"，*The English Historical Review*，Vol. 107，No. 424（Jul，1992），pp. 587－625.

　　萨瑟兰的论文对于考察意大利战争与三十年战争之间的历史联系具有一定的学术价值，但是还应该看到，这种历史分析的视角虽然强调了历史发展的连续性，但是对于历史发展的复杂性却考虑不足，意大利战争可以说是欧洲近代国际争端的初起，如果需要研究三十年战争和《威斯特伐利亚和约》的历史起源，那么研究意大利战争是关键，但是意大利战争的历史起因较为复杂，法国与哈布斯堡王朝之间的矛盾冲突仅是其中的主要原因之一。

　　（2）外交制度研究

　　从外交风格、机制和技术等方面而言，强调意大利战争对推进外交方式的转变与发展以及现代外交的兴起是恰如其分的。意大利战争构成了意大利城市国家体系向近代欧洲国家体系扩展的联结点，这种观点在 20 世纪初以后的西方史学界是比较普遍的。

　　詹姆斯・M. 汤普森（James M. Thompson）的《外交历史讲义（1494～1789）》（Lectures on Foreign History，1494 - 1789）分析并概述了意大利战争的历史起源及历史过程，强调意大利战争推动了意大利外交实践和常驻使节机制的向外延伸。相继卷入战争的阿尔卑斯山以北各国都很快采用了常驻使节制度这种便捷有效的国际交流手段，并在彼此之间形成了一个广泛的常驻使节网络。正是这个网络的作用，使意大利战争中各国结盟关系的变化多端和迅捷成为可能，尤其是奥斯曼帝国加入常驻使节网络（1526 年法国向奥斯曼帝国派去了第一位常驻使节）在欧洲历史上有着重要意义。汤普森称法国与奥斯曼帝国的政治结盟"改变了欧洲国际外交的基调……让法国垄断利凡特贸易长达一百余年，并在近东确立了持久的影响力。这个联盟或许是文艺复兴时期最具影响力的成果之一，标志着中世纪秩序的结束"。[①]

　　汤普森将意大利战争分为五个阶段：第一阶段从 1494 年到 1498 年，法国国王查理八世远征意大利；第二阶段从 1499 年到 1504 年，法国国王路易十二第一次远征意大利；第三阶段从 1508 年到 1515 年，法国国王路易十二第二次远征意大利；第四阶段从 1515 年到 1546 年，法国国王弗朗索瓦一世与神圣罗马帝国皇帝查理五世之间的意大利战争；第五阶段从

---

① James M. Thompson, *Lectures on Foreign History*, *1494 - 1789*, Oxford: Basil Blackwell, 1937, p. 56.

1552 年到 1559 年，法国国王亨利二世继续战争，直至签署《卡托—康布雷奇和约》。汤普森指出，意大利战争的进程使欧洲各主要国家自然而然地接触到了意大利城市国家体系的外交实践，并通过战争以及经常性、多样性的外交往来更密切地联系在一起，战争不仅形成了欧洲政治利益版图的重新调整，而且凭借常驻使节制度的确立，促成了欧洲国际秩序和国际理念的演变，基督教世界在基督教旗帜下的团结统一和基督徒联合对抗异教徒的传统被纯粹的现实主义国际政治所取代，宗教不再是政治与贸易决策的主要动因，不再是维系欧洲国际秩序的唯一纽带，王朝利益成为外交决策最根本的指导原则。[1]

意大利战争是欧洲历史上最为复杂的战争之一，这不仅表现在参战方的数量之多、利益之复杂，而且表现在混战之中角逐各方立场的不确定性。正是由于这个原因，历史学家对意大利战争的分期有不同的认识和理解。学者斯蒂芬·J. 李（Stephen J. Lee）认为可以将意大利战争简单宽泛地分为两个主要阶段：第一个主要阶段从 1494 年到 1516 年，战争主要限于意大利半岛，目的是获取领土及领土的继承权和保护权；第二个主要阶段从 1516 年到 1559 年，一系列的王朝事变使早先的混战转变为哈布斯堡王朝和瓦洛亚王朝之间长期而又残酷的斗争，意大利战争的战火也从最初的意大利延烧至莱茵河中下游、多瑙河、英吉利海峡、地中海东部和北非沿岸等广大区域。[2]

安德森（M. S. Anderson）的《现代外交的兴起（1450～1919）》（*The Rise of Modern Diplomacy*，1450 - 1919）将现代外交描述成"这个时代制度上的伟大发明之一"。它产生于 15 世纪的意大利，并在 16 世纪广泛地传入欧洲其他地区。1494 年法国入侵意大利半岛的事件在欧洲外交史上是一个具有重要意义的里程碑，随后六十余年的意大利战争逐渐演变成为欧洲大国之间的争霸战争。战争中各国及各种力量轮番地不断组成各种联盟，然后又破坏联盟，另结新的联盟。尽管联盟的有效性让人怀疑，但是真实存在的联盟表明欧洲国际政治进入了一个新的时代。联盟的成立与瓦解是通过一系列由新的外交机制和外交技术构成的外交网络实现的。安德森认为，这种外交网络的现代性表现在以下四个方面：其一，派遣和接受

---

① James M. Thompson, *Lectures on Foreign History*, *1494 - 1789*, pp. 31 - 58.

② Stephen J. Lee, *Aspects of European History*, *1494 - 1789*, London：Methuen, 1984, p. 41.

外交代表逐渐被公认为君主的特权（中世纪时一个领地内的封臣或更下级封臣都可以派出使节，两个领地的诸侯之间或君主与其封臣之间也可以派出使节），成为主权国家的一个特征，尽管这个过程相对缓慢；其二，新一代外交官最显著的特征是常驻性，以便保持与驻在国君主的经常性联系；其三，这种经常性的外交方式在意大利一经确立，便随着战争和外交的需要开始向阿尔卑斯山以北扩展；其四，这种欧洲的现代外交体系以国家间的平等关系为基础，这种平等性使得外交体系在封建时代及大多数古典时期的政治架构下都不可能存在。安德森从外交常驻使节的职责变化、使节的豁免权、外交仪式与外交优先权的变化，以及外交使节的招募与待遇等方面，进一步阐述了"新式外交"（New Diplomacy）的历史作用与影响。常驻外交在 15 世纪和 16 世纪获得了显著发展，但是常驻外交的发展在欧洲国家之间也形成了一种反复无常、变幻莫测、互相警惕和互不信任的国际外交环境。①

　　自欧洲外交在 15 世纪末呈现出其现代特性以来，虽然外交理论的发展相对迟缓而且薄弱，但是关于外交的讨论已经出现了。为了服从于君主政治的主流，这一时期关于外交的讨论主要围绕"完美大使"及其在国外的法律地位之类的话题而展开。欧洲中世纪末期的学者伯纳德·杜·罗西耶（Bernard du Rosier）于 1436 年完成了一篇题为《关于使节的短论文》（*Short Treatise About Ambassadors*）的文章，这是欧洲历史上第一篇关于外交使节的正式论文。论文对于了解当时欧洲外交使节及使节的外交行动所依据的政治与法律基础具有很高的学术价值，并且通过对于"使节"（Ambassador）称谓及职责的历史考察与分析，可以清楚地知道称谓变化背后隐含的欧洲外交史的变迁。②

　　意大利文艺复兴时期的埃尔莫劳·巴尔巴罗（Ermolao Barbaro，1454 - 1493）是第一位在外交著作中提及常驻外交使节的学者。巴尔巴罗说："由于宣战、缔结和约与联盟并非是几天就能完成的事情，因此我将谈到那样一类使节，他们手持简单的国书，目的是获取或者维持君主间的友谊。"巴尔巴罗所说的"那样一类使节"实际上就是当时出现的常驻使

①　M. S. Anderson, *The Rise of Modern Diplomacy*, *1450 - 1919*, London and New York：Longman, pp. 1 - 40.

②　Garrett Mattingly, *Renaissance Diplomacy*, New York：Dover Publications, 1988, pp. 25 - 26, 30 - 40.

节。巴尔巴罗打破了中世纪欧洲关于使节职责问题的写作传统，他所讨论的不是"一个使节是一个公职人员"，也不是"使节的辛勤工作是为了共同的福祉"，也不是"使节的职责是为了和平"等这些传统的论题，巴尔巴罗想要说的是——"一个大使的天职与政府其他公仆完全相同，那就是以为自己国家的生存与扩展提供最大的便利为目的去行事，去谈话，去提出建议，去进行思考。"① 这是一个新时代的声音，它明确无误地表达了欧洲外交实践的世俗化倾向。

现代学者贝伦斯（B. Behrens）的论文《15世纪和16世纪早期关于使节的若干论文》（*Treatises on the Ambassador Written in the Fifteenth and Early Sixteenth Centuries*）② 和加勒特·马丁利（Garrett Mattingly）的论文《第一批意大利常驻使节——现代外交的中世纪起源》（*The First Resident Embassies: Mediaeval Italian Origins of Modern Diplomacy*）③ 在讨论使节制度由临时向常驻转变的历史过程中，在分析15世纪末16世纪初外交官的历史地位及其在订立条约时的历史作用时，都反复强调了以下几个问题：什么是大使？派往谒见不同等级君主的不同使团中，人员等级和随员方式该怎样安排？外交官官衔等级是否恰当？如果恰当，又该采取什么形式？外交官特权与豁免的基础是什么？使馆存在的目的是什么？大使规范自我行为的原则是什么？大使必须保持诚信吗？最重要的是，新近出现的常驻使馆是好事还是坏事？常驻制度对外交的道德贬值负责吗？虽然这些问题极少得到全面的思考与回答，但是可以肯定的是，外交制度的变化对于国际政治事务变动的深刻影响，对于维持欧洲国际关系的重要价值。马丁利在论文中指出，由常驻使节构成的欧洲外交网络在1648年《威斯特伐利亚和约》之前的一百多年已经得到了充分发展，它起源于意大利文艺复兴早期，发展于意大利战争时期，在宗教战争期间遭到严重挫折，但最终成为威斯特伐利亚体系的基本特征之一。另外，唐纳德·E·奎莱尔的《中世纪使节》（*The Office of Ambassador in the Middle Ages*, Princeton University Press, 1967）和查理·卡特（Charles Carter）的《西

① Garrett Mattingly, *Renaissance Diplomacy*, pp. 94 – 95.
② B. Behrens, "Treatises on the Ambassador Written in the Fifteenth and Early Sixteenth Centuries", *The English Historical Review*, Vol. 51, No. 204（Oct., 1936）, pp. 616 – 627.
③ Garrett Mattingly, *The First Resident Embassies: Mediaeval Italian Origins of Modern Diplomacy*, Speculum, Vol. 12, No. 4（Oct., 1937）, pp. 423 – 439.

欧国家（1500～1700）》（*The Western European Power*，1500－1700，Cornell University Press，1971）也是了解中世纪及近代早期外交理论和外交实践的重要著述。

16世纪欧洲外交和国际关系是美国历史学家加勒特·马丁利的研究专长，其代表作《文艺复兴时期的外交》（*Renaissance Diplomacy*）是一部关于文艺复兴时期欧洲外交发展的经典学术著作。主要讨论了中世纪末期以来欧洲国际规范的演变而带来的国际秩序的变化，尤其是意大利战争对欧洲外交制度和环境产生的影响，以理论和历史相结合的方式叙述了基督教世界观念的演变、常驻使节制度的国际影响，以及常驻外交的发展对于战争的影响等。马丁利认为，外交上的变化与国家统治、国家之间关系的变化密切相关。15世纪国际冲突的严峻局势，在国家之间形成了一个互相交流、互相施加压力的正规体系，对各个国家内政的稳定性、权威性和外交的策略性提出了新的要求。在具体的外交实践中，国家政策的制定者除了注重外交的对策性外，还使机构、措施更具常设性，如设置常驻使节、国与国之间互设定点大使馆、建立常设外事机构等。意大利的特殊地理位置和政治历史现状使其成为所有上述因素的聚焦点。意大利作为当时"外交政策的舞台"①，特别是随着15世纪西班牙、法国等的入侵，无论是其南部地区还是中部、北部地区，都必须从国际争端的复杂关系中来考虑各自的政策，包括成立有实质性约束力的国家联盟等。

马丁利通过对15世纪伯纳德·杜·罗西耶和埃尔莫劳·巴尔巴罗等外交理论家的著作分析，强调外交制度的变迁背后隐藏着观念的变化。马丁利在书中第一部分以较多的篇幅介绍了中世纪传统政治和法律理念对于中世纪欧洲外交及国际秩序所产生的影响。② 他认为，文艺复兴时期标志着外交历史的一个新起点，具有现代意义的经常性外交开始在意大利出现，其中常驻使节的出现是主要的变化之一。文艺复兴时期意大利政治的一个显著特征是，统治者希望借助于外交活动达到各方对于其政权合法性的承认。正是这种不断持续的外交和政治压力，才促使常驻使节的现实作用日益得到提升，因此马丁利在书中第二部分特别强调了1454年《洛迪和约》的重要性以及意大利协调机制（Concert of Italy）对于现代外交的

① 雅各布·布克哈特：《意大利文艺复兴时期的文化》，第86～87页。
② Garrett Mattingly，*Renaissance Diplomacy*，pp. 15－44.

兴起所起到的推动作用。从那时起常驻使节制度成为意大利半岛上的一个普遍现象，意大利城市国家之间在不稳定的平衡之中维持着彼此脆弱的均势。15世纪的意大利人倾向于认为，成功的外交家相当于甚至超过了成功的雇佣兵将领的作用，"外交为统治者服务，战争为雇佣兵谋利"。[1] 1494年法国以入侵意大利的行动戏剧性地结束了意大利外交相对封闭的状态，欧洲大国为争夺意大利半岛的主导权而展开了长期的争斗，同时长期的战争也迅速将意大利的外交制度传遍欧洲。

马丁利在书中第三部分以意大利战争作为时代背景，描述了16世纪上半叶常驻使节制度在西班牙、英格兰和法国的发展与演变，强调经常性外交在战争中为推动王朝利益所发挥的积极作用。[2] 然而马丁利也指出，由于文艺复兴时期国家主权的观念还不明确，16世纪的国际政治斗争具有王朝而非民族的倾向。各国是否接受和派出大使有时取决于形势是否需要、条件是否便利和习惯做法如何。常驻使节也没有完全取代特使，重要的外交谈判仍然由特使出席。特使归国前，常驻使节受其节制，而且由于经费的原因，最初常驻使节的待遇是比较低的，有时处境相当尴尬，这种情况也说明常驻使节制度的发展在这个时期仍处于一种不确定的状态。[3]

马丁利还注意到，随着新教运动进一步向北方扩展和土耳其人的势力在东方扩张，基督教世界的裂痕不断加深，《卡托—康布雷奇和约》之后欧洲人渐渐失去了对于西方基督教世界国际大家庭的归属感，以常驻使节构成的欧洲外交网络由于宗教矛盾的激化而遭到破坏。但是马丁利仍然强调欧洲秩序的继承性与延续性，其中意大利城市国家体系在其中发挥的历史作用与随之逐渐建立的近代欧洲国家体系是一脉相承的。在这个漫长的历史过程中，一套以主权国家为基本要素的国际法体系正在逐渐取代传统基督教世界的公共权力观念。[4]《文艺复兴时期的外交》一书从学术的角度充分展示了文艺复兴时期外交这样一个复杂而又充满时代特征的学术命题的诸多方面，书中引用了丰富的史料文献与学术著作，是研究意大利战争前后欧洲外交变化的重要学术著作。

和平与战争的理念在欧洲有着深厚的理论和实践基础，因此有关和平

---

[1] Garrett Mattingly, *Renaissance Diplomacy*, pp. 47–102.

[2] *Renaissance Diplomacy*, pp. 105–163.

[3] *Renaissance Diplomacy*, pp. 192–200.

[4] *Renaissance Diplomacy*, pp. 245–256.

与战争理念的演变同样也是意大利战争研究关注的问题之一。当代学者乔伊丝妮·G. 拉塞尔（Joycelyne G. Russel）的《文艺复兴时期的和平缔造》（*Peacemaking in the Renaissance*）从具体条约的谈判过程入手，深入探讨了意大利战争期间和平与战争的复杂关系。和平（Peace）是本书的中心词汇，缔造和平（Peacemaking）是本书讨论的中心话题。中世纪的传统认为，生活在基督教世界的基督徒之间应该维持一种和平状态，追求和平是中世纪思想的重要元素，而实现和平是上帝事业的组成部分之一。关于和平的观念也深深影响了中世纪乃至以后欧洲关于战争观念的发展与变化。缔造和平的手段可以是和平的，也可以是武力的，因此战争在某种条件下可被视为缔造和平的合法手段。①

　　书中第一部分以"理念、态度与程序"（Ideals, attitudes and procedures）为题，认为 15 世纪末期基督徒国家依然继承了中世纪关于和平与战争的道德传统、法律传统与实践传统，这些传统为教皇、神圣罗马帝国皇帝以及各王国君主等统治阶层提供了一个权利与义务相结合的外交实践的基础，透过一定的外交机制与外交协定，从而达到缔造和平的政治目的。② 书中第二部分分别以 1521 年加来—布鲁日和平会议与 1558 年到 1559 年《卡托—康布雷奇和约》谈判为分析个案，以丰富的历史史料作为叙事的坚实基础，从而对 1519 年查理五世当选为神圣罗马帝国皇帝之后的欧洲国际政治环境，以及英格兰在托马斯·沃尔西主导下在欧洲大陆扮演的外交角色进行了深入分析，对于结束意大利战争的《卡托—康布雷奇和约》前后的欧洲政治局势以及英格兰、法国与西班牙三方为了各自的王朝利益而进行的外交努力做了较为详细的介绍，特别是书后附录的《卡托—康布雷奇和约》主要条款富有史料价值。③ 通过上述个案的叙述与分析，拉塞尔试图说明文艺复兴时期的和平谈判无论是方式或是手段，在一定程度上既保留了某些中世纪的政治和外交遗风（比如条约缔结伴随着宗教仪式，向神宣誓和祈祷等），又形成了一种变幻莫测、互相猜疑的诡诈外交。

　　另一篇讨论意大利战争期间所缔结条约的论文是加勒特·马丁利的《一份早期的互不侵犯条约》（*An Early Nonaggression Pact*）。1518 年《伦

---

① Joycelyne G. Russell, *Peacemaking in the Renaissance*, pp. 3–5.

② *Peacemaking in the Renaissance*, pp. 3–89.

③ *Peacemaking in the Renaissance*, pp. 93–255.

敦条约》由法国国王弗朗索瓦一世与英格兰国王亨利八世共同签署，这是
一个旨在结束战争并试图在基督徒国家之间建立永久和平的非战条约。但
是史学界很少对这份条约给予关注，只是把它作为众多英法条约中的一份
普通协定。不过，以威廉·布施（Wilhelm Busch）为代表的历史学家在
研读了相关史料之后，强调签署《伦敦条约》是维持欧洲和平的一次真诚
努力，说明 16 世纪初期那种属于西方基督教世界国际大家庭的归属感依
然是比较强烈的。马丁利认为，经过意大利战争最初 25 年的流血冲突，
1518 年前后欧洲各国的人们对于同属基督教世界的那种归属感以及对和
平的渴望胜过以往。1516 年伊拉斯谟（Desiderius Erasmus，1466－1536）
出版了《论基督徒君主的教育》（*The Education of a Christian Prince*），积
极倡导通过外交努力实现基督教世界的永久和平，以便让基督教的欧洲能
够统合各方力量，共同对抗东方非基督教的势力集团（尤其是奥斯曼帝
国）。同一年托马斯·莫尔（Thomas More，1478－1535）的《乌托邦》
（*Utopia*）问世，其中写道："乌托邦人憎恨战争。乌托邦人一反几乎所有
国家的惯例，把在战争中所追求的光荣看成极不光荣。"[1]

　　马丁利进一步认为，16 世纪初欧洲外交努力的失败是导致马基雅维
里愤世嫉俗的写作基调的主要原因，也促成了其他人文主义学者思想与写
作风格的转变。从 1506 年康布雷同盟战争到 1516 年神圣罗马帝国皇帝马
克西米连一世入侵米兰公国的失败，基督教世界内部为意大利战争付出了
沉重代价，而基督教世界对外又面临着土耳其人的极大威胁，为了响应教
皇利奥十世休战五年的敕谕，托马斯·沃尔西在亨利八世的支持下试图把
教皇的号召转变为具体的行动计划，敦促各方签署一份多边的和平条约，
以实现基督教世界的永久和平。英格兰与法国签署《伦敦条约》，并呼吁
帝国皇帝、西班牙国王等加入条约。马丁利指出，沃尔西的和平思想显然
是受到历史传统（《洛迪和约》与意大利联盟等外交实践）与现实政治
（土耳其人的威胁与教皇的号召）的双重影响，但是由于传统观点认为文
艺复兴时期的政治道德严重缺失，因此在这种观点的影响下，史学界大都
否认沃尔西外交努力的真实性。然而从当时对于《伦敦条约》的反应可以
看出，基督教世界的团结与和平依然具有很强的号召力。《伦敦条约》缔
造的基督教世界和平由于协调机制的不成熟、解释侵略概念时的随意性、

---

[1]　托马斯·莫尔：《乌托邦》，戴镏龄译，商务印书馆，1996，第 94 页。

亨利八世的冒进与王室之间的政治斗争而经受了极大考验，显然现实政治的发展偏离了沃尔西的和平轨道，1521 年加来—布鲁日和平会议及相应协议从根本上否认了《伦敦条约》的有效性。马丁利在具体分析了沃尔西失败的原因后，认为没有切实的制度与物质保障，加之沃尔西的和平主张背后仍然离不开英格兰利益的作用，这些都是导致《伦敦条约》缔造的基督教世界和平破灭的主要原因。①

　　现代外交起源于文艺复兴时期的意大利。研究意大利城市国家的外交制度，有助于了解常驻使节制度的产生和发展、意大利体系的嬗变及均势思想的外交实践。意大利学者达尼埃拉·弗里戈（Daniela Frigo）主编的《意大利近代早期的政治与外交——1450～1800 年的外交体系》（*Politics and Diplomacy in Early Modern Italy：The Structure of Diplomatic Practice，1450－1800*）收录了几位意大利外交史学者的论文，通过个案分析充分探讨了近代早期意大利城市国家外交制度对意大利政治、外交、经济、社会及欧洲国际关系等方面的影响。例如：里卡尔多·富比尼的《15 世纪意大利城市国家的外交与治理——以佛罗伦萨和威尼斯为例》［*Diplomacy and Government in the Italian City－States of the Fifteenth Century（Florence and Venice）*］、亚历山德拉·孔蒂尼（Alessandra Contini）的《16 世纪美第奇家族外交面面观》（*Aspects of Medicean Diplomacy in the Sixteenth Century*）、卢卡·里卡尔迪（Luca Riccardi）的《近代早期教廷外交概述》（*An Outline of Vatican Diplomacy in the Early Modern Age*）、达尼埃拉·弗里戈的《"小国"与外交——曼图亚与摩德纳》（*"Small States" and Diplomacy：Mantua and Modena*）等。②

　　随着社会史与文化史研究的兴起和许多长期被忽视的外交历史文献、使节报告和使节私人书信的再发现，关注"底层历史"（from below）的研究方法也逐渐渗入外交史研究领域，西方学界出现了关于"新外交史"（new diplomatic history）的讨论。"新外交史"研究聚焦于身处外交一线的使节们的具体日常外交活动（信息收集、信息传递、使团管理等），表

①　Garrett Mattingly，"An Early Nonaggression Pact"，*The Journal of Modern History*，Vol. 10，No. 1（Mar.，1938），pp. 1－30.

②　Daniela Frigo ed.，*Politics and Diplomacy in the Early Modern Italy：The Structure of Diplomatic Practice，1450－1800*. trans. by Adrian Belton，Cambridge：Cambridge University Press，2000，pp. 25－108，147－175.

面看起来烦琐、实际上具有丰富内涵的外交仪轨（国礼赠送、使团接待、外交优先权）与社会文化时代背景下的外交官等。① 英国学者凯瑟琳·弗莱彻（Catherine Fletcher）的《我们在罗马的人——亨利八世与他的意大利籍大使》②（*Our Man in Rome：Henry VIII and his Italian Ambassador*）一书是对出任亨利八世时期英格兰驻罗马大使的意大利人格雷戈里奥·卡萨利（Gregorio Casali）的外交经历所做的个案研究。通过官方的史料记载和卡萨利的家族档案，弗莱彻生动地勾勒出了一个出身于意大利贵族家庭但效命于英王亨利八世的外交官形象，描述了 16 世纪上半叶欧洲外交制度演变过程中的某些奇特现象。1527 年不满二十岁的格雷戈里奥·卡萨利衔命出任英格兰驻罗马大使，主要负责说服教皇克莱门特七世接受亨利八世解除婚姻的请求。历时六年的外交斡旋，经历了惨痛的罗马之劫，为实现自己的外交使命，卡萨利运用了劝诱、贿赂甚至威胁等各种手段。驻外使节的外交生涯和忠诚甚至生命时刻经受着时间、利益和君主的各种考验。弗莱彻的这部专著透过个案研究，反映了意大利战争期间欧洲外交制度转折过程中的重要变化，凸显了新式外交出现前后欧洲外交的经常性和复杂性。弗莱彻的另一部专著《外交与文艺复兴时期的罗马——常驻使节制度的兴起》（*Diplomacy in Renaissance Rome：The Rise of the Resident Ambassador*）是"新外交史"研究的一次新的尝试。外交本质上是一种国际现象。作为基督教世界的中心和意大利战争背景下的外交中心舞台，罗马成为作者研究常驻使节制度的切入点，透过历史维度的认识与外交实践各领域的研究，弗莱彻强调，这一时期的外交制度尤其是常驻使节制度虽有充分的发展，但是依然显示出不稳定性与流动性。③

（3）军事制度研究

意大利战争在西方现代军事史上的地位与作用，一直是备受军事史专家关注且争论性很强的热点话题。意大利战争中的每一场战役，"似乎都提供了一则有待吸取的新教益，都展示出一项变更式的新创举，它改变了

---

① 关于"新外交史"，可参见 John Watkins，"Toward A New Diplomatic History of Medieval and Early Modern Europe"，*Journal of Medieval and Early Modern Studies* 38（2008），1–14.

② Catherine Fletcher，*Our Man in Rome：Henry VIII and his Italian Ambassador*，London：The Bodley Head，2012.

③ Catherine Fletcher，*Diplomacy in Renaissance Rome：The Rise of the Resident Ambassador*，Cambridge：Cambridge University Press，2015，p. 4.

军队应当依以得到武装、部署、领导和使用的方式"①。20 世纪 50 年代西方史学界提出了"军事革命"的概念。"军事革命"（Military Revolution）的概念出自英国学者迈克尔·罗伯茨（Michael Roberts）于 1955 年所做的题为《军事革命（1560～1660）》（*The Military Revolution*，1560－1660）的学术报告，引起了学术界的广泛讨论，"军事革命"也随即成为近代早期历史和军事史研究中频繁使用的一个概念。罗伯茨在报告中认为，由于 1560 年至 1660 年欧洲在军事战术、军队规模、军事战略以及军事与社会的关系四个方面发生了巨大变革，带来了西方军事向职业化、常态化方向的发展，导致了新君主制国家权力的集中，对欧洲政治制度和社会方面产生了深远影响，因而堪称是一场军事革命。②

1976 年美国学者杰弗里·帕克（Geoffrey Parker）的论文《"军事革命"（1560～1660）——一个神话？》（*The "Military Revolution*，1560－1660"——*A Myth?*）修正了罗伯茨关于军事革命发生时间的界定，把军事革命的起源上推至 15 世纪中叶，将军事革命发生的时间界定在 1530 年至 1710 年这段时期，而意大利战争正处于军事革命的前期。帕克承认近代早期军队规模的急剧膨胀及其重要性，但是指出军队规模扩大的第一次高潮应早于罗伯茨所说的军事战术变革时期，因此不能把军队规模扩大归因于战术变革。帕克认为，意大利战争时期火炮的威力与带有棱堡的"意大利式防御工事"（star fort/bastion fort *Trace Italienne*）的推广才是军队规模膨胀的关键因素，这些军事领域的变革与近代国家的形成、政府官僚化及军队专业化之间存在着一定联系。③ 1988 年帕克的《军事革命——军事改革与西方的兴起（1500～1800）》（*The Military Revolution*：*Military Innovation and the Rise of the West*，1500－1800）一书的出版，标志着军事革命问题研究达到了一个高潮。帕克把军事革命与西方世界的兴起这两个学术

① 克里斯托弗·林奇：《解释性论文》，收录于《马基雅维利全集 03：用兵之道》，时殷弘译，第 191 页。

② Michael Roberts, "The Military Revolution, 1560－1660", in *The Military Revolution Debate*：*Readings on the Military Transformation of Early Modern Europe*. Edited by Clifford J. Rogers, Boulder; San Francisco; Oxford: Westview Press, 1995, pp. 13－36; Geoffrey Parker, *The Military Revolution*：*Military Innovation and the Rise of the West*, 1500－1800, Cambridge：Cambridge University Press, 1988, pp. 1－2.

③ Geoffrey Parker, "The 'Military Revolution, 1560－1660' —A Myth?", in *The Military Revolution Debate*：*Readings on the Military Transformation of Early Modern Europe*, pp. 13－36.

热点问题联系在一起，着重强调了军事革命的重要历史意义。

20 世纪 90 年代以后，从军事角度研究社会发展成为一股史学热潮，以"战争与社会"为标题的著作和文章纷纷出现，几乎成为一种模式。杰里米·布莱克（Jeremy Black）的《军事革命？军事变革与欧洲社会（1550～1800）》（*A Military Revolution？Military Change and European Society*，1550－1800）、《欧洲战争（1494～1660）》（*European Warfare*，1494－1660）、伯特·霍尔（Bert Hall）的《文艺复兴时期欧洲的武器与战争——火药技术与战术》（*Weapons and Warfare in Renaissance Europe：Gunpowder Technology and Tactics*）和托马斯·阿诺尔德（Thomas Arnold）的《战争中的文艺复兴》（*The Renaissance at War*）等著作针对帕克的军事革命理论提出了学术性批评，他们认为，罗伯茨和帕克的理论过多地关注于军事技术的发展与演变，而忽视了战争发展过程中的社会、文化和政治因素。新的观点强调现代军事发展是一个长期的历史现象，近代早期欧洲战争的主要特征是连续性的变化，对于把任何一种延续上百年的持续变化描写成为一场革命的研究模式提出了质疑。[①] 杰里米·布莱克在其著作中，从军事发展的角度肯定了意大利战争作为现代战争开端的历史地位，依循历史的轨迹，以一个章节的篇幅，从 1512 年拉文纳战役到 1525 年帕维亚战役分析了意大利战争中军事技术、军事组织、军事防御和武器装备等多方面的变化，并且认为观察这些变化应在当时的文化、社会、经济和政治发展的范畴之下，以"军事调整"（Military Adaptation）来定义这一时期的军事发展特点应更为妥当。[②] 军事史专家阿诺尔德以火药革命（A Gunpowder Revolution）形容文艺复兴时期尤其是意大利战争中的军事技术革新。火药的发明和应用使欧洲的战争形态开始从冷兵器时代向冷热兵器混用时代过渡。火枪和大炮的使用，推动攻城术和筑城术理论与实践的不断发展，促进军队规模与军队组成的不断优化。[③] "军事革命"虽然不是本

---

① Jeremy Black, *A Military Revolution？Military Change and European Society*, *1550－1800*, Atlantic Highlands NJ：Humanities Press International, 1991, pp. 1 － 7, 93 － 96；Jeremy Black, *European Warfare*, *1494－1660*, London and New York：Routledge, 2002；Bert Hall, *Weapons and Warfare in Renaissance Europe：Gunpowder Technology and Tactics*, Baltimore：Johns Hopkins University Press, 1997, pp. 200－235；Thomas F. Arnold, *The Renaissance at War*, London：Cassell & Co., 2001

② *European Warfare*, *1494－1660*, pp. 69－96.

③ Thomas F. Arnold, *The Renaissance at War*, pp. 24－51, 54－83.

文的讨论重点，但是"军事革命"概念的出现及以后的争论也为研究意大利战争中的军事问题提供了重要视角。①

　　军事领域的发展与变化是意大利战争研究的重要方面，它反映了近代早期欧洲军事的历史变迁及意大利战争在欧洲军事史上的地位与影响。布莱兹·德·蒙吕克（Blaise de Monluc）的《哈布斯堡—瓦洛亚战争与法国宗教战争》（*The Habsburg - Valois Wars and the French Wars of Religion*）是一部战争回忆录。布莱兹·德·蒙吕克（1502～1577）是法国名将，意大利战争中屡建战功，由一名普通弓箭手逐步晋升，1574 年被授予法国元帅的头衔。这部战争回忆录记载了他 50 余年的军旅生涯，是许多同类题材中比较有代表性的一部回忆录，曾被法国国王亨利四世（Henry IV of France，1589～1610 年在位）誉为"士兵的圣经"（Soldier's Bible）。《哈布斯堡—瓦洛亚战争与法国宗教战争》是由学者伊恩·罗伊（Ian Roy）选取原著中四分之一的内容编辑而成的版本。② 尽管蒙吕克的这部回忆录多少带有某些文学性质的夸张成分，但是仍然具有很高的史料价值和学术价值。蒙吕克在回忆录中记述了 16 世纪战争中一些具有决定意义的军事变革，包括火绳枪（Arquebus）的发展、大炮的运用、防御性军事工事的修筑以及重骑兵为适应现代战争的需要而做出的变革。除了记录战争中的军事变革之外，蒙吕克在回忆录中也清楚地认识到战争的残酷性，他承认意大利战争带来了难以言表的苦难，也为战争中平民的伤亡与士兵的牺牲深感惋惜。不过，蒙吕克作为 16 世纪的军事将领还是表达了为国王事业而从军带来的自豪感，认为服务于军队为他这个"穷苦劳作的普通百姓的儿子"带来了财富、荣耀与声誉。③ 布莱兹·德·蒙吕克的军事回忆录为研究意大利战争期间的军事变革和军人如何看待战争等问题提供了难得的第一手资料。

　　著名学者弗雷德里克·L. 泰勒（Frederick L. Taylor）的《意大利的战争艺术（1494～1529）》（*The Art of War in Italy*，1494 - 1529）是研究意

---

①　国内关于欧洲军事革命的研究，许二斌博士做了深入探讨，他认为 14～17 世纪的欧洲至少发生了 5 场军事革命：14 世纪的步兵革命、15 世纪前期的火炮革命、16 世纪早期的防御工事革命、16 世纪的海战革命以及 16 世纪末 17 世纪初的战术革命，详情可参见其博士论文《14～17 世纪欧洲的军事革命与社会转型》。

②　Blaise de Monluc, *The Habsburg - Valois Wars and the French Wars of Religion*, Ian Roy ed., London：Longman Group Limited，1971，pp. 31 - 198.

③　*The Habsburg - Valois Wars and the French Wars of Religion*, pp. 37，226，232.

大利战争前期军事发展的一部学术专著，泰勒从战略、步兵、骑兵、火炮、战术、防御工事与围攻战、军事作家七个方面，详细论述了自 1494 年法国入侵意大利以来，在意大利战场上战争艺术所发生的各种变化。

战略在中世纪是以一种最基本的状态存在的，战场上的统军将领认为他们的主要职责就是找到敌人，然后毫不迟疑地与其交战。传统的中世纪骑士精神蔑视军事上的精心调遣与部署，贬低战争中的欺诈行为，力求以骑士的方式速战速决。然而随着职业士兵取代了封建兵役，军事调遣与部署越来越受到重视，雇佣军及其首领在这方面做出了较为突出的贡献。[①] 泰勒指出，从战略的角度分析 1529 年之前的意大利战争，那不勒斯王国与米兰公国相继成为欧洲主要势力争夺的焦点地区，这不仅是历史原因造成的，同时也是由于这两个地方的战略地位所决定的。[②] 战争中各方的力量部署、兵力调配、后勤补给与军队自身实力都对战役成败与战争走向产生了或大或小的影响。

14 世纪以来，相对于重装骑兵地位的下降，步兵在战争中的作用不断得到提升。在泰勒看来，步兵的军事重要性在意大利战争中得到了极大的提高，改变了中世纪歧视步兵的传统观点。步兵与骑兵地位的转换，一方面是由于英格兰步兵与瑞士长枪兵的示范作用，导致法国、西班牙、德意志及意大利各城市国家相继采用英格兰或瑞士的战术；另一方面是由于当时的许多雇佣军是由瑞士人、德意志人、法国的加斯科尼人（Gascon）和意大利人等军团单位混编而成的，彼此之间难免会有竞争和交流，从而促进了步兵作战能力的提升。除此之外，步兵作战武器的不断改进加强了步兵的机动性与适应性（西班牙步兵团特别擅长机动灵活的作战方式，能迅速适应作战环境）。[③]

意大利战争期间骑兵与步兵之间的比例不断朝着有利于步兵的方向调整，1525 年帕维亚战役中这个比例更是达到了 1∶12 的程度。尽管如此，泰勒认为重装骑兵在突袭（Shock Tactics）中的作用依然不可小觑，骑兵作为先锋力量仍然是军队构成的基本要素，意大利战争期间的每次战役中骑兵都是不可或缺的，甚至在某些战役中发挥奇效，决定战役的胜负。不

①　Frederick L. Taylor, *The Art of War in Italy*, *1494 - 1529*, Cambridge：CambridgeUniversity Press, 1921, pp. 10 - 11.

②　*The Art of War in Italy*, *1494 - 1529*, pp. 12 - 13.

③　*The Art of War in Italy*, *1494 - 1529*, pp. 29 - 30.

仅如此，重装骑兵身上保留有中世纪的遗风，高贵的出身与骑兵之间的互助精神使他们在政治上获得尊崇的地位，继而在军队中逐渐发展成为相对独立的团体。随着意大利战争的推进，轻骑兵成为军队中的特殊团体，他们通常在战争中被委以特殊使命，例如保护军队的残余力量、确保粮食供给、传送军情，或给敌人制造假象形成疑兵。骑兵在意大利战争中依然保持了自己的尊严，而且适应了战争中新的需要，因此骑兵地位的下降也是相对而言的。① 意大利战争的经验表明，战役胜利的天平极易倒向能够让各兵种协同作战的一方（帕维亚战役即是如此）。意大利战争不仅证实了火炮的强大威力，圭恰迪尼形容其为"瘟疫"，而且见证了火炮的进一步细化（攻城炮与野战炮之间有明确分工），以及运载工具的更新换代（火炮的机动性得到了提升）。②

　　战术是一门在具体的战斗指挥中如何应敌的艺术，一般由空间和时间两个方面的考虑组成，即如何分配军队的作战力量和如何协调不同作战力量之间的关系。意大利战争是中世纪战争与近代战争的重要分水岭，由于军队构成、军事装备与军事分工的复杂性对意大利战争中军事作战提出了更高的要求，导致意大利战争中的战术问题及困难也随之增多。武器发展的过程与破坏均衡的进化概念极为相似，一段长时期的稳定状态被一个非常快速的变革所打断，这种变革通常是围绕一项关键技术的突破而发生的。枪械在意大利战争中出现了非常重要的变化，手持式和肩扛式火枪的发展演变导致军队战术安排的变化，步兵阵型根据枪械的要求来布置，并且与其他手持剑、盾、长枪及弓箭的方阵建立了一种共生关系。组织一场战役、安排各兵种在战斗行列中的位置与角色，是军事将领极为关注的烦琐工作。意大利战争早期一般是这样安排军队作战位置的：人数众多的步兵军团居中，骑兵军团位居两翼，火炮力量占据前锋的位置，轻骑兵与轻装步兵作为接应游弋其间。

　　泰勒注意到，从 1495 年福尔诺沃战役到 1525 年帕维亚战役，意大利战争中三方面的变化让这一时期的战术明显不同于中世纪传统：第一个变化是强调作战稳健保守（Military Prudence），其表现是作战时保存部分有生力量，以及在阵地上修筑防御工事；第二个变化是军队在军事行动中破

---

①　Frederick L. Taylor, *The Art of War in Italy*, *1494 – 1529*, pp. 61 – 63.

②　*The Art of War in Italy*, *1494 – 1529*, pp. 81 – 102.

除成规、随机应变（Adaptability of Armies in Action）的现象增多，这与中世纪战争中墨守成规的做法有所不同；第三个变化是求胜心理（the desire to win）逐渐超越求战心理（the desire to fight），大多数中世纪战争是在骑士冒险精神的鼓舞下进行的，不是单纯为了取得某种政治上的结果，这种精神状态也是推动查理八世入侵意大利的原因之一。但是随着意大利战争的持续进行和王朝之间不断的争斗，逐渐形成了这样的观点，即战争是政治斗争的一个手段，战争不是为了荣誉而是为了夺取意大利的主导权。①意大利战争后期的情况最能体现这种变化。

在修筑防御工事与展开围攻战方面，泰勒认为，1494 年前后意大利人落后于欧洲其他地区，可是 30 年之后，阿尔卑斯山以北的军事工程技术人员却纷至沓来，学习意大利人在防御工事与围攻战方面取得的最新成就。为了应对攻城炮威力的增长，设计出新的防御工事成为意大利各城市国家的紧迫问题。从查理八世远征到 1509 年康布雷同盟战争，意大利人尝试了诸如筑壕防卫（the Trench）、修筑防御土墙（the Rampart）、在侧翼用泥土筑防御工事（the Flanking Earthwork）以及装配进攻性火炮等各种办法，经过无数次反复试验，到 16 世纪早期，在意大利逐渐形成了一种完全有别于传统垂直式设计的新型防御工事，其最重要的特点是采用棱堡体系，这样既可以起到牵制敌人兵力的作用，还能够扩大防守者对于周围乡村地区的控制。

泰勒指出，中世纪战争的主要特点是，大多数情况下防御与进攻之间的天平总是向前者倾斜，火炮的出现打破了这种倾向，但是随着新防御工事在欧洲的推广，战场上防御与进攻的天平再一次向前者倾斜。从 1521 年到 1528 年，意大利战争中围攻战的成功战例非常少见，这一方面证明了新防御工事的军事价值，而另一方面也说明了意大利战争逐渐变成一场持久的包围战，而包围战术需要耗费大量的人力与财力。② 无论是新防御工事的修筑还是旷日持久的围攻，这两方面的资金需求无疑对任何作战国家的财政都是相当沉重的负担，军费的急剧增长最终导致意大利战争在国家财政破产的窘境中草草收场。

泰勒在《意大利的战争艺术（1494～1529）》一书最后一章谈及军事

① Frederick L. Taylor, *The Art of War in Italy*, *1494 – 1529*, pp. 103 – 112.
② *The Art of War in Italy*, *1494 – 1529*, pp. 129 – 155.

作家时说:"意大利文艺复兴时期是军事思想新时代的开始时期。"意大利
战争不但为军人提供了丰富的军事实践,还为军事理论的发展提供了坚实
的实践基础。在文艺复兴精神的熏染之下,随着火药的应用与推广,一种
进步的观念融入军事理论的研究与实践中。战争与外交一样成为一门艺
术,军事研究更加细化与专业化,火炮与防御工事的设计、雇佣军的历史
地位、武器的变化与新兵种的出现都成为专门的军事课题。"这个时期最
伟大的军事思想家"马基雅维里所著的《君主论》、《李维史论》、《兵法》
中均涉及有军事话题。《兵法七论》集中体现了马基雅维里的军事思想,
此书以对话的形式,在关注国家本质与职能的过程中,不再把战争视为一
种孤立的现象,而是将战争与政治联系在一起,阐述军事与政治的密切关
系,从政治哲学的角度分析战争本质与战争艺术。泰勒在其著作的附录中
以 1512 年拉文纳战役为经典战例和历史佐证,从上述七个方面具体分析
了这场战役,以阐述意大利战争早期军事领域发生的诸多变化。[①] 尽管泰
勒的这部著作初版于 20 世纪初叶,但是其中许多关于意大利战争早期的
军事观点依然能够经得起时间的考验。

　　英国著名军事史专家查尔斯·奥曼爵士 (Sir Charles Oman) 所著《16
世纪欧洲战争艺术史》(*A History of the Art of War in the Sixteenth Century*)
初版于 1937 年,是其《中世纪欧洲战争艺术史》(*History of the Art of War
in the Middle Ages*) 的续篇。奥曼爵士从 16 世纪的军事战略、战术、军队
组织和军事心理 (the Military Psychology,奥曼特别强调这一点) 等角度
出发,以 1494 年至 1600 年战争艺术的发展变革作为研究对象,最终对这
一时期的军事理论和军事实践做出了学术概括与总结。奥曼爵士强调,研
究者在论述 16 世纪军事史时,把太多的注意力放在了马基雅维里等人的
著作上,而忽视了当时的许多关于军事训练的教科书、关于大炮的论文以
及个人军事历险的回忆录[②],低估了人物心理与时代心理的军事意义。本
书选择了在军事史中具有典型意义的战役,进行了详细解析。他认为,
1495 年福尔诺沃战役标志着在现代意义的战争面前意大利传统军事部署
调遣理论的失败与终结;1512 年拉文纳战役是由占绝对优势的炮兵力量
所取得的第一次大胜;1515 年马里尼亚诺战役的胜利表明,传统的步兵

---

① Frederick L. Taylor, *The Art of War in Italy, 1494 – 1529*, pp. 156 – 204.

② 有关问题可参见 Yuval Noah Harari, *Renaissance Military Memoirs:War, History, and Identi-
ty, 1450 – 1600*, Woodbridge:The Boydell Press, 2004.

军团作战是无法抵御多兵种协同作战的。

奥曼爵士在书中形容意大利战争是欧洲历史上"第一次泛欧洲军事冲突"（the First Pan – European Conflict），虽然查理八世的意大利远征带有典型的中世纪特点，但是随着 15 世纪的结束，意大利战争的战火已经蔓延到了低地国家和比利牛斯山脚下，战争的方式与性质迅速地发生了改变，甚至可以称为一场革命。16 世纪初叶手持火器的士兵逐渐取代弓箭手，火炮口径的扩大和数量的增加催生了新型防御工事的发展。军事装备的改善与提升如何促进军事战略与战术的发展，这是贯穿和联系这部著作各个章节的一条主线。奥曼爵士的《16 世纪欧洲战争艺术史》以近 400 页的篇幅详细但有选择性地叙述了意大利战争中的军事地理、战略战术、参战各方的军队实力以及构成，从战术的角度分析了福尔诺沃等战役个案在军事史上的历史地位。奥曼爵士在本书的前言中提到，为了尽可能地在书中重现各个战役的历史原貌，他不辞辛劳地拜访了许多战役发生的旧址。有些遗憾的是，随着岁月的流逝，很多战役遗址的地貌发生了巨大变化，不同程度地影响了战役的描述，[①] 但是这无损于奥曼爵士在欧洲军事史研究上的贡献，他的这本著作是研究意大利战争不可缺少的一部学术专著。

威廉·麦尼尔（William H. McNeill）的《竞逐富强——西方军事的现代化历程》原名《竞逐富强——公元 1000 年以来的技术、武装力量和社会》（The Pursuit of Power：Technology，Armed Force，and Society Since A. D. 1000），其在讨论 15、16 世纪的军事发展时认为，意大利战争的持续进行为欧洲各国的战争业务带来了突飞猛进的发展。关于火药的应用以及大炮的构思与设计是一个漫长的历史过程，因火药用于战争而带来的军事革命对于欧洲历史的发展具有重大意义，大炮的出现及其发展变化证明了这一点。1494 年法国军队的火炮展示出了新型大炮的威力，这种大炮能够很快地在行进位置和发射位置中间互相转换，而且凡是大型运货马车能够通过的地方，这种大炮都能通行。新式大炮的出现，促使意大利的军事工程技术人员寻求办法改造旧的防御工事以更有效地经受炮火攻击，到了 16 世纪 20 年代，新的意大利式防御工事已能有效地阻止军队的进攻，迅

---

① Sir Charles Oman, *A History of the Art of War in the Sixteenth Century*, London：Greenhill Books, 1999, pp. 3 – 389.

速地遏制攻城火炮压倒一切的威力。麦尼尔指出，这种新工事的发展与推广在查理五世实现帝国的道路上设置了十分有效的障碍，能够长期抵挡优势兵力的防御工事对制止帝国的建立可以起关键性的作用，因此建造这种工事的活动迅速在意大利及欧洲其他地区开展起来，导致"1525 年以后，大规模的战役（是意大利战争前 25 年的特点）停止了，开始了围城时期"。

　　在意大利遍地布满防御工事的同时，意大利战场为发展有效的步兵火器提供了温床，继而促进了滑膛枪（Musket）和火绳枪（Arquebus）等火力的战术运用及野战工事的修筑。"事实上，法国人在意大利的失败主要归因于过分依赖瑞士长矛兵、重骑兵和攻城炮。西班牙人则比法国人更善于试验用滑膛枪作为长矛兵的补充，而且特别擅长利用野外工事保护步兵免受骑兵袭击。……结果，从意大利战争中脱颖而出的所谓西班牙步兵团（Tercio）成了欧洲最强劲的野战部队。"西班牙步兵团的战术使步兵在战场上发挥了决定性作用，在防御和进攻两方面都是如此，意大利战争将步兵再次推到了战场上的主要位置。在论述陆地战争变化的同时，麦尼尔也注意到，正在使陆战发生巨大变化的大炮在海上也能够发挥同样的作用，载有大炮的帆船开始在海战中成为主流。① 从以上评论可以看出，麦尼尔的著作显然在一定程度上受到了帕克等人对军事革命问题讨论的影响。

　　针对著名战役的个案分析研究，不仅有助于了解意大利战争期间西方军事制度在战略、战术和武器装备等方面的变化，而且有助于分析意大利战争中军事与政治之间的关系变化。学者安东尼奥·圣苏奥索（Antonio Santosuosso）的论文《解析文艺复兴时期意大利的失败——1495 年福尔诺沃战役》（*Anatomy of Defeat in Renaissance Italy：The Battle of Fornovo in 1495*）深入分析了福尔诺沃战役的详细过程。福尔诺沃战役是意大利战争期间发生在意大利半岛上的第一次大规模的军事会战，其结果对欧洲政治和军事均产生了重要影响。关于福尔诺沃战役的胜负，交战双方各执一词，都声称获得了战役的胜利。不过大多数历史学者都认为法国是这次战役的胜利者，威尼斯同盟军队的失败对于意大利人而言更具军事象征意

---

① 麦尼尔：《竞逐富强——西方军事的现代化历程》，倪大昕、杨润殷译，学林出版社，1996，第 86～102 页。

义。意大利文艺复兴时期的传记作家保罗·乔维奥认为，福尔诺沃战役的失利毁坏了意大利士兵的声誉，让外国人鄙视他们，导致后来发生了一连串事件，使意大利成为其他人奴役的对象。西蒙兹形容福尔诺沃战役是"意大利的耻辱"（the Shame of Italy）。圣苏奥索认为，意大利人不仅输掉了福尔诺沃战役，而且这次战役还成为意大利军事能力的晴雨表。1509年威尼斯在康布雷同盟战争中失败，进一步证实了人们从福尔诺沃战役中得出的结论，意大利人的军队左右不了意大利人的命运。虽然意大利是一个艺术天才辈出的地方，但唯独缺少的是军事上的勇气与魄力。

　　福尔诺战役为历史学者提供了一个很好的分析案例，从解析的过程中探究意大利人军事失败的战略、战术等军事技术和制度原因，为文艺复兴时期意大利政治上的崩溃提供一个解释的途径。圣苏奥索的论文以详尽的史料，从交战双方的战役准备、军队部署、战役发生地的地形地貌、战术应用到战役具体过程等方面论述了福尔诺沃战役的历史过程。在解释为何威尼斯同盟军队被规模仅是其三分之一的法国军队击败的原因时，圣苏奥索指出，一部分原因是法国军队舍弃的辎重物品引起物资缺乏且军纪不明的意大利人的哄抢，阻碍了军事行动；连日以来的雨天又制造了不小的麻烦；法军火炮的威力给法国人以强大的心理优势；同盟军队多名高级将领阵亡，造成同盟军队的部署失去了效力。圣苏奥索进一步指出，同盟军队失利的主要原因还是军队主帅指挥不利，战术有误，其表现不像是一位指挥战役的将领，更像是一位英勇的士兵，这种情况从根本上来说是意大利雇佣军制度的缺陷造成的。论文最后总结说，战役失利的最终原因要到文艺复兴时期的意大利政治文化中去寻找，总体来说，福尔诺沃战役的失败是文艺复兴时期意大利政治的一个象征。[①]

　　戴维·尼科尔（David Nicolle）的《1495年福尔诺沃战役——法国军队的血腥撤退》（*Fornovo* 1495：*France's Bloody Fighting Retreat*）和安格斯·康斯塔姆（Angus Konstam）的《1525年帕维亚战役——意大利战争的高潮》（*Pavia* 1525：*The Climax of the Italian Wars*）是由专门出版军事书籍的英国鱼鹰出版社（Osprey Publishing）出版的两本军事读物。虽然这两本书设定的读者群主要是社会大众，但是书中也不乏专业性的分析与

---

① Antonio Santosuosso, "Anatomy of Defeat in Renaissance Italy：The Battle of Fornovo in 1495", *The International History Review*, Vol. 16, No. 2（May, 1994）, pp. 221-250.

点评，图文并茂的形式以及大量的政治、地理和军事信息也有助于读者加深对16世纪欧洲战争的细节了解。站在学术的角度，这两本军事读物立体地分析了1495年福尔诺沃战役与1525年帕维亚战役。两本读物采用相同的体例并配以精彩的图示，分析了战役起因、对阵双方的军事将领、军队构成，对阵双方的军事策略与部署、战役的过程与影响，十分生动地讲述了两次战役中军事领域的各方面发展与变化，把战役分析放在意大利战争与西方军事史发展的历史视野中，既具有可读性又不失学术性。从两本读物的标题中可以看出，两位作者对意大利战争期间这两次重要战役有着自己的理解与判断。

尼科尔在《1495年福尔诺沃战役——法国军队的血腥撤退》中认为，1495年福尔诺沃战役是意大利战争开始之后的第一次重要战役，它不仅体现了文艺复兴时期意大利人在军事上的无能与软弱，而且沉重打击了意大利的传统雇佣军制度，迫使以威尼斯为代表的意大利各城市国家逐渐放弃单纯依靠雇佣军作战的军事传统，转而向以雇佣军为主、各种军事力量相结合的军事组织制度转变。① 康斯塔姆在《1525年帕维亚战役——意大利战争的高潮》中认为，1525年帕维亚战役是意大利战争期间具有决定性意义的一次战役，可以说是意大利战争的高潮。法国国王弗朗索瓦一世在战役中被俘，经历了一生中最大的耻辱，而这次战役也标志着瑞士雇佣军全盛时代的结束和西班牙步兵团近一个世纪军事优势的开始，它打破了1525年之前欧洲势力均衡的政治局面，形成了神圣罗马帝国皇帝查理五世在意大利的主导地位。②

雇佣军研究是了解意人利战争时期军事制度的重要内容。使用雇佣兵是欧洲中世纪乃至近代早期的通常做法，统治者通过军事合同与那些愿意效忠的军事组织或团体达成协作与雇佣关系，从而依靠他们丰富的从战经验形成了一套可以适应战争需要的雇佣军制度。"雇佣军的巨大优势在于他们已经懂得如何运用武器，如何布阵作战。正如一位法国军事作家在16世纪40年代观察的那样，外国雇佣军是'那些最可信任的人，没有他们，我们将没有勇气去做任何事。'但在紧急关头，他们也可能是不可靠的。

---

① David Nicolle, *Fornovo 1495：France's Bloody Fighting Retreat*, Oxford：Osprey Publishing, 1996.

② Angus Konstam, *Pavia 1525：The Climax of the Italian Wars*, Oxford：Osprey Publishing, 1996.

如果他们太远离家园，如果他们发现军队中的同胞站在他们的反面，或者如果他们的报酬被延误了，他们就可能拒绝作战。此外，当战争持续下去时，他们的经验优势很快就会消失，因为不仅他们的人数由于伤亡在不断减少，而且本国征募士兵的能力也会随着时间而增长。"①雇佣军的商业性、投机性和不稳定性也一直为马基雅维里等人诟病。著名学者迈克尔·马利特（Michael Mallett）的《雇佣军与他们的雇主：意大利文艺复兴时期的战争》（*Mercenaries and Their Masters：Warfare in Renaissance Italy*）是研究文艺复兴时期雇佣军的代表性著作。

意大利学者毛里齐奥·阿尔法约利（Maurizio Arfaioli）的学术专著《乔凡尼的黑带军团：意大利战争时期的步兵与外交（1526～1528）》[*The Black Bands of Giovanni：Infantry and Diplomacy During the Italian Wars (1526–1528)*] 是雇佣军个案研究的经典之作。学者把研究焦点集中于意大利著名的雇佣军首领乔凡尼·美第奇②及其统领的黑带军团。这支意大利军团是意大利战争时期的一支著名的雇佣步兵团，先后效力于教皇利奥十世、皇帝查理五世以及法王弗朗索瓦一世，参加过意大利战争中的几次著名战役，在意大利享有盛名。学者根据一些没有公开出版的史料，追溯了军团从诞生之日直到1526年军团首领乔凡尼因战而亡，再到1528年向帝国军队投降并被迫解散的历史过程，以个案研究的方式向学界呈现出了意大利战争时期雇佣军团的一段历史。乔凡尼和黑带军团的历史形象代表了一个时代，学者形容乔凡尼的早亡预示着雇佣兵时代的终结，他们的战斗方式也随着机动野战炮的出现而逐渐为时代所抛弃。雇佣军逐渐衰落下去，军队职业化成为各王朝军队发展的主要方向。③雇佣军制度在意大利战争早期依然发挥着重要作用，也是各国维护自身利益和取得战争胜利不可或缺的一种军事选择，但是随着战事的增多、战争伤亡程度的提升和战争范围的不断扩大，雇佣军制度的劣势也日渐凸显，欧洲各国军事制度开始逐渐向以职业化军人为主的常备军建设发展。

---

①　杰弗里·帕克等：《剑桥插图战争史》，傅景川等译，山东画报出版社，2004，第139页。

②　美第奇家族远支，为纪念教皇利奥十世，在其徽章上附加了一条黑带，因而又被称为黑带乔凡尼（Giovanni dalle Bande Nere, or Giovanni of the Black Bands）。

③　Maurizio Arfaioli, *The Black Bands of Giovanni：Infantry and Diplomacy During the Italian Wars (1526–1528)*, Pisa：Pisa University Press, Edizioni Plus, 2005.

（4）家族（王朝）政治研究

家族政治是影响意大利战争进程的一个重要变量，在文艺复兴时期发生的一系列家族政治变化直接影响到 15 世纪和 16 世纪欧洲的政治社会变化。文艺复兴时期的欧洲，人们的家族归属感和家族荣誉感依然强烈，家族变化究竟对当时及以后欧洲历史产生了何种影响？诸如此类的问题催生了学者们对意大利的美第奇家族、维斯孔蒂家族、斯福查家族、西班牙的特拉斯塔马拉家族、博尔贾家族、法国的瓦洛亚家族、勃艮第家族以及著名的哈布斯堡家族等进行持续性的研究。家族政治不仅对当时佛罗伦萨、米兰等意大利城市国家的历史有着独特的作用，而且对意大利战争的爆发和推进产生了令人印象深刻的影响，甚至对当时罗马教廷的政治角色转换亦有不可替代的作用。就具体研究而言，将整个家族的演变史与各个家族成员的历史进行整体性的梳理、评价，这始终是基本的方法。运用历史主义的研究方法，阐述意大利战争时期家族政治如何利用各种权力进行国家权力建构的过程，分析家族政治在国家交往和近代国际关系形成中的主导作用，例如，哈布斯堡家族势力向伊比利亚半岛、向西欧、向教廷的扩张渗透；意大利美第奇家族银行对西欧重要王室经济、封建领主经济的渗透；卡斯蒂利亚和阿拉贡王室的联姻问题及西班牙家族势力的向外扩张问题；西班牙、英国、法国、神圣罗马帝国、教廷在各家族势力既联合又斗争的复杂局面下发生了不以国家王权意志为转移的政治事实；家族政治的复杂性直接影响西欧国际政治结构的重组和走向，等等。

对美第奇家族的研究始终是意大利战争研究的重点之一，可谓成果丰硕。20 世纪 30 年代乔治·弗里德里克·扬（George Frederick Young）的《美第奇家族》（*The Medici*, Modern Library, 1930）一书开创了系统论述家族历史的先河。70 年代克里斯托弗·希尔伯特（Christopher Hibbert）撰写的《美第奇家族兴衰史》（*The Rise and Fall of the House of Medici*, Penguin Books, 1979）成为该领域研究的经典著作。另外，著名学者黑尔的学术专著《佛罗伦萨与美第奇家族》（*Florence and the Medici*, Phoenix, 2001）内容简洁但不失学术深度，在学术界享有盛名。与美第奇家族研究相仿，学术界对来自西班牙的博尔贾家族的研究热情也丝毫不弱，诸如著名学者迈克尔·马利特（Michael Edward Mallett）的《博尔贾家族：文艺复兴时期一个王朝的兴衰史》（*The Borgias: the Rise and Fall of a Renaissance Dynasty*, The Bodley Head, 1969）备受学界推崇，埃里克·张伯伦

（Eric Russell Chamberlin）的《博尔贾家族的衰亡》（*The Fall of the House of Borgia*，The Dial Press，1974）学术性较强，经常被引用。除了家族的整体性研究之外，家族研究也常常集中在个案研究方面，对洛伦佐·美第奇、教皇亚历山大六世、切萨雷·博尔贾等人的生平研究，成果也是比较显著，这里就不举例说明了。

家族联姻或王朝联姻是欧洲家族政治的重要表现形式。意大利战争牵扯各个家族的利益，而家族政治又是这一时期政治历史的主要特点，可以说意大利的现实问题无处不关涉各个家族的势力及相互间的争斗。家族是意大利政治生活的基本单位，是个人与社会的主要联结点。意大利的政治斗争总也离不开家族势力的参与。

学者梅利莎·梅里亚姆·布拉德（Melissa Meriam Bullard）的论文《佛罗伦萨家族与联姻政治——1508年斯特罗齐与美第奇家族联盟》（*Marriage Politics and the Family in Florence：The Strozzi - Medici Alliance of 1508*）以佛罗伦萨的美第奇家族与斯特罗齐家族之间的政治联姻为分析个案，深入探讨了佛罗伦萨家族政治在意大利战争期间的发展与变化，从一个侧面反映了意大利城市国家内部激烈的家族政治斗争。查理八世入侵意大利的直接后果之一是导致美第奇家族在佛罗伦萨统治的暂时结束，而流亡在外的美第奇家族始终没有忘记复辟其在佛罗伦萨的势力。1508年佛罗伦萨的另一个权贵家族斯特罗齐家族与美第奇家族经过艰苦谈判，秘密达成联姻协议，组成家族政治联盟，以反对由于意大利战争而深陷比萨问题及国内政治斗争的佛罗伦萨共和国政府。布拉德认为，在意大利战争的特殊国际环境以及欧洲主要势力的支持之下，两个家族的联合为美第奇家族的复辟计划带来了两点好处：一是联姻可以为美第奇家族在佛罗伦萨的贵族阶层中获得更多支持；二是联姻可以为美第奇家族在佛罗伦萨东山再起提供一个立足点，有利于配合美第奇家族外围的政治复辟活动。在16世纪意大利的政治生活中，家族与政治的关系好比是一枚硬币的两面，家族联姻成为家族政治的重要纽带，婚姻安排往往以政治考虑为首要原则，这种现象在意大利战争前后的意大利乃至欧洲屡见不鲜。[1]

王朝联姻是15世纪和16世纪欧洲外交的重要特点，联姻导致的王室

---

[1]　Melissa Meriam Bullard，"Marriage Politics and the Family in Florence：The Strozzi - Medici Alliance of 1508"，*The American Historical Review*，Vol. 84，No. 3（Jun.，1979），pp. 668 - 687.

领地的变迁成为意大利战争期间战争频仍的主要原因，从那不勒斯王国和米兰公国的继承问题，到法国东北部至莱茵河之间那一片纷争如麻的是非之地，无不折射出联姻政治的影响。

学者保拉·萨特·菲希特纳（Paula Sutter Fichtner）的论文《16 世纪哈布斯堡王室外交中的王朝联姻与治国方略——一种跨学科的方法》（*Dynastic Marriage in Sixteenth‐Century Habsburg Diplomacy and Statecraft：An Interdisciplinary Approach*）以历史学、社会学和人类学的研究成果为基础，综合考察了王朝联姻对哈布斯堡家族政治的深刻影响。论文抛弃了过去认为哈布斯堡家族联姻具有盲目性和偶然性的历史观点，提出哈布斯堡家族联姻具有内在的目的性，联姻对于哈布斯堡家族的政治统治、外交策略和治国方略都有非常重要的意义。菲希特纳认为，自 18 世纪以来，大多数的欧洲历史学者摒弃了以研究欧洲王室家族统治与宫廷政治为主的历史学研究，在法国伏尔泰和百科全书派的巨大影响之下，历史学研究逐渐从狭隘的王朝政治转向了社会、经济和文化的研究，历史研究的多元化倾向降低了对王朝统治及其活动的关注程度，因此作为王朝统治的重要机制之一，王朝联姻的影响也很少受到重视。

16 世纪的欧洲确实出现过一股轻视王朝联姻重要性的思想潮流，其中的代表人物是伊拉斯谟。伊拉斯谟的《论基督徒君主的教育》作为奉献给未来的神圣罗马帝国皇帝查理五世与其弟斐迪南的著作，认为"如果君主们的联姻仅限于其王国之内，对国家最为有利"。伊拉斯谟谴责王朝联姻中缺乏基本人道精神的做法，为那些"远嫁他乡，嫁给在语言、外表、性格和思维上和自己全然不同的男人"的年轻女子们感到悲哀，"即便有一桩婚姻带来了和平，肯定也不能持久。一旦婚姻中的某一方去世，和睦的牢固纽带就被打破"。王朝联姻无法从根本上维护基督教世界的和平。①伊拉斯谟厌恶王室相互通婚，而这种做法在 16 世纪早期常常被各王室（尤其是哈布斯堡王室）用来增强他们对领土权利的主张。联姻结盟是辽阔的哈布斯堡帝国的基础，涉及相隔遥远的各个家族之间的婚姻，夫妻双方的语言、习俗和情感都很不同。

虽然伊拉斯谟刻意贬低王朝联姻在外交上的重要性，但是一个不可改

---

① 伊拉斯谟：《论基督徒君主的教育》，李康译，上海世纪出版集团，2003，第 149～151 页。

变的历史事实是，16世纪的统治者普遍接受王朝之间通过外交谈判缔结婚姻以实现和平的做法（婚姻条款通常是各项条约中的核心内容），这是欧洲国际政治中的一个非常突出的现象。王朝联姻的一个主要目的是孕育王朝的合法继承人，一个继承人的诞生可以被视为一个权威的象征，一个继承人的死亡意味着王位继承问题的出现而引起又一轮的王室争斗，一个继承人的婚姻往往成为欧洲政治生活中的焦点问题。王朝联姻是哈布斯堡家族统治的重要机制之一，菲希特纳以查理五世的帝国统治结构为例，说明哈布斯堡王室在利用王朝联姻作为帝国统治机制方面发挥的积极作用。菲希特纳另举查理五世的弟弟斐迪南的婚姻为例，指出斐迪南的婚姻安排与中欧政治联盟、相关的和平条约以及维持家族与中欧其他王室之间的友好外交关系是密切联系在一起的，这样的联姻有助于查理五世在意大利、中欧和地中海的战争。哈布斯堡王室的王朝联姻政策基本上是随着王室政策的变化而变化的，比如哈布斯堡王室与中欧的匈牙利、波希米亚和波兰之间的王朝联姻是奥地利在中欧崛起的一个非常重要的原因。王朝联姻、政治外交与帝国的形成紧密相连，联姻一方面为王权游戏中权利与义务的交换提供了一次机会，另一方面又是巩固和维护政治权威的一种有效手段。[①]

王朝之间的矛盾与冲突是意大利战争的主要特点。《新编剑桥世界近代史》（第二卷第11章"哈布斯堡王室与瓦洛亚王室的斗争"）形容两大王室"在16世纪上半叶的斗争已成为一场经典的悲剧。……从骰子一掷下，这场争吵就是复杂的、就是冲突和冗长枯燥的变化的重复"。[②]

正如学者理查德·麦肯尼（Richard Mackenney）在其著作《16世纪欧洲——扩张与冲突》（Sixteenth Century Europe：Expansion and Conflict）中论述与分析的那样，16世纪欧洲新君主制或绝对主义国家固然是王朝联姻的产物，但更是王朝扩张与冲突的产物。麦肯尼认为，王朝斗争在16世纪欧洲不是新鲜事物，但是王朝斗争的内涵却有了新的变化，封建法律之下狭义的王室利益之争是一个方面，而在军事革命与宗教改革之中寻求王室利益却导致了欧洲历史上前所未有的混乱局面。15世纪下半叶意大利

---

① Paula Sutter Fichtner, "Dynastic Marriage in Sixteenth – Century Habsburg Diplomacy and State-craft：An Interdisciplinary Approach", *The American Historical Review*, Vol. 81, No. 2（Apr. , 1976）, pp. 243 – 265.

② G. R. 埃尔顿主编《新编剑桥世界近代史》（第二卷），中国社会科学院世界历史研究所组译，中国社会科学出版社，2003，第434～468页。

的政治危机引来了法国查理八世的入侵，由此带来了欧洲在政治、军事与外交上的巨大变化，不过麦肯尼却并不认同许多历史学者过多强调外交变化的重要性，而轻视军事变化的做法，他认为这样解释意大利战争可能会带来两点危害：其一，导致夸大了相关政治利益的内在联系性；其二，导致低估了意大利战争在军事上的影响与作用。麦肯尼强调意大利战争的军事意义，是试图从军事革命的角度进一步分析欧洲王朝政治在 16 世纪欧洲军事变革的基础之上在制度与结构上的变化，军事革命的一个重要结果是王朝统治代价的不断增长，而王朝之间的矛盾与冲突又不断对军事作战提出更高的要求，两者之间的相互作用导致麦肯尼所说的"王朝网络"（Dynastic Web）进一步向大国政治游戏（Power Games）的转变。麦肯尼认为，哈布斯堡王朝与瓦洛亚王朝之间的斗争表明，16 世纪欧洲王朝政治的狭隘性与不稳定性随着军事革命的深入发展而更易引发军事冲突，王朝政治也更具扩张与冲突的潜能。① 麦肯尼很显然在一定程度上接受了学界近年来关于欧洲近代早期军事革命的一些观点，并将之与王朝政治联系在一起。

政治流亡现象是研究意大利战争起因与分析各国利益缠斗的重要视角，政治流亡者在意大利和欧洲政治生活中扮演着非常重要的角色。一方面，这种现象与意大利复杂的家族政治、激烈的城邦政治斗争和具有国际背景的党派斗争密不可分；另一方面，这种现象也说明 16 世纪欧洲国际政治具有明显的家族和王朝色彩，充分体现出国际政治斗争背后的家族利益与王朝利益。丹尼斯·哈伊在《意大利文艺复兴的历史背景》中指出，在意大利的城邦政治生活中，流放作为合法的惩治手段而风行一时。许多著名的流放者（如但丁）的流亡生活，都是人们所熟悉的。在确定意大利许多城市国家的政治气候时，研究流放与政治流亡的现象肯定具有非常重要的意义，它"对 1494 年事件所起的作用不但不可低估，而且我认为是相当大的"。流亡者在各地的政治生活中往往处于重要的地位，而对流亡者的待遇也构成了各种势力谈判的议题之一。②

意大利的政治流亡者在各国宫廷的活动一向是积极而富有影响力的，许多活跃的政治流亡人物对意大利战争的爆发和进程发挥了独特作用。克里斯蒂娜·肖的《文艺复兴时期意大利的流亡政治》（*The Politics of Exile in Re-*

---

① Richard Mackenney, *Sixteenth Century Europe*：*Expansion and Conflict*，New York：Palgrave，1993，pp. 219 – 242.

② 丹尼斯·哈伊：《意大利文艺复兴的历史背景》，李玉成译，三联书店，1988，第 67 页。

naissance Italy）一书以佛罗伦萨、米兰、那不勒斯和锡耶纳等意大利城市国家的政治流亡者的流亡经历为研究对象，系统分析了 15 世纪意大利政治生活中流亡者的历史作用与地位，以及他们对于自己祖国和流亡国家政治生活的影响。肖在书中把政治流亡者分为四种情况：第一种情况是指那些由于在城市国家家族政治斗争中失败而被迫流亡的家族成员；第二种情况是指那些反抗城市国家统治家族权威失败的政治流亡者；第三种情况是指那些反对城市国家政策或共和国体制的政治流亡者；第四种情况是指那些在城市国家家族或派系斗争中失败的政治流亡者，这种情况居于多数。

该书从政治流亡者开始流亡至结束流亡为止共分七个部分，详细描述了政治流亡者的流亡生涯，对文艺复兴时期意大利的流放制度进行了深入分析，从而认为 15 世纪意大利政治中的流亡现象，从一个侧面反映了文艺复兴时期意大利政治的地方主义色彩。政治流亡现象的本身也充分体现了意大利政治斗争的复杂性与意大利政治中始终存在的外部干涉因素，政治流亡者在异邦的政治活动与各城市国家所采取的应对措施构成了意大利政治生活的重要内容。这些政治流亡者往往在异邦的政治环境中一方面从事积极的政治游说活动，散播各种政治谣言，甚至成为流亡国家的政策制定者或军事将领，试图以自己的方式影响流亡国家的政策朝着有利于自己政治利益的方向转变。另一方面政治流亡者的角色又时常陷他们于政治尴尬、政治监视、经济拮据和遭遇挫折的窘境，政治气候的风云突变有可能让他们成为政治交易的筹码，甚至面临失去生命财产的生死抉择。肖认为，意大利各城市国家的政治流亡者在法国宫廷的政治游说是导致意大利战争的一个非常重要的因素，正是他们援引外部势力干涉意大利事务的政治传统，破坏了《洛迪和约》维持的意大利平衡。不仅如此，远征那不勒斯和米兰的一个重要结果是在意大利半岛掀起了另一轮政治流亡的热潮，导致意大利政治秩序与家族利益格局的重新洗牌。肖列举了众多流亡者的经历。例如，美第奇家族在佛罗伦萨的统治被推翻并流亡他乡；阿拉贡王室被赶下那不勒斯王国王位并流亡西西里；斯福查家族被逐出米兰并流亡德意志；在罗马涅战争中法国协助切萨雷·博尔贾驱逐罗马涅地区各城市的统治家族；等等。①

---

① Christine Shaw, *The Politics of Exile in Renaissance Italy*, Cambridge: Cambridge University Press, 2000, pp. 2, 16 – 25, 192 – 194.

肖在本书结论中写道，文艺复兴时期的意大利政治生活看起来似乎一片混沌，很难在这样复杂的政治迷宫中寻找到一条引导的主线。历史学者们曾经提出过两条重要的解析意大利政治迷宫的历史线索，了解这两条线索有助于分析政治流亡者在意大利政治生活中的作用与地位。第一条线索涉及意大利各城市国家内部的政治发展以及城市国家之间的政治关系，这是一个漫长的历史发展过程，不同的政治团体、城市国家以不同的历史进程与历史节奏推动着各自的历史发展，其间产生出了大量的政治流亡者。第二条线索主要集中在 15 世纪下半叶，在这个时期意大利半岛在《洛迪和约》和意大利同盟的制度安排下维持着相互之间的政治均势，然而城市国家之间脆弱的政治平衡在相互妒忌与相互猜疑中失去了稳定的基础，为法国与西班牙相继远征意大利打开了方便之门，其中政治流亡者起到了阻挠建立稳定的意大利政治平衡的重要作用。① 克里斯蒂娜·肖的《文艺复兴时期意大利的流亡政治》为研究意大利战争中政治流亡的现象与流亡政治的影响打开了一扇学术窗口。

学者格伦·理查森（Glenn Richardson）的《文艺复兴时期的君主政治——亨利八世、弗朗索瓦一世和查理五世的统治》（*Renaissance Monarchy*：*The Reigns of Henry VIII*，*Francis I and Charles V*）以"君王的德行"（*Princely Virtus*）为全书核心概念，分析和讨论了文艺复兴时期君主统治在政治、思想、军事、外交与社会等方面的发展与变化，书中的每一个章节具体讨论了君主统治的一个主要方面。理查森认为，从 19 世纪和 20 世纪初叶绝对主义君主制概念到 20 世纪中叶新君主制概念的转变，表明西方史学界对于欧洲近代早期君主统治的认识与分析，经历了一个逐渐修正的过程，而且这个过程依然在继续，新君主制概念中的一些解释得到了确认，而另一些被摒弃了。经过对欧洲家族与贵族历史的个案分析与综合研究，表明君主与贵族之间一直到 18 世纪都维持着紧密的相互依赖关系。16 世纪王室的权力得到了进一步巩固与扩展，中小贵族的政治地位也获得了显著提升，但是研究也表明君主统治依然需要贵族阶层与相对独立的政治团体的支持与合作。②

理查森在书中的第一章强调，文艺复兴时期的君主统治体现了君主要

---

① Christine Shaw，*The Politics of Exile in Renaissance Italy*，pp. 234 – 239.

② Glenn Richardson，*Renaissance Monarchy*：*The Reigns of Henry VIII*，*Francis I and Charles V*，London：Arnold，2002，pp. 2 – 3.

承担的三种社会角色：统治者（Governor）、战士（Warrior）和赞助者（Patron）。这三种角色也是理想君主统治的三个主要方面，文艺复兴时期的君主统治继续了欧洲中世纪的政治传统，作为统治者，保卫教会、主持正义与捍卫君主的世袭权利是上帝赋予的神圣职责。中世纪骑士精神在16世纪意大利战争中依然清晰可辨。作为基督的战士，以荣誉和荣耀作为酬报践行上帝给予他们的权力是君主从事正义战争的终极目标。随着人文主义的兴起，文艺复兴时期的君主支持和赞助各种艺术的发展也成为他们实现理想君主统治的重要内容。①

意大利战争是16世纪欧洲历史的关键名词，亨利八世、弗朗索瓦一世与查理五世投入了大量的时间与金钱，相互混战。他们认为是在履行自己作为统治者、战士与赞助者的神圣责任。理查森在书中第二章与第三章分别从战争与和平、战争与欧洲国际关系的角度，分析和论述了亨利八世、弗朗索瓦一世与查理五世发动战争的原因以及战争中欧洲外交与军事领域发生的变化。他们发动战争的具体原因是多方面的，他们每个人都认为自己的战争是正义的，是为了自身的荣誉与基督教世界的和平，他们之间的王朝战争是为了维护王国（帝国）的领土和坚守从先辈那里继承下来的权利，这是上帝赋予的神圣职责。无论是战争的过程还是努力恢复和平的过程，16世纪上半叶欧洲的外交与战争不仅体现出了在亨利八世、弗朗索瓦一世与查理五世身上所具有的中世纪欧洲传统（君主的神圣性、骑士精神、封建政治），而且充分展示了由他们主导近半个世纪的欧洲国际关系发展中具有时代意义的变化（经常性外交的逐渐推广、军事组织与技术的不断变革、大国政治初露端倪）。②

（5）新君主制研究

意大利战争时期正是欧洲从中世纪的君主制向新君主制过渡的时期。王室权力的不断集中、官僚体系的科层化、外交与军事制度的现代化和近代国家体系的逐渐形成，促成了以查理五世、弗朗索瓦一世和亨利八世为代表的欧洲新君主制的兴起。这些统治者的各项政策深刻影响了欧洲的历史进程。他们"开创了资本与政府权力互相依赖、互相结合的新欧洲史。是这些新的君主改变了欧洲的军队和战争，他们扩大了军队，把战争规模扩大到国与国，君主成为维持一个国家的和平的最主要力量。新君主们建

---

① Glenn Richardson, *Renaissance Monarchy*: *The Reigns of Henry VIII*, *Francis I and Charles V*, p. 5.

② *Renaissance Monarchy*: *The Reigns of Henry VIII*, *Francis I and Charles V*, pp. 36 – 92.

立了一种国家臣民的新社会秩序，贵族、市民和农民成为国家之下的臣
民，而君主的政府具有了公共政权的性质。这些新君主还努力使自己代表
一种国家的主权，使得教会和封建领主都屈服于政府的权威，从而再无国
内的地方势力和外国的干涉势力可以染指一个国家的主权。"① 13 世纪中
后期以来，意大利的城市国家逐渐走上了家族世袭统治的发展道路。随着
家族统治的不断强化，领土统治无论名义上或事实上都逐渐"王朝化"，
演变为名副其实的"君主制"。②

15、16 世纪，欧洲政治、经济、外交和军事的变化是新君主制产生
的重要基础。意大利战争的历史进程是促成这些变化的重要因素，意大利
战争牵涉的政治势力、历史人物（君主、教皇和地方诸侯等）众多，研究
各个王国及城市国家在意大利战争时期的历史与互动关系是意大利战争研
究的重要环节，从众多研究成果中可以认识和理解这场战争对欧洲各国尤
其对法国、西班牙、英格兰以及教皇国等意大利城市国家的影响。

法国是意大利战争的始作俑者和主要角色，研究这一时期的法国历史
自然离不开意大利战争的历史。无论是国家还是君王个人，意大利战争都
是其历史发展的重要方面，既反映了法国历史传统的延续，又承载了法国
政治、军事、外交甚至宗教文化领域的许多重要变化。以下列举一些与意
大利战争研究密切相关的著作或论文来加以说明。

历史学家约翰·S. C. 布里奇（John S. C. Bridge）的《路易十一之后
的法国历史》（*A History of France from the Death of Louis XI*）主要叙述了
1483 年至 1515 年的法国历史，这部著作共分为五卷，其中第二、三、四
卷翔实论述了路易十一以后查理八世和路易十二两代法国君主的意大利冒
险，内容具体而充实，史料丰富，兼具文学性和学术性，是了解查理八世
和路易十二时代法国乃至欧洲外交的重要史学著作。书中引用了大量历史
文献，引述与正文相得益彰，对历史人物的把握得当但又不乏中肯的点
评。例如，在第一卷评价安娜·德·博热摄政时期的法国历史时，布里奇
认为这段历史的重要性长期受到忽视，其实安娜的摄政为以后查理八世远
征意大利奠定了良好的国内基础。第三卷中对路易十二的宠臣、鲁昂大主
教乔治·德·昂布瓦兹有生动描写，布里奇认为昂布瓦兹的外交政策为路

---

① 刘明翰主编，朱孝远著《欧洲文艺复兴史》（政治卷），人民出版社，2010，第 105 页。
② 刘耀春：《意大利城市政治体制与权力空间演变（1000～1600）》，《中国社会科学》2013
   年第 5 期，第 185～203 页。

易十二的意大利事业奠定了基础，让法国在意大利半岛取得了短暂的政治优势，驳斥了传统的否定观点。布里奇基本同意马基雅维里对路易十二外交政策的评价，认为路易十二的意大利政策完全不符合法国的政治利益。

布里奇的这部法国断代史用了近三卷的篇幅详细叙述了查理八世与路易十二的意大利战争，俨然是一部战争史和外交史，而非真正意义上的法国史。从军事冲突与战役的详细描写到和约条款的外交谈判，大量的笔墨落在了一系列以意大利为中心的军事冲突与外交阴谋上面，例如第二卷详细追溯了法国对那不勒斯王国与米兰公国的所谓传统继承权利。对战争中的重要战役，诸如福尔诺沃战役、拉文纳战役等，布里奇不仅在书中进行了详细的文字叙述，还配以军事地理草图和交战双方军队的部署图，形象地辅以说明。通过大量外交文献、个人回忆录与外交使节报告，布里奇对于当时各种正式或非正式的外交接触与外交协商进行了针对性的分析与论述，例如查理八世远征意大利前后各种势力的外交活动产生的结果与影响，威尼斯同盟成立背后的外交斡旋对法国外交的意义等诸如此类的外交历史。这些对于意大利战争研究而言，一方面提供了不可多得的史实描写，另一方面也为进一步研究提供了大量的参考文献。[1]

戴维·波特（David Potter）的《法国历史——一个民族国家的诞生（1460～1560）》（A History of France, 1460 – 1560: The Emergence of a Nation State）论述了从 1461 年路易十一即位至 1559 年亨利二世去世之间的法国历史，在书中的最后一部分波特特别强调了战争与外交在 15 世纪末和 16 世纪法国民族国家形成过程中所发挥的建设性作用。波特认为，受到中世纪传统骑士精神的影响，战争始终是法国王室政策中不可回避的一个政治现实，某种意义上说战争是维持王国存在与社会秩序的理由之一。历史学者总是会不自觉地去寻找法国发动和卷入意大利战争的原因，其中的一个答案是认为随着 13 世纪法国安茹家族在意大利南方统治的确立，意大利成为法国王室利益的重要组成部分，1494 年查理八世远征意大利是对法国传统意大利政策的回归。这种观点在学者弗朗索瓦·德拉博德（Francois Delaborde）关于 1494 年远征的论文中得到了进一步强化，他认为两个多世纪以来，那不勒斯王国始终对法国具有"致命的吸引力"（fa-

---

① John S. C. Bridge, *A History of France from the Death of Louis XI*, Oxford: Oxford University Press, 1921 – 1936.

tal attraction)。不过也有历史学者对此提出了反驳，学者亨利·勒莫尼耶（Henri Lemonnier）指出其中的谬误，他认为两个世纪以来法国一直坚持这样的意大利政策，试图维护其在意大利的利益，对于这样一项政策的解释时间跨度太长；早期远征意大利南方是封建制度下法国贵族个人事业的实现过程，而非王室政策的产物，与查理八世远征相较，两者基础已是完全不同了。两个多世纪以来法国已经发生了根本变化。由于经济萧条、人口锐减和英格兰的侵扰，导致法国王权一度衰弱，但是法国王权在新的政治原则与基础之上，经过百年战争的洗礼，在集权的道路上获得了军事、政治与经济的进一步发展。在这个基础上，法国才得以在欧洲国际政治舞台上重新占据优势地位。传统的圣战观念、国王保卫臣民与追求和平的责任，王朝的利益以及意大利政治流亡者的游说共同促成了查理八世远征意大利的决心。波特进一步认为，查理八世南下意大利并不是对路易十一东进政策的完全背离，而是欧洲国际局势发展的直接产物。由于外交方式与战争手段的变化，法国在意大利战争中的表现可圈可点。波特认为，虽然意大利战争让法国在意大利一无所获，但是法国在面对哈布斯堡王室的强势与其他军事失利的情况之下，维护了王国领土的完整性。这一方面得益于法国外交政策体系长期坚持追求的制衡哈布斯堡王室的政策，另一方面也得益于法国的军事制度，虽然这种军事制度在侵略战争中没有发挥其作用，但它足以捍卫王国领土。波特通过对意大利战争的历史起源、发展过程与历史影响的辨析，不断强调战争与外交的历史作用，正是在意大利战争锻造的政治、军事与外交的基础之上，法国经受住了接下来的宗教战争的另一场考验，继而才逐渐形成了一套综合传统与时代特征的民族国家体制。[①] 结合早年的著作《法国诸省的战争与政府管理：皮卡第（1470 - 1560）》（*War and Government in the French Provinces：Picardy 1470 - 1560*），波特进一步将其对意大利战争时期法国军事制度的研究，融入另一部著作《文艺复兴时期的法国战争：军队、文化与社会（约 1480 - 1560）》（*Renaissance France at War：Armies，Culture and Society，c. 1480 - 1560*），其对意大利战争的认识与分析颇有见地、引人深思。

16 世纪法国史研究专家罗伯特·J. 克内克特（Robert. J. Knecht）的

---

① David Potter, *A History of France*, *1460 - 1560*：*The Emergence of a Nation State*, London：Macmillan, 1995, pp. 251 - 290.

《文艺复兴时期法国的兴衰（1483～1610）》（*The Rise and Fall of Renaissance France，1483－1610*）以编年体形式记述了自查理八世即位以来直至波旁王朝建立的法国历史，有关意大利战争的描述占据了本书近一半的篇幅。书中按年代顺序，以查理八世、路易十二、弗朗索瓦一世与亨利二世四代法国君主的统治为主轴，分阶段地考察了他们在位时的内外政策。在评价查理八世为入侵意大利而做的外交努力时，克内克特认为，查理八世的外交政策有得有失，得到的是在没有失去领土的情况下，法国与英格兰之间的条约让法国暂时解除了后顾之忧。法国与神圣罗马帝国皇帝马克西米连一世之间的条约不仅确保了布列塔尼臣属法国的政治地位，弥补了法国在东北边境的损失，而且在客观上承认了查理八世与布列塔尼公国之间的联姻，在政治上清除了国内的一大障碍。但是法国与西班牙之间的条约不但归还了占有领土，失去了战略意义重要的比利牛斯山的两个城镇，而且埋下了法西之间在比利牛斯山一带冲突的祸根。① 关于路易十二的意大利战争，克内克特用了"灾难性"（disastrous）这个字眼来形容这位在国内被称为"平民之父"的路易十二的外交政策。② 弗朗索瓦一世的统治为法国宫廷带来了文艺复兴的气息，这位好大喜功的君主把对艺术的喜好与对骑士荣誉的追求作为他毕生事业，与英格兰国王亨利八世、神圣罗马帝国皇帝查理五世形成了当时欧洲国际格局中三强鼎立的局面，其间瓦洛亚王朝与哈布斯堡王朝之间的斗争冲突更是把意大利战争扩展至莱茵河中下游、多瑙河、英吉利海峡、地中海东部和北非沿岸等广大区域，构成了欧洲近代国际争衡的第一次高潮。克内克特认为弗朗索瓦一世的意大利事业同样是失败的，但是他在巩固法国东北边境方面做出了一定贡献。③ 亨利二世的统治时期相对短暂，法国著名历史学家朱尔·米什莱（Jules Michelet）形容他是一位"令人沮丧的君主"（a gloomy monarchy）④，克内克特认为这种评价有失公允，⑤ 形成这种看法主要是由于其父弗朗索瓦一

---

① Robert J. Knecht, *The Rise and Fall of Renaissance France，1483－1610*, Oxford：Blackwell, 2001, p. 33.

② *The Rise and Fall of Renaissance France，1483－1610*, pp. 64－66.

③ Robert J. Knecht, *The Rise and Fall of Renaissance France，1483－1610*, pp. 200－201.

④ 乔治·杜比主编的《法国史》认为，亨利二世并不是米什莱所说的"愁容的骑士"，不过他不如其父亲那样讲究装饰，其宫廷也较为简朴。——乔治·杜比主编《法国史》（上卷），吕一民、沈坚、黄艳红等译，商务印书馆，2014，第600页。

⑤ *The Rise and Fall of Renaissance France，1483－1610*, p. 202.

世的光环和他短暂的统治时间，事实上亨利二世对于国王的职责是尽心尽责的，他执政时期的外交政策虽然不像其父那样大胆冒进，但是依然能够利用各种国际机会挑战哈布斯堡王朝在意大利以及其他地方的权威，成功占领了洛林的三个主教区以及英格兰的加来，将意大利战争拖入了各方僵持的状态，最后以和约的形式结束了意大利战争。

克内克特的另一部代表作《弗朗索瓦一世》（Francis I）是公认的权威之作。弗朗索瓦一世是学术界研究的焦点人物之一，研究者聚焦于他与其他国家的关系、战争与外交、赞助艺术与学术、财政改革、宗教政策及海外扩张等问题。克内克特的《弗朗索瓦一世》填补了近代以来史学界关于弗朗索瓦一世统治史的学术空白。他在前言中强调，他的这部著作不是关于弗朗索瓦一世的个人传记，而是一部关于弗朗索瓦一世统治史的学术性历史著作。① 站在意大利战争研究的角度，战争是贯穿弗朗索瓦一世政治生活始终的重要内容，克内克特以丰富的历史史料与相关研究成果作为基础，对弗朗索瓦一世推动的意大利战争进行了深入分析与论述，从 1515年马里尼亚诺战役到 1525 年帕维亚战役，从法国与奥斯曼帝国的政治联盟到弗朗索瓦一世插手德意志事务，书中对弗朗索瓦一世每一个阶段的战争与外交都做了充分叙述，其论述浸透了作者对于这段历史的观察与认识，其观点与《文艺复兴时期法国的兴衰（1483～1610）》一书是基本一致的，克内克特认为，弗朗索瓦一世的统治标志着法国绝对主义君主制度的开端，尽管战争行为在道义上备受谴责，但是持续不断的战争客观上促进了法国政治制度、财政制度和军事制度等方面的转变，由于意大利战争的需要而导致军费的大幅提升，促使弗朗索瓦一世改革法国的财政制度，拓宽财政收入的渠道（通过卖官鬻爵、重新划分财政区等方式），加强中央的财政监管能力，1523 年设立中央国库（Trésor de l'Epargne），全权处理国王的财政收入，中央国库的设立结束了中世纪管理财政收入的传统做法。② 为了减少对瑞士雇佣军的依赖和加强军队的作战能力，1534 年 7 月弗朗索瓦一世敕令在王国内招募并组建七支步兵军团。这是弗朗索瓦一世尝试的一次军事改革。虽然没有达到预期效果，但是对法国的军事发展仍是一次重要尝试。③

---

① Robert J. Knecht, *Francis I*, Cambridge：Cambridge University Press，1982，p. xi.
② *Francis I*, pp. 129 – 131.
③ *Francis I*, pp. 246 – 248.

　　学者 D. L. 波特（D. L. Potter）的论文《宗教改革时期的外交政策——法国卷入施马尔卡尔登战争（1544～1547）》（*Foreign Policy in the Age of the Reformation: French Involvement in the Schmalkaldic War, 1544 – 1547*）以宗教改革时期发生在德意志的施马尔卡尔登战争为历史背景，深入分析了法国卷入战争前后的欧洲国际政治局势。在法国瓦洛亚王朝与哈布斯堡王朝在意大利争夺主导权的同时，德意志发生了新教运动。随着意大利战争影响的日益扩大，德意志也逐渐成为弗朗索瓦一世与查理五世之间斗争的另一个重要阵地。新教运动的不断发展壮大以及法国攻取意大利北方军事行动的失败，让弗朗索瓦一世急切希望利用宗教问题在神圣罗马帝国腹地形成反哈布斯堡王朝的政治联盟，在查理五世的帝国统治中心扶植反对势力，继而可以配合意大利等地的战事，这是法国卷入德意志事务的真实目的。自1519年查理五世当选为神圣罗马帝国皇帝以来，哈布斯堡家族与德意志诸侯之间嫌隙频生，政治矛盾也不断加深，马丁·路德的新教运动在宗教问题上掀起轩然大波，宗教问题渐渐发展成为德意志诸侯反对哈布斯堡家族利益扩张、维护自身利益的政治武器，1531年施马尔卡尔登同盟成立，反对哈布斯堡家族的德意志诸侯力量在政治上形成了利益同盟，而这个同盟与法国之间一直保持着经常性的外交往来。

　　波特在论文中指出，施马尔卡尔登同盟与法国的关系并非一帆风顺，由于受到法国国内强大的反对新教运动势力的影响，弗朗索瓦一世的德意志政策也随着形势的发展而不断出现反复，1534年之后法国国内的新教运动严重威胁国内统治秩序，这种情况对于弗朗索瓦一世与施马尔卡尔登同盟之间以纯粹的政治基础形成的外交关系制造了很大的障碍，双方关系在宗教问题上陷入低谷。1544年9月，弗朗索瓦一世与查理五世达成《克雷皮和约》，这为查理五世推动镇压新教诸侯势力提供了政治条件。波特进一步指出，《克雷皮和约》之后的欧洲局势不利于施马尔卡尔登同盟，同盟再一次向法国提出支援请求，可是由于法国宫廷内部意见不合导致弗朗索瓦一世的德意志政策左右摇摆，法国对国内新教运动的高压手段也引起了德意志新教诸侯的不满。随着局势的进一步发展，弗朗索瓦一世逐渐意识到，只有让查理五世陷入德意志宗教纷争的泥沼而不能自拔，法国才能借此机会扭转意大利战争不利于自己的发展趋势（英格兰的亨利八世正在围攻法国北部城市布洛涅）。波特认为，在德意志内部利用和制造分歧是法国的德意志政策的主要目的，但是法国的外交政策却始终无法在王国内部的宗教政策与维护王国安全的王朝利益之间找到平衡点，这一方面说明了 16 世纪中叶欧洲国际政治事务中宗教问题依然是维护王国统治秩序的一个根本性问题；另一方面也说明了法国外交政策正在逐渐向维护王朝或国家利益的方向发展。1547 年施马尔卡尔登同盟被查理五世击败，由于法国与德意志新教诸侯之间的互不信任，法国试图利用施马尔卡尔登战争的外交政策是失败的，而考察其中原因正是本文的主旨。①

　　意大利战争发展到后期，由于宗教改革产生的宗教信诚问题使意大利战争变得更为复杂，政治问题与宗教问题互为制约、互为利用，而意大利战争交战各国也需要在王朝利益与宗教政策之间寻求政策平衡的支点，这种情况在意大利战争早期没有出现过，宗教问题的愈演愈烈成为意大利战争后期欧洲各国必须要面对的严峻问题。波特的论文充分说明了当时法国外交政策面临的两难境地，这也正是法国插手施马尔卡尔登战争失败的主要原因。

　　奥斯曼帝国始终作为一个异教徒的力量而介入欧洲历史，对欧洲国际关系历史的进程产生了重大而直接的影响。15 世纪以来奥斯曼帝国不断发动战争，对基督教世界构成了直接的严重威胁。意大利战争爆发的一个诱因就是查理八世宣称将把征服后的那不勒斯王国作为东征土耳其人的军事基地，从这里发动对土耳其人的圣战，然而意大利战争的持续进行，不仅破坏了基督教世界表面上的所谓团结，而且还将奥斯曼帝国引入正在形成中的欧洲外交体系中，造成这一结果的正是不断发动意大利战争的法国国王弗朗索瓦一世。

　　学者德·拉马尔·詹森（De Lamar Jensen）把对 16 世纪土耳其人与法国关系的历史考察融入他的论文《16 世纪法国外交中的奥斯曼帝国》（*The Ottoman Turks in Sixteenth Century French Diplomacy*）中，詹森在论文起始就强调，欧洲与奥斯曼帝国形成紧密外交关系是在 16 世纪上半叶，而引入这种关系发展的是弗朗索瓦一世，他将法土同盟政策作为其东方外交政策的重要组成部分。那么是什么原因导致弗朗索瓦一世改变反土耳其人的政策和基督教传统呢？传统解释是，1525 年帕维亚战役中弗朗索瓦一世被俘，政治困境迫使法国向当时的奥斯曼帝国苏丹苏莱曼一世请求军

---

① D. L. Potter, "Foreign Policy in the Age of the Reformation: French Involvement in the Schmalkaldic War, 1544 - 1547", *The Historical Journal*, Vol. 20, No. 3 (Sep., 1977), pp. 525 - 544.

事援助，两国同盟关系开始逐步确立，这种关系的发展也成为法国反哈布斯堡王朝东方战线的基础。弗朗索瓦一世希望通过这种政治关系，让奥斯曼帝国从东方对哈布斯堡王朝构成持续压力，以利于法国重新确立在意大利北方的主导权，扩大法国在地中海的影响力。一个基督教国家与一个伊斯兰国家除了对哈布斯堡王朝拥有共同的憎恨与恐惧之外，似乎再也没有其他共同点。然而詹森认为，从两国外交来往与谈判中可以看出，它们的合作关系在商业上是一种互利行为，商贸合作的优势有利于双方建立政治联盟。法国可以从这种关系的发展中获得在地中海上的商业特权，促进国内经济发展，弥补由于热那亚转投西班牙造成的战略上、商业上和海上力量的损失，为法国的葡萄酒、纺织产品、金属制品等商品另辟市场。土耳其人从中也可以再次激活由于新航路开辟而遭受损失的地中海东部诸国的商贸活动。

随着法国与奥斯曼帝国外交关系的确立，法国开始向伊斯坦布尔派出常驻使节，詹森注意到，奥斯曼帝国可以接受法国派驻大使，但除非具有特殊使命的使节，土耳其人并没有向法国派出常驻性质的使节，这种情况并不是因为奥斯曼帝国对同盟关系缺乏诚意，而是反映了奥斯曼帝国的传统观念，即帝国与法国之间的关系不是一种平等关系，而是一种恩赐与被恩赐的关系。尽管基督教世界对于法国与奥斯曼帝国的联盟关系颇有微词，但是法土联盟为在意大利战争中处于劣势的法国提供了政治支持与军事援助，让哈布斯堡王朝不得不面对来自中欧腹地、意大利沿岸地区及地中海一带的多重压力。詹森最后指出，法国的土耳其政策是成功的，它不仅有效分散了意大利战争中哈布斯堡王朝的力量，而且为以后法国在近东地区的优势地位奠定了基础。[①]

西方史学界长期忽视法国国王亨利二世的统治，关于这位国王的学术研究成果远不及对弗朗索瓦一世的研究成果那么多。20 世纪早期学者 E. 阿姆斯特朗（E. Armstrong）的论文《亨利二世的意大利战争》（*The Italian Wars of Henry II*）以 20 世纪初叶法国历史学家吕西安·罗米耶（Lucien Romier）所著的两卷本《法国宗教战争的政治起源》（*Les Origines Politiques des Guerres de Religion*）[②] 为研究基础，重点论述了亨利二世时期

---

① De Lamar Jensen, "The Ottoman Turks in Sixteenth Century French Diplomacy", *Sixteenth Century Journal*, Vol. 16, No. 4 (Winter, 1985), pp. 451 – 470.

② Lucien Romier, *Les Origines Politiques des Guerres de Religion*, Paris: Librairie Perrin et Compagnie, 1911, 1913.

意大利战争与法国国内政治斗争之间的密切关系。

罗米耶的《法国宗教战争的政治起源》是研究亨利二世统治时期战争与外交的重要著作，他在著作中指出，1559 年不仅标志着法国历史而且在一定程度上标志着欧洲历史的一次"突然性的转折"（a brusque transition）。一场对外战争（意大利战争）结束了，另一场内战（宗教战争）开始了。罗米耶试图从政治发展的角度分析与论证法国宗教战争的历史起源，从亨利二世时期军事与外交的历史回忆中找寻法国宗教战争的历史起因。他把亨利二世的统治称为"16 世纪的节点"（the knotty point of the sixteenth century），认为弗朗索瓦一世的意大利政策与亨利二世的意大利政策在表面上有着显著的区别，前者是赤裸裸的军事征服，而后者无论怎样在表面上宣称的是为了保护意大利半岛上的弱小城市国家免受哈布斯堡王朝的政治统治。罗米耶在著作中详细论述了亨利二世时期军事与外交的历史，以意大利战争为中心论题，用大量史实充分证明了法国国内政治斗争与亨利二世的意大利战争之间是一种互为促进、互为推动的关系，而围绕意大利政策展开的国内政治斗争又随着意大利战争的结束，在法国国内逐渐演化并升级为宗教战争。罗米耶认为，这一时期意大利战争某种程度上也表现为法国王室总管蒙莫朗西与吉斯家族之间长期的政治斗争，这种斗争不仅贯穿亨利二世统治始终，而且左右了亨利二世的对外战争。蒙莫朗西主张法国应将外交政策重点放在法国东北边境一带，而声言有权继承安茹家族事业的吉斯家族则坚决主张干涉意大利（由于吉斯家族与意大利埃斯特家族之间的联姻关系、意大利的政治流亡者的政治游说以及法国王后凯瑟琳·德·美第奇的佛罗伦萨背景，法国国内支持干涉意大利的势力一直都很强大，亨利二世时期插手教皇选举、帕尔玛战争、锡耶纳战争和远征那不勒斯都是干涉意大利政策的产物），可以说意大利战争的成败成为吉斯家族在法国国内政治兴衰的晴雨表。

针对罗米耶的观点，阿姆斯特朗指出，亨利二世的意大利政策并不像罗米耶所说的那样与弗朗索瓦一世的政策有着明显区别，干涉帕尔玛事务的战争是为了履行与意大利法尔内塞家族的政治协议；干涉锡耶纳事务的战争逐渐演变成为对佛罗伦萨的军事攻击，而且很可能发展成为法国远征那不勒斯的借口；夺取科西嘉岛表面上是为了保护教皇的安全，实则是为了再次远征那不勒斯。这样的意大利政策其实与前任政策是一脉相承的，没有实质性区别。阿姆斯特朗的论文基本采纳了罗米耶的部分历史观点，不仅一再强调法国国内政治斗争与意大利战争之间的密切联系，而且进一步认为亨利二世的意大利战争在法国历史乃至欧洲历史上都具有重要历史意义。至于亨利二世的意大利战争与法国宗教战争之间的因果关系，阿姆斯特朗则认为这种观点值得商榷，仍需进一步论证。①

学者弗雷德里克·J·鲍姆加特纳（Frederic J. Baumgartner）在《法国国王亨利二世（1547～1559）》（*Henry II: King of France 1547 – 1559*）一书中认为，亨利二世的历史形象在很多史学著作中显得过于单薄与程式化。他强调，亨利二世的统治时期是法国历史的关键时期，法国新教势力发展成为一个具有强大影响力并初具组织规模的政治力量；通过意大利战争，法国的东部边境延伸至洛林，并且从英格兰人手中夺取了加来，结束了英格兰在欧洲大陆的存在历史；亨利二世还对法国的税收制度及官僚机构做出了一定改革，以适应当时法国国内政治的需要。② 亨利二世的统治主要由两个主题构成，一个是在外交方面，他继续推动意大利战争，反对哈布斯堡王朝在欧洲的主导地位；另一个是在内政方面，根据形势的需要，他在新教问题上的立场也是前后不一。鲍姆加特纳把更多注意力放在意大利战争上，强调亨利二世对于神圣罗马帝国皇帝查理五世的怨恨与恐惧。鲍姆加特纳认为，亨利二世花费大量精力试图摧毁哈布斯堡王朝的帝国事业。因此书中的分析主要集中在王朝斗争上面，并从亨利二世的个人角度阐释了法国的政治生活。在这个框架之下，鲍姆加特纳对法国外交政策的制定与实施过程以及军事问题都给予了综合性的历史考察，突出介绍了以王室总管蒙莫朗西为首的主和派与以吉斯兄弟为首的主战派之间的政治斗争，强调这场政治斗争对于结束意大利战争以及 1559 年之后的法国政治所产生的作用与影响。③

如何评价《卡托—康布雷奇和约》一直是历史学者争议的话题，一部分人认为该和约是法国的一场灾难，法国从中并没有获得任何具有重要性的实质好处，鲍姆加特纳则认为，从战略角度而言，法国得大于失，但亨

---

① E. Armstrong, "The Italian Wars of Henry II", *The English Historical Review*, Vol. 30, No. 120 (Oct., 1915), pp. 602 – 612.
② Frederic J. Baumgartner, *Henry II: King of France 1547 – 1559*, Durham and London: Duke University Press, 1988, pp. ix – x.
③ *Henry II: King of France 1547 – 1559*, pp. 46 – 63.

利二世的意外死亡却导致这些收益大打折扣。① 鲍姆加特纳在书中没有太多关注法国国内日益壮大的新教运动，但他也希望能够解释亨利二世对新教势力政策时软时硬、内外有别的真正原因。鲍姆加特纳认为，亨利二世对于国外新教势力的容忍态度，是一种符合法国王朝利益的政治表现，是随着外交关系的变化而变化的，而对国内新教势力的排斥态度，是由于亨利二世站在统治者的角度始终认为新教运动是对国内秩序的严重威胁，② 鲍姆加特纳关于宗教问题的观点显然带有浓厚的政治色彩。鲍姆加特纳的这部著作尽管在分析法国国内新教运动方面略显不足，但是对于研究亨利二世的意大利事业仍不失为一部佳作，有助于理解鲍姆加特纳所强调的这样一个学术问题，即亨利二世的统治时期是法国历史的关键时期。

哈布斯堡家族（西班牙）是意大利战争中的另一个主要角色，研究意大利战争中的哈布斯堡家族和神圣罗马帝国的历史是意大利战争研究的重要领域，这里不仅体现了帝国观念的演变历史，而且展示出王朝联姻政治对于哈布斯堡家族乃至欧洲历史的重要性，这两点集中体现在对神圣罗马帝国皇帝查理五世的学术研究上。

英国历史学家 J. H. 埃利奥特（J. H. Elliott）的《西班牙帝国（1469~1716）》（*Imperial Spain 1469 – 1716*）是研究西班牙近代历史的权威之作，对于了解意大利战争期间的西班牙具有较高学术价值。大国的兴衰一直以来是史学界备受关注的一个热点话题，其中西班牙帝国的迅速崛起与中途衰落成为考察大国兴衰命题的典型案例。埃利奥特的《西班牙帝国（1469~1716）》以 1469 年阿拉贡王国王子费迪南德与卡斯提尔王国公主伊萨贝拉联姻作为西班牙帝国的起源，从政治、经济与社会的发展角度，论述了从阿拉贡和卡斯提尔的联合至法国波旁王朝入主西班牙之间近三百年的帝国历史。埃利奥特在书中简短分析了阿拉贡、卡斯提尔与加泰罗尼亚等的历史发展，以此试图说明在西班牙帝国的统一进程中，伊比利亚半岛上各王国之间不均衡的发展在很大程度上左右了西班牙政治演变的方向，继而对于哈布斯堡王朝统治下的西班牙帝国产生了非常重要的影响。③ 作为统治西班牙的外来家族，哈布斯堡王室通过一系列的王朝联姻与继承关系的戏剧性变化，把家族领地拓展至西班牙，并以西班牙作

---

① Frederic J. Baumgartner, *Henry II: King of France 1547 – 1559*, pp. 227 – 230.

② *Henry II: King of France 1547 – 1559*, pp. 231 – 246.

③ J. H. Elliott, *Imperial Spain*, *1469 – 1716*, London: Edward Arnold, 1963, pp. 17 – 96.

为帝国统治的核心形成了一个规模空前庞大的帝国。查理五世的出现成为欧洲历史上的一个非常独特的现象，1519 年查理五世当选在欧洲具有普世意义的神圣罗马帝国皇帝，走上了一条追求"普世帝国"的不归之路。查理五世在位期间，其对外政策着力于与法国争夺控制欧洲的最富庶地区意大利，力争剪除德意志的新教力量，将分散的德意志诸邦统一在帝国之下，同时守护、巩固和扩大哈布斯堡王朝的领地，把土耳其人的势力驱逐出基督教世界，埃利奥特称之为"查理五世的帝国主义"（the Imperialism of Charles V）。查理五世的帝国主义让法国与奥斯曼帝国、德意志新教势力结成政治同盟，让宗教改革运动在政治上获得了道义支持并取得了一定成功，让帝国统治下的意大利反对帝国的政治活动始终暗潮涌动。

埃利奥特在书中写道，查理五世的帝国在面对另一个帝国（奥斯曼帝国）时，"发觉自己处在战线的前沿，是欧洲抵挡土耳其人攻击的天然堡垒。正是基于这一点，查理的帝国主义盛行起来。一个帝国想对付另一个帝国的袭击。阿拉贡王国各邦自身太弱，无法阻止和打退土耳其人的进攻，而卡斯提尔也需要一条境外防线。查理的帝国主义恰好提供了这一防线。他能够抽取他分布广泛的领地的财政和军事资源，利用他的热那亚盟友的海上力量，连同他的德意志银行家的贷款，来保护意大利和西西里，进而保护西班牙自身，使之免遭奥斯曼帝国主义的杀戮。"[1] 然而查理五世过度地卷入德意志问题与意大利战争，以致不能实行一种针对奥斯曼帝国的持之以恒的进攻性政策，西班牙在享受查理五世给予的和平与安宁时，却不得不承担起查理五世同时给予的帝国义务，为帝国战争支付巨额的费用。"征伐永久化，意味着陈旧过时的社会组织在一个从事征伐的社会中永久化。这也意味着 16 世纪西班牙及其帝国的体制与经济在郁闷的持续不断的战争背景下得以形成，而后又被扭曲。"[2] 埃利奥特认为，如果说战争是查理五世时期西班牙历史的一个主题，那么帝国组织机构的官僚化则是另外一个主题。查理五世的帝国庞大而复杂，在帝国缺乏统一且有效的行政系统和官僚系统的条件之下，查理五世的政治统治则一定程度上延续了中世纪的传统政治方式，并在之前的基础之上进一步强化和扩大

---

[1]　J. H. Elliott, *Imperial Spain*, *1469 – 1716*, p. 166.

[2]　*Imperial Spain*, *1469 – 1716*, p. 167.

了现有事务委员会体系的功能，协调领地之间的统治关系与秩序。但是查理五世的努力并没有减轻由于战争而带来的帝国财政危机，战争、宗教与帝国统治的多重压力最终让查理五世选择了逊位。① 埃利奥特评论道，查理五世的逊位意味着查理五世的普世帝国主义的终结。埃利奥特在分析意大利战争期间的西班牙历史时，并没有直接去论述战争问题，而是站在西班牙国内政治、经济与社会发展的角度，从侧面讨论了战争对于西班牙以及查理五世帝国带来的冲击，为研究意大利战争中的王国或帝国行为提供了一次重要尝试。

查理五世是西方史学界长期关注与研究的焦点人物，各方面的研究成果也很丰富，尤以德国历史学家卡尔·布兰迪（Karl Brandi）的《皇帝查理五世——一个人和一个世界帝国的成长与命运》（*The Emperor Charles V：the Growth and Destiny of a Man and of a World - Empire*）为代表，这部著作被视为查理五世传记的经典之作。② 虽然这部著作是研究查理五世的必备参考，但是随着历史研究的深入，其中有些诸如帝国及国家的观点带有明显的时代烙印，显然过时了。查理五世个人是否怀有主导欧洲的野心，这是一个争议很大的问题。罗伯特·B. 莫瓦特在他的《欧洲外交史（1451～1789）》中就认为，宣称查理五世个人希望主导欧洲是不合适的，他可能意识到自己是众多领土的领主，一个人是很难驾驭的，查理五世并没有缔造世界帝国的宏伟战略。③ 下面仅以近期出版的学术著作说明查理五世研究的现状。

学者 M. J. 罗德里格斯—萨尔加多（M. J. Rodriguez - Salgado）的《帝国的变迁——查理五世、菲利普二世和哈布斯堡家族的权威（1551 - 1559）》（*The Changing Face of Empire：Charles V, Philip II and Habsburg Authority, 1551 - 1559*）把历史研究的焦点放在了意大利战争结束前的近10 年时间，这个时候查理五世的帝国正面临着政治上、经济上和心理上的三重压力，帝国权力也在逐渐由查理五世向菲利普二世过渡和转移。罗德里格斯—萨尔加多分析了意大利战争的影响与查理五世统治的逐步衰落，并追溯了菲利普二世登上历史舞台的过程与哈布斯堡家族领地的分

---

① J. H. Elliott, *Imperial Spain*, *1469 - 1716*, pp. 167 - 178, 196 - 208.

② Karl Brandi, *The Emperor Charles V：the Growth and Destiny of a Man and of a World - Empire*, trans. by C. V. Wedgwood, London：J. Cape, 1939.

③ R. B. Mowat, *A History of European Diplomacy*, *1451 - 1789*, p. 46.

割。本书试图修正长期以来人们对查理五世和菲利普二世的传统看法，并对他们与领地之间的关系发展做出新的解释。罗德里格斯—萨尔加多认为，围绕在查理五世周围近乎圣洁的光环几乎与这位日渐衰老（Aging）、昏聩无能（Inept）的查理五世并不相符，步入暮年的查理五世顽固地把持着帝国权力，拒绝对其所犯错误承担任何责任，时有的消沉与暴躁展现了这位皇帝平凡的一面，少了一些英雄气概。至于菲利普二世，罗德里格斯—萨尔加多则认为，菲利普二世是以积极的政治姿态登上历史舞台的，他敢于发表与父亲相左的意见，这种形象与传统认为的怯懦、言听计从的菲利普二世有很大出入。罗德里格斯—萨尔加多除了做出对历史人物形象的修正之外，她还在书中提出了三个重要问题：第一个问题是哈布斯堡家族的庞大帝国是如何经受住权力更替的，菲利普二世的帝国与查理五世的帝国有多大程度的不同？第二个问题是由于持续 60 多年之久的意大利战争给帝国带来了难以言表的压力，那么帝国财政是通过什么方式支持战争的？战争又是如何影响帝国财政的？第三个问题是 1559 年《卡托—康布雷奇和约》真的意味着哈布斯堡王室与瓦洛亚王室之间斗争的结束和真正意义上西班牙君主统治的开始？罗德里格斯—萨尔加多通过逐层分析得出的结论与一般的观点大相径庭，帝国权力的转移过程比人们预期的更为复杂、更为激烈，通过对帝国财政的考察与分析，著作的结论却是帝国财政正经历着一个各种因素迅速转变的时代，但是书中并不接受财政破产的说法，而《卡托—康布雷奇和约》缔造的和平只是延缓了哈布斯堡王室与瓦洛亚王室之间的斗争，而不是结束，和平状态不久就受到了新的威胁。①

罗德里格斯—萨尔加多的这部著作对于意大利战争结束前夕帝国政治的考察，在许多方面令人耳目一新，为研究这一时期的历史提供了全新的解释模式。由于史学界很少关注这一段历史，因此她的努力值得肯定。但是罗德里格斯—萨尔加多的很多观点仍需要谨慎看待，从方法的角度看，她刻意贬低查理五世、拔高菲利普二世的做法并不符合历史研究的客观性要求，容易产生先入为主的不良效果，以结论推动过程的研究可能造成不必要的困难。从具体的历史分析来看，罗德里格斯—萨尔加多忽视了这样一个事实，那就是无论政治上还是心理上，查理五世与菲利普二世面对的

---

① M. J. Rodriguez – Salgado, *The Changing Face of Empire: Charles V, Philip II and Habsburg Authority, 1551 – 1559*, Cambridge: Cambridge University Press, 1988, p. 2.

历史现状是一样的，采取的手段也大同小异。查理五世与菲利普二世都曾尝试进行财政改革，但都是由于战争的需要而使改革受挫，帝国财政问题也日益恶化。至于《卡托—康布雷奇和约》，罗德里格斯—萨尔加多并没有真正认识到意大利战争结束的时代意义（尤其是大国政治为欧洲国际关系带来的新变化）。除了上述的不同意见之外，罗德里格斯—萨尔加多的这部著作还是为了解欧洲近代早期帝国处理具体实际事务的方式方法提供了很好的分析，这有助于弄清欧洲近代早期战争与帝国财政之间的关系以及战争给帝国内部政治斗争带来的影响。

公元 2000 年欧洲许多国家相继举行纪念活动，纪念神圣罗马帝国皇帝查理五世诞辰 500 周年。各地以展览、讲座、研讨会、音乐会和宴会等各种形式举行的纪念活动引起了政界与普通大众的广泛关注，大量以查理五世作为标题的书籍也相继出版，其中不乏研究查理五世的学术性专著。

荷兰学者维姆·布洛克曼（Wim Blockmans）的《查理五世（1500 ~ 1558）》（Emperor Charles V, 1500 – 1558）从严格意义上说，不属于查理五世的传记范畴，布洛克曼指出，本书的主旨是综合展示查理五世研究的最新学术成果。布洛克曼在书中的第一部分以倒叙的方式简洁回顾了查理五世近 40 年的皇帝生涯，从出生至去世，从他接受的基督教传统教育到他要承当的帝国责任与义务，这个历史过程不断折射出在皇帝个人与帝国政治之间、传统与现实之间、权利与责任之间的矛盾与冲突，布洛克曼指出，这种个人与权力架构之间的紧张关系在查理五世时代达到了一个戏剧性高潮，那么决定历史进程的究竟是个人、是体系结构还是客观的物质条件呢?[1] 查理五世是否有一个追求普世帝国的大战略（A Grand Strategy）呢？这是布洛克曼提出的第二个问题。1525 年查理五世已经拥有了 72 个正式头衔（包括 27 个国王头衔、13 个公爵头衔、22 个伯爵头衔及 9 个领主头衔），以后还在不断增加。这么多头衔的背后体现了不同领地的不同法律基础，这些法律基础是几个世纪以来由于继承、联合与分裂而产生的权力运作的基石。领地利益与王朝利益之间存在着不可调和的矛盾关系，而身为神圣罗马帝国皇帝的查理五世又肩负着罗马帝国的传统事业，在帝国架构下，如何合理安排领地、王朝与帝国三种因素之间的关系是摆在查

---

① 　Wim Blockmans, *Emperor Charles V, 1500 – 1558*, trans. by Isola van den Hoven – Vardon. London：Arnold, 2002, pp. 3 – 23.

理五世面前亟须解决的现实问题。意大利战争中军事技术的变革、宗教改革运动的兴起、美洲金银的输入以及奥斯曼帝国的扩张等都以各自的方式让查理五世的庞大帝国陷入混乱之中，各种因素还以不同的组合方式不断地阻遏查理五世的各种计划，查理五世必须同时面对多种选择。布洛克曼形容说，就好像在棋盘上玩的一场游戏，皇帝作为一方要经常接受三至四方的挑战，所谓的大战略谈何容易。①

布洛克曼认为，"荣誉、权利与领土"是这个时代君主们所共同追求的，它是一种权利与责任的体现，是中世纪欧洲政治的继续。意大利战争中查理五世认为自己的战争是在践行自己的权利与责任，很显然由神学家界定的战争的正当理由与现实政治所做出的定义相去甚远，那么在多大程度上能够满足国王与皇帝对于荣誉的追求呢？这个问题没有人能够准确回答。② 布洛克曼的这部著作还从皇帝维护宗教权利的责任、帝国政治的影响以及战争对于帝国财政的影响等方面，具体展现了查理五世时代现实与理想的差异与冲突，在查理五世身上表现出来的各种紧张关系恰恰是他那个时代的真实写照。布洛克曼提出的问题需要进一步研究与思考，这不仅有助于认识查理五世个人，还有助于了解意大利战争期间帝国、王朝与领土概念的时代含义。

学者詹姆斯·D. 特拉西（James D. Tracy）的《战争的总指挥——查理五世的战役策略、国际财政与国内政治》（*Emperor Charles V*, *Impresario of War*: *Campaign Strategy*, *International Finance*, *and Domestic Politics*）以查理五世的九次军事行动为全书核心论题，试图说明战争作为一种国家行为，对于帝国财政与内政的深刻影响。全书聚焦于三个主要问题：首先，从战略角度而言，查理五世进行战役的具体目标是什么？其次，再好的将军也不能确保在战争中取得胜利，金钱才是问题的关键，那么查理五世是如何寻求资金支持来确保以雇佣军为主力的帝国军队继续效忠于他呢？最后，帝国臣民不得不为皇帝的战争而支付带有利息的账单，那么什么情况下帝国各领地的议会机构才同意增加税收？特拉西的这部著作主要分为三个部分，以解释回答上述问题。

书中第一部分概括了查理五世进行军事行动的基本条件以及筹集军费时采用的基本手段，考察了低地国家、那不勒斯和卡斯提尔的财政机制与

①　Wim Blockmans, *Emperor Charles V*, *1500－1558*, pp. 25－45.
②　*Emperor Charles V*, *1500－1558*, pp. 47－78.

财政状况，查理五世基本上是用税收来偿还银行或私人借款。^①第二部分较为详细地讨论了 1529 年至 1552 年由查理五世亲自指挥的九次战役，其中包括远征突尼斯、远征阿尔及尔和两次施马尔卡尔登战争，特拉西使用查理五世的个人信件、财政委员会的账目与议会记录，从财政角度具体分析了九次战役的军费使用情况，从政治角度剖析了各领地议会机构与查理五世的互动关系，均表明查理五世的战争费用增长迅速。^②第三部分则讨论了各领地对查理五世增加税收的反应。由于卡斯提尔和低地国家的代议机构发展较为成熟，因此反抗尤为激烈，甚至酿成了 1536 年根特起义。^③特拉西的这部著作以查理五世作为战争总指挥的形象，通过运用丰富的原始史料以及严谨的分析统计，论述了查理五世时期军事、财政与政治之间的复杂关系，是研究意大利战争中查理五世帝国军事发展的一部重要著作。

此外，M. J. 罗德里格斯—萨尔加多的一篇论文《服从十诫——查理五世与弗朗索瓦一世之间的第一次战争（1520～1529）》（*Obeying the Ten Commandments: the First War between Charles V and Francis I*，1520 – 1529）值得重视，读起来也饶有趣味，该论文收录于维姆·布洛克曼等人主编的论文集《皇帝查理五世的世界》（*The World of Emperor Charles V*）。论文以 1520 年至 1529 年查理五世与弗朗索瓦一世之间的第一次战争为分析个案，从基督教传统的战争与和平的观念说明意大利战争中查理五世与弗朗索瓦一世之间发生战争的深层原因。罗德里格斯—萨尔加多认为，莎士比亚名剧《罗密欧与朱丽叶》（Shakespeare's *Romeo and Julliet*）中两大家族之间世代相继的恩怨情仇，是酿成罗密欧与朱丽叶悲剧的根本原因之一。实际上这部以意大利为背景的戏剧也在一定程度上戏剧性地表现了文艺复兴时期欧洲王公贵族的思维模式与行为方式。中世纪欧洲贵族之间围绕土地与财产的矛盾与冲突长期存在，而且世代相传。这种矛盾与冲突不仅孕育和反映了渗透于欧洲文化之中的暴力倾向，而且为这些贵族提供了生活的手

---

① James D. Tracy, *Emperor Charles V, Impresario of War: Campaign Strategy, International Finance, and Domestic Politics*, Cambridge: Cambridge University Press, 2002, pp. 17 – 108.

② James D. Tracy, *Emperor Charles V, Impresario of War: Campaign Strategy, International Finance, and Domestic Politics*, pp. 109 – 248.

③ *Emperor Charles V, Impresario of War: Campaign Strategy, International Finance, and Domestic Politics*, pp. 249 – 303.

段与生活的方向，以此来实现他们所追求与推崇的两项美德：荣誉与勇气。随着封建贵族战争向王朝战争的转变，追求荣誉与光荣的美德也逐渐融入王朝政治的血液之中，并且与权力、公正与和平等理念相融合，这样看似矛盾的道德理念成为贵族生活准则中必需的组成部分。

16世纪初弗朗索瓦一世、查理五世和亨利八世相继即位，他们血气方刚、充满自信、渴望武功，他们对于荣誉与光荣有着强烈的渴望，对于基督徒之间的和解与和平也愿为之付出努力。罗德里格斯—萨尔加多强调，现在的问题是采用暴力的手段要有公认的正当理由，而通常的做法是一方煽动另一方首先挑起冲突，然后自己再摆出一副无辜受害者的姿态，用这样的方式来确保自己使用暴力的合法性，在现实的欧洲国际政治中，文艺复兴时期的君王诸侯经常采用这样的策略规避战争责任。论文提出了两个问题：为什么查理五世与弗朗索瓦一世之间在1521年爆发战争？为什么战争直到1529年才暂时结束？罗德里格斯—萨尔加多认为，查理五世与弗朗索瓦一世之间的战争具有非常明显的中世纪政治思维逻辑的痕迹。由于受到传统权利与责任的影响，查理五世与弗朗索瓦一世都把维护王国的领土和坚守从先辈那里继承下来的权利视为上帝赋予的神圣职责，这个过程也是追求荣誉与光荣的一种具体体现，在正义战争的召唤之下，最终实现上帝的和平事业。经历了神圣罗马帝国皇帝选举的斗争与英格兰居中斡旋的失败，1521年双方之间爆发第一次战争。查理五世在意大利战争的过程之中始终把弗朗索瓦一世视为唯一的侵略者，因为弗朗索瓦一世拒绝承认查理五世高于自己的政治地位。1525年帕维亚战役之后，弗朗索瓦一世被俘，查理五世坚信胜利是上帝给予他的，证明正义是站在他的一边，他也十分肯定弗朗索瓦应该为战争受到谴责，应为他的错误付出相应代价，而且胜利让法国处在他的支配之下。罗德里格斯—萨尔加多在论文中指出，由于长期的不信任与对各自事业的坚定信念，为了荣誉、地位与权力，查理五世与弗朗索瓦一世之间的战争一直延而未决，直到1529年签署《康布雷和约》，战争才暂时结束了。[①]

英格兰是意大利战争中的次要角色，因为其实力和对战争的参与程度

① M. J. Rodriguez - Salgado, "Obeying the Ten Commandments: the First War between Charles V and Francis I, 1520 - 1529" in *The World of Emperor Charles V*, edited by Wim Blockmans and Nicolette Mont, Amsterdam: Koninklijke Nederlandse Akademie van Wetenschappen, 2004, pp. 15 - 67.

远不及西班牙和法国。但是在亨利八世统治时期，英格兰在欧洲大陆的哈布斯堡王室与瓦洛亚王室之间的斗争中发挥了积极的建设性作用。亨利八世恢复了英格兰国王渡海入侵法国以争夺领地的传统，从 16 世纪 20 年代初开始竭力在法国与哈布斯堡之间寻求英格兰的国际政治地位，在欧洲国际舞台上形成了亨利八世、弗朗索瓦一世与查理五世竞逐的国际局面。研究都铎王朝时期，特别是亨利八世时期英格兰的战争与外交以及意大利战争对英格兰的影响也是意大利战争研究的重要组成部分。

　　P. S. 克劳森（P. S. Crowson）的《都铎王朝的外交政策》（*Tudor Foreign Policy*）是研究英格兰都铎王朝对外政策的一部富于思想性的学术专著。克劳森在介绍都铎王朝对外政策主要目标时指出，尽管保卫王国领土是外交政策的主要动机与目标，但是都铎王朝的历代统治者发动战争无论是出于王朝野心，还是出于对圣战的狂热，都是迎合了君主与王国臣民在心理上的需求。克劳森继续指出，王国的安全与否很大程度上依赖于王国在国际事务中扮演的角色。都铎王朝统治下的英格兰在意大利战争前期的三十五年，并没有感觉到实行积极外交政策的迫切性，但是 1529 年之后，英格兰开始意识到保卫王国是一项持续的、紧迫的任务。这种转变的出现与当时欧洲大陆的国际局势、亨利八世的对外政策都有直接联系。威胁来自两个方面，其一，法国始终是英格兰王国领土安全的首要威胁；其二，亨利八世与罗马教廷的决裂导致西班牙、法国、苏格兰可能以宗教名义入侵英格兰。因此，意大利战争后期以至更长时间，都铎王朝对外政策的最重要目标是反对侵略，保卫王国领土与安全。对外政策的另外一个主要目标是维持王朝的统治秩序，这个目标时常等同于保卫王国的安全。另外寻找商业机会也是都铎王朝对外政策的组成部分。克劳森认为，都铎王朝的对外政策中时常掺杂着君主个人抱负与贵族官僚个人利益的影响。[①] 书中详细分析了都铎王朝历代君主的对外政策，克劳森认为亨利七世的外交政策是一种明智的容忍政策（the Patient Diplomacy）。通过这种政策，亨利七世把法国的力量由法国北部转移到意大利，暂时阻止了法国对英格兰与低地国家的军事威胁，有利于亨利七世壮大英格兰的海上力量并与法国的邻邦结为政治联盟。亨利八世的外交政策是一种积极的进攻性政策，与亨利七世截然不同，他积极卷入意大利战争，干涉欧洲大陆事务，尝试扮演

---

① 　P. S. Crowson，*Tudor Foreign Policy*，New York：St. Martin's Press，1973，pp. 3 – 9.

平衡的角色。与罗马教廷的关系彻底破裂之后，亨利八世采取了更加积极地介入意大利战争的外交政策。克劳森认为，亨利八世的战争在一定意义上是有益于英格兰的，因为战争更趋向于加紧国王与臣民的政治联系，其内外政策有助于英格兰人形成一种强烈的团结意识或民族意识，逐渐意识到英格兰人属于一个远离欧洲大陆的开放性的岛屿国家，他们蔑视所有的入侵者。克劳森的《都铎王朝的外交政策》在分析都铎王朝的对外政策时，不仅分析了对外政策的长期发展过程，而且正确把握住了外交政策实施过程中的现实复杂性与偶然性。

英国历史学者 J. J. 斯卡里斯布里克（J. J. Scarisbrick）的《亨利八世》（*Henry VIII*）是继 20 世纪初 A. F. 波拉德（A. F. Pollard）的《亨利八世》[①] 出版之后的另一部关于亨利八世统治史的学术著作。斯卡里斯布里克的这部著作不是以编年体的方式叙述历史，而是以亨利八世统治时期诸如意大利战争、解除与王后的婚姻、与罗马教廷决裂等重要历史事件为论述核心，详细论述了亨利八世统治时期英格兰在政治、宗教与国际关系等方面的发展与变化，刻画了一位在政治上敢于作为、在国际事务上积极主动的亨利八世的形象。亨利八世统治早期，托马斯·沃尔西是亨利八世对外政策的核心人物，由他积极推动的金锻军营会晤、《伦敦条约》以及加来—布鲁日和平会议等为提高亨利八世的国际地位起到了重要作用，关于亨利八世与弗朗索瓦一世、查理五世之间一系列的外交动作在书中占据了很多篇幅，可见国际事务在亨利八世统治时期占有重要位置。亨利八世统治的 37 年，英格兰以高昂代价经历了与法国的多次战争，加入了欧洲大陆国家缔结的多项条约，以高昂的姿态挑战教皇与皇帝的权威，积极干预欧洲大陆兴起的宗教改革运动，并把神圣的宗教权利置于王位之下，意大利战争中亨利八世、弗朗索瓦一世与查理五世之间的矛盾与冲突演变为欧洲大国之间的政治较量，英格兰在崇尚荣誉与光荣的亨利八世的带领下，在 16 世纪上半叶的欧洲表现得异常活跃。斯卡里斯布里克认为，尽管亨利八世的战争与外交为英格兰带来了繁重的经济负担，但他的战争也锻造了英格兰人的团结意识或民族意识，形成了强烈的岛国意识。[②] 斯卡里斯布里克的《亨利八世》是研究意大利战争中涉及英格兰外交与战争的

---

① A. F. Pollard, *Henry VIII*, New York: Longmans, 1919.

② J. J. Scarisbrick, *Henry VIII*, Berkeley: The University of California Press, 1968, p. 498.

一部重要著作。

　　学者史蒂文·冈恩（Steven Gunn）的论文《亨利八世的法国战争》（*The French Wars of Henry VIII*）以 1523 年之后亨利八世的历次法国战争为中心论题，试图分析和解释亨利八世对法作战的真实原因。亨利八世的法国战争是由清晰明确的对外政策而导致的合理决策？还是由于世代相传的反法情结而做出的非理智决策？或者是由于国内政治压力而产生的结果？战争是亨利八世本人的决定？或者仅仅是由于英格兰在正在形成的欧洲近代早期国际体系中不可避免的国际角色而决定的？冈恩认为，无论原因何在，亨利八世无疑是一位尚武的国王，他生活在一个欧洲国际关系动荡不定的年代。在他统治的大部分时间内，英格兰与法国基本上是处于战争状态的。欧洲大陆上哈布斯堡王室与瓦洛亚王室之间的斗争为亨利八世提供了一个相对灵活的国际活动空间，查理五世与弗朗索瓦一世都先后对亨利八世表示友好，这种殷勤的态度使亨利八世认识到自己手中握有某种平衡力量，虽然亨利采取的策略是随时联合较弱一方对抗较强一方，反复加入对抗法国或对抗查理的阵营，但是实际上英格兰外交政策从来没有摆脱伦敦与低地国家之间坚强的贸易联系，以及和法国之间传统敌意的影响，这使得英格兰在情感上是偏向查理五世的，甚至在亨利八世与罗马决裂而与查理五世为敌后亦是如此。亨利八世与英格兰始终未能给予法国真正的政治支持，英格兰与法国的历史恩怨与由此产生的把征战法国与实现骑士精神价值联系在一起的政治宣传方式，很容易让亨利八世做出跨海征战法国的决定。但是是什么促成亨利八世决定这样去做呢？冈恩认为，追求荣誉是亨利八世对外政策的主导词汇，然而追求荣誉的骑士作风并不意味着亨利八世视战争如儿戏，为荣誉而战是有选择性的，必须得到当时社会的认可。战争是对荣誉的最大考验，冈恩认为 1450 年到 1530 年的战争很大程度上是骑士精神与抱负的产物，而亨利八世的对外政策与这种骑士准则是相一致的，这决定了他与其他欧洲君主的关系，特别是与法国国王弗朗索瓦一世的关系。

　　冈恩在论文中指出，过分强调亨利八世对法国王位的继承权利可能会造成时代错误的历史假象，以现在的观点来看，亨利八世对法国王位的态度是可商榷的，金锻军营会晤之时，亨利八世对这个问题也只是淡而处之，而 1528 年战争之时亨利八世又特别强调了他对法国的权利，由此看出，亨利八世对待法国王位继承权利的态度是按照追求荣誉与局势发展的需要而不断改变的。关于亨利八世与托马斯·沃尔西在国际事务中的角色分配，冈恩认为，亨利八世与沃尔西在外交上配合默契，这也反映出亨利八世深谙外交的精妙，某些外交决策实际是亨利八世自己政治游戏的产物，沃尔西等人则是执行亨利八世的决策。随着阅历的不断丰富，亨利八世的外交敏感性与自主性也在不断增强。冈恩在论文的最后强调，把亨利八世的法国战争与为权力而战联系起来是对亨利八世对法战争的简单看法，追求与维护荣誉是这个时代贵族的基本生活方式。王国历史传统与骑士传统共同作用于亨利八世的法国战争。①

城市的勃兴与发展是中世纪末期和文艺复兴时期意大利的重要现象，城市国家家族世袭统治的"君主化"是这一时期意大利的发展主流。城市不仅在规模和数量上超过以往，而且经历了剧烈的政治、经济、外交和军事等各种斗争。意大利战争对意大利城市国家的影响巨大，《新编剑桥世界近代史》的第一卷第9章"西方的国际关系：外交与战争"从西方和平与战争的理念变化入手，分析了意大利战争中外交与军事在制度与技术层面的变革，强调了意大利战争的过渡性质，但也提醒读者应该注意，不要受到马基雅维里与圭恰迪尼的过度影响，而将意大利战争时期外交和军事的变化或一些带有现实主义色彩的微妙做法加以夸大。第12章"对意大利的侵略"对从1454年《洛迪和约》之后直到意大利战争前期的国际关系历史，进行了比较系统的论述，强调查理八世入侵前后意大利政治生活的显著差别。在连续三次入侵的过程中，意大利的独立已经遭到破坏。在总结意大利未能抵御入侵的原因时，分析认为首先不在于它在军事上没有能力。比它武装力量的薄弱更为严重的原因是造成各国四分五裂的那种狂妄的地方爱国主义。②

教皇国是意大利城市国家体系中地位最为独特的一支政治力量。在欧洲中世纪和近代早期，教皇不仅是遍布欧洲各地的天主教会组织的首领，而且是位于意大利半岛的教皇国的世俗君主。意大利战争期间，教皇的角色实际上更具世俗性，罗马城除了具有基督教世界宗教中心的功能之外，还是欧洲外交活动的中心舞台。罗马教皇作为意大利战争中重要的利益关

---

① Steven Gunn, "The French Wars of Henry VIII", in *The Origins of War in Early Modern Europe*. Edited by Jeremy Black, Edinburgh: J. Donald, 1987, pp. 28 - 51.

② G. R. 波特主编《新编剑桥世界近代史》（第一卷），中国社会科学院世界历史研究所组译，中国社会科学出版社，1988，第373～418、485～518页。

切方，与其他意大利城市国家和西欧君主竞相争强、争荣，因为在纷繁复杂的欧洲国际政治事务中，置身事外或者单凭世俗王权的仁慈来维持教皇国的生存都是不明智的。

德国历史学家路德维希·冯·帕斯特（Ludwig von Pastor）的《中世纪结束以来的教皇史》（*The History of the Popes*，*From the Close of the Middle Ages*），是继德国史学大师利奥波德·冯·兰克的《教皇史》（*History of the Popes*）① 之后的另一部关于教皇历史的多卷本巨著。兰克的《教皇史》以客观、冷静的叙述方式，记述了文艺复兴以来 300 年间教皇国以及历代教皇个人发展的历史，在这部资料极为丰富的著作中，作为新教徒的兰克对教皇以及罗马天主教持论公允，成为后世史学典范。虽然兰克的《教皇史》影响很大，但身为天主教徒的帕斯特仍然认为有必要对教皇国及教皇的历史进行重新梳理，他的想法得到了当时罗马天主教会的支持，并特许他使用梵蒂冈珍藏的历史文献。帕斯特认为，教皇统治的显著缺点事实上是他们生活的那个时代的产物，他不是以教皇制度的发展而是以教皇个人的历史为写作重点，从 14 世纪初的教皇克莱门特五世至 18 世纪末的教皇庇护六世，《中世纪结束以来的教皇史》先后描述了 56 位教皇，共计 400 余年的教皇历史。

意大利战争中的教皇共有 10 位，《中世纪结束以来的教皇史》第 5 卷到第 15 卷的内容在意大利战争的时代背景之下，以梵蒂冈天主教会的原始史料为基础分析和论述了文艺复兴时期教皇所面临的种种困难和挑战，教皇一方面要为罗马教廷的政治生存空间而不断卷入世俗政治的斗争旋涡，另一方面要为巩固教皇的精神权威而坚持其神圣的宗教权利，意大利战争对于教皇及罗马教廷都产生了很重要的影响。从教皇亚历山大六世到教皇保罗四世，历任教皇在意大利战争中均以教会精神领袖、教皇国的世俗君主和家族领袖的多重身份，推行安全措施、内部发展和扩大教会国家以及在意大利重新建立和扩展罗马的权力，利用战争、行政机构、裙带关系、豪华的宫廷生活、对艺术的促进和文化的需要维护罗马教会的精神领袖地位、教皇国的世俗统治以及捍卫和扩大家族利益，把教皇政治、王朝政治与家族政治混杂在一起。尽管随着学术的发展，帕斯特的《中世纪结

---

① Leopold von Ranke，*History of the Popes*，Vol. I，trans. by Foster，London：G. Bell and Sons，Ltd.，1912.

束以来的教皇史》中的一些观点需要进一步修正，但是这部多卷本的史学巨著仍然具有很重要的学术价值。①

意大利战争中的 10 位教皇任期长短不一，且家族背景、教会经验与政治阅历各有不同，除了宗教领域的斗争之外，意大利战争期间各位教皇与家族、教皇国、意大利其他城市国家、欧洲主要国家，甚至与奥斯曼帝国之间的政治互动关系，不仅持续性地影响了意大利战争的历史进程，而且对于欧洲近代早期的国际关系也具有决定性的意义。教皇尤利乌斯二世是意大利战争中一位以战功著称的教皇，著名学者克里斯蒂娜·肖的《尤利乌斯二世——一位尚武的教皇》（*Julius II：The Warrior Pope*）一书以教皇尤利乌斯二世在意大利战争中的军事经历为核心论题，深入分析了文艺复兴时期教皇统治中精神性与世俗性的矛盾组合。文艺复兴时期的罗马教会处于一个宗教与世俗难择其一的困境之中，这个时期的历任教皇身上均体现出了当时欧洲政治的主要特点，强调家族性、世俗性与国际性。尤利乌斯二世任职教皇前后一直是意大利战争中活跃人物。任职教皇之前，依靠教皇亲戚的身份成为神职人员（这种做法在当时很普遍），并在教皇宫廷内担任要职多年，深谙教皇国的官僚体系，1494 年又流亡法国，鼓动并追随法国国王查理八世入侵意大利。任职教皇之后，尤利乌斯二世以恢复教皇国领地和驱逐法国人为己任，积极参与意大利战争中许多重要战役与和平谈判，其临阵指挥军队作战的形象在基督教世界曾引起很大的争议，褒贬不一。肖的这部著作以"一位尚武的教皇"作为副标题，以大量的历史史料来阐述尤利乌斯二世任职教皇期间的政治与军事问题，其用意是试图把教皇的尚武形象与宗教领袖的传统教皇形象做一个反差很大的比较，表明意大利战争期间教皇统治中的此岸世界与彼岸世界之间不可逾越的现实障碍。虽然基督教的理想在世界的彼岸，但是罗马教廷的生存却在世界的此岸，并且就在现实的国际政治环境中。②

由肯尼思·高恩（Kenneth Gouwens）和舍尔·E. 赖斯（Sheryl E. Reiss）两位学者主编的《教皇克莱门特七世——历史、政治与文化》（*The Pontificate of Clement VII：History，Politics，Culture*）收录了 20 篇

① Dr. Ludwig Pastor, *The History of the Popes*, *From the Close of the Middle Ages*, Vols. V – XV, London：Kegan Paul, Trench, Trubner, & Co. Ld., 1901 – 1951.

② Christine Shaw, *Julius II：The Warrior Pope*, Oxford：Blackwell Publishers, 1993.

研究教皇克莱门特七世的学术论文。教皇克莱门特七世是来自佛罗伦萨美第奇家族的第二位教皇，从 1523 年到 1534 年任职教皇期间，意大利战争已经进行了近 30 年的时间，经过 1525 年帕维亚战役和 1527 年罗马洗劫之后，皇帝查理五世逐渐取得了意大利半岛的主导权，而教皇克莱门特七世的政治生活却充满了不稳定的因素，在圭恰迪尼与保罗·乔维奥的笔下，克莱门特七世被塑造成了一个优柔寡断、唯利是图的教皇形象，这与教皇尤利乌斯二世形成了极大反差，可是学者 T. C. 普莱斯·齐默尔曼（T. C. Price Zimmermann）的论文《圭恰迪尼、乔维奥与克莱门特七世的性格》（*Guicciardini, Giovio, and the Character of Clement VII*）并不完全赞同圭恰迪尼与乔维奥对克莱门特七世的性格描述，认为人物性格的分析与判断是与分析者的分析动机密不可分的，难免掺有分析者的个人主观因素，圭恰迪尼与乔维奥与克莱门特七世多有交集，但是他们的分析与观察也需谨慎看待，要想对人物的性格做出公正、平衡的解析，仍然需要进一步详细了解人物生活的历史环境、历史时代，不能妄下论断。[①]

学者芭芭拉·麦克朗·霍尔曼（Barbara McClung Hallman）在论文《教皇克莱门特七世的灾难——朱利奥·德·美第奇的灾难?》（*The "Disastrous" Pontificate of Clement VII: Disastrous for Giulio de'Medici?*）中认为，尽管 1527 年罗马遭受洗劫，损害了教皇克莱门特七世的声誉，但是这并不完全表示他的教皇任期是灾难性的，克莱门特七世还是达到了他的主要目标，重振了教皇权威并恢复了意大利中部的教皇辖地，与法国和皇帝之间达成和解，美第奇家族重新控制了佛罗伦萨，使美第奇家族与欧洲主要王室之间缔结婚姻，融入欧洲王室家族的行列。[②] 学者塞西尔·H. 克拉夫（Cecil H. Clough）的论文《克莱门特七世与乌尔比诺公爵弗朗西斯科·马里亚·德拉·罗韦雷》（*Clenment VII and Francesco Maria Della Rovere, Duke of Urbino*）讨论了乌尔比诺公爵弗朗西斯科·马里亚·德拉·罗韦雷与美第奇家族之间长期的利益之争，克拉夫强调乌尔比诺公爵的不满是由

---

① T. C. Price Zimmermann, "Guicciardini, Giovio, and the Character of Clement VII", in *The Pontificate of Clement VII: History, Politics, Culture.* Edited by Kenneth Gouwens and Sheryl E. Reiss, Hampshire and Burlington: Ashgate Publishing Company, 2005, pp. 19 – 27.

② Barbara McClung Hallman, "The 'Disastrous' Pontificate of Clement VII: Disastrous for Giulio de'Medici?", in *The Pontificate of Clement VII: History, Politics, Culture*, pp. 29 – 40.

于克莱门特七世不履行承诺导致的结果，暗示乌尔比诺公爵没有能够及时调动科尼亚克同盟军队驰援罗马是其蓄意所为。① 这部论文集从个案分析的角度展示了西方史学界对于教皇克莱门特七世的研究成果，试图重新对教皇克莱门特七世的性格以及相关历史做出评价与分析。②

　　在意大利战争期间瓦洛亚王室与哈布斯堡王室之间的斗争中，还有第三支强大的力量，那就是奥斯曼帝国。针对土耳其人的东征是教皇事业的一个主要内容，在教皇言论中占据着显著位置。著名历史学者肯尼思·梅耶尔·塞顿（Kenneth Meyer Setton）的《教皇统治与利凡特③（1204～1571）》（*The Papacy and the Levant，1204 - 1571*）翔实论述了13世纪至16世纪欧洲基督教世界与地中海东部诸国的关系历程，其中第二、三、四卷以较多笔墨叙述了查理八世入侵意大利以来给地中海世界造成的政治影响，分析了教皇及罗马教廷的东方政策在哈布斯堡王室与瓦洛亚王室斗争中的变化与发展。④ 随着奥斯曼帝国的兴起，从中欧腹地到地中海东部一带，土耳其人对基督教世界的威胁与日俱增。面对1494年之后法国人入侵意大利与土耳其人威胁意大利海岸的双重压力，教皇不停呼吁停止基督徒之间的战争状态，恢复基督教世界的和平，为东征土耳其人做好战争准备。然而由于难以弥合的王朝矛盾与利益冲突，导致基督教世界始终无法形成有效的统一战线。塞顿在这部著作中通过引用大量历史文献，以详尽笔法分析了基督教世界发生的重要事件对地中海东部诸国的影响，以及奥斯曼帝国战争对欧洲诸国的影响。意大利战争中奥斯曼帝国的影响与作用是不可以忽视的，尽管当时仍然存在着一种基督徒团结一致反对土耳其的情绪，但是教皇无法利用这种情绪来扭转欧洲各国继续为私利而进行战争的局面，甚至出现了法国与奥斯曼帝国结成联盟的状况。实际上，一方面欧洲各国高喊团结起来反对土耳其人，另一方面又惧怕奥斯曼帝国而积极与之进行政治交易，或希望土耳其成为盟友帮助他们反对其他基督教国家，而教皇甚至从1490年到1494年每年收到土耳其苏丹的一笔款项，作

---

① Cecil H. Clough, "Clenment VII and Francesco Maria Della Rovere, Duke of Urbino", in *The Pontificate of Clement VII: History, Politics, Culture*, pp. 75 - 108.

② Kenneth Gouwens, "Clement and Calamity: The Case for Re - evaluation", in *The Pontificate of Clement VII: History, Politics, Culture*, pp. 3 - 14.

③ 指地中海东部诸国家和岛屿，包括叙利亚、黎巴嫩等在内的自希腊至埃及的地区。

④ Kenneth Meyer Setton, *The Papacy and the Levant, 1204 - 1571*, Vols. II - IV.

为监禁他的兄弟，也是他潜在政敌杰姆的费用。① 意大利战争是 15 世纪末
16 世纪上半叶欧洲历史上的重要事件，它不仅影响到了教皇所倡导的基督
教世界和平，而且对基督教世界与伊斯兰世界之间的关系产生了重要影响。

（6）综合研究

1994 年和 1995 年，英法学者主导的西方史学界举行了一系列研讨会，
纪念 1494 年事件 500 周年（意大利人并不倾向纪念这个事件），戴维·阿
布拉菲亚（David Abulafia）主编的论文集《法国入侵文艺复兴时期的意
大利（1494~1495）——前提与影响》（*The French Decent into Renaissance
Italy*，*1494 - 1495*：*Antecedents and Effects*）收录了多位学者发表的 19 篇
论文。② 戴维·阿布拉菲亚在引言中详细解析了 1454 年《洛迪和约》之
后意大利半岛上动荡的政治局面，认为 15 世纪下半叶意大利半岛政治平
衡的表面之下实际暗流涌动，酝酿着一次更大的政治危机，政治统治者与
外交使节之间频繁的互动关系，说明了意大利问题的严峻性与复杂性，这
种情况似乎并不符合圭恰迪尼笔下描写的"幸福状态"，但是也从另一个
角度说明了 1494 年事件产生的重大影响。③

法国学者乔治·佩罗内（Georges Peyronnet）的论文《意大利战争的
历史起源——14、15 世纪法兰西与意大利半岛的政治关系》（*The Distant
Origins of the Italian Wars*：*Political Relations between France and Italy in the
Fourteenth and the Fifteenth Centuries*）④ 和学者艾伦·赖德（Alan Ryder）
的论文《安茹家族争夺那不勒斯（1380~1480）》（*The Angevin Bid for Na-
ples*，*1380 - 1480*）⑤ 都认为意大利战争的爆发与法国和意大利漫长而复杂的
历史联系是密不可分的。佩罗内通过对 14 世纪和 15 世纪法国与意大利政治关
系的历史考察，强调查理八世决定入侵意大利的中世纪背景，认为自 13 世纪
以来，通过家族权利的实现、王朝的政治野心以及阿尔卑斯山南北两侧紧密的

---

① Kenneth Meyer Setton, *The Papacy and the Levant*, *1204 - 1571*, Vols. II, pp. 381 - 416, 475 -
482.

② David Abulafia ed. , *The French Decent into Renaissance Italy*, *1494 - 1495*：*Antecedents and
Effects*, Aldershot：Variorum - Ashgate, 1995.

③ *The French Decent into Renaissance Italy*, *1494 - 1495*：*Antecedents and Effects*, pp. 1 - 25.

④ Georges Peyronnet, "The Distant Origins of the Italian Wars：Political Relations between France
and Italy in the Fourteenth and the Fifteenth Centuries", in *The French Decent into Renaissance
Italy*, *1494 - 1495*：*Antecedents and Effects*, pp. 29 - 53.

⑤ Alan Ryder, "The Angevin Bid for Naples, 1380 - 1480", in *The French Decent into Renais-
sance Italy*, *1494 - 1495*：*Antecedents and Effects*, pp. 55 - 69.

文化、商业联系，法兰西王国一直是影响意大利半岛政治发展的重要因素。赖德的论文分析了法国安茹家族在 14 世纪和 15 世纪几次不成功的远征那不勒斯的军事行动，试图说明意大利政治，尤其是那不勒斯政治背后始终存在着法国王室家族与阿拉贡王室家族之间争夺那不勒斯王位的斗争。

论文集中第一部分的其他论文直接探讨了 1494 年之前那不勒斯、米兰等意大利城市国家的政治发展与 1494 年危机之间的历史关系。其中，戴维·阿布拉菲亚（David Abulafia）的论文《那不勒斯国王费兰特统治的开端——米兰历史文献中的 1458 年夏季事件》（The Inception of the Reign of King Ferrante I of Naples：The Events of Summer 1458 in the Light of Documentation from Milan）利用米兰的历史文献，阐明了那不勒斯与米兰之间的关系发展，强调那不勒斯国王费兰特即位之初，政治上的成功是依赖于米兰和那不勒斯的政治联盟。[1] 文森特·伊拉尔迪（Vincent Ilardi）的论文《走向意大利的悲剧——费兰特与加莱亚佐·马里亚·斯福查，友好的敌人与敌对的盟友》（Towards the Tragedia d'Italia：Ferrante and Galeazzo Maria Sforza，Friendly Enemies and Hostile Allies）分析了那不勒斯与米兰关系的持续恶化，导致意大利的政治平衡失去了重要基础，那不勒斯与米兰的交恶对双方各自的对外政策产生了转折性影响，为意大利的政治危机埋下了祸根。[2]

论文集的第二部分以 1494 年事件为各篇论文主题，塞西尔·H. 克拉夫（Cecil H. Clough）的论文《1494 年罗马涅战役——一场重要的军事冲突》（The Romagna Campaign of 1494：a Significant Military Encounter）考察了 1494 年查理八世远征那不勒斯行军途中进行的一次军事冲突，强调阿尔卑斯山以北国家与意大利城市国家在战争模式上的不同之处，认为这次战役证明了意大利军事上的无能。[3] 西蒙·佩珀（Simon Pepper）的论文《那不勒斯战役中的城堡与大炮（1494～1495）》（Castles and Cannon

---

[1] David Abulafia, "The Inception of the Reign of King Ferrante I of Naples：The Events of Summer 1458 in the Light of Documentation from Milan", in The French Decent into Renaissance Italy, 1494 – 1495：Antecedents and Effects, pp. 71 – 89.

[2] Vincent Ilardi, "Towards the Tragedia d'Italia：Ferrante and Galeazzo Maria Sforza, Friendly Enemies and Hostile Allies", in The French Decent into Renaissance Italy, 1494 – 1495：Antecedents and Effects, pp. 91 – 122.

[3] Cecil H. Clough, "The Romagna Campaign of 1494：a Significant Military Encounter", in The French Decent into Renaissance Italy, 1494 – 1495：Antecedents and Effects, pp. 191 – 215.

in the Naples Campaign of 1494 - 95）分析了意大利战争中的围城战役，佩珀认为意大利筑城术方面的军事革命主要是由于经过训练的法国炮兵而非火炮的真实攻城能力所导致的结果，这些经过严格训练的炮兵在攻城时发挥的重要作用是与他们的效率、冷酷与果断联系在一起的。①

　　论文集的第三部分以 1494 年事件的反响与结果为各篇论文主题，分别从社会、文化、政治等角度分析了 1494 年事件的影响。论文集的附录还收录了由文艺复兴问题研究专家文森特·伊拉尔迪主持编写的关于文艺复兴时期外交文件（大致从 1450 年到 1500 年）的缩微胶卷索引，内容涉及 200 万份外交文件（1856 卷缩微胶卷），具有极高的文献价值。② 以上仅对戴维·阿布拉菲亚主编的论文集中的部分论文做出了扼要介绍，从中也能探知近年来西方学界对相关问题的研究深度与广度。

　　著名学者克里斯蒂娜·肖（Christine Shaw）在她主编的论文集《意大利与欧洲诸强——战争的影响（1500 ~ 1530）》（*Italy and the European Powers：The Impact of War，1500 - 1530*）的前言中，对意大利战争研究的历史与现状发表了自己的看法。她认为，由于 20 世纪中后期外交史和政治史研究呈现出低落的状况，以及意大利本土学者情感上不愿意面对这样一场民族灾难，意大利战争的研究成果在过去很长一段时间是十分有限的，具有学术价值的代表性著作还是那些于 19 世纪和 20 世纪初出版的研究著作，这些著作依然是研究意大利战争政治史、军事史与外交史的重要基础。所幸近年来，意大利战争又逐渐成为学界研究的焦点。外交史研究的回潮促使学者们把更多注意力集中于研究意大利战争中外交制度与仪式的变化，以及政治宣传的影响。军事史学者根据 16 世纪和 17 世纪"军事革命"的观点，对意大利战争期间的战役、军事手段的变革和军队组织的变化进行了深入研究。政治史的学者逐渐摒弃现代国家兴起的理论基础，重新审视 16 世纪的意大利城市国家、国家之间关系的模式与结构问题，以及意大利半岛在西班牙帝国内的角色与地位。近年来意大利战争研究领域还逐渐得到拓展，研究已经远远超出了战争本身的范畴，试图深入一个更为广阔的历史语境。例如，通过研究意大利战争中的视觉艺术、文化教

---

① Simon Pepper，"Castles and Cannon in the Naples Campaign of 1494 - 95"，in *The French Decent into Renaissance Italy，1494 - 1495：Antecedents and Effects*，pp. 263 - 293.

② David Abulafia ed.，*The French Decent into Renaissance Italy，1494 - 1495：Antecedents and Effects*，pp. 405 - 483.

育、音乐家的生活与工作等，了解战争对意大利和欧洲社会的文化生活产生的影响。近年来为了纪念意大利战争中的重要历史事件（比如1494年法国入侵意大利500周年、查理五世诞辰500周年），西方学界举行了各种学术活动，以论文集和会议公报的形式发表了许多研究成果。

克里斯蒂娜·肖强调，研究意大利战争的主要特点及其对意大利和欧洲国家的影响仍然需要做大量的研究工作。意大利战争研究就好比一座连基本的规划和结构都没有形成的大厦一样，新的研究与新的观点仍需进一步论证。多年以来形成的关于意大利战争的重要性与影响的观点已经或正在被修正甚至摒弃，这些观点包括意大利战争是法国或西班牙"民族的"（national）胜利；意大利战争是意大利统一梦想的严重挫折；在面对法国与西班牙的国家军队（"national"armies）时，意大利战争表明意大利政治的腐朽与意大利雇佣军制度的失败；意大利战争标志着现代国家的兴起或民族国家的胜利；意大利战争使意大利人文化上的优越性与军事上的失败和政治上的耻辱形成了鲜明对照；意大利战争导致西班牙获得在意大利半岛上的主导权，钳制了意大利人的文化发展与政治自由。虽然上述观点需要进一步修正或摒弃，但是一些新的观点并未完全否定旧的观点，尚有许多重要问题等待解释。例如，为什么意大利经常会面临入侵？意大利战争为意大利半岛的政治结构和政治体系带来了根本性变化，那么这些变化对意大利的政治、经济、社会和文化生活产生了怎样的影响？克里斯蒂娜·肖表示，评估意大利战争的影响是这部论文集的主要宗旨。①

论文集包括了主题为战场上的意大利（Italy as a Theatre of War）、独立的意大利与战争（Independent Italy and the Wars）、占领与外国统治（Occupation and Foreign Rule）、征服与融合的文化影响（The Cultural Implications of Conquest and Assimilation）等论文，分析和论述了意大利战争的影响。迈克尔·马利特（Michael Mallett）的《战争的转变（1494～1530）》（*The Transformation of War, 1494-1530*）②、阿提斯·安东诺维奇（Atis Antonovics）的《士兵与金融家——法国征服那不勒斯失败的原因调

---

① Christine Shaw ed., *Italy and the European Powers：The Impact of War, 1500-1530*, Leiden：Brill, 2006, pp. vii - ix.

② Michael Mallett, "The Transformation of War, 1494-1530", in *Italy and the European Powers：The Impact of War, 1500-1530*, pp. 3-21.

查 (1503 ~ 1504)》 (*Hommes de Guerre et Gens de Finance*: *The Inquest on the French Defeat in Naples 1503 – 1504*)① 和西蒙·佩珀 (Simon Pepper) 的《面对围城——意大利战争早期的筑城术、战术与战略》(*The Face of the Siege*: *Fortification*, *Tactics and Strategy in the Early Italian Wars*)② 这三篇论文分别在交通运输的环节、技术革新的成本与筑城术的迅速转变方面，集中论述了西方军事技术在意大利战争期间发生的重要变革，由此导致军队逐渐向职业化与常备化转变，军队规模日渐膨胀，战争成本也在不断提高。迈克尔·马利特和西蒙·佩珀在讨论筑城术与围攻战中的战略与战术时，都特别强调了火炮的局限性与军队士气、组织和后勤的重要性。阿提斯·安东诺维奇在调查法国征服那不勒斯失败的原因时认为，军队士气低落与后勤保障不力是法国军队失败的显著原因，由于法国军队内部财政官员与士兵之间的紧张关系，客观上造成了法国在意大利战争中多次战役的失利。伊娃·伦祖利 (Eva Renzulli) 在《抵御异教徒——洛雷托、教皇利奥十世与亚得里亚海沿岸的防御工事》(*Loreto*, *Leo X and the Fortifications on the Adriatic Coast Against the Infidel*) 一文中强调由于经常面临土耳其人的近海袭扰与欧洲北部国家的威胁，在洛雷托这样一个教皇国属地修筑和加强防御工事，对维持教皇统治与保护亚得里亚海沿岸的安全具有重要的象征意义。③

意大利战争的影响不止局限于那些直接遭受战争创伤或臣属于占领区的地区，约翰·劳 (John Law) 的《卡梅里诺公国的结局》(*The Ending of the Duchy of Camerino*) 以教皇辖地内属于马尔凯地区的一个称为卡梅里诺的小公国为分析个案，叙述了一个在意大利战争中的弱小公国衰落的过程。卡梅里诺公国公爵家族通过提供雇佣军服务在教皇国的政治框架下建立了一个弹丸小国，然而意大利战争导致意大利半岛上军队雇佣体系迅速瓦解，雇佣网络的破坏严重动摇了卡梅里诺公国的政治与经济基础，卡梅里诺公国的衰落引起了各方势力对这个弱小公国的争夺，公国的命运也为

---

① Atis Antonovics, "Hommes de Guerre et Gens de Finance: The Inquest on the French Defeat in Naples 1503 – 1504", in *Italy and the European Powers*: *The Impact of War*, *1500 – 1530*, pp. 23 – 32.

② Simon Pepper, "The Face of the Siege: Fortification, Tactics and Strategy in the Early Italian Wars", in *Italy and the European Powers*: *The Impact of War*, *1500 – 1530*, pp. 33 – 56.

③ Eva Renzulli, "Loreto, Leo X and the Fortifications on the Aadriatic Coast Against the Infidel", in *Italy and the European Powers*: *The Impact of War*, *1500 – 1530*, pp. 57 – 73.

之发生了巨大转变。① H. C. 巴特斯（H. C. Butters）的《尼科洛·马基雅维里与弗兰西斯科·圭恰迪尼著述中的政治忠诚与政治结构》（*Political Allegiances and Political Structures in the Writings of Niccolò Machiavelli and Francesco Guicciardini*）则从政治理论的角度出发，研究了马基雅维里与圭恰迪尼的政治思想中结构与命运之间的复杂关系。②

克里斯蒂娜·肖在《教皇统治与欧洲强国》（*The Papacy and the European Powers*）一文中认为，意大利战争期间教皇与神圣罗马帝国以及其他他欧洲强国之间的关系发生了性质上的重要变化，欧洲强国日渐把教皇视为政治与军事的盟友或对手，而教皇作为意大利半岛上的邦君之一，急切希望确立其所属家族在意大利统治家族中的地位，作为世俗君主，其注意力时时集中于维护教皇国的安全，这种世俗化与家族化的倾向直接损害了教皇制度。③ 那不勒斯王国与米兰公国沦为外国统治的势力范围是意大利战争的直接后果。戴维·阿布拉菲亚（David Abulafia）在《天主教徒费迪南德与那不勒斯王国》（*Ferdinand the Catholic and the Kingdom of Naples*）一文中指出，阿拉贡国王费迪南德认为征服那不勒斯王国对阿拉贡王国而言并不是获得新的领土，而是凭借传统的继承权利恢复了阿拉贡王室的传统领土，因此费迪南德并不希望把自己作为征服者，而是作为那不勒斯王国的合法继承人。这种看法直接体现在西班牙总督统治那不勒斯的各项政策上。④ 莱蒂齐亚·阿尔坎杰利（Letizia Arcangeli）在《意大利战争期间的米兰（1499～1529）——代表制度的尝试与公民权利的定义》（*Milan during the Italian Wars, 1499 – 1529: Experiments in Representation and Definitions of Citizenship*）一文中认为，意大利战争虽然造成了混乱与不稳定，但也为米兰人民寻求承认他们的公民政治权利带来了机会，这些公民权利在 15 世纪维斯孔蒂家族和斯福查家族统治米兰时是无法取得的。通过此

---

① John Law, "The Ending of the Duchy of Camerino", in *Italy and the European Powers: The Impact of War, 1500 – 1530*, pp. 77 – 90.

② H. C. Butters, "Political Allegiances and Political Structures in the Writings of Niccolo Machiavelli and Francesco Guicciardini", in *Italy and the European Powers: The Impact of War, 1500 – 1530*, pp. 91 – 106.

③ Christine Shaw, "The Papacy and the European Powers", in *Italy and the European Powers: The Impact of War, 1500 – 1530*, pp. 107 – 126.

④ David Abulafia, "Ferdinand the Catholic and the Kingdom of Naples", in *Italy and the European Powers: The Impact of War, 1500 – 1530*, pp. 129 – 158.

例的分析，阿尔坎杰利强调外国势力的征服与统治，至少在一定程度上恢复与加强了米兰公民的权利，公民权利定义的变迁客观上反映了米兰政治在外国势力统治之下的发展。阿尔坎杰利的观点是对意大利战争钳制意大利政治自由发展的传统观点的挑战与修正。① 乔治·L. 戈尔斯（George L. Gorse）的论文《一个主权的问题——法国与热那亚（1494～1528）》（*A Question of Sovereignty：France and Genoa，1494 - 1528*）通过分析与描述法国国王路易十二在热那亚举行的隆重入城仪式，说明征服仪式（Ritual of Conquest）中蕴含的政治意义，反映了外国统治对热那亚的影响。②

　　威尼斯是意大利半岛上重要的城市国家之一，也是意大利战争中唯一能够保持政治独立的意大利城市国家。威尼斯拥有独特的历史发展进程，其几乎遍布欧洲各地的驻外使节网络久负盛名，研究文艺复兴时期威尼斯的历史也为研究意大利战争提供了一个城市国家的视角。著名学者约翰·尤利乌斯·诺威奇（John Julius Norwich）的《威尼斯史》（*A History of Venice*）是一部关于威尼斯历史的通史性著作。诺威奇在书中认为，威尼斯的经济政治地位是由威尼斯独特的地理位置这样一个基本因素所决定的，独特的地理位置导致威尼斯商业的兴盛，而商业的兴盛促使威尼斯在欧洲国际关系中具有举足轻重的地位，威尼斯利用自己的地位与影响逐渐扩张势力，并于15世纪初成为意大利半岛上一支非常重要的力量。诺威奇认为，15世纪和16世纪的威尼斯不仅是意大利半岛上的一支重要力量，而且更是欧洲的一支重要力量（A Power in Europe），其中威尼斯的驻外使节网络在欧洲国际关系中发挥了非常重要的作用。在意大利战争早期，威尼斯曾经发挥了积极的关键性作用，组建威尼斯同盟（这个同盟的建立被认为具有重要的历史意义）。威尼斯与法国国王路易十二曾合作瓜分意大利北部的伦巴第地区。抛开土耳其人的巨大威胁与康布雷同盟的强大攻势，意大利战争中的威尼斯还是成功捍卫了共和国的政治独立，但是随着意大利政治均势的破产，威尼斯也走上了历史的下坡路。③

① Letizia Arcangeli, "Milan during the Italian Wars, 1499 - 1529: Experiments in Representation and Definitions of Citizenship", in *Italy and the European Powers：The Impact of War, 1500 - 1530*, pp. 159 - 185.

② George L. Gorse, "A Question of Sovereignty: France and Genoa, 1494 - 1528", in *Italy and the European Powers：The Impact of War, 1500 - 1530*, pp. 187 - 203.

③ John Julius Norwich, *A History of Venice*, New York：Knopf, 1982, pp. 279 - 463.

　　威尼斯问题研究专家罗伯特·芬利（Robert Finlay）的论文集《困境中的威尼斯——意大利战争期间的政治与外交（1494~1534）》（*Venice Besieged: Politics and Diplomacy in the Italian Wars, 1494 – 1534*）论述与分析了从1494年到1534年威尼斯经历的一系列危机，这段时间正处于意大利战争的前期和中期阶段。[①] 例如，《永生的共和国——意大利战争期间的威尼斯神话（1494~1530）》（*The Immortal Republic: The Myth of Venice during the Italian Wars, 1494 – 1530*）一文聚焦于"威尼斯神话"（mito di venice, the Myth of Venice）这个概念。16世纪威尼斯共和国之所以享誉欧洲，是由于它体现了自由（Freedom）、公正（Justice）与稳定（Stability）的完美结合，近代评论家把这种完美结合称为"威尼斯神话"，不过也有评论家把威尼斯共和国视为傲慢（Arrogance）、狡诈（Treachery）与领土扩张（Imperialism）的化身。圭恰迪尼在《意大利史》中称赞威尼斯是"自由的港湾、意大利的光荣"，但同时也指责威尼斯"鲁莽、傲慢无礼"。这样两种截然相反的论断在意大利乃至欧洲国际政治舞台上是普遍存在的，然而这样两种互为矛盾的观点却在现实政治中以某种微妙的方式联系在一起，无论是赞美抑或贬斥，所有观察者都会同意这样一点，那就是威尼斯历史的持久性与稳定性让威尼斯共和国看起来似乎永生不灭。对于威尼斯正面或负面的看法在欧洲国际事务方面产生了重要影响，这种矛盾性的历史论断在意大利战争期间不断得到印证。譬如，为了把法国人逐出意大利半岛，以威尼斯为代表的许多欧洲国家组成了威尼斯同盟，因为政治上充满自信的威尼斯相信法国人没有能力统治意大利，可是1494年查理八世入侵意大利在某种程度上也是威尼斯领土扩张的间接产物，威尼斯趁机浑水摸鱼，利用半岛政治危机扩张至伦巴第、罗马涅地区并占领了数个重要的那不勒斯海港。另如，威尼斯不顾意大利半岛的整体利益，与路易十二合作瓜分伦巴第。芬利认为，赞同"威尼斯神话"与反对"威尼斯神话"实际上反映了一个事物的两面，反映了威尼斯人的政治自信与外交狡诈，意大利战争中威尼斯的所作所为充分印证了这一点。[②]

---

① Robert Finlay, *Venice Besieged: Politics and Diplomacy in the Italian Wars, 1494 – 1534*, Hampshire: Ashgate Publishing Limited, 2008.

② Robert Finlay, "The ImmortalRepublic: The Myth of Venice during the Italian Wars 1494 – 1530", in *Venice Besieged: Politics and Diplomacy in the Italian Wars, 1494 – 1534*, pp. 931 – 944.

再如，《威尼斯、波河远征与康布雷同盟的结束（1509～1510）》（*Venice，the Po Expedition，and the End of the League of Cambrai，1509 - 1510*）一文叙述了康布雷同盟战争的过程，从 1509 年 5 月阿尼亚德洛战役至威尼斯舰队在波河全军覆没，威尼斯经历了惨痛的军事失败，不仅失去了大陆上的大片领土，而且波河远征的失败让威尼斯的海上力量遭受重创。不过，波河远征的失利也动摇了康布雷同盟的基础，威尼斯与教皇尤利乌斯二世达成政治和解。芬利试图通过该文说明军事与外交之间微妙的互动关系，强调威尼斯优良的外交传统对威尼斯维护共和国的政治独立发挥的重要作用。① 芬利的论文集对于研究意大利战争期间威尼斯的政治史与外交史具有重要学术价值。

限于篇幅，本书无法对意大利战争各个领域的研究成果做更多回顾与梳理。以上关于国外意大利战争研究学术史的梳理，只是评析了众多论著中的一些代表性成果，而且仅限于英文和少量法文、德文著作及译著，评述甚为有限。这些著作从不同的角度或专论或通论意大利战争，涉及的范围逐渐增加，观察的视角也趋于多元。以上所述足以显示西方学者从各个角度研究意大利战争所取得的卓越成果，但同时也要看到，有些问题仍需进一步深入研究，以便更好地认识意大利战争的历史意义。

（二）国内研究动态综述

国内文艺复兴史的研究方兴未艾，无论在学术著作翻译方面还是在学术探讨方面，文艺复兴史研究成果斐然。2010 年由刘明翰教授主编、凝结国内老中青三代学者研究成果的十二卷本《欧洲文艺复兴史》全部完成出版，这是国内乃至国际文艺复兴研究领域第一部分卷专题研究、体系较为完整的综合性学术成果，它全面梳理和回顾了国内欧洲文艺复兴研究成果，阐释了欧洲文艺复兴思想精华，多层面探究文艺复兴成果，涉及政治、经济、宗教、史学、法学、城市与社会生活等全面，但外交与军事领域的微观研究、实证研究仍显不足，薄弱和空白环节较多，意大利战争虽在某些专题研究中有所提及，但对其重要性的认识有待提升。毋庸讳言，

① Robert Finlay, "Venice, the Po Expedition, and the End of the League of Cambrai, 1509 - 1510, in *Venice Besieged*: *Politics and Diplomacy in the Italian Wars*, *1494 - 1534*, pp. 37 - 72.

目前国内学术界对于意大利战争及相关问题的研究滞后，除了一些通史性著作和专题性研究中有一些概括性的评述外，专门而系统的研究专著尚付阙如，相关论述也是凤毛麟角，在著述形式上基本表现为单篇论文或相关著作的论题之一。

关于意大利战争，雷海宗先生的认识显得弥足珍贵，他将意大利战争视为"国际局面之初起与国际战争之萌芽"，是"第一次国际争衡"，而且战争将意大利制度（专制制度与国际制度）蔓延全欧，马基雅维里的《君主论》和渐趋成熟的外交常驻使节制度对欧洲产生了重大影响。[①] 陈衡哲的《西洋史》对意大利战争也有精彩议论。她在描述查理五世与弗朗索瓦一世之间的冲突时认为，两人的冲突主要体现在三个方面：其一，神圣罗马帝国皇帝称号的争夺；其二，意大利南部领土权的争执；其三，尼德兰领土权的争执。在所谓领土归属问题上，陈衡哲评论道："欧洲的小国主人，本无一定，野心家又何在不可以找到他的祖宗占领某某土地的证据呢？"陈衡哲形容此时的意大利，"又和中古时教皇与皇帝争执时一样，成为双方争杀之场，成为两块磨石中间的米粉了。这个大国为磨石，小国为糜浆的情形，是千古历史上的一个污点，但在近世的欧洲历史中，这个情形尤为显著。"[②] 国内其他学者对意大利战争的分析评价略显主观，但也不失为一家之言。学者陈文海认为，意大利战争是"国土统一后的法国对外功掠的初次尝试"，是"法国王室不自量力的劳民伤财之举，其最为'积极'的成果或许就是它在国境线上又发现（或者说制造）了一个比英国更为凶狠难缠的敌人，这就是哈布斯堡王朝"。对于某些观点认为意大利战争"为法国带回了文艺复兴新风尚，促进了法国与周边地区的经贸往来，而且增强了法兰西国家的凝聚力，促进了法兰西民族情感的成长"，陈文海视之为"谀辞，实在不必恭维"。[③] 陈文海的观点或可成立，但忽视了意大利战争对意大利历史发展的重要性及其在欧洲外交史和军事史上的重要地位。

近年来，国内研究国际关系史的学者在探讨欧洲国际体系起源的过程中，形成了一些对意大利战争的观点和看法。周桂银的论文《意

---

① 雷海宗：《西洋文化史纲要》，王敦书整理，上海古籍出版社，2001，第139～140、148～149页。

② 陈衡哲：《西洋史》，辽宁教育出版社，1998，第183～184页。

③ 陈文海：《法国史》（修订本），商务印书馆，2014，第117、119～120页。

大利城邦国家体系的特征及其影响》论述与分析了意大利城市国家体系的形成背景、主要特征以及对欧洲国际体系的重大影响。周桂银认为意大利城市国家体系是近代欧洲国际体系的重要来源之一，为欧洲国家提供了独立国家间的相互关系模式，为它们的联系提供了活动舞台。15世纪下半叶意大利半岛上形成的所谓"意大利协调机制"，是意大利主要城市国家通过结盟、干涉战争及国际会议来维持意大利半岛均势与政治现状的一种制度安排，对欧洲国际体系的形成具有重要的影响。周桂银认为，意大利城市国家体系有四个主要特征：其一，该体系的主要成员已经具备了强烈的近代国家意识；其二，各城市国家有了经常性和多样性的交往方式，包括互派使节、战争、贸易和干涉，这些交往将它们联结成一个有机整体，并使其区别于分散而又无序的欧洲其他部分；其三，它保持着大致的平衡并培育出一种均势的观念和政策传统；其四，它的存在依赖于它在政治上与欧洲其他地区的相对隔绝。1494年爆发的意大利战争是欧洲历史的一个转折点，它促使意大利城市国家体系逐渐融入一个规模更大的欧洲性国际体系。周桂银认为意大利城市国家体系对欧洲国际体系的重大影响不仅表现在意大利战争的爆发和展开，更重要的是在于它为欧洲民族国家作为独立的主权单位的形成提供了理论的和实践的指导，同时促进它们开始组成一种相互联系又相互牵制的多边政治结构。[1]

周桂银的另一篇论文《意大利战争与欧洲国家体系的初步形成》继续阐述了这一观点，强调意大利战争是欧洲由中世纪向近代转型时期发生的最重大的历史事件，它直接导致意大利城市国家的覆灭并融入正在形成中的欧洲国家体系。论文回顾了意大利战争的基本过程，认为意大利战争揭开了近代欧洲第一轮霸权战争的序幕，标志着此后法国与哈布斯堡家族的西班牙和奥地利之间长达300年之久的争斗的开始。评述意大利战争的历史意义时，周桂银认为意大利战争加强了欧洲近代国家的主权地位，推动欧洲国家间关系朝着多元化方向发展，战争推广了常设外交代表制度，从而开始将欧洲各国纳入一种多边国际政治结构。意大利战争所展现的政治和外交表明，欧洲政治经济中心正日渐由地中海向大西洋沿岸转移，一个

---

[1] 周桂银：《意大利城邦国家体系的特征及其影响》，《世界历史》1999年第1期，第70～77页。

以西欧为中心的欧洲国家体系初步形成，为 1648 年最终确立的威斯特伐利亚国家体系奠定了必要的基础。①

　　周桂银的《欧洲国家体系中的霸权与优势，1494～1815 年》是在其相关研究的基础之上进行拓展的学术专著。这部著作以国际关系学中的霸权研究作为理论基础，结合理论基础与历史发展，融合了上述两篇论文的观点，并进一步从欧洲主要国家的历史发展与政治思想的嬗变分析意大利战争的时代背景。周桂银认为，《卡托—康布雷奇和约》是 16 世纪欧洲国际关系的一个转折点，是历史上第一个由西班牙、英格兰、法国三个大国签订的国际条约，和约所确定的领土现状维持了近一个世纪之久，以均势为基础的欧洲国家体系开始显露其雏形。② 周桂银对于欧洲国家体系的起源问题（包括意大利战争）所阐述的观点是从国际体系或霸权理论的角度分析而得出的，具有一定的学术意义，但是从其对意大利战争历史过程的分析来看，显然很多观点缺乏历史的实证基础，使用国际关系学中的某些概念（如霸权、体系）分析历史时也需慎重。

　　国内另一位学者计秋枫的《意大利城邦国家体系及其影响》分析和论述了意大利城市国家体系的形成和扩展。计秋枫认为，在 1648 年威斯特伐利亚国际体系确立之前，人类文明史上已经出现过好几种在形态上（虽然并非在本质上）与当今国际体系有相似之处的"准"国际社会，文艺复兴时期意大利的城市国家体系就是其中的一个。意大利城市国家体系的实践与整个欧洲政治秩序的新旧交替发生在同一时期，对正在兴起的欧洲近代民族国家寻求如何摆脱中世纪模式并构建新型国际秩序产生了巨大影响。论文中把均势原则的运用视为意大利城市国家体系中的一种无形机制，把常驻使节制度及其相关外交技术视为意大利城市国家体系中的有形机制，认为均势原则的运用为意大利构建了一系列的结盟体系，有效地保证了意大利半岛的和平，而常驻使节制度的出现与发展，能使特定区域内各国间的交往持续化、正规化，从而形成一个稳定的国际交往体系，对近代国际体系形成的贡献十分显著。计秋枫认为推动意大利外交实践向整个欧洲扩展的重要事件是意大利战争，强调它构成了意大利城市国家体系向

---

① 周桂银：《意大利战争与欧洲国家体系的初步形成》，《史学月刊》2002 年第 11 期，第 47～53 页。

② 周桂银：《欧洲国家体系中的霸权与均势》，陕西师范大学出版社，2004，第 13～73 页。

近代欧洲国际体系扩展的联结点。①

　　以上两位学者的观点是基本一致的，但是其中某些观点值得商榷。比如，计秋枫认为 15 世纪下半叶，意大利城市国家体系中的力量均衡状态逐渐被推广为一种自觉的外交决策原则，实际上均势实践一直存在于政治实践之中，并非完全来自理论的推导，而是政治互动中的某种自然反应。意大利半岛上的政治均势并非出于要求正义与和平的一致愿望，而是相互妒忌，相互猜疑的非自觉的结果。意大利政治均势的机制是否有效地维护了意大利和平，这个问题是有争议的，通过历史分析可以看出，意大利的政治平衡其实是一个表面现象。常驻使节制度确实为稳定城市国家间的关系发挥了积极作用，但是其作用不可加以夸大，事实上经常性的外交并没有完全取代临时性的外交，而常驻使节制度的发展与成熟也经历了一个漫长的历史过程。

　　国际关系学者时殷弘在论文《现代国际体系的起源——从体系与单位双重视野出发的论述》② 和其专著《现当代国际关系史（从 16 世纪到 20 世纪末）》③ 中认为，意大利战争在整个国际关系史中具有重要的历史地位。时殷弘通过对中世纪欧洲国际秩序及其原则的追述，从体系和单位双重视角出发考察了现代国际体系的起源。他认为，中世纪国际秩序的瓦解和现代国际体系的浮现是个相对漫长的过程，多数历史学家和国际体系演变的考察者都倾向于把 1494 年视为一个标志性的年份。现代国际体系最初始于 1494 年，首先是因为现代国际体系不仅理所当然地被普遍认为是中世纪国际秩序的取代者，还被广泛地认为是文艺复兴时代意大利城市国家体系的后继者，而这一体系分明毁于 1494 年法国入侵意大利。1494 年至 1559 年的意大利战争是初生的现代国际体系内第一场有全局意义的重大战争（"体系性"战争），或者更准确地说，现代国际体系就是在这场漫长的战争中浮现的。时殷弘强调意大利战争直接导致意大利国际体系的崩溃，意大利成为现代欧洲国际体系内的一个附属部分，意大利战争甚至

① 朱瀛泉主编，计秋枫：《意大利城邦国家体系及其影响》，《国际关系评论》（2001），南京大学出版社，2001，第 39～53 页。

② 时殷弘：《现代国际体系的起源——从体系与单位双重视野出发的论述》，《史学月刊》2007 年第 7 期，第 63～69 页。

③ 时殷弘：《现当代国际关系史（从 16 世纪到 20 世纪末）》，中国人民大学出版社，2006，第 63～75 页。

开启了欧洲国际政治与奥斯曼土耳其之间至关重要的联系，从而为一个范围广大和多元的欧洲国际体系奠定了基础，制度性地促进了欧洲现代国际社会和现代外交体系的形成。从上述论断来看，时殷弘特别强调了意大利战争的历史定位，但问题是这些论断的历史依据又是什么呢？

几位学者多是站在国际关系史的发展角度研究和认识意大利战争，以既有的理论模式去分析和定义意大利战争，难免让人感觉缺乏一定的历史感和历史深度。三位学者从考察欧洲国际体系的起源入手，在体系理论或霸权理论的指导下，对意大利城市国家体系进行了较为深入的分析与评论，从而依据意大利政治生活中的均势原则与常驻使节制度，得出了意大利城市国家体系是欧洲国际体系的直接来源之一的结论，并以意大利战争作为两个体系之间的联结点，试图证明欧洲国际体系的起源问题。这样一种解释问题的模式显然是重理论而轻实证，缺乏对历史事实的把握与分析。

国内《读书》杂志在 2012 年第 11 期刊发了署名一叶的文章《神话的建构?》，介绍了日本学者明石钦司的专著《威斯特伐利亚条约——实像与神话》，称之为"一部重新评价《和约》地位的'叛逆'之作"。明石钦司"全面梳理了《和约》的文本以及缔约前后数百年间西方国际社会制度和学说的发展脉络，揭开了不假思索的通说背后蒙尘已久的历史真相"。从历史情境、当事方的身份地位及其所规制的法律关系来分析，《和约》的文本与欧洲主权国家体系的诞生之间存在着在事实上的不对应关系，回溯历史，"《和约》作为'近代国际法和国际关系之起点'的正统地位并非自始形成，而是在特定历史条件下发生的事后追认和重新定位，这是一个由后世构建的神话"。明石钦司从实证主义法学兴起的角度对这种认识上的转变做出了解释，认为"是国际条约实践的增多以及法学研究中实证主义方法论的兴起"，还有"欧美国家的全球殖民扩张进程"，"导致了《和约》被树立为神话"。① 这篇文章及明石钦司的著作是有深刻启发意义的，回顾关于《威斯特伐利亚和约》神话的生成过程，有助于我们思考和研究意大利战争及《卡托—康布雷奇和约》的历史地位与国际法价值。

除了欧洲国际体系的起源研究之外，国内学界关于马基雅维里的研究也透露出了一些对意大利战争的评述，有一定学术价值。马基雅维里研究

---

① 一叶：《神话的建构?》，《读书》2012 年第 11 期，第 61～67 页。

在国内属于显学，从各种角度研究马基雅维里的学术成果不断涌现，涉及政治思想、军事变革与外交制度等。研究马基雅维里必然离不开时代背景的分析，意大利战争中的政治、军事和外交实践对马基雅维里的思想影响巨大。

学者周春生的《马基雅维里思想研究》围绕马基雅维里思想的诸多方面进行学术探讨。书中第七章从马基雅维里的军事理论与外交策略两个方面入手，阐述了马基雅维里的军事、外交构想，认为马基雅维里的军事外交理论是以实力、功用、谋算为轴心的理论思想。在马基雅维里的时代，炮火的作用正在显露，步兵的地位日益凸显，马基雅维里的军事理论和军事实践始终围绕步兵的地位、功能等展开。意大利战争中的政治和外交实践给了其军事理论和军事实践以各种警示。马基雅维里时代的外交特征随着国际形势的变化而发生相应的变化，着眼于国内事务的临时性外交逐渐向关顾国际形势变化的连续性外交转变。周春生认为，马基雅维里的政治外交构想一言以蔽之：以国家利益为轴心的平衡外交策略，具体的外交手段则注重职业外交人员的素养。[1]

学者王挺之的《近代外交原则的历史思考——论马基雅维里主义》一文认为，备受争论的"马基雅维里主义"实际上并不是一种政治统治的原则，而主要是近代外交的基本原则，这一原则反映了欧洲近代早期外交关系的新特点。论文结合马基雅维里主义产生的历史前提和欧洲外交的发展历史，提出文艺复兴时期也就是意大利战争时期意大利外交呈现出的一些新特点，诸如无视条约神圣和信守诺言的传统基督教道德，各国同盟反复无常，其向背完全视国家的需要，一切都以维护国家的生存发展为要；教皇精神权力的作用在外交关系中降低，争端的解决主要还是依据实力对比；各国在对外关系中以保持均势为基本方针；外交机构更为健全，意大利各国先后设立常驻大使，这是近代外交兴起的重要标志之一。文章通过对马基雅维里所处的时代、其著作和个人经历的分析，进一步认为马基雅维里以敏锐的眼光洞察了其时代国际关系的特征，总结出近代外交关系的原则，从而有理由这样说，马基雅维里主义是中世纪外交与近代外交的分水岭，马基雅维里也可谓近代国际关系的思想先驱。[2] 文章强调 1494 年事

---

① 周春生：《马基雅维里思想研究》，第 215～254 页。
② 王挺之：《近代外交原则的历史思考——论马基雅维里主义》，第 112～127 页。

件带来的重要影响，以历史发展的眼光分析了马基雅维里的思想形成过程。马基雅维里的诸多思想是在意大利战争的时代背景之下，通过不断观察、实践与思考而逐渐形成的，研究马基雅维里还需注意时代背景的历史考察。

意大利战争研究是文艺复兴史研究的重要组成部分。学者周春生的导读性著作《文艺复兴史研究入门》介绍和评点了文艺复兴史研究领域的学术成果，提出相关的学术问题，例如家族政治与早期近代的欧洲政治变迁，早期近代的国际关系与外交准则，如大使、边界划定、外交文本签订、教廷作用等，法国家族势力向意大利的扩张等问题。书中第六讲"文艺复兴时期的国家和政治"对 15、16 世纪欧洲国际关系格局的形成变化与各方势力的变迁，做了学术成果的梳理，作者建议深入研究 16 世纪西欧的外交谈判、教廷在近代国家关系形成中的作用、马基雅维里思想的深层结构和国际法思想体系的形成过程等问题，[①] 意大利战争则是研究这些问题的一把钥匙。

学者王黎的《欧洲外交史（1494～1925）》将 1494 年作为近代欧洲外交的起点，这与国内外学界一般将 1648 年威斯特伐利亚体系的建立作为近代欧洲外交起点的观点有所不同。书中见解显然深受西方学者马丁利等人外交史思想的影响。此外，作者在欧洲近代国家体系的基本特征、国际法的演变等方面也有独到的理解。作者提出，今天国际社会遵循的外交机制、国际惯例以及国际法基本准则，均源于近代欧洲外交及其赖以存在的近代国家体系，而近代欧洲外交及近代国家体系的产生，可追溯至 14、15 世纪意大利半岛的外交实践及由此形成的"微缩国家体系"。尽管意大利各城市国家在发展早期外交理论与实践方面走在欧洲前列，但意大利的分裂状态为外部势力的干涉提供了条件。1494 年之后意大利成为大国强权角逐的竞技场所，近代欧洲外交随着大国间的相互竞争展现出其特点与作用，一个公认的外交体系正在欧洲形成。"1494 年标志着欧洲进入了一个新型国家体系的形成时期。当时已出现的新兴君主专制国家……主导着欧洲事务，而意大利国家体系亦是发展到了最后阶段。"[②] 王黎对近代欧洲外交起源与历程的论述，尤其是特别强调意大利文艺复兴时期外交发展

---

① 周春生：《文艺复兴史研究入门》，第 12、163～195 页。
② 王黎：《欧洲外交史（1494～1925）》，天津人民出版社，2011，第 17～28、33 页。

产生的突出作用，是国内学界在欧洲国际关系史研究方面突破威斯特伐利亚情结束缚的积极尝试。

意大利战争前后外交领域发生的重要变革，也在一些论文和著作中有所体现，例如，邱美珠的《文艺复兴时期的意大利外交》以马基雅维里的《佛罗伦萨史》和马丁利的《文艺复兴时期的外交》等西方著作为论述基础，对文艺复兴时期意大利外交产生的历史背景、常设使节的创设、外交的世俗性和外交的均势原则进行逐一阐释，把文艺复兴时期意大利外交作为西方外交演变过程中的一个典型阶段，试图阐明现代外交的源流。① 论文的观点基本反映了国内对这一时期外交演变历史的看法。

近年以来，国内学界以介绍国外的优秀学术作品为目的，翻译了多部学术名著，既为研究文艺复兴时期的欧洲历史做出了积极努力，也为意大利战争研究提供了更多的历史信息。2011～2013 年国内陆续出版了八卷本的《马基雅维利全集》，全面反映了马基雅维里在政治、军事、外交、历史等方面的成就，其中包括《君主论·李维史论》《佛罗伦萨史》《用兵之道》《书信集》《政务·出使·杂篇（Ⅰ、Ⅱ、Ⅲ）》等。《马基雅维利全集》的出版对于研究意大利战争具有重要的史料价值。由朱孝远主编的《海豚文库·文艺复兴系列》陆续出版了圭恰迪尼的《意大利史》和《格言集》（即《格言与反思》）以及兰克的名著《拉丁与日耳曼民族史（1494～1514）》的中译本。此外，国内还出版了由英国学者杰弗里·帕克编译的《博尔贾宫廷：布尔夏德日记选（插图本）》（*At the Court of the Borgia*，*Being an Account of the Reign of Pope Alexander VI*，*written by Johann Burchard*）的中译本，为研究博尔贾所处时代提供了重要史料。

从以上国内研究的现状来看，意大利战争研究在国内尚未形成一个综合性的研究题目，而各项专门史的研究也比较薄弱，尚需做大量的基础性工作。

二　史料来源

历史研究既需要有对历史的把握能力，也离不开实证的基础，这要求研究者避免偏离文本与时代，重视文本解读。历史学的论文必然是建立在

① 邱美珠：《文艺复兴时期的意大利外交》，《集美大学学报》（哲学社会科学版）2002 年第 5 卷第 3 期，第 32～36 页。

坚实的史料基础之上的。意大利有着非常深厚的编年史学传统和城市史学传统，由于特殊的历史发展进程，1494 年以前整体的意大利编年史是不存在的，也是不可能的，地区、城市和家族才是中世纪意大利历史编纂的对象，因此，研究意大利战争首先就需要从意大利各城市国家的历史发展着手，这一方面的史料还是相当丰富的。15 世纪及 16 世纪的意大利半岛由于丰富的政治文化和卓越的外交军事实践经验，为后世保存了极为丰富的历史档案，特别是在外交领域。威尼斯是欧洲历史上最早向主要国家派遣常驻使节的国家之一，使节们任职期间和卸任归国之后，按照规定必须向政府做情况汇报，内容包括对驻在国各方面情势的分析及总结，以及预测未来走向。这些报告成为威尼斯留给后世的重要外交历史文献。如今，这些报告经过整理编辑成 10 多卷陆续出版，其中有关法国、西班牙、德意志、英国、意大利和土耳其等国的报告是了解当时欧洲国际关系可信度非常高的史料。文艺复兴问题研究专家文森特·伊拉尔迪（Vincent Ilardi）在其论文《西欧国家档案馆和图书馆中的 15 世纪外交文件（1450 ～ 1494）》（*Fifteenth – Century Diplomatic Documents in Western European Archives and Libraries，1450 – 1494*）中对藏于西欧国家档案馆和图书馆中大量关于 15 世纪外交的历史文件未能被充分利用和系统整理而感到深深的遗憾。伊拉尔迪认为，研究分析这个时期的大量外交文件显然是非常必要的，因为这不仅有助于更好地分析现代外交制度与技术的起源，而且有助于分析意大利城市国家之间的政治平衡与欧洲国家之间相互依赖的对外关系。[①]为了这项工作，伊拉尔迪付出了艰辛努力，在他的主持下，大量的文艺复兴时期外交文件（大致从 1450 年到 1500 年）得以翻拍制成缩微胶卷，并由他编写索引以便于查阅。这项工程得到了美国洛克菲勒基金会等机构的支持与赞助，其内容涉及 200 万份外交文件（1856 卷缩微胶卷），具有很高的史料价值。[②]

　　在那个外交、阴谋和战争盛行的年代，个人的书信、日记、家族档案

[①] Vincent Ilardi, "Fifteenth – Century Diplomatic Documents in Western European Archives and Libraries（1450 – 1494）", *Studies in the Renaissance*, Vol. 9（1962）, pp. 64 – 112; B. Behrens, *Treatises on the Ambassador Written in the Fifteenth and Early Sixteenth Centuries*, pp. 616 – 627; Christine Shaw, *Italy and the European Powers：The Impact of War*, 1500 – 1530, p. vii.

[②] David Abulafia ed., *The French Decent into Renaissance Italy，1494 – 1495：Antecedents and Effects*, pp. 405 – 483.

和回忆录可谓汗牛充栋，其中所记载的内容不仅限于个人或家族事务，也会涉及城市的重大政治事件和社会活动，大量的私人日记、家族年代记和备忘录被保存在国家档案馆或贵族家族手中，学界也日益重视这些文献资料的整理和研究，这些文献资料是研究意大利战争非常重要的史料来源。它们提供了虽不够系统却极其珍贵的关于意大利和西欧历史中一段战乱时期的第一手叙述。前面已经介绍并分析过的萨努多的《日记》、科米纳的《回忆录》、马基雅维里的《驻外公使论集》（或称《通信集》）、圭恰迪尼的《意大利史》、布莱兹·德·蒙吕克的《哈布斯堡—瓦洛亚战争与法国宗教战争》以及杜贝莱兄弟（Guillavme and Martin Du Bellay）的回忆录等"1494 年一代人"的著作均可作为史料文献。

18 世纪 20～30 年代，法国出版商让·迪蒙（Jean Dumont）主编的八卷本《国际法中的各国外交使团：和平条约、同盟条约和通商条约等汇编（从查理曼大帝至今）》（*Corps universel diplomatique du droit des gens; contenant un recueil des traités de paix, d'alliance, &c., faits en Europe, depuis Charlemagne jusqu'à présent*）陆续出版，内容涵盖了欧洲历史自查理曼大帝开始直至 18 世纪上半叶的各种外交条约或和约，其中第三卷至第五卷包括了意大利战争前后近两百年的历史中各国签署的条约或和约文本，具有较高的史料价值，文本解读是意大利战争研究的基本事项（由于语言限制，此项工作有待通过语言学习或其他途径在后续研究中进一步加强）。

19 世纪 60 年代之后由英国编撰出版的多卷本《亨利八世书信集》（*Letters and Papers, Foreign and Domestic, of the Reign of Henry VIII*）和《国事历书》（*Calendar of State Papers*）记录了意大利战争期间，特别是战争后期英格兰外交及相关国家的一些情况，保存了很多书信、呈文、报告和条约文本，虽然均是侧重于英格兰的外交史料，但深入挖掘，我们依然能从侧面很好地了解意大利战争的历史信息。《亨利八世书信集》是一部书信文件的汇编，共 28 卷，记录了从 1509 年到 1547 年亨利八世统治时期英格兰的内政与外交，较为充分地展现了亨利八世统治时期英格兰与欧洲各个主要国家外交来往的具体史实。《国事历书》中的《外事卷》（*Calendar of State Papers, Foreign Series*）记录了爱德华六世、玛丽一世和伊丽莎白一世当政时期的英格兰外交状况，共 28 卷。《威尼斯卷》（*Calendar of State Papers Relating to English Affairs in the Archives of Venice*）记录了 1202 年至 1675 年威尼斯与英格兰之间的外交史实，共 38 卷。《西班牙卷》（*Calendar of State Papers，Spain*①）记录了 1485 年至 1603 年西班牙、法国、意大利与英格兰之间外交往来的史实，共 23 卷。《米兰卷》（*Calendar of State Papers and Manuscripts in the Archives and Collections of Milan*）记录了 1385 年至 1618 年米兰与英格兰交往的史实。这些历史资料为意大利战争研究奠定了非常坚实的基础。2008 年年底英国历史在线网站②陆续将这些史料进行了数字化处理，以方便学者研究。

　　史料的更新和发现与研究领域的拓展是近年以来历史研究的两个特点。研究者观察问题视角的转换，相应地促使史料运用的变化。在传统历史研究中，研究者依据的史料主要包括历史学家和思想家的各类编年史、传记、史料汇编、各类政论、道德文章等，不可否认的是，这些史料如今依然在历史研究中发挥着巨大的不可替代的作用，而且还有很大的挖掘空间。当然，仅仅依靠传统史料显然是不够的，于是许多学者便努力发掘过去未曾使用过的史料或记录，包括教区登记簿、税收记录、家族档案、私人笔记等。例如，家族档案往往属于私人或家族群体的历史记录，是强化家族历史记忆的重要手段。意大利具有悠久的家族传统，具有百年历史传承的家族不胜枚举，其中一些家族保留下了极为丰富的历史记载，内容包括家族的世袭谱系、书信遗存、经济往来乃至遇到的各种困难，是不可多得的重要史料来源。除了文字资料，以前不为人所重视的诸如绘画、雕塑、建筑等视觉材料也开始在研究中得到运用。史料的运用需要秉持谨慎、客观的态度和具备一定的辨别分析能力。只有这样，史料来源的多元化和研究的多层次化，才能让历史研究更加生动和多样化，为历史研究开拓更为广阔的前景。

　　本书所用资料可以大致分为已整理出版的文献资料、研究专著和论文三类，专著主要来自首都师范大学图书馆、北京大学图书馆、中国国家图书馆、加拿大阿尔伯塔大学图书馆，论文主要来自首都师范大学图书馆 JSTOR 过刊数据库和 Project Muse 数据库，除此之外，还包括由其他途径获得的图书和论文。笔者还利用了一些网络资源，比如英国历史在线（British History Online）、网络档案（Internet Archive）、谷歌数字图书馆③

---

① 其中包括 *Calendar of State Papers，Spain，1485 – 1558*（19 卷），*Calendar of State Papers，Spain（Simancas），1558 – 1603*（4 卷）.

② http：//www. british – history. ac. uk/catalogue. aspx？ type = 3.

③ 网址为：http：//www. british – history. ac. uk/；http：//www. archive. org/；http：//books. google. com/。

等。另外，马克思在其《历史学笔记》第三册中，以编年的方式简要记录了意大利战争的进程，也可作为了解意大利战争基本进程的资料。[①]

三　研究的学术构想

意大利战争的影响是显而易见的，综合意大利战争及相关问题的国内外研究状况，以下谈谈本项研究的学术构想和个人见解。

首先，近年来国外关于意大利战争及相关问题的研究逐渐开始成熟起来，研究的问题很广泛，有些具体问题也很深入，尤其在政治史、军事史和外交史方面，这些成果是今后意大利战争研究推进的重要基础。不过，虽然很多研究与意大利战争紧密关联，但研究的角度较为分散，对意大利战争的整体性的系统研究仍显不足。国内外研究几乎都着眼于意大利战争在军事史和外交史上的重要地位，国内学者更是简单地将其视为形成近代欧洲国际体系的直接推动因素，缺乏充实论证。此外，意大利战争的一些相关问题的研究依然薄弱，诸如意大利战争之前的意大利半岛历史即意大利战争的历史渊源，意大利战争期间关于领土继承权的问题，意大利战争与基督教世界的和平问题，中世纪末期欧洲国际社会的状况问题，新君主制国家与民族国家的定义和关系问题以及统治家族之间的关系问题，等等。由于意大利战争是个综合性的专题，以往研究薄厚不均。

其次，有关意大利战争史料的挖掘和运用尚需大量工作。作为战争的主战场和现代外交的主要发源地，意大利半岛上发生的外交变革，不仅体现在外交常驻使节的制度化，而且表现在对于有关外交文件和档案的严格保存以更好地服务于国家决策。意大利保存了相当丰富的原始资料。这一时期，越来越多的所谓人文主义者把自己的艰难经历和历史体验记录在历史著作中，意大利人开始从整体的角度来书写自己的历史，这在1494年之前是无法想象的，入侵改变了意大利人的传统历史观念，产生了很多反映时代的历史著作，马基雅维里和圭恰迪尼只是其中两个典型代表。意大利战争史料的整理和研究任重而道远，所以涉及意大利战争的进一步研究，在史料整理上仍有很多基础性的工作有待完成，工程浩繁。

再次，在加强意大利战争整体性研究的过程中，需要在不同研究专题

---

① 马克思：《马克思历史学笔记》（第三册），中央编译局马恩室译，中国人民大学出版社，2005，第46～429页。

之间进行融合和渗透，在这方面不仅需要大量的基础性工作，而且要有具备驾驭各种语言和材料的能力。语言问题是意大利战争研究的瓶颈，资料阅读是一个不小的障碍，研究者需要专门的语言训练，近代早期的民族语言存在某些差异，部分手写体也非常难以辨认。资料的连续性也是问题之一。意大利战争研究还需要在多个专题间切换以及在多个学科知识背景下加以审视，比如这一时期王权与地方大贵族之间的关系；战争技术和战争组织的本质性转变，雇佣军的历史地位及军队制度的转变；外交变革对政治和军事的影响；基督教世界中道德的约束与现实政治中的非道德性之间的矛盾；家族之间的联姻带来了王朝政治的复杂化，这需要从政治、军事、外交等诸多方面加以分析，难度可见一斑。

　　意大利战争牵涉的历史人物众多，他们各自发挥的历史作用又不尽相同，虽然可以把他们视为具有强烈封建特色的贵族阶层，但又不能忽视他们身上所散发的近代气息，他们是处于历史转折时期的几代人，对于他们的研究是意大利战争研究的重要环节。在一定意义上讲，战争的爆发是利益驱动的结果，这种利益是更多地来自个人和家族，还是来自所谓的"国家"呢？这些"国家"是否具备现代意义上的"国家地位"？很多事实清楚地表明这一时期封建统治的标记依然清晰可辨。在意大利战争时期的欧洲国际社会舞台上，各种关系错综复杂，各种利益盘根错节，理清这其中的关系和利益是意大利战争研究的重要保障，对于很多中世纪的现象以及某些被我们认为是近代的迹象，需要变换角度来加以研究，这样才有可能使意大利战争研究走向深入。目前，有关军事、外交、家族政治和王权等各方面的研究都取得了显著进步，这些成果应该为意大利战争研究所重视和吸收，从而有助于提出更为系统、深刻的认识。

　　最后，国内学者对于国外研究成果吸收和重视的不够，即便是从国际关系史的角度而言也是不够的。一段时间以来，限于威斯特伐利亚情结的束缚，国际关系史的研究往往忽略了对意大利战争的研究，将国际关系史研究的起始年代定于三十年战争结束的 1648 年。这样的研究将连续发展的历史分段和割裂，影响我们对历史的连续观察和前后辨析。1648 年威斯特伐利亚体系的建立固然重要，但是 1648 年以前的历史发展也是我们研究国际关系史的重要参考和精神来源，很多实证研究已经显示，主权国家体系的建构是一个持续的历史过程，意大利战争研究也正是这种认识的产物。国外学者正在检讨这种历史认识的缺失，简单地、教科书式地划分历史缺乏学术的严谨性，以一种研究范式去套用一段历史的研究，以一段历史时期的研究去解释一种理论范式，这并不符合历史研究的精神。近年来国外出现的一些研究成果，以更宏观的历史发展来研究意大利战争的历史地位，从中世纪的角度去审视其特征和影响，这一点值得借鉴和参考。

总之，意大利战争研究是一个相对复杂且具有一定难度的研究课题，但是研究本身的意义是非常重要的。

第一章 "不稳定的意大利平衡"：1494 年之前

第一节 14、15 世纪的意大利半岛

意大利在中世纪欧洲是一个特殊的地区，其历史进程不同于欧洲其他国家。意大利的历史轨迹之所以不同于欧洲其他国家，一方面是由于意大利的地理环境对意大利历史产生的重大影响，意大利半岛的自然地理对人们的行为活动以及由此带来的基本价值问题、地方主义的产生和地区之间的隔阂，都是至关重要的影响因素。另一方面是由于意大利社会生活中发生的历史事件，几乎所有史家在谈及意大利的历史进程时都会首先提及城市国家的特殊利益和地方主义的传统影响，而帝国传统、教皇传统和城市传统是理解意大利历史的钥匙。

一 地理风貌

历史上的意大利，绝非今天意义上的统一国家，19 世纪欧洲政治家梅特涅（Metternich）说："意大利仅仅是个地理概念（a geographical expression）。"[1] 拉尔纳也说："意大利并非一个政治单位而只不过是一个文化概念。当时意大利最伟大的代表（指但丁[2]）也不把意大利看作一个国家而只是神圣罗马帝国的一个省份。"[3]

"从一定意义上讲，地理因素对意大利产生了很大的影响"[4]。意大利的地理环境和范围以皮靴形的意大利半岛为主，它地处地中海的中心，南

---

[1] Christopher F. Black, *Early Modern Italy：A Social History*, London：Routledge, 2001, p. 1.

[2] 但丁（Dante Alighieri, 1265 – 1321），意大利诗人，现代意大利语的奠基者，欧洲文艺复兴时代的开拓人物之一，著有《神曲》《论世界帝国》等。

[3] 拉尔纳：《意大利1290~1420年间的社会与文化》，1951 年英文版，第 14 页，转引自朱龙华《意大利文艺复兴的起源与模式》，人民出版社，2004，第 41 页。

[4] 丹尼斯·哈伊：《意大利文艺复兴的历史背景》，第 44 页。

北纵跨 1300 公里,而横向最长距离却不过 500 公里,[①] 形状狭长,大陆部分与中欧接壤,而半岛及西西里部分以其伸延窄长的形态接近于非洲大陆。其东岸与巴尔干半岛隔海相望,西有撒丁岛和科西嘉岛相守,与伊比利亚半岛遥相对应。半岛的大陆部分地势起伏,高低不平,平原面积狭小,仅占整个面积的 23%,而山地和丘陵分别占 35% 和 42%。意大利被四大海域包围:东面的亚得里亚海(Adriatic)、南面的伊奥尼亚海(Ionian)、西北的利古里亚海(Liguria)和西面的第勒尼安海(Tyrrhenian)[②]。海岸线绵延约 7500 公里,其中一半的海岸线上岛屿众多。

境内两条大山脉构成了意大利地理的主要风貌:高大巍峨的阿尔卑斯山脉(Alps)蜿蜒盘踞在意大利的北部,朝向意大利的一面终年积雪,像一座弧形的屏障横亘在整个意大利的北部,阻挡着北方的寒风和蛮族的入侵。阿尔卑斯山脉从北部把意大利和欧洲大陆一刀切开。然而,为数众多的横断山口为北部、东北部、西北部的交往提供了通道,这些山口在历史上成为不断由北而南作民族迁移和人员往来的路径,构成意大利文化演变的一大特色;不过,阿尔卑斯山内陡峭外平坦,北坡更为平缓,而朝向意大利的南坡却更为陡峭,由北而南比之由南而北更易,也就是说,由邻国入意大利易,由意大利进入邻国难。这样北坡就变成了入侵者的跳板。美国政治学家汉斯·摩根索(Hans J. Morgenthau)这样评论:"阿尔卑斯山脉巍然高耸,把意大利半岛同欧洲其他地区截然分开。阿尔卑斯山谷向南是一带慢坡,缓缓下降,通向意大利北部平原,向北则是悬崖峭壁。这种地理形势一直是意大利考虑政治、军事政策时的一个重要因素,也是其他国家制定对意政策的重要因素。因为,根据我们所了解的各种战争条件,这种地理形势使得从意大利入侵中欧难如登天,而从北面进军意大利却不那么困难。因而,意大利被入侵的次数要比意大利向外侵略的次数多得多了。"[③]

如果说阿尔卑斯山和海洋给意大利带来了统一,那么亚平宁山就破坏

---

① Winfried Franke, "The Italian City – State System as an International System", in *New Approaches to International Relations*, pp. 426 – 459.

② 本书中所涉及的绝大多数外国地名译名均参见中国地名委员会编《外国地名译名手册》(中型本),商务印书馆,1993。

③ 汉斯·摩根索:《国家间政治——权力斗争与和平》,徐昕、郝望、李保平译,北京大学出版社,2006,第 152 页。

了这种统一。① 一望无际的亚平宁山脉（Apennines）年代没有阿尔卑斯山那么久远，山势也较缓，从西北的利古里亚海岸向西南一直延伸至雷焦卡布里亚（Reggio di Calabria），马刺状支脉则从两边伸向海洋，亚平宁山脉绵延 1200 公里，几乎纵贯南北，形似一个鱼背，将意大利分成东西两半，是意大利的脊柱。正像亚平宁山脉被分为北、中、南三段一样，长靴形的意大利习惯上也被分为北、中、南三部分。

亚平宁山脉的支脉延伸出去，形成了很多小面积的沿海平原和冲积平原，如波河平原（Po River Plain）和阿迪杰河平原（Adige River Plain），它们一直绵延至亚得里亚海。位于东北部的波河平原面积约为 4.5 万平方公里，地势呈扇形展开，波河由西而东畅流八百里，造就意大利唯一的冲积平原——波河平原，河流密布，湖泊相连，由于土壤中含有火山喷发后的沉淀物质和河水泛滥后的污泥，平原甚至丘陵的土质都异常肥沃，为人们提供了丰富的资源，而阿尔卑斯山和亚平宁的峭壁却成了他们的天然防线，这里成为意大利人的天然粮仓，威尼斯（Venice）、米兰（Milan）和都灵（Turin）等伦巴第城市就位于这个地区。穿越阿尔卑斯山到法国或日耳曼去的差不多全部山路都在伦巴第城市的控制之下②。

相比之下，意大利的中南部虽有不少河流和平原，却都是小规模的了，其中值得一提的只有位于意大利中部的亚诺河（Arno）和台伯河（Tiber），前者的流域是佛罗伦萨（Florence）之所在，后者则是罗马濒临的河流。佛罗伦萨位于意大利的托斯卡纳地区，这个地区在历史上无论从思想还是文艺方面，都对意大利半岛乃至欧洲大部分地区产生了极为深远的影响，历史上的比萨、锡耶纳与佛罗伦萨在本地区的竞逐决定了意大利中部与北部历史发展的方向，在意大利发挥着地区经济和文化中心的重要作用。罗马位于台伯河的下游，距入海口约 80 里，而台伯河本身已位于意大利半岛的中央，罗马更有联通南北东西的枢纽优势，以它为中心建立古代大帝国当非偶然。

意大利的南方地区大致上包括罗马以南的整个半岛、西西里岛和撒丁

---

① 丹尼斯·哈伊：《意大利文艺复兴的历史背景》，第 44 页。
② 关于阿尔卑斯山山路最早而且比较系统的论述，见于曾陪同查理八世远征那不勒斯的雅克·西尼奥（Jacques Signot）的相关论文之中，详情可参见 W. A. B. Coolidge, "The Passages of the Alps in 1518", *The English Historical Review*, Vol. 30, No. 120 (Oct., 1915), pp. 681 – 691.

岛，与意大利北部迥然不同，形成了鲜明的对比，"对中世纪的欧洲国家和文明进步而言，南方意大利的历史是至关重要的，它提前宣告了中世纪的终结。"[1] 在意大利语中，人们常用日中（Mezzogiorno），即正午之意来形容意大利南方的温暖宜人。这个与希腊隔海相望的"下半截长靴"在数百年的历史发展中，接纳和吸收了希腊、罗马、拜占庭、撒拉逊、法国、西班牙等文化元素，成为多元文明的大熔炉，以那不勒斯为代表的南方城市走出了一条与北部意大利完全不同的历史道路。[2] 可以说，意大利非常适合于在它的境内容纳彼此差别很大的地方势力集团。

因此，丹尼斯·哈伊在谈到意大利半岛的地理时说："在意大利各地之间的冲突比其他国家较多：这些冲突存在于山区和平原之间、东西之间，以及南北之间。当这些地区之间一旦产生政治隔阂的时候，或是由于怀疑和嫉妒使地方主义变得更加严重的时候，他们之间的冲突就变得旷日持久。"[3] 意大利的半岛形状决定了一个重要事实，"即地理环境对它们的影响。威尼斯、热那亚和比萨由于自身地位的关系，没有可控制的腹地，所以，是海洋性的，而它们的商业依靠海权。下意大利和西西里经营半陆运、半海运的商业，而伦巴第和托斯卡纳等城市，因为在内地，则完全从事于陆运贸易。"[4] 这些地区之间的竞争早在 12 世纪，就已经导致它们之间时常发生战争，而且已经卷入一个政治经济斗争的旋涡里了。意大利这块伸入地中海的土地，阳光明媚，气候温和宜人，富有繁华热闹的城市生活、金融财富以及美轮美奂的艺术品，但是它却在意大利战争中无可奈何地敞开门户，任由那些来自西班牙和阿尔卑斯山北部国家的"野蛮人"劫掠。

二 帝国传统、教皇传统与城市传统

"唉，奴隶般的意大利，你哀痛之逆旅，你这暴风雨中没有舵手的孤舟，你不再是各省的主妇，而是妓院！那高贵的灵魂，只是听到人家提起他故乡的可爱名字，就急于在那里向他的同乡人致以问候；而你的活着的人民住在你里面，没有一天不发生战争，为一座城墙和一条城壕围住的人

---

[1] 克罗齐：《那不勒斯王国史》，王天清译，中国社会科学出版社，2005，第 24 页。

[2] Joseph Strayer, ed., *Dictionary of the Middles Ages*, New York: Charles Scribner's Sons, 1988, Vol. Ⅶ, pp. 5 – 6.

[3] 丹尼斯·哈伊：《意大利文艺复兴的历史背景》，第 45 页。

[4] 汤普逊：《中世纪经济社会史》（下册），耿淡如译，商务印书馆，1997，第 2 页。

却自相残杀。你这可怜虫啊！你向四下里看看你国土的海岸，然后再望你的腹地，有没有一块安享和平幸福的土地。"① 这是但丁《神曲·炼狱篇》第六歌中的一段诗句，表露出了度过二十年流放生活的但丁对故乡政治的不断变化和意大利社会现实的无限痛惜。中世纪的帝国思想和古罗马传统一直在意大利半岛起着主导作用，罗马教会和神圣罗马帝国这两个中世纪的跨区域性政治组织都与意大利的历史息息相关，同时又由于它们之间的联系而生出了无穷的矛盾。

中世纪的意大利半岛上存在着各式各样的城市国家，这些以城市生活为核心的城市国家，在帝国和教皇的普遍性与地方生活的差异性的双重影响之下，充分展示和体现出了意大利政治文化的多样性，正是这种多样性成就了意大利历史与文化的优势，不过也阻碍了意大利统一性的发展。然而意大利的历史发展也不乏统一性，尽管城市国家各有其内部政治生活，它们之间又相互争斗，但还是存在着血缘、语言、文化、社会生活和宗教生活的统一性。尽管只有少数的以诗人但丁等为代表的文化知识精英意识到作为一个拥有共同文化遗产的特殊地区，意大利是确实存在的，只不过其范围并没有涵盖今天的整个意大利半岛，但是共同的思想、共同的信仰和共同的历史体验，以物质和精神的方式将半岛上的人们联系在一起，在某种程度上抵消了由于政治分裂而带来的影响。②

怎样理解意大利历史的基本问题？丹尼斯·哈伊在解释这一问题时认为："一个国家的历史就是这个国家意识到自身的存在，并为自身的利益进行政治、社会和文化活动的过程。它在自己的语言、地理和同邻国关系所确定的范围之内活动。……如果我们只从最后统一的角度来研究英国和法国在 11 和 12 世纪的历史，那么我们必然会有所歪曲。因为当时的政权实际上是地方性的，至多也是地区性的，并不存在明显的语言或地理边界。但用同样的看法来对待以后时期，例如 13 世纪的法国和英国，那歪曲就不十分严重了，因为 13 世纪已经出现了某种实际的中央集权。这是讨论意大利统一问题时首先必须确定的一个前提。……要用法国和英国的方式来写 1870 年以前的意大利历史，不歪曲事实的真相是不可能的。因此，可以简而言之，意大利历史的基本问题是在 19 世纪以前不存在意大

① 但丁：《神曲·炼狱篇》，朱维基译，上海译文出版社，1984，第 46～47 页。
② Gene A. Brucker, " 'The Horseshoe Nail': Structure and Contingency in Medieval and Renaissance Italy", *Renaissance Quarterly*, Vol. 54, No. 1 (Spring, 2001), pp. 1 - 19.

利的历史，或者至少不具有我们所说的英国或法国历史那样的含义。"①

若干世纪以来，意大利的实际权力结构是由地区、城市、家族、帝国和教皇构成的。公元 5 世纪，意大利统一的社会生活随着西罗马帝国的灭亡而瓦解了，这种分裂状态持续了上千年，直至 1870 年意大利半岛最终归于统一。随着神圣罗马帝国统治的不断建立和瓦解，随着罗马教皇宗教和世俗权力的不断增强与膨胀，随着各地家族势力的不断分化与联合，帝国政治、教皇政治和地方政治已经深深地根植于意大利这块土壤之上。而反对帝国干涉意大利事务与反对教会干涉世俗事务这两种思想，在意大利的历史发展过程中产生了非常深刻的影响，从而让意大利的历史具备了一定的特殊性。帝国传统、教皇传统与城市传统对意大利乃至欧洲的历史产生了非常深远的影响。只有回顾了意大利中世纪的历史，才能更加深入准确地理解意大利战争年代，故而有必要回顾一下这些历史。如果不了解意大利所处的分裂状态，也就不可能懂得意大利战争的时代意义。

（一）帝国传统

"帝国统治意大利"是历史传统沿袭下来的一个古老观念。② 查理曼（Charlemagne，768～814 年在位）于公元 800 年在罗马接受加冕，获得的头衔是"由上帝加冕的伟大、贤明的奥古斯都、罗马帝国执行官、蒙上帝恩典的法兰克和伦巴第国王"，③ 这样的头衔意味着古代罗马传统的恢复。为了真实地再现古代罗马的传统，以后的历代皇帝都南下意大利，实现他们认为应得到的北部意大利即"意大利王国"④（Regnum Italicum，即 Kingdom of Italy）的统治权，在帕维亚城（Pavia）戴上"意大利国王"的铁冠，然后到罗马接受教皇的加冕，这是查理曼之后神圣罗马帝国皇帝保持的一项传统。

---

① 丹尼斯·哈伊：《意大利文艺复兴的历史背景》，第 42～43 页。
② 赫伯特·格隆德曼等：《德意志史》（第一卷，下册），张载扬等译，商务印书馆，1999，第 276 页。
③ 《德意志史》（第一卷，上册），商务印书馆，1999，第 232 页。
④ Regnum Italicum 只是指北意大利相当于中世纪时代伦巴第的疆域所在的那个地区，公元 774 年，查理曼征服伦巴第王国（568～774）。伦巴第王国即意大利王国成为加洛林帝国的组成部分（774～962），随着帝国的重建与分割，意大利王国的地位与归属也随之不断发生变化。公元 962 年，奥托一世将这一地区并入帝国版图。

　　帝国的重建使得意大利的历史命运同虚妄的帝国理想结合起来，因而也阻挠了它在政治上的独立性和统一性。公元 843 年，查理曼的三个孙子签署《凡尔登条约》（Treaty of Verdun），将帝国分割为三个部分。① 长孙罗退尔（Lothair I，罗马帝国皇帝 817 ~ 855 年在位、意大利王国国王818 ~855 年在位、中法兰克王国国王 843 ~855 年在位）承袭皇帝称号，并领有自莱茵河（the Rhine）下游以南、经罗讷河流域（the Rhone），至意大利中部地区的疆域，形成了一片南至罗马、北含亚琛、从亚平宁半岛中部伸展至北海的长条形"中部王国"（Middle Kingdom），史称中法兰克王国（Middle Francia，Middle Frankish Kingdom）；罗退尔的弟弟日耳曼人路易（Louis the German，巴伐利亚王国国王 817 ~843 年在位、东法兰克王国国王 843 ~876 年在位）获得所有莱茵河以东、意大利半岛以北和以东的帝国领地，史称东法兰克王国（East Francia，Eastern Frankish Kingdom）；罗退尔的另一个弟弟秃头查理（Charles the Bald，西法兰克王国国王 843 ~877 年在位、罗马帝国皇帝 875 ~877 年在位）获得了罗讷河以西的帝国所有西部地区，史称西法兰克王国（West Francia，Western Frankish Kingdom）。罗退尔的王国由阿尔萨斯（Alsace）、洛林（Lorraine）、勃艮第（Burgundy）、普罗旺斯（Provence）和意大利王国以及后来的低地国家（the Low Countries）等地混合而成，是三个王国中情况最为复杂的。

　　公元 855 年罗退尔去世，他的三个子嗣把中法兰克王国分为三份，长子路易二世（Louis II，意大利王国国王 844 ~875 年在位、罗马帝国皇帝855 ~875 年在位）拥有意大利王国及皇帝称号；次子罗退尔二世（Lothair II，洛萨林王国国王 855 ~869 年在位）领有莱茵河以西从北海延伸至今法国和瑞士边境的侏罗山脉（Jura Mountains）的领土，即中法兰克王国的北部，形成了历史上短暂存在的洛萨林王国（Kingdom of Lotharingia，该王国后来逐渐演变为洛林公国和低地国家）；幼子普罗旺斯的查理（Charles of Provence，普罗旺斯王国国王 855 ~863 年在位）获得了勃艮第和普罗旺斯。这次分割史称普吕姆分割（Partition of Prüm）②。

　　不久普罗旺斯的查理与罗退尔二世相继于 863 年和 869 年去世，这使得西法兰克王国和东法兰克王国有机会进一步瓜分中法兰克王国的领地。

---

① Joseph Canning, *A History of Medieval Political Thought*, *300 – 1450*, London and New York：Routledge, 1996, pp. 44 –45.

② 855 年罗退尔一世病重，随即隐居于普吕姆修道院（Abbey of Prüm）。

公元 870 年，西法兰克王国国王秃头查理和东法兰克王国国王日耳曼人路易签署《墨尔森条约》（Treaty of Meerssen），重新瓜分洛萨林王国和普罗旺斯王国。① 双方以默兹河（Meuse River）和乌尔特河（Ourthe River）为界，布拉班特（Brabant）、埃诺（Hainaut）划归秃头查理，莱茵兰（Rhineland）及阿尔萨斯公国划归日耳曼人路易，而意大利王国则继续维持现状。《墨尔森条约》之后东、西法兰克王国继续争夺原属洛萨林王国的领地，880 年两王国签署《利贝蒙条约》（Treaty of Ribemont），该条约将《墨尔森条约》中划分给西法兰克的土地割让给东法兰克。中法兰克王国就这样一步一步被分割而逐渐消失了，分裂为众多的独立领地，但这块"中部王国"及其遗产之争对意大利乃至欧洲历史的影响深远。15 世纪勃艮第的短暂崛起，以及意大利战争前后法兰西王国与神圣罗马帝国的疆土之争等矛盾冲突、战争和条约，都可隐约窥见这段历史的影子。

《凡尔登条约》和《墨尔森条约》之后的加洛林帝国内部多次发生冲突和分裂，胖子查理（Charles the Fat，意大利王国国王 879～887 年在位、罗马帝国皇帝 881～887 年在位）的统治时期曾一度恢复了帝国的统一，888 年胖子查理统一起来的帝国再次瓦解，加洛林帝国的三个地区最终走上了不同的发展道路。从 887 年胖子查理的废黜到 962 年奥托一世加冕为帝，是"独立的意大利王国"时期。888 年弗留利地区的侯爵贝伦加尔（Berengar of Friuli，意大利王国国王 887～894 年、898～924 年在位、罗马帝国皇帝 915～924 年在位）在帕维亚加冕为意大利王国国王，然而意大利王国很快又陷入混乱的权力斗争之中，在风雨飘摇中度过了半个多世纪之久。

公元 962 年，萨克森公爵奥托一世（Otto I，意大利王国国王 951～973 年在位、罗马帝国皇帝 962～973 年在位）加冕为皇帝，建立了日耳曼民族的神圣罗马帝国，同时确立了在意大利北部的统治地位，并取得了意大利王国的王位。在第一个千年结束之时，意大利半岛北部几乎所有的土地都处在意大利王国的统治之下。帝国的统治明确地建立了意大利王国和日耳曼之间的密切联系，给扼守阿尔卑斯山山路的意大利北方城市以新

---

① Joseph Canning, *A History of Medieval Political Thought*, *300 – 1450*, p. 45; Joseph Strayer, ed., *Dictionary of the Middles Ages*, Vol. III, pp. 112 – 114.

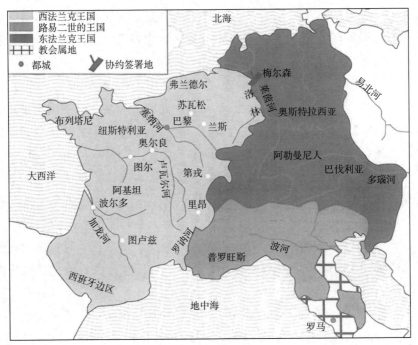

图1-1　《墨尔森条约》（870年）

资料来源：朱明：《地图上的法国史》（第二版），东方出版中心，2016，第38页。

的军事和商业地位，终结了伦巴第、托斯卡纳和罗马涅持续百余年的封建混乱局面。通过帝国给予它们的特权（以颁发特许状的形式），促使城市议会制度、城市司法审判制度和城市外交制度等城市制度的发展。意大利王国自身虽是神圣罗马帝国的一部分，但其中许多城市的日常事务都由当地的主教负责管理。由奥托一世、奥托二世（Otto II，973~983年在位）和奥托三世（Otto III，983~1002年在位）恢复的皇帝权力，给意大利带来了较为稳定的政治局面，促使商业的复兴和市民生活范围的扩张。①

　　中世纪的神圣罗马帝国不是一个恒定不变的概念。② 帝国称号所具有的意义随着时间的推移，政治形势和欧洲国际关系的变化而不断变化，帝国与意大利北方的特殊关系也随着意大利形势的变化而日益复杂。皇帝这个称号，以及帝国对意大利和对罗马的权利，引起了对权利的争议和无法

---

① Joseph Canning, *A History of Medieval Political Thought*, *300-1450*, pp. 75-76.

② 侯树栋：《德意志中古史：政治、经济社会及其他》，商务印书馆，2006，第101页。

解决的争吵。中世纪的皇帝们一再坚持南下意大利，其中的一个理由是北部意大利是帝国的一个行省，另一个理由是伦巴第各城市在财富和权力方面超过帝国的其他地方。几个世纪以来帝国都力图将统治强加于北部意大利，而各主要城市则为了维护它们的自治而坚决斗争。[1] 自 11 世纪始，意大利的政治局面发生了重大变化，其主要表现是意大利王国的所谓中央权力迅速消失。[2] 随着商业活动的复苏，意大利王国之内，特别是波河平原上的大小城市逐渐发展壮大，从而使以米兰为代表的城市国家在伦巴第开始萌芽。在意大利北方城市自治初步确立的同时，意大利南方逐渐摆脱了诺曼人、希腊人和帝国势力争夺的局面，成为诺曼人的势力范围。

传统观点认为，11 世纪以来神圣罗马帝国皇帝的权力在阿尔卑斯山以北地区受到削弱和瓦解，对阿尔卑斯山以南意大利半岛也影响不大。这种看法是一种时代错误，因为它忽略了意大利各地的统治者追求皇帝赏赐荣誉和头衔的努力。从积极的方面看，传统秩序实际上得到了普遍的尊重，"任何一种统治都试图唤醒和培养人们对其合法性的信念，一切权力都要求为自身辩护。"[3] 很多统治者新近获取权力，尤其有阐发自己政治合法性的需要。为获得民众的认可和顺从，意大利半岛上的地方统治者急需权力合法性的法理支持。为争取从皇帝手中接受荣誉和特权，城市国家的统治者做出了种种尝试。皇帝赐予的恩惠或出卖的特权包括：授予骑士衔、任命宫廷职务、分封爵位和恩授帝国勋章。例如，1416 年萨伏依伯爵阿梅代奥八世（Amedeus VIII，1391～1434 年在位）获得公爵爵位，1433 年詹弗朗切斯科·贡扎加（Gianfrancesco Gonzaga）获得任命成为曼图亚侯爵。通过皇帝赐予的恩惠和出卖的特权，意大利的地方统治者获得了法理上的支持，其合法性也在一定程度上获得了普遍认可。虽然帝国和意大利的政治形势动荡不安，但是皇帝还是可以实施其政治和军事影响的。[4] 帝国政治的影响在意大利的政治生活中是永远不可忽视的因素之一。

---

① 昆廷·斯金纳：《近代政治思想的基础》（上卷：文艺复兴），奚瑞森、亚方译，商务印书馆，2002，第 23 页。

② 中世纪意大利王国的概念继续以某种名义存在下来，直至 1806 年神圣罗马帝国灭亡。

③ 尤尔根·哈贝马斯：《合法性危机》，刘北成、曹卫东译，上海人民出版社，2000，第 127 页。

④ 欧金尼奥·加林主编《文艺复兴时期的人》，李玉成译，三联书店，2003，第 19 页。

（二）教皇传统

与帝国传统相平行的是罗马教皇传统。[①] 教皇制度和教皇权力是历史的产物，是在历史的发展进程中逐渐形成的，而不仅仅是出自某种神学理论。教皇在中世纪构成了西欧社会的另一个权力体系。[②] 教皇权力的物质基础是建立在其世俗领地之上的，自8世纪教皇国形成以来（关于教皇国的历史，另章论述），扩大和维护教皇国的领地成了历任教皇一刻不敢松懈的任务之一，他们也因此卷入西欧的国际斗争里去。[③] 在意大利北方和南方的政治格局呈现出新的变化之时，由于神圣罗马帝国打着为宗教谋利益之名，横加干涉教会事务，其发展的结果却损害了帝国政权和教会地方势力，反而有利于教皇国的发展。教皇国与神圣罗马帝国之间的激烈冲突，也为意大利半岛上城市国家的发展和在意大利南方最终建立诺曼人国家提供了可乘之机。

教皇尼古拉二世（Pope Nicholas II，1059～1061年在位）虽然任期不长，但是在两个方面对罗马教会和意大利历史产生了划时代的影响。一方面，尼古拉二世发布敕令整顿和规范了教皇选举。1059年4月在拉特兰宫举行的主教会议颁布法令，规定今后教皇由枢机团选举，并取得教士和人民的赞同。教皇选举规则的制度化扫除了教廷制度的一个缺点，逐渐摒弃了世俗力量特别是帝国势力对于教皇选举的干预，在枢机团的形成道路上迈出了重要的一步。[④] 1059年的主教会议还针对教士买卖圣职采取了若干措施，[⑤] 规定任何人不得从俗人那里接受任何管理教会的职务；另一方面，尼古拉二世越俎代庖，攫取帝国权力而代之。根据教会最高权力或"君士坦丁赠礼"的名义，尼古拉二世成为王位的分封者。1059年教皇与占据意大利南部的诺曼人罗伯特·圭卡德（RobertGuiscard）和卡普阿（Capua）的理查（Richard I）分别达成和解，订立了《梅尔菲条约》（Treaty of Melfi）：（1）诺曼人罗伯特·圭卡德和卡普阿的理查作为教皇诸

---

① 唐纳德·R. 凯利：《多面的历史：从希罗多德到赫尔德的历史探询》，第217页。

② 刘城：《英国中世纪教会研究》，首都师范大学出版社，1996，第3页。

③ 彭小瑜：《教会法研究——历史与理论》，商务印书馆，2003，第243页。

④ David Chambers, *Popes, Cardinals and War: the Military Church in Renaissance and Early Modern Europe*, London: Tauris, 2006, pp. 7 - 8.

⑤ Walter Ullmann, *The Growth of Papal Government in the Middle Ages: A Study in the Idelogical Relation of Clerical to Lay Power*, London: Methuen & Co. Ltd, 1962, p. 297 n. 2.

侯，向教皇承担封臣义务，缴纳封地贡赋，保护教会权利和地产，支持实施选举教皇的新规定；（2）教皇将阿普利亚（Apulia）、卡拉布里亚（Calabria）和即将占领的西西里（Sicily）作为封地赐予罗伯特·圭卡德，承认其为阿普利亚和卡拉布里亚公爵和未来的西西里公爵；（3）将卡普亚赐予理查，承认其为卡普亚亲王。这种关系的建立实际上确立了包括西西里岛在内的意大利南部的教皇宗主权，这一事件将会对意大利南方特别是那不勒斯的历史产生非常重大的影响。①

教皇国不仅与南方诺曼人联合，而且和伦巴第地区的一些人民运动结盟。在 1059 年教会法令的影响之下，许多世俗人士也大力支持教会改革运动，从而使反对买卖圣职、反对神职人员结婚的斗争变成了一场遍及伦巴第地区的政治运动，米兰成为这场遍及整个意大利北部的运动中心。从此，在意大利北部城市中，教皇任命的改革派主教和皇帝任命的反改革派主教间争斗不休，在这种情况下，这些城市逐渐获得了政治上的行动自由，使其自治臻于完善。

1073 年 4 月，希尔德布兰德（Hildebrand）当选为教皇，是为格列高利七世（Pope Gregory VII，1073～1085 年在位）。他坚决地推进教会改革运动，为对付来自神圣罗马帝国皇帝的压力，极力与诺曼人结盟。针对教皇宣布取消世俗政权任免主教以削弱帝国权力的举动，德意志国王和神圣罗马帝国皇帝亨利四世（Henry IV，德意志王国国王 1056～1105 年在位、罗马帝国皇帝 1084～1105 年在位）采取了坚决反对教皇的立场。在世俗化和封建化的过程中，主教已经不再是纯粹的圣职，由于占有领地和在国王政府中担任官职而深深卷入了封建主义的"领主—封臣"的授封网络以及世俗的权利体系中。由于主教的世俗角色对帝国越来越重要，皇帝在主教的任命上发挥着决定性的作用。

围绕主教授职权问题，罗马教皇和神圣罗马帝国皇帝之间展开了激烈的斗争，② 1122 年双方达成了《沃尔姆斯政教协定》（Worms Concordat）：教皇承认皇帝的世俗叙任权，但教会的领地除外；皇帝同意宗教叙任权属于教皇。通过一系列的权力斗争，政教二元化的权力体系在欧洲逐渐形

---

① David Chambers，*Popes，Cardinals and War*：*the Military Church in Renaissance and Early Modern Europe*，pp. 7－8；赫伯特·格隆德曼等：《德意志史》（第一卷，上册），第 420～422 页。

② Joseph Canning，*A History of Medieval Political Thought*，*300－1450*，pp. 89－91.

成，教会与世俗国家各自形成独立的权力实体，划分出大体相互分离的管辖范围。《沃尔姆斯宗教协定》虽为妥协的产物，但这场斗争在一定程度上削弱了帝国的权力，加强了教会，尤其是罗马教廷的权力。通过教会改革运动，通过《沃尔姆斯宗教协定》，通过十字军东征①，罗马教会变成了一支超越国家的国际力量。

中古西欧的教会和任何一位教皇都不得不为自己和教皇国的生存而挣扎。教皇国在政治上由教皇统治，在经济上是教皇最可靠的财政收入来源。在中世纪错综复杂的封君封臣体系之下，教皇和各地主教们不得不参与世俗政治的纷争，以确保和扩大自身利益。帝国皇帝经常染指意大利北部和南部，迫使历任教皇采取措施保证教皇国的完整性，避免出现教皇国遭受神圣罗马帝国南北夹击的状况，避免意大利北方和南方的统治权落入同一个家族之手（意大利战争中也是如此）。伴随着教会与国家关系的不断变化和现实国际政治的复杂多变，伴随着授职权问题的辗转起伏和与神圣罗马帝国的激烈斗争，教皇在明确自身的最高精神权力的同时，必须经常寻求外部世俗权力的支持，以维护教皇世俗领地的安全。马基雅维里指责道："几乎所有由北方蛮族在意大利境内进行的战争，都是教皇们惹起的；在意大利全境泛滥成灾的成群结伙的蛮族，一般也都是由教皇招进来的。……致使意大利软弱无力、动荡不安。"②

教皇权力在英诺森三世（Pope Innocent III，1198～1216 年在位）治下达到了历史的顶峰。"基督教会逐渐形成一整套具有家族性、学院性、社会性与国际性教条、秩序及道德的体系。它不仅牢牢控制了欧洲人的精神生活，也对国际政治事务施加了重大影响。"③ 英诺森三世继续其前任在意大利中部开创的事业，经安科纳边区直达亚得里亚海，以致扩大了近一倍的教皇国把教皇封地西西里同意大利领地的北部分离开来，此后"教皇政策的双重目的是永远保持着西西里与帝国之间的分离状态，并使教皇在被认为属于教会的整个领土上的统治成为实权。"④ 教皇与皇帝之间的

---

① 十字军东征（The Crusades）是在 1096～1291 年发生的九次宗教性军事行动的总称，是由西欧基督教国家对地中海东岸国家发动的战争。
② 尼科洛·马基雅维里：《佛罗伦萨史》，李活译，商务印书馆，1996，第 16 页。
③ 刘明翰主编，刘新利、陈志强著《欧洲文艺复兴史》（宗教卷），人民出版社，2008，第 2 页。
④ 赫·赫德、德·普·韦利编《意大利简史》，罗念生、朱海观译，商务印书馆，1975，第 95 页。

权力斗争依然在继续。出于与神圣罗马帝国政治斗争的需要，根据 1265 年教皇克莱门特四世（Pope Clement Ⅳ，1265～1268 年在位）的敕令，教皇将那不勒斯的统治权授予法王路易九世（Louis Ⅸ，1226～1270 年在位）的兄弟安茹查理（Charles of Anjou），安茹查理的到来，标志着意大利历史的转折点，法国人在意大利成为占优势的外部力量，意大利政治中的法国因素日显突出。[①]

丹尼斯·哈伊在评价 13 世纪以来的教皇国时说："教皇国对加强君主制所做的贡献不仅在于它明确地确定了教皇国的主权，还在于 13、14 世纪教皇国的宫廷在行政管理方面所起的典范作用。教廷机构、议会制度、从事国际银行业务以及采用雇佣军都是国王们可以从教皇那里学来并加以大大发展的办法。……教皇在教皇国中具有如一个国王在他的国家里那样的充分权力。……他们的秘书厅、国库、外交机构都比同时代的任何其他国家组织得好。……正是由于罗马教廷的作用，使意大利银行业和出售官职的活动向欧洲其他地方扩散开来。"[②]

但是教皇国内部历史的另一面是党派间彼此斗争、贵族阶级与僧侣阶级之间此消彼长的权力斗争的历史。教皇虽然是西欧基督教地区的最高宗教领袖，但是在罗马城中，他还是某一个得势的大家族的领袖。

1309 年教皇与罗马贵族的矛盾迫使教廷北移驻跸阿维尼翁（Avignon），罗马教会在意大利的权力急剧减弱，教皇国处于一种无序的状态。[③] 原先属于教皇国的城市纷纷建立了家族专制统治，法恩扎（Faenza）的曼弗雷德家族（Manfredi）、弗利（Forli）的奥戴拉菲家族（Ordelaffi）、拉文纳（Ravenna）的达波伦塔家族（da Polenta）、乌尔比诺（Urbino）的蒙泰费尔特罗家族（Montefeltro）以及里米尼（Rimini）、佩萨罗（Pesaro）、法诺（Fano）的马拉泰斯塔家族（Malatesta），这些家族控制的城市之间摩擦不断、争斗不休。[④] 奥尔西尼家族（Orsini）和科隆纳家族（Colonna）之间的斗争严重折磨着罗马城，罗马变得满目疮痍。当然权力

---

① John S. C. Bridge, *A History of France from the Death of Louis XI*, Vol. I, p. 12；赫·赫德、德·普·韦利：《意大利简史》，第 103 页。

② 丹尼斯·哈伊：《意大利文艺复兴的历史背景》，第 34、113 页。

③ Francesco Guicciardini, *The History of Italy*, pp. 147-149.

④ Joseph Strayer, ed., *Dictionary of the Middles Ages*, Vol. VII, p. 5.

的削弱并不意味着 14 世纪的教皇忘记了属于他们的领土——教皇国。"他们心中最大的忧虑也许正是意大利问题：如何把皇帝的势力从意大利排挤出去，如何保持自己在意大利领土上的秩序，如何保证他们从那里获取应得的收入，如何控制那不勒斯的安茹王朝的权力，最后就是如何回到罗马城。"① 教皇的努力终于在 1377 年得以实现，1 月教皇格里高利十一世（Pope Gregory XI，1370～1378 年在位）回到罗马，可是第二年教会陷入了大分裂（1378～1417）。敌对教皇存在的现实严重削弱了罗马教皇在意大利中部的统治权。教皇国成为意大利各主要城市国家以及地方豪门贵族逐鹿的战场，到 1417 年教皇国几乎全面瓦解。罗马涅的每一个所谓的教皇代理人都有不承认教皇宗主权的口实，教皇属地成为追求领土冒险者的掠夺品。②

　　中世纪欧洲的国际政治事务中，教皇外交发挥过巨大的作用和影响。"西方的传统认为，教皇的使节是世界上最早的外交人员"③，他们构成了中世纪欧洲唯一的、真正的外交体系。④ 教皇外交的主要目的之一是保证宗教信仰的纯洁性，然而在很大程度上也是确保教皇的人身安全和财政收入，因此对于教皇国的直接控制，维护教皇国的生存和完整成为历代教皇的一项世俗权力，这也就不可避免会卷入进欧洲各国的国际政治斗争中。1122 年旨在解决主教授职权问题的《沃尔姆斯政教协定》得以签署，罗马教皇与世俗君主之间以政教协定（the Concordat）的方式处理教俗争端成为教皇外交的重要手段，并且在 15 世纪中叶以后逐渐发展成为明确教俗关系且具有平等性的一种主要外交方式，⑤ 这一方面显示出王权对于教权的胜利，另一方面也说明作为意大利半岛教皇国的世俗君主，教皇外交也正在慢慢融入意大利的外交舞台和更为广阔的欧洲国际关系之中。

　　罗马教皇和神圣罗马帝国皇帝之间的相互争斗持续塑造着意大利的命

---

① 《意大利文艺复兴的历史背景》，第 71 页。

② *The History of Italy*，pp. 149–151.

③ 彭小瑜：《超越世俗，超越政治——解读〈教会法典〉第 330～367 条》，《中国学术》第十五辑，第 84～129 页。

④ Martin Wight, *Systems of States*, p. 28.

⑤ Luca Riccardi, *The Outline of Vatican Diplomacy in the Early Modern Age*, DanielaFrigo ed., *Politics and Diplomacy in Early Modern Italy：The Structure of Diplomatic Practice*, 1450–1800, pp. 95–108；Martin Wight, *Systems of States*, p. 28；Walter Ullmann, *The Growth of Papal Government in the Middle Ages：A Study in the Idelogical Relation of Clerical to Lay Power*, p. 292.

运，从各个方面增强了意大利北部各城市的自治生活，使得意大利的政治发展情况截然不同于欧洲的其他国家。教皇政治在意大利历史中是一个永恒的话题，由于教皇统治的性质，中世纪的意大利必然在帝国与罗马教廷之间，以及帝国的权利与意大利各省的自由之间生存发展，教皇政治在意大利历史中的发展印记，深刻反映了欧洲中世纪历史发展中精神性与世俗性的矛盾结合。

（三）城市传统

城市，是频繁出现于中世纪意大利历史文献和著述中的名词，它反映了意大利历史存在的一个重要历史现象，蕴含着意大利历史发展的显著特征。意大利政治生活的核心是城市，城市国家的特殊利益长期占据主导地位。从古罗马自治城的消亡到城市国家的建立，经历了几个世纪的漫漫岁月，其间意大利城市作为法律实体、行政组织和社会政治力量所经历的一切，构成了意大利城市特有的自治传统和城市精神，相较于欧洲其他各地，意大利的城市不仅出现较早，而且更有活力。[①] 在意大利北部的伦巴第地区、西北的威内托地区、中部的托斯卡纳地区以及教皇国和南意大利，城市星罗棋布，形成了城市网络，并在此基础之上，逐渐发展成以地区中心城市为核心的城市国家，进一步强化了城市国家控制意大利政治和半岛多中心的政治格局，城市国家体系的进程对后来的意大利历史影响至为深远。

意大利城市，主要是北部城市自治在形成过程中具有一定的独特性。11 世纪和 12 世纪时，意大利北部的形势发生了彻底的变化，出现了真正的权力中心：城市国家。城市国家在意大利语中，原意为"共同利益"。确切地说，城市国家是一个在各方承认的权力和规定的严格约束下将不同社会成分组合在一起的统一体。[②] 11 世纪末的"授职权之争"（the Investiture Contest）导致的教会与神圣罗马帝国之间不间断的斗争，削弱了帝国对意大利北部城市的控制，使皇帝任命的主教统治下的封建制度遭受严重

[①] 路易吉·萨尔瓦托雷利：《意大利简史——从史前到当代》，沈珩、祝本雄译，商务印书馆，1998，第 133 页。关于意大利政治体制及权力的演变，国内也有精彩的论文予以详论，参见刘耀春《意大利城市政治体制与权力空间演变（1000～1600）》，《中国社会科学》2013 年第 5 期，第 185～203 页。

[②] 《意大利简史——从史前到当代》，第 137～138 页。

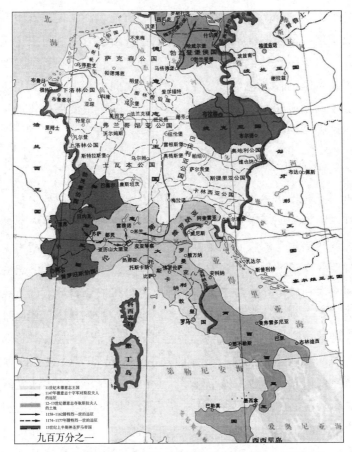

图 1 - 2　神圣罗马帝国与意大利城市国家（11～13 世纪）

资料来源：张芝联、刘学荣主编《世界历史地图集》，中国地图出版社，2002，第 60 页。

打击，为城市的自治提供了政治空间，意大利北部先后出现了为数不少的城市国家。[①] 另外，帝国皇帝为了在与教皇的斗争中赢得城市的支持，也不得不主动赋予意大利城市一些自治权力。1081 年亨利四世承诺不再在卢卡城（Lucca）修建宫殿，在卢卡城 6 英里范围之内不建任何城堡；同时他还放弃了在比萨城内的司法权，并且保证未经比萨人同意不再在托斯卡纳地区任命新的侯爵。[②] 1116 年博洛尼亚（Bologna）获得了保留半数因侵害帝国秩序而进行罚款的权利，1162 年热那亚（Genoa）则获得了选

[①]　Daniel Waley, *The Italian City - Republics*, London&New York：Longman Group UK Ltd.，1988，pp. 9 - 10.

[②]　*The Italian City - Republics*, p. 9.

择执政官（Cousul）的权利，同时还享有完全的司法权、决定战争与和平
权、缔结联盟权以及帝国税收的豁免权。两年后，帕维亚也获得了高级和
初级司法权以及任命执政官的权利。[1]

意大利半岛上的城市自治进程在主教授职权问题之争时，以宗教自由
的名义受到了教廷的庇护，十字军运动推动了意大利北部城市的经济繁
荣，[2] 市民阶级以自己选举的执政官掌握了城市管辖权，同时也导致城市
日益篡夺帝国的权利和领地，城市出于安全原因、土地需要和控制主要贸
易通道的愿望，通过兼并周边地区的小城镇和控制其政治经济生活，不仅
将其统治扩大到城市郊区，而且还向邻近中小城市延伸。米兰征服了洛迪
（波河的重要入口）和科莫（翻越阿尔卑斯山的重要通道），帕维亚由于
被剥夺了首府地位而与米兰势同水火，[3] 这样常常产生了相互为敌的强大
的城市国家，城市之间的关系变化不仅有助于城市精神的形成与发展，而
且透过日渐成熟的战争和外交机制推动区域联盟的形成。[4]

帝国管辖权不断遭到城市或城市联盟的侵蚀，引起了帝国的不满。这
些城市国家在法律上仍然被视为神圣罗马帝国的臣属，而伦巴第城市在地
理上又处于皇帝权威和教皇权威冲突的中心，皇帝通过各种方式主张和行
使帝国的统治权力。1156 年 6 月，教皇阿德里安四世（Pope Adrian IV，
1154～1159 年在位）与西西里王国重归于好，双方签订了《贝内文托条
约》（Treaty of Benevento）：教皇同意把包括卡普亚和那不勒斯在内的整个
王国分封给西西里王，实际上承认西西里王拥有凌驾于西西里岛各教会之
上的教廷特使权力，西西里王则承认教皇派驻教廷使节的权利。1158 年
神圣罗马帝国皇帝腓特烈一世（Frederick I，1155～1190 年在位）宣布其
对整个北意大利地区拥有统治权，迫使北部城市国家屈服于帝国的权力，
对在南方建立了独立王国的诺曼人必须清除其篡权行为，而且对教皇国实
施帝国权力。腓特烈一世在南下意大利的同时宣布未经皇帝允许的一切封
地的变迁均为无效，收回被篡夺的帝国权力。[5] 1167 年 12 月为了反抗皇

[1]　*The Italian City – Republics*，pp. 33 – 34.

[2]　William Robertson，*A View of the Progress of Society in Europe in The Works of William Robert-son*，*D. D. in Eight Volumes*，Oxford：Talboys and Wheeler，1825，Vol. III，p. 29.

[3]　J. C. L. Sismondi，*History of the ItalianRepublics in the Middle Ages*，London：George Routledge & Sons，Ltd.，p. 108.

[4]　Daniel Waley，*The Italian City – Republics*，pp. 88 – 89.

[5]　Daniel Waley，*The Italian City – Republics*，pp. 90 – 93.

帝腓特烈一世，米兰、皮亚琴察、克雷莫纳、曼图亚、贝加莫、布雷西亚、波伦亚、摩德纳、特雷维索、维琴察、威尼斯、维罗纳、洛迪和帕尔玛 14 个城市组成伦巴第同盟（Lombard League），同盟得到了教皇亚历山大三世（Pope Alexander III，1159～1181 年在位）、西西里王国和拜占庭帝国的支持。伦巴第同盟曾致信教皇："我们先要承受皇帝的攻击，以使他不致毁灭意大利和钳制教会的自由。为了意大利的荣誉和自由，为了教会的尊严，我们拒绝接受或服从皇帝。"在这里第一次用了"意大利"这个名字来指一个政治实体，即从临近半岛的科莫湖（Lake Como）延伸到教皇国的自由城市的群岛。[①] 1183 年双方签订了《康斯坦茨条约》（Peace of Constance），条约中皇帝要求由他或者其主教来授予城市权威，并且保留部分司法管辖权，但上诉至帝国的案件必须适用城市自己的习惯或者法令。城市接受了主教的世俗管辖权，并且能够取得其在战争期间获得的土地所有权，还享有修建要塞、建立同盟和彼此达成条约的权利。[②] 条约承认了意大利各城市的自治要求和自治机构，使这些城市摆脱了帝国的控制，享有自治权。

从总体上看，皇帝几乎完全放弃了干涉伦巴第城市内部政治事务的权力，只对城市保留了相对的宗主权。[③] 但是在法理上这些城市依然是属于帝国的，后来的历史事实也证明了帝国法权在意大利北部和中部还相当顽强。为了取得合法性，一个城市必须获得帝国代理的称号，这些地方的统治者们感到人民简单的表面赞同还不够，还需要得到更充分的认可。他们通过政治、外交和财政等各种方式，来寻求获得可以承袭的封建头衔。[④] 1450 年弗朗切斯科·斯福查（Francesco Sforza）让米兰人民欢呼他为公爵的时候，他和他的儿子们都很清楚，这样的方式并非是正统的，因此他们不断地促请皇帝封爵，直到 1493 年当"摩尔人"洛多维科（Ludovico il Moro）用 40 万杜卡特（Ducat）[⑤] 从神圣罗马帝国皇帝马克西米连一世那

[①] 伯尔曼著《法律与革命——西方法律传统的形成》，贺卫方等译，中国大百科全书出版社，1993，第 469 页。

[②] Carlo Calisse, *A History of Italian Law*, London, 1928, p. 131; *The Italian City – Republics*, pp. 92 – 93.

[③] William Robertson, *A View of the Progress of Society in Europe* in *The Works of William Robertson, D. D. in Eight Volumes*, Vol. III, p. 29.

[④] 丹尼斯·哈伊：《意大利文艺复兴的历史背景》，第 75 页；欧金尼奥·加林主编《文艺复兴时期的人》，第 16、18 页。

[⑤] 旧时一种硬币名称，多为金质，也有银质，一战以前曾在欧洲被广泛用作贸易结算货币，1 英镑大约等于 2 杜卡特。

里得到这个头衔为止，这个现象表明意大利城市国家统治者是尊重而不是蔑视帝国宗主权的。1461 年弗朗切斯科拒绝接受赠予他的法国贵族头衔，他清楚如果这样做就是用法国的最高权力来代替皇帝的权力。同样的情况也适用于教皇和教皇国所属的各个城市以及城市中的君主们。

伦巴第同盟的胜利并没有结束城市与帝国之间的利益冲突。12 世纪至 15 世纪意大利政治斗争中，意大利的城市内部和城市之间形成了两个敌对派别，归尔甫派（Guelf，又称教皇派）与吉伯林派（Ghibelline，又称皇帝派）① 争权夺利，互相攻击。虽然斗争具有地方的特殊性，但是他们各自代表的政治力量和政治思想让这种斗争具有了国际性的普遍意义。两派斗争始于 12 世纪，与意大利城市内部和城市之间原有政治派别和利益集团的斗争相联系，形成了神圣罗马帝国霍亨斯陶芬王朝（the Hohenstaufen Dynasty，1138 – 1254）在意大利的支持者与反对者两派。归尔甫派在工商业发达的佛罗伦萨、博洛尼亚等城市居统治地位，吉伯林派则控制封建势力较强的帕多瓦、锡耶纳等城市。两派进行了长时期的战争。② 13 世纪下半叶，霍亨斯陶芬家族绝嗣，归尔甫派支持统治意大利南部的法国安茹家族，吉伯林派势力有所削弱。14 世纪后，皇帝较少干涉意大利事务。罗马教廷迁居阿维尼翁，两派斗争逐渐衰落。

基佐在《欧洲文明史》中探讨 11 世纪至 15 世纪意大利的城市国家时，注意到"两个似乎矛盾而又确凿的事实。我们看到勇气、活动、才能的惊人发展，因而带来非凡的繁荣，一种欧洲其他地方欠缺的活跃和自由。我们要问一下：居民的实际情况如何？他们如何生活？得到多少幸福？情况就大不相同，历史不可能更悲惨和阴暗了。也许没有一个时期或国家里的人的处境如此动荡……另一个事实也是明显的，在大部分共和国的政治制度中，自由在不断萎缩。安全是如此没有保障……查看一下佛罗伦萨、威尼斯、热那亚、米兰、比萨的历史，可以看到事态的进程不是自由的发展、共和体制范围的扩大，而是趋于缩小，权力集中到少数人手中。"③

---

① 归尔甫，源自日耳曼威尔夫家族名称。吉伯林，源出自德意志霍亨斯陶芬家族士瓦本意城堡。归尔甫派成员多为银行家、商人和作坊主等，联合教皇力图摆脱神圣罗马帝国的控制。吉伯林派以大封建主为多，为增保原有权势和特权，往往站在皇帝一方。

② Daniel Waley, *The Italian City – Republics*, pp. 145 – 156.

③ 基佐：《欧洲文明史——自罗马帝国败落起到法国革命》，程洪逵、沅芷译，商务印书馆，1998，第 169 页。

1309 年教廷移驻阿维尼翁。1382 年，德意志国王文策尔（Wenceslaus，1376～1400 年在位）对意大利进行武装干预，结果以失败告终，日耳曼人逐渐放弃了对意大利领土的控制。以后的 70 年间，意大利的政治发展获得了相对宽松和独立的空间，在半岛北部、中部和南部呈现出不同的政治态势，这三个地区的政治斗争对意大利的历史发展产生了重要的影响。① 意大利北部利用恢复发展的经济和广泛建立的银行体系开始了重大的转变，出现了一种明显的从自由城市过渡到个人和家族统治的趋势。② 一些占统治地位的家族维护着城市国家在艺术、政治和军事等方面的强盛，如米兰的维斯孔蒂家族和斯福查家族、乌尔比诺的蒙特费尔特罗家族、费拉拉的埃斯特家族、曼图瓦的贡扎加家族等，他们践行的是僭主专制，但他们都富有文艺复兴时代的开明精神，他们"渴求声誉和热衷于不朽的事业……需要的是才能而不是出身。他们和诗人、学者为伍，感到自己有了一个新的地位。"③ 这个时期出现了一个权力集中的过程，主要表现在独立的城市国家在领土方面的发展，它们不仅使自己城墙周围的村庄和农村臣服，还使更远的城市服从于它们的统治。米兰在吉安·加莱亚佐·维斯孔蒂（Gian Galeazzo Visconti）的统治之下征服了邻近的一些城市，发展成为一个重要的城市国家。1393 年 5 月维斯孔蒂家族接受神圣罗马帝国皇帝的册封，建立了米兰公国（Duchy of Milan）。吉安·加莱亚佐通过联姻和战争的手段，一度成为意大利北部的主宰，大有统一北意大利之势。可是 1402 年 9 月吉安·加莱亚佐突然去世中断这一过程，米兰陷入权力斗争之中，④ 米兰霸权的突然崩溃为威尼斯南下伦巴第和萨伏依公国的建立⑤提供了有利的政治条件。

意大利半岛北部的政治斗争对于热那亚和威尼斯这两个海上贸易强国产生了很大影响。14 世纪中叶，热那亚和威尼斯为独霸海洋和国际贸易发生了武装冲突，在基奥贾港战争（Chioggia War，1378－1381）中热那亚战败，国力迅速衰退，成为米兰、那不勒斯乃至法国的征服对象

---

① Joseph Strayer, ed., *Dictionary of the Middles Ages*, Vol. VII, p. 7.
② 丹尼斯·哈伊：《意大利文艺复兴的历史背景》，第 74 页。
③ 雅各布·布克哈特：《意大利文艺复兴时期的文化》，第 6～7 页。
④ Winfried Franke, "The Italian City－State System as an International System", in *New Approaches to International Relations*, pp. 426－459.
⑤ 萨伏依伯爵利用米兰内乱之机，将其领地向东和向北进一步扩大，占领了皮埃蒙特的大部分地区，1416 年萨伏依伯爵的上述领土扩张获得了神圣罗马帝国皇帝的认可，并接受了公爵的头衔，确立了萨伏依公国的基础。

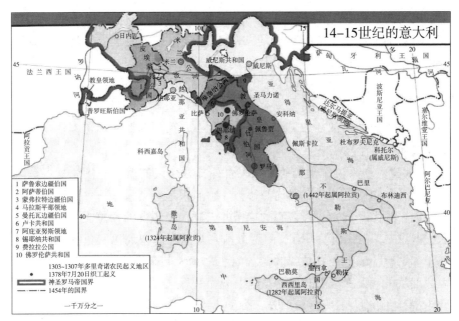

图 1-3 14～15 世纪的意大利

资料来源：张芝联、刘学荣主编《世界历史地图集》，第 65 页。

(1396～1406、1458～1461、1499～1528 年归属法国；1421～1436、1464～1476 年归属米兰），① 而威尼斯的力量却得到了进一步的巩固，为执行在陆地上扩张领土的政策奠定了坚实的基础，1404 年和 1405 年，自治城市维罗纳和帕多瓦归并到威尼斯的治下。

那些属于教皇国的城市，虽然名义上忠于他们的宗主，却各自为政，家族势力牢牢地把持着包括罗马在内的城市统治权。1377 年 1 月教皇格里高利十一世回到罗马，可是好景不长，第二年教会陷入了更大的分裂，教皇对教皇国的统治权进一步遭到削弱。1421 年教皇马丁五世回到罗马时，几乎没有一个城市承认他的统治权。然而恢复教皇国的过程让教皇深深卷入了意大利的地方政治和家族斗争之中，尤其是与佛罗伦萨的美第奇家族的矛盾冲突，1306 年皮斯托亚（Pistoia）屈服于佛罗伦萨；比萨也在一个世纪后倒向佛罗伦萨，佛罗伦萨势力的扩大对于教皇国的生存形成了威胁。为了确保和巩固教皇家族以及教皇国的利益，教皇不得不将教皇的世俗权力放在一个坚

① Winfried Franke, "The Italian City - State System as an International System", in *New Approaches to International Relations*, pp. 426-459.

实的现实基础之上，依照现实政治的需要融入意大利半岛的权力斗争。

南方的那不勒斯王国在 14 世纪经历了一段繁荣发展的时期，受到了当时众多学者的追捧。不过那不勒斯王位继承问题始终难以尘埃落定，各派力量斗争激烈。1435 年乔安娜二世（Joan II of Naples，1414～1435 年在位）去世，七年后阿拉贡的阿尔方索战胜他的对手，继承王位。他在位期间，西西里的岛屿部分和大陆部分最终统一，那不勒斯王国逐渐成为意大利半岛的一支主要力量。

"对意大利来说，最大的威胁来自外部，外国的君主。然而这一危险从未使各共和国互相和解，同心协力。它们永远不会采取一致行动对付共同敌人。意大利分割成许多心胸狭窄的人群，在各自的情感支配下，不想联合起来……"① 他们对自己的城市国家有强烈的归属感，包括政治上的忠诚和情感上的依赖。城邦政治，固然是意大利政治上的一件不幸之事，但我们从另一方面来看，因为竞争的激烈和思想的活跃，因为内部的分裂和 15 世纪欧洲大国所形成的外部威胁，城邦政治却很能促进各种艺术的发展和新文艺的产生，这其中就包括外交艺术和战争艺术。② 无论是这些大的城市国家或共和国，还是那些势单力薄的较小城市国家，它们都拥有雇佣军、一套较为完善的财政体系和一支受过很好训练的外交队伍。尽管这些城市国家拥有不同的历史经验和政治制度，但在它们中间发生的互动关系却很快显现出近现代国际关系的某些特性（权力平衡与常驻使节制度的建立）。③ 意大利是它们内部权力斗争的活动场所，家族之间不仅通过军事合作结成战略同盟，而且还通过婚姻建立密切联系，形成了错综复杂的家族联系，彼此在政治和经济上相互依赖。在家族统治、城市党派之争和领土扩张的斗争中，意大利半岛逐渐形成了一种本身相当复杂和内部平衡相当脆弱的均势局面。

三　《洛迪和约》与"意大利平衡"

（一）《洛迪和约》

14～15 世纪中叶的意大利经历了一段战争、扩张和巩固的时期。城

---

① 基佐：《欧洲文明史——自罗马帝国败落起到法国革命》，第 169 页。
② 陈衡哲：《西洋史》，第 141 页。
③ Winfried Franke, "The Italian City - State System as an International System", in *New Approaches to International Relations*. pp. 426 - 459.

市国家之间争权掠土，兵连祸结，城市的吞并、瓜分更是司空见惯的事。
1402 年 9 月，吉安·加莱亚佐准备进攻佛罗伦萨城时，突患热病而亡，他
旨在建立中意大利和北意大利王国的计划因此而夭折。他的突然去世对意
大利的局势起到了决定性的作用，他用各种手段统一起来的领土随即四分
五裂。在菲利波·马利亚·维斯孔蒂（Filippo Maria Visconti）的统治之
下，米兰公国又开始了新一轮的征服，1420 年夺取了帕尔玛和布雷西亚，
1421 年将热那亚并入米兰公国，然后开始向佛罗伦萨方向移动，1423 年
占领弗利及其邻近诸城，此举促使佛罗伦萨向米兰宣战，从此触发了一场
几乎不间断的冲突，史称"伦巴第战争"（Wars in Lombardy, 1425 –
1454）。战争进行的过程中，五个强大的政治实体逐渐浮出水面，构成了
意大利战争前的意大利政治版图，锡耶纳、比萨、乌尔比诺、曼图亚、费
拉拉和热那亚等伦巴第和托斯卡纳地区的较小城市国家被政治边缘化，不
得不屈从于周边较大城市国家的利益需要。通过城市的兼并，意大利半岛
在中世纪中期极端混乱的政治局面获得了改观，出现了五个强大的政治实
体：西北部的米兰公国、东北部的威尼斯共和国、中部的佛罗伦萨共和
国、南部的那不勒斯王国和位于中心的教皇国，它们之间大致上保持着微
妙的权力均势。

　　米兰公国位于意大利半岛最北部的伦巴第平原，是"所有阿尔卑斯山
山路的集中点（除勃伦纳外），是一切跨越阿尔卑斯山贸易的自然焦点。
阿尔卑斯山路像手指头一样，从米兰的手掌伸出去。米兰掌握着全部北欧
的商业钥匙。"[1] 由于米兰控制着法意之间几条主要通道，是意大利半岛
抵御外来侵略的屏障，同时也是对威尼斯领土扩张的一种钳制，地埋位置
十分优越，因此米兰素有意大利的门户之称。米兰曾是西罗马帝国的四大
首都之一，一直是伦巴第地区的重要城市。从 1277～1450 年，米兰一直
处于维斯孔蒂家族的掌控之下，1450 年雇佣兵首领弗朗切斯科·斯福查
攫取了米兰的统治权，行伍出身的斯福查更加注重米兰公国的军事建设，
保留着一支精悍的家族军队。可是由于斯福查家族的统治未能获得神圣罗
马帝国皇帝的正式授权，其统治的合法性受到各方的质疑，甚至成为战争
的口实，尤其是法兰西奥尔良家族一直宣称有权继承公爵爵位，在米兰内
部形成一股不满的暗流。

---

[1]　汤普逊：《中世纪经济社会史》（上册），第 408 页。

米兰在维斯孔蒂家族和斯福查家族的精心营造之下，通过赞助学术和艺术的方式提高了公国在意大利的声誉，直到洛多维科·斯福查成为他的侄子乔万·加莱亚佐的监护人时为止，米兰公国的大部分时间是统一而安定的。洛多维科·斯福查当权以后，由于他的灵活善变、善于适应环境、喜欢复杂的计谋、好用阴险欺骗手段等外交手腕和方法，米兰进入了它最繁荣的时期，可是这些外交特点是当时意大利所谓外交家普遍具有的，"是在欧洲和东方各国有着贸易和银钱往来关系的意大利诸城市国家所面临的复杂外交任务所造成的，是意大利内部复杂交错的政治利益所造成的。"① 然而米兰的灾难也由此开始。（附录三：米兰维斯孔蒂与斯福查家族世系图）

意大利的许多城市是在古罗马城市的遗址上复兴的，但是威尼斯的发展历史与此不同。威尼斯的地理位置十分独特，坐落在亚得里亚海边的一个环湖礁上，是欧洲大陆和地中海之间贸易往来的必经之地。正如汤普逊所说："像天然运河般的亚得里亚海，位于东西方的中间，又通地中海，弯弯曲曲，使南欧海岸呈锯齿状；它就是决定威尼斯历史的最大的单一因素。"② 正是由于这种独特的地理位置，威尼斯成了文艺复兴时期意大利唯一一座没有城墙的城市。③ 漫长的扩张历史让威尼斯成为一个由亚得里亚东部海岸和意大利内陆威尼托大部分地区组成的强大城市国家，但它的中心依然是威尼斯城所在的岛屿。在威尼斯国内，贵族独揽政权，政府的政策是保障每个阶级的利益，把城市利益置于个人利益之上。外事工作组织是威尼斯的特长，在这方面它是没有竞争对手的。④

中世纪以来，威尼斯与拜占庭帝国的联系十分紧密，拜占庭外交对威尼斯乃至整个意大利的外交活动产生了很大影响。⑤ 英国外交学家哈罗德·尼科松（Harold Nicolson）在其著作《外交学》中写道："在罗马帝国的后期，当武力政策衰落下去的时候，在拜占庭制度下外交又恢复了一种最没有建设性的形式。外交与其说是消除人类贪婪和愚笨的良药，还不如说是对这种贪婪和愚笨的刺激。离散代替了合作，分裂代替了统一，狡

---

① 波将金等合编《外交史》第一卷（上），史源译，三联书店，1979，第 244 页。
② 汤普逊：《中世纪经济社会史》（上册），第 400 页。
③ 刘明翰主编，王挺之、刘耀春著《欧洲文艺复兴史》（城市与社会生活卷），人民出版社，2008，第 30 页。
④ 波将金等合编《外交史》第一卷（上），第 259 页。
⑤ Harold Nicolson, *The Evolution of Diplomatic Method*, pp. 24 - 27.

猾代替了理性，机巧代替了道德原则。拜占庭的外交概念直接传授给威尼斯，然后又从威尼斯这个水上城市传遍了意大利半岛。在中古时代，外交都带有一种浓重的意大利风格，而实际是拜占庭的风格，近代欧洲外交就是由于这种传统，因而蒙受这样不好的声誉。"① 12 世纪末，威尼斯开始在东方的意大利殖民地设立领事服务。威尼斯的使节在全欧洲是非常出名的，由他们撰写的使节报告定期发回威尼斯以备决策参考，相关的外事机构和外交手段也是日趋成熟，而且形成了相应的立法以确保外交事务的正常运转，② 1236 年威尼斯立法规定，未经威尼斯总督（Doge）同意，派驻罗马教廷的使节不得为任何人领受圣职；1268 年的一条法律规定，驻外使节不得携带妻子同行，以防她泄密，但是同时又规定，驻外使节需携带自己的厨师同行，以防使节被人下毒；1288 年威尼斯又立法规定，驻外使节回国十五天之内需提交书面述职报告，汇报其任职期间与威尼斯利益相关的所见所闻；③ 如果使节与驻在国的人有职务以外的关系，即贿赂授受关系，则即刻被召回，并处以包括绞刑在内的责罚。威尼斯外交工作的神秘性、猜疑性、系统性和目的性对意大利乃至欧洲外交都产生过极为强烈的影响。

　　15 世纪前半叶，威尼斯在意大利半岛不断取得土地，打破了它历来的孤立状态。它的疆域从阿尔卑斯山直到波河，从阿达河（Adda）直到伊松佐河（Isonzo），成了意大利政治中的重要力量。"威尼斯已不再是近东国家而成为意大利的了。"④ 当菲利普·德·科米纳 1494 年造访威尼斯时，威尼斯从外表上看正处在繁荣的顶峰，是一个建筑富丽堂皇、娱乐不惜靡费、政治清明、公民团结的城市。⑤ 然而作为意大利半岛的新兴力量，威尼斯利用各种时机不断蚕食意大利东北部的内陆地区，逐渐形成了北达帝国领地、西抵米兰公国、南接教皇国领地的威尼斯共和国的大陆部分

① 哈罗德·尼科松：《外交学》，眺伟译，世界知识出版社，1957，第 41～42 页；*The Evolution of Diplomatic Method*，p. 27。

② Donald E. Queller, "Early Venetian Legislation Concerning Foreign Ambassadors", *Studies in the Renaissance*, Vol. 12（1965），pp. 7 – 17.

③ Carlton J. H. Hayes, "Medieval Diplomacy", in *The History and Nature of International Relations*. Edited by Edmund A. Walsh, New York：The Macmillan Company, 1922, p. 86；*The Evolution of Diplomatic Method*, pp. 29 – 30.

④ 詹姆斯·W. 汤普逊：《中世纪晚期欧洲经济社会史》，徐家玲等译，商务印书馆，1992，第 668 页。

⑤ Philip de Comines, *The Historical Memoirs of Philip de Comines*, pp. 421 – 423.

（the Terraferma，mainland domains），从而引起了邻国的疑惧和猜忌，围绕着威尼斯大陆地区的领土争议也成为日后意大利战争中的核心问题之一。罗马教皇国、神圣罗马帝国、米兰、曼图亚和费拉拉都因威尼斯的兴起而日益穷蹙，全都因它贪得无厌的领土欲望而感到惶惶不安。它的海外利益以及它与土耳其的斗争，使它迟迟不能与意大利各城市国家结盟。威尼斯还以自私自利而闻名。它与土耳其的对峙削弱了它对地中海东部地区的控制，危及商船的安全通航，而随着绕道好望角到印度航线的发现，出现了它的香料独占贸易可能遭到致命打击的前景。①

　　"佛罗伦萨的历史，在 11 世纪之前，也还是湮没无闻的。"② 随着意大利半岛政治经济形势的不断发展，在意大利托斯卡纳地区逐渐出现了以佛罗伦萨、卢卡、比萨和锡耶纳四个主要城市国家为主的政治格局，他们之间相互制约、相互斗争，不断变换着同盟关系。③ 城市国家之间的合作与冲突、城市国家内部的党派之争和教皇与皇帝间的权力斗争，让托斯卡纳地区的政治情势异常复杂，比萨最终沦为佛罗伦萨的附庸，佛罗伦萨因而得到一个海外贸易的出海口，从佛罗伦萨经过比萨通往地中海，十分有利于佛罗伦萨的对外贸易，但比萨问题也成为影响佛罗伦萨兴衰的重要因素之一。卢卡和锡耶纳尽管维持着相对的政治独立，但业已被边缘化，而中世纪晚期的佛罗伦萨发展势头则非常迅猛，城市的建设欣欣向荣，在意大利半岛的国际政治斗争中渐渐崭露头角，成为意大利文艺复兴时期最重要的城市国家，它不仅是意大利的文学艺术中心，而且"成了政治理论和政治学说的策源地，政治实验和激烈改革的策源地"，因此成为"世界上的第一个近代国家，"④ 被誉为"文艺复兴的摇篮"。正是因为激烈的党派之争，复杂多变的政治体制和层出不穷的政变和暴动，使得佛罗伦萨的政治发展带有很大的不确定性，也是因为如此，佛罗伦萨涌现出一大批杰出的人物，他们在文学、艺术、政治、经济、科学和外交等诸多领域对欧洲产生了深远影响。政治的异常动荡没有阻碍佛罗伦萨的经济发展，特别是银行业的发展，其中这种历史发展的推动力就是以柯西莫·

---

①　G. R. 波特主编《新编剑桥世界近代史》（第一卷），第 488 页。

② 　汤普逊：《中世纪经济社会史》（上册），第 410 页。

③ 　Winfried Franke，"The Italian City – State System as an International System"，in *New Approaches to International Relations*，pp. 426 – 459.

④ 　雅各布·布克哈特：《意大利文艺复兴时期的文化》，第 72 页。

德·美第奇 (Cosimo de'Medici) 和伟大的洛伦佐为主要代表的美第奇家族。

1434 年柯西莫·德·美第奇在佛罗伦萨建立僭主政治, 成为城市国家的实际统治者。这个家族与它的盟友和强大的政治核心组织一起, 掌控着在共和政体掩盖下的佛罗伦萨, 从此美第奇家族开始统治佛罗伦萨长达四个世纪 (意大利战争期间, 美第奇家族的统治被两次推翻, 而后又两次复辟)。"美第奇家族这种凌驾一切的地位, 其实是大多数市民所欢迎的。"① 由于美第奇家族与意大利半岛甚至欧洲的银行界的广泛联系, 由于他们在外交领域的远见卓识, 他们把佛罗伦萨提高到很有国际影响的地位。柯西莫·德·美第奇和伟大的洛伦佐是 "意大利平衡" 的真正提倡者和亲身实践者, 他们的基本思想是, "如果意大利主要城市国家中的任何一国扩大了领土, 佛罗伦萨就会有危险, 故保持现状最为妥当。"② 佛罗伦萨这种平衡者的角色固然与历史的发展紧密相连, 但承担这种角色与佛罗伦萨在意大利半岛上战略性的地理位置也是分不开的。佛罗伦萨处于意大利半岛南北的交汇之处, 其政治和经济价值是其他城市国家无法取代的, 因此政治的敏感性和对半岛局势发展的关注度也较其他城市国家而言更高。③ 在暴风雨即将袭击意大利之前, 洛伦佐为意大利带来了十二年的安宁, 恢复了美第奇家族与那不勒斯和米兰的联盟以抗衡教皇和威尼斯, 并保持着对抗外来侵略的统一战线。针对威尼斯的野心, 洛伦佐曾说, 反对威尼斯的野心是正确的, 但消灭威尼斯对两国 (佛罗伦萨和米兰) 安全及意大利的均势有百害而无一利。④ 1492 年伟大的洛伦佐去世, 在罗马, 垂死的教皇英诺森八世说出了人们的担忧: "现在, 洛伦佐——意大利罗盘的指针——死了, 和平将不会持续太久。"⑤ 年轻的皮埃罗继承了父亲的权力, 但是皮埃罗性格傲慢, 对于意大利的内外形势做出了错误的判断, 美第奇家族在佛罗伦萨的统治遇到了前所未有的危机。(附录三: 佛

---

① G. R. 波特主编《新编剑桥世界近代史》(第一卷), 第 489 页。

② Francesco Guicciardini, *The History of Italy*, p. 4.

③ Winfried Franke, "The Italian City – State System as an International System", in *New Approaches to International Relations*, pp. 426 – 459.

④ 周桂银:《欧洲国家体系中的霸权与均势》, 第 25 页。

⑤ Kenneth M. Setton, *The Papacy and the Levant* (1204 – 1571), Vol. II, p. 430; 保罗·斯特拉森:《美第奇家族——文艺复兴的教父们》, 马永波、聂文静译, 新星出版社, 2007, 第 181 页。

罗伦萨美第奇家族世系图）

　　那不勒斯王国位于意大利的南部，其历史的发展道路与意大利的其他城市国家迥然不同。由于其位于地中海的中心，与欧洲大陆的南部地区和非洲大陆的北部地区隔海相望，处于中古时期欧、亚、非交通贸易的要冲，因此历史上的意大利南部动荡不定，各种力量纷至沓来。有历史学家评价南意大利是"注定要从南方接收文明而要从北方接受主人的一块地方"①。关于这段历史前文有所交代，不再赘述。

　　15 世纪的那不勒斯王国依旧保持着封建采邑的传统，广阔的领土之上分布着来自法国、西班牙和意大利的贵族领地，这些贵族向来不喜欢王国的干预，因此那不勒斯王国的王权基础实际上是很薄弱的，法兰西安茹家族支持的贵族与西班牙阿拉贡王朝支持的贵族之间围绕着王位的继承问题斗争激烈。那不勒斯王国名义上还是罗马教会的采邑（前文已述），在宗主权问题上与罗马教廷经常发生摩擦。安茹家族的要求和承认教皇的最高权力便鼓励了那不勒斯王国的贵族们抵制外来的阿拉贡王室。来自阿拉贡王室的阿尔方索自 15 世纪下半叶开始统治那不勒斯王国，加强和扩充王室的权力，打击贵族势力成为国王的主要任务。反对他们统治的贵族遭到了无情的镇压，谋反的贵族或被处死，或被监禁、流放，其中流放的很大一部分都流亡到了法国，成为日后查理八世远征那不勒斯的坚定支持者。

　　1458 年阿尔方索去世，他将那不勒斯王位传于其私生子费兰特（Ferdinand I of Naples，1458～1494 年在位），而西西里和阿拉贡的王位则由他的兄弟胡安（Juan II of Aragon，1458～1479 年在位）继承。费兰特的王国仅限于意大利半岛本身，可是他私生子的身份引起了觊觎王位很久的安茹家族勒内的极大不满，为了摆脱这种影响，费兰特的儿子、卡拉布里亚公爵阿尔方索与米兰的斯福查家族联姻，费兰特的女儿嫁与费拉拉公爵，这样他就加入了意大利王公贵族的圈子。阿拉贡国王治下的那不勒斯往往成为意大利政治中一个骚扰不安的因素。②（有关于教皇国的历史问题，本书将另辟章节叙述。）

　　五个强大的政治实体是"依靠着它们的实力来维持自己的存在。在它

　　①　汤普逊：《中世纪经济社会史》（上册），第 413 页。

　　②　Winfried Franke, "The Italian City - State System as an International System", in *New Approaches to International Relations*, pp. 426 - 459.

们身上，我们第一次发现了近代欧洲的政治精神，这种精神就是随心所欲。……历史上出现了一个新的事实——出现了经过深思熟虑、老谋深算的国家和作为一种艺术工作的国家。这种新的国家生活以千变万化的形式在共和国家和君主专制的国家里边表现了出来，并决定了这些国家的内部组织和外交政策。"[①]

威尼斯在 15 世纪以前一直是一个面向海洋发展的城市国家，但是 1402 年威尼斯征服维罗纳，1405 年吞并帕多瓦，并且于次年占领了伦巴第东部的部分地区。伦巴第战争使威尼斯卷入意大利半岛内陆的政治纷争，从而成为意大利半岛的主要力量之一。威尼斯领土的不断扩张引起了半岛其他城市国家的警觉，遏制威尼斯的扩张势头成为当时意大利政治的一个主要问题，[②] 迫使佛罗伦萨转而与米兰结盟共同对付威尼斯。在此期间，米兰公国和佛罗伦萨内部的政治发展也出现了新的变化：雇佣兵出身的弗朗切斯科·斯福查与公爵的女儿联姻，并于 1450 年攫取了米兰的统治权，宣告斯福查家族统治时代的开始。佛罗伦萨在科西莫·德·美第奇的领导之下，共和政体逐步向家族统治转移。以米兰和佛罗伦萨为一方，以威尼斯和那不勒斯为另一方的两个对立的政治联盟形成。[③]

两个政治联盟之间进行了一系列持续的战争，1454 年 4 月 9 日，由于君士坦丁堡的陷落以及土耳其人的威胁，促使米兰和威尼斯在伦巴第阿达河畔的洛迪签署和平协议，史称《洛迪和约》（Peace of Lodi）或《威尼斯和约》（Treaty of Venice）。[④] 马基雅维里在《佛罗伦萨史》中记载："……于是教皇就请求意大利君主们派使节到他那里，授权谈判全面和平，各国都照办了。但当谈判每一具体问题的细节时，却出现许多争论，妨碍达成和平协议。阿尔方索国王要求佛罗伦萨赔偿他在战争中的开支，佛罗伦萨人反而向他要求一些赔偿；威尼斯人认为他们有权从（米兰）公爵手中收回克雷莫纳，公爵则坚持收回贝加莫、布雷西亚和克雷马。因此，这

① 雅各布·布克哈特：《意大利文艺复兴时期的文化》，第 2 页。

② Winfride Franke, "The Italian City – State System as an International System", in *New Approaches to International Relations*, pp. 426 – 459.

③ Kenneth M. Setton, *The Papacy and the Levant* (*1204 – 1571*), Vol. II, pp. 154 – 157; Vincent Ilardi, *The Italian League, Francesco Sforza, and Charles VII 1454 – 1461*, pp. 129 – 166; Riccardo Fubini, *The Italian League and the Policy of the Balance of Power at the Accession of Lorenzo de'Medici*, pp. S166 – S199.

④ Dr. Ludwig Pastor, *The History of the Popes*, *From the Close of Middle Ages*, Vol. II, p. 296.

些互相冲突的要求看来无法调和。但这批人在罗马未能办成的事情却在米兰和威尼斯二地由双方顺利地解决了……"①

　　旨在结束伦巴第战争的《洛迪和约》是一个为期二十五年的攻守同盟协定，结盟各方相约维持各自的领土现状，一致同意通过共同行动反对任何破坏意大利半岛和平的军事侵略。条约规定，一旦发生战争或面临战争威胁，缔约国应立即进行多边磋商和集体谈判。如果缔约国一方对另一缔约国发动进攻，将被立即逐出同盟并采取共同的军事行动。② 和约结束了伦巴第战争，确立了米兰与威尼斯之间在意大利北部沿阿达河的永久分界线。和约承认弗朗切斯科·斯福查为合法的米兰公爵，米兰则把贝加莫和布雷西亚退还给威尼斯，双方维持热那亚、萨伏依、费拉拉和曼图亚等较小城市国家的现状不变（诺瓦拉、帕维亚和亚力山德里亚有条件地交还萨伏依公爵和蒙费拉侯爵）。条约是开放性的，其他城市国家也可随时加入，特别是要求教皇国和那不勒斯亦应遵守条约义务。4 月 30日米兰、威尼斯和佛罗伦萨在威尼斯进一步签署相关协议，缔结了防务联盟，进一步确认 9 日的和约，那不勒斯和其他较小城市国家也加入了和约，和约得到了教皇尼古拉五世的祝福。③《洛迪和约》意味着意大利城市国家体系的主要成员应尊重意大利的政治现状，有义务接受并维持体系成员间实力大致相当的权力分配格局，和约客观上标志着意大利均势的建立，欧洲政治均势原则逐渐形成。"它表明意大利主要国家已经有意识地防范任何一方在意大利地区追求支配地位的同时，还要警惕某个境外大国对意大利事务的可能干涉。在这样不稳定的环境下，外交的作用就变得日益重要和职业化。"④

　　为了进一步实现意大利半岛的和平与稳定，在弗朗切斯科·斯福查的提议下，1454 年 8 月 30 日米兰、威尼斯和佛罗伦萨缔结了"神圣联盟"（the Holy League），1455 年 1 月教皇和那不勒斯也跻身其中，这个联盟也

① 尼科洛·马基雅维里：《佛罗伦萨史》，第 337 页。

② Garrett Mattingly, *Renaissance Diplomacy*, pp. 75 – 76.

③ Vincent Ilardi, *The Italian League, Francesco Sforza, and Charles VII 1454 – 1461*, pp. 129 – 166; Riccardo Fubini, *The Italian League and the Policy of the Balance of Power at the Accession of Lorenzo de'Medici*, pp. S166 – S199; Kenneth M. Setton, *The Papacy and the Levant（1204 – 1571）*, Vol. II, pp. 140 – 141, 154 – 157, 288 – 289；尼科洛·马基雅维里：《佛罗伦萨史》，第 337～338 页。

④ 王黎：《欧洲外交史（1494～1925）》，第 20 页。

被称为"意大利联盟"（*the Italian League*）。① 联盟的目的是相互承认和保持现有边界，共同对付外来侵略。联盟为意大利的所有城市国家均保留一席之地，同盟所规定的各项原则一直是维持意大利和平的因素，它表达了一种信念：共同的利益（维护意大利的和平）和各城市国家的利益（保持意大利城市国家之间的政治平衡）都要求意大利境内实现和平团结。② 意大利联盟得以成立是各种原因共同作用的产物：威尼斯希望减少来自意大利北方的政治压力，以更多地关注土耳其人的不断扩张；弗朗切斯科·斯福查希望能借助于意大利联盟获得其他城市国家对其米兰公爵爵位合法性的承认；美第奇家族则希望保持与米兰公国的联盟关系；阿尔方索需要通过意大利联盟确立其在意大利政治体系中的地位，以利于保持在和那不勒斯王位觊觎者的政治斗争中的主动权；教皇也希望意大利联盟对于维护其在教皇国的权威以及在宗教事务上应对来自法国、德意志的挑战中发挥积极的作用。③ 在维持联盟和城市国家平衡的过程中，意大利创造了近代外交的重要组织形式，即常驻使节制度，这是意大利文艺复兴时期的重大创造之一。意大利城市国家之间频繁的外交活动为确保联盟的继续做出了制度上的保证，联盟不仅在诸如那不勒斯王位继承问题等事关意大利和平的重要问题上发挥了关键作用，还为较小城市国家的生存提供了一个重要的手段。

布克哈特在评述文艺复兴以来意大利各国的外交政策时如是说，"因为大多数的意大利城市国家在内部构成上是一种策略的产物，是深思熟虑精心设计的结果，所以它们彼此之间的和对外国的关系也是一种策略的产物。几乎所有这些国家都是新近从篡夺中产生的这一个事实，对于它们的内外政策同样有着严重的影响。它们之中没有一个国家无保留地承认另一个国家；风云际会有助于建立和巩固一个朝代。究竟能否保持升平，未必可以尽由暴君抉择。活动和扩张是一切非正统国家的共同要求。所以意大利就成了一个'外交政策'的舞台，这种政策也像在许多其他国家里一样，逐渐取得了一个获得公认的国际公法的地位。它对于国际事务做纯客

---

① Dr. Ludwig Pastor, *The History of the Popes*, *From the Close of Middle Ages*, Vol. II, pp. 297 - 299; Vincent Ilardi, *The Italian League*, *Francesco Sforza*, *and Charles VII 1454 - 1461*, pp. 129 - 166; Riccardo Fubini, *The Italian League and the Policy of the Balance of Power at the Accession of Lorenzo de'Medici*, pp. S166 - S199.

② G. R. 波特主编《新编剑桥世界近代史》（第一卷），第 494 页。

③ Riccardo Fubini, *The Italian League and the Policy of the Balance of Power at the Accession of Lorenzo de'Medici*, pp. S166 - S199.

观的处理，既不受成见的影响也没有道德上的顾虑，它达到了一种完美的地步，因之有时也并不是没有它自己的一些美好和伟大之处的，但整个说来，它却给予我们以无底深渊的印象。"①《洛迪和约》签订后的40年间，被认为是意大利历史上的和平、安定时期。五大国之间不是通过战争，而是依靠精心策划的外交活动来促进各自的利益，在非自觉的"意大利平衡"之中维系着意大利半岛的政治版图。

（二）"意大利平衡"

权力平衡是一个模糊且具有丰富政治意涵的语汇，它不仅可以适用于国内政治的权力结构分析，而且也常用于国际关系的描述。对于研究国际关系的学者而言，权力平衡是国际关系学中最古老的一个概念。克劳德（Inis L. Claude Jr.）在《权力与国际关系》一书中列举了权力平衡的三种不同含义：首先，权力平衡有时是指一种均势（Equilibrium）的状态；其次，权力平衡被认为是维持均势的一种政策，这种政策承认而且基于一个前提，即未经平衡的权力都是有危险的；最后，权力平衡被看作是国际关系中的一种制度。② 权力平衡作为一种国际政治的策略最早是在意大利各城市国家之间发展起来的，意大利平衡本质上就是一种权力平衡的体现。以克劳德的定义来说，此时的权力平衡是一种均势的情势，也是一种维持均势的政策。虽然在各城市国家的外交策略中，并没有系统化的权力平衡政策，权力平衡只是一个单纯的信念和行动，是为了避免权力集中，对即将崛起的强权而采取的一种本能性的对抗。均势实践一直存在于政治实践之中，是政治互动中的自然反应。从15世纪中叶到末期，米兰、威尼斯、佛罗伦萨、那不勒斯王国和教皇国在各自的地盘上都很强大，但是谁也不是强大到足以压倒对方，他们之间形成所谓的"意大利平衡"，即通过结盟、联合干涉及谈判来维持意大利半岛的均势和各国的政治现状。意大利平衡的形成是意大利15世纪上半叶历史发展的客观产物，"其平衡并非出于要求正义与和平的一致愿望，而是相互妒忌、相互猜疑的结果"。③ 意大利的政治成为"错综复杂的蜘蛛网，成为一座充斥各种阴谋诡计的迷宫，成为伟人们展示他们个人特性的戏台。'意大利滑头'成了全欧洲的

---

① 雅各布·布克哈特：《意大利文艺复兴时期的文化》，第86～87页。
② Inis L. Claude Jr. , *Power and International Relations*, London：Random House，1966，pp. 13–20.
③ 路易吉·萨尔瓦托雷利：《意大利简史——从史前到当代》，第296页。

一句谚语。独裁者兴衰更迭。……这些城市国家连同教会辖地，都好比拳击场上角逐的拳击师，他们玩弄手段，谋取上风，维系在一种扑朔迷离、瞬息即变而又纯属地区性的均势之中。"①

从《洛迪和约》（1454 年）到查理八世远征（1494 年）的四十年，传统上被认为是意大利历史上各城市国家内部巩固的时期，也是各城市国家之间关系安定、和平的时期。城市国家之间组成了属于它们的关于和平与战争的体系。在这种体系之中，战争的目标、规模都是有限的，这主要是因为经常性的外交联系缓解了战争的需要，为了调整不同城市国家之间的利益和力量的平衡，它们彼此间致力于持续不断的协商谈判。② 丹尼斯·哈伊评价说："1454 年的洛迪和约和随后的意大利同盟正式表达了一种新的不仅仅是单纯停战的愿望。'意大利的各种权力'（正如'意大利联盟'所称呼的那样）开始谋求一种困难的均势政策。令人吃惊的是这种均势政策竟成为后来欧洲均势体系的先例。此项协定（《洛迪和约》）为期二十五年，它所产生的值得重视的影响之一就是参加协定的各国政府之间不断进行磋商。这样，便'普遍地从 1460 年起在全意大利'出现担任经常性职务的常驻大使。"③ 如果说权力平衡原则的实际运用是意大利城市国家体系中一个无形的机制，那么常驻使节制度的发展与变化就是意大利城市国家体系中的一个有形的机制。常驻使节制度能使特定区域内各国间的相互交往持续化、正规化，从而形成一个相对稳定的国际交往体系。意大利微型国际体系具备的对于权力与利益的追求、经常性和多样性的交往方式、非自觉的均势观念和政策传统以及彼此之间的相互竞争和相互依赖等特点，对于近代欧洲国际体系的形成具有决定性的意义。

"意大利平衡"基本上经受住了时间的考验，城市国家之间保持着经常接触和相对均势。由于上意大利的米兰与威尼斯与下意大利的教皇国与那不勒斯彼此势均力敌，因此佛罗伦萨的地位注定成为维持意大利政治均势的关键因素。④ 意大利联盟于 1480 年续订了 25 年，意大利和平的保持主要依靠米兰、佛罗伦萨和那不勒斯之间的政治平衡以及洛伦佐·德·美第奇（Lo-

---

① 帕尔默、科尔顿：《近现代世界史》（上册），孙福生译，商务印书馆，1988，第 77～78 页。

② William Robertson, *A View of the Progress of Society in Europe* in *The Works of William Robertson, D. D. in Eight Volumes*, Vol. III, p. 99.

③ 丹尼斯·哈伊：《意大利文艺复兴的历史背景》，第 118～119 页。

④ Dr. Ludwig Pastor, *The History of the Popes*, *From the Close of Middle Ages*, Vol. II, p. 299.

renzo de'Medici）排解争端的不懈努力。1482 年在罗马教廷和威尼斯领土
扩张政策的威胁下，费拉拉的生存受到了严重的威胁，米兰、佛罗伦萨和
那不勒斯的联合干涉为埃斯特家族保全了这个城市。[1] 素有高贵者之称的
洛伦佐·德·美第奇将主要精力集中于维持城市国家之间的均势和现状基础
之上的和平，这样做也是为了防止半岛以外势力的入侵。他利用提供巨额贷
款、变换同盟等手段，反对威胁佛罗伦萨安全和意大利政治现状的敌人，千
方百计地平衡意大利的事务，使其不致偏于这一方或那一方。[2] 只要有一个
城市国家显露出称霸半岛的野心，其他城市国家就会联合起来铲除这个威胁，
使整体的力量对比保持一种均势。洛伦佐曾经只身赴险，前往那不勒斯游说，
阻止了那不勒斯、罗马教廷与佛罗伦萨之间矛盾的激化和战争的扩大（洛伦
佐承诺支持那不勒斯国王镇压贵族叛乱的行动[3]）。这次外交行动一时被传为
佳话，洛伦佐扮演了一个越来越有影响的外交形象。作为政治家他受到了
意大利人的尊敬，成为众所周知的"意大利罗盘的指针"。[4] 除了爆发几
次小规模的战争之外，在洛伦佐的余生里，意大利一直处于相对和平的状
态。财政征税、长期贷款、卖官鬻爵、外交使团、间谍机构等管理世俗国
家事务并对外进行侵略的主要工具，都在为未来的国际体系及其国际冲突
进行的小范围预演中，在意大利城市国家中崭露头角。[5] 圭恰迪尼在《意
大利史》中强调，意大利在 15 世纪下半叶沐浴在和平与安定之中，这
"在不小的程度上要归功于洛伦佐·德·美第奇的杰出品质与才干"，[6]
《洛迪和约》和意大利联盟的均衡安排是意大利安定的基础，虽然联盟的
基础并不牢靠。

关于这个时期意大利城市国家的内部巩固、城市国家之间关系安定和
平的说法，也应持谨慎态度。以佛罗伦萨和那不勒斯为例，佛罗伦萨内部
的政治斗争有时也是异常惨烈的，权贵家族之间的斗争，教皇的暗中干涉

---

[1] Kenneth M. Setton, *The Papacy and the Levant* (*1204 – 1571*), Vol. II, p. 448.

[2] Garrett Mattingly, *Renaissance Diplomacy*, pp. 71 – 75.

[3] Riccardo Fubini, *The Italian League and the Policy of the Balance of Power at the Accession of Lorenzo de'Medici*, pp. S166 – S199.

[4] Michael Mallett, *Diplomacy and War in Later Fifteenth – Century Italy*, pp. 267 – 288；保罗·斯特拉森：《美第奇家族——文艺复兴的教父们》，第 148 页。

[5] 佩里·安德森：《绝对主义国家的系谱》，刘北成、龚晓庄译，上海人民出版社，2001，第 163 页。

[6] Francesco Guicciardini, *The History of Italy*, p. 4.

使得美第奇家族的地位自始至终是不稳定的，1478 年 4 月，帕齐阴谋（Pazzi Conspiracy）[1] 导致了一场意想不到的半岛政治危机和外交窘遇。在那不勒斯王国内部君主与贵族间的内部冲突同阿拉贡和安茹两家族间的矛盾交织在一起。事实上，冲突的种子早已在《洛迪和约》中埋下了，热那亚臣服于法国是为了使其免遭那不勒斯王国的侵扰以及西班牙加泰罗尼亚人的商业竞争，1463 年和 1464 年法王路易十一将热那亚和萨沃纳作为采邑授封给了米兰公爵，以加强法国与米兰公国的政治联系，实际上法王与米兰公爵之间形成了一种附庸和联盟关系。但是这种政治关系与意大利联盟的条款是互不相容的，而且这种政治关系的背后是以米兰得到热那亚的统治权换取米兰对萨伏依公国依附法国的政治保证，这对于意大利联盟条款的执行更是一个不利的因素。[2]

意大利的平衡并不是稳定的，五大城市国家之间仍然残存着一些较小的政权，其领土犬牙交错，其中一些还占有相当重要的地位，例如萨伏依公国、费拉拉公国和一些帝国封地等。外部势力被摒弃于意大利事务之外也是相对而言的。阿斯蒂（Asti）作为法兰西王室旁系奥尔良家族的采邑，成为法国奥尔良派系反对米兰公国势力的据点，奥尔良家族始终坚持对米兰公国的继承要求。地处意大利半岛的西北部，位于法兰西王国和伦巴第平原之间的萨伏依公国几乎成了法兰西的附庸，很少参与意大利的政治生活，因此萨伏依公国并没有形成阻碍外部入侵的一道屏障。热那亚在历史上惯于接受法兰西的最高统治。神圣罗马帝国对意大利中部和北部的宗主权之争更显示出了意大利问题的复杂性和重要性。奥斯曼土耳其在东方的扩张威胁着一些意大利城市国家的领土，威胁着整个半岛的贸易利益，甚至威胁着半岛本身的安全，是威尼斯对此尤有切身体会（关于奥斯曼帝国与意大利半岛，另章论述）。从这些现实情况中，人们已感觉到一个或若干个强大的外部势力将跻身意大利这一部分或那一部分的危险中。[3] 1458 年为了切断法国安茹家族进入那不勒斯王国的通道，那不勒斯国王

---

[1] 1478 年，教皇使者与帕齐家族联合，企图暗杀洛伦佐。洛伦佐逃过一劫，但他的弟弟朱利安诺（Giuliano）却在阴谋中被杀。此次事件导致了佛罗伦萨与教皇之间的一场战争，同时也使得佛罗伦萨的实际统治权进一步向洛伦佐集中。

[2] Riccardo Fubini, *The Italian League and the Policy of the Balance of Power at the Accession of Lorenzo de'Medici*, pp. S166 – S199.

[3] R. J. Walsh, *Charles the Bold and Italy* (1467 – 1477): *Politics and Personnel*, Liverpool: Liverpool University Press, 2005, p. 32.

阿尔方索企图控制热那亚，引来了法王查理七世的干涉，查理七世派安茹勒内（René of Anjou）的孙子洛林公爵勒内二世（René II, Duke of Lorraine）接收热那亚（关于法国与意大利的政治关系，另章论述）。对于法国安茹家族以进攻性的面目返回意大利，意大利同盟的反应迟缓，这次事件为意大利敲响了警钟。[①] 当法国、英格兰、西班牙和德意志等新兴的君主制国家将贪婪的目光转向他们富裕的邻邦时，意大利几乎没有任何招架之力。

第二节　新君主制国家的兴起：王朝政治与欧洲国际关系

14 世纪和 15 世纪意大利半岛之外的欧洲是动荡不定的，正是因为英法之间的百年战争（The Hundred Years'War，1337 – 1453）、英格兰的玫瑰战争（The Wars of the Roses，1455 – 1485）、西班牙的"再征服运动"（the Reconquista）以及教皇统治中心的暂时北移，意大利半岛才得以第一次在历史上可以沿自己的道路自主发展。这两个世纪里，多数欧洲人感受到的是解体和破坏的力量，罗马教廷的遭际每况愈下，各王国内外交困，战祸连连，王室政权面临着各方面的挑战。尽管王权在与教皇的角力中取得了一定的胜利，但王国"是一种许多权力体的综合，一切决策依赖大小政治权威之间的协商和平衡。"[②] 君主们在各自的领地内，随时迎接贵族诸侯的挑战。这些王国内部的显宦权贵，利用一切机会不断地侵蚀着王室的权威，王国领地常因婚姻继承而不断变动，地方税收掌握在贵族手中，王国税收少到无法支持长期且有效的军事行动，经常陷入财政危机，这种政治现状限制了王国在国际事务中的行动。各种错综复杂的封建义务和数百年来各王室之间联姻而产生的各种要求和反要求交织在一起，经常由于某些不可预知的因素，或由于某些古已有之而现在认为时机成熟应予实现的领土要求，而使现状发生变化。伴随着战争的不断塑造，君主的统治逐渐深入公共生活的一切领域，"不停地建立共同利益和想法，消除特殊性和地方性"，[③] 14 世纪和 15 世纪的欧洲"已刮起了偏向国王的风"，这股

---

①　Vincent Ilardi, *The Italian League, Francesco Sforza, and Charles VII 1454 – 1461*, pp. 129 – 166.

②　刘明翰主编，朱孝远著《欧洲文艺复兴史》（政治卷），第 106 页。

③　基佐：《欧洲文明史——自罗马帝国败落起到法国革命》，第 176 页。

"风"掠过了 14、15 世纪，有时还变成了风暴。"这一点在外交上表现得特别明显，朝代精神是唯一可以弹动的琴键。"[1] 随着君主权力的增长、外交手段和军事手段的改变，君主之间的联系更为紧密，它们逐渐习惯在协调与联盟中行动，并且在不知不觉中建立或维持彼此之间的权力平衡。

以封建王权为核心，新君主制国家（或"绝对主义"国家）迅速成长。君主"通过提升王权的公共性来加强王权的合法性，通过扩大王权的社会基础来强化王权的社会控制能力，通过对王权的规范来扩张王权的权力范围，通过权力分工和机构分化来提高王权的效率。"[2] 1450 年以后，王权在法兰西、英格兰和西班牙基本确立了统治地位，并且日益巩固和扩大，国王变成了各自王国的主人，外交逐渐摆脱从属于战争的地位，展现出单纯使用战争手段所无法达到的政治优势，战争手段与外交手段的交替使用，[3] 使得以王朝统治为基础的国际关系模式开始出现。法兰西、英格兰、西班牙以及日益王朝化的神圣罗马帝国将在未来控制和影响欧洲的政局，它们之间的利益冲突不可避免地将意大利半岛及其城市国家卷入更为广阔的欧洲政治和外交舞台，若干因素的积累和利益的交织，最终成为意大利战争爆发的直接原因。

一　百年战争之后的法兰西：查理七世和路易十一的统治

1500 年 7 月、1504 年 1 ~ 2 月、1510 年 6 ~ 10 月和 1511 年 9 ~ 10 月马基雅维里四次衔命出使法兰西王国，[4] 法国社会生活的各个领域无不给他留下了深刻的印象，他"看不到在这个国家里像意大利那样严重的秩序混乱和那么多的麻烦事情发生。这倒并不是由于人民的善良……而是由于有一个能使他保持统一的国王……"。[5] "法国是我们这个时代里组织得最好、统治得最好的王国之一。"[6] 在起草送呈的《法兰西事务概述》（*An*

---

① 丹尼斯·哈伊：《意大利文艺复兴的历史背景》，第 33 页。

② 李筠：《论西方中世纪王权观——现代国家权力观念的中世纪起源》，社会科学文献出版社，2013，第 23 页。

③ Carlton J. H. Hayes, "Medieval Diplomacy", in *The History and Nature of International Relations.* p. 87.

④ Christian E. Detmold（ed. &trans.）, *The Historical, Political, and Diplomatic Writings of Niccolò Machiavelli,* Vol. III&IV.

⑤ Niccolò Machiavelli, *The Discourses on the First Ten Books of Titus Livy.* 转引自乔治·霍兰·萨拜因《政治学说史》（下册），盛葵阳、崔妙因译，商务印书馆，1986，第 398 页。

⑥ 尼科洛·马基雅维里：《君主论》，第 90 页。

Account of the Affairs of France）中，马基雅维里将法兰西王国强盛的原因归结为王室家族的传承与发展、贵族势力的不断削弱和长子继承财产所带来的影响等。[①] 伊拉斯谟说："法兰西王国在各个方面都绝对是所有国家中最繁荣的，但如果她克制住自己不去侵犯意大利，原本会更加繁荣。"[②]

中世纪欧洲各国王位的传承各具特色，普遍依据本国历次王位继承中积累的传统与习惯，很少有完备的成文法规定王位继承（附录三：法兰西王位继承世系图）。实际上，中世纪王权无论如何弱小，它终究无法摆脱历史给予的神秘性与神圣性，其感召力是其他任何势力无法企及的。法兰西王统的强化与完善从侧面反映了法国历史发展的独特性，在历史发展过程中法兰西王统逐渐形成了一系列颇具约束力或影响力的原则，如王位世袭原则、长子继承原则、赏赐亲王封地和赏赐地归还原则[③]、女性及母系亲属不得为王原则[④]以及王权独立性原则（即王权不受制于外部力量特别是不受制于教会）。这些原则的付诸实施不仅使得法国王位的继承能够以比较平和的方式延续下去，而且也使得法国围绕王权而出现的领土和政治上的统一的可能性大为增加。[⑤] "国王的职位是一种光荣的象征，而不是任何诸侯的私人财产"、"国王不死"（The King never dies）[⑥] 等这些王位继承的观念确保了法国王位传承的延续性，不致出现空位期或政权空白期（Interregnum）的可能性。法兰西王权在英法百年战争中得到进一步强化和改进，封建贵族势力遭到削弱，传统的中世纪社会等级及其体制表现

---

① *The Historical, Political, and Diplomatic Writings of Niccolò Machiavelli*, Vol. IV, pp. 404 - 418.

② 伊拉斯谟：《论基督徒君主的教育》，第 147 页。

③ 分封赏赐地给亲王，体现出政治与家族利益的结合，使他们依附于王室。这种封臣附庸借助牢固的家族纽带和王位维系在一起，在治理王国方面确实起到极为重要的作用。赏赐地归还原则规定，倘若亲王支系绝嗣，其封地和权利应重新归并王室。这样亲王封地和王室支系的建立为王族内部王位的传承积蓄了力量。

④ 根据对撒利克法兰克人习惯法《撒利克法典》（Salic Law）的历史解读，其中关于王位与封号继承一项规定，妇女不得享有对王国的继承权。

⑤ Garrett Mattingly, *Renaissance Diplomacy*, pp. 112 - 114; John S. C. Bridge, *A History of France from the Death of Louis XI*, Vol. V, pp. 8 - 11；陈文海：《〈撒利克法典〉在法国中世纪后期的复兴和演化》，《历史研究》1998 年第 6 期，第 107～120 页；陈文海：《法国史》，人民出版社，2004，第 82 页；乔治·霍兰·萨拜因：《政治学说史》（下册），第 450 页。

⑥ Robert J. Knecht, *The Rise and Fall of Renaissance France, 1483 - 1610*, p. 77.

（主要是三级会议和巴黎高等法院）失去了原先的重要性，这个过程在战后继续进行并且加速。三级会议（the Estates – General）的征税权、立法权和行政权渐渐为皇家委员会（the Royal Council）所僭行，而巴黎高等法院（the Parlement of Paris）作为王国最高司法机构，曾对王室法令及条约协定等拥有否决权，但是这种否决权也在日渐膨胀的王权之下逐渐成为国王的政治工具。[1]

在查理七世（Charles VII，1422 ~ 1461 年在位）治下，诺曼底、昂古莱姆（Angouleme）、图赖讷（Touraine）、圣通日（Saintonge）等地并入王室领地，并且在税收、军备、法律等方面都有卓越的建树。1439 年查理七世通过三级会议授权国王在全国范围内征收"王家军役税"（Taille Royale），以筹集建立军队所需的费用。这项税收在此后逐渐成为一项不再需三级会议同意、由国王自行征集的常项税收。自 14 世纪以来，法兰西的官职鬻卖制度（Vénalité des offices）有所发展和扩大，"成为经常感到财政拮据的国王及其中央政府的一种可观的收入来源。"[2] 1440 ~ 1441 年，法国的一些王公贵族密谋发动叛乱事泄，查理七世严令不经国王许可，任何人不得招募或拥有军队，同时加快组建常备军，制定了关于步兵和骑兵的规章制度，成立了以职业兵组成的骑兵部队和弓箭步兵队，大量招募领军饷长期服役的非贵族士兵，并配备火炮等当时比较新式的武器。[3]这支常备军虽然只有 9000 人左右的规模，[4] 但在直面敌军和攻城略地等方面尽显其优势，以常备军为武力后盾的国王对贵族的依赖性大为降低，对贵族领主形成了威慑作用。虽然雇佣军的形式依然存在并且发挥着强大作用，但是"常备军在那些战后仍遭乱兵破坏掠夺的省份里恢复秩序。当时的历史学家都对这些军队起的奇妙作用感到惊奇。"[5] 司法方面，在图卢兹（Toulouse）、波尔多（Bordeaux）、第戎（Dijon）和格勒诺布尔

---

[1]　Arthur Henry Johnson, *Europe in the Sixteenth Century*, *1494 – 1598*, London：Rivingtons, 1923, pp. 4 – 5.

[2]　陈文海：《法国史》，第 143 页。

[3]　路易十一废除了法国的步兵，转而招募瑞士雇佣兵。法国军队成为混合军队，一部分是雇佣军，另一部分是本国军队。马基雅维里在《君主论》第十三章中评价法国军队时指出："如果查理七世的制度得到发展或者坚持下去，法兰西王国将是不可战胜的。"——《君主论》，第 67 页。

[4]　Joseph Strayer, ed., *Dictionary of the Middles Ages*, Vol. V, pp. 188 – 189.

[5]　基佐：《欧洲文明史——自罗马帝国败落起到法国革命》，第 178 页。

（Grenoble）等地设立了高等法院，允许各省成立自己的高等法院，让使地方自治得到了一定的尊重，而且培养了对于王室中央政权的忠诚，事实上是有利于王权巩固的。在构成政府实质的军事、财政和司法领域，15世纪的法兰西具备了前所未有的国家性质。

法国王权强化的另一个重要表征就是王权对于法国教会的控制又有新的发展，1438 年 7 月查理七世颁布了《布尔日国务诏书》（Pragmatique Sanction de Bourges），其中规定：根据巴塞尔宗教会议①的决议，宗教会议的权力高于教皇，有权任命包括主教在内的高级神职人员和修道院长，除特殊情况外不向罗马缴纳上任年贡，任何未经初审的宗教案件不得上诉罗马。诏书虽未完全割断法国教会与罗马教廷的联系，却在一定程度上限制了教廷的人事、财政和司法权，向教会自主、即建立法国民族教会迈出重要的一步。这些条款后来被称为"高卢人的自由"。②

路易十一（Louis XI，1461～1483 年在位）的统治为法国王权带来了更多新时代的气息，除了继续查理七世的改革以外，另一个极为重要且具有重大历史意义的变化，就是路易十一在治理国家的方式上所带来的变化。在他之前，国王权力的行使几乎完全依靠单纯的武力和物质手段。说服、协商和引导的思想一向不为人所重视，谋略更是无从谈起。谋略固然含有虚伪和欺骗的成分，但也有驾驭人心、深谋远虑之妙。路易十一在他的治国方略中用智慧代替物质手段，以机智取代武力，用意大利式的谋略代替传统的封建方法。③ 当时就有评论认为，他精明圆滑、富于心计，阴谋像蜘蛛网一样环环相扣，故而送其一个绰号"万能蜘蛛"（The Universal Spider）。科米纳在《回忆录》中盛赞路易十一，"在我所知的所有君主中，吾王最精通韬略，最知人善任"④。这在其与勃艮第公爵大胆查理（Charles the Bold，Duke of Burgundy，1467～1477 年在位）的斗争中表现得极为突出。

勃艮第问题是瓦洛亚王朝与哈布斯堡王朝之间斗争的主要原因，也是

---

① 1431 年，巴塞尔宗教会议（Council of Basel，1431－1445）通过决议，宗教会议的权力高于教皇，有权任命各国的神职人员。教皇尤金四世（Pope Eugene IV，1431～1447 年在位）拒绝承认，并于 1438 年在费拉拉另开会议，巴塞尔宗教会议将其废黜。

② 陈文海：《法国史》，第 152 页。

③ 基佐：《欧洲文明史——自罗马帝国败落起到法国革命》，第 179 页。

④ Philip de Comines，*The Historical Memoirs of Philip de Comines*，pp. 369－370；William J. Bouwsma，*The Politics of Commynes*，pp. 315－328.

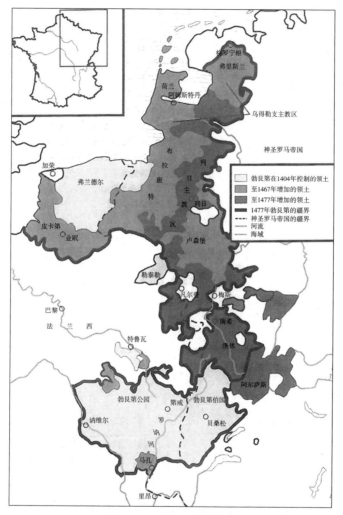

图 1 - 4 历史上的勃艮第

资料来源：朱明：《地图上的法国史》（第二版），第 92 页。

意大利战争的前奏曲和贯穿战争始终的焦点问题之一，对于欧洲政局的影响深远。勃艮第公国（Duchy of Burgundy）一直是缠绕法国王室的一个大患。843 年《凡尔登条约》签订以后，原勃艮第地区被一分为二，形成东、西两个勃艮第。西部属于秃头查理的西法兰克王国，于 877 年成立了勃艮第公国，其首府为第戎（Dijon）；东部属于洛泰尔的中法兰克王国，称勃艮第伯国（County of Burgundy），首府为贝藏松（Besancon），后来勃艮第伯国改称佛朗什—孔泰（Franche Comté）。1361 年勃艮第公国并入法王领地，1363 年起在瓦洛亚家族支系的统治之下，勃艮第公国重建且迅速崛起，[1] 并在 14 世纪和 15 世纪欧洲国际政治的竞逐场上占据着非常瞩目的地位，通过继承或连续的外交和军事手段获得了经济上富有、政治上具有战略意义的领地。

勃艮第位于神圣罗马帝国和法国之间的战略接合点，在法国和英格兰之间也扮演着重要的角色，自然财富、工业资源、与欧洲各地乃至其他国家的商业往来以及作为欧洲商业的中心节点使勃艮第成为法国王室、神圣罗马帝国及其他强国的兴趣中心，勃艮第宫廷也一时成为欧洲外交的中心舞台和国际事务的焦点。公爵治理下的这些领土以它们自己的利益为最高原则，而且不断寻求机会进一步扩大其疆域，经常把他们的邻国和盟友卷入错综复杂的政治纠葛以达到自己的目的。虽然勃艮第公国在政治上隶属于法兰西王国，但是历代的勃艮第公爵却成功地在欧洲国际政治舞台上确立了自己的位置，其能力和影响令法国国王相形见绌（特别是在路易十一的统治时期）。勃艮第公爵和法国国王之间的冲突不仅是双方政治历史上的一个重要因素，而且是欧洲国际关系史上的重要事件。[2]

路易十一当政初期，勃艮第的政治版图已经相当辽阔，从北方的莱茵河流域断断续续地一直延伸至南方的罗讷河上游地区，其情形颇似 843 年三分天下时的"中部王国"。1467 年大胆查理成为勃艮第公爵，他向往的是在尼德兰—卢森堡的领地与勃艮第公国之间占取香槟（Champagne）、阿尔萨斯和洛林公国，图谋攫取在佛朗什—孔泰的霸权地位，以使勃艮第南北各地连为一体，[3] 从而缔造一个独立的勃艮第王国。[4] 大胆查理与意大利半岛的关系清晰地阐释了这些外交关系的错综复杂和地理上的辐射，他与意大利半岛的主要城市国家保持着紧密的外交关系，成功地与那不勒斯王国和威尼斯缔结联盟，甚至和与法国有着传统联系纽带的米兰公国结盟，[5] 试图将意大利半岛的萨伏依公国置于自己的影响之下，提高勃艮第在意大利半岛上的影响力以取代法国，使路易十一无法充分利用意大利各城市国家的外交、金

① Joseph Strayer, ed., *Dictionary of the Middles Ages*, Vol. II, pp. 424 – 429.

② R. B. Mowat, *A History of European Diplomacy*, 1451 – 1789, p. 12.

③ R. J. Walsh, *Charles the Bold and Italy* (1467 – 1477): *Politics and Personnel*, p. 33.

④ Graeme Small, "Of Burgundian Dukes, Counts, Saints and Kings (14C. E – c. 1500)", in *The Ideology of Burgundy: the Promotion of National Consciousness*, 1364 – 1565. Edited by D'Arcy Jonathan Dacre Boulton and Jan R. Veenstra, Leiden: Brill, 2006, pp. 151 – 152.

⑤ *Charles the Bold and Italy* (1467 – 1477): *Politics and Personnel*, p. xxx, 2 – 5.

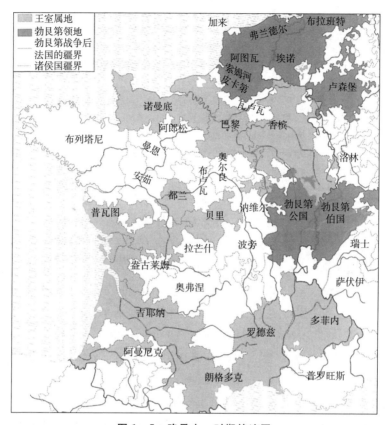

图 1-5　路易十一时期的法国

资料来源: 朱明:《地图上的法国史》(第二版), 第 98 页。

融和军事援助, 同时还对普罗旺斯提出领土要求, 促使其脱离与法国的封建关系。查理有力地威胁了法国路易十一和神圣罗马帝国皇帝的权威和领土。

路易十一并没有直接与大胆查理正面交锋, 而是通过鼓动弗兰德尔叛乱, 干预贝里公爵 (Duke of Berry, 路易十一的兄弟) 索取香槟的计划, 通过用金钱换取英格兰退兵和组建包括神圣罗马帝国皇帝在内的联盟等外交手段, 孤立大胆查理。1476 年阿尔萨斯人起兵反抗, 瑞士人侵入佛朗什—孔泰, 1477 年 1 月大胆查理死于南锡战役 (Battle of Nancy)。勃艮第公国陷入分裂, 路易十一乘势在南方占领了勃艮第公国和帝国采邑勃艮第伯爵领地 (佛朗什—孔泰), 在北方占领了索姆地区、阿图瓦的大部分和布洛涅全部地区。[1] 他计划让其子娶大胆查理之女玛丽 (Marie of Burgun-

---

[1]　G.R. 波特主编《新编剑桥世界近代史》(第一卷), 第 327 页。

dy）为妻，但最终愿望落空了。1482 年 12 月法国与神圣罗马帝国签订
《阿拉斯条约》（Treaty of Arras），其中规定：路易十一放弃大胆查理在弗
兰德尔的遗产，但得到了勃艮第公国和皮卡第。① 玛丽嫁给了神圣罗马帝
国皇帝的儿子、后来的马克西米连一世。帝国与公爵遗孤联姻的外交意义
十分重大，它揭开了瓦洛亚王朝与哈布斯堡王朝之间斗争的序幕，勃艮第
公国的幽灵一直在莱茵河两岸游荡。

　　路易十一在法国史上被称为"领土的聚合者"。他不仅获得了大胆查
理的部分遗产，而且采取各种手段加强与贵族的联系。路易十一把自己的
女儿让娜（Joan of France）嫁给了奥尔良公爵路易（即后来的路易十二），
对于米兰公国的权利将成为法国王室的权利之一（关于米兰问题，另章论
述）；他将另一个女儿安娜（Anne of France）嫁给了波旁家族的继承人皮
埃尔·德·博热（Peter of Bourbon, Lord of Beaujeu）。1474 年安茹公爵勒
内订立遗嘱，将邻近洛林公国的巴尔公国（Duchy of Bar）交给其孙子洛
林公爵勒内二世，将安茹和普罗旺斯交给侄子曼恩伯爵（Count of Le Ma-
ine）查理。1481 年安茹公爵查理四世（1446～1481，同时兼普罗旺斯伯
爵和曼恩伯爵）无嗣而终，根据赏赐地归还原则，其封地和权利收归王
室，这样安茹、曼恩和普罗旺斯都落入了法国国王之手。随着普罗旺斯和
地中海沿岸地区的并入，法国成为潜在的地中海强大力量，② 为以后插手
意大利事务提供了便利。路易十一又用强迫的手段将巴尔公国据为己有，
巴尔公国的占有使路易完成了对东部边界的控制，对于意大利那不勒斯王
位的权利也转由法兰西王室继承（洛林公爵勒内二世也宣称对那不勒斯王
国拥有继承权利）。百年战争之后的法兰西通过战争、联姻、继承、阴谋
和征服等各种手段，兼并地方贵族领主的领地，以崭新的精神勾画出了今
日法国版图的大致轮廓，只有几个地区未被囊括在内，例如布列塔尼和东
部的局部地区。

　　由于历代君主的努力经营，15 世纪末的法国凭借巩固的王权可以以
更积极和更有活力的姿态参与国际事务，威廉·罗伯森（William Robert-
son）写道："法国国王在国内不再受到贵族的羁绊，使他们可以在国外施

---

① Philip de Comines, *The Historical Memoirs of Philip de Comines*, pp. 346 – 353; R. B. Mowat,
A History of European Diplomacy, 1451 – 1789, pp. 21 – 22.

② Michael Mallett and Christine Shaw, *The Italian Wars*, *1494 – 1559*: *War*, *State and Society in
Early Modern Europe*, p. 9.

加更多的影响，推动更为广阔的征服计划，并且以一种长期不为欧洲所知的精神与力量去进行战争。"①

二　伊比利亚半岛的统一：费迪南德的欧洲外交

"一块干旱、贫瘠且资源缺乏的土地……比利牛斯山作为一个天然屏障将半岛与欧洲大陆隔开，从比利牛斯山一直延伸至南海岸的中部巨大台地把这个国家割裂开来，没有天然的中心，没有平稳的道路。这片土地呈块状分布，地区之间迥然不同，不同的种族、语言和文明混杂其中，这里就是西班牙。"② 比利牛斯山脉对西班牙的历史发展与国际地位起到了一种永恒不变的作用，由于山脉的拦阻所造成的地理上的隔绝状态带来了西班牙历史发展的相对独特性。西班牙在历史上也像意大利一样是个地理概念，8 世纪穆斯林大举入侵并席卷了伊比利亚半岛，直抵比利牛斯山脉。在这之后，基督教徒开始了漫长的收复失地运动。15 世纪中叶，伊比利亚半岛上形成了五个政治实体：卡斯提尔—莱昂王国（Kingdoms of Castile and Leòn）、阿拉贡王国（Kingdom of Aragon）、葡萄牙王国（Kingdom of Portugal）、纳瓦尔王国（Kingdom of Navarre）和穆斯林的格拉纳达王国（Kingdom of Granada）。然而 15 世纪下半叶的西班牙却突然从分裂羸弱的状态中迅速兴起为一个相对强盛的欧洲力量。

1469 年阿拉贡王国王子费迪南德与卡斯提尔王国公主伊萨贝拉联姻，两个王室联合在一起。阿拉贡和卡斯提尔的王权是有限的，贵族的权力和城市的力量较强，而且两国的政治、经济体制和法律体系还保持着相对的独立性，③ 但是王室的联姻还是使两国的发展紧密地结合在了一起。1474 年伊萨贝拉（Isabella I of Castile，1474 ~ 1504 年在位）继承卡斯提尔王位，根据 1475 年的一项条约，费迪南德拥有了卡斯提尔王国的统治权，在一切法律、钱币和印章上，费迪南德的名字均列于伊萨贝拉之前，宫廷大小决议和文件均应由两人共同签署。④ 1479 年费迪南德（Ferdinand II of Aragon，1479 ~ 1516 年在位）继承阿拉贡王位。自此以后，这两个王国在

---

①　William Robertson，*A View of the Progress of Society in Europe* in *The Works of William Robertson，D. D. in Eight Volumes*，Vol. III，p. 91.

②　J. H. Elliott，*Imperial Spain*，*1469 – 1716*，p. 13.

③　J. H. Elliott，*Imperial Spain*，*1469 – 1716*，pp. 81 – 82.

④　*Imperial Spain*，*1469 – 1716*，p. 76.

他们的联合统治之下逐渐演变为西班牙王国。1492 年费迪南德与伊萨贝拉征服格拉纳达，结束了长达八个世纪的对穆斯林的战争。收复失地运动对于近代西班牙的形成有巨大的影响，一方面西班牙由此拥有了欧洲最为骁勇善战的军队，为其后在意大利战争中的军事优势奠定了基础；另一方面在反对摩尔人和犹太人这些"异教徒"的战争中坚定了宗教观念，从而成为天主教会传统的坚强壁垒。联合王权不断加强对教会和贵族势力的控制，驱逐犹太人，支持哥伦布于 1492 年进行远航，使美洲大陆的金银财富不断流入西班牙，西班牙的王室收入从 1474 年到 1504 年增加了 30 倍。[①] 依靠日益增长的财政收入，西班牙得以维持庞大的国家行政机器，并建立了强大的武装力量。1496 年王室法令规定：所有 20～45 岁的男性臣民中，每 12 人必须推出 1 人为国家服务，加入国王的军队。这支由卡斯提尔步兵为主体组成的西班牙军队在以后一个多世纪里，随着建制的不断变革和优化而横行欧洲，所向披靡，成为查理五世时代的西班牙和神圣罗马帝国军队的支柱。[②] 此外，从 1476 年开始，西班牙还在卡斯提尔巩固和完善"神圣兄弟会"（Holy Brotherhood/Santa Hermandad）制度，[③] 规定每一百户人家出资装备、供养一名骑士，由国王任命的地方官吏统辖，负责地方治安，协助官吏推行国家法令，形成了一套类似现代警察制度和司法审判制度的统治网络，这大大削弱了封建贵族在地方政治中的影响，[④] 为以后的西班牙奠定了比较稳固的王权基础。1512 年费迪南德又取得了纳瓦尔王国。随着收复失地运动的完成和各王国的联姻、法律上的继承或是占领，伊比利亚半岛上出现了一个相对统一的新君主制国家（葡萄牙除外）。

　　费迪南德的统治方式赢得了马基雅维里的赞赏，他在《君主论》中写道："……在我们的时代里，阿拉贡国王费迪南德，即当今的西班牙国王，就是一个例子。他由于自己的盛名与光荣，从一个弱小的君主，一跃而为基督教世界中首屈一指的国王，因此他几乎可以称作一位新君主。如果注意观察他的行动，将会看到它们全部都是最伟大的，而且其中有些是卓越

①　R. Lodge, *The Close of the Middle Ages*, *1272 – 1494*, London：Rivingtons, 1906, p. 489.

②　Bertrand de Jouvenel, *On Power：Its Nature and the History of Its Growth*, Boston：Beacon Press, 1962, p. 144.

③　Thomas M. Lindsay, *A History of the Reformation*, New York：Charles Scribner's Sons, 1913, p. 28；Joseph F. O'Callaghan, *A History of Medieval Spain*, Ithaca：Cornell University Press, 1975, p. 448.

④　J. H. Elliott, *Imperial Spain*, *1469 – 1716*, pp. 84 – 86.

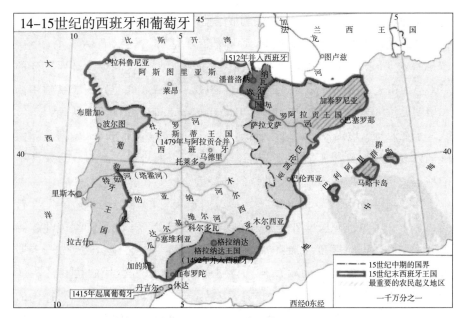

图 1-6 14~15 世纪的西班牙

资料来源:张芝联、刘学荣主编《世界历史地图集》,第 65 页。

非凡的。在他开始统治的时候,他进攻格拉纳达;这项事业就奠定了他的国家的基础。一开始,他从容不迫地行事,并且毫不害怕遭到任何障碍。他使卡斯提尔的贵族们的精神灌注在这项事业上面,只考虑那场战争而不考虑革新的事情。与此同时,他赢得盛名和驾驭贵族的统治权,而他们还没有察觉。他依靠教会和人民的金钱得以维持他的军队,并且在长期的战争中,给他的武装力量奠定了基础,而这支武装力量一直给他带来了荣誉。除此之外,为了更好地实现更伟大的计划,他常常利用宗教作为借口,他乞灵于宗教上的残酷,把马拉尼人从他的王国驱逐出去并且把他们掠夺一空。在世界上再找不到比这个事例更悲惨和罕见的了。他披着同样的宗教外衣进攻非洲,然后征伐意大利,最终进攻法国。这样,他经常地完成了一件大事又安排着另一件大事,通过这些大事使他的臣民的心神始终忐忑不安同时惊叹不已,注意着这些事情的结果。而他的这些行动都是一个接着一个地出现的,在这一行动和另一行动之间没有一点空隙,使人们不能够从容不迫地进行反对他的活动。"①

———————————

① 尼科洛·马基雅维里:《君主论》,第 105~106 页。

费迪南德的外交活动对于意大利战争前后的欧洲国际关系产生了重要的作用和影响。1494 年 6 月，西班牙与葡萄牙签订《托德西利亚斯条约》（Treaty of Tordesillas），确定了除欧洲以外的世界划分，同年出身西班牙的教皇亚历山大六世（Pope Alexander VI，1492～1503 年在位）授予费迪南德和伊萨贝拉"天主教国王和王后"（Catholic King and Queen）的头衔，王室获得了在西班牙境内及美洲地区西班牙殖民地的主教任命权。① 尽管美洲大陆的发现以及西班牙海上力量的迅速崛起改变了西班牙在欧洲政治发展中的地位，但是费迪南德和伊萨贝拉的外交重心依然在欧洲大陆。

1492 年西班牙收复格林纳达之后，费迪南德的外交政策开始发生转移，追求一种更加积极的外交姿态。有两个区域受到了他的特别关注：意大利半岛和法国与西班牙加泰罗尼亚（Catalonia）边境地区。② 由于卡斯提尔一直关注于开拓海外殖民地，与同样致力于海外殖民的葡萄牙相龃龉，使得本来处于敌对状态的两国关系更是雪上加霜，③ 所以卡斯提尔的外交活动主要是面向海洋的，而阿拉贡的外交重点则是面向欧洲大陆。费迪南德外交政策继续了阿拉贡的外交传统，他在意大利半岛上的外交活动是前几个世纪阿拉贡外交政策的发展与延续。1282 年阿拉贡军队登陆西西里，揭开了阿拉贡干涉意大利半岛的序幕。西西里岛、科西嘉岛甚至那不勒斯随处可见阿拉贡王室的影响，法国自然成为阿拉贡的主要竞争对手。法国比意大利各城市国家更加难以对付，削弱甚至消除法国的威胁就成为费迪南德面临的主要外交议题。路易十一治下的法国影响日增，不断挑战阿拉贡在纳瓦尔和加泰罗尼亚的王国利益，他吞并鲁西永（Roussillon）与塞尔当（Cerdagne）④ 的几个城镇，1481 年路易十一继承了普罗旺斯，直接面对位于利翁海湾（Gulf of Lion）西南侧的阿拉贡。失去加泰罗尼亚的鲁西永与塞尔当对于西班牙王室而言，是不可回避的问题，这两个位于比利牛斯山脚下的地方是进出伊比利亚半岛的门户，对于西班牙具有重要的战略意义，恢复失地就成为费迪南德外交政策的主要目标之一。⑤

费迪南德与路易十一的博弈中，逐渐意识到意大利外交方式的实用

---

① J. H. Elliott, *Imperial Spain*, *1469 – 1716*, p. 75.
② J. H. Elliott, *Imperial Spain*, *1469 – 1716*, p. 129.
③ *Imperial Spain*, *1469 – 1716*, pp. 56, 77.
④ 1462 年阿拉贡国王胡安二世以鲁西荣与塞尔当作为担保，换取路易十一 30 万克朗的贷款。
⑤ *Imperial Spain*, *1469 – 1716*, p. 129.

性,对意大利发展起来的常驻使节制度也很重视。早在意大利战争之前,西班牙在费迪南德的领导下已经建立了一套积极的外交网络,拥有一群经验丰富的外交人员。[1] 1479 年他将阿拉贡在罗马的临时代表擢升为使节,次年派驻一位非神职人员为常驻罗马代表,这在除意大利半岛之外的基督教世界是第一次,以后他陆续向神圣罗马帝国、英格兰、威尼斯和那不勒斯等国派驻代表。法国国王查理八世进行布列塔尼战争(1485~1491)期间,他同马克西米连一世和英格兰查理七世联合反对法国。费迪南德的外交政策灵活实用,与法国时而冲突时而联盟的同时,又细心维护着与英格兰的关系。意大利战争期间,费迪南德利用查理八世的失败以及那不勒斯发生的一系列危机,不断扩大对那不勒斯的影响力,演出了一场"螳螂捕蝉,黄雀在后"的好戏。1500 年与路易十二密议瓜分那不勒斯,最终却在 1504 年 3 月将西西里岛和那不勒斯重新置于阿拉贡王室的统治之下。难怪路易十二曾指责费迪南德两次欺骗了他,费迪南德听说后竟说:"他撒谎,我已欺骗了他十次。"[2]

费迪南德也同样认识到婚姻外交在其反法政策中的重要性。1488 年西班牙与英格兰开始就英格兰王太子阿瑟与阿拉贡公主凯瑟琳的婚姻问题展开谈判,1489 年两国结为秦晋之好。与英格兰的同盟关系在意大利战争期间基本上得以延续。而费迪南德的另一项婚姻外交将会影响到日后的欧洲历史发展进程。1496 年 10 月,卡斯提尔公主胡安娜与马克西米连一世之子菲利普大公爵举行婚礼;1497 年 4 月,女公爵玛格丽特与胡安亲王举行婚礼,这次双重联姻意外地改变了欧洲的历史发展。费迪南德多年来处心积虑地密谋策划,却带来了他没有料到的发展。他奠定了一个帝国的根基,他在各方面播下的种子,在未来获得了意想不到的收成。[3] (见附录三:阿拉贡家族世系图)

三 都铎时期的英格兰:亨利七世的大陆政策

15 世纪的英格兰历史是由两大事件构成的:在国外是与法兰西的百

---

[1] Garrett Mattingly, *Renaissance Diplomacy*, p. 119.

[2] P. J. Helm, *History of Europe*, *1450 - 1660*, New York: Frederick Ungar Publishing Co., 1961, pp. 57, 60.

[3] Garrett Mattingly, *Renaissance Diplomacy*, pp. 119 - 131; G. R. 波特主编《新编剑桥世界近代史》(第一卷),第 479~480 页。

年战争，在国内是贵族之间的玫瑰战争，如此不同的两场战争对于英格兰王权而言是史无前例的考验。[①] 1485 年，经过 30 余年以世袭旧贵族为主角的内战和对王权的反复争夺，都铎家族的亨利七世（Henry VII，1485～1509 年在位）登上了王位，于是"开始了政治集中、王权胜利的时代"[②]。就两个重要的方面而言，亨利是一位称职的国王：他带来和平，而和平使商业兴盛；他挽救了濒临崩溃的英格兰王权。

　　亨利七世统治时期，在内政外交方面的一切措施都是为了巩固王权，维护都铎王朝的合法性。因此，能否处理好英格兰与威尔士、爱尔兰、苏格兰之间的关系，能否处理好与欧洲大陆的法兰西、西班牙乃至与罗马教廷的关系，是直接关系到亨利七世能否彻底平定国内王位觊觎者的大问题，也是直接关系到新生的都铎王朝生死存亡的大问题。英法百年战争的硝烟虽已散去，但是根深蒂固的互相敌视、矛盾与隔阂依然深刻地影响着亨利七世的对外政策。

　　直接引起英格兰与法兰西之间冲突的是布列塔尼危机。布列塔尼（Brittany）位于法国西北部，濒临英吉利海峡，与英格兰隔海相望，地理位置极为重要。布列塔尼问题是继勃艮第问题之后，另一个让法国感觉棘手的难题。[③] 15 世纪下半叶，年迈昏聩的布列塔尼公爵弗朗西斯二世（Francis II，Duke of Brittany，1458～1488 年在位），不愿臣服于法国国王的中央权威，因此秘密接纳并且资助以奥尔良公爵路易（即路易十二）为首的部分法国贵族，反对法国摄政安娜（查理八世的姐姐）。安娜以此为借口，准备一劳永逸地解决布列塔尼问题：她首先阻止奥地利大公马克西米连（后来的神圣罗马帝国皇帝马克西米连一世）与布列塔尼公爵之女联姻，排除了哈布斯堡势力深入法国的危险，接着又试图安排年轻的法王查理八世与公爵之女成婚。

　　亨利七世非常清楚，布列塔尼对英格兰来说实在是太重要了。布列塔尼具有重要的战略地位，英格兰在布列塔尼也有重要的经济利益，两国贸

---

① 百年战争（1337～1453）是英格兰与法兰西之间为王位继承等问题进行的一系列战争，最终英格兰丢掉了除加来之外的所有大陆土地，百年战争以法国的胜利而结束。玫瑰战争（1455～1485）是以红玫瑰为家徽的兰开斯特家族和以白玫瑰为家徽的约克家族之间为争夺英格兰王位而进行的一场持续内战，最终亨利·都铎继承王位并结束战争。

② 基佐：《欧洲文明史——自罗马帝国败落起到法国革命》，第 180 页。

③ R. B. Mowat, *A History of European Diplomacy*, *1451 - 1789*, pp. 23 - 24.

易往来频繁。如果法国吞并布列塔尼公国，则海峡南部海岸将尽数归于法国统治，那么法国人的势力势必将乘机进一步推进到英吉利海峡，从而严重威胁英格兰在欧洲大陆的最后一块领地——加来（Calais），这对英格兰而言是极为不利的一种局面。此外，亨利七世与布列塔尼公爵弗朗西斯二世私交深厚，他在掌权之前由于国内政治斗争而流亡布列塔尼长达 14 年，得到了布列塔尼公爵的政治支持和慷慨资助。[1] 两国之间还签有贸易协议。因此，于公于私，亨利七世都不愿意看到布列塔尼落入法国王室之手。面对当时实力远远超过自己的法国，亨利七世明智地选择不与法国正面冲突，而是周旋于法国与布列塔尼之间，竭力阻挠法国王室吞并布列塔尼，确保布列塔尼维持现状，把布列塔尼作为自己手中的一枚棋子，但是亨利七世和谈解决布列塔尼问题的努力还是失败了。1488 年 8 月，布列塔尼公爵与查理八世签订和约，规定了布列塔尼臣属法兰西王国的地位，未经查理八世的许可，公爵的女儿不准与他人议婚。9 月弗朗西斯二世死去，12 岁的安妮继承爵位，布列塔尼陷入动荡之中，安妮的婚姻问题立即成为各方角逐的焦点。

　　1488 年 12 月，查理八世向布列塔尼宣战，布列塔尼战争（The Breton Wars，1488 – 1491）在欧洲大陆引起了一场严重的国际纠纷。面对查理八世咄咄逼人的攻势，亨利七世清楚，与法国开战，仅仅依靠英格兰本身的力量还不够，必须联合欧洲大陆其他大国，共同对付法国，最终英格兰加入了以神圣罗马帝国和西班牙为主的反法联盟。但是战争的结果并不如亨利七世希望的那样阻止了法国王室与布列塔尼的结合。1491 年 12 月，安妮同意了查理八世的求婚，要求查理八世保证尊重布列塔尼的自治地位。[2]但这个婚约也做出规定，一旦查理八世无嗣而终，安妮王后必须嫁给继任的法国国王。[3] 亨利七世已无法扭转布列塔尼的局面，1492 年 11 月英法双方在埃普塔尔（Étaples）签订和约。和约规定英格兰终止对法国王位和领土的要求，同意和平相处、互不支持对方的敌人，允许两国臣民平等通商，查理八世同意在未来的 15 年里每年支付亨利七世 4300 镑。[4] 尽管亨

---

① Francis Bacon, *The History of the Reign of King Henry VII and Selected Works*, Brian Vickers ed., Cambridge：Cambridge University Press, 1998, pp. 39 – 56.

② Robert J. Knecht, *The Valois：Kings of France, 1328 – 1589*, London；New York：Hambledon and London, 2004, pp. 110 – 115.

③ Arthur Henry Johnson, *Europe in the Sixteenth Century, 1494 – 1598*, p. 6.

④ Francis Bacon, *The History of the Reign of King Henry VII and Selected Works*, p. 94；R. B. Mowat, *A History of European Diplomacy, 1451 – 1789*, p. 24.

利七世干预布列塔尼的努力完全失败了，但是纵观整个布列塔尼事件，在欧洲大陆事务中英格兰的作用还是不容忽视的。

布列塔尼危机与《埃普塔尔和约》（Treaty of Étaples）使亨利七世充分意识到强大起来的法兰西王国的巨大威胁。他必须在欧洲大陆寻找同盟，1488 年 12 月，亨利七世遣使西班牙和葡萄牙，寻求西班牙的费迪南德和伊萨贝拉以及葡萄牙国王的支持。1489 年 3 月，英格兰与西班牙签订了《麦地尔德凯姆普条约》（Treaty of Medina del Campo），议定亨利七世的长子阿瑟（Arthur，Prince of Wales）与阿拉贡公主凯瑟琳（Catherine of Aragon）的婚约。后阿瑟早亡，亨利七世不愿失去与西班牙的联盟，提议由次子亨利王子与凯瑟琳结婚，经过许多波折和教皇的特赦，婚礼在 1509 年举行。条约还约定共同对法作战。这样都铎王朝的统治第一次得到大陆王室的认可。稍早亨利七世将其长女玛格丽特（Margaret Tudor）嫁给了苏格兰国王詹姆斯四世（James IV of Scotland，1488～1513 年在位）。这两项婚姻安排均产生了深远的影响。

亨利七世的大陆政策是一项明智的容忍政策（the Patient Diplomacy），[1] 其主要目的是巩固王位，加强王权。在实践的过程中，通过婚姻外交，亨利的子女与欧洲王室联姻，带给他的是任何一个新的王朝都渴望的国际承认，以期最大限度实现在欧洲国际关系斗争中英格兰的利益需要。亨利七世并没有过深地卷入意大利半岛的纷争，当时英格兰的国力还很弱小，无力与法国、西班牙等欧洲大国相抗衡。亨利七世量力而行，视野只集中在他可以达到的领域，而在任何时候也不去追求可望而不可即的目标，不奢望在欧洲国际事务中发挥主导甚至决定性的作用，这是亨利七世的明智之举，也充分体现出他灵活、务实的外交作风。然而到了亨利八世时代，情况就完全不同了，英格兰在亨利八世（Henry VIII，1509～1547 年在位）的统治下，对欧洲大陆政治的干预比以往更频繁、更长久，范围也更广。

四　马克西米连一世统治下的神圣罗马帝国：王朝扩张计划

"自从 13 世纪中叶起，旧制度的帝国时代已经过去。"[2] 神圣罗马帝

---

[1]　P. S. Crowson，*Tudor Foreign Policy*，pp. 47 - 66.

[2]　赫伯特·格隆德曼等：《德意志史》（第一卷，下册），第 547 页。

国存在着多种类型的政治实体。一种是诸侯国，即公爵领地、侯爵领地等，每一领地本身是一个小小的世袭君主国，例如萨克森、勃兰登堡和巴伐利亚。一种是教会领地，即主教领地等，在领地中由主教主政，虽然他们的统治不是世袭的。帝国的大部分地区是由这种教会领地组成的。一种是帝国的自由城市，总数在 50 个左右，它们合在一起的面积并不大，但却控制着国家的商业和金融生活。还存在着另一种类型的政治实体，它们是由几千个帝国骑士即拥有少数庄园的小贵族们组成，除皇帝之外，不承认任何人的最高权力。

在法兰西、西班牙和英格兰的王权日益集中的同时，1356 年的《黄金诏书》（Golden Bull of 1356）通过授予选侯们多种特权，在法律上巩固了帝国的政权组织形式。皇帝和帝国诸侯之间始终存在着某种程度的紧张关系，"帝国的体制就像是一个经常性的联盟，它们的目标就是制衡贵族的劫掠与索求。诸侯们形成同盟，目的则是在各自之间维持秩序的平衡。……德意志的政体并不是由个别的、独立的成员所组成的共同体，所有加入的诸侯与地方政府，在最初都是臣服于皇帝，并且承认皇帝是主权之所在。除此之外，虽然帝国内部的诸侯似乎承认帝国的权威，但是他们只是名义上臣服，他们之中每一个在自己的领土上都有完全的自治法权。"[1] 各个政治实体一直阻止皇帝侵犯它们的地方特权。整体来说，帝国"成了一个多多少少自治的国王、诸侯和采邑法上的权力同盟和体系"。[2] 14 世纪和 15 世纪"德意志民族的神圣罗马帝国"的领土频频丢失，许多边疆地区逐渐脱离了帝国的直接控制：帝国在斯堪的纳维亚北部的权力遭到了丹麦的侵蚀；[3] 自治运动使瑞士各州成为日后意大利战争中一支不可忽视的力量；帝国对于意大利北部的影响力已是微乎其微；许多帝国的采邑或是被诸侯攫取，或是逐渐发展成为相对独立的政治实体，例如萨伏依公国。

王朝继承在近代欧洲国际政治中发挥着巨大的作用，通过王朝体系安排的个人继承是王朝国家生存的自然伙伴，王室成员之间的联姻可以导致国家像财产一样合并或者瓜分，领土的转移和归并呈现出很大的不确定

---

① William Robertson, *A View of the Progress of Society in Europe* in *The Works of William Robertson, D. D. in Eight Volumes*, Vol. III, pp. 159 – 161.

② 赫伯特·格隆德曼等：《德意志史》（第一卷，下册），第 548 页。

③ Garrett Mattingly, *Renaissance Diplomacy*, p. 106.

性，因此"外交家们将大量的时间花在嫁妆事宜上，嫁妆事宜乃是有关遗产继承或潜在遗产继承的一种国际交易"①。这种情形在哈布斯堡家族的扩张历史中得到了最好的印证。16 世纪的欧洲政治事务中，奥地利的哈布斯堡王朝似乎起着不可忽视的作用。11 世纪初发源于阿勒河（Aare River）与莱茵河交界处的哈布斯堡家族最初只是拥有一座城堡的小伯爵，500 年后却成为统治大半个欧洲的显赫王朝，它的成功，并非一味依靠武力征伐，更重要的是巧妙借助联姻的手段，加上命运的偶然来稳步地扩展领地。哈布斯堡王朝的名字来自哈布斯堡家族，它在中世纪时只是一个小的诸侯世家，即瑞士东边的一个伯爵领。然而，这个家族却不断向东推进，渐渐占有了蒂罗尔、卡林西亚、卡尼诺拉（Carniola）和斯蒂利亚（Styria）山区，最后在上、下奥地利沿达布博平原建成了一个公国，成为当时帝国最大的土地所有者之一。哈布斯堡王朝以维也纳为中心，发展文化，积累财富。1273 年对哈布斯堡家族是至关重要的，因为家族领袖鲁道夫伯爵（Rudolph of Germany，1273～1291 年在位）被选为神圣罗马帝国皇帝，从此家族在德国政治事务中起着重要作用。15 世纪中期，家族对德国和欧洲事务产生一种连续性的影响，如 1438 年，奥地利的阿伯特二世（Albert II，1438～1439 年在位）继匈牙利和波希米亚的西格斯蒙特（Sigismund，1433～1437 年在位）之后，又一次成为神圣罗马帝国皇帝，从此，这个家族控制神圣罗马帝国皇位长达四百年之久。② 哈布斯堡家族从一开始就订立一条严格的族规，家族内的女子没有任何继承权，这条族规一直延续至 18 世纪上半叶。这条族规意味着哈布斯堡的对外联姻只会带来而不会失去任何领地。哈布斯堡家族的历代统治者都善于利用婚姻掠取他人的财产。③

马克西米连（Maximilian I，1493～1519 年在位）在登上皇位之前，其精力主要集中在与法国争夺勃艮第地区和布列塔尼地区的权益。1477 年随着勃艮第势力的衰落，通过大胆查理之女玛丽与帝国皇帝弗里德里希三世（Frederick III，1452～1493 年在位）的儿子、日后的皇帝马克西米

① John Rigby Hale, *Renaissance Europe, 1480 - 1520*, Oxford; Malden, Mass.: Blackwell, 2000, p. 94.

② 朱孝远：《近代欧洲的兴起》，学林出版社，1997，第 358～359 页。

③ Paula Sutter Fichtner, *Dynastic Marriage in Sixteenth - Century Habsburg Diplomacy and State-craft: An Interdisciplinary Approach*, pp. 243 - 265.

连之间的联姻,哈布斯堡王室获得了佛朗什——孔泰和尼德兰,"这一个东西之间幅员辽阔的王朝权力实体必然要直接触及欧洲政治的重大问题。"[①] 1482 年勃艮第的玛丽意外去世,按照双方的婚姻协定,身为奥地利大公的马克西米连对于尼德兰地区的统治权自然终止。然而马克西米连却力主通过其不满 5 岁的儿子菲利普(Philip the Handsome),继承妻子的全部权益,要求代为摄政,推行继续向西的对外政策,兼并勃艮第公爵统治时代的领土,这引起了法兰西的反弹和尼德兰部分地区的强烈不满,拒绝承认马克西米连的摄政地位。[②] 马克西米连于 1482 年 12 月与路易十一签订《阿拉斯和约》,同意马克西米连两岁的女儿玛格丽特(Margaret of Austria)同法国王子查理订婚,作为嫁妆法国将得到阿图瓦和两勃艮第(勃艮第公国和佛朗什—孔泰)。1483 年马克西米连利用法国新君年幼、立国不稳之机,公然违反《阿拉斯和约》举兵进入勃艮第地区,胁迫尼德兰城市布鲁日和根特承认他为摄政。1486 年选侯们同意选举马克西米连为罗马人的国王(King of the Romans)。马克西米连还与布列塔尼公爵弗朗西斯二世、英格兰的亨利七世结盟,共同反对法国,利用布列塔尼危机向布列塔尼的安妮求婚,但是无果而终。联盟中德意志和瑞士雇佣兵因不满战争所得肆意劫掠占领城镇,重又引起了尼德兰部分城市的反抗,与法国有天然联系的布鲁日和根特的不满情绪与日俱增,1488 年 2 月马克西米连在布鲁日遭突袭被俘,[③] 虽然事件最终获得和平解决,但是尼德兰各城市的不断斗争,凸显了哈布斯堡王室统治的薄弱。

奥地利原为巴伐利亚的一部分,神圣罗马帝国皇帝为便于统治在 12 世纪初将其作为公爵领地划出。此后,统治奥地利大公国的哈布斯堡家族通过战争、联姻、购买等手段使版图不断扩大。在马克西米连执政时,奥地利的领土大致分成两大块:东部从波希米亚延伸至阿尔卑斯山北麓的广大地区,控制着多瑙河流域的水上交通和西欧与北欧通往意大利的贸易要道,同时形成了基督教世界抵御奥斯曼土耳其侵略的屏障;西部从北海到

---

① 马克斯·布劳巴赫等:《德意志史》(第二卷,上册),陆世澄、王昭仁译,商务印书馆,1998,第 6 页。

② Christopher Hare, *Maximilian the Dreamer*, *Holy Roman Emperor 1459 – 1519*, New York:Charles Scribner's Sons, 1913, pp. 55 – 56.

③ Christopher Hare, *Maximilian the Dreamer*, *Holy Roman Emperor 1459 – 1519*, pp. 66 – 68;R. W. Seton - Watson, *Maximilian I*, *Holy Roman Emperor*, Westminster:Aarchibald Constable & Co. Ltd. , 1902, pp. 19 – 22.

英吉利海峡，直逼法国北部和东部边境。这两大块之间分布着法国的一些领土和德意志的几个小邦。1489 年马克西米连的对外政策逐渐转向东方，继续向瑞士以南的意大利和奥地利以东的匈牙利扩张，1490 年马克西米连夺取了与瑞士和意大利南部接壤的蒂罗尔公爵领地（Duchy of Tirol），1491 年 11 月，马克西米连与匈牙利签署《普雷斯堡和约》（Treaty of Pressburg），从而保证了哈布斯堡家族对波希米亚和匈牙利的继承权，为奥地利的崛起奠定了基础。①

　　1493 年马克西米连继承父亲皇位，致力于建立一个强大的君主国家。由于匈牙利人对哈布斯堡家族世袭领地的威胁以及奥斯曼帝国的领土扩张，迫切需要帝国各诸侯军事力量和财政力量的支援，1495 年 3 月，马克西米连利用沃尔姆斯帝国会议（Diet of Worms）着手进行帝国改革，宣布帝国境内永不再战，试图加强帝国的中央权力，构建一个新的帝国宪法，帝国被划分为几个行政范围，建立起帝国议会和咨询会议，但是在诸侯国权利不可改变的障碍面前，帝国会议未就皇帝通过何种途径征税问题达成一致意见，改革遭到了各大诸侯的反对。② 诸侯们并不乐意见到帝国中央权力的扩大，因为"他们看到马克西米连在帝国边缘各地进行冒险，其所追求的目标也许可以扩大哈布斯堡家族的力量，但和德意志的中心利益相去甚远。"③

　　1493 年为了远征那不勒斯，法国国王查理八世与马克西米连签署《森里斯条约》（Treaty of Senlis），归还佛朗什—孔泰、阿图瓦和查罗莱（Charolois）并送回玛格丽特公主。④ 法国无偿让出了它在勃艮第的大部分利益，马克西米连的儿子菲利普在勃艮第的地位得到了阿图瓦和弗兰德尔的认可，统治遂得以最终确立。⑤ 帝国西部有一段时间是相安无事。查理八世入侵意大利的军事行动在基督教世界引起了震动，这让马克西米连的帝国雄心再度膨胀起来，⑥ 可是财政上的尴尬窘境却令神圣罗马皇帝沦为别人的笑柄，米兰的洛多维科·斯福查就曾讥讽他是"雇佣兵队长"。在

---

① R. W. Seton‑Watson, *Maximilian I*, *Holy Roman Emperor*, p. 31.
② Christopher Hare, *Maximilian the Dreamer*, *Holy Roman Emperor 1459 – 1519*, pp. 38 – 40.
③ G. R. 波特主编《新编剑桥世界近代史》第一卷，第 290 页。
④ Philip de Comines, *The Historical Memoirs of Philip de Comines*, pp. 416 – 421.
⑤ *Maximilian the Dreamer*, *Holy Roman Emperor 1459 – 1519*, pp. 71 – 72.
⑥ *Maximilian I*, *Holy Roman Emperor*, p. 26.

他明显的虚荣心和他对君主的豪华铺张生活的喜爱背后隐藏的往往是手头拮据的窘境,特别是奥格斯堡的金融家族对此看得最为清楚,以富格尔家族(the Fuggers)为代表的奥格斯堡的金融家族从 15 世纪后半期直到 16 世纪始终控制着欧洲的货币市场。富格尔家族堪称哈布斯堡王室的财阀,他们通过向哈布斯堡王室放贷增加家族的财富,他们贷出的款额是以转让施瓦格(Schwager)和因斯布鲁克(Innsbruck)矿区的银子来偿还的,而且价格低于市场价 25%～30%。为了获得现金,皇帝把土地、矿山甚至城市的未来收入都抵押出去,富格尔家族以此为基础发行信用证券,甚至比实币流通更为广泛。哈布斯堡王室领地上的西里西亚、匈牙利、卡林西亚(Carinthia)、蒂罗尔、波希米亚等地的银矿、铜矿、铁矿全都落入富格尔家族之手。[①]

在马克西米连于意大利出尽洋相的时候,他却为哈布斯堡家族做出了两项具有深远影响的婚姻安排,联姻的收益补偿了哈布斯堡家族在战争中遭受的损失。1496 年 10 月卡斯提尔公主胡安娜与马克西米连一世之子菲利普大公爵举行婚礼。1497 年 4 月女公爵玛格丽特与胡安亲王举行婚礼。这两个世袭家族的结合,出乎意料地导致了这样的结果:1497 年 10 月胡安无嗣而终,不久他的遗产继承人也死去。1500 年 2 月 24 日菲利普大公的儿子、马克西米连的孙子查理在根特出生,他就是后来的查理五世,查理五世的皇帝权力就是建立在这种联合之上的。1503 年西班牙在意大利南部战胜法国,加强了西班牙盟友马克西米连的地位。马克西米连扩大王朝的计划在一步一步地走向成功,他作为哈布斯堡家族的扩张者及其世界地位的创立者建立了不朽的业绩,这不仅是由于幸运的联姻政策,而且是由于他为此付出的帝国王朝化的努力。"德意志民族的神圣罗马帝国"在马克西米连时代面临着诸多挑战和威胁,帝国秩序的维护、东方奥斯曼帝国的威胁、法国瓦洛亚王室在意大利的胜利等,都是摆在马克西米连面前的重大政治议题。"他的帝国政策具有突发性,他很少把一种思想贯彻到底,经常处于筹措经费的苦恼之中,没有真正的帮手,尽管有无数的失败和幻想的方案,却仍充分认识到帝国在丧失意大利权力基础时在帝国边境所受到的严重危险。他没能给帝国一种新的统治形式。他很难向自己承认,作为基督教世界的维护者和教

---

① 詹姆斯・W. 汤普逊:《中世纪晚期欧洲经济社会史》,第 645～646 页。

会的最高保护人的地位已是多么脆弱。"[①] "这位最后的骑士"[②] 向帝国提出要求的时候，哈布斯堡家族的利益总是起作用的，因为他只有在这个基础上才能够想象一个强大的帝国政权。[③] 晚年的时候，他还试图给聚在一起的帝国议会议员施加影响，以便选举他的孙子、19 岁的查理为罗马人的国王、未来的神圣罗马帝国皇帝。其实此时的神圣罗马帝国已经慢慢"消失于德意志帝国中了；经过几次企图复兴旧式权利的微弱尝试之后，除了一个夸大的尊衔和在欧洲诸国中的一个优先权之外，它的起源的遗迹已荡然无存"。[④] 帝国的性质改变了，家族利益和王朝利益才是帝国真正关心的。

　　14～15 世纪的欧洲，中世纪伦理的影响依然深重，复杂的封建义务和依附关系网络促成了欧洲政治的多元化，在贸易联系的基础上，政治、军事和外交互动也日益频繁。中世纪的欧洲封建秩序并不是基于领土的秩序，而是以错综复杂的社会效忠网络为基础的。当中世纪末期和近代早期的欧洲各国王权逐渐取得优势地位后，政治权力再度立足于轮廓较为清晰的土地，欧洲国家的领土性质不断得到强化。发展起来的新君主制国家，其领土的来源以及国家主权归属君主个人的历史事实，导致了国家形态的极度不稳定和欧洲国际关系的家族色彩浓厚，国际协议被视为私人契约，国家人口和领土被视为君主可予割让或更换的世袭财产。君主们无不以武功卓著为荣，武力征服是他们扩大领土的传统而正当的途径。[⑤] 在一个王朝而非民族国家的时代，在一个王朝声张权利与雄心而非民族权利的时代，[⑥] 君主间的契约构成了国际关系的基础，君主们都能清楚地认识到：自己一旦加入某项条约就会受到某种制度性的约束，一经宣誓就必须信守不渝，这对于君主的荣誉是非常重要的。意大利战争期间君主间不断签署协议，又撕毁协议，"一位君主总是不乏正当的理由为其背信弃义涂脂抹粉。……许多和约和诺言由于君主们没有信义而作废和无效"[⑦]，这又说

---

① 马克斯·布劳巴赫等：《德意志史》（第二卷，上册），第 20 页。

② Christopher Hare, *Maximilian the Dreamer*, *Holy Roman Emperor 1459 – 1519*, p. 65.

③ 《德意志史》（第二卷，上册），第 11 页。

④ 詹姆斯·布赖斯：《神圣罗马帝国》，孙秉莹等译，商务印书馆，1998，第 312 页。

⑤ 秦海波：《从西班牙历史看"民族国家"的形成》，《世界历史》2008 年第 3 期，第 28～37 页。

⑥ M. S. Anderson, *The Origins of the ModernEuropeanState System*, *1494 – 1618*, p. 72.

⑦ 尼科洛·马基雅维里：《君主论》，第 84 页。

明此一时期欧洲国际关系的不确定性和条约背后复杂的利益关系，因此欧洲国际关系的发展一方面带有明显的传统政治伦理约束的烙印，另一方面又具有非道德的权力政治和大国政治的显著倾向。

小　结

国际关系的历史传统可以上溯至非常久远的时代，对于战争的起源、均势和遏制的实践、各种结盟政策的讨论也是不绝史书。中世纪不存在现代意义上的国际关系，但是国际关系的实践的确是真实存在的，战争与和平、秩序与无序这些对立的国际关系现象同样也是中世纪国际事务的重大问题，某种形式的统一和秩序为欧洲维系了一定程度的价值认同和共同的信仰体系，多元化的政治体系成为欧洲近代国际体系的本源所在。当代西方国际关系理论家和思想家马丁·怀特认为中世纪欧洲有如下六个特点：[①]第一，存在着一个单一的、不可分割的基督教社会（Societas Christiana），这是一切关系与冲突的基础。在理论上人们一直坚持强调统一性而非分裂性，强调等级而非平等，因此使用"国际的"（international）一词谈及中世纪欧洲政治就可能引起混乱和曲解。在基督教社会，人们也一直强调权利（right）问题而非利益（interest）问题。第二，权力分散于各种各样的政治实体之中，并由它们共同分享。这些政治实体之间的互相依赖以及对于它们的各种限制，促使其内部组织结构与外部权利要求同步发展，从而适时地产生了"主权"和"国家"观念。第三，帝国声称对世俗事务（in temporalibus）拥有普遍管辖权，尽管事实上从未生效过。1202 年教皇英诺森三世承认法国国王与帝国皇帝在法律和政治地位上是平等的。1314年教皇克莱门特五世（Pope Clement V，1305～1314 年在位）颁布敕令，正式否认了神圣罗马帝国对于各王国的权威。[②]虽然帝国皇帝的权威受到了各种挑战，但是帝国的主张却得以延续且日益清晰明确。第四，教会声称对精神事务（in spiritualibus）拥有普遍管辖权，这一点通过教会的国际

---

① Martin Wight, *Systems of States*, pp. 26 – 29.

② Martin Wright, *Systems of States*, p. 27; Joseph Canning, *A History of Medieval Political Thought*, *300 – 1450*, pp. 165 – 166; Walter Ullmann, "The Development of the Medieval Idea of Sovereignty", *The English Historical Review*, Vol. 64, No. 250 (Jan., 1949), pp. 1 – 33.

官僚机构，特别是通过由教皇使节构成的外交体系得以实施，并成为约束世俗主权成长的主要力量。第五，帝国与教会为争夺基督教社会的最高权威而发生冲突，而这个冲突逐渐蜕变为两个以领土为基础的强权之间的斗争。一个以德意志和意大利南方领土为基础，一个以教皇国领土为基础，双方采取不同的方式援引其他王国的支持展开斗争。第六，基督教社会的首脑，先是皇帝接着是教皇，均声称是全人类的主人。这一点对于基督教世界的地理扩张具有很大的影响，构成了教皇亚历山大六世仲裁行为的思想基础。因此，怀特指出："如果中世纪社会提供了一个完整的国际体系范例，我对此持否定态度，那么它只是一个独特的、复杂的二元或双头宗藩国际体系。"①

封建秩序的变迁和新君主制国家的兴起极大地改变了欧洲的历史进程。从 13 世纪到 15 世纪，意大利的城市国家迅速发展，形成了一个个有实力的政治实体。15 世纪末，意大利半岛的政治主要控制在五个强大的政治实体手中。尽管这些城市国家拥有不同的历史经验和政治制度，但在他们中间发生的互动关系却已经开始出现某些近代国际关系的特性。一方面，这些城市国家为了各种利益交相攻击，战争成为国家之间的经常事务；另一方面，这些城市国家无论采用什么政体，不管是君主制还是共和制，往往都不具有封建合法性。权力的不合法性和暂时性要求这些执政者必须客观现实地应对面临的各种形势，凭借实力和灵活运用各种手段以求得国家的生存和自己统治的稳固。正是在意大利这种列国兴衰、纵横捭阖的政治环境中，产生了具有近代意义的外交。意大利各国在对外关系上对待传统基督教道德的基本态度趋向于实用性和非道德性，不再慑服于教皇的精神权威，教皇精神权力的作用在外交关系中逐渐降低，实力和利益成为解决争端的主要依据。保持均势成为各国对外政策的非自觉地现实选择。意大利的政治环境使外交关系日益重要，外交活动更加频繁，瞬息万变的形势要求各国能够及时迅速地做出反应，在这种情况下，常驻使节制度便应运而生。意大利争雄诸国的外交关系体现了整个欧洲外交发展的趋势，并且在外交实践上显示出区别于中世纪的近代因素，他们与欧洲兴起的新君主制国家之间的互动关系，更是进一步推动了欧洲近代外交体系的

---

① Martin Wight, *Systems of States*, p. 29；张乃和：《英国学派与中世纪欧洲模式研究》，第 43～50 页。

形成与拓展。

随着帝权与教权的衰落，欧洲大一统的心态益发消散，与之相映照的乃是建基于民族心态的专制主义力量迅猛发展。王权崇拜渐成为主流，基督教共同体的普世法律原则渐被抛弃。中世纪末期发展起来的新君主制国家，弊端固然不胜枚举，但是中央相对集权的新君主制国家与四分五裂的中世纪相比是一个巨大的进步，这不仅表明中世纪欧洲自身并非单一而不可分割，而且还表明中世纪欧洲在错综复杂的权利与义务的迷宫中，由于政治实体之间不存在一致性或对等性，不可能产生出正式的外交体系，而新君主制国家的兴起是向民族国家或主权国家迈出的坚实一步，从而也为国家之间建立经常性的国际交往体系奠定了基础。新君主制国家的兴起，事实加深了国家政治权利集中化的进程，在这一进程中，官僚体系、常备军、国家司法、税收系统、教会自主等国家体系的建设不断向前推进，国王渐渐成为国家的中心。[①] 这一现象促使统治者对地域统一和领土概念越发重视，传统的中世纪封建社会结构发生改变。这一时期的学者也在试图寻求一种全新的秩序形式，约束和促进国家间的关系，协调国家间的利益分配。此时欧洲政治实体间的交往法则已经逐渐偏离中世纪的轨道，早期近代国家体系的基本特征初现。

---

① 刘明翰主编，朱孝远著《欧洲文艺复兴史》（政治卷），第 120 页。

第二章　意大利半岛危机与意大利均势的破产（1494～1497）

第一节　15世纪末的意大利半岛危机

政治艺术在意大利相当发达，意大利统治者使用政治艺术的熟练程度和高超的政治手腕在欧洲久负盛名。但他们的这种才能已经发展到自我炫耀、诡计多端的境地，他们的兴趣只在于保持政权，尽可能地巩固其政权。几个世纪以来，意大利的城邦政治不可避免地暴露出政治眼光短浅、倾轧不断、缺乏内部和平的特点。16世纪以前意大利的政治生活基本上遵循着四种原则或政策传统来解决彼此之间的矛盾与冲突，即统一的思想传统（Unification）、势力均衡原则（Equilibrium）、援引外来干涉的政策传统（Intervention）和联盟原则（Confederation）。① 统一的思想在15世纪和16世纪的意大利现实政治中根本无立足之地，它大多体现在从但丁、彼特拉克②到马基雅维里等人文主义者的著作之中并熠熠生辉，它在某些时候也会成为意大利城市国家抵御外敌的政治口号，那不勒斯王国的一位政治家在面对查理八世即将入侵意大利时呼吁道："为了保持意大利及其城市国家的自由，统一意大利也许是应对所有事态的最好的灵丹妙药"③。势力均衡的原则在15世纪下半叶的意大利，仅是意大利城市国家之间一种非自觉的外交决策原则，马基雅维里在《君主论》中曾提及"意大利过去保持着一定程度的均衡状态"，城市国家时刻关注"在他们当中谁都不得夺取比现在更多的领土"。④ 援引外来干涉的政策传统是意大利政治

---

① David Jayne Hill, *A History of Diplomacy in the International Development of Europe*, Vol. II, p. 165.

② 彼特拉克（Francesco Petrarca, 1304－1374），意大利诗人、历史学家，被誉为"文艺复兴之父"，具有强烈的爱国主义思想。著有《名人传》等。

③ Felix Gilbert, *Machiavelli and Guicciardini: Politics and History in Sixteenth Century Florence*, p. 255.

④ 尼科洛·马基雅维里:《君主论》，第100、54页。

斗争中的惯用伎俩，当意大利的统治者们在发生内争而无力解决时，总要寻求半岛之外的力量支持，正是由于这种恶习，才使安茹家族和奥尔良家族对那不勒斯和米兰的领土要求常常成为突出的问题。联盟的原则充分体现出意大利政治斗争的复杂性和残酷性，这种政治关系经常是一个政治联盟让位给另一个联盟，这种互相友好又互相敌视的两面派游戏，或是两个敌对势力之间假装中立的两面手法，越来越成为意大利政治生活的特色。15 世纪和 16 世纪的意大利局势如此，其后果就是一种特殊的治国本领和外交的发展，其目标的现实性，其玩世不恭、其口是心非、其无视思想感情和道德顾忌以及其贪污腐化，在历史上都是异乎寻常的。① "阴谋、武装、联盟、行贿和背叛构成这一时期意大利的表面历史。"② 尽管洛伦佐·德·美第奇的尝试和努力得到了意大利半岛近乎普遍的赞赏和尊重，从积极方面看，传统秩序实际上得到了普遍的拥护。③ 但是意大利半岛上依然酝酿着极大的危机，城市国家之间的偏见和互不信任还是根深蒂固的，人们对城市国家之间的敌视与竞争习以为常，随着意大利发生的事情同欧洲其他地区的关系日趋密切，欧洲王室和君主宫廷对意大利的关注与日俱增，比如在争夺那不勒斯王位的不同阶段，在安茹—杜拉佐家族（Anjou - Durazzo）、安茹—普罗文扎家族（Anjou - Provenza）和阿拉贡—特拉斯塔马拉家族（Aragon - Trastamara）之间的情况就是如此。意大利的统治者们寻求同意大利和欧洲的王朝、王室建立更紧密的联系，同在意大利局势中的作用和影响都日益增长的南方国家那不勒斯缔结了许多婚姻关系，都是出于意大利现实政治和欧洲国际关系发展的需要，而阿尔卑斯山以北正在成长的新君主制国家"犹如蔬菜渴望水那般渴望权势……意大利以其富庶的城市、发达的经济和各个相对羸弱的国家，是最显而易见的权势蕴存之处，等着由一个不断成长的机体来吮吸和利用"。④

一　14、15 世纪法兰西与意大利半岛的政治关系：意大利战争探源

法兰西王国干涉意大利半岛事务的历史是非常漫长的。⑤ 有些历史著

---

① J. W. 汤普森：《历史著作史》（上卷，第二分册），第 711 页。
② 雅各布·布克哈特：《意大利文艺复兴时期的文化》，第 87 页。
③ Michael Mallett, "Diplomacy and War in Later Fifteenth - Century Italy", *Proceedings of the British Academy*, Vol. 67 (1981), pp. 267 - 288.
④ Garrett Mattingly, *Renaissance Diplomacy*, p. 118.
⑤ Robert J. Knecht, *The Rise and Fall of Renaissance France, 1483 - 1610*, p. 35.

作将这种政治关系追溯至查理大帝时代，但是严格说来，法兰西王国对意大利政治产生直接影响是从 13 世纪中叶开始的。1246 年法王路易九世（Louis IX，1226～1270 年在位）的兄弟、安茹的查理一世，通过联姻成为普罗旺斯伯爵（Count of Provence）。1271 年法兰西王室占领图卢兹伯国（County of Toulouse），改称为朗格多克省（Province of Languedoc），将其变为王室领地（the Crown Lands）的一部分，[①] 自此以后法兰西王室的势力延伸至地中海沿岸，意大利经常成为法兰西干涉的舞台。

文艺复兴史研究专家文森特·伊拉尔迪和法国学者乔治·佩罗内（Georges Peyronnet）都认为意大利战争的爆发与法国和意大利漫长而复杂的历史联系是密不可分的，[②] 佩罗内在其论文中将 14 世纪和 15 世纪法兰西与意大利的政治关系分为如下六个阶段：

1. 第一次法兰西干涉（从 13 世纪末期到 14 世纪早期）：1266 年，为了反对皇帝弗里德里克二世，在两任教皇的多次邀请之下，法王路易九世最终同意他的兄弟、安茹的查理一世（Charles of Anjou，1266～1285 年在位）征伐意大利南部的西西里王国，开启了法兰西干涉意大利事务的先河。安茹的查理打败并杀害了西西里王国国王曼弗雷德（Manfred of Sicily），在意大利南部创建了安茹王朝，意大利南部成为法兰西在地中海的桥头堡。安茹查理在南意大利的统治引起了伊比利亚半岛上阿拉贡王室的担忧。1282 年复活节后的星期一，一名法国士兵无礼调戏一位已婚的青年妇女，这一事件在巴勒莫乃至整个西西里导致了暴乱和对法国人的大肆屠杀，西西里人拥立曼弗雷德的女婿、阿拉贡的佩德罗三世（Peter III of Aragon，1276～1285 年在位）为王，"西西里晚祷战争"（War of the Sicilian Vespers，1282－1302）持续了 20 年之久。最后西西里王国的大陆部分（那不勒斯）仍由安茹家族统治，佩德罗三世控制了西西里岛，1323 年到 1324 年阿拉贡占领撒丁岛，直到 1409 年西西里岛作为一个独立的王国，

① Georges Peyronnet, "The Distant Origins of the Italian Wars: Political Relations Between France and Italy in the Fourteenth and Fifteenth Centuries", David Abulafia ed., *The French Descent into Renaissance Italy 1494 – 1495: Antecedents and Effects*, p. 29.

② Geroges Peyronnet, "The Distant Origins of the Italian Wars: Political Relations Between France and Italy in the Fourteenth and Fifteenth Centuries", pp. 29 – 53; Vincent Ilardi, *The Italian League, Francesco Sforza, and Charles VII 1454 – 1461*, pp. 129 – 166.

一直由阿拉贡王室的家族成员统治。"法国与阿拉贡在南意大利及西西里的争端，延续了很多个世代，是近代欧洲早期政治中的一个重要因素。"[1]

2. 法兰西在意大利北部的干涉（14 世纪上半叶）：为了支持安茹家族，法国的腓力三世（Philip III，1270～1285 年在位）和美男子腓力四世（Philip IV，1285～1314 年在位）都先后卷进了与阿拉贡的长期战争之中，但是与英格兰的不断冲突使得战争收效甚微。与此同时，法国在意大利北部的影响却在不断扩大，阿尔卑斯山脚下的萨伏依、皮埃蒙特的贵族们在其中发挥了重要作用，他们允许法国军队可以顺利穿过他们的领地，进入波河流域和托斯卡纳，这种良好的政治关系将在未来产生很大的影响。由于意大利半岛各城市国家内部归尔甫派（教皇派）与吉伯林派（皇帝派）的斗争激烈，为法国的干涉提供了绝佳的借口。1309 年罗马教廷移驻阿维尼翁，1349 年法兰西王室购得多菲内（Dauphiné），1375 年法王查理五世（Charles V，1364～1380 年在位）的兄弟、安茹第二王室的建立者路易一世（Louis I of Anjou）计划出兵遏制米兰公爵吉安·加莱亚佐，但是未能成行，1394 年意大利的热那亚共和国向法王宣誓效忠，法国对于意大利的影响力日趋增强。

3. 宗教大分裂时期（1378～1417）：1378 年基督教世界分裂为两个阵营，分别支持罗马教皇和阿维尼翁教皇。支持克莱门特七世（Antipope Clement VII，1378～1394 年在位）的有：那不勒斯王国、法国、西班牙、萨伏依等，帝国及其他地区承认乌尔班六世（Pope Urban VI，1378～1389 年在位）。在意大利南部，1380 年克莱门特七世迫使那不勒斯女王乔安娜一世（Joan I，1343～1382 年在位）接受安茹的路易为养子并且为王位继承人，但是这必然引起乌尔班六世的反对，他将那不勒斯王位授予了安茹家族的另一支杜拉佐的查理三世（Charles III of Durazzo），最终查理控制了那不勒斯，安茹家族内部为争夺那不勒斯王位进行了长期战争。在意大利北部，1387 年法王查理六世（Charles VI，1380～1422 年在位）的兄弟、图赖讷的路易（Louis of Touraine，1392 年成为奥尔良公爵）与米兰公爵吉安·加莱亚佐的女儿瓦伦蒂娜·维斯孔蒂联姻，接受意大利西北部城市阿斯蒂作为陪嫁。但是由于英法百年战争的影响和阻碍，意大利北部的形势更为复杂了，法国的奥尔良家族和勃艮第公国在意大利北部与米兰

---

[1]　C. 沃伦·霍莱斯特：《欧洲中世纪简史》，陶松寿译，商务印书馆，1988，第 232 页。

公国甚至法国王室内部不断博弈，谋取世袭领地的扩大。在这个过程中，在意大利半岛保持势力均衡逐渐成为法国王室的主要政策。

4. 查理七世时代（1422～1461）：对于查理七世而言，英法百年战争时期的法国无暇顾及意大利半岛。1421 年热那亚转而臣属佛罗伦萨，同年米兰征服热那亚。1424 年查理七世与米兰结为防卫联盟，以便于法国在伦巴第征募雇佣军以及马匹。那不勒斯的王位继承在乔安娜二世去世后发生了重要变化，阿拉贡国王阿尔方索五世（Alfonso of Aragon，1416～1458 年在位）利用各种机会，最终在 1443 年获得了教皇的册封，成为那不勒斯国王（Alfonso I，1442～1458 年在位），至此意大利南部悉归阿拉贡王室统治。安茹的勒内（René of Anjou）退守至普罗旺斯。阿拉贡王室统治下的那不勒斯王国（包括西西里岛）扼守通往威尼斯、热那亚和法国的重要商路，获得了商业优势，控制了东西地中海的重要枢纽，这一点对于基督教世界重新赢得耶路撒冷和君士坦丁堡是非常关键的，也是以后意大利战争冲突的根源之一。随着查理七世在英法百年战争中逐渐取得优势，意大利又重新进入法国的视野。1447 年米兰公爵菲利波·马利亚·维斯孔蒂病死，米兰公爵爵位的继承问题成为各方角逐的焦点。安茹的勒内进行了一次不成功的远征，[①] 不久查理七世公开承认弗朗切斯科·斯福查为米兰公爵，这一举动暂时搁置了法国国内对于米兰问题和那不勒斯问题的关注，[②] 意大利半岛则形成了主要城市国家之间的均势，而查理七世与儿子路易之间的矛盾却因为勃艮第问题和国内权力斗争而日渐加深，甚至到了兵戎相见的地步。

5. 路易十一时代（1461～1483）：路易十一在没有即位前的意大利政策是主动参与和富于攻击性的，但是在即位之后，由于国内面临勃艮第公国的强势挑战和其他的问题，他的意大利政策趋于缓和。1463 年法国与米兰结为同盟，法国同意放弃热那亚，作为交换，米兰则放弃了对萨伏依的威胁，事实上承认了意大利半岛上的力量平衡。路易十一的政策转向遭到了安茹的勒内和奥尔良公爵的强烈反对，导致部分贵族势力与勃艮第的阴谋叛乱，借助于米兰的支持，路易十一最终平定了叛乱。米兰与法国的联盟是路易十一的意大利政策的基础，"意大利平衡"得到了他某种程度

---

① Vincent Ilardi, *The Italian League, Francesco Sforza, and Charles VII 1454–1461*, pp. 129–166.

② Kenneth M. Setton, *The Papacy and the Levant*（*1204–1571*），Vol. II, p. 155.

的默许。1481 年，法国作为协议一方，参与了意大利联盟的重新续订。同年安茹家族的曼恩的查理（Charles of Maine）死去，路易十一继承了他的权利。路易十一要比他的前任更具有远见，他并不积极支持王室家族的所谓继承权利和直接的干预政策。他建立了一套对法国更为有利、更能体现法国利益的仲裁机制，在"意大利平衡"中扮演仲裁者的角色，进一步巩固了法国对于身处战略要地的萨伏依的控制，而且一直延伸至阿斯蒂。另外，通过路易十一的努力，法国与意大利半岛之间的商业往来不断扩大，意大利的财富不断流入法国的里昂，这对于百年战争后的法国经济恢复是很重要的资金支持。路易十一时代的法国，吸引了大批来自意大利的技术工人和精通军事项目的工程师。在很大程度上，意大利半岛对于法国的好感和支持也是得益于路易十一的这些政策，意大利的印记在他的宫廷里随处可见，意大利式的外交风格也极大地影响了路易十一的外交方式。①可以这么说，路易十一与意大利半岛的政治关系具有强烈的意大利色彩。密切注视着路易外交战的米兰使节马雷塔说他"活像一位一直住在意大利并在意大利养育起来的国王"。②

6. 查理八世统治前期（1483～1494）：路易十一去世时，即位的查理八世年幼，由其姐姐安娜·德·博热摄政。在查理八世统治的前期，布列塔尼危机是王室面临的一个主要问题，通过战争和联姻，布列塔尼最终臣服于法兰西王室，而国内的稳定与和平将成年的查理八世的注意力转向了意大利。早在 1491 年，查理八世就表达了远征那不勒斯的意愿，他并不满足于作为意大利半岛的仲裁者，更愿意对意大利采取主动的方式，通过一系列的前期外交准备，1494 年查理八世在中世纪骑士神话和十字军精神的鼓舞以及意大利政治流亡者的鼓噪之下，借口对那不勒斯的领土要求，应邀率领一支强大的法国军队跨越阿尔卑斯山侵入意大利半岛。

对于 14 世纪和 15 世纪法兰西与意大利半岛的政治关系的考察，我们可以得出这样一个结论：自 13 世纪以来，通过家族权利的实现、王朝的政治野心以及阿尔卑斯山南北两侧紧密的文化、商业联系，法兰西王国一直是影响意大利半岛政治发展的重要因素。

---

① Harold Nicolson, *The Evolution of Diplomatic Method*, p. 31.
② 波将金等合编《外交史》（第一卷，上），第 244 页。

二　意大利半岛的政治危机

意大利文艺复兴时期的城市国家不同于北方国家，这种差异在一定程度上是以下两个政治事实的直接结果：第一，德意志神圣罗马帝国从 10 世纪到 13 世纪吞并了意大利；第二，教皇统治着横贯亚平宁半岛中部的教皇国。①

15 世纪下半叶，意大利的政治现实是城市国家林立且相互竞争，政治、商业、家族和其他利益将大大小小的城市国家紧密地联系在一起，它们之间经常性的互派使节，这种日渐制度性的外交交往方式极大地提升了城市国家之间的关系，形成了一种既相互联系又彼此牵制的多边关系。② 外交使团、谈判和协定成了军事力量的不可缺少的补充方式。但是外交方式的改变，并不能提升城市国家彼此的互信，相反却进一步使彼此之间产生更多的隔阂。他们按照自己的政治利益而采取行动，他们守信或背信，履约或弃约，宽大或无情，直截了当或躲躲闪闪，媾和或侵略，全以他们对自身政治需要的判断为转移。随着各主要城市国家内部的政治发展，意大利半岛出现了新的政治危机，而危机的不断蔓延最终导致了法国的入侵。

尽管意大利城市国家之间的平衡在 15 世纪下半叶基本得到了维护，但是表面的平静难以掩饰意大利政治的动荡和困难，极其微不足道的行为都可能导致一场足以颠覆均势的政治危机。这场危机的直接导火索就是米兰公国内部的权力之争。

米兰—佛罗伦萨—那不勒斯同盟是"意大利平衡"的基石，③ 为了巩固米兰和那不勒斯之间的关系，尚未成年的米兰公爵乔万·加莱亚佐·斯福查（Giovan Galeazzo Sforza）与那不勒斯国王费兰特的孙女伊萨贝拉（Isabella of Aragon）结婚，可是米兰的实际统治权却掌握在其叔父、米兰摄政洛多维科·斯福查（绰号"摩尔人"）的手中。洛多维科以侄儿无能力统治米兰为由，拒绝在其成年时交出权力，这引起了伊萨贝拉的极大不满，她一再向其祖父和父亲抱怨，要求那不勒斯帮助其丈夫恢复权力，她

---

① Wallace K. Ferguson, "Toward the ModernState", *Renaissance Studies*, No. 2（London, Ontario：Univ. of Western Ontario, 1963）, pp. 147 – 148.

② 周桂银：《欧洲国家体系中的霸权与均势》，第 14 页。

③ Kenneth M. Setton, *The Papacy and the Levant*（*1204 – 1571*）, Vol. II, p. 448.

的父亲、那不勒斯王位继承人卡拉布里亚公爵阿尔方索也一直暗中盘算米兰公国的爵位（菲利波·马利亚·维斯孔蒂在一份遗嘱中指定阿尔方索的祖父为继承人①），然而迫于大局考虑并没有让那不勒斯轻举妄动。

权力的角逐直接导致米兰与那不勒斯关系的恶化；威尼斯和那不勒斯是亚得里亚海上竞争的主要对手，威尼斯竭力想取得阿普利亚的几个港口；罗马贵族在那不勒斯的封地遭到王室的排挤和压制，引起罗马教廷的不满，而且费兰特每年按例向教皇赠送白色坐骑一匹，以示他的藩属关系，但拒绝缴纳封地租金，1489 年 9 月 11 日教皇英诺森八世（Pope Innocent VIII，1484～1492 年在位）颁布敕令，剥夺费兰特的那不勒斯王位，转赐予法国的查理八世，1492 年教皇又撤销了敕令，② 这就为以后的冲突埋下了伏笔。

1492 年伟大的洛伦佐去世，"对意大利而言，他的去世确实不合时宜，不仅因为是他在努力维持意大利共同安全，而且因为在洛多维科·斯福查和费兰特之间时常发生的矛盾和怀疑中，他的调解作用实际上就像马的缰绳那样。"③ 1492 年 7 月，英诺森八世去世，接替他的是西班牙博尔贾家族的罗德里戈·博尔贾（Roderic de Borja），是为亚历山大六世，"这是一个全欧舆论和所有历史学家都认为罪大恶极的人。"④ 在他任教皇期间，"他把新的冷酷和野心纳入教皇职权中，并且把新的劣性引入意大利的政治舞台。"⑤ 亚历山大六世的当选导致阿斯卡尼奥·斯福查枢机主教（Ascanio Sforza，洛多维科·斯福查的兄弟）与其政治宿敌朱利亚诺·德拉·罗韦雷枢机主教（Giuliano della Rovere，前任教皇西克斯图斯六世的侄子、以后的教皇尤利乌斯二世）之间的利益冲突进一步激化。阿斯卡尼奥·斯福查在亚历山大六世参选教皇的过程中鼎力相助，⑥ 获得了亚历山大六世的器重并委以重任，而获得那不勒斯支持的朱利亚诺·德拉·罗韦雷参选教皇失败，其辖地利益遭到了新任教皇的不断侵扰，人身安全受到了严重的威胁，在不得已的情况下逃往法国求援。

---

① A. M. F. Robinson，"The Claim of the House of Orleans to Milan"，*The English Historical Review*，Vol. 3，No. 3（Jan.，1888），pp. 34 - 62.

② *The Papacy and the Levant*（*1204 - 1571*），Vol. II，pp. 394 - 398.

③ Francesco Guicciardini，*The History of Italy*，p. 9.

④ 伏尔泰著《风俗论》（中册），梁守锵等译，商务印书馆，2000，第 408 页。

⑤ 保罗·斯特拉森：《美第奇家族——文艺复兴的教父们》，第 181 页。

⑥ Kenneth M. Setton，*The Papacy and the Levant*（*1204 - 1571*），Vol. II，pp. 432 - 433.

"美第奇家族是（佛罗伦萨）运转顺利的政治核心组织的核心，这需要不断地思考：酬谢、重要职位、贿赂——所有这些，必须有规律地与机智和审慎一起被利用。"[1] 显然皮埃罗·德·美第奇缺少这样的能力，他没有学到父亲在处理国内各派势力和潜在的国外敌对势力关系方面所具备的机智与干练。在他的亲戚维尔吉尼奥·奥尔西尼（Virginio Orsini）（奥尔西尼家族是罗马的强势家族之一，在宗教权力机构中很有势力，家族成员长期任大主教，而且出了一位教皇。美第奇家族与奥尔西尼家族在1469年结为姻亲。皮埃罗的母亲和妻子均来自奥尔西尼家族）的劝诱之下，皮埃罗采取了亲近那不勒斯的政策，这势必引起时刻警觉的洛多维科的极大怀疑。佛罗伦萨与那不勒斯的实际联盟事实上破坏了意大利平衡，米兰日益感到威胁的来临。

热那亚的弗兰切斯凯托·西博（Franceschetto Cibo）是教皇英诺森八世的私生子，是皮埃罗的妹夫，他拥有罗马附近的安圭拉腊（Anguillara）、切尔韦特瑞（Cerveteri）和很多处城堡。在英诺森八世去世后，弗兰切斯凯托逃亡佛罗伦萨避难。他以4万杜卡特的价钱将其领地卖给了维尔吉尼奥·奥尔西尼，而很大一部分钱是来自那不勒斯国王费兰特的资助。[2] 费兰特希望能借此机会扭转那不勒斯与教皇国关系的不利现状。由于阿斯卡尼奥·斯福查与亚历山大六世的良好关系，费兰特也有理由相信米兰在教皇国拥有很大的影响力。弗兰切斯凯托私自处理领地的行径、费兰特拒绝教皇为其子提出的联姻要求招致了亚历山大六世的强烈不满，更加引起了米兰的不安。正是因为意大利各城市国家内部权力的更迭，过去的利益版图发生了微妙的变化，必要的调整也是在所难免。但是米兰的摄政洛多维科将事态的发展看得过于严重，加之自身的权力缺乏合法的依据，他必须采取措施来补救。经过深思熟虑，他决定寻找新的支持和联盟，威尼斯首先进入了他的考虑范畴。

意大利联盟在某种意义上而言就是针对威尼斯的，一直以来威尼斯希望能够瓦解这个联盟，米兰的提议正好符合威尼斯的心意。1492年1月24日，教皇、威尼斯和米兰等城市国家缔结防卫同盟协议，协议规定威尼斯和米兰分别向教皇提供200名重骑兵，以守卫教皇国和教皇的安全。

---

[1] 《美第奇家族——文艺复兴的教父们》，第182页。

[2] Francesco Guicciardini, *The History of Italy*, p. 15; Kenneth M. Setton, *The Papacy and the Levant* (1204 - 1571), Vol. II, p. 437.

如有需要将增兵占领维尔吉尼奥·奥尔西尼夺取的城堡。[1] 1493 年夏，见势不妙的费兰特匆忙与亚历山大六世达成和解，亚历山大六世同意赦免维尔吉尼奥·奥尔西尼，并以 35000 杜卡特的代价将安圭拉腊、切尔韦特瑞等地作为教皇世袭采邑赐封给奥尔西尼，但是费兰特的举动并没有减少双方的矛盾。[2] 1494 年 1 月费兰特去世，更加激进的卡拉布里亚公爵阿尔方索即位，是为阿尔方索二世（Alfonso II，1494～1495 年在位）。意大利半岛的政治平衡被两个不稳定的政治联盟所破坏。可是洛多维科的恐惧并未因此而减少，"国内异己的威胁、威尼斯的野心、佛罗伦萨的猜疑、阿尔方索的愤怒以及法国奥尔良家族对米兰的继承要求"[3]，迫切需要洛多维科采取极端措施。于是其在 1494 年 4 月公开宣称自己是法国的盟友和支持者，[4] 分散法国对维斯孔蒂家族遗产的注意力，鼓动法王查理八世出兵远征那不勒斯，从此"走上一条与法国结盟的极其危险的道路"[5]。

第二节　教皇国与教皇政治

教皇国是意大利城市国家体系中地位最为独特的一支政治力量。它的历史发展及其在意大利半岛的地位比较特殊，因此有必要回顾教皇国的发展历史，这样才能更好地去理解在意大利战争中教皇的利益诉求和教皇国的独特历史作用。

一　教皇国的历史

教皇国的形成和发展是一段非常复杂而曲折的历史过程。在基督教历史的早期，教会处于非法状态，直至罗马皇帝君士坦丁大帝在位时期方给予基督教合法地位。在此之后，由于罗马皇帝和贵族的捐赠，基督教会的财产得以飞速增长。君士坦丁大帝将拉特兰宫赠给教会，这成为教会最早收到的一笔重大捐赠。除了房产之外，在意大利本土及罗马帝国各行省，捐赠给教会的地产和财富也不断增加。不过，教会是作为私人领主占有这

---

[1] *The History of Italy*, pp. 19 - 20.

[2] *The Papacy and the Levant* (*1204 - 1571*), Vol. II, p. 442.

[3] John S. C. Bridge, *A History of France from the Death of Louis XI*, Vol. II, p. 40.

[4] G. R. 波特主编《新编剑桥世界近代史》（第一卷），第 495 页。

[5] 路易吉·萨尔瓦托雷利：《意大利简史——从史前到当代》，第 297 页。

些土地的，并不拥有这些赠土的主权。4 世纪主教制出现以后，罗马主教"在罗马教会界定和东罗马帝国教会关系的过程中"① 逐渐实现了其在基督教会中的首要地位，开始凌驾于其他教区，仲裁或干预其他教区事务。"中古西欧教皇地位的发展在很大程度上是把关于罗马主教首要地位的理论扩展到罗马和西欧其他地方主教关系上去的一个过程。"② 根据中世纪正统神学的解释，教皇权力的神学依据是《圣经》中的一段话，耶稣说："我要把我的教会建造在这磐石上……我要把天国的钥匙给你，凡你在地上所捆绑的，在天上也要捆绑；凡你在地上所释放的，在天上也要释放。"③ 5 世纪教皇的权力要求仅仅具备了理论的形态，在西欧的政治实践过程中仍存在着许多难以逾越的障碍。

公元 7 世纪至 8 世纪上半期，在意大利半岛上存在着东罗马帝国、伦巴第人和教皇三股势力。虽然此时的教皇在名义上还要臣服于拜占庭皇帝，但是罗马教会作为意大利最大的土地所有者，再度对拜占庭势力所不及的罗马城周围地区展开统治，并利用军事、外交手段来抵抗伦巴第人的进攻。在罗马教会的努力下，伦巴第人停止南下，转而集中攻打亚平宁半岛北部以拉文纳城为核心的拜占庭总督辖区。728 年，伦巴第国王柳特普兰德（Liutprand, King of the Lombards, 712～744 年在位）与教皇格里高利二世（Pope Gregory II, 715～731 年在位）在罗马城 50 公里外的苏特里（Sutri）达成协议，将拉丁地区的一些乡村和城镇捐献给罗马主教，这是教皇领土的第一次扩充，史称"苏特里捐赠"（Donation of Sutri），这些土地（被称为"Patrimonium Petri"，即"圣彼得的遗产"）成为教皇国的立国基石。

751 年，拜占庭在意大利的领土最终全部沦丧，落入伦巴第人之手。罗马地区（此时已经发展为罗马公国）彻底切断了和拜占庭帝国的联系。教皇斯蒂芬二世（Pope Stephen II, 752～757 年在位）通过向法兰克人领袖"矮子"丕平（Pepin the Short, 751～768 年在位）寻求支持，从而解除了伦巴第人的威胁。斯蒂芬二世采取了一系列向丕平示好的行动，包括批准后者废黜墨洛温王朝末代国王而自立为王，授予丕平为罗马贵族。作为回报，丕平率军在 754 年进入意大利。在以后的两年中，他平定了意大利中部和北部的许多地方，然后将其作为对教会的奉献赠送给罗马教皇。

---

① 彭小瑜：《教会法研究——历史与理论》，第 172 页。

② 彭小瑜：《教会法研究——历史与理论》，第 175 页。

③ 《圣经·马太福音》16：18 – 19。

781 年，丕平的儿子查理大帝宣布教皇为这些地区的世俗统治者。丕平奉献的土地包括拉文纳的原拜占庭总督辖区，中意大利五城（Pentapolis）地区——由西向东依次里米尼（Rimini）、佩萨罗（Pesaro）、法诺（Fano）、塞尼加利亚（Senigallia）和安科纳（Ancona），贝内文托公国、托斯卡纳、科西嘉、伦巴第的一部分以及其他一些意大利城市。"丕平献土"（Donationof Pepin）扩大了教皇的统治区域，使之与"圣彼得的遗产"相连，这就是教皇国（the Papal States），或称教皇辖地的基础。为了确立教皇国的法理地位，以及打消丕平的继承人日后利用这一献土行为来控制教廷的可能，罗马教廷在 750 年至 850 年伪造了一份被称为"君士坦丁赠礼"（Donation of Constantine）的文献，试图宣布教皇国所拥有的土地是在公元 4 世纪时由罗马皇帝君士坦丁一世（Constantine I，324～337 年）奉献给罗马主教西尔维斯特一世（Pope Sylvester I，314～335 年在位）的。该文献说，君士坦丁大帝在西尔维斯特一世通过祈祷为其治好麻风病后接受了洗礼，并在受洗后的第四天就决定将帝国都城罗马捐赠给基督教会，并在博斯普鲁斯海峡旁的拜占庭营建新都。该文献还断言，君士坦丁大帝不仅向罗马主教捐赠了意大利中部地区，而且捐献了整个罗马帝国的西半部领土，并授予教皇及其后任者对其进行世俗统治的权力。[①]

　　罗马教会和法兰克人的合作在 800 年达到了顶峰。罗马教会宣称，罗马皇帝的名义在希腊人那里已经不存在了，因此罗马教皇、所有的主教、法兰克元老院和罗马城的所有长老经过商议，决定把法兰克国王加冕为皇帝，使罗马帝国永远传承下去。800 年，教皇利奥三世（Pope Leo III，795～816 年在位）将查理大帝加冕为"受上帝委托统治罗马帝国的伟大皇帝奥古斯都陛下"，神圣罗马帝国诞生（此时尚无"神圣罗马帝国"的国名，至康拉德二世时始称"罗马帝国"，至腓特烈一世时，为了与"神圣罗马教会"的名称相抗衡，方始称"神圣罗马帝国"）。利奥三世通过为查理大帝加冕，使罗马教会（及其领地）摆脱了臣服于东罗马皇帝的从属地位。从此之后，罗马教皇成为西方基督教世界的最高宗教领袖。

　　不过，虽然 800 年的法兰克帝国御玺上写着"罗马帝国的再生"的字

① 彭小瑜：《教会法研究——历史与理论》，第 21～22 页；米辰峰：《瓦拉批驳〈君士坦丁赠礼〉的学术得失》，《史学月刊》2006 年第 3 期，第 98～103 页。

样，但是此后由罗马教会所加冕的历代神圣罗马皇帝不再像东罗马皇帝那样是基督教会的主宰，神圣罗马皇帝也不再像东罗马皇帝那样可以插手干预教会事务（甚至废黜罗马主教）。相反，教皇可以干涉世俗事务，通过将皇帝革除教籍的方式插手政务，此外，在罗马教会所拥有的意大利中部地区的土地上，教皇也成为不折不扣的世俗君王。以"圣彼得遗产"和"丕平献土"为基础，罗马教廷的领地不断扩大。817 年以前，在南部，教皇国得到了斯波莱托（Spoleto）公国的部分土地；在北部，得到费拉拉、博洛尼亚、博尔塞纳（Bolsena）以及东部的安科纳（Ancona）等地。从 10 世纪起，教皇国的声望因一系列事件而下降。首先，从 903 年到 963 年的这段时期里，教皇的政令只能在罗马城周边地区施行。其次，教皇国延续了伦巴第王国的封建体系，在教皇的领地上有许多伯爵和侯爵的封建采邑，他们都是几近独立状态的领主。到 10 世纪中叶，日耳曼王奥托一世征服了北意大利的领土。教皇约翰十二世（Pope John XII, 955～964 年在位）将其加冕为神圣罗马皇帝。作为回报，奥托颁布了"奥托法令"（Diploma Ottonianum），确认"丕平献土"，承诺维护教皇国的独立。[1] 这样，教皇国就获得查理大帝于 817 年前后和奥托大帝政府北意大利之后的两次"赠予"，不仅如此，1086 年和 1102 年教廷又在名义上获得了全部的托斯卡纳地区[2]，并利用战争之机于 1201 年和 1209 年两次扩大教产，1274 年神圣罗马帝国皇帝鲁道夫一世（Rudolf I, 1273～1291 年在位）正式承认其独立。1309 年教廷北迁阿维尼翁，教皇国处于一种无序状态，教皇国各辖地纷纷建立家族专制统治。1353 年教皇使节阿尔沃诺斯主教（Cardinal Albornoz）受命返回教皇辖地，试图重建教皇国统治秩序。1357 年 4 月，经过一系列军事斗争和外交谈判，阿尔沃诺斯主教颁布了《埃基迪安宪章》（Egidian Constitutions），这成为教皇国一份重要的宪章性文件，发挥效力达数个世纪之久，直到 1816 年才被正式废除。宪章规定：教皇国分成斯波莱托公国、安科纳边地侯国、罗马涅（Romagna）、"圣彼得的

---

[1]　Joseph Canning, *A History of Medieval Political Thought*, *300－1450*, p. 75.

[2]　托斯卡纳女伯爵玛蒂尔达（Matilda of Tuscany）曾两次表示愿意将包括佛罗伦萨、卢卡、皮斯托亚、比萨、锡耶纳和阿雷佐等地在内的托斯卡纳公国赠送给罗马教廷，这是教皇国历史上第二次大规模地扩增土地。后来，由于女伯爵去世时另立遗嘱将土地赠予神圣罗马帝国皇帝，所以为了这块土地，皇帝与教皇斗争达一个世纪之久。最终托斯卡纳归属教廷。

遗产"、坎帕尼亚和沿海地区（Campagne and Maritime Province）五个由教区官长（rector）管辖的行省；任何皇帝、国王、诸侯或贵族及其近亲不能被选作教皇国内任何地方的教区官长或地方行政长官；任何人都不得在其出生或居住的城市担任官职；教区官长或地方行政长官任期不超过六个月，卸任两年之后才能在辖地再度出任现职；组成教皇国的各个政治单元不得结成任何同盟。① 这份文件影响深远，成为日后各方伸张权益的重要依据。到文艺复兴时期，教皇国的领土获得大幅扩充，属于教皇国的地区自北向南，包括拉文纳、蒙特费尔特罗伯国（Montefeltro，自 1375 年起）、安科纳边地侯国、斯波累托公国及"圣彼得的遗产"，成为意大利的五大强邦之一。②

但是，教皇对其大多数领地的统治仍是有名无实的，教皇国下属的众多城市依然控制在当地的世袭家族手中，直至 16 世纪，教皇才得以直接统治教会名义下的所有地区。从严格意义上来讲，中世纪和文艺复兴时期的教皇国并不能被视为一个真正的国家，而是若干个各自以教皇为最高领主的封建城邦或小国的松散组合。有些城邦拥有自己的次一级领主，有些城邦（比如罗马）则没有。大体来讲，教皇同这些小邦之间的关系，类似于其他西欧国家中封建国王与自由市镇之间的关系。由于没有世俗君主与之竞争，教会成为这些城邦的最高权威。

二　刀剑与十字架：文艺复兴时期的教皇与家族政治

14 世纪以来，西欧的一个重要的历史现象是领地的集中与统一，在这个"集合"的过程中，法兰西、西班牙和英格兰形成了权力相对集中的新君主制国家，而在意大利半岛上，城市国家的扩大也适应了这种历史发展的潮流，教皇国就是在这个过程中形成的几个较大的意大利强权之一。"15 世纪的特殊发展之一，是教皇政权作为意大利化了的世俗权力而出现。"③

到了文艺复兴时期，一方面，教皇的精神势力已经低落至极。经过

---

① 沃格林：《政治观念史稿》（卷四·文艺复兴与宗教改革），第 39～40 页。

② Francesco Guicciardini, *The History of Italy*, pp. 140－145；David Chambers, *Popes, Cardinals and War: the Military Church in Renaissance and Early Modern Europe*, pp. 4－8；刘明翰主编，刘新利、陈志强著《欧洲文艺复兴史》（宗教卷），第 110 页。

③ 赫·赫德、德·普·韦利：《意大利简史》，第 158 页。

"阿维尼翁之囚"的长期羞辱，教会才重新抬起头来，并且悲哀地认识到，只要欧洲的君主，尤其法国国王的地位稳固，则对任何事务甚至精神事务实施干预，都免不了危险。而另一方面，罗马帝国的兴衰，使得意大利出现了政治真空，暴虐的小君主国纷纷出现。教皇国作为相对稳固的政治实体，正可以向弱小邻邦施加外交与军事压力。这些情况自然促使文艺复兴时的教皇一心在于提升世俗权力，专务扩张，其考虑的问题和关注的对象与世俗统治者别无二致，[①] 因此难免受到世俗潮流的同化，而忽视其更广泛的精神责任。

从 1421 年教皇马丁五世（Pope Martin V，1417～1431 年在位）回到罗马之时起，罗马教廷即致力于将在教皇宗主权控制下的整个意大利领土，重新置于教廷直接统治之下。[②] 重组教会的管理体制，运用人文主义和艺术在象征性的领域树立起教皇的优势，解决诸如异教、土耳其的推进和公会议至上主义运动等外来的威胁，同时再次强调罗马教会在意大利中部的权威性。为了实现这些目标，马丁五世之后的历代教皇利用手中基督教世界的最高精神统治权，依靠家族的帮助以及由此建立起来的家族网络，不遗余力地试图恢复教皇国的所谓故土，使教皇的权力在整个教皇国获得一定程度的承认，恢复教皇国的秩序与繁荣。在虔诚的基督徒心中，教皇不再是基督的使者，而是一位世俗的统治者。他可以依靠自己的亲属来扩大自己的权威，可以肆意褫夺教权和开除教籍，将裙带政治变成一门高明的艺术。裙带政治即是家族政治，很长时间以来，罗马的名门望族，诸如奥尔西尼、科隆纳和其他强大家族主导着教廷的方方面面，控制着教皇的选举，每次选举教皇以后，教廷的政策就会遭受一场巨大的变革。教皇成为意大利的众多统治者之一，这是"欧洲政治变革产生的最引人注目的后果之一。教皇原来抱有成为基督教会一切争端的仲裁者的奢望已变得比较现实、比较世俗化了，以确保对意大利中部的统治权"。[③] 同时教皇的国际地位和他与国际其他力量的联系又使得他经常援引意大利半岛以外的力量干涉意大利事务。

圭恰迪尼在其名著《意大利史》中，描绘了教皇们回到罗马以后一段

① Winfried Franke, "The Italian City - State System as an International System", in *New Approaches to International Relations*, pp. 426 - 459.

② G. R. 波特主编《新编剑桥世界近代史》（第一卷），第 490 页。

③ 乔治·霍兰·萨拜因：《政治学说史》（下册），第 391 页。

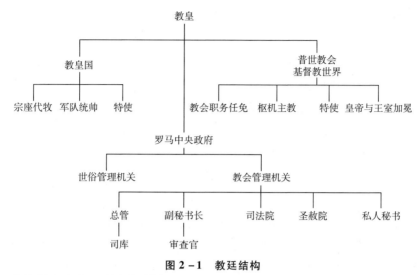

图 2 - 1　教廷结构

资料来源：杰弗里·帕克编《博尔贾宫廷：布尔夏德日记选（插图本）》，蒋焰译，吉林出版集团有限责任公司，2016，第 13 页。

时期的情况："他们逐渐忘记了灵魂的拯救和神圣的训诫，醉心于尘世的繁华。如若不是因为世俗行政上的需要，他们已不再使用精神的权威。他们的出现更像是世俗君主，而非教皇。……他们关心的是军队和同天主教徒进行的战争。他们积累财富，并通过新的法律、新的技巧和新的圈套来敛财，为达此目的不知羞耻地出卖神圣的和亵渎上帝的东西。与巨额财富相随的是奢华、排场、追求色欲和其他可恶的嗜好。不再关心他们的继承人，不再想教皇永恒的尊严，而是怀着瘟疫般的野心，不仅渴望着无节制的财富，而且渴望着世俗的君主权力，要为他们的儿女、侄子和亲戚谋取利益。他们不再把重要的职务分配给有功劳和德行的人，而是几乎总是以高价出卖，或是给那些怀着野心、贪婪和贪图享乐的人。由于他们的所作所为，教皇的尊严已在人们的心中消失殆尽，他们之所以还能部分地在名义上维持下去，是由于宗教仍然强大和有效，以及他们还有对大国君主、对周围强有力的人有授予职务和神职人员特权的能力。因此，……刺激他们的贪婪，提升他们亲属的世俗权力，长期以来常常是在意大利诱发战争和挑起战火的原因。"①

　　近年出版的《欧洲文艺复兴史》（宗教卷）将罗马教皇确立和加强教

---

① Francesco Guicciardini, *The History of Italy*, pp. 149 - 150.

皇领地权力集中的措施总结为以下几点。

1. 通过提拔家族成员及重用亲信形成以教皇为首的教廷权力中心。文艺复兴时期的教皇权力几乎是几个强大家族势力的世袭权力，家族政治几乎是教皇政治的代名词。西克斯图斯四世弗朗切斯科·德拉·罗韦雷（Francesco della Rovere）一方面致力于将所有教皇领地归置教廷治下，另一方面为此目的给自己的侄子（其实是其私生子）委任了重要职位，与其他意大利城市国家缔结外交联姻以巩固家族权利。英诺森八世时期的教皇政权的世俗化继续发展，促成佛罗伦萨美第奇家族与罗马奥尔西尼家族的联姻。亚历山大六世的家族性表现得更为充分，其亲戚和亲信遍插于罗马城内的各种教廷机构。在教皇领地的集中过程中，家族政治所起到的作用犹如世俗宫廷内部的廷臣，他们不仅为教皇出谋划策，而且对地方的分离势力发挥着一定程度的抗衡作用，当然，家族政治并非意大利的个别现象，中世纪的欧洲盛行家族政治。意大利战争初期，教皇的利益需求与教皇国的发展方向是基本一致的。

2. 保证和增加财政收入。教皇国的财政收入是确保教廷正常运转的重要保障，教皇领地每年向教廷缴纳赋税，因此教皇领地上的领主割据构成了教廷生存的重大威胁。在消除领主割据局面的同时，教廷必须在原有的传统赋税收入的基础之上，建立一种分支甚广的赋税体系，用以满足其财政需要。大部分教皇的主要办法是出售圣职和兜售赎罪券，这种明目张胆掠取财富的行为导致罗马教廷与欧洲其他世俗政权关系的持续恶化，也引起了宗教虔诚人士的激烈抨击。

3. 修建基督教世界的首都。这是重新回归罗马的教廷最重要的加强权威的措施。通过大力支持城市基础设施的建设和奖掖艺术活动，重振罗马教廷的声威，恢复教皇的至高权威和领袖地位。教皇尼古拉五世（Pope Nicholas V，1447～1455 年在位）对此直言不讳，他说应该通过精神文化活动，而不应用任何武力去完成整顿教会，强化教皇权力的任务。

表 2-1　意大利战争时期的教皇

亚历山大六世（1492～1503 年在位）	前任枢机主教、教皇加里斯都三世（Pope Calixtus III，1455～1458 年在位）的侄子
庇护三世（1503 年 9 月 22 日～10 月 18 日）	前任枢机主教、教皇庇护二世（Pope Pius II，1458～1464 年在位）的侄子

续表

尤利乌斯二世（1503～1513 年在位）	前任枢机主教、教皇西克斯图斯四世（Pope Sixtus IV, 1471～1484 年在位）的侄子
利奥十世（1513～1521 年在位）	前任枢机主教、伟大的洛伦佐（Lorenzo the Magnificent）的儿子
阿德里安六世（1522～1523 年在位）	前任枢机主教、神圣罗马帝国皇帝查理五世的家庭教师
克莱门特七世（1523～1534 年在位）	前任枢机主教、教皇利奥十世的堂弟
保罗三世（1534～1549 年在位）	前任枢机主教、其妹妹朱莉娅·法尔内塞（Giulia Farnese）是教皇亚历山大六世的情人
尤利乌斯三世（1550～1555 年在位）	前任枢机主教
马尔塞鲁斯二世（1555 年 4 月 9 日～5 月 1 日）	前任枢机主教
保罗四世（1555～1559 年在位）	前任枢机主教

资料来源：Gerard Noel, *The Renaissance Popes: Statesmen, Warriors and the Great Borgia Myth*, New York: Carrol&Graf Publishers, c2006, pp. 349 – 350.

文艺复兴运动展开以来，罗马教会和教皇国的重建、振兴与发展经历了大概是基督教会史上宗教信诚与世俗现实矛盾冲突最为激烈的时期。文艺复兴时代的每一位教皇，其登上圣座的前提都取决于枢机主教团可能获得的切实可见的利益，或财物，或官衔，或土地，或人情，等等，[①] 他们当中有人沉湎于声色犬马，有人致力于攻城略地，有人垂青于人文艺术。呼吁对教会进行改革、要求召开宗教会议、根除异端、反对土耳其人、重建和平，这些是罗马教会经常谈论的，但谈论这些问题时都会附带谈一些更为具体的问题，如对薪俸和特权的要求，以及对家族利益的关照。罗马教会确实已经变得腐败，不过放眼欧洲的众多世俗统治者，在他们身上也不乏这些被后世所诟病的腐败，这是那个时代的风气与精神，人们过分地渲染教皇的腐败实为"树大招风"之故。教皇国如何能够在世俗王国、公国和城市国家的包围中生存下来？虽然基督教的理想在世界的彼岸，但是罗马教廷的生存却在世界的此岸，并且就在现实的国际政治环境中。作为意大利的邦君之一，教皇推行安全措施、内部发展和扩大教会国家以及在意大利重新建立和扩展罗马的权力，战争、行政机构、裙带关系、豪华的

---

① 刘明翰主编，刘新利、陈志强著《欧洲文艺复兴史》（宗教卷），第 89～117 页。

宫廷生活、对艺术的促进和文化的需要吞噬了大量的财富。教皇政治与家族政治的混杂在一定程度上改变了罗马教廷的生存方式，对世俗政治的考虑蒙蔽了教皇的宗教视野，而教皇的宗教地位又为家族政治的展开提供了施展的舞台，在这个过程中，罗马教会失去了维持近千年的"国际事务的裁判地位"。在即将到来的意大利战争中，罗马教皇作为重要的利益关切方，与西欧君主竞相争强、争荣，因为在纷繁复杂的意大利国际政治事务中，认为靠置身事外或者单凭世俗王权的仁慈就可以维持教皇国的生存是不明智的。在宗教的神圣外衣之下暗藏着铠甲和宝剑，如同其他的世俗国家一样，罗马教会的军队、财政和官僚机构、外交机构等服务于一个日益扩大的宫廷，形成了一个具有领土的世俗君主国家。它必须使自己置身于意大利和欧洲的国际格局中，而此时的意大利半岛正处于十分不稳的状态，法国和西班牙的扩张野心，使米兰、威尼斯、那不勒斯和佛罗伦萨都动荡不安，他们逐鹿意大利半岛，教皇国被卷入其中，被迫时而倒向这一边，时而倒向那一边，使意大利成为国际政治冲突中的重要焦点。①

第三节　查理八世的远征与意大利均势的破产

意大利的政治舞台一直处于一种经常性的危险状态中，各个城市国家时刻准备使用各种手段来互相攻击。"在意大利人的想象中，一个明智、公正而有力的救世主和统治者的形象仍然是鲜活的，所不同的是：他不再是但丁所祈求的皇帝，而是法兰西的国王。"② 过去的几个世纪里，法兰西与意大利的政治关系是密切相连、互为利用的。意大利的统治者们"很清楚的是：即使法兰西对那不勒斯和米兰根本没有提什么要求，它的干涉也仅是一个时间问题，它过去对于热那亚和皮埃蒙特的干涉就是一个要仿效的先例。"③ 那不勒斯国王费兰特在路易十一向他提供援助时说："我不能把我自己的利益看得高于全意大利的安全，但愿法兰西的国王们永远不打算对此国土动用武力！如果他们要这样做，意大利就完了。"有头脑的

---

① 欧金尼奥·加林主编《文艺复兴时期的人》，第 88 页。

② Rebeeca Ard Boone, *War, Domination, and the Monarchy of France: Claude de Seyssel and the Language of Politics in the Renaissance*, p. 6；雅各布·布克哈特：《意大利文艺复兴时期的文化》，第 88 页。

③ 《意大利文艺复兴时期的文化》，第 88～89 页。

意大利人远在查理八世远征之前就预言："……如果我们回首过去，那么意大利所应该常常对之恐惧的不是亚细亚和希腊，而是法国人和德意志人。"[1] 对于意大利的弱点和彼此之间的不信任，意大利的统治者们是充分意识到的，法兰西对于意大利的干涉不是个新鲜事物。[2] 但是法兰西国王还是经常被他们交替用来作为恐吓对手的手段，每当他们看到没有一个更有效的办法来摆脱困境时，他们就威胁着要把他召唤进来。意大利的政治流亡者在法国的宫廷里，利用各种关系接近国王，妄想能够引领一支法兰西军队胜利地回到意大利。路易十一将其统治时期的大部分精力都集中于法兰西的领土整合，不过意大利政局的发展与变化却从没有离开过他的视野，尽管如此，路易十一的意大利政策还是保持了相当的克制，干涉仅仅局限于外交手段，他相信："以浪费无止境的财富和牺牲法国人的鲜血为代价出兵越过阿尔卑斯山，只能是寻找麻烦，带来危险。"[3] 1483 年查理八世（Charles VIII，1470～1498 年在位）即位，几年之后亲政，各种互相矛盾的意见就不断涌现，权力的欲望俘获了年仅 24 岁的查理八世，法国的意大利政策出现了重大的转变。

一　查理八世的远征计划

查理八世的童年生活是在父亲的刻意安排下度过的，由于小时候体弱多病，他的生活几乎是与世隔绝的，游猎、学习法兰西王国的神圣历史和聆听骑士的浪漫传奇故事是他童年的主要功课和最大的乐趣。[4] 王位继承人的教育自然是路易十一非常关心的大事，但是对于儿子的优柔寡断和缺少主见，路易十一担心"他会陷入阴谋家的圈套"。查理八世即位后，人们对于他的外貌和品行的评价如出一辙，圭恰迪尼这样描绘他："他从婴

---

① 《意大利文艺复兴时期的文化》，第 89～90 页。

② A. W. Ward etc. ed.，*The Cambridge Modern History*，Cambridge：Cambridge University Press，1907，Vol. I，p. 107；M. S. Anderson，*The Origins of the Modern European State System*，*1494 - 1618*，pp. 52 - 53.

③ Francesco Guicciardini，*The History of Italy*，p. 23.

④ John S. C. Bridge，*A History of France from the Death of Louis XI*，Vol. II，pp. 2 - 3. 进一步了解可参见法国历史学家伊旺·克卢拉（Ivan Cloulas）的《文艺复兴时期卢瓦尔河谷的城堡》（*Les châteaux de la Loire au temps de la Renaissance*）。曾任法国国家档案馆馆长的克卢拉编撰了大量关于中世纪和近代的历史文献和论著，内容涉及意大利、西班牙、法国等。与意大利战争相关的作品还有《查理八世和意大利的幻想》（*Charles VIII et Le Mirage Italien*）、《博尔贾家族》（*The Borgias*）和《亨利二世》（*Henri II*）等。

儿时期起就体质虚弱，经常生病；他的身材矮小，面貌丑陋，只是眼神有点威严和气派。他的四肢极不匀称，看起来简直不大像人，倒像个妖怪。他不仅对文学艺术毫无所知，而且几乎不识字。虽然他渴望进行统治，但他生来就不是干这一行的材料。因为，即使在侍从的簇拥之下，他也对他们行使不了权威，保持不了尊严。"① "一个 22 岁的年轻人，本质上疏于国际事务，对于统治的渴望和光荣的追求，更多的是单凭轻率的举动和一时的冲动，而非成熟的咨询，不喜欢听取争论的意见。……他统治的依据是一些出身卑微的人的建议，而这些人公开受贿。"② 对此洛多维科非常清楚，他对威尼斯使节说："这位国王年纪轻轻，能力不足，而且缺乏判断力。他的顾问们分成了两大派：一派……是我的敌人；另一派……在各个方面与之作对。他们对于国家的利益丝毫不关心，只要能在竞逐中占得先机，确保自己观点的胜利。他们的真实目就是要得到金钱。……我不担心他们会提出进一步的要求。"③ 尽管圭恰迪尼和洛多维科的认识难免有夸大之词，可能有失偏颇，但也从侧面反映出查理八世当政时期的一些特点。无怪乎具有意大利血统的英国历史学家西蒙兹这样说："天公常常为了最重要的目的而允许利用一些傻瓜或傀儡，对所利用的这块行尸走肉加以特殊保护，让各族人民为他祈祷，对他寄以热望。查理八世就是这样一个傀儡。"④

查理八世的个人品行虽然在很大程度上决定了他的冒险行动，但查理八世远征意大利也是法国历代国王传统意大利政策的自然产物。关于那不勒斯王位继承问题，本书已多次提及。它是中世纪末期、近代早期欧洲政治的一个主要争端。那不勒斯王国名义上是罗马教会的采邑，教皇对那不勒斯的王位继承有决定权。13 世纪出于与神圣罗马帝国的政治斗争的需要，根据 1265 年教皇克莱门特四世的敕令，教皇将那不勒斯的统治权授予法王圣路易的兄弟安茹查理，因此法兰西王室对于那不勒斯王位的所谓继承权可以追溯至此。几个世纪以来尽管那不勒斯王国的统治家族几经变更，曲折的传承关系使得问题更为复杂，但是安茹家族始终声称有权继承那不勒斯王位，也成为法国干涉意大利事务的主要借口。1380 年乔安娜

---

① Luigi Barzini, *The Italians*, pp. 288 – 289.

② Francesco Guicciardini, *The History of Italy*, p. 23 – 24.

③ John S. C. Bridge, *A History of France from the Death of Louis XI*, Vol. II, pp. 4 – 5.

④ Luigi Barzini, *The Italians*, p. 288.

一世将安茹的路易一世收为养子，后又废弃；1435 年乔安娜二世（Joan II of Naples，1414～1435 年在位）将王位传于安茹的勒内，阿拉贡王国的阿尔方索则以乔安娜养子的名义要求权利，以武力取得了那不勒斯的王位。勒内多次企图重新夺回那不勒斯而未能成功。安茹家族系法兰西王室的旁支，根据法兰西的家族继承传统，1481 年安茹家族的最后一位曼恩伯爵查理无嗣而终，其封土和权利收归王室管辖，这样其对于那不勒斯王位的权利也转由法兰西王室继承。因此，瓦洛亚家族对于那不勒斯王位提出的要求基于以下两点：第一，那不勒斯国王查理二世之女安茹的玛格丽特与瓦洛亚家族的查理联姻（他们是法王菲利普六世的父母）；第二，明确由普罗旺斯伯爵、安茹公爵路易一世（1384 年死）建立的所谓第二安茹王朝所要求得到的权利。路易一世是菲利普六世的孙子，又是法王查理七世之妻玛丽亚（路易十一之母）、公爵路易三世（1434 年死）及其弟洛林的勒内（1468 年死）等人的祖父。1482 年教皇西克斯图斯四世与那不勒斯国王费兰特不和，于是教皇请求路易十一占领这个王国，1489 年教皇英诺森八世曾敕夺费兰特的那不勒斯王位，将其转赐予法国的查理八世。这些传承关系和历史事件成为查理八世远征那不勒斯的法理依据，其实封建主义政治历来有跨国继承领地的传统，即便是继承的要求看起来很牵强、很微弱。（见附录三：安茹家族世系图）

查理七世与路易十一都坚信法兰西王国的伟大和安宁依赖于对尼德兰的占有。"放弃东扩政策，代之以意大利冒险政策，是法国历史发展的一次倒退。"[1] 法国外交方向的改变不仅仅是因为查理八世的目光短浅、虚妄的骑士梦想和其顾问们的私利，客观的政治环境也是促成查理八世远征的重要原因。[2]

1492 年亲政的查理八世接待了米兰摄政洛多维科的特使贝尔焦伊索奥伯爵（Count of Belgioioso）。这位特使建议查理八世征服那不勒斯王国，并答应为他的远征出钱出力，保证他在南进时自由通过北意大利，[3] 贝尔焦伊索奥伯爵的外交使命立刻在法国宫廷内部引起了各派的争吵。路易十一时代的旧臣反对这项远征计划，因为劳师远征的代价过于高昂，需要大

---

① David Jayne Hill, *A History of Diplomacy in the International Development of Europe*, Vol. II, p. 171.

② M. S. Anderson, *The Origins of the Modern EuropeanState System*, *1494 – 1618*, pp. 69 – 75.

③ Francesco Guicciardini, *The History of Italy*, Vol. I, pp. 41 – 42.

量的财力支持，而且把那不勒斯王国控制在法国手中不可能得到意大利所有城市国家的支持，况且胜利之后保住胜利果实是一件更难的事情。菲利普·德·科米纳认为远征意大利仅是一场为了荣誉的战争，并不符合法国的利益。① 查理八世的谋臣之中，以财政官员纪尧姆·布里松内（Monsieur Brissonet）和博凯尔司法总管斯蒂芬·德·维斯克（Stephen de Vers，Seneschal of Beaucaire）为主的新贵热心支持，认为这次征伐将会对王国的荣誉和基督教事业做出贡献，作为安茹家族事业的代理人，查理八世的远征是顺理成章、无可争议的。支持者们向查理八世勾描了一幅中世纪式的图景：国王征服那不勒斯之后，即可领兵进行又一次的十字军东征，驱逐土耳其人，恢复基督教世界的圣地，控制通向近东的、有着巨额利润的贸易通道，整个地中海将为法国所控制。为了使入侵一事冠冕堂皇，查理八世的顾问们捏造了宗教动机，让各地都知道法国正在准备针对土耳其人的战争，利用恢复圣地的预言传统，并动用宣传机器为入侵寻找正当理由。

意大利现在的形势对主张入侵的一派也是十分有利的，除了与米兰的合作之外，佛罗伦萨与法国一直保持着比较紧密的关系，这种长期的传统关系一方面是因为在银行业、纺织业等佛罗伦萨的重要经济领域，法国与佛罗伦萨保持着经常性的经济往来；另一方面是因为美第奇家族历来重视与法国维持一种比较亲密的关系，因此佛罗伦萨有着深厚的法国情结。然而皮埃罗·德·美第奇与那不勒斯的关系令许多佛罗伦萨人大为不满，早已不满美第奇家族统治的政治派别开始蠢蠢欲动，吉罗拉莫·萨沃纳罗拉（Girolamo Savonarola）的崛起更是加剧了美第奇家族的统治危机，这位教士早有预言："在接下来的一段时间里，大量的外国军队将会入侵意大利，从而引起大动乱，这些军队将从阿尔卑斯山疾驰而下，蹂躏整个领土。"② 威尼斯是法国在伦巴第地区的传统对手，不过随着意大利政治形势的发展，与意大利联盟苦战渐渐不支的威尼斯不得不寻找半岛以外力量的支持，米兰与威尼斯关系的改善为缓和威尼斯与法国的关系创造了条件，1493 年 1 月威尼斯向法国查理八世的宫廷派驻使节，加强与法国各派政治力量的联系，对于查理八世的远征计划保持警惕性的中立。教皇亚历山大六世的政策是始终围绕家族利益而不断变化的，他可以利用那不勒斯王位

① William J. Bouwsma, *The Politics of Commynes*, pp. 315 - 328.
② 保罗·斯特拉森：《美第奇家族——文艺复兴的教父们》，第 182 页。

继承问题与各方进行政治交易，换取对家族有利的政治局面，1493年2月他遣使敦促查理八世推动其意大利事业。① 那不勒斯王国陷入了空前的绝境。意大利半岛形势的发展让查理八世觉得他的远征是得到意大利各方接受和支持的。

　　流放是一种古老的刑法。在意大利的城邦政治生活中，流放作为合法的惩治手段而被广泛使用。许多著名的流放者如但丁等的历史，都是人们所熟悉的。丹尼斯·哈伊说："在确定如佛罗伦萨、热那亚等许多城市国家的政治气候时，研究流放这种现象肯定具有非常重要的意义，它对1494年事件所起的作用不但不可低估，而且我认为是相当大的。……对流放者的待遇构成了各政府间谈判的议题。"② 意大利的政治流亡者在法国宫廷的活动一向是积极而富有影响力的，很多人奢望法国人能够帮助意大利半岛实现永久的和平，习惯于思考广泛的意大利问题和策动法国干涉意大利的具体事务。③ 年轻而缺少政治经验的查理八世成为他们政治公关的主要对象。在那不勒斯的政治流亡者当中，有1486年那不勒斯叛变贵族的首领萨莱诺亲王安东内里·迪·圣塞韦里诺（Antonello of St. Severino, Prince of Salerno）。④ 他大肆渲染安茹派在那不勒斯的悲惨遭遇，恳请查理八世继续安茹家族的事业，恢复他们的财产与土地，继而率领十字军东征；热那亚的政治流亡者呼吁法国重返热那亚；米兰的政治流亡者鼓动奥尔良公爵实现家族对米兰公国的继承权利；佛罗伦萨美第奇家族和教皇博尔贾家族的反对者们也是积极活动、策划阴谋重返自己的政治舞台。⑤ 法国的权势吸引了来自意大利各地的各种梦想家、阴谋家和不满现状的政客，他们的目的虽有不同，手段却如出一辙，即设法将法国的军队引入意大利半岛，改变意大利半岛的政治现状。少不更事的查理八世整天听到的都是溢美之词和亦实亦虚的外交辞令，看到的是流亡者们的悲情表演。阴谋、贿赂和虚妄的骑士理想构成了廷臣们的日常生活。

　　马丁利在《文艺复兴时期的外交》中探讨促成查理八世远征的战争动

①　David Jayne Hill, *A History of Diplomacy in the International Development of Europe*, Vol. II, p. 178.

②　丹尼斯·哈伊：《意大利文艺复兴的历史背景》，第67页。

③　Christine Shaw, *The Politics of Exile in Renaissance Italy*, p. 2.

④　Francesco Guicciardini, *The History of Italy*, Vol. I, p. 53.

⑤　Kenneth M. Setton, *The Papacy and the Levant* (*1204 - 1571*), Vol. II, p. 448.

机时评论道："务实的政治家认识到一个很少公开承认的战争动机。战争是一种可以避免内部斗争的手段，通常是最方便、有时也确实是最便利的手段。在意大利之外，全欧洲遍布着一个拥有大部分地产、大部分地方政权和大部分国家常设高官职位的阶级，除了战争和极少数像搞阴谋那么具有吸引力的日常消遣外，他们无所事事。新君主制国家在达到鼎盛以前，除了为征服它们某个外敌去打仗之外，再没有任何同等有效的办法去保证这个阶级的忠诚了。带领贵族士绅从事国外征服减轻了国内的压力。"①

　　查理八世的时代有两种主要的战争动机，即荣誉与利益。追求荣誉和利益是为了通过战争消除过去的伤害与耻辱，或是为了实现一个法律上的权益。从事征讨是贵族的一种主要职业，意大利冒险不仅仅是一次侵袭。意大利半岛为荣誉和利益的实现提供了一个绝佳的舞台，他们在阿尔卑斯山的另一侧发现了一个崭新的世界、一种新的生活方式和数不尽的财富。15 世纪的意大利成为各王朝实现"王朝利益"的首选之地，如此美妙的地方不免使得粗鲁的法国贵族们想入非非，因为处在文艺复兴中的意大利为其他国家"制造了一种印象：意大利是个艺术的宝库，它富庶而四分五裂，军事力量薄弱——是个可以战而胜之并且不难到手的战利品"。②

　　虚妄的基督教事业、意大利的诱惑、政治流亡者的鼓噪以及与米兰的合作最终让查理八世决意远征意大利，1492 年 4 月 29 日他与米兰签订了一项协议，协议规定：（1）一旦查理八世出兵征服那不勒斯王国，米兰公国有义务向他提供穿越其领地的通道；（2）米兰公国为法国提供 500 名已支付佣金的士兵，允许法国在热那亚装备尽可能多的舰船，并借给法国 20 万杜卡特；（3）只要战争一直持续，法国有义务保护米兰公国，并在阿斯蒂驻兵 200 名；（4）查理八世承诺占领那不勒斯之后，将塔兰托（Taranto）授予洛多维科。③ 同时查理八世将热那亚的统治权交给米兰，迫使奥尔良公爵路易搁置其对米兰公国爵位的继承权利。为了使远征那不勒斯的计划能够成功实现，查理八世还必须面对财政的困扰，谨慎地处理与英格兰、西班牙和神圣罗马帝国的关系，为远征营造一个符合法国利益的国际环境。

---

①　Garrett Mattingly, *Renaissance Diplomacy*, p. 116.

②　G. R. 波特主编《新编剑桥世界近代史》（第一卷），第 486 页。

③　Francesco Guicciardini, *The History of Italy*, p. 24.

二　"来自北方的战争轰雷"

托马斯·莫尔在《乌托邦》中曾想象他自己参加法国国王的枢密会议，在谋臣们绞尽脑汁策划如何占领米兰，夺回那不勒斯，击败威尼斯，征服全意大利时，他"表示不要去干涉意大利。假定我用辩论证明，我们应该待在本国，因为法国本身已经大得不是一个人所能治理得宜的，所以法王不应梦想扩大自己管辖的领土"。这仅是《乌托邦》中的一段话。其实在托马斯·莫尔的时代，"几乎一切国王都乐于追求武功"。[1] 这是时代的特点，战争是国王的主要事业之一。

15 世纪，法兰西、英格兰、西班牙和德意志神圣罗马帝国在王权的基础之上，领地不断集中，中央机构的权威在地方不断得以确立，各国内部维持着最低限度的国内秩序，每个国家都是通过战争在地理上形成自己的势力范围，骑士们出于财产和所谓权利方面的原因，渴望在国王的率领之下进行战争和国外的冒险事业，[2] 查理八世的意大利冒险事业改变了法国自英法百年战争以来的东进政策，查理七世与路易十一所维系的与英格兰、西班牙和神圣罗马帝国之间的关系格局需要做出相应的调整，通过以土地和金钱换取和平的方式，扫除挥师南下的障碍。

1492 年 11 月，查理八世与英格兰的亨利七世缔结《埃普塔尔和约》（Treaty of Étaples），以总额为 755000 金克朗的代价换取了一项永久和平的承诺；1493 年 1 月查理八世与西班牙签订《巴塞罗那条约》（Treaty of Barcelona），将鲁西永与塞尔当归还西班牙，不久纳瓦尔王国成为西班牙卡斯提尔王国的保护国。他还免除费迪南德所欠的 30 万埃居（écu）[3]，条件是对征服那不勒斯不进行干扰；[4] 1493 年 5 月查理八世与神圣罗马帝国皇帝马克西米连一世及菲利普大公签订《森里斯条约》，将阿图瓦、查罗莱和弗朗什—孔泰交还马克西米连一世，将玛格丽特公主交还其父兄，[5] 至此路易十一旨在加强法国在比利牛斯山脉和莱茵河流域一带的影响力而

---

① 托马斯·莫尔：《乌托邦》，第 35、16 页。

② C. R. 波特主编《新编剑桥世界近代史》（第一卷），第 374 页。

③ 旧时法国长期使用的一种金币名称，1 埃居大致相当于 3 利弗尔。

④ 伏尔泰：《风俗论》（中册），第 411 页。

⑤ David Jayne Hill, *A History of Diplomacy in the International Development of Europe*, Vol. II, p. 180; R. B. Mowat, *A History of European Diplomacy, 1451 - 1789*, pp. 24 - 25.

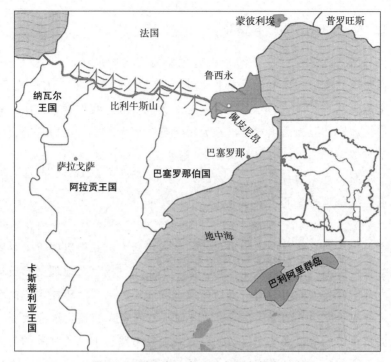

图 2 - 2　法西领土争端：鲁西永与塞尔当

资料来源：朱明：《地图上的法国史》（第二版），第 102 页。

取得的一切成就，均因为征服意大利这个幻影而前功尽弃。

1494 年 2 月，查理八世在里昂自称西西里国王和耶路撒冷国王，开始为进军意大利做各方面的准备，战争的主要难题是缺钱，为此查理一方面增加了额外税收，向里昂的银行借贷 10000 利弗尔（Livres）① 筹划出征，向热那亚的索利银行借款 10 万杜卡特筹备船只，通过洛多维科向米兰一家银行借到 50000 杜卡特，将王室官员的薪俸支付拖延 6 个月。另一方面从意大利的许多城市国家获得财政捐助。② 为了进一步观察意大利的局势发展，查理八世派遣具有意大利血统、出生在普罗旺斯的佩龙·德·巴斯基（Perron de Baschi）出使意大利各城市国家，为下一步行动做好外交准备。③

---

① 旧时通行于法国的一种记账货币，值一磅银子。

② A. W. Ward etc. ed.，*The Cambridge Modern History*，p. 111；马克思：《马克思历史学笔记》（第三册），第 105 页；Robert J. Knecht，*The Rise and Fall of Renaissance France*，*1483 - 1610*，p. 38。

③ David Jayne Hill，*A History of Diplomacy in the International Development of Europe*，Vol. II，pp. 180 - 181。

1494 年 1 月那不勒斯国王费兰特去世，阿尔方索二世即位。4 月教皇亚历山大六世一改初衷，不仅承认阿尔方索为那不勒斯国王，而且颁布敕令，表达了对法国远征之举的惊讶，告诫查理八世不要扰乱意大利的和平，呼吁基督教世界国家团结一致对外，这令查理八世非常不满，扬言不再效忠亚历山大六世。[1] 佛罗伦萨则委婉地拒绝了法国借道的要求，查理八世旋即驱逐了佛罗伦萨的驻法使节，并刻意要求美第奇家族银行在法代表立即离境。[2] 1494 年 4 月朱利亚诺·德拉·罗韦雷枢机主教逃亡法国，要求查理八世召集公会议，改革教会，废黜教皇亚历山大六世。

1494 年夏季，查理八世在里昂集结军队，派遣其侍从武官前往热那亚准备舰船，同时装备在马赛等地的其他舰船。关于查理八世的军队组成及人数，各种研究的结果互相矛盾，无法做出一个准确的判断。按照圭恰迪尼的统计数字，除去非作战力量，查理八世的主力部队由 1600 名重骑兵、6000 名瑞士步兵和 6000 名法国步兵组成，同时法军配备了 150 门由马拉的重炮（意大利人所使用的是用牛拉的铜制轻型长炮），组成了 5 个重炮作战梯队，由水路前往热那亚。[3] 伏尔泰记载说："他进行这一行动的兵力，全副武装的骑士只有 1600 人，连同他们的弓箭手，这支作战部队拥有骑兵 5000 人，另有国王卫队 200 名，轻骑兵 500 名，法国步兵 6000 名，瑞士步兵 6000 名。"[4] 经过改进的火器（火枪和轮式炮架青铜火炮）将首次得到广泛使用，对查理八世的战争对手起到了强有力的威慑作用。圭恰迪尼在《意大利史》中如此评价新式大炮："法国人发明了许多更便于机动，用青铜铸造的武器，人们称之为'大炮'（cannon），它们发射的不再是石头，而是铁弹，新的弹丸比以前攻城炮的弹丸更大、更重。此外，法国人的大炮并不像意大利人的大炮安置在由牛牵引的四轮车上，而是置于马拉的四轮车上，非常灵便，因此，法国人的大炮与军队并行前

① Dr. F. L. Glaser ed., *Pope Alexander VI and His Court*, *Extracts From the Latin Diary of Johannes Burchardus*, New York: Nicholas L. Brown, 1921, pp. 67 – 76; Kenneth M. Setton, *The Papacy and the Levant* (1204 – 1571), Vol. II, pp. 449 – 450.

② Francesco Guicciardini, *The History of Italy*, pp. 36 – 37; Kenneth M. Setton, *The Papacy and the Levant* (1204 – 1571), Vol. II, p. 452.

③ Francesco Guicciardini, *The History of Italy*, pp. 49 – 50; M. S. Anderson, *The Origins of the Modern European State System*, *1494 – 1618*, p. 19; 尼科洛·马基雅维里:《君主论》，第 67 页。

④ 伏尔泰:《风俗论》（中册），第 412 页。

进，一直运到城墙边上，并以令人难以置信的速度布置妥当，两次射击间隔时间很短，不但射击频率高且异常猛烈，因此，以前在意大利需要许多天才能攻克一座城市，如今只需数个小时即可完成。法国人把这种魔鬼的和非人的武器以及其他一些大炮和类似的小武器用于围城战和野战，所以这些武器不论尺寸大小，都具有相同的敏捷性。"①

1494 年 8 月 23 日，查理八世由维埃纳（Vienna）出发，水陆并进开入意大利半岛，其中陆路经由阿尔卑斯山的蒙特日内佛尔山口（Mont Genèvre Pass），安全到达山下平原，萨伏依—皮埃蒙特和蒙特费拉特很快与法国达成协议，允许他们自由过境，因此法国军队并未遭遇任何抵抗，9 月 9 日直抵阿斯蒂城，意大利战争由此爆发。圭恰迪尼说："这是意大利最不幸的一年，是意大利灾难时代的开始。"② 然而，这场灾难在很大程度上是意大利政治盲目性的直接产物，③ 是各方在不稳定的"意大利平衡"之下互不信任的结果。

针对查理八世的远征，那不勒斯也做出了相应的应敌部署，国王的兄弟唐·费代里戈（Don Federigo）率领那不勒斯舰队封锁热那亚，陆军主力则在罗马涅固守阵地，皮埃罗·德·美第奇在托斯卡纳配合作战，阻止法军穿越亚平宁山脉。奥斯曼帝国也暗中表示支持。④ 如果防御计划能够坚持下去，本来阻击查理八世的军队是完全可能的。但是这个庞大的计划需要有足够的军队来执行，需要那不勒斯、教皇与佛罗伦萨必须取得一致的意见。然而地方和个人的利益使得计划的推行阻力重重，封锁热那亚的计划由于驻守阿斯蒂城的奥尔良公爵提前有所准备而失败，皮埃罗·德·美第奇支持那不勒斯引起佛罗伦萨各阶层的反对，反对派秘密与查理八世联系保证佛罗伦萨完全支持法国，教皇亚历山大六世则担心自己的教皇宝座不保，对于防御计划也是毫无热情。那不勒斯的防御计划在各个环节都遭遇了挫折。

洛多维科与米兰公国的许多贵族在阿斯蒂城谒见了查理八世，在帕维亚，查理八世探望了病重的米兰公爵乔万·加莱亚佐·斯福查，10 月 22 日查理在皮亚琴察（Piacenza）得悉了乔万·加莱亚佐·斯福查的死讯

---

① Francesco Guicciardini, *The History of Italy*, pp. 50 – 51.

② *The History of Italy*, p. 49.

③ Kenneth M. Setton, *The Papacy and the Levant* (*1204 – 1571*), Vol. II, p. 461.

④ Michael Mallett and Christine Shaw, *The Italian Wars, 1494 – 1559：War, State and Society in Early Modern Europe*, p. 15.

（可能死于谋杀），洛多维科在米兰立即召集贵族代表，根据 1494 年 3 月洛多维科与马克西米连一世之间的秘密交易，马克西米连一世接受洛多维科 40 万杜卡特和一份价值 4 万杜卡特的宝石嫁妆，迎娶乔万·加莱亚佐·斯福查的妹妹，他认定米兰是一块无继承人的帝国领地，答应在这笔款项付清时就把米兰作为封地赏赐给洛多维科。① 洛多维科成为新一任的米兰公爵。法军继续进军，一路上所向披靡，顺利通过卢尼贾纳（Lunigi-ana），逼近托斯卡纳。美第奇家族旁系的代表求见查理八世，要求法军进入佛罗伦萨，保证完全支持法国，反对皮埃罗·德·美第奇。查理八世决定经由亚平宁山脉的帕尔玛进入托斯卡纳，此时在热那亚作战的瑞士雇佣军和由水路运来的重炮部队也加入了战斗行列，所到之处烧杀劫掠，佛罗伦萨的几道防线无法阻止法军的前进步伐。10 月 31 日面临内外交困的皮埃罗·德·美第奇不得不涉险秘密前往法国军营，请求查理八世予以保护，将萨尔察纳（Serezana）、皮埃特拉桑塔（Pietrasanta）、比萨（Pisa）等地的要塞和里窝纳（Livorno）的港口拱手交给了法国人，法军通往佛罗伦萨的道路于是畅通无阻。皮埃罗返回佛罗伦萨时被指控为叛国罪，同时被开除出国务委员会，不久弃城流亡威尼斯。佛罗伦萨民众发动暴动，萨沃纳罗拉成为佛罗伦萨的实际统治者，佛罗伦萨人带着希望和敬畏的复杂心情迎接法国人的到来。1494 年 11 月 17 日查理八世由比萨进入佛罗伦萨，备受尊崇。当地的一位小商铺主卢卡·兰杜齐（Luca Landucci，1436－1516）② 在其日记中记载了法王进入佛罗伦萨的场景：法国国王"到达圣母百花大教堂时，已经是晚上八时了。他在阶梯前下马，走向高高的祭坛，两边的火炬如此之多……'法兰西万岁'的欢呼比任何时候都要喧嚣。想想吧：佛罗伦萨的一切都在这里，在教堂内外。不论老幼尊卑，每个人都在呼喊，所有的人都真心实意，丝毫也没有谄媚。当他们看见他站在那里，人们想到他的声誉比想到他本人更多，说实话，他是个很矮的人。然而，没有谁不是全心全意热爱他。我们身上都戴满了百合花……"③

---

① M. S. Anderson, *The Origins of the Modern European State System, 1494－1618*, p. 37；马克思：《马克思历史学笔记》（第三册），第 101、105 页。

② 兰杜齐，佛罗伦萨药剂师，从 1450 年开始记日记直至去世。他的日记成为研究佛罗伦萨的重要史料。

③ Luca Landuucci, *A Florentine Diary from 1450 to 1516*, New York, 1927, p. 66。转引自刘明翰主编，朱孝远著《欧洲文艺复兴史》（政治卷），第 190 页。

　　离开佛罗伦萨前查理八世与该城签订了一项条约，在条约中（1）该城承认查理是佛罗伦萨自由的保护人，永远受到法国国王的庇护；（2）同意对进军那不勒斯的法军提供财政捐助，在 14 天内查理应收到 5 万杜卡特，1495 年 3 月以前收到其余的 4 万，到 6 月以前还需缴纳 3 万；（3）在占领那不勒斯以后至多两年归还里窝纳和比萨，并交还卢尼贾纳的各个据点；（4）没有法国全权代表的许可，佛罗伦萨不能任命旗手（Gonfaloniere）；（5）皮埃罗·德·美第奇和几个兄弟应收回被没收的财产，但是他们不得走近距离佛罗伦萨边境 100 英里以内的地区；（6）查理保证在法国的商业活动中佛罗伦萨商品和人员的自由流动，佛罗伦萨船只享受与法国船只同等的商业特权与豁免权。①

　　1494 年 11 月 22 日，查理八世以拉丁文和法文两种语言发布圣战文告（Crusading Manifesto），文告声称查理的先辈曾 24 次获封那不勒斯王国，因此此次远征的目的之一就是恢复查理对那不勒斯王国的世袭权利，并且据此发动圣战。文告再次重申查理战胜土耳其人和恢复耶路撒冷圣地的决心，这是查理远征的主要目的。② 1494 年 12 月，查理八世沿艾米利亚大道（Via Emilia）③长驱直入，经停锡耶纳，转而向罗马进军，那不勒斯在罗马涅的驻防军队无法抵御，据守台伯河以北各要塞的奥尔西尼家族丝毫不能阻挡法军的前进。面对查理军队的日益逼近，教皇亚历山大六世的态度一直摇摆不定，时而决定要听取查理的要求，时而加紧与那不勒斯、威尼斯等城市国家联系组成联盟，随军的朱利亚诺·德拉·罗韦雷枢机主教更让教皇恐慌不已，罗马城内陷入了混乱和争吵。查理八世的军队渡过台伯河，兵临罗马城下。法军派出使节向教皇保证，查理八世无意损伤教皇的权力与威信，只是要求罗马能提供一条进军那不勒斯的通道。④ 亚历山大六世最终同意了查理的条件，1495 年 1 月初，法军进入罗马，1 月 11 日与

① Francesco Guicciardini, *The History of Italy*, pp. 64 – 65; Kenneth M. Setton, *The Papacy and the Levant*（*1204 – 1571*），Vol. II, p. 467; 马克思：《马克思历史学笔记》（第三册），第 106～107 页; G. R. 波特主编《新编剑桥世界近代史》（第一卷），第 497 页。

② Kenneth M. Setton, *The Papacy and the Levant*（*1204 – 1571*），Vol. II, p. 468.

③ 艾米利亚大道是一条由古罗马人修建的从亚得里亚海沿岸的里米尼到波河流域的皮亚琴察的古道，弗利、法恩扎、伊莫拉、博洛尼亚、摩德纳等城市一线排开，这些城市都是古罗马时代沿大道形成的。这条大道与弗拉米尼亚大道（Via Flaminia，由里米尼至罗马）衔接，延伸至罗马。

④ Dr. F. L. Glaser ed., *Pope Alexander VI and His Court*, *Extracts From the Latin Diary of Johannes Burchardus*, pp. 77 – 82.

亚历山大六世订约：（1）教皇答应给予法军通过教皇国的权利；（2）应授予查理为那不勒斯国王；（3）将泰拉奇纳（Terracina）、奇维塔韦基亚（Civita-vecchia）和斯波莱托（Spoleto）交给查理作为抵押；（4）将奥斯曼帝国苏丹巴耶济德二世的兄弟杰姆（Jem Sultan）①交由查理监管6个月（杰姆的存在可以证明查理进行圣战的真诚与决心），作为交换，到期之日查理承诺支付2万杜卡特以及相应的保证；（5）教皇承诺不对朱利亚诺·德拉·罗韦雷等枢机主教采取任何行动。此外，切萨雷·博尔贾作为教廷使节（实际上是人质）随查理去那不勒斯。②

1495年1月那不勒斯国王阿尔方索二世逊位，将王国交给儿子费兰蒂诺（Ferdinand II of Naples，1495～1496年在位），仓皇逃往当时属于费迪南德统治的西西里，1495年11月在墨西拿的一座修道院病死。在罗马滞留一月之余的查理八世继续领军向那不勒斯挺进，在那不勒斯的圣杰尔马诺（San Giovanni）和卡普阿（Capua）附近，法军只是遇到了零星的抵抗，1495年2月22日查理攻进那不勒斯，那不勒斯国王费兰蒂诺逃往伊斯基亚岛（Ischia），整个王国几乎都陷于法军之手。2月25日杰姆死于那不勒斯，这让包括查理八世在内的基督教世界失去了一个与奥斯曼帝国进行博弈的重要筹码。③查理八世远征那不勒斯的计划得以轻松实现，以致教皇亚历山大六世发出这样的感慨：法国人简直是手里拿着粉笔到意大利标他们的寄宿处来了，而不是拿着剑来打仗。④马基雅维里在《兵法》中感叹："只要意大利的公爵们还未曾亲身经受过来自北方的战争轰雷的打击（The blows of the Transalpine wars），他们就会认为，统治者只需要擅长写出巧于编派的信件或者狡黠的复函，于华丽的辞章和委婉的语气之中

---

①　15、16世纪奥斯曼帝国苏丹登基时要杀死他的兄弟及他们的男性后裔，以便消除内战危险，这是奥斯曼帝国的惯例。争取王位失败而逃亡欧洲的奥斯曼王子杰姆成为15世纪末欧洲国际政治角逐中的一个人质，为了获取威信和经济收入，有些基督徒国家乐意提供避难场所，因为时任苏丹巴耶泽德二世（1481～1512年在位）愿意出高价把他监禁在奥斯曼国土以外的地方，1489年杰姆由罗德岛基督教骑士团移交给罗马教皇英诺森八世监护。Kenneth M. Setton, *The Papacy and the Levant*（1204 – 1571）, Vol. II, pp. 381 – 416.

②　Francesco Guicciardini, *The History of Italy*, pp. 69 – 70；*The Papacy and the Levant*（1204 – 1571）, Vol. II, pp. 473 – 474；马克思：《马克思历史学笔记》（第三册），第107页；G. R. 波特主编《新编剑桥世界近代史》（第一卷），第498页。

③　*The Papacy and the Levant*（1204 – 1571）, Vol. II, p. 482.

④　Francis Bacon, *The History of the Reign of King Henry VII and Selected Works*, p. 120；尼科洛·马基雅维里：《君主论》，第58页。

蕴涵机巧和睿智；只需精心设置骗局，将自己打扮得珠光宝气，把饮食起居弄的特别豪华、特别奢侈；……这些可怜的人竟然不曾发现，他们早已成了最先蓄意要向他们发动进攻的那些人的猎物了。那么，我们在1494年所见到的那整个极度的惊恐、突如其来的逃跑和无法解释的失败，究竟来自何方呢。要知道意大利的三个最最强大的国家都曾经遭到毁坏、经受劫掠。"①

第四节　威尼斯同盟与福尔诺沃战役

查理八世出其不意地、几乎是兵不血刃地占领那不勒斯并征服意大利南方的消息迅速传遍了整个基督教世界，意大利各城市国家和欧洲的各个王朝国家在震惊之余，不得不面对这样一个全新的政治局面：那不勒斯成为法兰西王国的一部分，而法兰西王国可能成为地中海地区政治版图中的一支强大力量，这种局面的出现对于西班牙、神圣罗马帝国以及意大利各城市国家而言是绝对不可能接受的。

统治那不勒斯的阿拉贡家族被逐出意大利南方，这引起了同属于一个家族的西班牙国王费迪南德的极大怀疑和不满，同时，身为西西里王国国王的费迪南德一直觊觎那不勒斯王国，由于意大利南方海港与西班牙的加泰罗尼亚保持着重要的贸易联系，加泰罗尼亚人在那不勒斯拥有很强的影响力，而且有大批的加泰罗尼亚侨民居住在意大利南方，因此，法国占领那不勒斯对于西班牙的影响和冲击很大。②《巴塞罗那条约》虽然解决了法国与西班牙在比利牛斯山一带的领土争端，但却丝毫没有减弱费迪南德对于法国未来可能在地中海地区影响力过大的担忧。法国人的胜利进军加剧了费迪南德的忧虑，他决心利用意大利人当前的恐惧，阻止法国在那不勒斯建立正常的统治秩序。费迪南德利用其精心建立的外交网络，派遣使节前往威尼斯、罗马、米兰、英格兰等国，试图游说它们共同组成反法联盟。同时遣使要求查理八世履行其东征土耳其的承诺，否则不再接受双方条约的约束。③

马克西米连一世作为神圣罗马帝国的皇帝，一直注视着意大利的局势发展。与土耳其的战争、帝国的内部改革以及经常出现的资金短缺使得皇

---

① 尼科洛·马基雅维利：《兵法》，袁坚译，商务印书馆，2014，第219～220页。
② M. S. Anderson, *The Origins of the Modern European State System*, *1494 - 1618*, p. 77.
③ JohnS. C. Bridge, *A History of Francefrom the Death of Louis XI*, Vol. II, p. 198.

帝的精力难以西顾。可是查理的胜利表明意大利的统治权正在落入法国人之手，这对于帝国在意大利北方的宗主权是个极大的挑战，神圣罗马帝国的声誉将遭到践踏。重建帝国在意大利的权威，驱逐法国人成为马克西米连一世插手意大利事务的最好借口。于是马克西米连一世向威尼斯提议，允许其借道威尼斯，前往罗马加冕，并且把法国人逐出意大利。

意大利半岛上的各个城市国家也为法国的胜利深感忧虑，甚至恐慌。洛多维科隐隐感觉到，由他招引进来的法国人渐渐已不是他的能力所能控制的，查理八世坚持探望病重的米兰公爵、法国与教皇的协议中未能考虑到阿斯卡尼奥·斯福查枢机主教的利益、查理八世拒绝履行与米兰的协议条款以及奥尔良公爵路易在阿斯蒂时刻威胁米兰诸事，使得洛多维科不得不暗中积极进行与威尼斯等国的结盟谈判；教皇亚历山大六世并未按照协议敕封查理八世为那不勒斯国王，教皇传统的意大利政策是保持意大利城市国家之间的力量平衡，不允许出现一个强大的力量同时控制意大利南北的局面，因此查理八世的胜利让教皇感到了威胁的迫近；查理八世占领那不勒斯之后，将王国的土地和官职尽数赏赐给追随他远征的法国贵族们，可是支持法国的安茹派并没有得到预期的好处，因此愤愤不平。占领军在那不勒斯的所作所为也令那不勒斯人民感到失望，法军的掠夺、暴行及征收新的捐税激起了那不勒斯人民的愤怒，他们又开始思念流亡的阿拉贡王室。那不勒斯各地发生了暴动，在这种情况之下，流亡的国王费兰蒂诺在贡萨洛·费尔南德斯·德·科尔多瓦（Gonzalo Fernández de Córdoba，1453－1515）指挥的西班牙舰队的协助之下，以西西里作为收复意大利半岛本土的根据地，准备复辟那不勒斯王国。

一　威尼斯同盟的建立

在查理八世入侵意大利半岛的过程中，唯独威尼斯的利益没有受到任何损伤。虽然从远征一开始，威尼斯就宣称它将保持中立，并一再向法国大使科米纳保证。可是当法国胜利的消息传来之时，一个复杂的阴谋已经开始在威尼斯酝酿。

1494年菲利普·德·科米纳受命出任法国驻威尼斯的大使，以期安抚威尼斯。[①] 富有观察力的科米纳在其《回忆录》中详细描述了查理八世

---

① R. B. Mowat, *A History of European Diplomacy*, 1451－1789, p. 26.

远征那不勒斯前后威尼斯政治生活的变化，威尼斯人的外交方法和手段，在科米纳看来是说起来一套，而做起来是另外一套。在科米纳面前，威尼斯人几近恭维，而背后却在秘密进行着阴谋策划。威尼斯担心，法国的节节胜利会引起意大利半岛的权力失衡，意大利各城市国家、帝国皇帝和西班牙都有求于威尼斯，可能会改变早前威尼斯在意大利的孤立处境，而且威尼斯可以利用这样一个机会争取更多的利益。另外，法国未来可能东征土耳其的计划，会破坏威尼斯与土耳其的暂时和平，激起土耳其的强烈反应，到那时受害最大的将是威尼斯。因此威尼斯决心改变其中立立场，加入一场秘而不宣的外交斡旋。

在查理八世远征途中，关于同盟的流言就已经传遍了威尼斯，而科米纳也亲眼见到许多国外使节聚集威尼斯，他已经感到了事情的微妙变化。① 科米纳记载说："第二天早上我前往威尼斯元老院要求解释……总督告诉我不要相信城里的流言。在威尼斯，任何人都是自由的，都可以随心所欲地说话。然而，他向我保证，他们从未想过建立反对吾王的同盟，这里从未听说过这样的同盟，相反，却有一个反对土耳其人的同盟，而且还要请吾王、其他两个国王和所有意大利城市参加这个同盟。"②

于是，这场骗局一直拖延，直到查理八世占领那不勒斯的消息传来时，才逐渐公开。当科米纳被召往元老院的时候，他还一无所知。科米纳悲愤地记载说："当我来到那里，坐下来。总督告诉我，承蒙上帝的恩典，他们与教皇、罗马人的国王、卡斯提尔国王以及米兰公爵已经建立了一个同盟。同盟的目的有三：一为反对土耳其人，捍卫基督教世界；二为保卫意大利；三为保护他们各自的领土。他们希望我将此事立即通报吾王。他们总共有一百余人，个个都趾高气扬。他们丝毫没有那天告诉我那不勒斯要塞被占时所表露出来的神色。他们还告诉我，他们已经写信告诉那些随侍吾王身边的大使们，立即返回威尼斯。……我深深地为吾王本人担心，同时为他和他的军队身处危险而感到后怕。……（就在这一天）晚饭之后，同盟国的使节们乘着由元老院提供的40条快船，每条船上装饰着他

---

① Philip de Comines, *The Historical Memoirs of Philip de Comines*, p. 462; John S. C. Bridge, *A History of France from the Death of Louis XI*, Vol. II, pp. 215 – 221; 波将金等合编《外交史》（第一卷，上），第 256～257 页。

② Philip de Comines, *The Historical Memoirs of Philip de Comines*, pp. 462 – 463.

们各自主人的徽章，在鼓乐声中堂而皇之地从我的窗下驶过。经常拜访我的米兰使节竟然对我视而不见。……"①

据当时的一位元老院的成员记述：4月1日，总督召见了法国大使，通知他我们在昨天订立了一个同盟和谅解。……大使问道，"为什么组成同盟？"他被告知是为了避免骚扰，总督极力强调同盟的纯粹防御的性质和条约中出现的"维护和平"的字眼，并建议他将此事禀呈查理八世。大使反驳说："那会阻断吾王的归路。"总督回答说："不会的。我们将给他提供自由通道，威尼斯将第一个这样做，而且提供粮草；如果他不愿意涉险走陆路的话，那我们将提供15条或20条甚至35条大船以备使用。"在法国大使离开之后，总督下令威尼斯全境敲钟以示庆祝，而且通宵达旦地庆祝3天。②

1495年3月31日，罗马教皇、神圣罗马帝国皇帝、西班牙、威尼斯和米兰缔结条约，组成神圣同盟（Holy League），史称威尼斯同盟（League of Venice），有效期为25年（实际仅持续了近4年，1496年7月18日英格兰加入同盟）。同盟宣称维持意大利的和平，维护基督教世界的福祉，支持罗马教廷与罗马帝国的尊严和权利，共同反对侵略。条约规定：（1）除教皇之外，同盟各方将提供8000匹马和4000名士兵，教皇提供的数量减半；（2）教皇应利用其精神权力协助同盟达成目标；（3）同盟各方不得私自缔结和平条约，未经同盟各方同意不得在意大利组建新的联盟；（4）其他国家可以自由加入同盟；（5）同意给神圣罗马帝国马克西米连一世一条自由通道，使其前往罗马接受加冕，威尼斯和米兰提供400名重骑兵护卫。③ 同盟条约表面上是一个互助条约，叫是学者们普遍相信同盟包含有秘密条款，西班牙承诺在西西里的西班牙军队将配合参加恢复那不勒斯王国的军事行动；威尼斯将打击法国的海上力量，避免法国通过海上运送补给；由其他同盟国提供财政支持，马克西米连一世和费迪南德会发动对法国本土的攻击。④

某些西方学者认为威尼斯同盟的建立具有非常重要的历史意义。"这个条约的重要性体现在思想领域，而非行动领域，因为条约以欧洲均势取

① Philip de Comines, *The Historical Memoirs of Philip de Comines*, pp. 465 – 467.
② John S. C. Bridge, *A History of France from the Death of Louis XI*, Vol. II, p. 221.
③ *CSP SP* I, No. 96; Kenneth M. Setton, *The Papacy and the Levant*（*1204 – 1571*）, Vol. II, p. 487.
④ John S. C. Bridge, *A History of France from the Death of Louis XI*, Vol. II, p. 222.

代意大利均势，标志着中世纪欧洲政治的结束和现代欧洲政治的开始。"①
这种评价虽然宽泛和笼统，但是类似的广泛且不同的国家建立的同盟在欧
洲历史上还是鲜见的，一个泛欧洲的反法联盟将欧洲的主要国家纳入一个
单一的国际体系，意大利的微型国际体系被更具规模的欧洲体系所取代，
意大利的大国政治结构演变为欧洲的大国政治结构。② 其中哈布斯堡与西
班牙的结盟更具现实意义，与时代的外交风格相适应，结盟通过双重婚姻
而得到保证，两个家族的世袭结合将会影响欧洲的历史进程。威尼斯同盟
暂时结束了意大利半岛因法国入侵而造成的意见分歧，但是"这个包括西
班牙和神圣罗马帝国的同盟的真正意义在于，它说明意大利已不能控制自
己的命运"③。意大利的命运开始受到非意大利本土大国政策的左右。

二　福尔诺沃战役和《韦尔切利和约》

1495 年 4 月 5 日，当查理八世从威尼斯驻那不勒斯大使口中得知威尼
斯同盟的消息之后，大为震怒，威胁要另组联盟来对抗威尼斯同盟。可是
查理八世非常清楚他目前的处境，如果不立即采取行动，他返回法国的归
路将被完全切断。5 月 12 日，查理八世在那不勒斯自称"法兰西、那不
勒斯和君士坦丁堡的国王"。此时一支西班牙舰队已经携带费兰蒂诺等阿
拉贡王室成员在卡拉布里亚沿岸登陆，米兰的军队正在向奥尔良公爵驻防
的阿斯蒂挺进，那不勒斯人正准备欢迎他们的流亡国王，亚历山大教皇正
式拒绝了查理八世敕封的请求。④ 面对日益严峻的局势，5 月 20 日，查理
八世决定将法军分为两部分，一部分以波旁家族的蒙潘西埃公爵（Gilbert
de Montpensier）为总督留守那不勒斯，另一部分随他撤离那不勒斯，返回
法兰西。

让法国感到幸运的是，查理八世的归路并没有被彻底切断。奥尔良公
爵路易仍然拥兵驻守阿斯蒂城，并且又招募了 2000 名士兵，但是 6 月路

① Cipolla, Storia delle Signorie italiane dal 1313 al 1530, Vol. ii, p. 720. 转引自 A History of France from the Death of Louis XI, Vol. II, p. 222; R. B. Mowat, A History of European Diplomacy, 1451－1789, p. 28。

② Garrett Mattingly, Renaissance Diplomacy, p. 124; M. S. Anderson, The Origins of the Modern European State System, 1494－1618, pp. 77－78.

③ G. R. 波特主编《新编剑桥世界近代史》（第一卷），第 499 页。

④ David Jayne Hill, A History of Diplomacy in the International Development of Europe, Vol. II, pp. 205－206.

易先发制人占领诺瓦拉（Novara），重创米兰军队，并且声言对米兰公国的继承权利。[①] 诺瓦拉是帝国的采邑城市，路易的行动加剧了洛多维科的恐惧与不安，反而为帝国皇帝以及威尼斯同盟提供了武装干涉的借口。查理八世立即命令身在国内的波旁公爵驰援阿斯蒂，遏阻米兰军队的反攻，确保查理八世后路的相对安全。与此同时6月1日查理八世再次进入罗马，亚历山大六世率部逃往佩鲁贾。之后法军继续北返，经锡耶纳进入托斯卡纳，借道佛罗伦萨于6月20日入驻比萨。查理八世在托斯卡纳耽搁了数日，插手佛罗伦萨与比萨之间的纷争。而后沿西海岸直抵拉斯佩齐亚（La Spezia），在这里查理八世错误性地将后撤的法军再度分割为两部分，由布雷斯的菲利普（Philip of Bresse）带领上千士兵经热那亚走水路返回法国（法国舰队在热那亚遭到惨败，舰队全军覆没，所有战利品尽数丢失），而自己则率领大部队沿山路穿越亚平宁山脉，进入伦巴第。[②]

奥尔良公爵路易的贸然行动，造成查理八世在外交上的被动局面。查理八世无意帮助路易的事业，他现在想做的就是返回法国。翻山越岭的法国军队携带了大量的辎重物品，托运重炮穿越亚平宁山脉使得行军速度慢了下来。在瑞士雇佣兵的协助之下，7月5日法军在福尔诺沃附近的塔罗河谷（Valley of the River Taro）南岸安营扎寨。

威尼斯同盟的军队由2200名重骑兵、8000名步兵和2000多名轻骑兵组成，大部分是雇佣军，由曼图亚侯爵弗朗切斯科·贡扎加（Francesco Gonzaga，Marquis of Mantua）统领。同盟军队在帕尔玛集结，驻扎在塔罗河谷谷口，挡住了查理八世进入帕尔玛平原的道路。

1495年7月6日双方在暴风雨中展开了激战，战斗延而不决，史称福尔诺沃战役（Battle of Fornovo）[③]。福尔诺沃战役是意大利战争中第一场大规模会战。在查理八世的亲自率领下，法军在至少两倍于己的意大利军队中强行夺路，拉长队形，纵列行进，意图跨过塔罗河。双方一半以上的队

---

① A. W. Ward etc. ed. , *The Cambridge Modern History*, Vol. I, pp. 115 – 116.

② John Julius Norwich, *A History of Venice*, p. 375.

③ 关于福尔诺沃战役的记述，可参见 Francesco Guicciardini, *The History of Italy*, pp. 97 – 105; Philip de Comines, *The Historical Memoirs of Philip de Comines*, pp. 480 – 503; Antonio Santosuosso, *Anatomy of Defeat in Renaissance Italy: The Battle of Fornovo in 1495*, pp. 221 – 250; John S. C. Bridge, *A History of France from the Death of Louis XI*, Vol. II, pp. 233 – 287; John Julius Norwich, *A History of Venice*, pp. 376 – 378; Kenneth M. Setton, *The Papacy and the Levant（1204 – 1571）*, Vol. II, pp. 493 – 495。

伍是由马上骑士构成的。战争从早晨 8 点以炮击开始，后因雨水淋湿火药而被迫终止，两个小时后战斗继续进行，河水由于连日的暴雨迅速上涨，不适于骑兵作战，致使法军的渡河计划和盟军的冲锋均告失败，双方伤亡惨重，联盟的军队由于内部不和、指挥不当多次延误战机。查理八世身先士卒，英勇厮杀，甚至面临被俘的危险，这激起了法军的战斗热情，最终法军突破了联军的阻碍，摆脱了追击，经皮亚琴察和托尔托纳（Tortona），于 7 月 15 日安抵阿斯蒂。但是，法军的辎重和大量战利品全都落入意大利人之手。之后双方都宣称取得了战役的胜利，可是同盟军队并没有追击，只是包围了奥尔良公爵占领的诺瓦拉城。一位史学家评价这场战役时说：“意大利人为他们的胜利欢呼雀跃，但是法国人更有理由为之欢庆。因为福尔诺沃战役向世人展示了意大利人在军事上的无能。”[①] 几个世纪以来，意大利人从没有进行过这样的血战。

　　查理八世顺利抵达阿斯蒂城之后，为了进一步巩固法国与佛罗伦萨的关系，以降低威尼斯同盟对于其他意大利城市国家的政治压力，8 月 26 日法国与佛罗伦萨在都灵达成协议：（1）法国将比萨和里窝纳交还佛罗伦萨；（2）以热那亚两年之内承认法国的宗主权为条件，佛罗伦萨同意将萨尔察纳、皮埃特拉桑塔等要塞经由法国交予热那亚，法国则承诺确保佛罗伦萨与热那亚的友好关系；（3）佛罗伦萨承诺 24 天之内支付查理 3 万杜卡特（根据 1494 年 11 月的双方协议），给予比萨人大赦，借给查理 7 万杜卡特，为期一年。另外佛罗伦萨同意提供 250 名重骑兵。[②] 尽管查理八世对于奥尔良公爵路易擅自占领诺瓦拉的行为颇为不满，但还是对深陷诺瓦拉因粮草不足而处境艰难的奥尔良公爵施以援手。9 月 15 日，查理八世派遣奥兰治亲王（Prince of Orange）、吉埃元帅（Marshal de Gié）和科米纳为代表，与联军统帅弗朗切斯科·贡扎加商议解决包括诺瓦拉问题在内的有关争议。米兰公爵洛多维科急于重新获得诺瓦拉，同时又获悉法国人利用佛罗伦萨提供的金钱在瑞士各州又招募了上千名瑞士雇佣兵，直接威胁米兰公国的安全，于是在 10 月 9 日背弃威尼斯同盟条约，再次失信于欧洲各国，单方面与法国缔结和约，史称《韦尔切利和约》（Treaty of Vercelli）。[③] 和约

---

① Creighton, *History of the Papacy*, Vol. III, p. 212. 转引自 *A History of France from the Death of Louis XI*, Vol. II, p. 265。

② Kenneth M. Setton, *The Papacy and the Levant*（*1204－1571*）, Vol. II, pp. 495－496。

③ Philip de Comines, *The Historical Memoirs of Philip de Comines*, pp. 511－518。

规定：（1）洛多维科向奥尔良公爵支付5万杜卡特，诺瓦拉归还米兰；（2）热那亚城堡暂时让给费拉拉公爵，允许查理八世使用热那亚港口设施，装备舰船；（3）阿斯蒂属于奥尔良公爵，米兰不得染指；（4）洛多维科支持法国恢复那不勒斯王国，并提供便利；（5）威尼斯如能撤回援助费兰蒂诺的军事力量，可在两个月之内加入条约；（6）如果威尼斯没有加入条约，米兰将协助法国反对威尼斯。[1]

《韦尔切利和约》引起了威尼斯同盟其他国家的强烈不满，米兰的这种背叛行为实际上瓦解了联盟内部的团结。威尼斯在法国撤退之际，趁势占领了位于阿普利亚东海岸的重要港口——布林迪西（Brindisi）、特拉尼（Trani）、奥特朗托（Otranto）和莫诺波利（Monopoli），为了确保在那不勒斯沿海的既得利益，威尼斯默许了和约中的条款。在奥尔良公爵宣誓同意和约之后，查理八世于10月底越过阿尔卑斯山，原路返回里昂，结束了他的意大利远征。

在法国军队主力离去后，留守那不勒斯的蒙潘西埃公爵立即受到四面八方的攻击。虽然法国驻军于1495年6月28日塞米纳拉战役（Battle of Seminara）中击败了贡萨洛率领的西班牙军队，但依然无法扭转局势。威尼斯舰队袭击了亚得里亚海沿岸的城镇；费兰蒂诺在西班牙舰队的护送之下，于雷焦卡拉布里亚登陆，受到了热烈欢迎；那不勒斯各地纷纷起义，拥护费兰蒂诺。蒙潘西埃公爵疲于应付，查理八世派遣舰船援救，但遇风暴未果。1496年春，费兰蒂诺已经收复了那不勒斯的大部分领土。1495年7月至1496年10月，在那不勒斯一带坚守的残余法军一直与那不勒斯的军队断断续续交战，1496年10月蒙潘西埃公爵死亡，大部分法军撤回法国，1497年1月18日，驻守塔兰托的法军投降，至此法国彻底丢失了那不勒斯，查理八世在意大利所占土地尽失无遗。

查理八世在意大利失掉了他所得的土地，和他取得这些土地时同样地神速，"这股曾经淹没意大利的洪流"[2] 没有给法国带来任何领土上的变化，却带回了"那不勒斯病"（意大利人称之为"法国病"），这种通过性途径传播的疾病，在15世纪末曾经危害到很多人的生命，特别是军队途

---

① John S. C. Bridge, *A History of France from the Death of Louis XI*, Vol. II, pp. 279 - 280; Kenneth M. Setton, *The Papacy and the Levant* (1204 - 1571), Vol. II, pp. 496 - 497.

② 伏尔泰：《风俗论》（中册），第418页。

径之地。有关这个疾病的记载，多见于各类史书。① 返回法国之后的查理八世，并没有放弃他的征服美梦，而是继续计划新的远征，可是 1498 年 4 月 7 日，查理八世在自己的城堡中撞上了低矮的石制门楣，导致脑颅破裂而身亡，时年 28 岁。

三　远征的历史影响：马基雅维里与圭恰迪尼

1494 年查理八世入侵意大利是一个重大且有深远影响的事件，"在欧洲军事和政治体系的发展上都有值得纪念之处，它促使欧洲各国进行更为大胆的尝试，并且将它们的事务和利益融合得更为紧密。"② 从外交史的角度来看，这是一个时期的结束和另一个时期的开始。这次事件结束了意大利半岛的政治均势，导致意大利城市生活的崩溃。此后几个世代中，意大利成为法国瓦洛亚王室和西班牙哈布斯堡王室对峙的战场和欧洲战争的中心。对这个半岛来说，查理八世的入侵"标志着一系列灾难的开始：对这个半岛的财富以及它在欧洲政治旋风中的中心地位来说，这起事件却标志着必然产生的不良后果，并且还毫无疑问标志着一种主要因素的，即它那极其复杂的政治结构和即将形成的意大利平衡的错综复杂的体系的脆弱性。"③

查理八世入侵以后不久，意大利人就已经开始缅怀 1494 年以前那个和平与繁荣的年代。虽然 15 世纪城市国家之间时常发生小规模的战事，但以《洛迪和约》为基础、以意大利联盟为机制的意大利半岛维持着一个相互制约而且相互依赖的权力结构体系。政治上的平衡关系在一定程度上维持了意大利的商业优势与意大利文化的蓬勃发展，文艺复兴时代的艺术与学术在各城市国家统治者的扶植与奖掖之下结出了光辉灿烂的硕果。在意大利人的心中，意大利是时代文明的象征，意大利是欧洲文明的首善之区，而阿尔卑斯山以北的地区则是荒蛮之地，④ 是"上帝让阿尔卑斯山成

---

① Francesco Guicciardini, *The History of Italy*, pp. 108 - 109; Rebeeca Ard Boone, *War, Domination, and the Monarchy of France: Claude de Seyssel and the Language of Politics in the Renaissance*, p. 113.

② William Robertson, *A View of the Progress of Society in Europe* in *The Works of William Robertson, D. D. in Eight Volumes*, Vol. III, p. 97.

③ 费尔南·布罗代尔：《菲利普二世时代的地中海和地中海世界》（第二卷），吴模信译，商务印书馆，1996，第 3～4 页。

④ Michael Wintroub, *A Savage Mirror: Power Identity, and Knowledge in Early Modern France*, Stanford, Calif.: Stanford University Press, 2006, p. 42.

为保护意大利的一道天然屏障"①。很多意大利人是这样认为的，"意大利社会具有灿烂的文化，创造性的艺术，比欧洲任何其他地方都显得解放，不受世俗传统的束缚，它以冷静的理智并从经验出发对待世界。"② 意大利社会生活的表面繁华让他们对于持续几个世纪的政治分裂、族间世仇、文化差异和城市国家间战争所造成的影响从未有较为清醒的认识。③ 意大利人的这种自信在文化和政治领域表现得尤为突出，而政治上的自信使意大利人相信他们有能力借助外部的力量达到预期的目标，之后有能力将外部力量排除出意大利半岛之外，洛多维科曾自信地夸下海口："亚历山大教皇是他的宫廷住持，马克西米连皇帝是他的雇佣兵队长，威尼斯是他的管家，法兰西国王是他的仆从，来去必须听他的命令。"④ 伟大的洛伦佐凭借自己的明智审慎、敏锐善辩和果断坚定，赢得了他在全意大利的声望。可是时过境迁，在洛伦佐死后不久，"罪恶之树就开始发芽，不久就毁坏意大利并使之长期颓败荒芜。"⑤

　　被意大利人视为"野蛮人"的法国人在查理八世的带领之下侵入意大利半岛，如秋风扫落叶般地征服了意大利全境，意大利人的内心落差之大可见一斑。意大利的政治游戏规则被重新制定，马基雅维里在诗歌《十年纪》第一篇中吟道："我将吟唱意大利的苦难，它们经历了过去的两个五年，在对她抱有敌意的星辰之下。阿尔卑斯的多少小道、沼泽，我将讲述，布满了鲜血和死尸，就为了各国各朝的此消彼长。……当她内部不和时，意大利为高卢人敞开了路，她又遭受了形形色色蛮族的践踏。"⑥ 圭恰迪尼说："国家倾覆了，统治国家的方法改变了。战争艺术也变了……法国的入侵像一场风暴，把一切变得面目全非。意大利的统一被粉碎了，每个国家以前对公共事务的耐心和考虑也随之而去……（因为）不是根据通过研究而制订出来的规划，而是根据武力随时维系、摧毁、建立和推翻国家。"⑦ 意大利在洛伦佐统治下的"欢乐状态"在剧烈的政治变迁中消

---

①　Felix Gilbert, *Machiavelli and Guicciardini*: *Politics and History in Sixteenth Century Florence*, p. 255.

②　乔治·霍兰·萨拜因：《政治学说史》（下册），第 392 页。

③　Kenneth M. Setton, *The Papacy and the Levant*（1204 – 1571）, Vol. II, p. 478.

④　雅各布·布克哈特：《意大利文艺复兴时期的文化》，第 39 页。

⑤　尼科洛·马基雅维里：《佛罗伦萨史》，第 456 页。

⑥　《马基雅维利全集 04：戏剧·诗歌·散文》，第 189～190 页。

⑦　唐纳德·R. 凯利：《多面的历史：从希罗多德到赫尔德的历史探询》，第 281 页。

失了，意大利的"灾难状态"占据和考验着人们的内心世界，这种戏剧性的对比，使得"意大利历史写作的精神和性质发生了改变"①，这些变化在很大程度上是由外力的冲击而引起的。意大利的政治斗争成了各国关注的大事，半岛已变为列强间争端的诱因，而伦巴第和那不勒斯成了欧洲的斗鸡场，意大利城市国家的政治自主性被不同程度地剥夺了。

意大利人的这种失落感在16世纪意大利的历史与政治著作中俯拾即是。马基雅维里和圭恰迪尼的写作背景是意大利战争，一场发生在意大利土地上的持久战，这个事实构成了16世纪意大利和欧洲国际关系的背景。在这个混乱得令人眼花缭乱的多事之秋，马基雅维里和圭恰迪尼以他们在外交和战争方面的经历作为各自著作历史观的基础，从一个意大利人的立场来追问有关政治变迁的根本问题，产生了"宗教改革前夕的政治观"②。

马基雅维里从理性和经验中描绘、理解并阐释了1494年之后的欧洲政治发展，"他生活的欧洲旧秩序正在崩溃，国家和社会在这个时代面临着不断出现的新问题，他试图解释各种事件的逻辑意义，预测那些不可避免要发生的问题，并设法找到在新产生的种种条件中正在形成的规律。在今后关系国家生存的政治活动中，这些规律是注定要起关键性作用的。"③《君主论》等所表达的正是他对那个时代的最新解读，"治国之道、兴邦之术、增强国势之策和导致国家衰亡之虞"④ 是他写作的主要内容。在查理八世入侵之后的意大利半岛政治生活中，外交角逐是空前激烈和频繁的，谈判的转折起伏对阿尔卑斯山南北诸强意义重大，客观上推动了意大利式外交的不断扩散，外交谈判成为欧洲政治生活中的重要事项。透过马基雅维里的外交著述，可以看出意大利乃至欧洲在查理八世入侵之后发生的种种变化，各国之间的往来日渐紧密、军事和外交手段的更新以及政治决策中的道德缺失等变化都在表明，欧洲正在迎来一个新的时代。

圭恰迪尼的著作中不时表现出来的悲观政治批评，让人们看到了"意大利灾难"对于意大利人的深刻影响，他把历史的分析融入对欧洲政治的反思。1494年的入侵让很多意大利人有一种挫折感，驱使他们去探索意大利困境的原因以及摆脱困境的方法。圭恰迪尼的政治和外交经历较马基

① J. W. 汤普森：《历史著作史》（上卷，第二分册），第710页。
② 唐纳德·R. 凯利：《多面的历史：从希罗多德到赫尔德的历史探询》，第281页。
③ A. W. Ward etc. ed., *The Cambridge Modern History*, Vol. I, p. 200.
④ 乔治·霍兰·萨拜因：《政治学说史》（下册），第394页。

雅维里更为丰富，他曾经担任过教皇军队的高级将领，其敏锐的判断力、现实的政治眼光和丰富的外交经历使他深知政治实践的复杂性和现实利益的重要性，当查理八世在意大利半岛上颐指气使、招摇过市时，意大利的苦难与入侵前的幸福之间戏剧性的对比更能引起意大利人的共鸣。[①]

16 世纪初的西方政治思想进入了新旧交替、"群星闪烁"的时代，马基雅维里的《君主论》（1513 年）、伊拉斯谟的《论基督徒君主的教育》（1516 年）、莫尔的《乌托邦》（1516 年）和圭恰迪尼的《意大利史》（1534 年）等论著相继问世，西方史家在分析这一特殊现象时，都不约而同地将之与自 1494 年查理八世的入侵及以后的意大利战争联系起来，认为"政治现实主义和道德上的悲观怀疑是 1494 年入侵及其灾难性后果产生的大量历史文献的副产品"，认为这场几乎影响整个西欧的持久战争促成了欧洲政治意识形态的嬗变，反映出他们对意大利战争所产生的影响和对那个时代的"新政治"的见解，他们被称为"1494 年一代人"（Generation of 1494）。1494 年查理八世的远征不仅改变了意大利的政治发展方向，而且成为欧洲几代政治作家和历史作家好奇和反思的焦点。[②]

小　结

14～16 世纪是欧洲近代国际关系的萌动时期，其中最鲜明的特征是世俗力量在上升，并孕育出新的思想方式、生活方式、政治方式，逐渐主导政治社会的走向和国际法的形成过程。世俗君主势力急需处理诸如国家的行政系统如何有效地运作、国家和地方的税收如何协调、近代国家的主体权利应当如何确立、外交如何走向有序等现实问题，针对这些问题出现了从上帝到君主、从自然到社会、从先验到实证的思想碰撞和理论思考，对国与国关系的论述较以前更符合国际关系的实际进程，催生了以圭恰迪尼和马基雅维里为代表的"1494 年一代人"的思想转变。

在新君主制国家形成的过程中，英格兰、法兰西、西班牙均建立了较为强大的君主统治国家，而意大利由于其政治分裂而备受蹂躏，这种政治

[①]　Alison Brown, "Rethinking the Renaissance in the Aftermath of Italy's Crisis" in *Italy in the Age of Renaissance*, *1300 - 1550*. Edited by John M. Najemy, Oxford: Oxford University Press, 2004, p. 246.

[②]　唐纳德·R. 凯利：《多面的历史：从希罗多德到赫尔德的历史探询》，第 270 页。

现实无疑会给意大利人以极大震动，刺激其民族意识的高涨。这场事实上的法国与西班牙的战争构成了 16 世纪早期意大利国际关系的背景。马基雅维里和圭恰迪尼的写作背景是意大利战争，一场发生在意大利本土的法国与西班牙军队之间的持久战。意大利的城市国家被置于无助的境地。意大利的统治者们被贬斥为法国或西班牙利益的傀儡，意大利的城市国家失去了它们过去的独立。马基雅维里和圭恰迪尼等人的著作，事实抛弃了以上帝为中心的中世纪思想体系。中世纪的世界观是以上帝为中心，而他们关注的是世俗国家。中世纪哲学认为神创造了自然和人类社会，而他们则认为自然是既有的、与人类社会相分离的，而社会是由人来决定的。中世纪思想家设定了上帝的仁慈，为人类的道德生活和灵魂救赎制定了规则，而他们只思考人的行为，力图从人类行为中寻找经验和教训。从鼓吹如何公正地使用权力转而倾向于如何有效地使用权力，并为之提供可行的建议，这一转变首先发生在意大利。马基雅维里和圭恰迪尼等人颠覆了古典政治理论中的许多假定，确立了他们在理论界的重要地位。他们关注国家，而不是上帝；他们把国家当成人造的事物，把政治看作是无休止的行动。15 世纪和 16 世纪欧洲关于战争和外交的手册十分普遍，这一时期的军事手册清楚地反映出一件事情：在 1494 年查理八世带领法国军队入侵意大利并点燃意大利战争之后，战争的性质发生了剧烈的变化。外交著作同样也反映了这个时代发生的迅猛变革，对待外交和国际关系的目的及手段更加具有自觉性。意大利城市国家体系下的国际关系实践也成为文艺复兴时期意大利的一笔政治遗产，为西方国际关系理论的发展做出了深刻且具有丰富内涵的历史注解。尽管意大利体系在 16 世纪早期法国的征服中被瓦解，但这一新兴的国际关系实践最终为欧洲其他国家所接受。推动意大利外交实践向整个欧洲扩展的重要事件是意大利战争，这场旷日持久的战争成为意大利城市国家体系向近代欧洲国家体系扩展的联结点。

第三章 意大利战争的国际化（1498～1515）

第一节 路易十二与米兰爵位继承问题

1498 年 4 月，奥尔良公爵路易继承法国王位，是为路易十二（Louis XII，1498～1515 年在位）。路易在查理八世时代的法国政治舞台上，就一直是个非常活跃的人物。查理八世即位之初，路易就因与查理的姐姐安娜·德·博热争夺国家的摄政权力而兵戎相见，1488 年，安娜在圣奥班·迪·科米埃（Saint - Aubin - du - Cormier）战胜奥尔良公爵，将其囚禁于布尔日的塔堡将近 3 年，查理八世最终释放了他。意大利远征期间，奥尔良公爵镇守阿斯蒂，他始终坚信自己对米兰的领土要求是正当的，认为查理八世远征期间自己未能征服米兰，是一个必须洗雪的耻辱。即位之后，路易十二便自称为法兰西国王、两西西里国王和米兰公爵。他一方面着眼国内的政治建设，巩固法兰西的统一和繁荣；另一方面仍念念不忘征服意大利，不过与查理八世的远征稍有不同，他的首要目标是米兰公国，其次才是那不勒斯王国。

一 米兰爵位继承问题

关于米兰爵位继承问题，前文已有涉及。[①] 同安茹家族对那不勒斯的领土要求一样，法国瓦洛亚王室的奥尔良支系对米兰的领土要求缺乏充分的法律依据。作为神圣罗马帝国的采邑，14 世纪中叶米兰公国处在维斯孔蒂家族的控制之下。米兰与法国在历史上通过联姻的方式，加强了彼此之间的政治联系。1360 年，吉安·加莱亚佐与法国公主瓦洛亚的伊萨贝拉（Isabelle of Valois）结婚，育有一女，即为瓦伦蒂娜·维斯孔蒂。1387 年法王查理六世的兄弟、图赖讷的路易（Louis of Touraine，1392 年成为奥尔良公爵）与瓦伦蒂娜·维斯孔蒂联姻，联姻得到了教皇的特许，并将意

---

① 关于米兰爵位继承问题，可参见 A. M. F. Robinson，*The Claim of the House of Orleans to Milan*，pp. 34 - 62。

大利西北部城市阿斯蒂伯爵领地作为陪嫁，而且规定一旦公爵无男嗣而终，瓦伦蒂娜有权继承父亲的权利。1395 年，吉安·加莱亚佐受封为米兰公爵，成为称霸意大利北方的地方诸侯。1402 年，菲利波·马利亚·维斯孔蒂继承爵位，他只有一个私生女，嫁给了雇佣兵出身的弗朗切斯科·斯福查，1450 年斯福查攫取了米兰的统治权，打乱了这种传承关系。不过奥尔良家族一直不承认斯福查家族在米兰的统治地位，坚信家族对米兰的领土要求是正当的。

采邑制是中世纪在西欧实施的一种土地占有制度。原系西欧中世纪早期国王封赏给臣属终身享有的土地。法兰克王国墨洛温王朝时期，国王对于服军役或执行其他任务的臣属，以封赐土地或金钱等作为恩赏（采邑一词的原意即恩赏）。采邑制在加洛林王朝时期大为发展，9 世纪以后随着历史的发展，采邑逐渐转变为一种世袭领地。中世纪的封建习惯法一般承认两种形式的采邑继承[1]，一种是由于服兵役而获得的土地所有权（military tenure），限于男性继承；另一种是由于地方习惯的因素而改变了传统的采邑继承原则，在没有男性继承的情况之下，女性的继承权得到了一定的认可，[2] 实际上采邑继承原则的变化反映出了"这些地产转变为家族财产的历史，是与采邑继承性的全面发展错综复杂地联系在一起的……不仅各地的发展速度各不相同，而且各国发展的特点也不相同"[3]。米兰在法律上是神圣罗马帝国的采邑，1395 年的册封在一定程度上承认了女性的继承权。在意大利，女性的继承权利在理论上是得到普遍承认的，这与意大利普遍存在的婚外生子的情况是有直接联系的。奥尔良家族指责斯福查家族篡夺了米兰公国，其统治权是不合法的。然而吉安·加莱亚佐的米兰统治权也是通过一系列的欺骗手段而获得的，其合法性也受到质疑，其采邑的继承权利自然也会成为问题，这样奥尔良家族的所谓继承权也同样是缺乏法理依据的。因此，始终不明确的封建公法，只能用"强权即公理"来解释。[4]

这块米兰公爵领地、这个伦巴第人的古老公国，是神圣罗马帝国的采

---

[1] 关于采邑继承的历史变化，可参见马克·布洛赫著《封建社会》（上卷），张绪山译，商务印书馆，2004，第 313～341 页。

[2] John S. C. Bridge, *A History of France from the Death of Louis XI*, Vol. III, p. 42.

[3] 《封建社会》（上卷），第 318 页。

[4] 伏尔泰：《风俗论》（中册），第 428 页。

邑。它是男性的采邑还是女性的采邑，女子是否可以继承，过去没有做任何规定。1494 年 3 月帝国皇帝马克西米连一世以无继承人为理由，将米兰秘密赐封给洛多维科。路易十二凭借 1387 年的婚约，宣称有权继承米兰，这项婚约成了争端的滥觞，差不多意大利各邦都将因此而动荡不安，米兰公爵领地既不能获得自由，也不能决定应该归属于哪一位主人。

二　路易十二的外交战：孤立米兰

查理八世远征之后的意大利半岛，各个城市国家依然面临着内外的重重压力。威尼斯同盟下的表面团结，很快因为利益的龃龉而人心涣散，形同虚设。在意大利各邦之中，佛罗伦萨受到的影响是最大的。萨沃纳罗拉在政治上的崛起是由于查理八世的到来和皮埃罗·德·美第奇的垮台，佛罗伦萨没有参加神圣同盟，仍然忠于同法国的联盟，在查理撤兵后比萨问题日益突出，引起了其他城市国家和阿尔卑斯山以北国家的干涉。比萨在法军占领其城堡的时候即脱离了佛罗伦萨，并得到威尼斯人的支持，佛罗伦萨曾将收回比萨的最大希望寄托于同法国的友好关系，可是法军的失败令这种幻想破灭。比萨战争使佛罗伦萨的处境异常艰难，神圣同盟派兵援助比萨，支持流亡的美第奇家族的复辟行动，对佛罗伦萨施加压力，神圣罗马帝国皇帝马克西米连一世在威尼斯和米兰的怂恿下，南下意大利企图解决比萨问题，以失败告终。在赶走美第奇家族后，佛罗伦萨在国家政权的重整问题上斗争异常激烈，萨沃纳罗拉在其中发挥了关键性的作用，他组成了类似于威尼斯元老院的大议会，征收土地税，净化社会的宗教思想和道德思想，在布道中大肆诋毁罗马教廷和教皇亚历山大六世。然而，佛罗伦萨持续的政治和经济危机以及面临的外部威胁，使得佛罗伦萨人开始厌恶萨沃纳罗拉的说教，1497 年 5 月，教皇亚历山大六世将萨沃纳罗拉革除教籍，禁止他传教。1498 年 5 月，萨沃纳罗拉被绞死，后被焚尸。萨沃纳罗拉的垮台并不意味着佛罗伦萨的政策有任何变化。共和国的体制和亲法联盟依然存在，[①] 比萨战争仍在进行，直到 1509 年比萨沦于佛罗伦萨之手。

在比萨战争进行的同时，意大利其他城市国家也在为自身谋取更大的

---

① 　Melissa Meriam Bullard, *Marriage Politics and the Family in Florence: The Strozzi - Medici Alliance of* 1508, pp. 668 - 687.

利益。洛多维科统治下的米兰，免遭法国人的戕害，这得益于洛多维科多变的外交政策，但是对于未来的危险，特别是法国路易十二的即位，米兰也不得不时刻保持警惕。由于擅自签订《韦尔切利和约》，洛多维科在意大利各邦中的处境极为不利，他把主要筹码都放在了他和神圣罗马帝国皇帝的友谊上面。威尼斯作为神圣同盟的主要缔约方，利用一切机会扩大和巩固自己在意大利半岛上的既得利益。1496 年 10 月 5 日那不勒斯国王费兰蒂诺驾崩，其叔父费代里戈（Frederick IV of Naples，1496～1501 年在位）继承王位。由于查理八世的远征，那不勒斯王国的力量遭到了毁灭性的削弱，恢复的过程相对缓慢，因此很难在当前的意大利政治生活中发挥作用。在意大利的各种力量重新分化组合之际，教皇亚历山大六世认为，这时是他扩大教廷世俗权力和家族利益的绝好机会。1497 年初，他侵吞了奥尔西尼家族财产，[①] 暗中图谋罗马涅地区，这一系列行径激起了那不勒斯和威尼斯的强烈不满，一轮新的利益之争正在逐步酝酿。

　　路易十二即位之后，就着手为征服意大利进行积极的外交和军事准备。为了确保法国后方的安全无虞，路易与洛多维科展开了外交上的攻防战。法国经过与英格兰一再周旋，1498 年 7 月双方延长了查理八世和英格兰缔结条约的有效期，并签订了一份贸易协定，这样法国在一段时期内可以确保避免来自英格兰的威胁。路易十二寻求与西班牙的关系和解，尽管和解之路因为纳瓦尔王国和鲁西永、塞当争议而困难重重，但是费迪南德却看到了与法国和解的诸多好处，因为威尼斯同盟在他的眼里已经名存实亡了，他不愿意为米兰以及所谓的意大利和平而牺牲自己的利益，1498 年 8 月，法国与西班牙在马尔库斯（Marcoussis）签署条约，承诺彼此支持，保持和平与友谊。[②] 法国与神圣罗马帝国在勃艮第问题上一直龃龉不休，皇帝马克西米连一世成为洛多维科保证米兰安全的最后屏障。路易十二即位促使皇帝重又提出他对勃艮第的要求。在米兰的鼓动之下，马克西米连一世准备发动战争进攻法国占领的勃艮第领土，但是由于瑞士与马克西米连一世发生争执，而洛多维科卷入其中，从而促使瑞士否定了它的几个州与米兰的联盟（1498 年 10 月），并在 1499 年 3 月与路易订立一个十

---

① Francesco Guicciardini, *The History of Italy*, pp. 119 - 120; Christine Shaw, "Alexander VI, Cesare Borgia and the Orsini", *European Studies Review*, Vol. 11 (1981), pp. 1 - 23.

② *CSP SP* I, Nos. 218 - 219; John S. C. Bridge, *A History of France from the Death of Louis XI*, Vol. III, pp. 46 - 48.

年条约，允许路易在瑞士境内招募步兵。这场外交胜利对于洛多维科是一次致命打击。[1] 马克西米连一世的战争计划因瑞士人的抵抗而流产，他只能扮演一个对此事漠不关心的角色。与此同时，路易十二与皇帝的儿子、尼德兰摄政、美男子菲利普进行了几轮和平谈判，1498 年 8 月双方在巴黎签订协议。协议规定：（1）为执行 1493 年 5 月的《森里斯条约》，菲利普得到贝蒂纳（Béthune）、艾尔（Aire）、埃丹（Hesdin）这几座城市；（2）为了保有弗兰德尔和阿图瓦这两个伯爵领地，菲利普需亲自向法国宣誓效忠，同时保证马克西米连一世的军队由勃艮第撤出；（3）在路易十二和菲利普大公在世期间，奥地利不得向勃艮第和其他地方提出领土要求，而路易不向里尔（Lille）等地提出领土要求。1499 年 7 月，法国掌玺大臣罗什福尔（Rochefort）在阿拉斯（Arras）接受了菲利普的宣誓。[2] 菲利普大公的外交举措不得不让帝国皇帝同意签订停战协定，随后撤兵。

为了战争的需要，除了与欧洲其他大国进行谈判以外，路易十二也加强了与意大利城市国家之间的关系，缓和彼此之间的利益冲突。萨伏依公国的政治重要性虽然不及其他意大利城市国家，但是如果将来入侵米兰，这个扼守阿尔卑斯山重要山口的小公国的作用却是不容忽视的。长期以来，萨伏依公国与法国的关系一直比较密切，受法国的影响也很大，曾经在查理八世的远征中发挥了重要作用。为了稳固这种传统关系，1499 年 5 月双方在巴黎缔结同盟关系，萨伏依支持路易的事业，承诺给予法军穿过其境内的自由通道，并且提供一切给养，关闭与米兰的边境；路易承诺以补贴的方式换取萨伏依军事上的支持；双方保证不单独缔结任何和平协定。[3]

路易十二的外交战在意大利半岛内部也取得了胜利，威尼斯和教皇的支持会彻底孤立米兰。威尼斯始终对于洛多维科的背信弃义耿耿于怀，在它看来，查理八世的入侵造成的主要后果之一，就是米兰的权力和地位得到了相当的提升，损害了威尼斯在意大利的大陆利益。威尼斯与神圣罗马帝国的关系因弗留利地区（Friuli）的领土争端而日趋紧张；与那不勒斯

---

① John S. C. Bridge, *A History of France from the Death of Louis XI*, Vol. III, pp. 52－55；G. R. 波特主编《新编剑桥世界近代史》（第一卷），第 503 页。

② *A History of France from the Death of Louis XI*, Vol. III, pp. 50－51；伏尔泰：《风俗论》（中册），第 429 页；马克思：《马克思历史学笔记》（第三册），第 123 页。

③ *A History of France from the Death of Louis XI*, Vol. III, p. 56.

的关系也因威尼斯拒绝交还阿普利亚港口而摩擦不断；在比萨问题上，威尼斯又与佛罗伦萨和米兰交恶，且关系不断恶化。随着路易的即位，自科米纳离职以来恶化的法国与威尼斯的外交关系逐渐回温。[①] 两国之间的信使往来变得频繁起来，为了共同对付洛多维科，经过艰苦反复的谈判，1499 年 2 月，双方在布卢瓦签订一项"永久同盟条约"（Treaty of Perpetual Confederation），条约规定：（1）威尼斯将为路易提供 1500 名重骑兵和 4000 步兵，以帮助其恢复米兰公国的领土；（2）承诺提供 10 万杜卡特；（3）如果帝国皇帝攻击威尼斯，法国将提供帮助，反之亦然；（4）作为对威尼斯的回报，路易答应将克雷莫纳（Cremona）、阿达河上的贾拉（the Ghiara d'Adda），即阿达河、奥利奥河和波河之间的那块土地划归威尼斯。[②]

　　在进军米兰之前，路易十二所做的外交努力取得了非常重要的成果。他得到了瑞士各州和萨伏依的军事支持，与英格兰、西班牙和菲利普大公缔结条约获得了政治互信。在意大利，威尼斯的积极合作、佛罗伦萨的中立让路易的意大利事业有了一个良好的基础。却面对如此的外交局面，米兰的洛多维科却一筹莫展，他唯一的朋友那不勒斯爱莫能助，他所获得的支持仅仅来自意大利的一些较小城市国家，与帝国皇帝的联盟和与土耳其人的谅解对米兰的帮助也是杯水车薪，而与土耳其的关系在道义上又是被基督教世界所唾弃的。此时教皇与路易十二的联盟，意味着威尼斯同盟的彻底瓦解。

第二节　切萨雷的罗马涅战争：新一轮的意大利战争

　　马基雅维里在《君主论》中记述道："教皇亚历山大六世为了提高他的儿子瓦伦蒂诺公爵的权力地位，遭遇到当时的和后来的重重困难。……他知道意大利的军队，特别是本来可能帮助他的军队，全部掌握在那些可

[①] Kenneth M. Setton, *The Papacy and the Levant* (1204 – 1571), Vol. II, p. 509.

[②] John S. C. Bridge, *A History of France from the Death of Louis XI*, Vol. III, pp. 68 – 69；David Jayne Hill, *A History of Diplomacy in the International Development of Europe*, Vol. II, p. 221；A. W. Ward etc. ed., *The Cambridge Modern History*, Vol. I, p. 120；*The Papacy and the Levant* (1204 – 1571), Vol. II, pp. 512 – 513；马克思：《马克思历史学笔记》（第三册），第 123～124 页。

能害怕教皇势力扩大的人们手里，这些人是奥尔西尼家族和科隆纳家族以及他们的追随者，因此他不能够依靠他们。所以，为了成为这些国家的一部分地区的主宰，他有必要打乱这种秩序，并且使他们的国家混乱不堪。对他来说，这是容易不过的，因为他察觉到威尼斯人由于其他理由所驱使，愿意再度把法国人招回意大利。他不但不反对这样做，而且还帮助法国国王路易解除了以前的婚姻关系，使得事情更好办了。于是法国国王在威尼斯人的帮助和亚历山大教皇的同意之下，长驱直入意大利。"①

教皇亚历山大六世当时有两个宏大的目标：一是收复那些被认为是从罗马领地分割出去的大量土地；二是给他的儿子切萨雷·博尔贾（Cesare Borgia）一顶王冠。② 亚历山大六世不遗余力地利用教皇国的各种政治和宗教资源，培植家族成员在意大利的牢固势力，采用吞并私产、阴谋暗杀和排除异己等方式，扩大教廷的世俗权力和博尔贾家族的权力基础，自1497年其长子、教皇国军队统帅甘迪亚公爵（Duke of Gandia）遇刺身亡之后，亚历山大六世决心让另一个儿子切萨雷·博尔贾辞去教职，改任世俗职务（另一种说法是辞去教职是切萨雷·博尔贾自己的主张③），与某个王室家族联姻，建立博尔贾家族的世俗领地。④

切萨雷·博尔贾15岁成为潘普洛纳主教（Bishop of Pamplona），18岁擢升为巴伦西亚枢机主教（Cardinal of Valencia）。马基雅维里评价他身材伟岸，气度恢宏，对武力的热衷使他眼中的一切都变得微不足道，他"具有至大至刚的勇气和崇高的目的"⑤。路易十二的即位让亚历山大六世看到了战胜宿敌奥尔西尼家族、科隆纳家族和罗韦雷家族的希望，⑥ 他认为这位新国王是一个可贵的同盟者，可以协助他实现自己的目标。路易十二即位之后要做的第一件事情，就是和法兰西的让娜解除婚姻，和孀居的王后布列塔尼的安娜结婚，这需要教皇的批准和同意（中世纪天主教的宗教律法中没有"离婚"的概念，合法的婚约一经缔结便被视为当事人双方终生的契约，天主教禁止合法婚姻的解体，而解除婚姻需经教会法庭的司法

---

① 尼科洛·马基雅维里：《君主论》，第31页。

② 伏尔泰：《风俗论》（中册），第426页。

③ Kenneth M. Setton, *The Papacy and the Levant* (1204–1571), Vol. II, p. 504.

④ Christine Shaw, *Alexander VI, Cesare Borgia and the Orsini*, pp. 1–23.

⑤ 尼科洛·马基雅维里：《君主论》，第36页。

⑥ *The Papacy and the Levant* (1204–1571), Vol. II, pp. 499–500; *Alexander VI, Cesare Borgia and the Orsini*, pp. 1–23.

程序认定①）。1498 年 7 月到 8 月，双方达成政治交易，路易将位于多菲内（Dauphiné）的瓦朗斯（Valence）及其周边地区升格为公爵领地，赐封与切萨雷，后者每年享有 2 万法郎的薪俸；在征服米兰之后，他又将成为阿斯蒂的封建领主；法国派一支舰船由马赛出发，协助切萨雷来法国。1498 年 7 月，亚历山大六世颁布敕令，授权调查法国国王婚姻的合法性，同时他把位于奥斯蒂亚（Ostia）的城堡要塞归还朱利亚诺·德拉·罗韦雷枢机主教以示友好。② 8 月 17 日，切萨雷·博尔贾辞去巴伦西亚枢机主教之职，成为历史上第一个这样做的教职人员。同日，路易十二授予他为瓦伦蒂诺公爵（Duke of Valentinois）。③ 10 月，切萨雷·博尔贾率领侍从，乘坐法国船只离开意大利前往法国，随身携带了路易十二第二次婚姻的教皇特许状。

路易十二与安娜的婚姻保证了布列塔尼可以继续留在法兰西王国之内，在政治上是利于法国统一的。切萨雷·博尔贾法国之行的第一个主要目的是颁布教皇的特许状、接受公爵封号以及擢升路易十二的宠臣、鲁昂大主教乔治·德·昂布瓦兹（Georges d'Amboise）为枢机主教，他的另一个目的是向在法国宫廷长大的、那不勒斯国王费代里戈的女儿卡洛塔（Carlotta of Naples）求婚，但是卡洛塔坚决不肯嫁给切萨雷，费代里戈也表示反对。于是切萨雷在路易十二的帮助之下，另娶了纳瓦尔国王之妹夏洛特·德·阿尔伯雷特（Charlotte d'Albret），之后追随路易开始了新一轮的意大利远征。

一　征服米兰和罗马涅战争

1499 年夏，路易的军队在里昂集结，并陆续越过阿尔卑斯山抵达阿斯蒂，在阿斯蒂集结之后的法国军队，由 9500 名骑士（1600 支长矛）和 13000 名步兵（5000 名瑞士人、8000 名法兰西人）组成三个作战梯队。④ 8 月 10 日在米兰政治流亡者吉安·贾科莫·特里武齐奥（Gian Giacomo Trivulzio）指挥下，先头部队轻而易举地夺取了亚力山德里亚（Alessan-

---

①　刘城：《英国中世纪教会研究》，第 132～138 页。

②　Kenneth M. Setton, *The Papacy and the Levant* (1204 - 1571), Vol. II, p. 510.

③　Francesco Guicciardini, *The History of Italy*, pp. 118 - 119; John S. C. Bridge, *A History of France from the Death of Louis XI*, Vol. III, pp. 8 - 17.

④　马克思：《马克思历史学笔记》（第三册），第 124 页。

dria）和帕维亚。与此同时，威尼斯的军队南下，直达洛迪。米兰的处境已是岌岌可危，重要城镇的陷落、大军压境让米兰城陷入恐慌之中，暴力和谋杀频频发生，洛多维科见大势已去，于 9 月 2 日携带子女和大量财产仓皇出逃，到因斯布鲁克向马克西米利安一世寻求避难。米兰城随即投降，威尼斯人占领了克雷莫纳。路易听到胜利的消息后，由里昂出发，于 10 月 6 日威风凛凛地入驻米兰，以意大利各邦主宰者的身份接见了各邦的代表。他任命特里武尔齐奥为米兰地方长官，之后返回了法国。①

　　路易征服米兰的军事行动导致斯福查家族在米兰统治的结束，这让博尔贾家族看到了趁热打铁的机会。这时瓦伦蒂诺公爵在法国人的援助之下开始了计划中的罗马涅之举。教皇借口罗马涅和马尔凯（Marche）的执政官没有向教会缴纳贡税，宣布剥夺他们的封地。1499 年 11 月切萨雷奉命讨伐，率领一支由 1800 名骑兵和 4000 名步兵组成的军队进入罗马涅地区，12 月占领由洛多维科的侄女卡泰里娜（Caterina Sforza）主政的伊莫拉（Imola）和弗利（Forli）。在攻占两地之后，法国的援军被召回，切萨雷返回罗马庆祝胜利，在罗马他被封为教会最高行政长官（Papal Gonfaloniere）。1500 年，切萨雷利用教皇设立 12 位新枢机主教而获得的资金，雇用了一批士兵，开始新的罗马涅战争。他先后夺取了斯福查家族的佩萨罗（Pesaro）、马拉特斯塔家族的里米尼（Rimini）、曼弗雷迪家族的法恩扎（Faenza），结束了罗马涅地区小国分治的局面。1501 年，切萨雷被封为罗马涅公爵。② 当时身为佛罗伦萨外交秘书的马基雅维里，对于切萨雷有过很高的评价，他在罗马涅的统治让马基雅维里印象深刻，给马基雅维里的思想带来了决定性的影响，他被作为《君主论》的榜样警示后人，也成为马基雅维里的理论象征。

　　新任的米兰地方长官特里武尔齐奥在政治上属于教皇派，其政治统治带有明显的派系色彩，法国驻军在米兰肆意妄为，根本不受地方的约束，加之政府的苛捐杂税，引起了米兰人的普遍不满。因狂热而带来的疏忽大意使得流亡的洛多维科重新找到了机会，他鼓起勇气，在帝国的勃艮第招募了 500 名士兵，利用法国与瑞士各州的矛盾，雇用了近 1 万人的瑞士军

---

① John S. C. Bridge, *A History of France from the Death of Louis XI*, Vol. III, pp. 79 - 94；马克思：《马克思历史学笔记》（第三册），第 124 页。

② 关于罗马涅战争的详情，可参见 Gerard Noel, *The Renaissance Popes*：*Statesmen*，*Warriors and the Great Borgia Myth*, pp. 154 - 162。

图 3 - 1   （左）洛多维科于诺瓦拉被俘（1500 年）；
（右）洛多维科被押解至里昂（1500 年）①

队，于 1500 年 1 月 5 日返回米兰，并把法国人赶出米兰城，夺回了诺瓦
拉。米兰失守令路易十二大为恼怒，立即派遣援军增援，同时化解与瑞士
各州在贝林佐纳（Bellinzona）伯爵领地的争端（1503 年路易将贝林佐纳
割让给瑞士各州），雇用瑞士军队，利用他们策反洛多维科军中的瑞士人，
反戈一击。1500 年 4 月法国人重新占领了米兰，俘虏了乔装打扮意欲混出
诺瓦拉的洛多维科，并将其押送法国。作为阶下囚，洛多维科在法国的牢
狱之中度过了余生，"身陷四壁围立的寸室之中，而他过去的雄心壮志却
是连整个意大利几乎都容纳不下。"② 1508 年洛多维科在洛什（Loches）
凄凉地死去，斯福查家族败落了。米兰的再次陷落，让路易的意大利事业
在意大利北部初步取得了成功，路易的下一个目标将是那不勒斯。

二　《格拉纳达条约》：瓜分那不勒斯

那不勒斯王国的归属问题，始终是路易十二意大利事业的一个组成部
分。法国占领米兰以后，那不勒斯国王费代里戈提议，承认法国国王为宗
主，一次性给予 30 万杜卡特并且每年纳贡 10 万杜卡特。③ 但是，路易十

---

① Robert W. Scheller, "Gallia Cisalpina: Louis XII and Italy 1499 - 1508", *Simiolus: Nether-lands Quarterly for the History of Art*, Vol. 15, No. 1 (1985), pp. 5 - 60.
② Francesco Guicciardini, *The History of Italy*, p. 155.
③ Kenneth M. Setton, *The Papacy and the Levant（1204 - 1571）*, Vol. II, p. 536.

二拒绝了那不勒斯的建议。路易远征那不勒斯的主要障碍来自西班牙。查理八世远征之时，费迪南德组织并参与联盟，将法军赶出了那不勒斯。米兰的胜利可能使费迪南德更加坚定守护那不勒斯的决心。不过阿拉贡家族内部围绕那不勒斯王位的争斗让问题变得复杂起来，1500 年 5 月，费迪南德装备了一支舰队，佯装帮助威尼斯人对付土耳其人，而实际目的是向路易十二示威，表达自己的意愿。路易于是决定像联合威尼斯人瓜分伦巴第一样，与费迪南德一起阴谋策划，谈判瓜分那不勒斯。

　　1500 年 11 月 11 日，借口费代里戈向土耳其求援，威胁基督教世界的安全，西班牙与法国签订了《格拉纳达条约》（Treaty of Granada）。根据条约，针对那不勒斯王国做如下划分：（1）路易十二将得到那不勒斯、阿布鲁齐（Abruzzi）、拉沃罗省（Lavoro）和加埃塔（Gaeta），以及那不勒斯和耶路撒冷国王的称号；（2）费迪南德将得到卡拉布里亚和阿普利亚以及这两地的公爵称号；（3）卡皮塔纳塔（Capitanate）的牧畜关税（Dogana）应由西班牙官员征收，按照一定比例由西班牙和法国分配。[①] 1501 年 6 月，教皇亚历山大六世也参与了这个反对他的封臣的阴谋，颁布敕令批准了这项条约，西班牙和法国保证教皇继续拥有对那不勒斯王国的宗主权，一旦两位国王及其继承人中的一位当选为"罗马人的国王"，其在那不勒斯王国的封地将转归罗马教廷（除非当选的"罗马人的国王"明确获得教皇委任统治的授权）；女性继承人不得与当选的"罗马人的国王"缔结婚姻；那不勒斯王国的西班牙和法国占领地需每隔三年向教廷缴纳一匹上等白马，以示对教皇宗主权的尊重；切萨雷陪同法国军队执行这项条约。[②]《格拉纳达条约》将西班牙从幕后引到了意大利战争的前台，一位西班牙使节为其国王的行为辩解说："自从法国查理八世时代到今天，为了恢复那不勒斯王国，我们通过武力和谈判要求过去的查理国王和现在的路易国王放弃对那不勒斯的任何企图，除此之外，我们什么也没有做。然而，费代里戈国王对我们所做的一切，既没有表达感激之情，也没有体现出丝毫的善意和兄弟情谊。尽管如此，我们还是尽一切可能让他和法国国王之间达成和解。……（令人失望的是）费代里戈国王去寻求土耳其人的

---

①　Dumont，III，Part II，pp. 441 et seq.

②　John S. C. Bridge，*A History of France from the Death of Louis XI*，Vol. III，pp. 136 – 141；Kenneth M. Setton，*The Papacy and the Levant*（1204 – 1571），Vol. II，p. 537；马克思：《马克思历史学笔记》（第三册），第 127～128 页。

帮助，他一年多以前让他的大使通知了我们。尽管我们反对这么做，并且谴责他。最后我们告诉他，如果他一意孤行，我们将是他最主要的敌人。"①

1501 年初，贡萨洛·费尔南德斯·德·科尔多瓦率领西班牙军队前往西西里，从那里进攻那不勒斯王国的南部，对条约一无所知的费代里戈竟然亲自打开了卡拉布里亚的大门。7 月奥比尼（Stuart d'Aubigny）率领的法国军队开进那不勒斯，占领卡普阿。得知亲戚背叛和卡普阿陷落的费代里戈只得退居伊斯基亚群岛，9 月通过谈判与法军将领达成协议，费代里戈率部投降，在法国得到优待，路易把安茹和曼恩赐封给他，他于 1504 年死去。

不久之后，法国与西班牙因为分赃不均而发生了争斗。《格拉纳达条约》虽然将那不勒斯王国一分为二，但是领土的分割缺乏准确性，条约中没有提到王国其他地方的具体划分，特别是法国的阿布鲁齐和西班牙的阿普利亚之间的卡皮塔纳塔，法国向西班牙提出不仅要征收牧群税，而且要占领卡皮塔纳塔。1502 年 6 月法国与西班牙开战，贡萨洛的西班牙军队被法军赶出阿普利亚，被迫退入巴列塔（Barletta）。② 但是西班牙始终认为自己是地中海西部的主人，相形之下法国在地理上的遥远和海上军事力量的薄弱，使它在那不勒斯比在其他地方处于更为不利的地位。意大利南方是一个多山的地区，这种地理环境更适合于机动性较强且善于游击作战的军队，而重装部队更适合于阵地作战、攻城略地以及守卫要塞。法国军队虽然拥有强大的重炮作战梯队，但是其机动性较差，经常因为天气原因陷入尴尬的境地（特别是遭遇雨季），极不适应意大利南方的作战环境，同时法军过分依赖行动较为迟缓的重骑兵，对于行动灵活的轻骑兵缺乏重视，这也不符合意大利南方的作战要求。身为西班牙军队主帅的贡萨洛深谙此道，相较而言，装备简易的西班牙军队长期以来已经适应了意大利南方的山区环境和炎热气候，而且贡萨洛善于鼓动当地壮丁以极低的待遇为西班牙军队效命，从事游击战争，让敌军深陷山区而无法进行正常的军事作战。③

---

① *CSPSP*I, No. 303.

② 1503 年 2 月 13 日，因部分被俘的法国军人轻侮挑衅西班牙军队中的意大利人，双方约定各出 13 名斗士决斗，结果意大利人大胜，法国人被迫做出赔偿。这场决斗经后世演绎传为佳话，史称"巴列塔挑战"（Challenge of Barletta）。

③ Michael Mallett and Christine Shaw, *The Italian Wars, 1494 – 1559: War, State and Society in Early Modern Europe*, pp. 64 – 66; Kenneth M. Setton, *The Papacy and the Levant（1204 – 1571）*, Vol. Ⅲ, pp. 14 – 15.

　　贡萨洛·费尔南德斯·德·科尔多瓦出身西班牙贵族，人称"伟大的统帅"（El gran capitán, The Great Captain），是意大利战争中西班牙的重要军事将领。贡萨洛早年作为下级军官参加了西班牙收复失地运动，1466年起效力于卡斯蒂利亚王国王室，在1474年至1479年内战中崭露头角，深得王室赏识。1492年参加对穆斯林王国格拉纳达的占领，为驱逐阿拉伯人、统一西班牙做出贡献。在这段时期，贡萨洛磨炼了他的军事战术与技巧，并展示出他个人的英勇善战。意大利战争开始后，贡萨洛曾率5000名西班牙士兵进入意大利，在塞米纳拉战役中被法军击败。塞米纳拉战役失利后，贡萨洛汲取战争教训，并开始执行一套严格的军队训练计划，重新组织军队。在与瑞士人的作战中构想出了一套全新的作战方式——日后成就了西班牙霸权的西班牙步兵大方阵（Tercio, Pike and Shot）。与瑞士方阵不同的是，贡萨洛把以前的大方阵拆分成数个相对较小的方阵，步兵排成线列阵，前四排火枪，后八排长矛，并伴以零散的火枪和长矛部署在外围掩护侧翼。由步兵团组成的西班牙方阵步兵在攻防两方面达成了协作，长矛兵与火绳枪手在同一战斗队形中密切协同，更能应

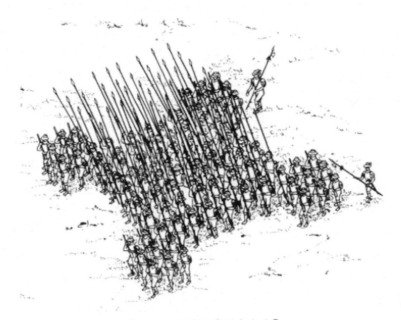

图 3 - 2　西班牙步兵大方阵①

---

① Thomas F. Arnold, *The Renaissance at War*, p. 79.

付复杂多变的战事和战况，这样的布局能更好地发挥火绳枪手的威力。贡萨洛协调步兵、炮兵与骑兵共同作战，将军队分为各自独立的机动军事力量，取代了单一的长矛方阵，这是革命性的。

1503 年 4 月 28 日下午，贡萨洛率军到达切里尼奥拉（Cerignola），西班牙步兵沿北面道路布置了两道深壕，控制后勤要点，掩护炮兵，依托堑壕工事并发挥火枪威力。当法国骑兵与瑞士雇佣军面对西班牙人的堑壕工事时阵形大乱，勇敢的骑士冲到了工事底下后却发现他们的马匹根本无法越过，自身却暴露在火枪的近距离射击之下，一排又一排的法国士兵倒在了火绳枪的火力下，少数到达堑壕的法国人也在西班牙士兵的长矛下死于非命，法军主将内穆尔公爵（Duke of Nemours）也在战役中阵亡，大量火炮、帐篷和辎重被遗弃在战场上。贡萨洛以处于劣势的兵力击败法军。切里尼奥拉战役（Battle of Cerignola）是历史上第一次利用火器取得胜利的战役。[①] 5 月 14 日西班牙军队进入那不勒斯，并迫使法军撤退至加里格利亚诺河（Garigliano River）。战争陷入僵局，双方隔岸对峙，谁也没有什么优势。12 月 29 日夜晚，贡萨洛趁夜色率领部分军队越过浮桥奇袭法国军队。步兵手中拿着火绳枪和长矛，在进攻中显示出了与先前防守时一样的致命杀伤力，加上贡萨洛训练有素的属下战将，并利用少量的交通工具，使这场艰难的战争变得平稳顺利起来。西班牙军队在加里格利亚诺战役（Battle of Garigliano）中大胜法国人。1504 年 1 月 1 日，法军最后一个据点加埃塔被占，残余法军全部撤离那不勒斯王国。1 月 31 日法国与西班牙停火。法国被迫放弃那不勒斯，退守伦巴第。那不勒斯在贡萨洛的治下，降格为总督辖区。

切里尼奥拉战役和加里格利亚诺战役击溃了瑞士长枪方阵的神话，证明了贡萨洛的军事改革是成功的，他开创的战斗模式在以后被广泛采用。他注重新武器的使用，更多地使用长枪与火绳枪，革新性地将火枪融入了手拿长矛作战的传统步兵团当中，他把火绳枪从辅助性的起骚扰作用的武器改作防御时的进攻性武器，并与阵地堑壕相结合。贡萨洛的军队组织形式与战术策略，给欧洲战争带来了革命的变化，并关键性地推动了中世纪战争中的武器变革，将钢刀和长矛转换成了火器与炸药。

---

① Rebeeca Ard Boone, *War, Domination, and the Monarchy of France：Claude de Seyssel and the Language of Politics in the Renaissance*, p. 107；Sir Charles Oman, *A History of the Art of War in the Sixteenth Century*, pp. 52 - 54.

在法国与西班牙争夺意大利南方的时候，博尔贾父子继续利用一切可能的机会，扩大切萨雷的统治范围。继罗马涅战争之后，切萨雷又将扩张的矛头指向了托斯卡纳，公爵的军队直逼阿雷佐（Arezzo），比萨也向切萨雷求援，这种情况之下，佛罗伦萨的安全受到了极大威胁。为了自身安全，防范切萨雷，1502 年 4 月佛罗伦萨与法国缔约。由于法国的干涉，切萨雷不得不将占领的土地归还佛罗伦萨。1502 年 6 月，切萨雷攻入马尔凯地区，占领乌尔比诺和卡梅里诺（Camerino），威胁到博洛尼亚（Bologna）的安全。一时之间，各地发生暴动反对切萨雷的征伐。他的雇佣兵队长们在奥尔西尼家族领地马焦内（Magione）密谋策动反叛，结果在亚得里亚海滨小城塞尼加利亚（Senigallia）被全部处死（1502 年 12 月 31 日），切萨雷的残暴闻名于整个意大利。① 虽然切萨雷具备了良好的军事和政治能力，但是如果没有教皇的支持，他的事业也是很难推进的。1503 年 8 月 18 日，教皇亚历山大六世猝死，切萨雷也身染重病，意大利中部的地方贵族乘机收复了自己的领地。

1500 年前后，路易十二似乎看到了自己意大利事业成功的曙光，可是突然间却危机四伏。帝国皇帝宣称对米兰拥有宗主权，那不勒斯的胜利果实让西班牙人摘走了，瑞士各州的不满情绪由于一系列问题而进一步激化，教皇开始疏远法国。路易十二的意大利战争导致那不勒斯王国和米兰公国的亡国，反而使教廷的势力大增，为以后尤利乌斯二世的教皇事业铺平了道路，同时西班牙势力的介入，深刻地改变了意大利的政治格局。马基雅维里评论这段历史时认为路易十二犯有这样五个错误：他灭掉了弱小的国家；扩大了意大利的一个强国的势力；把最强有力的外国人引入意大利；他既不驻节那里；又不遣送殖民到那里去。他说："如果说，法国之所以同威尼斯人分割伦巴第，是因为法国借此在意大利赢得插足之地，因而做得对，那么，另一次的瓜分就应该受到非难……他原先是意大利的主宰，可是现在他带来一个伙伴，于是那个地方的野心家和心怀不满的人们

---

① 出使伊莫拉的马基雅维里亲眼见证了切萨雷挫败叛乱的全部手段，事后写下《记述瓦伦蒂诺公爵在塞尼加利亚残杀维特洛佐·维特利、奥利韦罗托·达·费尔莫、帕戈罗大人以及格拉维纳公爵奥尔西尼的方式》一文。保罗·乔维奥形容此事是一场"精彩骗局"（wonderful deceiving）。英国小说家威廉·萨默塞特·毛姆（William Somerset Maugham）著有小说《彼时此刻》（Then and Now，或译为《时常》），描写了这一时期的马基雅维里与切萨雷。

在那里有申诉的地方了。而且他本来可以让一个向他纳贡的人留在那个王国为王，可是他却把他撵走，而带来另一个人——一个能够把自己赶走的人。"①

第三节　康布雷同盟与反法神圣同盟

"在灾难性的那不勒斯战争之后的岁月里，欧洲的政治充满了不安的警惕、一个又一个不稳定的联盟、虚假的友谊和嫉妒与贪婪。"② 欧洲主要王室的内外政策是家族利益和个人野心的体现，联姻是联盟的核心内容。为了挽回因为失去那不勒斯而造成的被动局面，路易十二进行了一系列外交谈判，而乔治·德·昂布瓦兹的个人野心主导了法国的外交政策。③为了实现当选教皇的梦想，昂布瓦兹试图引领基督教世界走向普遍的和平，从而顺理成章地成为教皇职位的候选人。

1501 年 8 月 10 日，路易十二与菲利普大公（费迪南德的女婿）在里昂签订了一项协议，1500 年出生的菲利普的儿子、卢森堡大公查理（后来的查理五世）同路易的两岁女儿克劳迪娅订婚；10 月帝国皇帝马克西米连一世与路易十二在特伦托签订一项临时性协议，同意路易与菲利普的婚约，并且规定将米兰公国赐封给路易；1503 年 4 月 5 日，路易与菲利普正式签署《布卢瓦条约》（Treaty of Blois），这是一份解释性条约。条约再次确认查理与克劳迪娅订婚，两人将得到那不勒斯国王和王后、卡拉布里亚公爵和公爵夫人的称号；结婚前，那不勒斯王国的西班牙部分归菲利普所有，法国部分指定一名双方都同意的总督管辖。1504 年 9 月 22 日，三方在布卢瓦签订了三项条约。④ 根据第一项条约：（1）马克西米连一世、路易十二和菲利普大公彼此之间保持友好和善意，互相帮助，互相支持，决不侵犯对方的领地；（2）皇帝保证不对路易在米兰的权利提出挑战，绝不支持来投奔他的"摩尔人"洛多维科的几个觊觎米兰公国的儿子，答应取消帝国对曼图亚和蒙费托拉、热那亚和佛罗伦萨、费拉拉公爵和卡普里大公的庇护；（3）路易承诺不支持帝国内反对皇帝权威的叛乱，不再干涉

① 尼科洛·马基雅维里：《君主论》，第 15 页。
② A. W. Ward etc. ed., *The Cambridge Modern History*, Vol. I, p. 128.
③ R. B. Mowat, *A History of European Diplomacy*, *1451 – 1789*, p. 29.
④ Dumont, IV, Part II, pp. 55 et seq.

帝国在德意志和意大利的事务；（4）皇帝在三个月之内册封路易及其子嗣为米兰公爵，在无男嗣的情况之下，将米兰公国作为嫁妆转赠卢森堡大公查理；（5）不得单方面与西班牙缔结条约。根据第二项条约：（1）为了换取与菲利普大公的联盟，路易将为婚约的实现提供各方面的保证；（2）菲利普大公保证一旦路易死后无男嗣，他将勃艮第公国、马孔（Macon）和欧克索讷（Auxonne）交予查理；（3）如果婚约顺利执行，那么米兰、阿斯蒂、热那亚、布列塔尼和布卢瓦将交予查理和克劳迪娅；（4）如果路易违背婚约，那么勃艮第、米兰和阿斯蒂将归查理；（5）如果哈布斯堡家族违背婚约，他们将放弃上述所有权利等。第三项条约是秘密条约，内容包括了教皇以及组成一个共同反对威尼斯的联盟计划（下文将涉及此项内容）。① 以上条约的签署，使得欧洲两个强大的王室之间形成了一种奇特的但又似乎不可能实现的联盟关系，年幼的卢森堡大公查理似乎是最大的受益者，看来他命中注定是未来欧洲历史命运的主宰。伏尔泰评论道："如果要为签订一个如此异乎寻常的条约做辩解，只能说法国国王和昂布瓦兹枢机主教毫无践约之意。"② 后来的形势发展最终使得联姻计划破裂，1506 年 5 月路易的女儿克劳迪娅与昂古莱姆伯爵弗朗索瓦（即后来的弗朗索瓦一世）缔结婚约。

　　哈布斯堡王室与瓦洛亚王室之间的婚姻联盟，让费迪南德对女婿菲利普大公十分不满，翁婿关系非常紧张。此时西班牙王室内部也正经历一次非常重要的权力更迭。1504 年 11 月 26 日，西班牙王后伊萨贝拉去世，她与费迪南德的独子唐·胡安不久死去，无后嗣。他们的长女也没有留下子女就死了，所以西班牙王国（包括卡斯提尔、阿拉贡和两西西里）的继承权落入了勃艮第的菲利普的妻子胡安娜之手。根据伊萨贝拉的遗嘱，11 月 26 日费迪南德不得已放弃卡斯提尔国王的称号，宣布菲利普和胡安娜为国王和王后，自己为摄政王。③ 1505 年 10 月 12 日费迪南德与路易在布卢瓦签订条约，根据条约：（1）鳏居的费迪南德与路易的外甥女热尔梅

① 关于一系列的条约谈判，详情可参见 John S. C. Bridge, *A History of France from the Death of Louis XI*, Vol. III, pp. 206 - 221；David Jayne Hill, *A History of Diplomacy in the International Development of Europe*, Vol. II, pp. 230 - 232, 260 - 263；马克思：《马克思历史学笔记》（第三册），第 129～130、147～148 页。

② 伏尔泰：《风俗论》（中册），第 441 页。

③ J. H. Elliott, *Imperial Spain, 1469 - 1716*, p. 76.

娜·迪富瓦（Germana de Foix）结婚；（2）路易将《格拉纳达条约》规定属于法国的那部分那不勒斯王国土地作为嫁妆转赠费迪南德，同时放弃西西里和耶路撒冷国王称号；（3）作为补偿，费迪南德赔付路易 100 万金杜卡特，分 10 年付清；（4）米兰属于法国，双方不得援助对方的敌人。①

在欧洲王室之间忙着谈婚论嫁之际，意大利半岛的局势也在发生着根本性的变化。路易十二的入侵让意大利半岛沦为欧洲战争的战场。法国占据了米兰，西班牙占据了那不勒斯，帝国皇帝时刻不忘对意大利北部的宗主权，它们之间的争斗一直左右着意大利的历史命运。意大利半岛上维持了近两个世纪的势力均衡彻底瓦解了，位于意大利中部的罗马教廷，在博尔贾家族势力的影响之下，俨然变成了扩充家族势力的工具；佛罗伦萨因为内部的政治斗争和比萨战争的拖累，不得不在法国的保护伞下委曲求全；威尼斯成为意大利半岛上唯一具备独立政治能力的城市国家。可是如此混乱的政治局面，并没有让意大利各邦团结起来，相反切萨雷的个人雄心和亚历山大教皇的残暴阴险，令半岛上各种家族势力如临大敌，惶惶不可终日。1503 年 8 月教皇亚历山大六世暴亡，博尔贾家族势力随即败落，意大利半岛上的利益格局又一次面临着重新的调整。

一　教皇尤利乌斯二世与威尼斯

"我已经预见到了我父亲的死亡，而且时刻为此做好准备。但是没有想到的是，那一刻我自己却在和死神搏斗。"② 切萨雷对马基雅维里这样说。亚历山大教皇的死亡使罗马教廷陷入了家族纷争、领地秩序混乱和竞选教皇的多重斗争之中，而切萨雷又在这样重要的政治时刻身染沉疴，奥尔西尼家族和科隆纳家族在罗马挑起了派系斗争，罗马涅地区出现了政治真空，流亡的家族势力重新掌握了城市的统治权，法国和西班牙军队分别从意大利北方和南方向教皇领地进逼。这些斗争的核心是下任教皇的人选，教皇作为西方基督教的最高宗教权威和教皇国的世俗君主，宣称自己是彼得的继承人和基督的代理人，但实际上却表现出了很大的不确定性，这是由于建立在选举之上的权力是不能继承的。教皇的选举从来就是中世

---

① 路易吉·萨尔瓦托雷利：《意大利简史——从史前到当代》，第 331～332 页；G. R. 波特主编《新编剑桥世界近代史》（第一卷），第 505～506 页；Dumont，IV，Part I，pp. 72 - 74；John S. C. Bridge，*A History of Francefrom the Death of Louis XI*，Vol. III，p. 224。

② Gerard Noel，*The Renaissance Popes：Statesmen，Warriors and the Great Borgia Myth*，p. 209.

纪欧洲政治的焦点问题，全欧洲的目光都聚集在罗马和枢机主教团的身上。枢机主教的地位与影响对于 15 世纪和 16 世纪的欧洲国际政治而言是非常重要的，他们实际上是一些国家（如西班牙、法国）或意大利大家族派往教廷的代表，分别代表着不同的利益诉求，他们协助教皇处理事务，给教皇提供建议，会见大使，分配教区和赏赐等。[1] 每一次的教皇选举以及选举的结果都意味着政治利益和权力格局的重新洗牌。

路易十二希望帮助乔治·德·昂布瓦兹实现个人野心，费迪南德希望借助切萨雷的影响力选举有西班牙背景的埃斯特枢机主教，流亡的朱利亚诺·德拉·罗韦雷枢机主教返回意大利发挥自己的影响力，与各派争夺选票，为自己铺路。他们按照各自的政治观点和私人利益形成政治派系，把教皇选举变成了各派系之间为实现特殊要求、个人野心和家族利益而进行的一场政治较量和利益冲突。在各派势均力敌的情况之下，昂布瓦兹不得已提名年迈多病的锡耶纳主教弗朗西斯科·皮科洛米尼（Francesco Picco-lomini）为教皇候选人。1503 年 9 月 22 日，秘密会议（the Conclave）选举皮科洛米尼为教皇，称庇护三世（Pope Pius III），法国和西班牙的军队相继后撤，可是二十七天后（10 月 18 日），庇护三世老死。为了当选教皇，朱利亚诺·德拉·罗韦雷与切萨雷达成私人协议，承诺相互支持，[2] 因此在切萨雷以及其他亲西班牙枢机主教的帮助之下，11 月 1 日他被选举为教皇，称尤利乌斯二世（Pope Julius II, 1503~1513 年在位）。当选之后，他任命昂布瓦兹为教皇使节（Legatein France），但没有履行对切萨雷个人的诺言，而将他在罗马涅的地产据为己有。（切萨雷后来被作为俘虏解送到西班牙，路易十二剥夺了他的领地和年金。后来他越狱逃亡纳瓦尔，在那里的一次战斗中丧生。）《新编剑桥世界近代史》这样描述尤利乌斯二世："（尤利乌斯二世）一生经历了许多大事，在光辉的生涯中显示了百折不回的毅力和精明强干的行政才能。他容易感情冲动，富于尚武精神，适合于从事激烈的活动而不善于静思，所以这位教皇在拉斐尔那幅经常被复制并加以解释的名画中的形象是：双唇紧闭，两眼深陷，炯炯发光，当时的人都觉得'望而生畏'。"[3]

在教皇领地陷于一片混乱之际，11 月 5 日，伊莫拉起兵反对切萨雷，

---

① 欧金尼奥·加林主编《文艺复兴时期的人》，第 3 页。

② Kenneth M. Setton, *The Papacy and the Levant* (*1204–1571*), Vol. III, p. 9.

③ G. R. 波特主编《新编剑桥世界近代史》（第一卷），第 113 页。

而威尼斯乘人之危以武力和谈判的方式占领了贝尔蒂诺罗（Bertinoro）、法恩扎和里米尼等罗马涅地区，以弥补其在东方与奥斯曼帝国斗争所造成的利益损失。[①] 教皇要求威尼斯归还占领的城市，威尼斯却否认这些城市属于教皇领地，还拒绝将教区财产收入交由教皇提名的非威尼斯籍主教，推翻教皇提名加莱奥托·德拉·罗韦雷（Galeotto della Rovere）和西斯托·加拉·德拉·罗韦雷（Sisto Gara della Rovere）分别为克雷莫纳和维琴察教区主教的决定。[②] 1504 年 1 月尤利乌斯二世发布敕谕，声言有责任恢复教会的领地，[③] 转而与欧洲的其他国家协商，共组联盟反对威尼斯。3 月法国与西班牙达成停战协定。[④]

威尼斯的举动不仅让教皇渐渐失去了耐心，而且令欧洲的其他国家感到不安和威胁，因为它最近几年依靠与法国的联盟关系、利用意大利南方的战事在伦巴第大肆扩张；它在西南沿海依靠西班牙的支持，获得了那不勒斯的一些港口和要塞；它在布雷西亚和贝加莫彻底破坏了帝国的权威；最近又从教会手中抢占了一些重要的城市。威尼斯关注的只是扩大自己的领地，全然不顾关系到整个半岛命运的大局，尽管威尼斯内部的少数人已经意识到这么做的危险性，但是欧洲各国之间长期积累的敌意与互不信任让威尼斯人深信，欧洲各国不可能组成一个广泛的反威尼斯同盟，大多数人与总督持有相同的观点，认为上帝给了威尼斯人这样的勇气。[⑤] 时任佛罗伦萨驻罗马使节的马基雅维里在报告中预言威尼斯人对罗马涅的进攻"将使他们面对全体意大利人，那注定会毁灭他们"[⑥]。

对威尼斯的共同担忧，让法国、神圣罗马帝国、西班牙和教皇在未来的意大利政策上取得了谅解。1504 年 9 月，教皇、法国和西班牙在布卢瓦就威尼斯问题签署了一项秘密条约。条约规定：（1）最迟不晚于次年 5 月，教皇、皇帝和法国国王出兵恢复被威尼斯占领的土地；（2）罗马教廷重新获得拉文纳、切尔维亚（Cervia）、法恩扎和里米尼；（3）皇帝重新

---

① John S. C. Bridge, *A History of France from the Death of Louis XI*, Vol. III, p. 256; David Jayne Hill, *A History of Diplomacy in the International Development of Europe*, Vol. II, pp. 246 – 247.

② Kenneth M. Setton, *The Papacy and the Levant*（*1204 – 1571*）, Vol. III, p. 56.

③ *A History of France from the Death of Louis XI*, Vol. III, p. 259.

④ Dumont, IV, Part I, p. 51.

⑤ *A History of France from the Death of Louis XI*, Vol. III, p. 256; *The Papacy and the Levant*（*1204 – 1571*）, Vol. III, p. 42.

⑥ *A History of Diplomacy in the International Development of Europe*, Vol. II, p. 247.

获得罗维雷多（Roveredo）、维罗纳（Verona）、帕多瓦（Padua）、维琴察（Vicenza）和特雷维索（Treviso）；（4）路易重新获得布雷西亚（Brescia）、克雷马（Crema）、贝加莫（Bergamo）、克雷莫纳（Cremona）和阿达河上的贾拉（the Ghiara d'Adda）等原属于米兰公国的土地；（5）战争中三方互相协助，直至威尼斯被迫同意上述的领土安排；（6）条约向费拉拉公爵、曼图亚侯爵和佛罗伦萨共和国开放，三方敦促匈牙利国王加入条约，各方不得与威尼斯单方面缔约。①

可是1505年3月，威尼斯获悉《布卢瓦条约》之后，为了平息教皇的愤怒，它将一些有争议的罗马涅城镇归还教皇，保留里米尼和法恩扎，威尼斯与教皇达成了暂时性的谅解。这次举动引起了其他联盟成员的不满，联盟面临瓦解的窘境。尤利乌斯二世不得不做出一些让步，以免影响他的下一步计划。1506年8月，尤利乌斯二世举兵进攻佩鲁贾和博洛尼亚。9月13日推翻了佩鲁贾的巴利奥尼政权（Baglione），11月1日赶走了博洛尼亚的本蒂沃利奥家族（Bentivoglio）。1506年6～7月，法国治下的热那亚爆发起义。路易十二亲自出兵镇压，出生在热那亚的尤利乌斯二世看到自己的故乡在法国的桎梏之下，非常愤慨，回到了罗马，企图协助热那亚摆脱法国的宗主权。1507年2月，路易十二表示："我希望教皇明白，如果他帮助热那亚人，那么我将帮助本蒂沃利奥家族重返波洛尼亚。"② 在意大利南方，尤利乌斯二世与费迪南德就那不勒斯王国的赐封与贡赋问题，争执不下，另外双方在卡斯提尔主教授职权的问题上也是摩擦不断。③ 1506年9月，年仅28岁的菲利普突然离世，帝国皇帝马克西米连一世以胡安娜精神错乱不能理政为由，代表其年幼的孙了查理要求对卡斯提尔王国的权利，费迪南德则认为其完全有理由代表其女胡安娜成为卡斯提尔王国的摄政。1507年6月，费迪南德前往萨沃纳（Savona）与急于稳定热那亚政局的路易十二会晤，就意大利事务以及与马克西米连一世缔结联盟交换了意见，并达成谅解，④ 以此权宜之计来巩固西班牙王权。8

① John S. C. Bridge, *A History of France from the Death of Louis XI*, Vol. III, pp. 261 - 262; David Jayne Hill, *A History of Diplomacy in the International Development of Europe*, Vol. II, pp. 251 - 252; Kenneth M. Setton, *The Papacy and the Levant（1204 - 1571）*, Vol. III, pp. 34、55.

② *A History of Diplomacy in the International Development of Europe*, Vol. II, p. 270.

③ *The Papacy and the Levant*（1204 - 1571）, Vol. III, p. 41.

④ *The Papacy and the Levant*（1204 - 1571）, Vol. III, p. 41.

月，皇帝马克西米连一世宣布他本人将前往意大利加冕，并坚持对热那亚
和米兰的宗主权。1508 年 2 月，尤利乌斯二世在一封信中承认马克西米连
一世为皇帝，建议他与法国达成和解之后，前往罗马接受加冕。① 教皇之
所以这样做，是因为担心罗马教廷现在的处境，不可能同时与几个大国为
敌，否则会出现它们与威尼斯结盟的可能，破坏他恢复教皇领地的计划。

　　1508 年 3 月，马克西米连要求威尼斯允许他的军队通过其领土，遭到
拒绝。马克西米连依然坚持进兵，但是在弗留利战败。威尼斯乘机出兵占领
了属于帝国的里雅斯特（Trieste）、阜姆（Fiume）和戈里齐亚（Gorizia）三
地，6 月，马克西米连被迫同意休战，承认威尼斯占领帝国城市的事实。②
威尼斯的胜利让各方感觉到了其咄咄逼人的气势，几乎所有的君主都要向这
个共和国讨还某些土地，几乎所有相互敌对的统治者都暂时停止了彼此之间
的争吵，在康布雷筹建同盟反对威尼斯，目标是把它们过去的领土夺回来。

二　康布雷同盟

　　"15 世纪末 16 世纪初，伴随着欧洲大陆列强力图扩大和巩固各
自领地而不断爆发的冲突与战争，欧洲大家庭的不同成员之间的往来
变得日益紧密起来。各种形式的掠夺、瓜分、保护、进攻和防卫同盟
一个一个地接踵而至，形式不同，组合不同。力量均衡作为一种政策
原则而为政治人物所接受。如何践行、如何规避这一原则成为他们运
用个人智慧和各种外交技巧来实现个人野心的主要目标，而康布雷同
盟……是史无前例的。"③

　　1508 年 11 月，奥地利的玛格丽特（Margaret of Austria）和乔治·
德·昂布瓦兹分别作为马克西米连一世和路易十二的全权代表，在弗兰德
尔地区边境城镇康布雷（Cambrai）举行谈判，草拟和约文本，共组康布
雷同盟。教皇、西班牙和英格兰的代表出席，但没有直接参与谈判。④ 12
月 10 日，双方签署了一系列的条约，公开的协议中宣称康布雷会议的唯

① David Jayne Hill, *A History of Diplomacy in the International Development of Europe*, Vol. II,
　p. 275; Kenneth M. Setton, *The Papacy and the Levant*（1204 - 1571）, Vol. III, p. 52.

② *The Papacy and the Levant*（1204 - 1571）, Vol. III, p. 52.

③ *CSP Ven*II, p. viii.

④ Dumont, IV, Part I, p. 109 et seq.

一目标是皇帝与法国国王达成和解，双方取消查理与克劳迪娅的婚约，确认将米兰赐封给路易，在威尼斯返还所有占领土地的情况下，双方共同对土耳其人作战。可是在另一份秘密协议中，由皇帝、教皇、路易和费迪南德组成同盟的真实目的是肢解威尼斯，协议的内容基本上是1504年《布卢瓦条约》的翻版，在此基础上，阿拉贡国王要求得到布林迪西（Brindisi）、特拉尼（Trani）、奥特朗托（Otranto）等地，① 这些城镇是在1496年初当时的那不勒斯国王费兰蒂诺为了换取威尼斯的援助抵押给威尼斯的。各方建议教皇尤利乌斯二世为联盟发起人。1509年3月尤利乌斯二世正式参加联盟，② 在尤利乌斯二世和威尼斯使节的一次见面中，教皇说："我若不使你们成为你们原来那样的卑贱渔民，决不罢休。"那位使节毫不示弱地回答道："神父，如果你不自检点，我们能更容易地使你成为一个小小的教士。"③ 4月威尼斯被教皇处以绝罚（excommunication）④，接着西班牙、英格兰、匈牙利、萨伏依、费拉拉、曼图亚和佛罗伦萨相继入盟。条约涉及彻底瓜分威尼斯在大陆上的领土，佛罗伦萨借机要求西班牙和法国不再介入比萨战争，于是比萨于1509年6月投降。以上的一切努力都是为了对付威尼斯。

　　1509年4月中旬，法国军队对威尼斯发动进攻，5月10日路易十二亲统大军强渡阿达河，14日法军与威尼斯的军队在贾拉达达地区的阿尼亚德洛进行了一次重要的战役，史称"阿尼亚德洛战役"（Battle of Agnadello）。由于威尼斯军队的两位主将缺乏配合，导致人数不占优势的一部分威尼斯军队与法国的密集大军相遇，结果威尼斯大败，"于是每个觊觎者都扑向他所索取的那一块土地。"⑤ 之后短短数天，教皇军队收复了罗马涅，费拉拉公爵夺回了波莱西内（Polesine）、埃斯特（Este）和蒙塞利切（Monselice），曼图亚侯爵索回洛纳托（Lonato）和阿索拉（Asola），西班牙重新占领阿普利亚的几个港口，马克西米连一世收复了上一年丢失的土地，维罗纳、维琴察和帕多瓦等城市纷纷易帜，威尼斯在伦巴第的全

---

① Dumont, IV, Part I, p. 225 et seq; *CSPSPI*, No. 600; Kenneth M. Setton, *The Papacy and the Levant*（1204－1571）, Vol. III, pp. 54－55.

② *The Papacy and the Levant*（1204－1571）, Vol. III, p. 56.

③ G. R. 波特主编《新编剑桥世界近代史》（第一卷），第508页；Francesco Guicciardini, *The History of Italy*, p. 201.

④ 教会制裁的一种形式，即将某人或某个群体从教会中排除，剥夺其作为教会成员的权利。

⑤ 伏尔泰：《风俗论》（中册），第445页。

部领地尽数丧失。[①] 马基雅维里在《论李维》（第三卷第 31 章）中对于威尼斯在康布雷同盟战争中的表现有这样一段评述："一遇到好运，他们认为这是由于他们并不具备的德行所致，于是他们变得十分轻狂，把法国国王称为圣马可的徒子徒孙；他们也不把教会放在眼里；他们在意大利不想接受任何管束；他们胆大妄为，竟然要创建一个像罗马那样的帝国。后来，当好运抛弃了他们，法国国王在阿尼亚德洛只是部分地打败他们时，他们不但因内乱而失去了整个国家，还卑躬屈膝地把一大块领土割让给教皇和西班牙国王。他们变得胆小如鼠，派遣特使去见西班牙国王，表明愿意向他称臣；他们奴颜婢膝地给教皇写信，以便博得他的同情。他们在四天之内，在只是部分地战败以后，就变成了这么一副可怜相。他们的军队在作战后撤退，大约有一半兵力又投入战斗并被打垮。"[②] 布克哈特在评论康布雷同盟战争时也说："这个战争是一个世纪来反对威尼斯扩张野心的叫嚷的结果。……（威尼斯人）认为他们的敌人不会采取不合理和轻率的举动。他们为这种也许是贵族阶级所特有的弱点，即乐观主义所迷惑。"[③]

　　面对强大的联盟，短短数月威尼斯即濒临崩溃，当时的一位威尼斯观察家写道："没有人可以想到，正如我们所看到的那样，威尼斯的内陆土地竟然会在短短十五天之内丧失殆尽。"[④] 这场战争对于威尼斯的自信心是一次沉重的打击，但是威尼斯也有两个非常有利的条件：一是它的敌对同盟内部互相嫉妒和猜疑，二是它从属的城市都知道在它的统治下可得到好处。威尼斯的外交传统对于解决当前危机发挥了积极的作用。[⑤] 它采用了分而化之的策略，一方面威尼斯人利用同盟内部的矛盾，[⑥] 展开了积极的外交活动，威尼斯主动放弃了在罗马涅和那不勒斯两地的占领区域，召回驻防军队，讨好教皇和西班牙。在求助匈牙利、土耳其和帝国皇帝进展缓慢的情况下，[⑦] 威尼斯将目光投向了偏安一隅的英格兰，请求亨利七世

---

① 关于阿尼亚德洛战役的记述，可参见 John S. C. Bridge, *A History of France from the Death of Louis XI*, Vol. IV, pp. 31－36; *The Papacy and the Levant* (*1204－1571*), Vol. III, pp. 59－60。

② 尼科洛·马基雅维里：《论李维》，冯克利译，上海人民出版社，2005，第 403 页。

③ 雅各布·布克哈特：《意大利文艺复兴时期的文化》，第 67 页。

④ Marino Sanuto, *Venice, Città Excelentissima: Selections from the Renaissance Diaries of Marin Sanudo*, p. xxxi.

⑤ *Venice, Città Excelentissima: Selections from the Renaissance Diaries of Marin Sanudo*, p. xxxiii; G. R. 波特主编《新编剑桥世界近代史》（第一卷），第 509 页。

⑥ Francesco Guicciardini, *The History of Italy*, pp. 197－199, 203.

⑦ Kenneth M. Setton, *The Papacy and the Levant* (*1204－1571*), Vol. III, pp. 61－62.

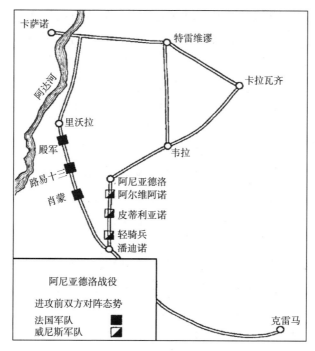

图 3 - 3　阿尼亚德洛战役（1509 年）①

从中斡旋，双方通过互换大使，建立了经常性的联系。英格兰的斡旋因为
4 月亨利七世的去世而没有产生直接的效果，但是这种举措也使英格兰卷
入意大利的国际政治斗争中；② 另一方面威尼斯将斗争的矛头集中到了
侵入威尼斯的皇帝身上。1509 年 7 月 17 日，威尼斯重新夺回帕多瓦，
之后击败并俘虏了曼图亚侯爵，不久又夺回了维琴察等地，11 月重占
波莱西内，击败费拉拉公爵，不过 12 月费拉拉公爵的炮兵在波莱塞拉
（Polesella）打垮了威尼斯派到波河支援其军队的舰队，威尼斯舰队在
波河全军覆没，3000 名威尼斯人被杀。③ 尽管如此，战事的进程开始
朝向有利于威尼斯的方向发展。1510 年年初威尼斯向教皇尤利乌斯二世
派去 6 名贵族求情，请求撤销针对威尼斯的开除教籍和停止圣事的禁
令。把威尼斯人赶出罗马涅各城市之后，尤利乌斯二世已经距离完全恢

①　John S. C. Bridge, *A History of Francefrom the Death of Louis XI*, Vol. IV, p. 28.

②　David Jayne Hill, *A History of Diplomacy in the International Development of Europe*, Vol. II, p. 282.

③　Kenneth M. Setton, *The Papacy and the Levant（1204 - 1571）*, Vol. III, pp. 76 - 77.

复教皇国领地的目标不远了，他看到阿尼亚德洛战役的胜利给意大利北部带来的巨大变化，可是这种变化在某种程度上超出了自己的预期，法国在意大利北部的势力日益强大，费拉拉和佛罗伦萨是法国的传统盟友，威尼斯势力的衰弱并不利于康布雷同盟的其他成员，反而会让教皇直接面对强大的法国，于是教皇的政策慢慢地发生了变化。尤里乌斯二世指派当时著名的银行家、自己的亲信阿戈斯蒂诺·基吉（Agostino Chigi，1466－1520）出使威尼斯，从中周旋。[①] 1510 年 2 月 15 日，经过艰苦的谈判，威尼斯被迫同意给予教皇亚得里亚海域内贸易和航行的自由权，充分遵守威尼斯境内的教会豁免权以及主教任免权，还承诺不干涉费拉拉事务。尤里乌斯二世终于同意与威尼斯和解，2 月 24 日正式赦免了过去对威尼斯的惩治。[②]

尤里乌斯二世与威尼斯单方面缔约结束敌对状态，显然违背了康布雷同盟盟约，这种举动立即引起了路易十二和马克西米连一世的反弹，他们与教皇之间矛盾的激化宣告了康布雷同盟的终结。尤里乌斯二世在获得罗马涅的基础上成功扩大了罗马教廷的势力和影响，现在他把摆脱蛮族的束缚看作自己教皇生涯的第二个伟大的任务。

三 神圣同盟与拉文纳战役

康布雷同盟解体之后的欧洲又面临新一轮的外交博弈。尤里乌斯二世为了达到驱逐法国人的目的而寻求各方的支持。1510 年 7 月 3 日，他将那不勒斯王国赐封给西班牙，否认法国的权利；他赐予英格兰刚刚即位的亨利八世"金玫瑰"（Golden Rose）[③] 以示尊崇，擢升英格兰驻教廷使节克里斯托弗·班布里奇（Christopher Bainbridge）为枢机主教；1510 年 3 月 14 日，他利用路易拒绝给瑞士各州增加补助金的机会，促使瑞士的 12 个州与他缔结了为期 5 年的联盟条约，各州承诺提供 6000 名或更多一些的精锐雇佣军，随时听候教皇差遣；各州不得与任何危及教皇宝座的人来

---

① 相关详情可参见 Felix Gilbert, *The Pope, His Banker, and Venice*, Harvard：Harvard University Press，1991.

② John S. C. Bridge, *A History of France from the Death of Louis XI*, Vol. IV, pp. 50－52；Dr. Ludwig Pastor, *The History of the Popes, From the Close of Middle Ages*, Vol. VI, pp. 319－320；*The Papacy and the Levant*（1204－1571），Vol. III, p. 78；路易吉·萨尔瓦托雷利：《意大利简史——从史前到当代》，第 333 页。

③ 教皇在四旬斋的第四个星期日赐给信奉天主教的君主或都市的祛邪物。

往；每个州每年得到教皇的 1000 盾。① 教皇构筑同盟的同时，路易十二也在为法国选择盟友，干扰教皇的联盟计划。在继续意大利战事之外，法国必须确保后方的安宁，英格兰亨利七世的去世使得英法两国之间的和平协议失去效力，争取新任英格兰国王的信任，成了路易必须要考虑的问题，反复的谈判和亲法势力的劝导，最终让亨利八世改变了即位之初的仇法政策，1510 年 3 月 23 日，双方签署和平条约。②

1510 年 6 月 19 日，尤利乌斯二世公开宣称：“这些法国人希望我成为他们国王的牧师，但我要做的是教皇。”③ 直到他生命的最后一刻，尤利乌斯二世一直在与法国作战。他的计划包括在热那亚策动起义，瑞士各州的雇佣军南下袭击米兰，威尼斯攻击维罗纳，自己率军攻打费拉拉。尤利乌斯二世对费拉拉的进攻成为对法战争的序曲，8 月 9 日，鉴于费拉拉公爵阿尔方索·德·埃斯特（Alfonso d'Este, 1476 – 1534）④ 的亲法立场，他宣布废除其公爵爵位，把公爵领地并入教皇国，处公爵以绝罚，教皇军队随即占领摩德纳（Modena）（1510 年秋）和米兰多拉（Mirandola）（1511 年 1 月）。⑤ 这几次战争中，这位教皇在刺骨的严寒中顶盔掼甲，亲自指挥作战。他的英勇和果敢博得了包括马基雅维里和圭恰迪尼在内的一些人的赞扬，⑥ 也让伊拉斯谟等人感到愤慨。法国的援军在吉安·贾科莫·特里武尔齐奥的带领之下占领了博洛尼亚（1511 年 5 月），收回了米兰多拉，并将战火延烧至教皇国的领土。瑞士人的雇佣军进军米兰时受挫，而威尼斯人的军事行动成效不大。6 月底，尤利乌斯二世撤回罗马，战争的形势对他而言极为不利。

在意大利各方观望法国下一步行动时，路易十二却犹豫不决，担心进一步的军事行动会带来更为严重的政治后果，于是决定从教皇国撤兵，召回特里武尔齐奥，表示与教皇和解的愿望。事与愿违，尤利乌斯二世并不

---

① David Jayne Hill, *A History of Diplomacy in the International Development of Europe*, Vol. II, p. 287；Kenneth M. Setton, *The Papacy and the Levant*（*1204 – 1571*），Vol. III, p. 87；马克思：《马克思历史学笔记》（第三册），第 160 页。

② *CSP SP* II, No. 36.

③ David Jayne Hill, *A History of Diplomacy in the International Development of Europe*, Vol. II, p. 287.

④ 阿尔方索·德·埃斯特，雇佣兵队长，以拥有重武器大炮而闻名。1505 年成为费拉拉公爵。

⑤ Kenneth M. Setton, *The Papacy and the Levant*（*1204 – 1571*），Vol. III, p. 93.

⑥ Francesco Guicciardini, *The History of Italy*, p. 213.

领情，仍在努力筹划建立新的联盟。对意大利和地中海命运密切关心的各
方终于结成了一个反法联盟，1511 年 10 月 4 日，教皇与西班牙、威尼斯
在罗马缔结"神圣同盟"（The Holy League），以实现其"将蛮族人赶出意
大利"（free of barbarians/*fuori I barbari*!）的愿望。① 同盟表面上是夺回波
洛尼亚及其他的教会领土，消除比萨公会议带来的影响，以捍卫教会的团
结。其实是要把法国人赶出意大利。根据条约，西班牙和威尼斯必须为此
装备一支军队和舰队，西班牙派出 1200 名重骑兵、1000 名轻骑兵、1 万
名步兵和 11 艘帆船。② 11 月英格兰表示遵守同盟盟约，与西班牙签订《威
斯敏斯特条约》（Treaty of Westminster），英格兰将于 1512 年 4 月初派出
6500 人，西班牙应派出 9000 人，联合进攻法国的吉耶讷地区（Guyenne）。③

在国际政治舞台上陷于孤立的路易十二，为了反击尤利乌斯二世对费
拉拉及其盟友的惩治，1510 年 9 月在图尔召开全国宗教会议（Synod of
Tours），会议表示支持路易，赞成举行一次大公会议。依照基督教会的历
史传统，大公会议是基督教会解决重大问题的重要机制，教会的事务经常
带有政治性和国际性，所以宗教会议上讨论的不仅有宗教问题，还有世俗
问题。④ 自从宗教大分裂以来，公会议运动一直致力于限制教皇的专制权
力，世俗君主也将公会议视为一种规范教会信仰内容和组织形式、阻止教
皇过多干涉地方教会和促进地方教会在职权和财政两个方面脱离罗马的体
制性工具。亚历山大六世曾长期担心他会被公会议罢黜。为了实现自己的
政治目的，路易演出了一场用教会改革来威胁尤利乌斯二世的闹剧，从而
使斗争扩大到宗教领域。⑤ 在帝国和法国的倡议下，1511 年秋，一批枢
机主教在比萨召开宗教会议（Council of Pisa），后来会址迁往米兰，最
后又移至里昂。这次宗教会议颁布决议：停止黩武成性的教皇尤利乌斯
二世的职务。尤利乌斯二世随后策划反击，宣布法国王位空缺，将王位
转给英王亨利八世。⑥ 1512 年 5 月 3 日，他在拉特兰宫也召开了一次大公

①　Kenneth M. Setton, *The Papacy and the Levant*（1204 - 1571），Vol. III, pp. 43, 80.

②　*CSP SP* II, No. 56.

③　Dumont, IV, Part I, p. 137；*CSP SP* II, Nos. 59 - 60；John S. C. Bridge, *A History of France
from the Death of Louis XI*, Vol. IV, pp. 83 - 84；马克思：《马克思历史学笔记》（第三
册），第 165、167 页。

④　波将金等合编《外交史》（第一卷，上），第 264 页。

⑤　Kenneth M. Setton, *The Papacy and the Levant*（1204 - 1571），Vol. III, pp. 102 - 141.

⑥　Francesco Guicciardini, *The History of Italy*, p. 272.

会议（the Fifth Lateran Council，1512 年 4 月～1517 年 3 月），会议决定对法国国王及其支持者实施宗教制裁。罗马教廷的权威还是得到基督教世界普遍尊重的，从许多方面来看，总的气氛和中世纪时几乎相同，事实证明拉特兰公会议的影响力远远超过了比萨公会议，这是教皇的又一次胜利。

1511 年 12 月，西班牙军队与威尼斯军队在意大利会师，开始进逼波洛尼亚，同时瑞士雇佣军穿过意大利北部阿尔卑斯山山麓城市瓦雷泽（Varese），直抵米兰城下。1512 年 1 月同盟的联合部队在那不勒斯总督雷蒙多·德·卡多纳（Ramòn de Cardona）的率领下开始围攻波洛尼亚。米兰总督、法军主将加斯东·迪富瓦（Gaston de Foix，1489－1512）在路易的援军支持下，从米兰开拔，2 月解除了波洛尼亚之围，盟军匆忙撤退。被称为"意大利闪电"（The Thunderbolt of Italy）的加斯东率军从波洛尼亚追击盟军，收复了叛乱城市布雷西亚和贝尔加莫，并对两城大肆屠杀，压迫同盟军队。3 月马克西米连一世与威尼斯缔结和约，颁布帝国召回令，根据召回令，在法国军队中服役的德意志士兵都必须离去，违者将被被宣布为叛国。[①] 马克西米连一世的背叛让法国的国际处境更为艰难。法军急需尽快结束在意大利的战斗，以便对付西班牙和英格兰。[②]

1512 年 4 月 11 日，法军与盟军在罗马涅地区的拉文纳进行了一场决战，史称"拉文纳战役"（Battle of Ravenna）。拉文纳战役是双方之间一场势均力敌的殊死苦战，是欧洲军事史上第一次大规模使用野战炮（field artillery）的战役，双方相互炮击两个小时，死伤极为惨重，战斗之空前残酷在意大利久未有之。同盟军队一度几占上风，但法国骑兵在费拉拉公爵的炮兵有力支援下，最后取得了胜利，攻占拉文纳。然而加斯东·迪富瓦在这次战役中阵亡，法军失去了首领，胜利者由胜利的喜悦陷入了群龙无首的境地。[③]

---

① 伏尔泰：《风俗论》（中册），第 450 页。

② Francesco Guicciardini, *The History of Italy*, p. 244.

③ 关于拉文纳战役的记述，可参见 John S. C. Bridge, *A History of France from the Death of Louis XI*, Vol. IV, pp. 142－164；Robert J. Knecht, *The Rise and Fall of Renaissance France, 1483－1610*, pp. 62－64；Kenneth M. Setton, *The Papacy and the Levant（1204－1571）*, Vol. III, pp. 115－117。

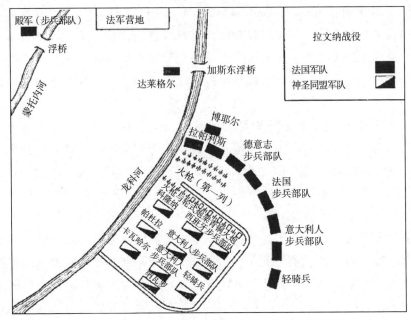

图 3-4　拉文纳战役（1512 年）①

1512 年 5 月，法军的形势急转直下。在意大利战场，尤利乌斯二世雇用的另一批瑞士雇佣军南下直取米兰，接替加斯东的法军主将雅克·德·拉帕利斯（Jacques de la Palice）放弃罗马涅（尤利乌斯二世的侄子、乌尔比诺公爵迅速占领了博洛尼亚、帕尔玛和皮亚琴察），北撤伦巴第阻截瑞士人的进攻。8 月，盟军与瑞士人、威尼斯人会师，法军元气大伤，处于劣势。特里武尔齐奥率领法军先后放弃了已经攻占的从罗马涅腹地一直到萨伏依边界地区的各个城市，拉帕利斯也被迫越过阿尔卑斯山，撤回法国，米兰地区与米兰城相继失守，洛多维科之子马西米利亚诺·斯福查（Massimiliano Sforza）被宣布为米兰公爵。② 8 月底，神圣同盟成员聚首曼图亚，讨论意大利局势，很快达成了关于佛罗伦萨的协议。战时佛罗伦萨支持法国，并允许路易在比萨召集宗教会议，令教皇十分不悦。在教皇的要求下，雷蒙多·德·卡多纳进军托斯卡纳，一举粉碎了佛罗伦萨的抵抗，推翻共和国政府，美第奇家族重返佛罗伦萨，其政府落入了枢机主教

①　John S. C. Bridge, *A History of France from the Death of Louis XI*, Vol. IV, p. 146.

②　John Julius Norwich, *A History of Venice*, pp. 423 - 424; Sir Charles Oman, *A History of the Art of War in the Sixteenth Century*, p. 152.

朱利亚诺·德·美第奇（Giuliano de Medici）之手。① 在比利牛斯山一带，1512 年 6 月，英格兰军队由多尔塞特侯爵（Marquis of Dorset）率领，乘坐西班牙的运输船登陆，亨利八世要求路易交出全部英格兰王室的昔日领地，而西班牙的主要目的是获得纳瓦尔王国。战争的最后结果是英军并没有获得任何实际的好处，兵败返回了英格兰。而西班牙实际控制了纳瓦尔，比利牛斯山南北暂时恢复了和平。

然而在领土的问题上，同盟内部很快出现了不和谐的声音。尤利乌斯二世和威尼斯坚持马西米利亚诺·斯福查拥有米兰公国的权利，而马克西米连一世和费迪南德则图谋拥立卢森堡大公查理。尤利乌斯二世要求将费拉拉并入教皇国，可是费迪南德则希望保持费拉拉的相对独立性，以遏制膨胀的教皇势力。最为主要的是马克西米连一世对于威尼斯的态度，皇帝拒绝向威尼斯移交被认为是帝国采邑的威尼托的大部分土地，甚至与教皇签署领土协议（1512 年 11 月 25 日，马克西米连一世与尤利乌斯二世之间的协议规定：马克西米连一世放弃支持费拉拉公爵阿尔方索·德·埃斯特和博洛尼亚的本蒂沃利奥家族；承认第五次拉特兰宗教会议；如果威尼斯拒绝把维罗纳和维琴察交给马克西米连一世，那么尤利乌斯二世将承诺反对威尼斯②），把威尼斯完全排除在外。1513 年 3 月 23 日，威尼斯退出神圣同盟，转而与法国在布卢瓦签署条约，企图瓜分意大利北部。

教皇尤利乌斯二世于 1513 年 2 月 21 日去世，神圣同盟失去了首领。对于尤利乌斯二世这样一位以戎马征战为乐的教皇，褒贬不一，圭恰迪尼在《意大利史》中写道："假如他是一位世俗君主，或者假如他把在世俗事务和军事韬略方面为教会增光的心血和辛劳用于和平手段而在宗教方面为教会增光的话，他一定会是一位无愧于享有最高声誉的教皇；尽管如此，比起在他之前的任何一位教皇来，他还是值得尊敬和深切缅怀的。"③ 伊拉斯谟在《愚人颂》（The Praise of Folly）中，则以厌恶的口吻不点名地指责尤利乌斯二世："虽然在《福音书》中，使徒彼得对主耶稣说：我们已经撇下所有跟从你；但是教皇们却把土地、城市、贡赋和封邑称为主的遗

---

① 美第奇家族重获佛罗伦萨政权后，马基雅维里的所有公职均被罢免，后又涉嫌反美第奇阴谋而被捕入狱，不久因乔凡尼·德·美第奇当选教皇蒙大赦出狱。被迫远离政治的马基雅维里依然关注着意大利战争中的欧洲国际形势。

② Kenneth M. Setton, *The Papacy and the Levant（1204－1571）*, Vol. III, pp. 134－135.

③ Francesco Guicciardini, *The History of Italy*, p. 273.

产；为了这些，他们心中燃烧着对基督的爱，用火与剑互相争斗，流了许多基督教徒的血，而当他们英勇地打败他们所谓的敌人之后，还夸耀说他们像使徒那样尽最大的力量保卫了教会，即基督的配偶。……你将会看到，这里年迈体弱的老人干着年轻人的事，既不在乎他们付出的巨大代价，也不为所花费的沉重劳动感到厌倦……一句话，他们成了人类灾难的根源。"① 集双重性、矛盾性于一身是那个时代教皇的共同之处，意大利战争的年代成就了尤利乌斯二世这样一位非凡的人物以及他所认为的非凡业绩。

1513 年 3 月 11 日枢机主教乔凡尼·德·美第奇（Giovanni de'Medici）被选为教皇，是为利奥十世（Pope Leo X，1513~1521 年在位）。4 月，英格兰国王亨利八世与神圣罗马帝国皇帝马克西米连一世另组神圣同盟，并邀请教皇和西班牙加入，目的是扶持立足不稳的米兰公爵马西米利亚诺·斯福查，形成对法国的围攻。5 月底法军再次越过阿尔卑斯山，卷土重来，攻占米兰。威尼斯由帕多瓦西进伦巴第。6 月法军在诺瓦拉战役（Battle of Novara）中被瑞士人击溃，热那亚脱离了法国的保护，路易十二在阿尔卑斯山的另一边片土无存了。神圣同盟的联合军队取得了一系列的胜利，英格兰军队击败拉帕利斯，直逼法国的泰鲁阿纳（Thérouanne）；苏格兰的詹姆斯四世（James IV of Scotland，1488~1513 年在位）转移英格兰作战力量的计划以失败告终；西班牙的军队成功阻击威尼斯，10 月威尼斯军队在维琴察附近遭到了彻底失败，被迫撤出伦巴第并放弃与法国的联盟关系。不过，同盟的军队并没有乘胜追击。

1513 年冬，法国在欧洲国际政治舞台上陷入极度困境，② 意大利远征以失败告终。法国面临着神圣同盟的围追堵截，瑞士人包围第戎，震动巴黎；法国本土还遭到了英格兰人的不断攻击，在"马刺战役"（Battle of the Spurs）③ 中亨利八世大获全胜，攻占泰鲁阿纳和图尔奈（Tournai）。④ 为了化解各方的敌意，路易首先向新任教皇示好，1514 年 1 月正式宣布放

---

① G. R. 波特主编《新编剑桥世界近代史》（第一卷），第 115~116 页。

② M. S. Anderson, *The Origins of the Modern European State System, 1494-1618*, p. 87; Kenneth M. Setton, *The Papacy and the Levant（1204-1571）*, Vol. III, p. 150.

③ "马刺战役"，又名根盖特战役（Battle of Guinegate）。当法军在根盖特突然发现自己面对的是实力大大超出预计的英国军团时，全军落荒而逃，而英军则乘胜猛追。1518 年英格兰驻西班牙大使戏称，一场本应刀枪交锋的大战，变成了看谁的马跑得快的"比赛"。要马跑得快，就得用马刺狠狠扎马，这场战役应是"马刺战役"。

④ John S. C. Bridge, *A History of France from the Death of Louis XI*, Vol. IV, p. 231.

弃里昂公会议，承认第五次拉特兰宗教会议，借此改善双方关系，其次，
3 月路易同费迪南德和马克西米连一世签订了为期一年的停战协定。通过
新任教皇和托马斯·沃尔西（Thomas Wolsey）的从中斡旋，英法之间再
度签署和平协定。① 10 月刚刚丧妻的路易与亨利八世的妹妹玛丽·都铎结
婚。法国的外交局面得到了一定程度的改善，然而不久，1515 年 1 月 1
日，路易十二谢世。

　　1512 年底法国在意大利的统治痕迹便已完全消失了，路易十二的意大
利事业最终还是失败了。历史给予这位法兰西国王的评价莫衷一是，总体而
言，对于路易十二时代的法国内政，后人还是给予了比较高的评价，称他为
"平民之父"（Father of his People）。伏尔泰赞扬说："他虽然不是英雄，也
不是伟大的政治家，但他是一个好的国王。"② 相对而言，人们对于路易十
二的外交政策则多数持批评的看法，他继续了查理八世的意大利战争，以维
斯孔蒂家族权利继承人的身份提出对米兰公国的领土要求。半个世纪以来，
米兰公国始终是瓦洛亚王室和哈布斯堡王室之间激烈抗衡的因子，他的远征
给意大利半岛和欧洲的政治生活带去了根本性的变化，欧洲的外交活动充满
了一系列的缔结婚约、撕毁婚约、组建联盟和拆散联盟的举动，米兰和那不
勒斯相继沦为外部力量的势力范围，罗马教会力量在意大利中部重新崛起。
英格兰和西班牙乃至更多的意大利半岛以外的势力开始直接插手意大利事
务。亨利八世进攻法国北部边境，从而表明英格兰的野心死灰复燃。西班牙
在联姻和外交方面的成就，将会对法国的生存构成一种威胁，影响到未来的
法国外交政策。马基雅维里在《君主论》中提到，有一次他在南特
（Nante）曾经与乔治·德·昂布瓦兹谈到意大利局势："他对我说，意大利
人不懂得战争；我就回答他说，法国人不懂得政治，因为如果他们懂得政治
的话，就不会让教廷的势力这样扩大。经验表明：教廷和西班牙在意大利的
强大势力是由法国造成的，而法国的崩溃是由它们造成的。……"③

小　结

　　时代变了。在法国、西班牙、英格兰等新君主制国家正在形成的时

---

① *CSP SP* II, Nos. 183 – 185.

② 伏尔泰：《风俗论》（中册），第 456 页。

③ 尼科洛·马基雅维里：《君主论》，第 17 页。

代，在欧洲近代早期的政治格局下，曾经是欧洲政治发展史上一道亮丽风景的意大利城市国家，虽在彼此之间建立起了一个时人推崇、后人唏嘘的精心设计的平衡体系，但其个体实力弱小、势力均衡脆弱，因此很难在国际政治的更大竞赛中应付一个政治系统通常必须面对的独立、稳定与安全问题。在马基雅维里和圭恰迪尼看来，要确保意大利的独立与安全，只有一条道路可走，那就是意大利的联合或统一。他们对洛伦佐统治时代的回忆，他们对法兰西王国强大的艳羡，他们对意大利悲剧的无限惆怅，都促使他们在思考意大利问题。在他们的头脑中，大概还没有现代意大利领土的概念，这在16世纪初并不现实。马基雅维里和圭恰迪尼的思考在当时的意大利是富有革命性的。在16世纪初的欧洲国际形势之下，面对法国对以米兰为中心的伦巴第地区的强烈野心和西班牙势力在意大利南部的渗透，在意大利中部建立一个强大的君主国家才是现实考虑。只要实现这一点，就可以遏制来自北面的威尼斯、法国和南面西班牙势力的扩张，这也是马基雅维里将目光投向兼具"狮子"和"狐狸"双重性格的君主、憎恶教皇世俗统治与尊崇切萨雷·博尔贾个人及其未竟事业的原因。"大海分开了，云彩为你指出道路，巉岩涌出泉水，灵粮自天而降；一切事务已经为你的伟大而联合起来，而余下的事情必须由你去做。"[1] 实现诗人彼特拉克[2]的话语："反暴虐的力量，将拿起枪，战斗不会很长！因为古人的勇气，在意大利人心中至今没有消亡。"[3] 意大利的统一或可让意大利能够跟上新君主制国家正在形成的时代，确保意大利的独立，融入正在形成中的欧洲国家体系。

近代欧洲主权国家体系的建构是一个持续漫长的历史过程，在那个经济社会变迁、暴力冲突升级和学术思想变革的时代，战争不仅带来了欧洲外交与军事领域制度性与技术性的重大变革，而且开启了近代欧洲国际争衡的序幕，16世纪欧洲国际关系开始进入大国争衡的时代，若干次的欧洲战争为的就是遏制某一国家在欧洲的扩张行动和强势地位，维持欧洲表面的势力均衡，意大利战争是以后历次欧洲战争的历史序曲。这个时代目睹了欧洲国际关系的一系列诸如主权、常驻使节制度、军事制度等基本要

---

① 尼科洛·马基雅维里：《君主论》，第122页。

② 彼特拉克和但丁曾经宣称，一个共同的意大利是她所有儿女的最崇高的奋斗目标。（参见雅各布·布克哈特《意大利文艺复兴时期的文化》，第123页。）

③ 《君主论》，第125页。

素的诞生，见证了人们围绕这些现象的性质、过程及内涵开始的最初理论思考与争辩。

15、16 世纪的欧洲国际关系无一不与教皇、教会和教皇国有牵连，但罗马教会在当时国际关系中的地位已经发生了变化，教会也在新的国家政治面前重新进行政治选择。宗教改革现象背后隐含着各种政治目的，不同的家族势力、世俗政治势力正在为争取国家政权而相互争斗，并同宗教势力掺杂在一起，试图建构国内和国际的法制秩序，形成国际关系的万花筒。天主教会在宗教改革的浪潮中召开各种宗教会议，重新审视自己的地位，以适应当时的社会变化和国际环境，逐渐认识到与其他国家共存和处理好与神圣罗马帝国关系的重要性。

第四章　荣誉与权力——君主之间的战争（一）（1516～1529）

第一节　国际交往中的王朝政治与王室联姻

"15 世纪是欧洲外交的开始。各国政府间开始建立起经常的、正规的、永久性的关系。一些重大的联盟第一次在欧洲形成，无论是为了战争还是和平，发展到后来成为一种均势体系。到世纪末，可以看到欧洲大陆上的大国、教皇、米兰的公爵、威尼斯人、德国的皇帝以及西班牙和法国的国王都在联络、谈判、联合与相互抗衡。……所有这些盟约都起源于意大利人的权术、君王们霸占意大利的愿望以及唯恐别人称霸的恐惧。这一新生事物对王权的发展非常有利。……外交是君王的专权……这种想法如同一项既定原则，一条不成文法，几乎在所有欧洲人的头脑里扎下了根。……正是以这一原则的名义，宣战议和、商务关系及其它外交事务都成了君王的特权……16 世纪起，欧洲的历史基本上是外交的历史。将近三个世纪以来，对外关系一直是历史上的重要事实。大陆上各国已有章法可循，国内政治至少不再引起暴力动乱，也不再吸引公众的活动。引人注意、充斥史书的是对外关系、战事、谈判、盟约。于是，国家的命运一大部分都委于君王特权和中央权力了。"①

如果我们把目光投向 16 世纪欧洲的统治者，就会看到他们的荣誉、他们的行为或者他们引起的巨大变化，都使他们在欧洲的历史史册中占据了非常重要的位置。弗朗索瓦一世、查理五世和亨利八世对名誉和声望都有着强烈的情结，渴望荣誉，在荣誉和权力方面互相匹敌，在实现个人野心的过程中互相争斗，欧洲的历史进入了大国争霸的时代，在复杂的王室婚姻的纽带下，国际交往中的王朝政治越来越具有大国政治的色彩。

---

① 基佐：《欧洲文明史——自罗马帝国败落起到法国革命》，第 182 页。

一 马里尼亚诺战役

1515 年 1 月 1 日，昂古莱姆伯爵、路易十二的女婿弗朗索瓦继承法国王位，是为弗朗索瓦一世 （Francis I, 1515～1547 年在位）。"他是一个典型的文艺复兴时代的君主，他需要广阔的天地来施展他身心方面的多种才能。"[①] 在母亲萨伏依的露易丝 （Louise of Savoy） 的精心培养之下，弗朗索瓦充满了骑士及文艺复兴气息的做派，让其成为一位具有历史浪漫主义色彩的法兰西国王，"就体格上来说，他的确长得不坏，除掉鼻子部分不算——当时人对他侮慢的称呼，就是'大鼻子国王'——他可称得起英俊。"[②] 在他身上还 "集中回忆了查理大帝帝国的骑士幻想和迅速把握政治形势的能力"[③]。他的统治堪称法国历史上的一段辉煌时期，特别是他对文学艺术的保护，使得法国的文化空前繁荣，可是弗朗索瓦颇富幻想的气质、爱慕虚荣的骑士作风和鲁莽冲动的政治风格，让路易十二都不禁慨叹："我们的努力都白费了，因为这个大孩子将会把所有的一切败个精光。"[④]

作为克劳迪娅的丈夫，他的即位确保了布列塔尼可以永远留在法兰西王国的版图之内 （克劳迪娅从母亲那里继承了布列塔尼）。作为查理八世和路易十二事业的继承人，弗朗索瓦一世即位伊始，就将外交政策的注意力集中到了意大利半岛，一方面要重新夺回前任国王失去的领土，另一方面要洗刷法国最近几年遭遇的耻辱。再次入侵意大利必须要做好相应的外交安排，这是查理八世和路易十二时代同样面临的问题。

1515 年 3 月 24 日，弗朗索瓦一世与统治低地地区和佛朗什—孔泰的查理大公 （即将来的查理五世） 在巴黎签署条约，条约安排查理与路易十二的女儿勒妮公主 （Renée of France） 缔结婚约，嫁妆包括贝里公国和 20 万杜卡特。[⑤] 1515 年 4 月 5 日，弗朗索瓦一世与英格兰国王亨利八世签署《伦敦条约》 （Treaty of London），法国承诺补偿玛丽·都铎 20 万埃居，继续履行路易十二与英格兰的条约。[⑥] 在意大利半岛，弗朗索瓦一世的外交

① G. R. 波特主编《新编剑桥世界近代史》（第一卷），第 513 页。

② 威尔·杜兰：《世界文明史·宗教改革》，第 375 页。

③ 马克斯·布劳巴赫等：《德意志史》（第二卷，上册），第 47 页。

④ 《世界文明史·宗教改革》，第 376 页。

⑤ Dumont, IV, Part I, p. 200.

⑥ *LP* II, No. 301; *Francis I*, pp. 37－38; David Jayne Hill, *A History of Diplomacy in the International Development of Europe*, Vol. II, pp. 300－301.

努力取得了一定的成功，威尼斯同意在军事上协助法国，以换取法国对其反对马克西米连一世的支持；热那亚重新归顺法国，重申法国的宗主权，以换取在地方事务中法国的让步。

　　然而其他国家却拒绝与法国合作，为了保护马西米利亚诺·斯福查，1515 年 7 月 17 日西班牙、皇帝、教皇再次与瑞士人联合，费迪南德不愿意看到意大利半岛局势发生任何不利于其在那不勒斯的统治的变化，派遣了一支那不勒斯军队匆匆北上，在维罗纳建立阵地。教皇利奥十世曾经希望与弗朗索瓦一世达成和解（利奥十世提议帕尔玛和皮亚琴察继续归罗马教会统辖；由于法国与西班牙之间不断的战争阻碍了教皇东征土耳其人的努力，弗朗索瓦与费迪南德应该罢兵修好；弗朗索瓦可将其对那不勒斯王国的权力转让与教皇或教皇和法国接受的第三方。但弗朗索瓦婉言拒绝了利奥十世的三个和平条件①），但是为了避免重蹈 1494 年美第奇家族统治被推翻的覆辙，同时担心失去马西米利亚诺·斯福查割让给他的帕尔玛和皮亚琴察，犹豫不决的利奥十世还是决定支持神圣同盟，派洛伦佐·德·美第奇率领一支军队前往皮亚琴察，并借调军队援助米兰。瑞士人曾在路易十二入侵意大利的战争中发挥了关键性的作用，致使法军惨败。瑞士人自从和路易十二交恶以来，双方就贸易问题、瑞士森林各州居民移居贝林佐纳问题、瑞士步兵薪饷问题以及未经许可即雇用瑞士步兵攻击热那亚问题等互有争执，争吵迭起。② 由于这种紧张关系，路易十二拒绝续订双方协定，进一步激化了瑞士各州与法国的关系（这是导致路易十二失败的主要原因之一③），这个雇佣兵国家转而与马西米利亚诺·斯福查统治下的米兰公国签订条约，保卫米兰的安全，在皮埃蒙特的所有阿尔卑斯山口驻扎瑞士雇佣兵，阻止法国军队的通过。

　　1515 年 8 月，弗朗索瓦一世指定他的母亲为法国摄政，亲自率领一支已经由路易十二装备齐全的军队前往意大利，这支军队由 2500 支长矛（每4 个人有一支）、22000 名雇佣兵和 6000 名巴斯克人组成，由前西班牙降将佩德罗·纳瓦罗（Pedro Navarro）统领。联盟军队原以为法军很可能从塞尼山口（Mont Cenis Pass）或蒙特日内佛尔山口进入意大利，所以瑞士人将军

---

①　Kenneth M. Setton, *The Papacy and the Levant* (*1204 - 1571*), Vol. III, pp. 159 - 160.

②　*The Papacy and the Levant* (*1204 - 1571*), Vol. III, p. 125.

③　Rebecca Ard Boone, *War, Domination, and the Monarchy of France: Claude de Seyssel and the Language of Politics in the Renaissance*, p. 16.

队驻扎在苏萨（Susa）一带，准备守株待兔，等法军进入平原后进行堵截。但是弗朗索瓦一世采纳了老将特里武尔齐奥的建议，选择穿越位于近海的阿尔卑斯山支脉（the Maritime Alps）与科蒂安山脉（the Cottian Alps，西阿尔卑斯山的支脉）之间的拉尔什山口（the Col de Larche），拉尔什山口一带人烟稀少，山势险峻，陡峭崎岖，很少有人通行，从这里可以直抵萨卢佐侯爵领地，从而包抄瑞士人的阵地，迫使他们向米兰后退。① 法军以 1200 名工兵开道，巧妙迂回，成功地越过阿尔卑斯山，几天后法军的先头部队在波旁查理的带领下出现在库内奥（Cúneo）附近的皮埃蒙特平原，让驻守在维拉弗兰卡（Villafranca）的教皇骑兵将领普罗斯佩·科隆纳（Prospero Colonna）猝不及防，战败被俘。② 弗朗索瓦一世的主力精锐部队陆续抵达皮埃蒙特平原之后，迅速东进，直扑米兰。瑞士人见势不妙，匆匆后撤，在离米兰不远的小镇加莱拉（Gallarate），对阵双方进行谈判，但是由于瑞士人内部分歧，致使谈判失败。9 月 14～15 日，两军在米兰东南数英里处的一个村庄马里尼亚诺交战，史称马里尼亚诺战役（Battle of Marignano）③。

伏尔泰对这次战役有过一段精彩的描述："25000 名瑞士人，肩上胸前都佩戴着代表教皇权力的徽号，有些人手持丈八长矛，以密集队伍前进；有些人双手拿着双刃剑，高声呼啸，在通向米兰的马里尼亚诺附近的地方，向着法国国王的营地冲来。这是在意大利进行的所有战役中最为残酷的、时间最长的一次战斗。年轻的国王意欲一显身手，竟徒步向瑞士步兵队冲去，他手持长矛，在部分随从贵族的接应下，厮杀了整整一个小时。黑夜中法国人和瑞士人彼此混杂在一起，使等待大明再战。我们现在知道，当时法国国王就靠着一尊大炮的炮身睡觉，离瑞士兵的一个营只有 50 步远。在此次战役中，瑞士人不断冲击，而法军则一直处于守势。……战斗相持不下……（路易十二时代的）老元帅特里武尔齐奥称这次战役为'巨人的搏斗'。大家公认这次胜利的光荣主要应归功于查理·德·波旁公爵这

---

① Francesco Guicciardini, *The History of Italy*, p. 288；G. R. 波特主编《新编剑桥世界近代史》（第一卷），第 514 页。

② Robert J. Knecht, *Francis I*, p. 42.

③ 关于马里尼亚诺战役的记述，可参见 Francesco Guicciardini, *The History of Italy*, pp. 288 - 289；*Francis I*, pp. 33 - 50；马克思：《马克思历史学笔记》（第三册），第 180～182 页；《新编剑桥世界近代史》（第一卷），第 514 页；伏尔泰：《风俗论》（中册），第 523～524 页。

位有名的陆军司令官。……瑞士人终于逃跑了，只不过没有全军覆没，在战场上丧失了 1 万多名战友，把米兰公国放弃给了胜利者。……"①

　　事实上法军的最后胜利是因为 9 月 14 日阿尔维亚诺（Alviano）率所部威尼斯军队的突然出现，决定了战役的结局，瑞士军队又被特里武尔齐奥在兰布罗河（Lambro River，波河支流）上决堤放水所淹，只好撤退。在法军与瑞士人正面交战的同时，策应的威尼斯军队将西班牙军队牵制在维罗纳，对法军的胜利也起到了一定作用，而教皇军队则在皮亚琴察按兵不动。1515 年 10 月 5 日马西米利亚诺·斯福查投降，承认弗朗索瓦一世对米兰公国的权利，弗朗索瓦一世答应给他年俸 3 万杜卡特闲居法国。10月 13 日弗朗索瓦一世与教皇利奥十世达成协议：教皇必须放弃帕尔玛、皮亚琴察和摩德纳，分别归还给米兰公国和费拉拉公爵；弗朗索瓦保证美第奇家族在佛罗伦萨的统治；利奥的弟弟朱利阿诺、侄子洛伦佐可领取弗朗索瓦的年薪；西班牙军队须返回那不勒斯。②

　　1515 年 12 月，弗朗索瓦一世与教皇利奥十世在博洛尼亚会晤。双方达成《博洛尼亚教务专约》（Concordat of Bologna），③ 协议是 1438 年《布尔日国务诏书》的深化，教皇承认法国国王有权提名法国教区主教和修道院院长的人选，由教皇履行委任仪式；法国国王有权获得教会的经济收益；教廷在法国教会中的司法权受到严格限制。

　　1516 年春，弗朗索瓦一世结束了第一次意大利远征，返回法国。3月，马克西米连一世南下攻取维罗纳，但缺钱的困窘迫使皇帝不得不与弗朗索瓦一世和解，将维罗纳交还威尼斯。8 月，法国与西班牙缔结《努瓦永和约》（Treaty of Noyon），刚刚即位的西班牙国王卡洛斯一世（后来的查理五世）与弗朗索瓦一世的幼女露易丝公主缔结婚姻，法国放弃那不勒斯王国的权力；在未完婚之前，查理向其未来的岳父每年缴纳 10 万金克朗，承认法国在那不勒斯王国的权利。④

　　马里尼亚诺战役对瑞士人来说是一场灾难，内部的敌对情绪在瑞士各

①　伏尔泰：《风俗论》（中册），第 523～524 页。
②　Robert J. Knecht, *Francis I*, pp. 47－48；马克思：《马克思历史学笔记》（第三册），第 182～183 页；路易吉·萨尔瓦托雷利：《意大利简史——从史前到当代》，第 335 页。
③　Dumont, IV, Part I, p. 229.
④　Dumont, IV, Part I, p. 224；David Jayne Hill, *A History of Diplomacy in the International Development of Europe*, Vol. II, pp. 305－306.

州之间蔓延，再次进攻米兰失利以后，11 月 29 日法国和瑞士 13 州缔结弗里堡永久和约（Perpetual Peace of Fribourg）：（1）法国同意支付 70 万埃居战争赔款，每州每年获得 2000 埃居的补助，恢复瑞士人为法国服役的津贴制度；（2）瑞士承诺不参加反对法国的任何军事行动，割让扼守辛普朗山口（Simplon Pass）的多莫多索拉（Domodossola），但保有贝林佐纳和提契诺河谷（Ticino Valley），还有卢加诺湖（Lake Lugano）大部以及马乔列湖（Lake Maggiore）的洛加诺（Locarno）一端，瑞士和米兰之间的边境基本得以确定，至今保持原状。① 自此以后，瑞士各州在欧洲纠纷中只充当雇佣兵的角色，严守中立成为瑞士人的基本国策，"瑞士已不再成为意大利政治中的一个独立因素。"② 1517 年 3 月 11 日，弗朗索瓦一世、马克西米连一世和卡洛斯一世签订《康布雷和约》（Peace of Cambrai），各方同意彼此互助，密议在意大利北部和中部形成所谓"伦巴第王国"和"意大利王国"，分别由瓦洛亚王室和哈布斯堡王室统治，同时各方加入反对土耳其人的十字军东征。③《康布雷和约》彻底扭转了法国在诺瓦拉失利之后在欧洲的被动局面，意大利战争暂时结束。1518 年 3 月，教皇利奥十世宣布在基督教世界范围内休战五年，共同面对土耳其人的威胁。④ 然而具有讽刺意味的是，教皇利奥十世和其代表的美第奇家族与前任教皇尤利乌斯二世的侄子、乌尔比诺公爵弗朗西斯科·马里亚·德拉·罗韦雷（Francesco Maria della Rovere）却围绕乌尔比诺公国的归属问题刀兵相见，弗朗索瓦一世的介入让问题变得更为复杂，双方力量呈现出了一种胶着状态，公爵爵位经常易主，⑤ 这让乌尔比诺问题也成为教皇国内部权力斗争的一个焦点问题。

　　马里尼亚诺战役标志着一个时代的结束，战役的胜利树立了弗朗索瓦一世在意大利北部心脏地区的权威，⑥ 对意大利主要城市国家也起了决定

---

① Robert J. Knecht, *The Rise and Fall of Renaissance France*, *1483 - 1610*, p. 87；G. R. 波特主编《新编剑桥世界近代史》（第一卷），第 514 页。

② 《新编剑桥世界近代史》（第一卷），第 514 页。

③ Dumont, IV, Part I, p. 256；Kenneth M. Setton, *The Papacy and the Levant*（*1204 - 1571*），Vol. III, p. 167.

④ *The Rise and Fall of Renaissance France*, 1483 - 1610, p. 87；Robert J. Knecht, *Francis I*, pp. 68 - 69；*The Papacy and the Levant*（*1204 - 1571*），Vol. III, p. 180.

⑤ Kernneth M. Setton, *The Papacy and the Levant*（*1204 - 1571*），Vol. III, p. 166；T. C. Price Zimmermann, *Paolo Giovio：The Historian and the Crisis of Sixteenth - Century Italy*, p. 29.

⑥ G. R. 埃尔顿主编《新编剑桥世界近代史》（第二卷），第 443 页。

性的影响，为康布雷同盟引起的各种纠纷的解决铺平了道路。米兰再次成为法国的属地；托斯卡纳地区和教皇国同在一个家族的统治之下，这在历史上是没有过的；在西班牙、瑞士、马克西米连一世相继与法国和解的形势下，马克西米连一世放弃了仍然占据的威尼斯领土，威尼斯完全恢复了大陆上的占领地，控制了萨洛（Saló）、佩斯基耶拉（Peschiera）、贝加莫、布雷西亚、维罗纳、维琴察、帕多瓦、特雷维索、罗维戈（Rovigo）和乌迪内（Udine），伦巴第平原归威尼斯所有，这种状态一直维持至18世纪。

二　瑞士各州与雇佣军

意大利战争中经常可以看到瑞士各州的身影，其重要性很大程度上是来自瑞士雇佣军的威名，[①] 意大利战争前期，瑞士各州甚至作为欧洲国际政治中的一支独特力量而发挥了重要作用。就其地理位置而言，位于欧洲内陆的瑞士北部与德意志接壤，东临奥地利，南面和西面分别与意大利和法国相邻，绵延瑞士境内中部的阿尔卑斯山成为瑞士历史与文化的重要纽带，著名的大圣贝尔纳山口（Great St Bernard Pass）是连接瑞士与意大利的重要通道。瑞士的历史发展与德意志、法兰西和意大利的历史是密不可分的，其文化和语言深受这三种文化的影响。"瑞士并不是一个地理上的概念，而是政治上的概念，它的统一首先是精神上的"[②]。

中世纪是一个在思想、政治、经济等诸多方面急剧变化的重要时期，这种剧烈的变化对于瑞士的历史产生了非常重要的影响。中世纪的封建制度随着时间的推移而逐渐发生着深刻的变化，满足一种安全需要的封建主义慢慢地失去了它赖以成长的土壤，封建权力通过世袭分配、出售、婚姻和战争等手段变成了真实的权力。封建主义关系的松弛为城市和商业的繁荣、为自由城市的发展提供了条件，十字军东征加速了这一进程。"权力是永恒的，它只有在统治者和被统治者的共同赞成下才能改变。"[③] 当神圣罗马帝国的哈布斯堡家族重申其对瑞士森林地区的权利时，尽管已经有

---

① Rebecca Ard Boone, *War, Domination, and the Monarchy of France*: *Claude de Seyssel and the Language of Politics in the Renaissance*, p. 114.

② 威廉·马丁、皮埃尔·贝津：《瑞士史》，李肇东等译，辽宁人民出版社，1989，第1页。

③ 《瑞士史》，第24页。

了契约、特权和惯例，但是瑞士森林地区看到的是沉重赋税和封锁压迫，敌对的情绪开始在这里蔓延。1291 年 8 月初，乌里（Uri）、施维茨（Schwyz）和翁特瓦尔登（Unterwalden）三个森林州（Cantons）结成了一个"永久同盟"（Eternal Alliance/League of the Three Forest Cantons），共同抵御暴力和不法行为，它对于帝国政治以及对于哈布斯堡邦国的形成都具有重要意义，[1] 它成为瑞士联邦的萌芽。三个森林州同盟与 12 世纪的意大利"伦巴第同盟"相类似，都是在抗争帝国的情形下形成的政治联盟，当时的目的并不是要求独立，而是要求承认其权利和地位。[2] 1309 年"罗马人的国王"亨利七世（Henry VII，德意志王国国王 1308～1313 在位、神圣罗马帝国皇帝 1312～1313 在位）重新书面确认他们直属帝国的地位，三个森林州为亨利七世远征意大利提供军事支持，这是瑞士人第一次在瑞士以外的地区作战。至 1353 年，卢塞恩（Lucerne）、苏黎世（Zürich）、伯尔尼（Berne）、格拉鲁斯（Glarus）和楚格（Zug）先后加入同盟，形成了北至莱茵河西岸、南岸，南到阿尔卑斯山的邦联。邦联受联邦议会的节制，但各州保留着尽可能多的自主权。1394 年邦联与奥地利公爵达成休战协定，邦联附属于帝国，实际上形同独立。1403 年乌里州开始向南扩张，以便控制通向意大利北部的山口，瑞士与米兰和萨伏依的联系日益紧密，1499 年 9 月瑞士军队打败帝国军队之后，神圣罗马帝国皇帝马克西米连一世与瑞士各州签订《巴塞尔条约》（Treaty of Basel），承认不再对瑞士拥有任何权利。[3] 维护与米兰公国的贸易关系对于瑞士各州而言是很重要的，瑞士的粮食与葡萄酒主要依靠米兰公国供应，因此保证与米兰的贸易通道顺畅即通向米兰的交通便利，成为瑞士各州特别是森林各州的重要利益。[4] 瑞士在意大利战争中的作用，就是瑞士和米兰公国之间的经济和政治关系的产物，也是瑞士人通过充当雇佣兵服务于其他国家事业而造成的结果。[5]

雇佣军（Mercenaries）是以获取经济利益为目的，受雇于任何国家或

---

[1] 威廉·马丁、皮埃尔·贝津：《瑞士史》，第 24～27 页。

[2] R. W. Seton - Watson, *Maximilian I*, *Holy Roman Emperor*, p. 18.

[3] R. B. Mowat, *A History of European Diplomacy*, *1451 - 1789*, p. 30.

[4] Kenneth M. Setton, *The Papacy and the Levant*（*1204 - 1571*）, Vol. III, p. 125.

[5] Rebeeca Ard Boone, *War*, *Domination*, *and the Monarchy of France*：*Claude de Seyssel and the Language of Politics in the Renaissance*, p. 115；G. R. 波特主编《新编剑桥世界近代史》（第一卷），第 510 页。

私人机构并为之作战的职业士兵，其历史可追溯至古希腊时代。从中世纪到近代中早期，雇佣军在欧洲大陆大行其道，特别是在 14 世纪和 15 世纪，雇佣军成为欧洲军事历史上的一个重要现象，它有一套非常复杂的雇佣、支付和组织体系，意大利半岛的城市国家发展出来的雇佣军事业就是其中特点最为突出的。[1] 随着城市经济的发展，城市之间的竞争日趋激烈，最初的经济竞争逐渐拓展至领土纠纷。战争是意大利政治生活中的一个重要事实，即便不是抵御外来侵略，星罗棋布的独立城市国家也会为争夺有限的疆土、臣民和贸易而彼此开战，意大利的政治多样化带来的冲突不断的政治局面和城市生活的独特作用以及充裕的财富，为雇佣军提供了用武之地。在城市国家之间的斗争过程中，意大利半岛的商人、银行家以及控制城市国家的显贵阶层既无法为本身而战，也无法激起他们的市民为他们而战。城市国家很难承受供养专业军队的经济负担，但又难以征募足够的市民来参与战争，出钱雇用职业战斗人员成为他们不得已的选择。两百多年来，意大利的许多战争是通过同雇佣兵队长签订合同的方式进行的。雇佣兵按照军事组织集体行动，而不是单个人地出卖自己的服务。从 13 世纪到 15 世纪，主要由阿尔卑斯山以北的落魄骑士组成的雇佣兵（free companies）纷纷来到意大利半岛，组成私人武装队伍，其首领被称为雇佣兵队长（Mercenary Captain，Condottieri），例如 14 世纪在意大利各地服役时间长达 30 多年的英格兰人约翰·霍克伍德（Sir John Hawkwood，c. 1323 – 1394）和意大利战争中的雇佣军首领乔凡尼·美第奇（Giovanni dale Bande Nere/Lodovico de'Medici，1498 – 1526）及其统领的黑带军团。这些人与许多城市国家签订征战契约，但在发生战事的过程中也时常提高要价或改变立场。这些私人武装队伍经常从意大利的一个地区转到另一个地区，逐渐成为城市国家间战争的中间力量。[2] 14 世纪末期，外国雇佣兵逐渐被意大利雇佣军取代，雇佣兵队长出现了地方化和贵族化的倾向，其戎马生涯不仅使其致富，而且赢得声誉。他们热衷于城邦政治，参与城邦政治，甚至成为统治一方的城邦僭主，弗朗切斯科·斯福查取代维斯孔蒂家

---

① David Nicolle, *Italian Medieval Armies, 1300 – 1500*, London: Osprey, 1983, p. 3.

② David Nicolle, *Italian Medieval Armies, 1300 – 1500*, p. 7; William Caferro, *Mercenary Companies and the Decline of Siena*. Baltimore: The Johns Hopkins University Press, 1988, pp. 3, 6; 迈克尔·霍华德：《欧洲历史上的战争》，褚律元译，辽宁教育出版社，1998，第 26～27 页。

族而成为米兰公爵就是这种发展的一个典型事例。从 14 世纪末到 16 世纪初，雇佣军团几乎是意大利城市国家军队的唯一形式，它们无论在战术还是在战略上对战争艺术都做出了一定的贡献。[①]

那个时代，欧洲雇佣军中最具代表性的是瑞士雇佣军。从 15 世纪起，瑞士各州政府采取输出雇佣兵获取财富的政策，从而造就了赫赫有名的瑞士雇佣军。各方争先恐后雇佣瑞士军团，瑞士各州是否提供雇佣军成了一件极其重要的政治事务。这些据说能带来好运的士兵，因为他们的勇敢、忠诚和谋略而获得了高度的评价。当时的许多瑞士平民因经济贫乏，只得靠军事技术维生，谁给钱为谁服务（"No silver, no Swiss"，特里武尔齐奥这样评价瑞士雇佣军[②]）。战争只是谋取金钱和利益的一种经济行为，签订契约的权力掌握在各州自己的手中。

1476 年至 1477 年瑞士各州参加了针对勃艮第公爵的战争，在格朗松战役（Battle of Granson，1476 年 3 月 2 日）、莫拉战役（Battle of Morat，1476 年 6 月 22 日）和南锡战役（Battle of Nancy，1477 年 1 月 5 日）中取得了巨大的胜利，瑞士步兵密林似的长矛方阵无从突破，树立了瑞士人的军威。[③] 15 世纪以后，瑞士雇佣军在欧洲声誉隆隆，法国、意大利各城市国家和神圣罗马帝国都对瑞士雇佣军趋之若鹜，求之甚渴。意大利战争前期，由于法国与瑞士历史上形成的特殊关系，使瑞士雇佣兵倾向于只为法国服务。瑞士人以雇佣军的方式参加了法国与帝国的多次战斗。在冷兵器的时代，瑞士雇佣军以特有的长枪方阵（Swiss Pike Phalanx）而著称。在反抗奥地利的斗争中，瑞士各州凭借严肃军纪和训练有素使它们的长枪兵具备了很强的凝聚力，在进攻和防守中都能保持整齐的队形。这种组成密集方阵的步兵不仅能够抵挡重装骑兵的冲击，而且在进攻方面也显示出极大的威力。瑞士兵是高度专业化的，他们有很厉害的长枪方阵，持剑与戟的兵士善于肉搏。瑞士的长枪方阵并不注重单兵的作战能力，而是更强调在战斗中保持队形，临危不乱，因而纪律非常重要。[④] 在战斗中，瑞士兵

---

①　David Nicolle, *Italian Medieval Armies, 1300–1500*, pp. 14–20.

②　Thomas F. Arnold, *The Renaissance at War*, p. 62.

③　Sir Charles Oman, *A History of the Art of War in the Sixteenth Century*, p. 63; Rebeeca Ard Boone, *War, Domination, and the Monarchy of France: Claude de Seyssel and the Language of Politics in the Renaissance*, p. 109.

④　Francesco Guicciardini, *The History of Italy*, p. 240.

只需要将自己的长枪放在前一个人的肩上。在长期的战争实践中，瑞士雇佣军形成了严明的纪律。后来，他们用少数的火绳枪与手枪来保护自己的侧翼，但基本上不改变原来的战术，速度和机动性是他们的战术要素。①尽管法国与瑞士保持着传统雇佣关系，但是瑞士雇佣军依然遵循着"给多少钱就在战斗中出多少力"的原则，②所以瑞士人也经常在战争中变换立场，服务于给钱更多的雇主，希望从贸易和提供兵源两方面同时获利。15世纪的一首歌谣说明了雇佣军的本质："骑士、乡绅、军士和臣属"只关心一件事，那就是"发饷的官儿何时会到来？"③

瑞士雇佣军的强盛时代没有维持太久，他们最后一次具有代表性的经典胜利是在1513年的诺瓦拉战役中击败了法国军队，可是1515年的马里尼亚诺战役让瑞士雇佣军不可战胜的神话完全破灭，1522年比科卡战役（Battle of Bicocca）中瑞士雇佣军最终惨败于西班牙军队和德意志雇佣军（Land-sknect）④的手下，瑞士的长枪方阵落伍了。圭恰迪尼说："（瑞士人）败回到了阿尔卑斯山的那一边，他们不仅损失了很多人，而且失去更多的是英勇无畏的精神，因为比科卡战役的损失影响很大，在未来的岁月里他们再也不能展示他们那种气魄了，这一点是可以肯定的。"⑤自此之后，瑞士各州由于内部的政治矛盾和宗教斗争，参与欧洲国际政治斗争的热情也逐渐冷却，在欧洲国际舞台上扮演着中立的角色，形成了瑞士的中立传统。

雇佣军是历史的产物，是在军事史发展进程中逐渐出现的一种历史现象。客观而言，它在一定时期内为欧洲人口增长而出现的大量社会失业者和流浪者提供了一条可能的出路，为由于经济状况剧变而被边缘化的少数部分贵族提供了一种职业的选择，具有一定的积极意义。然而雇佣军唯利是图的本性决定了其行为的功利性和残暴性，在"拿人钱财，替人消灾"这个明确目的背后，折射出了雇主难以摆上台面的政治斗争和经济掠夺。

---

① 迈克尔·霍华德：《欧洲历史上的战争》，第27页。

② Sir Charles Oman, *A History of the Art of War in the Sixteenth Century*, p. 64.

③ Felix Gilbert, *Machiavelli: The Renaissance of the Art of War*，收录于《马基雅维利全集03：用兵之道》，时殷弘译，第251页。

④ 为了寻求一种能与瑞士雇佣兵抗衡的手段，在神圣罗马帝国皇帝马克西米连一世的推动下，战术和组织上刻意模仿瑞士步兵的德国雇佣兵产生了。从此以后，德国雇佣兵就成为瑞士人在雇佣兵市场上最有力的竞争者。——Christopher Hare, *Maximilian the Dreamer, Holy Roman Emperor 1459 – 1519*, p. 251; M. S. Anderson, *The Origins of the ModernEuropeanState System, 1494 – 1618*, p. 16.

⑤ Francesco Guicciardini, *The History of Italy*, Vol. VII, p. 352.

在法国那样中央王权相对强大的国家里，雇佣军团已经被严格地加以管制，并逐渐被国家的常备军团所取代。在意大利，由于大大小小的城市国家之间战火连绵不断，雇佣军团就成了一伙带有很强流动性、破坏性和劫掠性的武装集团，他们所经之处必是烧杀劫掠，并施加苛捐杂税。意大利早期的雇佣军令人恐惧厌恶，但到15世纪，这些放荡不羁的军队大都成为过去，代之而起的是组织较为有序的职业雇佣军，军队首领与城市国家签署正式服役合同，背叛雇主的行为被视为极不道德。如果雇佣军首领违反合同，城市国家有权对他进行惩罚或予以辞退，甚至还可以以叛国罪对其进行起诉。[1] 尽管雇佣军的行为受到一定的约束，但是其掠夺的本性并未根本转变，马基雅维里在《君主论》中专门就雇佣军和外国援军给意大利历史造成的危害以及带来的问题进行评述："……雇佣军和援军是无益的，并且是危险的，一个人如果以这种雇佣军队作为基础来确保他的国家，那么他既不会稳固亦不会安全，因为这些雇佣军队是不团结的，怀有野心的，毫无纪律，不讲忠义，在朋友当中则耀武扬威，在敌人面前则表现怯懦。他们既不敬畏上帝，待人亦不讲信义；……除了一点军饷之外，他们既没有忠义之忧，也没有其他的理由使他们走上战场，而这点军饷并不足以使他们愿意为你牺牲性命。当你不打仗的时候，他们情愿给你当兵，但是如果发生战争，他们就逃避或者一走了事。……要我证明这一点是毫不费力的，因为现在意大利崩溃不是由于别的原因，而是由于她许多年来依赖雇佣军，虽然他们先前曾经帮助某些人取得进展，并且在彼此之间显得勇猛不过，可是当外敌压境的时候，他们就原形毕露。因此，法国国王查理（八世）'拿着粉笔'就能够不费吹灰之力而占据意大利。"[2] 虽然马基雅维里对于雇佣军的历史作用多少有贬抑之词，但是雇佣军在这一历史时期的影响和作用是显而易见的，而且在意大利战争的漫长过程之中，雇佣军依然是各国军队的主要组成部分，他们具有重要的军事利用价值，通常也是各国迅速招募军队投入战争的首选。[3]

三　"幸福的奥地利模式"：查理五世的帝国

欧洲王室家族之间的婚姻、继承、出生和死亡往往决定了王朝的政治

---

[1]　David Nicolle, *Italian Medieval Armies*, 1300 - 1500, pp. 14 - 20.

[2]　尼科洛·马基雅维里：《君主论》，第57～58页。

[3]　M. S. Anderson, *The Origins of the Modern European State System*, 1494 - 1618, p. 15.

和外交走向。① 传统外交的最高方式就是联姻，它是战争的和平镜像②。
婚姻是欧洲政治中重大的交易③，通过个人的结合可以得到领土的所有权，
婚约的实现常常会带来不可预见的改变，而联姻的代价往往要小于武装扩
张所付出的代价。王朝之间的联姻把不同的领地聚合在一位新的统治者之
下，哈布斯堡王室是一个典范，诚如流行的一句话所云："让别人去战斗
吧！汝，幸运的奥地利结婚去吧！"④ 哈布斯堡家族的神圣罗马帝国"包
括了中欧所有讲德语的地区，再加上大部分的尼德兰，所有的洛林、法兰
西康特—勃艮第区、萨伏依和西北部的意大利，直到南边与教皇国接壤。
另外它还包括波希米亚王国、摩拉瓦和说波兰语的西里西亚。总的人口达
到一千至两千万，有近三百个独立的、具有自治性质和半主权性质的大小
诸侯国组成，还不包括许多帝国骑士所拥有的小领地。"⑤

　　查理五世的庞大帝国是时代统治规则的最好注释，通过所谓"幸福的
奥地利模式"⑥，一系列的婚姻和意外死亡让查理继承了一笔巨大的遗产。
1500 年 2 月 24 日，查理出生于根特（Ghent），1506 年丧父，他从其父那
里继承了勃艮第王室的财产：佛朗什—孔泰、勃艮第公国（自 1477 年起
控制在法国人手中）和十七省（Seventeen Provinces，16 世纪 30 年代以后
称作尼德兰）⑦。十七省包括卢森堡公国和布拉班特公国（Duchy of
Brabant），弗兰德尔、荷兰、泽兰（Zeeland）、埃诺（Hainaut）和阿图
瓦，连同一些较小的城镇和贵族领地。查理的母亲卡斯提尔的胡安娜精神
错乱（1555 年故去），不能执掌政务，由其祖父马克西米连一世皇帝通过
其女奥地利的玛格丽特摄政，1515 年 1 月查理亲政，继承了卡斯提尔王国
和在美洲新发现的地区。1516 年 1 月 23 日，影响欧洲政治长达 20 余年的
"天主教徒"费迪南德去世，根据他的遗嘱，阿拉贡王国、那不勒斯和西
西里由胡安娜及其后嗣继承，查理不在时，由权臣希门尼斯·德·西斯内

①　Euan Cameron ed. , *The Sixteenth Century*, Oxford：OxfordUniversity Press，2006，p. 62.
②　佩里·安德森：《绝对主义国家的系谱》，第 23 页。
③　费尔南·布罗代尔：《菲利普二世时代的地中海和地中海世界》（第二卷），第 478 页。
④　本尼迪克特·安德森：《想象的共同体——民族主义的起源与散布》，吴叡人译，上海人
　　民出版社，2003，第 21 页。
⑤　刘明翰主编，朱孝远著《欧洲文艺复兴史》（政治卷），第 122 页。
⑥　佩里·安德森：《绝对主义国家的系谱》，第 23 页。
⑦　对于低地国家的历史考察，可参见 Robert Stein，"Seventeen：The Multiplicity of a Unity in
　　the Low Countries"，in *The Ideology of Burgundy：the Promotion of National Consciousness*，
　　1364 – 1565，pp. 223 – 285。

罗斯（Ximénes de Cisneros）掌理卡斯提尔，阿拉贡总督、萨拉戈萨主教阿尔方索（Alfonso, Archbishop of Saragossa，费迪南德的私生子）暂时统治阿拉贡，遗赠斐迪南（查理的弟弟）那不勒斯王国中的许多领地，国库拨出年金 5 万杜卡特。① 在西班牙查理被称为卡洛斯一世。

马里尼亚诺战役之后，基督教世界的各国君主在教皇利奥十世的倡导之下，正在准备发动一场针对奥斯曼帝国的所谓圣战（这个问题一直是基督教世界各国外交谈判的中心议题之一，也是自奥斯曼帝国崛起以来历任教皇必须要面对的重大问题，被历任教皇们视为一项重要的权利和责任）。1518 年 10 月，作为对教皇休战五年的具体响应，弗朗索瓦一世与亨利八世签订《伦敦条约》（Treaty of London）组成攻守同盟，并计划在四个月之内得到教皇以及其他欧洲国家的支持，以消除奥斯曼帝国的威胁，维护教皇的权威。② 然而神圣罗马帝国皇帝的继承问题又一次让基督教世界陷入了权力斗争的旋涡和内耗的局面。1519 年 1 月 12 日，神圣罗马帝国皇帝马克西米连一世去世（生前未加冕）。马克西米连一世一直希望将帝国的千秋大业交予哈布斯堡家族的一位继承人。1518 年奥格斯堡帝国等级会议上，他努力让他的孙子查理被选为罗马国王，想以此消除空位的危险和其他王室家族的竞选。马克西米连一世的去世产生了继任问题。"既然在德国本身没有形成占优势的权力中心，那么此刻的问题不再只是应将哪一种外国势力引来维持软弱的帝国，而是哪一种外国势力能够使仍然值得重视的德意志各派力量为自己效劳。德国就像意大利那样，处于成为各大国外交政策的目标这一危险之中。"③

马克西米连一世在其遗嘱中，把整个奥地利的世袭领地和对波希米亚和匈牙利的权利传给查理及其兄弟斐迪南。如今一个从北欧到南欧的广袤无垠的领地掌握在一个人手里，势必引起欧洲政治格局和权力结构的巨大变化，神圣罗马帝国皇帝头衔的普世性更是具有极为重要的象征意义，1356 年的《黄金诏书》明确规定：帝国皇帝由七位选侯投票选举，这七位选侯分别是美因茨大主教、科隆大主教、特里尔大主教、波希米亚国王、帕拉丁选侯、萨克森公爵和勃兰登堡侯爵。根据皇帝头衔的普世意义

---

① 马克思：《马克思历史学笔记》（第三册），第 187 页。

② Dumont, IV, Part I, p. 147；Kenneth M. Setton, *The Papacy and the Levant*（1204 – 1571），Vol. III, p. 186.

③ 马克斯·布劳巴赫等：《德意志史》（第二卷，上册），第 47 页。

和非世袭传统，欧洲任何一个王室家族均可成为罗马帝国皇帝的候选人。16 世纪时查理大帝的皇冠依然被神秘的光环围绕着，帝国的尊严还是无可比拟的。

法国在面对几乎整个王国均被哈布斯堡家族包围的潜在威胁时，可能要被迫处于防御地位，意大利北方是这个包围圈的唯一缺口，对法国是生命攸关的问题。作为帝国采邑的米兰公国，对于一位哈布斯堡皇帝来说意味着通向罗马和通向西班牙王国在南意大利领地的不可缺少的通道。如果弗朗索瓦一世不想失去法国领导欧洲大陆的前景，他就必须为自己取得皇帝的头衔。美因茨和特里尔大主教的特使向弗朗索瓦一世阐明了如下的见解："难道这个乳臭未干的统治西班牙、奥地利及美洲新国家的君主，这位哈布斯堡王室的成员在当选为神圣罗马帝国皇帝后还要主宰德国、勃艮第、弗兰德尔、尼德兰以及像那不勒斯、西西里这样一些意大利的领土吗？这样一个令人望而生畏的大帝国，不能让他染指此事。因此，应当提另一位国王作为皇帝候选人……"①

选侯们的忧虑正如弗朗索瓦一世所想，他为自己参选帝国皇帝辩解道："促使我想得到皇帝头衔的原因是，避免所谓的天主教国王去这么做。如果他成功了，看看他的王国和领地的范围，那将会给我带来不可估量的伤害。他总是让人怀疑，令人无法相信，毫无疑问他会把我赶出意大利的！"② 弗朗索瓦一世开始了一场声势浩大的外交攻势，不惜出让部分王室领地，筹措大量的王室捐赠和银行贷款及其他的竞选资金，派遣密使到德意志四处游说和行贿。③

类似的考虑也支配着查理。从出身、语言和教育方面看，查理既不是西班牙人，也不是德意志人，而是勃艮第人。与其他的候选人相比，他并不具有先天的条件，他的庞大领地反而令各王室和选侯疑虑重重。马克西米连一世曾经告诫他的孙子："如果你想赢得世界，那你必须要下大本钱。这么做就可以满足我们的愿望，有利于我们的名声，你要么遵从和采纳我的建议，要么放弃机会。为了扩大我们家族的领地，造福我们的子孙后代，我们付出了许多的艰辛和劳动，如果放弃，就太令人痛惜了。些许的

① 阿·米尔：《德意志皇帝列传》，李世隆等译，东方出版社，1995，第 288 页。

② Robert J. Knecht, *The Rise and Fall of Renaissance France*, *1483 - 1610*, p. 88.

③ M. S. Anderson, *The Origins of the Modern European State System*, *1494 - 1618*, pp. 92 - 93; Robert J. Knecht, *Francis I*, p. 75.

让人遗憾的疏忽和吝啬都会使我们失去所有的东西。"① 19 岁的查理向德意志派出特使，以王室捐赠、竞选资金和奥格斯堡的富格尔家族的银行贷款作为后盾，② 拉拢和贿赂选侯们。事后雅各布·富格尔（Jakob Fugger）在写给查理的信中，回忆起其作为助选者的决定性作用时说道"众所周知，没有我的赞助，陛下您是得不到罗马帝国皇冠的"③。

由于所有人都不赞成英格兰候选人亨利八世，所以选举斗争是在瓦洛亚和哈布斯堡王室之间激烈进行的。教皇利奥十世在皇帝选举中左右逢源，充分表现出其与欧洲最高的世俗王权之间错综复杂的政治关系。出身美第奇家族的利奥十世担心选举皇帝形成的混乱局面，会引起意大利和教皇国的动乱，他不想让同时兼任那不勒斯国王的查理重获霍亨斯陶芬家族的世袭产业（自 13 世纪霍亨斯陶芬时代以后，那不勒斯王国的王冠不能属于皇帝，那不勒斯王永远不能当皇帝，这是罗马教廷一个基本的政策原则④），他曾对威尼斯使节说："你知道从这里到那不勒斯王国边境有多远吗？四十英里！因此查理绝不可以被选为罗马国王！"⑤ 他也不想让兼任米兰公爵的弗朗索瓦一世建立瓦洛亚王室的皇权，任何一种局面都会使教皇国陷入混乱的局面，因为觊觎教皇领地和托斯卡纳地区的意大利各城市国家都在等待发难的最有利的时机。他做出了一个后来得以应验的预言：不管两个皇位竞争者谁取胜，教廷的独立和意大利的和平都会面临极大的威胁。⑥ 然而大国和王朝的斗争迫使利奥十世必须接受政治的现实，不久教皇不得不给予查理以一种特许，承认这个使他战栗的臣属。

选举斗争以馈赠、津贴、贿赂甚至威胁的形式，把大量的资金投向了德意志选侯和顾问们，选举活动异常活跃，但是雄厚的经济支持、挥之不去的反法情绪和德意志民众支持德意志王室后裔的传统观念，⑦ 还有选侯

①　Robert J. Knecht, *Francis I*, p. 72.

②　David Jayne Hill, *A History of Diplomacy in the International Development of Europe*, Vol. II, p. 341; M. S. Anderson, *The Origins of the Modern European State System*, *1494 - 1618*, p. 92.

③　*The Origins of the Modern European State System*, 1494 - 1618, p. 92.

④　Dr. Ludwig Pastor, *The History of the Popes*, *From the Close of Middle Ages*, Vol. VII, p. 257; Kenneth M. Setton, *The Papacy and the Levant* (*1204 - 1571*), Vol. III, p. 190; T. C. Price Zimmermann, *Paolo Giovio: The Historian and the Crisis of Sixteenth - Century Italy*, p. 30.

⑤　*The History of the Popes*, *From the Close of Middle Ages*, Vol. VII, p. 257.

⑥　阿·米尔：《德意志皇帝列传》，第 291 页。

⑦　*The Origins of the Modern European State System*, 1494 - 1618, pp. 91 - 93; *The Papacy and the Levant* (*1204 - 1571*), Vol. III, p. 191.

萨克森公爵弗里德里希的坚定立场，让选侯们最终把他们的选票投给了查理，1519 年 6 月 28 日，查理被一致选举为皇帝，是为查理五世（Charles V，1519～1556 年在位）。查理五世与选帝侯们还缔结了一个含有三十四项条款的协定，承诺捍卫帝国利益；遵守《黄金诏书》；未经选侯认可不与他国组成联盟；不增加税收；协助选侯改善经济状况；使用德语或拉丁语作为官方用语等。① 严格地讲，查理只是被选为罗马人的国王，成为神圣罗马帝国皇帝需要教皇的加冕，之后方可正式称为皇帝。在查理五世登基时的一篇呈文中，1518 年起担任帝国首席顾问大臣的梅尔库里诺·加蒂纳拉（Mercurino Gattinara）慷慨激昂地向皇帝陈述了其帝国对团结基督教世界为上帝服务的意义："陛下，既然上帝赐你无限仁慈，推举你超过基督世界所有的国王和诸侯，使你主宰迄今只有你的前任查理大帝才拥有的大国，那么你就已走在通向世界大帝国的路上，以便将基督教世界团结在一个牧羊人（基督）的周围。"② 加蒂纳拉建议查理五世使用下列头衔："罗马国王，未来的皇帝，永恒的奥古斯都，西班牙、西西里、耶路撒冷、巴利阿里群岛、加纳利群岛、印第安群岛和大西洋彼岸大陆的国王，奥地利大公，勃艮第、布拉班特、施蒂利亚、克恩滕、克赖恩、卢森堡和林堡公爵，哈布斯堡、弗兰德尔和蒂罗尔伯爵，勃艮第、黑诺高和罗西隆行宫伯爵，阿尔萨斯和施瓦本侯爵，亚洲和非洲的君主。"③

　　查理五世的帝国地域广阔，多样而异质，这是哈布斯堡家族无数次联姻、讨价还价和掠夺的结果，欧洲历史上从没有一位具有王朝权力的皇帝享有过这种权力。但是意大利战争以来，欧洲历史的发展说明了这样一个事实：帝国理念在发生着重大的变化。中世纪传统的政治观念认为，帝国是一个具有普世意义的概念，它不是建立在领土的基础之上，而是神权政治的产物，是将现世的目标同上帝的世界秩序合而为一之后产生的一种统治秩序。生活在中世纪的人们把皇帝视为上帝在尘世的世俗代表，执行和维护司法的公正。④ 神圣罗马帝国的出现"是一个传统、一种在过去了的

① Dumont, IV, Part I, pp. 296－303.

② Karl Brandi, *The Emperor Charles V: the Growth and Destiny of a Man and of a World－Empire*, p. 112.

③ 阿·米尔：《德意志皇帝列传》，第 303 页。

④ David Jayne Hill, *A History of Diplomacy in the International Development of Europe*, Vol. II, p. 349.

光荣幻想中的复活"，"帝国和教廷都是以思想而非物质力量为基础的"。①
15 世纪末，传统的帝国观念正在逐渐地消失，取而代之的是家族王朝的
观念，尽管这种观念的确立有待时日。古老的罗马帝国理念并没有完全
退出历史的舞台，把王朝思想同帝国思想、家族利益同帝国利益融合起
来，维护王室家族的权力和荣誉，成了查理五世在这样一个时代的毕生
使命，"通过一统宇内的皇权思想，对他的王朝权力掌管的领地和帝国
以及对信仰和教会的非常具体的关心与年俱增地获得一种理想的光辉。
皇权在查理的意识中是世俗最高的、由上帝创造的尊严。这种尊严的意
义意味着在外部和内部保护作为一个整体的基督教世界。"② 而王朝思想
的过分扩展和一统宇内思想的优先地位会不可避免地同正在日益壮大的
西欧新君主制国家形成心理的落差和权力的失衡。（附录三：查理五世
的家族）

四　弗朗索瓦一世、亨利八世与查理五世之间的斗争：沃尔西的外交斡旋

有评论说："从西班牙的查理于 1519 年当选为皇帝的那一刻起，亚平
宁的战局就改变了方向。从法国的角度看，战争已是防御性的了，攻势是
以前的事。"③ 面对哈布斯堡王朝的优势地位，法国、英格兰和教皇等欧
洲势力不得不重新考虑彼此之间的关系，调整各自的外交政策，重建欧洲
的利益格局。

竞选皇帝铩羽而归的弗朗索瓦一世虽然在意大利北部占据着支配地位，
但是要直接挑战查理五世，时机尚不成熟。1519 年 10 月，弗朗索瓦一世与
教皇利奥十世秘密签署协议，法国承诺保护罗马教廷，承认佛罗伦萨拥有卢
卡共和国，反对查理五世及其他不服从教皇的意大利城市国家；教皇答应捍
卫法国的世俗和宗教利益，拒绝把那不勒斯王国赐封给查理五世。④ 弗朗
索瓦一世相信，查理五世将会前往意大利加冕，很可能侵占北方领土，⑤
因此弗朗索瓦一世利用"哈布斯堡边界的敏感性"⑥，同卡斯提尔起义反

---

① 詹姆斯·布赖斯：《神圣罗马帝国》，第 3、363 页。

② 马克斯·布劳巴赫等：《德意志史》（第二卷），上册，第 59 页。

③ 乔治·杜比主编《法国史》（上卷），第 584 页。

④ *CSP SP* II, No. 267；Robert J. Knecht, *Francis I*, p. 77.

⑤ Wim Blockmans and Nicolette Mout ed., *The World of Emperor Charles V*, p. 24.

⑥ 《德意志史》（第二卷，上册），第 65 页。

对查理五世统治的城市公社社员（Revolt of the Comuneros，1520－1521）①
勾结，用军队支持被驱逐的纳瓦尔国王重夺纳瓦尔，并且向叛变的勃艮第
陪臣马斯河中游马尔克的罗贝尔（Robert de la Mark）和斯德尔德河上游
的格尔德恩公爵（Duke of Guelders）公开提供援助，② 迫使查理五世离开
意大利。弗朗索瓦一世知会教皇："通过这些手段，我已经牵制住了我们
的共同敌人，让他无法前往意大利。"③ 实际上，弗朗索瓦一世的一系列
措施已经拉开了瓦洛亚和哈布斯堡两大王室之间斗争的序幕。"这个事件
打破了基督教世界……深刻且普世的和平；这个事件引起了两个君王之间
的竞争，将整个欧洲带入不安，使欧洲战火频仍，并在欧洲持续了相当长
的一段时间。"④

　　1519 年帝国皇帝选举的另一个重要影响是间接地提升了英格兰的
国际地位。⑤ 15 世纪末 16 世纪初，欧洲的国际舞台上主要存在四支强
大的力量：法兰西、西班牙、英格兰和神圣罗马帝国。可是 1519 年之
后，西班牙和神圣罗马帝国掌握在同一个王室家族手里，弗朗索瓦一
世与查理五世实力大致相当，英格兰的地位和影响在这个时期突然变
得异常重要起来。"与英格兰结盟会让任何一方取得优势地位，而英
格兰的中立，理论上可以确保和平。"⑥ 欧洲政治版图的变化，导致英
格兰的国际地位因而变得十分重要。因此自 16 世纪起，英格兰的外交
政策便以防止欧陆强权崛起，维护欧洲势力均衡为其基本路线。1509
年继位的亨利八世恢复了英格兰国王渡海入侵法国、争夺领地的传
统。对外战争是王权惯用的对国内加强统治与榨取财富，并能够增加国
王的财富、权势与声望的手段，当然也承担在欧洲大陆获得立足点的实际目

---

①　查理即位之后，由于担心被一位有众多异国领土的君主为了与它们毫无共同之处的
　　目的所利用，西班牙城市公社为了维护它们所沿袭的特权从而反对当地贵族和王室
　　官吏，起义迅速扩大成为君主国同包括一切等级在内的反对派的斗争，动摇了王室
　　权威。

②　M. S. Anderson, *The Origins of the Modern European State System*, *1494 - 1618*, p. 94；Ken-
　　neth M. Setton, *The Papacy and the Levant*（*1204 - 1571*），Vol. III, p. 195.

③　Wim Blockmans and Nicolette Mout ed., *The World of Emperor Charles V*, p. 24.

④　William Robertson, *The History of the Reign of the Emperor Charles the Fifth*, Books I in *The
　　Works of William Robertson*, *D. D. in Eight Volumes*, Oxford：Talboys and Wheeler, 1825,
　　Vol. III, p. 220.

⑤　Robert J. Knecht, *Francis I*, p. 78.

⑥　J. J. Scarisbrick, *Henry VIII*, p. 81.

的。①"对英格兰的亨利八世而言，防止弗朗索瓦或查理获得远超过其他君主的权威，不仅是他的利益更是他的权利。但是，虽然亨利经常宣称在他手中握有欧洲的平衡，他却没有持续且沉着的关注和正常的洞察力，以及冷静的性格，这些都是必须具备的条件。"② 亨利八世统治的前20年，主要是由枢机主教、教皇代表沃尔西负责处理外交事务。

沃尔西的权力地位与路易十二时代的乔治·德·昂布瓦兹极为相似，他也希望能够通过在各王室家族之间居中斡旋，来积累个人的政治资本。他以政治家和外交家的手段集权力于一身，机智地驾驭当时英格兰和欧洲国家社会的各种矛盾冲突，而弗朗索瓦一世与查理五世之间的嫌隙，为英格兰发挥国际作用提供了良机。亨利八世占领的图尔奈主教管区落入沃尔西之手，为了劝说亨利八世归还图尔奈，弗朗索瓦一世承诺每年给沃尔西12000利弗尔，以抵偿教区收入的损失。沃尔西利用亨利八世的财政困难，于1518年促使双方在伦敦签订条约，以60万克朗的代价将图尔奈归还法国，并试图将这一条约改为共同安全公约，所有签约国要协助被侵略的国家，这一寻求欧洲和平的早期构想，一直是沃尔西外交的重要基础。③皇帝选举之后，沃尔西决定加速实现亨利八世与弗朗索瓦一世的会晤设想，同时打算安排查理五世与亨利八世进行类似的会晤。英格兰的调停建议很快获得了弗朗索瓦一世的响应，1520年1月，弗朗索瓦一世委任沃尔西为全权代表，负责安排会晤事宜。3月，沃尔西起草了一份和约草案，以备签署。而查理五世则要求在亨利与弗朗索瓦会晤之前，先行安排他与亨利的会晤。5月26日查理五世乘船抵达多佛尔港，次日与亨利八世见面，查理五世的姨妈、亨利八世的妻子凯瑟琳王后也陪同见面。会谈似乎十分融洽，两人约定亨利近期访问尼德兰，29日查理五世离开，前往弗兰德尔。④

与查理五世家族式的访问形成鲜明对照的，是亨利八世与弗朗索瓦一世之间的会晤，史称"金锻军营会晤"（Field of Cloth of Gold）。1520年6

① David Potter, "Foreign Policy", in *The Reign of Henry VIII: Politics, Policy and Piety*. Edited by Diarmaid MacCulloch, London: Macmillan Press Ltd., 1995, pp. 101–133；郭方：《英国近代国家的形成——16世纪英国国家机构与职能的变革》，商务印书馆，2007，第165页。

② William Robertson, *The History of the Reign of the Emperor Charles the Fifth*, Books I in The *Works of William Robertson*, D. D. in Eight Volumes, Vol. III, p. 225.

③ Garrett Mattingly, *An Early Nonaggression Pact*, pp. 1–30.

④ *LP* III, Nos. 803–804.

月 7～24 日，亨利八世与弗朗索瓦一世在设在吉讷（Guines）和阿德尔（Ardres）之间的一个营篷里举行了多次会晤，因为当时的军营帐篷上覆盖着天鹅绒和金色的锦缎，看上去辉煌气派，"胜似埃及的金字塔和罗马的圆形剧场"①。两国君主在这里商谈了 15 天，这期间安排了宴饮、舞会和比武等活动，活动场面一个比一个气派，竞尚奢华。尽管会谈表现得友好亲切，却是毫无成果。②

　　7 月 10 日，亨利八世在格拉沃利讷（Gravelines）拜会查理五世，一天后查理去加来回访亨利，14 日两位君主缔结和约，规定双方以前的和约继续有效，互派常驻使节，查理五世与亨利八世的女儿缔结婚姻。③ 10 月 23 日，查理五世在亚琛加冕，两天后，教皇利奥十世允许查理使用"当选的罗马皇帝"（Roman emperor elect）的头衔。查理希望不久后前往意大利举行加冕礼，但是德意志的内部宗教问题致使他长时间滞留，因为由马丁·路德（Martin Luther，1483－1546）倡导的宗教改革正在德意志内部掀起轩然大波。

　　教皇利奥十世是一位性格张扬的教皇，一直以生活奢侈、好大喜功著称，他决心在罗马建造一座圣彼得大教堂。为了筹集资金，他派人到欧洲各地兜售赎罪券，这种明目张胆掠取财富的行为导致了基督教世界很多人的不满，也引起了那些宗教虔诚人士的激烈抨击。出售赎罪券的肮脏交易激起了路德的愤懑，1517 年 10 月 31 日，路德发表了著名的《九十五条论纲》（The Ninety－Five Theses on the Power and Efficacy of Indulgences，即《关于赎罪券效能的辩论》），一石激起千层浪，路德的论争带来了不可估量的后果。查理五世当选皇帝之后不得不处理因路德问题而引起的宗教争论，对信仰和教会的关怀关系到王室的权力和荣誉，对于帝国的政治统一性具有相当重要的影响。1520 年 6 月 15 日，教皇利奥十世颁布"主，请起来"（Exsurge Domine/Arise, O Lord）教皇通谕（Papal Encyclical），斥责路德的著作与言论，劝诫他放弃错误的言行并限定其在 60 天内承认自己的过失，重回教会的怀抱。60 天后路德被开除教籍。1521 年 5 月，查理五世颁布沃尔姆斯谕令（Edict of Worms），宣布驱逐路德及其支持者，

---

① J. G. Russell, *The Field of Cloth of Gold: Men and Manners in* 1520, London: Routledge & Kegan Paul, 1969, pp. 23－31.

② *LP* III, Nos. 807, 841, 851, 855, 861, 869－874; Dumont, IV, Part I, pp. 312－313.

③ *LP* III, Nos. 906－908.

并将他们定为异端，命令每个可以抓获他的人把他拘留起来交给皇帝，禁止阅读和传布他的著作。① 宗教改革时的政治环境，使各地教会不得不越发仰仗于世俗统治者，改革者所传播的福音，也很快得到一些世俗诸侯的嘉许，在查理五世关注意大利事务而不在德意志之时，迅速扩展了自身的影响范围。

　　在瓦洛亚王室和哈布斯堡王室之间，教皇利奥十世起初想保持平衡，但查理五世的当选已经是无法改变的事实，他对帝国使臣言道："中立对于亨利八世是一个非常好的选择，因为英格兰王国被大海环绕着，但是教皇国不是一个孤岛。"② 他现在需要考虑的是如何保证罗马教廷和美第奇家族的利益不受损失。利奥十世把乌尔比诺公国连同塞尼加利亚（Senigallia）和佩萨罗并入教皇国，派堂弟朱利阿诺·德·美第奇前往佛罗伦萨，接替刚死的洛伦佐，可是他对帕尔玛、皮亚琴察以及费拉拉的野心，却没有得到法国的真心支持，于是 1521 年 5 月 8 日，他转而与查理五世结盟，盟约中的一条主要条款就是把法国逐出米兰和热那亚，拥立摩尔人洛多维科的儿子弗兰西斯科·斯福查；支持教皇恢复帕尔玛、皮亚琴察，协助教皇反对费拉拉公爵，保证美第奇家族的利益；教皇承诺为查理五世加冕，并赐封那不勒斯王国。③ 利奥十世利用法国驻米兰总督进入教皇国追缴叛乱者的时机，撕毁了与法国的协议。7 月弗朗索瓦一世禁止向教廷缴纳所有教会税收，并对在法国的佛罗伦萨商人处以重罚，④ 双方关系破裂。

　　1521 年 5 月，弗朗索瓦一世开始对查理五世采取敌对行动，借口保护年轻的纳瓦尔国王亨利二世（Henry II of Navarre），进犯西班牙所属的纳瓦尔王国。同时以金钱和军事物资支持马尔克的罗贝尔出兵进攻卢森堡。然而拿骚伯爵（Count of Nassau）率领的帝国军队很快就将罗贝尔赶出了卢森堡，并且直逼法国北部边境。法国军队在纳瓦尔也遭到重创，无功而返。弗朗索瓦的计划未能成功，不得不考虑自己现在的处境，帝国军队大兵压境、纳瓦尔问题依旧存在、教皇倒戈和米兰的形势岌岌可危。在这样的情况之下，6 月弗朗索瓦接受了亨利八世和沃尔西的调停建议，8 月在

---

① 马克斯·布劳巴赫等：《德意志史》（第二卷，上册），第 64 页。

② *CSP SP* II，No. 327.

③ Dumont，IV，Part I，pp. 96 - 99.

④ Robert J. Knecht，*The Rise and Fall of Renaissance France*，*1483 - 1610*，p. 93.

沃尔西的主持之下，在加来举行了一次国际会议。

　　加来和平会议的主导权主要掌握在沃尔西和帝国总理大臣梅尔库里诺·加蒂纳拉的手中。加蒂纳拉出身意大利皮埃蒙特的贵族家庭，是查理五世帝国计划的主要策划人之一，[①] 1521 年 5 月接替病故的基耶维（Chièvres）成为帝国的首席顾问大臣，基耶维是帝国内亲法势力的主要代表，加蒂纳拉的上台意味着帝国中倾向于与法国友善的勃艮第派别影响的减弱，形成了以意大利为重心的更具进攻性的帝国对外政策，[②] 他经常提醒查理五世身为普世君主而应该履行所谓"皇帝之天职"，不应该忘记自己在基督教世界的责任。为了达到这个目标，加蒂纳拉在加来会议上的对法态度十分强硬，而沃尔西在加来会议上的外交表现让人很难判断他的真实目的，"至少他的行为无法获得法国代表团的信任"[③]，到达加来两天后，他前往布鲁日（Bruges），表面上是为了劝说查理五世授权他的代表缔结和平条约，而真实的目的是与查理讨价还价，组成英格兰与帝国的联盟。在 8 月 23 日的秘密条约中有如下条款：（1）英格兰同意，如果在 1522 年 11 月前法国与帝国依然处于敌对状态，英格兰将向法国宣战；（2）1523 年 5 月英格兰与帝国将联合采取军事行动；（3）亨利的女儿玛丽公主将取代法国公主成为查理未来的结婚对象。[④] 8 天后，沃尔西返回加来，而此时帝国军队从北面向法国发动了进攻，双方在法国北部和意大利北方时战时停，而加来会议则在战争间隙艰难地继续进行。[⑤]

　　瓦洛亚与哈布斯堡王室斗争的主战场依然是在意大利半岛。1521 年 11 月，米兰总督洛特雷克（Lautrec）在帝国和教皇联军的围攻下，闭关死守。但是法国人在米兰的歧视性统治已经引起了米兰人的众怒，而

---

① R. B. Mowat, *A History of European Diplomacy*, *1451 - 1789*, p. 46.

② David Jayne Hill, *A History of Diplomacy in the International Development of Europe*, Vol. II, pp. 358 - 359; Wim Blockmans and Nicolette Mout ed., *The World of Emperor Charles V*, pp. 29 - 30.

③ Robert J. Knecht, *Francis I*, p. 108.

④ *CSP SP* II, No. 355.

⑤ J. G. Russell, *The Search for Universal Peace*: *The Conferences at Calais and Bruges in 1521*, The Historical Research, Vol. 44, Issue 110 (Nov., 1971), pp. 162 - 193; Joycelyne G. Russell, *Peacemaking in the Renaissance*, pp. 93 - 132; Peter Gwyn, "Wolsey's Foreign Policy: The Conferences at Calais and Bruges Reconsidered", *The Historical Journal*, Vol. 23, No. 4 (Dec., 1980), pp. 755 - 772.

洛特雷克又在此时以颠覆米兰公国的嫌疑，处死了在米兰威望很高的贵族克里斯托福罗·帕拉维齐尼（Cristoforo Pallavicini），并把他的财产转赠自己的兄弟，这一行径更是火上浇油。11月19日米兰人起兵反抗法国，皇帝和教皇的军队开进米兰。[1] 米兰失陷导致法国人被完全赶出米兰公国。失败的弗朗索瓦一世不得不接受加来会谈提出的停火条件，11月24日教皇、查理和亨利秘密签订《加来条约》（Treaty of Calais）。[2] 随后，沃尔西正式签署了《布鲁日条约》（Treaty of Bruges），英格兰与帝国联盟正式形成，这也意味着沃尔西的外交斡旋以英格兰全面介入意大利战争而结束。

值得注意的是，虽然当时欧洲最强大的两位君主都先后对亨利八世表示友好，这种殷勤的态度"使（亨利八世）认识到自己手中握有平衡的力量，并且认识到他所选择的座右铭'无论是谁，从他这里得利的将会占有优势'（That whoever he favoured would prevail）的正确性"，"亨利的虚荣心很明显地因为这次造访以及皇帝在各种场合给予他的尊重而感到满足，于是亨利很热切地加入到查理的计划中"[3]。虽然亨利所采取的策略是随时联合较弱的一方对抗较强的一方，反复加入对抗法国或对抗查理的阵营，但是实际上"英格兰的政策从来没有能从伦敦与安特卫普之间坚强的贸易联系，以及和法国之间早期的敌意中摆脱，使得这个国家在情感上是偏向帝国（或甚至是西班牙）的，甚至在亨利因离婚无效诉讼与罗马决裂而与查理五世为敌后也是如此。"[4] 亨利八世治下的英格兰始终未能给予法国真正的政治和外交支持。

第二节　意大利战争的再度爆发

"在西方史学著作中，哈布斯堡王室和瓦洛亚王室在16世纪上半叶的

---

[1] Robert J. Knecht, *Francis I*, p. 112；伏尔泰：《风俗论》（中册），第528页。

[2] *LP* III, No. 1796；David Jayne Hill, *A History of Diplomacy in the International Development of Europe*, Vol. II p. 366.

[3] William Robertson, *The History of the Reign of the Emperor Charles the Fifth*, Books II in *The Works of William Robertson, D. D. in Eight Volumes*, Vol. III, pp. 248, 297.

[4] *The History of the Reign of the Emperor Charles the Fifth*, Books I in *The Works of William Robertson, D. D. in Eight Volumes*, Vol. III, pp. 307 – 308；Garrett Mattingly, *An Early Nonaggression Pact*, pp. 1 – 30；Steven Gunn, "The French Wars of Henry VIII", in *The Origins of War in Early Modern Europe*. pp. 28 – 51.

斗争已成为一场经典的悲剧。……从骰子一掷下，这场争吵就是复杂的、就是冲突和冗长枯燥的变化的反复。"① 关于两个王室之间争斗的原因，西方史学界一般有三种解释：（1）法国瓦洛亚王室最初担心被西班牙和勃艮第联盟包围，而后又担心被查理五世统治下的哈布斯堡王室领地包围；（2）王室之间由来已久的矛盾与冲突；（3）君主个人之间因荣誉和权力而发生的争斗。② 15 世纪和 16 世纪的欧洲，中世纪伦理的印记依然很深，王权的"合法性源于神授，而非民众——毕竟，民众只是臣民（subjects），不是公民（citizens）。……由于国家是以中心（center）来界定的，国家与国家之间的边界是交错模糊的，而且主权也颇有相互渗透重叠之处"③。特别是国际协议被视为私人契约，国家人口和领土被视为君主可予割让或更换的世袭财产。发展起来的新君主制国家，其领土的来源以及国家主权归属君主个人所有的历史事实，导致了王室领地的极度不稳定，君主不仅可以通过战争和联姻随时无限制地扩大他的王室领地，而且可以完全凭借个人意志随意分割王室领地，君主们无不以武功卓著为荣，武力征服是他们扩大领土的传统而正当的途径，增强家族权势、扩大王室领地是他们"天赋的"和首要的使命，他们的主要政绩并不来自能否使治下民众富足而是能否增加王室的领地和财富，这必然导致无数的随时爆发的流血冲突与王朝战争。④ 而战争中君主们的内心深处确实存在着这样一种理念：维护王国的领土和坚守从先辈那里继承下来的权利，是上帝赋予的神圣职责。⑤

哈布斯堡王室与瓦洛亚王室之间的斗争主要围绕着四个方面展开：

1. 尼德兰和勃艮第，相当于 9 世纪"中部王国"的统治范围。这一部分领土的争夺是过去几个世纪历史的继续，1494 年的《森里斯条约》确认哈布斯堡王室拥有弗兰德尔和阿图瓦等地，对于上述地区法国王室仅拥有名义上的宗主权，不过法国王室却实际控制了泰鲁阿纳和图尔奈。

---

① G. R. 埃尔顿主编《新编剑桥世界近代史》（第二卷），第 434 页。

② D. L. Potter, *Foreign Policy in the Age of the Reformation*：*French Involvement in the Schmalkaldic War, 1544 - 1547*, pp. 525 - 544；Wim Blockmans and Nicolette Mout ed., *The World of Emperor Charles V*, p. 18.

③ 本尼迪克特·安德森：《想象的共同体——民族主义的起源与散布》，第 20～21 页。

④ 秦海波：《从西班牙历史看"民族国家"的形成》，第 28～37 页。

⑤ Glenn Richardson, *Renaissance Monarchy*：*The Reigns of Henry VIII, Francis I, and Charles V*, p. 53.

1515 年查理作为弗兰德尔等地的领主向弗朗索瓦一世宣誓效忠，同时宣称拥有泰鲁阿纳和图尔奈以及勃艮第公国的领土权利。尼德兰和勃艮第的归属问题构成了意大利战争后期的一个焦点，这一地区也成为意大利战争的另一个主战场。

2. 纳瓦尔王国。纳瓦尔王国位于西班牙东北部和法国西南部的比利牛斯山脚下，是连接卡斯提尔王国和阿拉贡王国的交通走廊。16 世纪初纳瓦尔王国由让·阿尔伯雷特（Jean d'Albret）统治，他的妻子是法国迪富瓦家族（House of Foix）的远亲。1504 年卡斯提尔的伊萨贝拉死后，费迪南德与路易十二的外甥女热尔梅娜·迪富瓦结婚，并且继承了热尔梅娜·迪富瓦对于纳瓦尔王国的权利（见附录三：阿拉贡家族世系图）。1512 年，在亨利八世的协助下，费迪南德攻占纳瓦尔王国的南部，1513 年王国南部并入卡斯提尔，成为西班牙的一部分，而王国北部依旧保持独立，并与法国保持着紧密的联系。1521 年让·阿尔伯雷特的儿子、弗朗索瓦一世的妹夫亨利·阿尔伯雷特在法国的支持下，欲重新夺回故土，但是失败了。围绕着纳瓦尔王国的争议成为意大利战争中的另一个非意大利问题。

3. 那不勒斯王国。那不勒斯问题在弗朗索瓦一世的时代有了进一步的发展，1516 年费迪南德死后，查理继承了阿拉贡王国的所有领地，其中包括了那不勒斯、撒丁岛和西西里岛。1516 年《努瓦永和约》客观上实际承认了弗朗索瓦一世对那不勒斯的部分权利，但是和约最终成为一纸空文，那不勒斯问题依然是意大利战争中的一个焦点，不过其重要性比起意大利战争早期而言，已经明显下降了。

4. 米兰公国。1519 年以后，与那不勒斯在意大利战争中的重要性下降相比，米兰公国成为哈布斯堡王室与瓦洛亚王室争夺的一个主要目标，意大利战争中的意大利战场中心已经由南部转到了伦巴第地区以及教会辖地。

一　波旁公爵的变节：混乱和斗争的高潮

1521 年 12 月 1 日，教皇利奥十世突然去世，意大利半岛的政治局面又面临着一次全面的调整，弗朗西斯科·马里亚·德拉·罗韦雷乘机夺回乌尔比诺公国，巴利奥尼家族也返回了佩鲁贾，罗马教廷的各派势力为新一任教皇的选举展开了激烈的竞逐。1522 年 1 月，托尔托枢机衣主教阿德里安（Adrian, Cardinal of Tortosa）当选为教皇，取号阿德里安六世（Pope Adrian VI, 1522～1523 年在位）。他是弗兰德尔乌得勒支人，曾是查理五世的家庭教师。他从西班牙来到罗马之后，首先确认了德拉·罗韦雷的乌尔比诺公爵爵位，撤销了对费拉拉公爵阿尔方索·德·埃斯特的绝罚以及针对费拉拉停止教权的处罚，接着采取了与利奥十世完全不同的政策，全力以赴地从事教会改革，遏制路德教派的影响，厉行节制行政开支，减少对文学艺术的赞助，但是短暂的任期让他的改革收效甚微。① 国际事务上，他试图在哈布斯堡和瓦洛亚王室之间奉行中立政策，集中力量对付土耳其人在东方的进攻（土耳其人占领了罗德岛），但是弗朗索瓦一世的注意力仍然集中在米兰公国。

1522 年 3 月洛特里克重新集结法国军队，加上 16000 名瑞士雇佣军的帮助，再度进攻米兰。4 月 27 日，洛特里克的军队与由普罗斯佩·科隆纳（Prospero Colonna）率领的帝国与教皇联军在米兰近郊的比科卡别墅附近进行了一次激烈的交战，史称比科卡战役（Battle of La Bicocca）。由于瑞士雇佣军的贸然进军，造成法军在不利的条件下发动进攻，遭到惨败，这次失败阻抑了法军的攻势，瑞士人退回了瑞士。洛特里克撤离了意大利，完全放弃了伦巴第，帝国军队随后在 5 月 30 日趁势夺取了热那亚。②

洛特里克在意大利的失利让英格兰看到了加入战争的机会。1522 年 5 月底，英格兰大使向弗朗索瓦一世递交了最后通牒，指责法国违反各项承诺，特别是法国支持苏格兰奥尔巴尼公爵（Duke of Albany）的阴谋活动。两国关系持续紧张起来。6 月 19 日亨利八世与查理五世签署《温莎条约》（Treaty of Windsor），条约要求双方组成联军进攻法国，双方各提供 40000 名士兵；查理同意迎娶亨利八世的女儿玛丽公主。③ 7 月英格兰军队由加来进攻布列塔尼和皮卡第（Picardy），法国抵抗不力，以致周边地区遭到英军的劫掠与焚毁。④

在法国与英格兰的敌对情绪日渐高涨的同时，弗朗索瓦一世开始为再

① Gerard Noel, *The Renaissance Popes: Statesmen, Warriors and the Great Borgia Myth*, pp. 255 – 260.
② Wim Blockmans, *Emperor Charles V, 1500 – 1558*, p. 57; Francis Hackett, *Francis the First*, Garden City, New York: Doubleday, Doran&Co., 1937, pp. 249 – 250; Frederick L. Taylor, *The Art of War in Italy, 1494 – 1529*, pp. 125 – 126.
③ *LP* III, No. 2322.
④ Robert J. Knecht, *Francis I*, pp. 146 – 147.

度进军意大利做准备，查理五世也加紧了孤立法国的步伐。查理亲赴英格兰催促亨利八世加强军备，尽快出兵。他又如愿以偿地使威尼斯人脱离了与法国的联盟，把他们拉到自己一边。1522 年 12 月，土耳其人占领了罗德岛，震动了基督教世界。1523 年 3 月，教皇阿德里安六世号召基督教世界的各个君主签署和平协议或停战协议，组织十字军东征。[①] 弗朗索瓦一世则顽固地要求首先恢复米兰公国，再谈东征事宜。弗朗索瓦的傲慢与好战迫使教皇逐渐放弃了中立立场，8 月 3 日阿德里安六世加入了查理五世的联盟，加入这个联盟的还有威尼斯、热那亚、佛罗伦萨、米兰以及其他较小的意大利城市国家。这样，查理五世借助成功的外交和战场上的胜利对法国形成了压力，从各方面形成了对法国的包围。

在这样的境况之下，弗朗索瓦一世尝试各种方法募集军费，加紧备战，在各方面竭力抵御，在皮卡第进行有效的防务部署，使得英格兰无法从加来打进法国；在弗兰德尔，局势同样顺利，在西班牙边境上也没有失利。1523 年 8 月，弗朗索瓦一世再度任命他的母亲为摄政，可是就在出兵意大利的前夕，弗朗索瓦一世得到了波旁公爵阴谋造反的密报。1523 年波旁的查理背叛法国，这是一个时期以来混乱和斗争的高潮。

波旁家族是法国瓦洛亚王室的旁支，1443 年波旁公爵领地分割为两部分，1488 年波旁家族的宗支博热的皮埃尔和安娜（查理八世的姐姐）继承了领地，由于无子，经法国国王准许由其女儿苏珊娜（Suzanne）继承。但是苏珊娜的继承权利受到了来自波旁家族幼支蒙庞西耶——波旁（Bourbon – Montpensier）的查理的挑战。这场争议最终交由巴黎高等法院审理，双方最终的解决方案是：苏珊娜与查理结婚，两个家族的领地合并。[②] 这样在法国形成了一个相对紧凑而且地域较大的公爵领地，其在法国的影响力很大，而且查理还担任了法国的王室总管（the Constable，法国军队的最高指挥官），在意大利战争的早期扮演了非常重要的角色。

马里尼亚诺战役的胜利让查理获得了极大威望，也许是功高盖主，弗朗索瓦一世与查理的关系在 1521 年发生了转变。1521 年秋在法国北方击退查理五世的战役中，弗朗索瓦没有把军队的指挥权交予查理，这对于查

---

① Kenneth M. Setton, *The Papacy and the Levant*（*1204 – 1571*）, Vol. III, pp. 216 – 219.

② William Bradford ed., *Correspondence of the Emperor Charles V and His Ambassadors at the Courts of England and France*, London：Shakspeare Press, 1850, pp. 49 – 51.

理而言是一种政治上的耻辱，两个人的关系开始出现裂缝。1521 年 4 月 28 日，查理的妻子苏珊娜死去，她在遗嘱中把自己的丈夫立为全权继承人。但是遗嘱的有效性受到了弗朗索瓦一世和他的母亲、萨伏依的露易丝的质疑，露易丝宣称根据血缘关系她有权继承（她的母亲来自波旁家族），而弗朗索瓦认为苏珊娜的领地属于无继承人的土地，应转归王室。1522 年 4 月两项诉讼同时提交巴黎最高法院，这场官司旨在夺取波旁家族这一宗支的全部财产。种种压力之下，1523 年 8 月底巴黎高等法院命令查封查理的财产，剥夺了他的所有权。关于苏珊娜遗产的争夺，让查理与王室的关系日益恶化，各种联姻的提议（据说国王的母亲露易丝想嫁给查理，但遭到拒绝，议婚不成露易丝便挟私报复）也没有从根本上解决查理与弗朗索瓦一世的矛盾与猜疑。绝望中的查理受到查理五世和亨利八世的暗中怂恿，7 月 11 日查理与查理五世签订协议，查理五世同意把他的妹妹嫁给查理，他将由西班牙入侵朗格多克，给查理提供 10000 名士兵。查理在查理五世和亨利八世的秘密协助之下开始密谋叛乱，可是计划败露，查理的处境更为艰难。① 在其同党被弗朗索瓦大量捕杀的情况下，查理不得不公开宣称支持查理五世，断绝与弗朗索瓦的联系。②

　　1523 年 9 月，一支由萨福克公爵（Duke of Suffolk）率领的英格兰军队，会同弗兰德尔的帝国军队，从加来对法国的皮卡第发动了军事进攻。军队的推进十分迅速，三周后越过索姆河，10 月下旬推进至仅距离巴黎不到 50 英里的地方。法国举国震动，弗朗索瓦一世急调菲利普·沙博（Philippe Chabot）率军驰援，巴黎也加紧驻防。萨福克公爵的胜利是依靠了英格兰盟友的支持，但是波旁查理在东面和查理五世在南面的军事行动却遭到了顽强的抵抗。只身投靠查理五世的查理逃到了佛朗什—孔泰之后，在那里集结了一支骑兵部队，静等查理五世承诺的援军，结果贻误战机，遭到了法军的重创。查理五世进攻朗格多克的计划因缺钱而夭折。这样深入法国的英格兰军队不得不单独应战，萨福克公爵见势不

---

①　William Bradford ed., *Correspondence of the Emperor Charles V and His Ambassadors at the Courts of England and France*, pp. 80 – 82.

②　Robert J. Knecht, *Francis I*, pp. 148 – 150；Robert J. Knecht, *The Rise and Fall of Renaissance France*, *1483 – 1610*, pp. 97 – 100；G. R. 埃尔顿主编《新编剑桥世界近代史》（第二卷），第 445～446 页；伏尔泰：《风俗论》（中册），第 530～531 页；马克思：《马克思历史学笔记》（第三册），第 235～236 页。

妙，又加上严冬的侵袭，不得不在 10 月底回撤，于 12 月中旬返回了加来。①

在法国国内遭受三面围攻的同时，弗朗索瓦一世并没有放弃远征意大利的军事行动。由于查理的叛乱引起了法国国内的局势动荡，弗朗索瓦一世决定留在国内处理叛乱事宜，将意大利远征军的指挥权交予博尼韦堡领主纪尧姆·古菲耶 (Guillaume Gouffier, seigneur de Bonnivet, 习惯称其为博尼韦)。1523 年 9 月初，18000 名法军越过阿尔卑斯山，在苏萨附近安营扎寨，占领阿斯蒂、诺瓦拉、亚力山德里亚。9 月 14 日法军越过提契诺河 (River Ticino)，抵达米兰城下。然而博尼韦过高地估计了帝国军队的实力，又逢冬季将至，不宜用兵，让守卫米兰的普罗斯佩·科隆纳有了喘息的机会，以便加强城防。10 月和 11 月法军主动解除了对米兰的包围，后撤至阿比亚泰格拉索 (Abbiategrasso)。12 月 30 日科隆纳病死，查理五世把军队指挥权交给了那不勒斯总督拉努瓦 (Charles de Lannoy, Viceroy of Naples)，1524 年逃亡的查理带领着一批德意志雇佣兵，带着皇帝的委任状，抵达伦巴第。2 月底，帝国军队发起了反击，博尼韦的法军节节败退，4 月 30 日的塞西亚河战役 (Battle of the Sesia) 中，负责断后的法军著名将领、贝亚尔堡领主皮埃尔·泰拉伊 (Pierre Terrail, seigneur de Bayard, 后世习惯称其为无畏骑士贝亚尔) 阵亡，瑞士人的援军也被迫撤回，这一次的意大利远征再度失败。②

1524 年 5 月，亨利八世与查理五世签署一份新的条约。双方答应为波旁查理提供 10 万克朗，资助他入侵法国。7 月 1 日，查理和意大利雇佣军首领、佩斯卡拉侯爵费尔南多·德·阿瓦洛斯 (Fernando d'Avalos, Marquis of Pescara) 带领 17000 名士兵，越过阿尔卑斯山，进入法国的普罗旺斯，8 月 9 日占领普罗旺斯地区艾克斯 (Aix - en - Provence) 的首府，自称普罗旺斯伯爵，并宣誓效忠亨利八世。10 天后包围马赛。弗朗索瓦一世在阿维尼翁集结重兵，围攻马赛的军事行动持续了 40 余天，攻城不下，

① S. J. Gunn, "The Duke of Suffolk's March on Paris in 1523", *The English Historical Review*, Vol. 101, No. 400 (Jul., 1986), pp. 596 - 634; Robert J. Knecht, *Francis I*, pp. 154 - 155.

② Robert J. Knecht, *The Rise and Fall of Renaissance France, 1483 - 1610*, pp. 99 - 101; Francis Hackett, *Francis the First*, pp. 277 - 278; Angus Konstam, *Pavia 1525: The Climax of the Italian Wars*, p. 28; Frederick L. Taylor, *The Art of War in Italy, 1494 - 1529*, pp. 53 - 54; 马克思：《马克思历史学笔记》（第三册），第 236~237 页。

弗朗索瓦一世的陆上援军以及由热那亚雇佣军首领、法国舰队统帅安德烈亚·多里亚（Andrea Doria）带领的海上援军最终迫使查理的军队后撤。[①]查理的军队沿着地中海海岸撤回了意大利，尾随其后的法国军队趁势再度越过阿尔卑斯山，又一轮意大利远征开始了。

查理的变节差一点使法兰西王国覆灭，然而查理五世和亨利八世寄希望于因查理的背叛而引起法国内部的瓦解未能实现，法国人的团结比预料的要强大。英格兰进攻皮卡第，查理从西班牙出发向法国南部推进，波旁向普罗旺斯推进，这些军事行动由于彼此配合不利，不久便搁浅了。对马赛的围困，本来可以对法国在地中海的地位以沉重打击，也因为指挥不利和联盟内部不和而不得不中断。由此查理五世所构筑的反法体系在意大利半岛之外遭到了失败，而弗朗索瓦一世却可以借助波旁查理的变节，吞并波旁家族的领地，进一步巩固王室领地，加强法国王室的权威，进而为下一步的意大利远征铺平了道路。

二　帕维亚战役

波旁公爵的变节让弗朗索瓦一世被迫在法国滞留数月之久，而意大利半岛的局势也发生了一些有利于弗朗索瓦的变化。1523 年 9 月 14 日，教皇阿德里安六世去世，经过 50 余天的秘密磋商，11 月 19 日朱利奥·德·美第奇（Giulio de'Medici）当选为教皇，取号克莱门特七世（Pope Clement VII，1523～1534 年在位）。克莱门特七世的当选让帝国阵营倍感兴奋，西班牙使节在写给查理五世的信中说："这位教皇完全是陛下您的人，陛下英明神武，即使是石头都会变成您忠实的奴仆。"[②]然而帝国阵营的希望成为泡影，克莱门特七世即位伊始便宣布中立，实际上放弃了与帝国的联盟关系。1524 年 3 月，他派遣使节前往法国、英格兰和西班牙，敦促各方结束冲突，共同面对土耳其人的威胁，法国和西班牙反应冷淡，而英格兰的反应则比较积极，自 1523 年入侵法国失利以来，英格兰一直抱怨，参加皇帝的联盟没有给英格兰带来实际的好处，因此英格兰的消极态度让

① Wim Blockmans, *Emperor Charles V, 1500 - 1558*, p. 57；Francesco Guicciardini, *The History of Italy*, pp. 343 - 345；*Francis the First*, pp. 277 - 278；*Pavia 1525：The Climax of the Italian Wars*, p. 29；*The Rise and Fall of Renaissance France, 1483 - 1610*, p. 101；《马克思历史学笔记》（第三册），第 237～238 页。

② Gerard Noel, *The Renaissance Popes：Statesmen, Warriors and the Great Borgia Myth*, p. 264.

波旁查理围攻马赛的行动失去了重要支持。[①] 查理五世的联盟发生了严重的分裂。

1524 年 10 月，弗朗索瓦一世亲自率领超过 4 万的法军，越过阿尔卑斯山，到达苏萨。败退意大利的波旁查理和阿瓦洛斯的军队根本无法形成有效的防御，[②] 法军分兵几路，直扑米兰，10 月 26 日帝国军队统帅拉努瓦的军队放弃米兰，弗朗西斯科·斯福查逃命，帝国军队退守洛迪。[③] 弗朗索瓦一世再次占领了米兰，法军没有乘胜追击帝国军队，却于 28 日围攻帕维亚。围城作战久攻不下，法军的主力被牵制在这里，致使战事延宕一月有余。12 月初，一支西班牙舰队在热那亚附近登陆，试图干涉热那亚的内乱。弗朗索瓦一世派遣萨卢佐侯爵（Marquis of Saluzzo）领军截击，并且让安德烈亚·多里亚率领的舰队从水路支援，这支西班牙军队被迫投降。[④] 意大利的局势变化让教皇决定改变政策，转而亲近法国。1524 年 12 月 12 日，克莱门特七世与弗朗索瓦一世、费拉拉公爵和威尼斯秘密缔结条约，结盟对付查理五世。[⑤] 弗朗索瓦答应协助教皇征服那不勒斯，同意向教皇割让帕尔玛和皮亚琴察，支持美第奇家族在佛罗伦萨的统治。1525年 1 月弗朗索瓦派遣奥尔巴尼公爵（Duke of Albany）率军远征那不勒斯，弗朗索瓦的分兵行动削弱了法国在意大利北方的军事力量。

帕维亚城的东、西、北三面有城墙防护，唯独南面与提契诺河为邻，易守难攻。守卫帕维亚城的是西班牙的著名将领安东尼奥·莱瓦（Antonio de Leyva），他与驻守洛迪的拉努瓦、波旁查理里应外合，设法为帕维亚解围。1525 年 1 月，帝国援军抵达洛迪，拉努瓦重新组织新一轮的反攻，阿瓦洛斯的军队占领了法军的前哨阵地，切断了米兰与帕维亚的交通联系。[⑥] 2 月 2 日拉努瓦大军在帕维亚几英里之外的地方驻扎，

① David Jayne Hill, *A History of Diplomacy in the International Development of Europe*, Vol. II, p. 373; Wim Blockmans and Nicolette Mout ed., *The World of Emperor Charles V*, pp. 39 – 40.

② Francis Hackett, *Francis the First*, p. 281; Angus Konstam, *Pavia 1525：The Climax of the Italian Wars*, p. 89; Kenneth M. Setton, *The Papacy and the Levant*（1204 – 1571）, Vol. III, p. 224.

③ *Pavia 1525：The Climax of the Italian Wars*, pp. 30 – 33.

④ *Pavia 1525：The Climax of the Italian Wars*, pp. 40 – 41.

⑤ *CSP SP* II, No. 702; *A History of Diplomacy in the International Development of Europe*, Vol. II, p. 373; 马克思：《马克思历史学笔记》（第三册），第 238～239 页。

⑥ Wim Blockmans, *Emperor Charles V, 1500 – 1558*, p. 59; Angus Konstam, *Pavia 1525：The Climax of the Italian Wars*, pp. 46 – 50.

而驻守在帕维亚附近的法军在米拉贝洛（Mirabello）的一处庄园筑壕固守，法军陷于帕维亚守军与拉努瓦大军的两面夹击之中。2月24日双方军队进行了一场激烈的战斗，史称帕维亚战役（Battle of Pavia）[1]。当天清晨，帝国工兵在米拉贝洛的防御工事上打开了多处豁口，拉努瓦的军队鱼贯而入，同时守城的莱瓦突然杀出城来，让法军措手不及，双方展开了一场恶战，四个小时的战斗让法军的炮兵部队被截为几段，根本发挥不了作用，法军的步兵部队也是伤亡惨重。博尼韦、拉帕利斯等许多法国贵族阵亡，阿内·德·蒙莫朗西（Anne de Montmorency）、马尔克的罗贝尔和弗朗索瓦一世被俘。

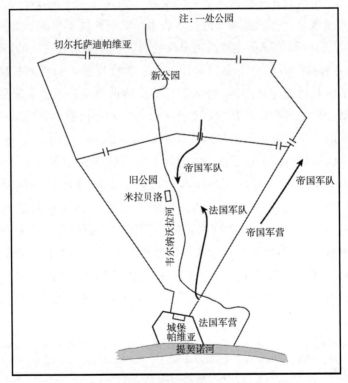

图 4-1　帕维亚战役（1525 年）[2]

① 关于帕维亚战役的记述，可参见 Angus Konstam, *Pavia 1525: The Climax of the Italian Wars*; Robert J. Knecht, *Francis I*, pp. 160-175; Kenneth M. Setton, *The Papacy and the Levant* (*1204-1571*), Vol. III, pp. 225-229。

② Michael Mallett and Christine Shaw, *The Italian Wars, 1494-1559: War, State and Society in Early Modern Europe*, xx.

帕维亚战役让法国遭到了毁灭性的失败，弗朗索瓦一世成为阶下囚，他在给母亲的信中这样写道："余今所留存于世者，除荣誉及生命外，已一无所有。"① 之后弗朗索瓦得知奥尔巴尼公爵带领的军队在到达那不勒斯之前已经损伤大半，远征半途而废，其他残余法军陆续撤回了法国。② 《新编剑桥世界近代史》在评价帕维亚战役时说道："……帕维亚的丢失是由于法国国王的优柔寡断、轻率莽撞以及其他种种过错，还是西班牙军队的勇气和堪称瑞士雇佣兵的对手的德国长矛兵的高素质？无论原因如何，这次战斗立刻便产生了影响。查理的胜利打破了欧洲的均势。自马里尼亚诺战役以来的第一军事强国法国被打败了。哈布斯堡王朝的报复威胁到那些坚持顽抗的人，而克莱门特七世并非其中最不坚持顽抗者。所有这些问题都按新条件重新加以构想，这条件就是：欧洲有了一个新主人。"③

查理五世于 3 月 10 日在马德里获悉胜利的消息，他指示拉努瓦善待弗朗索瓦一世，保持与法国摄政露易丝的联系，随时向她通报弗朗索瓦的消息。最初弗朗索瓦以及蒙莫朗西被囚于克雷莫纳附近的一座城堡里，5 月 18 日被送往热那亚，在那里将乘船前往那不勒斯。弗朗索瓦请求拉努瓦把他送往西班牙面见查理五世，在致查理的信中他异常谦卑："一个身为臣虏之法兰西王，特请陛下开恩赐还。……陛下留臣于此，不过为一无用之囚徒。设若仍使臣为法兰西王，则臣必率法兰西为陛下忠臣之奴仆。实则如何，幸陛下图之。"④ 经过蒙莫朗西的努力，6 月 19 日弗朗索瓦抵达巴塞罗那（Barcelona），月末到达巴伦西亚（Valencia）。与此同时蒙莫朗西携带弗朗索瓦的三项要求，行至托莱多（Toledo）。这三项要求是：准许弗朗索瓦的姐姐玛格丽特前往西班牙进行和谈；准许弗朗索瓦前往谈判地附近地区，以备咨询；在和平谈判进行的同时，同意签订停战协定。查理五世同意了上述三项要求，蒙莫朗西作为法方代表参与停战协定的谈判，8 月 11 日弗朗索瓦被押解至马德里。⑤

---

① Robert J. Knecht, *The Rise and Fall of Renaissance France，1483 - 1610*, p. 119.

② Francesco Guicciardini, *The History of Italy*, p. 348.

③ G. R. 埃尔顿主编《新编剑桥世界近代史》（第二卷），第 446 页。

④ 威尔·杜兰：《世界文明史·宗教改革》，第 388 页。

⑤ Robert J. Knecht, *Francis I*, pp. 174 - 175；Robert J. Knecht, *The Rise and Fall of Renaissance France，1483 - 1610*, pp. 119 - 120.

三　《马德里条约》与科尼亚克同盟

帕维亚战役之后，欧洲国际关系进入了一个新阶段。法国国王的命运，甚至法国的命运成为欧洲外交博弈的重点。弗朗索瓦一世被俘的消息传至英格兰，亨利八世与沃尔西举行了盛大的欢庆仪式，庆祝之余亨利八世一方面召集军队随时出征法国，另一方面派遣使团敦促查理五世立即采取行动，扩大帕维亚战役胜利的果实，联合出兵法国，承认他对法国王位的继承权利。① 此时的法国在弗朗索瓦一世的母亲、萨伏依的露易丝的摄政之下，必须面对三重任务的考验：首先是保卫王国不受外来侵略的威胁；其次是捍卫王室家族的权威；最后是争取在不十分苛刻的条件下，国王可以获得释放。② 在给查理五世的信中，露易丝请求善待她的儿子，给予他作为国王应有的尊严。③

查理五世的帝国上下，就如何处理弗朗索瓦出现了意见分歧，以拉努瓦和皇帝的忏悔神父奥斯马主教（Bishop of Osma）为代表的温和派坚决主张基于基督教世界的和平，应对弗朗索瓦从宽、从优处理，而以加蒂纳拉和阿尔瓦公爵（Duke of Alba）为代表的强硬派则主张从实际利益和帝国荣誉考虑，应对弗朗索瓦及对法国予以制裁，并附加严苛的条件。④ 查理五世始终拒绝与弗朗索瓦会面，态度模糊。作为帝国皇帝，他坚信胜利是上帝给予他的，证明正义是站在他的一边，他也十分地肯定弗朗索瓦应为战争而受到谴责，应为他的错误付出相应的代价，而且胜利让法国，而不仅仅是弗朗索瓦，都在他的支配之下。⑤ 因此他在给露易丝的回信中，语带强硬地提出了如下要求：（1）割让勃艮第公国；（2）割让韦尔芒伯国（Comté of Vermandois）、布洛涅伯国（Comté of Boulogne）、索姆河以及弗兰德尔的避暑胜地；（3）弗朗索瓦放弃普罗旺斯与米兰公国；（4）弗朗索瓦将诺曼底、吉耶讷（Guienne）和加斯科涅（Gascony）让给英格兰王国；（5）承认波旁公爵所要求的一切土地及权利；（6）弗朗索瓦答应

---

① *LP*IV，No. 1212.

② Robert J. Knecht，*Francis I*，p. 176.

③ *LP*IV，No. 1209.

④ Francesco Guicciardini，*The History of Italy*，pp. 349 – 356.

⑤ Wim Blockmans and Nicolette Mout ed.，*The World of Emperor Charles V*，p. 45；Kenneth M. Setton，*The Papacy and the Levant*（*1204 – 1571*），pp. 229 – 230.

与皇帝结盟对抗土耳其。①

针对查理五世的要求，为了尽快释放弗朗索瓦，露易丝一方面与查理五世磋商和平条款，另一方面试图破坏英格兰与帝国的联盟关系，在意大利以及其他地区制造麻烦。对于英格兰的要求，查理五世反应冷淡，并且打算放弃与亨利八世女儿的婚约，转而与葡萄牙公主联姻，英格兰担心查理五世单方面与弗朗索瓦签署和平协议，于是 1525 年 8 月 30 日法国与英格兰签订《穆尔条约》（Treaty of the Moore，穆尔为沃尔西的一处地产），条约规定：（1）法国与英格兰建立防守同盟，亨利八世运用其对皇帝的影响力，确保弗朗索瓦以合理的条件得到释放；（2）弗朗索瓦支付亨利 200 万埃居的补助金，以分期付款的方式每年支付 10 万埃居，一旦亨利去世，支付款额必须达到总额的一半；（3）关于处理两国海上争议的条款；（4）苏格兰有条件地加入条约，停止在两国边境地区的武装骚扰；（5）法国政府承诺补偿路易十二的遗孀、萨福克公爵夫人玛丽的损失。②

除此之外，露易丝在意大利制造事端，给查理五世施加压力。1525年 6 月，露易丝向教皇和威尼斯提议组成联盟，迫使查理五世释放弗朗索瓦，将皇帝派赶出意大利，每月提供 4 万埃居的补助，放弃对米兰的要求。③ 意大利各城市国家也在密谋反对查理五世，一场反对帝国的密谋在米兰逐渐形成，米兰公爵弗兰西斯科·斯福查的首席大臣希罗尼莫·莫罗内（Hieronimo Morone）以那不勒斯王位为诱饵，拉拢勾结负责镇守伦巴第的帝国将领、佩斯卡拉侯爵阿瓦洛斯。阿瓦洛斯起初表示同意，后来假装称病，从米兰召来了莫罗内，然后下令逮捕他，送到帕维亚受审，迫使米兰公爵交出所有要塞，米兰公国归于帝国直接管辖。11 月佩斯卡拉侯爵死去，帝国军队的指挥权落入波旁查理手中。④ 意大利半岛的阴谋活动让查理五世在意大利的地位很不稳固。

露易丝的外交活动不仅仅限于基督教世界。帕维亚战役之后，她立即遣使前往君士坦丁堡，请求当时的奥斯曼帝国苏丹苏莱曼大帝的援助。12

---

①　*LP* IV，No. 1208，pp. 527－528；*CSP SP* III（Part I），No. 27.

②　Dumont，IV，Part I，pp. 436 et seq；*LP* IV，No. 1600，p. 717；Robert J. Knecht，*Francis I*，p. 185；R. B. Mowat，*A History of European Diplomacy*，*1451－1789*，p. 50.

③　*Francis I*，p. 186.

④　*Francis I*，pp. 186－187；马克思：《马克思历史学笔记》（第三册），第 240 页；路易吉·萨尔瓦托雷利：《意大利简史——从史前到当代》，第 338 页。

月法国特使抵达君士坦丁堡，苏莱曼大帝同意远征查理五世，虽然苏丹的回答流于鼓励，但是奥斯曼帝国的无形和有形威胁确实对查理五世构成了巨大的心理压力。①

　　1525年9月11日，弗朗索瓦一世病重，一直避而不见的查理五世改变主意，前往探视，对手之间相谈甚欢。10月弗朗索瓦转危为安。但是君主之间的亲情友谊，并没有让双方之间的谈判更为顺利。帝国委员会（the imperial council）在勃艮第问题上丝毫不做任何妥协，而弗朗索瓦也宣称宁愿永远做俘虏，也不能让法国分裂，甚至打算退位以保证法国王统的延续，威吓查理五世做出让步。11月露易丝眼见僵局难以打破，自己的外交努力将化为泡影，便决定妥协让步，在一份备忘录中露易丝说道："为了一个公国，失去一个王国，值得吗？"② 为了尽快摆脱身为俘虏的窘境，弗朗索瓦同意了母亲的意见，决定接受查理五世的条件，但他提出两个前提条件，第一个条件是需在交割勃艮第公国之前释放他，理由是只有他才能劝说他的臣民放弃勃艮第，这个条件实际上是以弗朗索瓦一世的政治信用作为赌注，但也很有可能导致条约无法正常履行；第二个条件是他与查理的姐姐、寡居的葡萄牙王后埃莉诺（Eleanor of Portugal）缔结婚约（法国王后克劳迪娅于1524年7月去世），这个条件是针对波旁查理的，因为查理五世曾经承诺埃莉诺婚配波旁查理，弗朗索瓦的用意非常明显。但是查理不顾加蒂纳拉的反对，居然同意了弗朗索瓦的条件，作为交换，弗朗索瓦需担保：他以两个儿子为人质，一旦违背条约，他要重返牢狱，为此弗朗索瓦必须以圣经的名义宣誓，履行其承诺。③ 查理五世需要和平，因为他正在陷入一场财政危机，他也知道意大利半岛上正在酝酿一个新的联盟，德意志的局势晦暗不清（1525年德意志爆发"农民战争"），土耳其人正在莫哈奇（Mohács）组织一次军事进攻，试图摧毁匈牙利的基督教君主统治。

　　1526年1月14日，弗朗索瓦一世在关押他的马德里监狱中勉强接受了《马德里条约》（Treaty of Madrid）。条约规定：（1）法国国王宣誓

---

① Robert J. Knecht, *Francis I*, p. 187；蒲利民：《奥斯曼帝国战争与欧洲近代国际体系的形成》，《烟台大学学报》（哲学社会科学版）2007年第3期，第100～105页。

② Robert J. Knecht, *The Rise and Fall of Renaissance France*, *1483 - 1610*, p. 124；William Bradford ed., *Correspondence of the Emperor Charles V and His Ambassadors at the Courts of England and France*, p. 200.

③ Robert J. Knecht, *The Rise and Fall of Renaissance France*, *1483 - 1610*, pp. 124 - 125；Robert J. Knecht, *Francis I*, pp. 189 - 190.

放弃那不勒斯、米兰和热那亚，以及图尔奈（Tournay）和阿拉斯（Arras）；（2）放弃法国国王在弗兰德尔、阿图瓦和其他皇帝采邑的权利；（3）恢复皇帝在勃艮第公国的主权，包括埃丹（Hesdin）和沙罗瓦（Charolois）在内；（4）恢复波旁查理的财产，归还其不在期间的所有财政收入；（5）恢复奥兰治亲王（Prince of Orange）的人身自由，无须赎金；（6）双方释放所有战俘，罚没财产如数归还，意大利的财产归还问题需经司法诉讼；（7）法国国王支持皇帝对马尔克的罗贝尔和格尔德恩公爵等人的处置；（8）法国租借海军，并装备600名重骑兵和6000名步兵，随皇帝远征土耳其及其他地方，军队享受半年薪俸；（9）法国国王与葡萄牙王太后埃莉诺缔结婚约，埃莉诺放弃对葡萄牙王位的权利，以20万金克朗和一些城镇作为陪嫁；（10）以国王的长子、8岁的法国王太子弗朗索瓦和次子、7岁的奥尔良公爵亨利（后来的亨利二世）为人质，如不能履行条约的任何条款，国王承诺重回监牢。[①] 不过，在签署条约的前夜，弗朗索瓦一世当着包括两名公证员在内的几个法国见证人的面，正式表示他将要做出的让步是无效的，[②] 这是中世纪欧洲政治思维逻辑的延续。

　　3月17日弗朗索瓦由拉努瓦护送至位于西班牙与法国边界的比达索阿河（the Bidassoa）南岸，在一艘事先停泊在河中心的浮舟上，两位王子换回了弗朗索瓦，随后弗朗索瓦在洛特雷克的陪同下，踏上法国的土地，疾驰奔向巴约讷（Bayonne）与母亲、姐姐等会合。[③]《马德里条约》在"形式上是一桩骑士荣誉之争，实际上这是假象"[④]，法国尽管失败了，而且签订了条件苛刻的《马德里条约》，但是法国的地位并不像人们所想象的那样岌岌可危，在露易丝的统治之下法国表现得比任何时候都更为团结。一旦获得自由，弗朗索瓦一世就立刻停止履行所有的承诺。"但不守信用总是可耻的……政治法则容许弗朗索瓦一世这样做，但骑士精神是不容许他这样做的。"[⑤] 因此他受到了皇帝的责难，于是这位法国国王向查理五

① Dumont, IV, Part I, pp. 399 et seq; *CSPSP* III（Part I），No. 320；William Bradford ed.，*Correspondence of the Emperor Charles V and His Ambassadors at the Courts of England and France*，pp. 220 – 221.

② Robert J. Knecht, *The Rise and Fall of Renaissance France*，*1483 – 1610*，p. 125.

③ Francesco Guicciardini, *The History of Italy*，p. 366；*Francis I*，p. 191；马克思：《马克思历史学笔记》（第三册），第241页。

④ 马克斯·布劳巴赫等：《德意志史》（第二卷，上册），第66页。

⑤ 伏尔泰：《风俗论》（中册），第537页。

世提议进行决斗，以保全他的名声。虽然决斗最终没有举行，但维护荣誉依然是中世纪晚期政治生活的重要因素。

查理五世的战功和权势的骤增让欧洲各国身处于一个巨大的帝国阴影之中，让各国感到不安。早在帕维亚战役之前，拉努瓦就曾警告查理五世："陛下您非常强大，甚至比您的盟友所需要的还要强大。"① 《马德里条约》之后，意大利各城市国家对于帝国的权势表现得更加恐惧与不满。教皇克莱门特七世有理由相信查理五世试图侵蚀教皇国和托斯卡纳的领土，又产生了清除意大利外部势力的想法。由于意大利各力量没有一个可以取得盟主的地位，只得反复在法国统治和帝国（西班牙）统治之间进行选择。回到法国的弗朗索瓦一世利用各种手段拒绝批准《马德里条约》，4月弗朗索瓦一世在科尼亚克（Cognac）召见勃艮第代表，这位勃艮第代表建言，弗朗索瓦应召集勃艮第地方三级会议，并派代表参加。5月法国国王的御前会议决定不批准条约，弗朗索瓦向来访的拉努瓦辩称强加的承诺不具约束力，但希望与查理五世保持友好关系，以赎金换取勃艮第的治权。6月菲利普·沙博作为国王代表，列席勃艮第地方三级会议，会议同意国王御前会议的决定，希望继续留在法兰西王国之内。7月法国公开发表了一份王室自辩书，强调法国的基本法律禁止国王分割王国的任何一部分领土，实际上确立了未经当地居民同意、任何省份或城镇不得变更主权的基本原则。② 在查理五世方面，由于他要面临帝国内部的种种难题，而武力执行条约的努力也因财政和军事上的困难而失败，所以客观的政治环境以及弗朗索瓦的出尔反尔，让查理五世统一两个勃艮第地区的愿望破灭了。

在处理勃艮第问题的同时，弗朗索瓦加快了与英格兰、教皇和威尼斯改善关系的进程。4月15日他批准了《穆尔条约》，8月英法之间签订了一项新的条约，联合对抗查理五世，不与皇帝单方面接触。③ 3月底至4月初，弗朗索瓦分别接见威尼斯和教皇的特使，商议组成反对皇帝的联盟，承诺法国将加入联盟。④ 5月22日，弗朗索瓦、克莱门特七世、威尼斯、米兰、佛罗伦萨在科尼亚克组成神圣同盟，又称科尼亚克神圣同盟（Holy League of Cognac）。同盟表面上是针对土耳其人，实际直指查理五

---

① Wim Blockmans and Nicolette Mout ed. , *The World of Emperor Charles V*, p. 53.

② Robert J. Knecht, *Francis I*, pp. 206 – 208.

③ *LP* IV, No. 2135, p. 957.

④ *CSPVen* III, Nos. 1236, 1253.

世。亨利八世被称作"同盟保护者"，为将来反对查理五世的军事行动提供资金资助，在那不勒斯可获取一块封地（这可能为亨利八世带来每年至少3万杜卡特的财政收入），沃尔西可在意大利得到一处封地（年金1万杜卡特），但英格兰没有即刻加入同盟（三个月之内）；各方承诺提供一定数量的军队，以组成同盟军队维护意大利的和平；各方共组一支海上舰队；弗朗索瓦承诺不对米兰公爵弗兰西斯科·斯福查采取行动，保护公爵在米兰公国的利益。弗兰西斯科·斯福查则每年向弗朗索瓦支付至少5万埃居或承认法国对于米兰公国的权利（同盟承认弗朗索瓦对阿斯蒂的权利和对热那亚的宗主权）；[1] 瑞士各州也同意派15000名士兵去意大利；奥尔良公爵统治勃艮第；查理五世需答应四个条件方可加入同盟：（1）以一笔合理的现金作为赎金换回弗朗索瓦的两个儿子；（2）重新拥立弗兰西斯科·斯福查为米兰公爵（同盟给予法国可观的补偿以及阿斯蒂和热那亚，换取法国放弃米兰和那不勒斯）；（3）限制皇帝进入意大利的扈从人数；（4）如果英格兰加入同盟，三个月之内向亨利八世偿付所欠债务。[2] 科尼亚克同盟另立两项秘密条款：其一，如果查理五世拒绝同盟的条件，那么各方即刻南下攻取那不勒斯。事成之后，那不勒斯将转归罗马教廷，教皇可将其赐封与合适的王侯（此人则每年向法国国王支付至少7.5万埃居或承认法国对于意大利南方的传统权利）。如果查理五世接受同盟的条件，他可保留那不勒斯，需向教皇每年缴纳4万杜卡特。其二，同盟各方承诺保证教皇及美第奇家族继续统治佛罗伦萨（美第奇家族与罗马的科隆纳家族之间的权力斗争一直困扰着教皇克莱门特七世）。[3]

　　科尼亚克同盟帮助法国扭转了被动局面，打乱了查理五世的未来计划，在《马德里条约》签订以及与葡萄牙的伊萨贝拉公主（Isabella of Portugal）联姻之后，查理五世原本打算前往意大利接受教皇的加冕，而后前往德意志处理因宗教改革引起的宗教和政治问题。弗朗索瓦违背承诺的一系列动作深深地刺痛了查理五世，他对法国大使说："……我对你的国王宽宏大量、慷慨大方，可是得到的回报却是他的卑怯和怨恨。你的国

① *CSPVen* III, Nos. 1289, 1411; Kenneth M. Setton, *The Papacy and the Levant* (*1204 - 1571*), Vol. III, p. 241.

② Dumont, IV, Part I, pp. 451 et seq.

③ Robert J. Knecht, *Francis I*, p. 209; *The Papacy and the Levant* (*1204 - 1571*), Vol. III, pp. 241 - 242; 马克思：《马克思历史学笔记》（第三册），第 241 页。

王表现得既不像一个十足的绅士，也不像一个高贵的骑士，倒像是一个商人。"① 查理五世为《马德里条约》付出了无可挽回的代价，他必须面对来自科尼亚克同盟的威胁与压力，不得不在西班牙停留，准备在意大利半岛上进行一场新的博弈。

第三节　哈布斯堡王朝的帝国梦想

中世纪基督教哲学的集大成者托马斯·阿奎那（Thomas Aquinas，1225－1274）在其《论君主政治》（*De regimine principum*）中宣称："人世的荣耀是不足以酬劳君主的职务的……而且，酷爱荣誉常常引起其他一些比较危险的弊害。许多人曾经受到诱惑，想利用挑起战争的办法来求得显赫的威名。……当然，一个国王指望上帝给予某种报酬，这是正确的；因为一个仆人总希望他的主人能够对他的辛勤服侍给予奖赏，而治理其人民的国王则是上帝的一个仆人，正如使徒保罗告诉我们的（《罗马人书》，第十三章，第一、四节），'没有权柄不是出于神的'，还有，'他是神的佣人，是申冤的，刑罚那作恶的。'或者还有，在《箴言》中，国王被称为上帝的仆人。……我们可以正当地断定，一个国王的酬报在于荣誉和荣耀。"②

哈布斯堡王朝的查理五世是中世纪的最后一位皇帝，在他广袤分散的、多种民族并存的国土之上，他以查理大帝的精神与气质护卫着基督教世界的团结，以荣誉和荣耀作为酬报践行着上帝给予他的权力。皇帝最重要的责任是推动正义与法律。正义是帝国理念中最重要的基石，但丁曾说："一旦正义成为尘世的最大威力，世界就有最良好的秩序。"③ 法律则是基于正义的原则，由皇帝制定颁行，用以保护帝国和平的重要工具。"对他而言，基督教世界的宗教和政治团结既是他生活的理想目的，又是政策的一个实际目标。……帝国为基督徒间的和平，为保卫基督教不受穆斯林和异端分子的侵犯而奋斗。"④ 16世纪的欧洲经历了政治、宗教和国际关系的重大变化。建立强有力的地方统治为君权的巩固和扩大扫除了根深蒂固的旧时代的权利障碍，习惯权利对君主的限制虽说依然强大，但是

---

① *CSP Ven*III, No. 1403.
② 阿奎那：《阿奎那政治著作选》，马清槐译，商务印书馆，1982，第62～63、65、68页。
③ 但丁：《论世界帝国》，朱虹译，商务印书馆，1986，第13页。
④ G. R. 埃尔顿主编《新编剑桥世界近代史》（第二卷），第391、399页。

"偏向国王的风"在慢慢地加强。"路德、茨温利和加尔文解释了上帝之道，对罗马天主教认为只有自己的解释才是唯一有效的主张提出了挑战。"① 这些宗教改革家们在世俗君主那里寻找坚强的后盾，与教皇领衔的罗马教廷分庭抗礼，政治与宗教越来越多地纠缠在一起，政治中的宗教因素与宗教中的政治因素让欧洲的国际关系日益复杂起来，但是国际关系的实质仍然是个人之间与王朝之间的关系，婚姻与血缘关系是处理邦国之间关系的基本原则。家族权利的继承是引发战争的基本因素，意大利战争的起因具有一定的封建特性。已经延宕30余年的意大利战争在查理五世的时代，演变为几大王室之间的明争暗斗，同时奥斯曼帝国的崛起及其策动的历次帝国战争无论从深度还是广度上，对于动荡中的基督教世界均构成了巨大的而且是印象深刻的威胁与冲击，使奥斯曼帝国在欧洲发挥了一个地缘政治大国的作用。在东欧，它与俄罗斯、波兰以及瑞典争夺广阔的东欧大草原（尤其是乌克兰）；在东南欧，它同神圣罗马帝国的奥地利争夺匈牙利；在地中海，它和威尼斯、神圣罗马帝国就海上优势和航路控制权展开较量。

哈布斯堡王朝的帝国梦想，具体来说就是查理五世的帝国梦想，是建筑在这样的现实基础之上的。神圣罗马帝国皇帝的称号，反映出查理五世的梦想就是要成为一个统一基督教世界秩序的真正的罗马帝国皇帝。从权力的角度来看，中世纪的政治逻辑依旧影响着帝国政治的发展，可是帝国对于普世权力的追求必然会使欧洲的权力结构发生质的变化，堪与帝国抗衡的大国君主不会坐视不管，因为在他们眼里，此时的帝国不具普遍性，与他们一样是王室家族利益的代表，统一的基督教世界这种观念从来就没有成为现实。从宗教的角度来看，查埋五世坚持其宗教目标，在与德意志各王侯的关系和与教皇的关系上，权力政治的目标总是与宗教政治的目标不相协调，查理五世的政策指向无法摆脱王朝与家族利益的阴影。奥斯曼帝国作为一个强大的军事帝国，无形中起到了推波助澜的作用，让查理五世的帝国梦想永远也无法实现。

一 罗马之劫：1527 年的教皇

"这是一个用尊重、考虑和讲话构成的教皇国，说一大堆虽然、以后、但是、如果、也许，夸夸其谈，却一事无成。这是一个由思维、建议和设

---

① G.R. 埃尔顿主编《新编剑桥世界近代史》（第二卷），第 391 页。

想构成的教皇国，无端的推测和交谈，只要不花钱，还有接见、答复和美好的语言。这是由谨慎和中立构成的教皇国，耐心和表态，还有信仰、希望和慈爱……"① 这是当时人们对教皇克莱门特七世教廷政策的摇摆不定、反复无常和疑虑重重做出的尖锐批评，这种缺乏远见、胆小怕事的政策与克莱门特七世的个人性格是分不开的，最接近教皇的圭恰迪尼认为他是一个犹豫不决、胆小、吝啬和优柔寡断的人，② 这最终导致 1527 年罗马城被劫掠。圭恰迪尼不无心酸地写道："1527 年是许多世纪以来闻所未闻的充满暴行的一年，多事的一年：许多政府被推翻了，到处是诸侯的恶行，许多城市被残暴地掠夺了，到处是可怕的瘟疫，其中一次几乎遍及意大利；所有的一切都充满了死亡、逃避和掠夺。"③

科尼亚克同盟成立之初，法国没有立即干预意大利事务，尽管查理五世没能控制西地中海的海运路线，但是那不勒斯、米兰公国（克雷莫纳和米兰的一些城堡除外）和热那亚都控制在帝国手里，锡耶纳和费拉拉处在亲帝国的政府统治之下，曼图亚等弱小城市国家不得不对帝国俯首称臣，可以说帝国的统治在意大利还是有一定基础的。不过参加同盟的意大利各城市国家已经开始积极筹划和调度军队，随时准备将帝国军队赶出意大利。驻防意大利北部的帝国军队规模较小，而且长期拖欠军饷，军心涣散，这种现象在意大利战争中是较为普遍的，军队因为拖欠军饷而致哗变在这个时期司空见惯，④ 保罗·乔维奥（Paolo Giovio）说："在这个时代里，军官们经常感到，要维持他们所属部队的军纪比打一场硬仗、打败敌军还要困难得多。"⑤

为了维持军队的正常运转，榨取地方税收以补军需，1526 年 5 月帝国将领安东尼奥·莱瓦和阿尔方索·瓦斯托（Alfonso del Guasto）率领所部围攻弗兰西斯科·斯福查据守的米兰堡（Citadel of Milan）。以乌尔比诺公爵弗朗西斯科·马里亚·德拉罗韦雷为首、以威尼斯和教皇国军队为主力的同盟军队，应弗兰西斯科·斯福查的请求前往援救，在时任教皇国军队将领圭恰迪尼的策应之下，6 月同盟军队攻占洛迪，兵临米兰城下。7 月

① 欧金尼奥·加林主编《文艺复兴时期的人》，第 102 页。
② Francesco Guicciardini, *The History of Italy*, p. 363.
③ *The History of Italy*, p. 376.
④ M. S. Anderson, *The Origins of the ModernEuropeanState System*, *1494–1618*, pp. 7–9.
⑤ Judith Hook, *The Sack of Rome*: 1527, New York: Palgrave Macmillan, 2004, p. 77.

被提名为米兰公爵的波旁查理带领一支军队也赶到了米兰，弗兰西斯科·斯福查被迫交出米兰堡，逃亡洛迪，公开加入了同盟军队。帝国军队与同盟军队展开了争夺米兰堡的攻坚战，帝国军队大败，25 日米兰堡投降。在伦巴第进行战争的同时，教皇和佛罗伦萨也对位于托斯卡纳的锡耶纳发动了进攻，但是锡耶纳顽强地抵挡住了同盟军队的围攻。虽然同盟军队在伦巴第和托斯卡纳的战事不是十分顺利，但是科尼亚克同盟的海上优势弥补了陆路上的不足，同盟的舰队切断了帝国军队的海上补给线，形成了对热那亚的强大压力。意大利战争已经充分说明了"谁拥有热那亚，谁就拥有米兰。热那亚在整个伦巴第具有关键性的战略地位。"① 群山环绕的热那亚地理位置得天独厚，拥有近 30 公里长的圆弧形海岸线，是意大利最大的海港。中世纪的十字军东征曾经为热那亚创造了与地中海东部城市建立经贸联系的机会，可以说是海员、商人、金融家和银行家共同成就了热那亚昔日的海上霸权，这个"商人共和国"的金融实力在意大利战争前后的欧洲依然是各国君主从事战争的重要财政来源，因此控制热那亚对于任何想控制意大利的国家而言都是至关重要的，同盟军队兵分两路，水陆并进，一路进攻克雷莫纳，一路进攻热那亚。9 月 23 日同盟军队在 13000 名瑞士雇佣军的协助下占领克雷莫纳，而围攻热那亚的军队却久攻不下，② 但还是给查理五世制造了不小的麻烦。意大利的北方局势数月间发生了巨大变化。

教皇克莱门特七世在意大利北方用兵之时，罗马城内极端仇视教皇的科隆纳家族却乘机发难，在那不勒斯总督拉努瓦派驻的代理人乌戈·德·蒙卡多（Ugo de Moncada）的唆使下，9 月 20 日率部突袭罗马，困居圣安杰洛堡（the Castle of St Angelo）的教皇同意蒙卡多的调解，被迫与查理五世签订为期四个月的休战协定，答应从伦巴第撤军，从热那亚撤走舰船，维持意大利各地的政治现状。可是双方都无意遵守协定，米兰、热那亚和锡耶纳的战事依然继续，不久教皇便违背承诺，对科隆纳家族及同党大肆镇压，科隆纳枢机主教率领余部流亡那不勒斯。③

---

① Sanuto, *Diari*, Vol. XLIII, pp. 181 – 182, 转引自 Judith Hook, *The Sack of Rome*：1527, p. 87。

② A. W. Ward etc. ed., *The Cambridge Modern History*, Vol. II, p. 53；*The Sack of Rome*：1527, pp. 77 – 87；马克思：《马克思历史学笔记》（第三册），第 242 页。

③ Francesco Guicciardini, *The History of Italy*, pp. 370 – 375；*The Cambridge Modern History*, Vol. II, pp. 53 – 54；*The Sack of Rome*：*1527*, pp. 93 – 115；Kenneth M. Setton, *The Papacy and the Levant*（*1204 – 1571*）, Vol. III, pp. 255 – 256；《马克思历史学笔记》（第三册），第 242 页。

　　同盟军队的总指挥乌尔比诺公爵由于忌惮美第奇家族和威尼斯的影响力，不敢放手指挥战争，他没有封锁进出阿尔卑斯山的通道，而是屯兵伦巴第平原，严阵以待，仅仅监视敌军动向，骚扰敌军而已，多次延误战机，致使伦巴第战事进展缓慢。而查理五世的帝国军队却得到罗马的科隆纳家族和费拉拉公爵的支持，查理五世的军队由西班牙开进那不勒斯，而后北上，蒂罗尔贵族乔治·冯·弗伦茨贝格（Georg von Frundsberg）招募的12000名德意志路德教雇佣兵南下意大利为皇帝作战。乌尔比诺公爵没有采取任何措施阻挡帝国军队的会合，而是返回了曼图亚。弗伦茨贝格率军翻越布伦纳山口（Brenner Pass），南下绕过维罗纳，途径曼图亚附近，不断靠近波河。波河是德意志军队翻越阿尔卑斯山南下的第一道障碍。11月30日，在德意志军队强渡波河的一次小规模战斗中，著名雇佣军首领、同盟军队统帅之一乔凡尼·美第奇重伤而亡。[①] 1527年2月，南下的德意志雇佣兵与波旁查理率领的军队在皮亚琴察会合，联合军队向教皇国方向挺进，但是拖欠军饷的问题却一直困扰着这支军队（据估计欠款已达93000杜卡特[②]），后勤补给又难以跟上，缺钱、缺衣、缺食让波旁查理头疼不已，军队随时都有哗变的可能。此时，教皇克莱门特七世在北面面对波旁查理的联合军队，南面又面对那不勒斯总督拉努瓦和科隆纳家族残余势力的进攻，身陷南北夹击的两难境地，不得不一方面哀求弗朗索瓦一世尽快履行科尼亚克同盟的承诺，而另一方面又向查理五世要求和谈。圭恰迪尼统领的教皇军队作战不利，导致分散帝国军队的努力失败了。在优柔寡断的痛苦抉择中，为了维护美第奇家族在佛罗伦萨和他作为基督教世界精神领袖的权利，克莱门特七世只得派出密使，设法与拉努瓦的军队协商暂时的和平，3月15日达成了一份为期八个月的停战协定。[③] 由于查理五世长期滞留西班牙（1522年7月至1529年7月），导致波旁查理和拉努瓦为帝国在意大利的权威以及个人的权力地位而明争暗斗，双方的矛盾逐渐公开化。拉努瓦与教皇达成和解，据说从中获得了高达20万杜卡特的好

---

① Maurizio Arfaioli, *The Black Bands of Giovanni*: *Infantry and Diplomacy During the Italian Wars* (*1526 - 1528*), p. 30; Michael Mallett and Christine Shaw, *The Italian Wars*, *1494 - 1559*: *War*, *State and Society in Early Modern Europe*, p. 158; 盐野七生：《我的朋友马基雅维利——佛罗伦萨的兴亡》，第420～422页。

② Judith Hook, *The Sack of Rome*: *1527*, pp. 116 - 118.

③ A. W. Ward etc. ed., *The Cambridge Modern History*, Vol. II, p. 55; Kenneth M. Setton, *The Papacy and the Levant* (*1204 - 1571*), Vol. III, p. 260.

处，还以帕尔玛、皮亚琴察和其他城堡作为担保。①

当衣衫褴褛、饥肠辘辘的帝国雇佣兵获悉这个情况时，表现得十分愤怒，他们的报酬全靠他们作战，他们已经艰难地越过阿尔卑斯山，不想一无所获地返回德意志。弗伦茨贝格试图平息雇佣兵的不满，可自己却中风发作。波旁查理接管了雇佣步兵，但是他根本不能控制这些反抗情绪高涨的士兵，也不愿意接受拉努瓦与教皇之间的协议，无奈之下只能继续向南翻越亚平宁山脉，进军罗马。雇佣兵的状况依然没有改善，暴雨的天气让情况变得越来越糟。军队所到之处烧杀劫掠，一片哀鸿。4月26日，佛罗伦萨民众起义，推翻了美第奇家族的统治。帝国军队顺利通过佛罗伦萨，直逼罗马。② 在罗马，克莱门特七世对事态的转变感到非常恐惧，却束手无策，罗马陷入一片恐慌之中。

1527年5月6日清晨，帝国军队抵达罗马城墙外，浓雾从城外的台伯河上徐徐升起。在教皇宫殿里，克莱门特七世一大早就跪下来，万分紧张地祈求上帝干预此事。当敌人从浓雾里显露出来，并开始攀登城墙时，守卫们冲向堡垒，在场的本韦努托·切利尼③（Benvenuto Cellini）描述了当时的场景："当我们爬上城墙，我们看到，波旁公爵强大的军队集结在下面，正全力以赴准备闯入城里。我们在那里的战斗相当激烈，已经有很多年轻人被进攻者杀死。整个区域笼罩在浓雾里，战斗非常艰难。"切利尼描述了他的战友是多么恐慌，并极度绝望地恳求他逃走，"……此时，帝国军队在城墙下竖起了很多梯子"，切利尼和守卫们用火绳枪朝他们射击，在浓雾中，喊杀声和炮火声乱作一团。据一些原始资料记载，攻城开始时，波旁公爵站在大军的最前面，勇敢地鼓励着他的士兵，敦促他们向前冲。"有一个阶段，一片盘绕的浓雾升起"，切利尼描述，他爬上堡垒"把火绳枪对准黑压压涌上来的敌人，直接射向一个我能看见的站在其他人前面的人。雾很浓，我甚至看不清他是步行还是骑马"。如果切利尼的记述是可信的，这将告诉我们他是如何射死帝国军队统帅的；的确，其他

---

① Francesco Guicciardini, *The Papacy and the Levant* （1204 – 1571）, Vol. III, p. 257.

② Francesco Guicciardini, *The History of Italy*, pp. 376 – 382；*The Sack of Rome：1527*, pp. 117 – 130, 147 – 155；*The Papacy and the Levant* （1204 – 1571）, Vol. III, pp. 263 – 268.

③ 本韦努托·切利尼（1500～1571），意大利画家、雕塑家和音乐家。曾经作为士兵参加过意大利战争的部分战役，著有一部自传。

历史资料证实，波旁公爵站在城墙下面的时候，他被火绳枪射中，尽管没有记述是谁开的枪。①

帝国军队在当天夜里攻占了罗马城，教皇克莱门特七世躲进圣安杰洛堡坚守不出。失去控制和贪求战利品的西班牙、意大利和德意志雇佣兵如潮水般地涌入罗马的大街小巷，并开始了对罗马的洗劫（Sack of Rome）。洗劫至少持续了10天至12天，众多的历史遗迹被破坏，一些圣物被当作靶子，成堆的古代手稿被用作马的褥草，拉斐尔的壁画被用长矛破坏，他们闯进并洗劫教堂和宫殿，用很大的字母刻上马丁·路德的名字。据一位同时代的目击者说："地狱无法与罗马现在的情形相比。"② 被围困在圣安杰洛堡的克莱门特七世苦等北方援军却终究不得，被迫于6月6日接受了投降条件：（1）他必须向帝国军队支付40万杜卡特，即刻交付10万，20天后再交5万，其余的25万两个月后再交付；（2）他必须向皇帝交出圣安杰洛堡及沿海的奥斯蒂亚堡、奇维塔韦基亚堡（Fortresses of Ostia, Civitavecchia）和卡斯泰洛城（Civita Castellana），交出帕尔玛、皮亚琴察和摩德纳；（3）他答应撤除对科隆纳家族的教会惩治；（4）在交付15万杜卡特以前，他还是一个囚徒。③ 在教皇孤立无助之时，帝国军队已经占领了奥斯蒂亚堡、奇维塔韦基亚堡，费拉拉公爵夺取了摩德纳和雷焦（Reggio），身为盟友的威尼斯乘机掠取了拉文纳和切尔维亚，教皇领地一下子削减到只有先前面积的一小部分，丧失了接近海洋和亚平宁山脉以外的许多土地。

罗马被洗劫和教皇被囚禁的消息迅速传遍了整个基督教世界，痛心之余，欧洲各国特别是法国和英格兰也日益感受到了查理五世的权势和地位的急剧膨胀。早在帝国军队进军罗马之时，4月30日英法两国签署了《威斯敏斯特条约》（Treaty of Westminster），条约大致内容是：（1）亨利

---

① Francesco Guicciardini, *The Papacy and the Levant*（*1204 - 1571*）, Vol. III, pp. 269 - 271；保罗·斯特拉森：《美第奇家族——文艺复兴的教父们》，第269页；本韦努托·切利尼：《切利尼自传》，王宪生译，团结出版社，2006，第62~65页。

② *CSPSP* III（Part II）, Nos. 70 - 71；*LPIV*, Nos. 3114 - 3116；Judith Hook, *The Sack of Rome：1527*, pp. 156 - 180；Kenneth M. Setton, *The Papacy and the Levant*（*1204 - 1571*）, Vol. III, p. 271；保罗·斯特拉森：《美第奇家族——文艺复兴的教父们》，第270页。

③ Francesco Guicciardini, *The History of Italy*, pp. 389 - 390；Judith Hook, *The Sack of Rome：1527*, p. 210；*The Papacy and the Levant*（*1204 - 1571*）, Vol. III, p. 276；马克思：《马克思历史学笔记》（第三册），第244页。

八世的女儿玛丽同弗朗索瓦一世或他的儿子奥尔良公爵联姻；（2）亨利八世正式放弃法国王位，每年获得 5 万杜卡特作为补偿；（3）派出联合使团前往商议以 200 万克朗替代勃艮第，释作为放法国两位王子的条件，如果皇帝拒绝接受建议，英法将向皇帝宣战。① 罗马和教皇的处境促使英法进一步协调立场，亨利八世担心教皇的困境将不利于他与查理五世的姑母凯瑟琳的婚姻无效诉讼，因此 8 月初亨利八世与弗朗索瓦一世在亚眠会晤，双方达成了进一步谅解，8 月 18 日双方签署《亚眠条约》（Treaty of Amiens），条约规定（1）确认奥尔良公爵与玛丽联姻；（2）一旦与皇帝爆发战争，英格兰商人在尼德兰与法国商人享有同等权利；（3）在教皇被俘期间，他们绝不同意召开世界宗教会议，不同意有损他们的权利或有损他们臣民权利的圣谕；（4）亨利八世在半年内为意大利战争按月付 10 万杜卡特。弗朗索瓦一世授予亨利八世圣米歇尔骑士勋位（Order of Saint Michael），亨利八世授予弗朗索瓦一世嘉德勋位（Order of the Garter）。②

1527 年 8 月，洛特雷克再度率领法军翻越阿尔卑斯山，进军意大利，萨卢佐侯爵奉命与之会合，此外还有 10000 名瑞士雇佣军协同作战，法军迅速占领了除米兰之外的整个伦巴第，与此同时安德烈亚·多里亚从海路占领了热那亚。洛特雷克一路上所向披靡，在攻取米兰不利的情况下，他将目标锁定在了那不勒斯，可是他在皮亚琴察却浪费了数月的时间，一是惧怕日益蔓延的鼠疫疫情，二是因为弗朗索瓦一世与查理五世正在进行谈判。

备受屈辱的克莱门特七世在 6 月协议之后，并没有感到一丝一毫的安全，其生命和财产随时会受到贪婪成性的雇佣军的威胁，而这时罗马城内又爆发了瘟疫，那不勒斯总督拉努瓦染病身亡，继任的帝国军队统帅奥兰治亲王领兵躲到了锡耶纳，法军在战争中又是节节胜利，留守罗马的德意志雇佣兵威胁要攻入圣安杰洛堡。经过磋商之后，教皇与帝国代理人乌戈·德·蒙卡多于 10 月 31 日达成协议，在 6 月协议的基础之上，（1）教皇同意不反对皇帝在米兰和那不勒斯的统治；（2）给予皇帝其领地之内的十分之一的教廷税收；（3）教皇立即向德意志雇佣兵支付 67000 杜卡特，

① Dumont, IV, Part I, pp. 481 et seq.; *LP* IV, No. 3080; Francesco Guicciardini, *The History of Italy*, pp. 392 - 393; A. W. Ward etc. ed., *The Cambridge Modern History*, Vol. II, p. 57.

② *LP* IV, No. 3356; Robert J. Knecht, *Francis I*, pp. 213 - 214；《马克思历史学笔记》（第三册），第 244～245 页。

向西班牙雇佣兵支付 35000 杜卡特；（4）条件满足之后，帝国军队同意释放教皇及其他枢机主教，离开罗马 15 天后，教皇要再向德意志和西班牙雇佣兵支付相应规定的款额。[①] 12 月 7 日教皇一行人等得到允许逃离了圣安杰洛堡，最终抵达了奥尔维耶托（Orvieto）。在那里，这位教皇又碰到了一件非常棘手的事情。亨利八世的代表来到这里，请求教皇解除亨利八世与阿拉贡的凯瑟琳的婚姻。这件事让克莱门特七世左右为难，他既不希望疏远亨利八世，又不愿意在目前的处境之下得罪查理五世，只能含糊其辞地采用拖延的办法。

1527 年的教皇从基督教世界无上尊崇的地位上跌落下来，这一年他忍受了恐惧、饥饿、贫困和破败，成为皇帝的阶下囚，而罗马城失去了往日的辉煌，仅仅几个月的时间教皇领地已经是支离破碎。可是世事无常，后来的历史发展又将克莱门特七世推向了他教皇生涯的顶峰。

二 《巴塞罗那条约》与《康布雷和约》

克莱门特七世在谈及科尼亚克同盟时，自我解嘲地说道："意大利同盟（科尼亚克同盟）要我使皇帝成为意大利的主人，我将会去那样做的。"[②] 罗马浩劫不仅是教皇及罗马教廷的耻辱，而且充分体现出这个意大利同盟的软弱无力，在密切注视法军远征那不勒斯和伦巴第战事的同时，克莱门特七世也不得不调整自己的政策立场，以利于重整教皇国的统治秩序以及恢复美第奇家族在佛罗伦萨的统治。

1527 年 12 月 16 日，弗朗索瓦一世在巴黎召开显贵会议（Assembly of Notables），旨在为他的外交政策获得财政上的支持，会上弗朗索瓦为自己自即位以来的外交政策做了辩护，针对目前的时局，弗朗索瓦要求与会代表提供 200 万克朗，以备赎回两位王子或攻取弗兰德尔之需，并对《马德里条约》的有效性发表看法。12 月 20 日显贵会议一致同意弗朗索瓦的要求，并且宣布《马德里条约》无效。[③] 1528 年 1 月，查理五世拒绝释放弗朗索瓦一世的两个儿子，提出法国先行从意大利召回洛特雷克率领的军队

① Francesco Guicciardini, *The History of Italy*, pp. 397 – 398; Kenneth M. Setton, *The Papacy and the Levant* (1204 – 1571), Vol. III, pp. 288 – 290.

② Judith Hook, *The Sack of Rome: 1527*, p. 192.

③ A. W. Ward etc. ed., *The Cambridge Modern History*, Vol. II, p. 57; Robert J. Knecht, *Francis I*, pp. 215 – 216.

和恢复在意大利的帝国统治这两个谈判先决条件。英法两国与查理五世的和平谈判彻底破裂，22 日英法向查理五世宣战。2 月洛特雷克开始通过马尔凯区与罗马涅征讨那不勒斯，在那不勒斯的各个城市，安茹家族的拥护者对法军给予了热情招待，4 月底法军已经接近那不勒斯城的外围地区，由安德烈亚·多里亚的侄子菲利皮诺·多里亚（Filippino Doria）带领的海军舰队封锁了那不勒斯的出海口，28 日菲利皮诺·多里亚一举歼灭了试图突围的西班牙舰队，[1] 切断了那不勒斯和西班牙控制下的西西里之间的联系，使得封锁继续发挥了有效作用。

不过，形势的发展总是瞬息万变的，敌对双方都被如此长久的斗争拖得精疲力竭。一次事件就可能改变一切，使之朝这一方向或另一方向发展。安德烈亚·多里亚投向查理五世让这次意大利战争发生了彻底转变。作为热那亚人，安德烈亚·多里亚支持热那亚对利古里亚海港口城市萨沃纳（Savona）的权利，反对弗朗索瓦一世将其作为法国领土的做法。[2] 不仅如此，弗朗索瓦还加强了萨沃纳的城防，以这座城市作为从普罗旺斯到意大利北部的盐业贸易集散中心，从中获取大量的财税收入，热那亚对于法国破坏它食盐贸易的做法甚为不满。安德烈亚·多里亚还对弗朗索瓦没有给予他相应的奖掖而颇为不满，原因是他协助法军作战并取得了胜利。在这次远征那不勒斯的人事安排上，弗朗索瓦将舰队的指挥权交给了法国人，安德烈亚·多里亚的不满已经成为一个公开的秘密，查理五世努力试图让他脱离法国的事业，6 月 7 日，在巴黎的蒙莫朗西获知：“皇帝正在做多里亚的工作，要把他争取过去，并通过多里亚许诺给热那亚城以自由”。[3] 待价而沽的安德烈亚·多里亚终于决定召回自己的侄子，并拒绝与弗朗索瓦续约，带着自己的人马投靠了查理五世（1528 年 8 月 11 日，查理五世批准了与安德烈亚·多里亚的一份有 12 项条款的雇佣合同[4]）。《新编剑桥世界近代史》这样评价这个事件：“热那亚投向皇帝，或者确切地说投向西班牙（热那亚的金融家们在西班牙已经有强大的势力）一边——这次重修旧好也是 16 世纪的伟大事件之一。它确认了一个不仅是政治性的同盟。它比从前更加牢固地确立了西班牙在意大利的地位，因为

①　Robert J. Knecht, *Francis I*, pp. 216 - 217.

②　Kenneth M. Setton, *The Papacy and the Levant*（*1204 - 1571*）, Vol. III, p. 284.

③　G. R. 埃尔顿主编《新编剑桥世界近代史》（第二卷），第 449 页。

④　*CSPSP* III（Part II）, No. 526.

意大利的生存既靠陆地也靠海洋。这样，意大利西部的重要海军阵地被这位热那亚雇佣军舰队司令拱手送给了西班牙。"①

7月4日菲利皮诺·多里亚从那不勒斯海湾撤走了自己的舰队，那不勒斯得到了喘息的机会。1528年夏天，遭受物质匮乏和恶劣天气袭击的法军暴发瘟疫，军队人数急剧减少，统帅洛特雷克也为此丧命。② 热那亚背叛产生的后果让法军的处境更为艰难，洛特雷克的继任者萨卢佐侯爵只得率领军队后撤，在阿韦尔萨（Aversa）法军被包围，8月法军投降。战争在意大利南方的阿普利亚和卡拉布里亚还继续了一段时间。在伦巴第，9月12日热那亚在安德烈亚·多里亚的帮助下，重新摆脱了法国的统治，整个利古里亚沿岸地区落入帝国手中。③ 1529年春，圣保罗伯爵（the comte de Saint - Pol）和乌尔比诺公爵联合一批瑞士人，试图占领热那亚，但是军事行动于6月遭到失败，伯爵本人被俘，法国被迫撤出意大利。

意大利半岛的戏剧性变化让教皇彻底放弃了科尼亚克同盟，不得不承认查理五世在意大利政治事务中的主导地位。一位帝国派驻意大利的外交代表自信地告诉查理五世："如果帝国军队现在进入伦巴第，没有一个法国人会留在意大利，很多事情会回到原来的轨道上来。当佛罗伦萨人听到那不勒斯军队北上的消息时，他们会很高兴地答应陛下您提出的任何条件。至于教皇那里，陛下可以毫不犹豫地向奥兰治亲王发送指示，告诉他如何与教皇交涉。除了加强伦巴第边境城镇的驻防以防止入侵之外，威尼斯人会为他们的无所适从而倍感迷惑。现在是时候根除和打击那些在诸侯之间制造不和、煽动土耳其人进攻的家伙了。"④ 1528年10月克莱门特七世返回罗马，在复杂多变的欧洲国际政治迷宫中，为了在罗马、佛罗伦萨、哈布斯堡和瓦洛亚王室之间采取对应的举措，克莱门特七世迫于形势的需要，只得宣布："我已经决定成为帝国一边的人了，终生都会如此。"⑤

1529年6月29日，克莱门特七世与查理五世签订《巴塞罗那条约》

---

① 《新编剑桥世界近代史》（第二卷），第449页。

② *CSPSP* III （Part II），No. 445.

③ Francesco Guicciardini，*The History of Italy*，pp. 405 - 406；Robert J. Knecht，*Francis I*，pp. 217 - 218；*The Papacy and the Levant* （1204 - 1571），Vol. III，pp. 308 - 309；马克思：《马克思历史学笔记》（第三册），第246～247页。

④ *CSPSP* III （Part II），No. 552.

⑤ *CSPSP* IV （Part I），No. 38.

(Treaty of Barcelona)。条约具体内容如下：（1）教皇与皇帝之间维持永久和平，组成攻守同盟；（2）如果帝国军队希望撤离那不勒斯，教皇同意为其穿越教皇辖地提供通道；（3）鉴于双方的联姻关系（6月23日双方同意亚历山德罗·德·美第奇与查理五世的私生女玛格丽特缔结婚姻）和意大利的和平局面，皇帝支持恢复美第奇家族在佛罗伦萨的统治地位；（4）将切尔维亚、拉文纳、摩德纳、雷焦等地交还教皇；（5）以上城镇交割完毕之后，教皇允诺将那不勒斯赐封给皇帝，每年进贡一匹白马以示效忠，皇帝对那不勒斯有争议的24座主教坐堂的主要神职人员拥有提名权；（6）皇帝进入意大利之时，教皇与皇帝需会晤，缔结有利于意大利和平与基督教世界普遍和平的条约；（7）如果教皇要求皇帝协助征服费拉拉，皇帝将全力支持，双方将协商有关费用等事宜；（8）双方同意给予弗兰西斯科·斯福查公正的审判。如果无罪，将恢复其米兰公爵的爵位，如果有罪，经教皇的同意，皇帝会将米兰公国授予一个各方共同认可的人选；（9）共同应对土耳其的进攻，镇压异端，禁止各种异端邪说在德意志蔓延；（10）教皇保证承认斐迪南为波希米亚和匈牙利国王。[1]《巴塞罗那条约》的直接后果之一是，教皇克莱门特七世于7月16日决定撤销亨利八世解除婚姻的诉讼，[2]导致沃尔西的倒台与英格兰教会和罗马教会的彻底决裂。《巴塞罗那条约》在条款上对教皇极为有利，它既帮助教皇恢复了教会的传统领地，又让克莱门特七世所属的美第奇家族重新获得了佛罗伦萨的统治权，教皇的权力由罗马浩劫时的最低谷慢慢地得以恢复，而查理五世与教皇的和解之举，让其摆脱了由于罗马浩劫与囚禁教皇而招致基督教世界的种种谴责而带来的宗教和政治困境，从而与教皇联手应对日益壮大的宗教改革势力。

随着法国军队在意大利的军事失败和教皇与皇帝的和解，弗朗索瓦一世对意大利事业的成功渐渐失去信心，而查理五世虽然赢得了意大利半岛的主导地位，但是在德意志问题和东方问题的双重压力之下，帝国

---

[1] Dumont, IV, Part II, pp. 1 – 7; Francesco Guicciardini, *The History of Italy*, pp. 409 – 410; Dr. Ludwig Pastor, *The History of the Popes*, *From the Close of Middle Ages*, Vol. X, pp. 56 – 57; Kenneth M. Setton, *The Papacy and the Levant* (*1204 – 1571*), Vol. III, p. 327；马克思：《马克思历史学笔记》（第三册），第248页；G. R. 埃尔顿主编《新编剑桥世界近代史》（第二卷），第450页。

[2] *LP* IV, No. 5777.

与法国之间的战争只能是无谓的消耗，彼此都占不了一丝一毫的便宜。因此 1529 年 7 月，萨伏依的露易丝和勃艮第的玛格丽特分别代表弗朗索瓦一世和查理五世，在康布雷（Cambrai）举行和谈，英格兰以及除佛罗伦萨之外的意大利主要城市国家均派代表参加了会谈。和谈于 8 月 5 日达成并签订《康布雷和约》（Treaty of Cambrai），又称"夫人和约"（Peace of the Ladies）。和约基本是《马德里条约》的延续，和约规定：（1）法国放弃米兰地区（包括阿斯蒂）和那不勒斯地区，放弃埃丹、阿拉斯、里尔和图尔奈等地，放弃对阿图瓦和弗兰德尔的一切采邑权，查理五世终身拥有沙罗莱伯国（County of Charolais）；（2）作为交换条件，查理五世不再坚持对勃艮第的领土要求，以 200 万杜卡特作为赎金，释放法国的两位王子；（3）弗朗索瓦要求威尼斯在 4 个月之内归还其在亚得里亚海占领的港口，如果威尼斯拒绝，他同意向查理五世租借 12 艘战舰，为期 6 个月，并答应给查理五世 3 万杜卡特以资助其同威尼斯作战；（4）弗朗索瓦保证波旁公爵后代的权利，停止对他们的指控，宣告他们无罪；（5）弗朗索瓦承诺不卷入危及皇帝利益的任何意大利或德意志事务（由于其母亲的缘故，弗朗索瓦并没有放弃其对萨伏依公国的部分权利）；（6）查理五世承诺将其姐姐埃莉诺护送至法国，与弗朗索瓦完婚。[①]

　　《康布雷和约》"在弗朗索瓦一世和查理五世的关系方面开辟了一个新时期，一个新的历史时期开始了"[②]。对查理五世而言，和约具有非常重要的现实意义，能够使他具备足够的力量不受干扰地和平解决意大利事务，从而为应对更为复杂的德意志问题和更为棘手的东方问题提供一定的政治和宗教资源，没有法国支持的意大利各城市国家不会对查理五世构成实质的威胁。对弗朗索瓦一世而言，和约虽然对法国十分苛刻，但是在外交上他也并非毫无斩获，法国顺利地保住了对勃艮第的权利，对稳定法国的东北边境意义重大，其战略价值非常重要。两位王子的获释也让法国的外交摆脱了人质的束缚。克莱门特七世说："我在这次的和平中看到两件好事，第一件是法国国王将领回他的两个儿子，从此不再受皇帝的约

①　Dumont, IV, Part II, pp. 7 – 17; Francesco Guicciardini, *The History of Italy*, pp. 412 – 413; Robert J. Knecht, *Francis I*, pp. 219 – 220; 马克思：《马克思历史学笔记》（第三册），第 248～249 页。
②　G. R. 埃尔顿主编《新编剑桥世界近代史》（第二卷），第 450 页。

束。……另一件好事是为了土耳其人的事，也由于路德派的原因，皇帝除去德国之外，别无选择。"①

1529 年 8 月，为安排意大利事务和进一步应对奥斯曼帝国的西进（1529 年奥斯曼帝国围攻维也纳），查理五世率领一支热那亚舰队开赴意大利，11 月来到博洛尼亚与克莱门特七世举行了会晤。12 月 23 日，各方签署和约：（1）弗兰西斯科·斯福查被重新拥立为米兰公爵，米兰堡和科莫堡仍归皇帝管辖，直到斯福查付清 40 万杜卡特为止；（2）莱瓦终身拥有帕维亚；（3）阿斯蒂划归萨伏依公国；（4）威尼斯将拉文纳和切尔维亚交还教皇，将那不勒斯的几个海港交还查理五世，② 支付 10 万杜卡特的赔偿金；（5）教皇对费拉拉、摩德纳和雷焦的要求交由查理五世裁决（1530 年查理五世做出了有利于费拉拉公爵的裁决，摩德纳和雷焦作为帝国封地，费拉拉作为教会封地，仍赐封与费拉拉公爵）。1530 年元旦，教皇克莱门特七世、查理五世、波希米亚和匈牙利国王斐迪南、威尼斯共和国代表、米兰公爵、萨伏依公爵、曼图亚侯爵和蒙费拉托侯爵正式缔结永久和约。③

查理五世与克莱门特七世在博洛尼亚举行会晤的同时，佛罗伦萨与奥兰治亲王率领的帝国军队的战争已经进行了 5 个月之久，其间奥兰治亲王阵亡，帝国军队的指挥权转交给了曼图亚的费南多·贡扎加（Ferrando Gonzaga）。孤立无援的佛罗伦萨艰难地坚持了几个月之后，于 1530 年 8 月投降，1531 年 7 月查理五世封亚历山德罗·德·美第奇为世袭公爵，④佛罗伦萨再次归政于美第奇家族。

1530 年 2 月 22 日教皇克莱门特七世为查理五世加冕为意大利国王，2 月 24 日查理五世正式加冕为罗马皇帝，这是教皇为德意志皇帝举行的最后一次加冕，这一天正好也是查理五世的生日和帕维亚战役胜利的纪念日，查理五世达到了他帝国事业的巅峰。从法国查理八世入侵到佛罗伦萨

① G. R. 埃尔顿主编《新编剑桥世界近代史》（第二卷），第 450 页。

② John Julius Norwich, *A History of Venice*, pp. 443 - 444.

③ Judith Hook, *The Sack of Rome*：1527, pp. 267 - 274；*The History of Italy*, pp. 422 - 424；Dr. Ludwig Pastor, *The History of the Popes*, *From the Close of Middle Ages*, Vol. X, pp. 85 - 89；Kenneth M. Setton, *The Papacy and the Levant*（1204 - 1571），Vol. III, p. 332；《马克思历史学笔记》（第三册），第 249 页；路易吉·萨尔瓦托雷利：《意大利简史——从史前到当代》，第 339～340 页。

④ Dr. Ludwig Pastor, *The History of the Popes*, *From the Close of Middle Ages*, Vol. X, p. 105.

的最终陷落，在这 35 年中意大利的政治生活发生了彻底的变化，城邦政治构建的意大利秩序或意大利微型国际体系彻底瓦解，孕育而生的共和精神逐渐被家族世袭统治取代，在这些城市国家的精神和司法的基础上，帝国建立了直接的或间接的统治，"今天，只有威尼斯依旧坚持着共和国的形式和精神，只有它保留了意大利的荣誉"①。

三　帝国战争：奥斯曼帝国与基督教世界

《马德里条约》第 26 条写道："皇帝和虔诚的基督徒国王陛下们的主要意图，过去是而且现在依然是依据该特别和约获得对全世界的统治权，并由此实现对土耳其人以及其他一切非基督徒和异教徒的精神控制……"② 事实上，意大利战争中的许多条约都是以土耳其人作为真实或名义上的目标的，在瓦洛亚王室和哈布斯堡王室之间的斗争中，还有第三支巨大的力量——奥斯曼帝国。

1500 年前后，给历史留下更深印记的是伊斯兰世界，而不是基督教世界。奥斯曼帝国以致力于促进和保卫伊斯兰教权力与信仰为己任，凭借其智慧和勇气，屡次使偏于一隅的基督徒国家感受到东方游牧民族的力量。奥斯曼人驰骋在欧、亚、非三大洲的辽阔舞台上，控制着东西方的主要通道东地中海，曾几度兵临维也纳城下，使整个西欧都在他们的铁蹄下呻吟。1354 年，奥斯曼帝国的土耳其人在欧洲建立了第一个永久性居民点，时隔一百年之后的 1453 年，土耳其人攻陷了拜占庭帝国的都城君士坦丁堡，改名为伊斯坦布尔。这一标志性的事件是欧洲国际关系历史的一次转折点，开启了奥斯曼帝国的黄金时代，同时也开始了土耳其人对西方长达近两百年的帝国战争（1453～1606）。奥斯曼帝国"始终作为一个异教徒介入欧洲历史，对欧洲国际关系历史的进程产生重大而直接的影响"。③

似乎是历史对奥斯曼帝国的垂青，在奥斯曼帝国的强国之路上，实属罕见地连续出现了一系列有才能的苏丹，在他们的杰出领导之下，帝国一直在继续向西向东扩张，一系列的帝国战争大大扩展了帝国的疆界，"从布达到巴斯拉，由阿尔及尔到亚美尼亚，从亚速海到亚丁湾，

---

① Judith Hook, *The Sack of Rome: 1527*, p. 291.
② G. R. 埃尔顿主编《新编剑桥世界近代史》（第二卷），第 447 页。
③ 刘德斌主编《国际关系史》，高等教育出版社，2003，第 25 页。

全是土耳其人的天下"①。伴随着军事上的胜利，奥斯曼帝国形成了一套日趋成熟的军事和政治机构，并且在文化上取得了令基督教世界羡慕不已的成就，16 世纪的历史被打上了"奥斯曼帝国黄金时代"的标记。

正是穆罕默德二世（Mehmed II，1451～1481 年在位）他征服了君士坦丁堡，正是他站在奥斯曼帝国征服大业的门槛，使他以"征服者"的名字载入了奥斯曼史册。② 他将传统的"加齐"（Ghazi）精神③与帝国战争结合起来，组建了一支纪律严明的近卫军，这些战士一旦选出就会被迅速隔离起来，经过几年的严格训练会变成一个个战斗机器，根据保罗·乔维奥的记载，他们会无条件地服从长官，并且在战争中根本不顾惜自己的生命，在苏丹的带领下寻求一系列的武力扩张。④ 穆罕默德二世吞并了安纳托利亚的一些突厥族酋长国，巩固了奥斯曼帝国的后方；在黑海地区征服了瓦拉几亚（Wallachia）、希腊族邦国和克里米亚鞑靼可汗国，驱逐了热那亚人在黑海地区的势力，继而将奥斯曼的影响延伸到巴尔干半岛，并于1453 年用欧洲人尚不熟悉的加农大炮攻破君士坦丁堡。⑤ 穆罕默德二世的成功，不可避免地将他抛入欧洲的政治漩涡中。他在同当时的海洋帝国威尼斯的角逐中，获得了威尼斯在意大利半岛的对手的鼓励和支持，而威尼斯也竭力想从不甘心臣服于奥斯曼帝国的部分酋长国那里谋求援助，以图开辟抵抗奥斯曼人的第二战线。欧洲人经常迫使奥斯曼帝国同时在欧洲和小亚细亚两线作战，从而实现其毁灭土耳其人的梦想，奥斯曼帝国从未彻底根除这一时刻存在的战略威胁。在大部分统治时期，穆罕默德二世一直在黑海、爱琴海、地中海与威尼斯一争高下，双方互有得失。1480 年土耳其人曾短暂占领意大利半岛的阿普利亚和奥特朗托（Otranto），让意大利各城市国家真正体会到了土耳其人近在咫尺的威胁，而另一个重要的结

---

① 戴维森：《从瓦解到新生——土耳其的现代化历程》，张增健、刘同舜译，学林出版社，1996，第 39～40 页。

② Kenneth M. Setton, *The Papacy and the Levant* (*1204 - 1571*), Vol. II, p. 109.

③ 所谓"加齐"是指伊斯兰教的边疆战士，其在奥斯曼帝国早期的征服战争中发挥了重要作用，在"加齐"传统中，"加齐"战士之间有一种相对平等的精神，战功是决定他们高低尊卑的依据，并且相对的宗教宽容精神也是加齐传统的一个重要特点。

④ T. C. Price Zimmermann, *Paolo Giovio: The Historian and the Crisis of Sixteenth - Century Italy*, pp. 25 - 26, 274.

⑤ Kenneth M. Setton, *The Papacy and the Levant* (*1204 - 1571*), Vol. II, pp. 108 - 137, 143 - 144；戴维森：《从瓦解到新生——土耳其的现代化历程》，第 40 页。

果是奥斯曼帝国海军力量的逐渐兴起，这一点在以后的历史发展中尤为重要。

巴耶泽德二世（Bayazid II，1481～1512年在位）统治期间，围绕着另一位逃亡西欧的王位继承人杰姆，巴耶泽德二世和包括罗马教皇在内的基督教世界讨价还价，使得杰姆成为国际政治角逐中的重要筹码。[①] 随着杰姆1495年2月死于那不勒斯，巴耶泽德二世重新开启了帝国征服大业。其在位期间，有三件事情对奥斯曼后来的历史进程产生了重要的作用和影响。第一个事态的发展是在奥斯曼帝国的东方波斯萨菲王朝（Safavid Dynasty，1501－1736）的兴起。由于该王朝属于伊斯兰教中的什叶派，不同于奥斯曼人所属的逊尼派，两者之间水火不相容。两股力量在小亚细亚一带展开了长期的争斗，萨菲王朝不时与基督教世界中的仇视土耳其人的国家结盟，致使奥斯曼帝国无法将全部力量放在西线，经常陷于两线作战。实际上，那些年代里，这两个伊斯兰国家在欧洲各国的外交上都具有突出的地位。第二个事态的发展是1498年达伽马环绕非洲的航行，这是一个极具深远意义的事件，后来与葡萄牙人在红海和印度洋的争夺战中，奥斯曼人为此付出了历史的代价。第三个事态的发展是奥斯曼海军规模和力量的增长，昔日的海上强国威尼斯已是江河日下，部分是因为葡萄牙人环绕非洲的航行，开辟了一条通往远东的全海航线，沉重打击了中间商贸易，还有就是要面对奥斯曼人在黑海、爱琴海及东地中海的全面挑战。[②] 一支名副其实的海军力量配合他们令人可惧的陆军，奥斯曼人便成为欧洲外交体系的一个组成部分，意大利战争期间奥斯曼帝国经常与欧洲国家达成某种形式的联盟，提供间接或直接的援助，被欧洲国家用作威慑其他国家的有形或无形的力量，那些要阻止一个统一王国来统治欧洲的国家，都想争取奥斯曼人为同盟者。

塞利姆一世（Selim I，1512～1520年在位）被其臣民称作"冷酷

---

① Kenneth M. Setton, *The Papacy and the Levant* (*1204 - 1571*), Vol. II, p. 381.

② Andrew C. Hess (January 1973), "The Ottoman Conquest of Egypt (1517) and the Beginning of the Sixteenth - Century World War", *International Journal of Middle East Studies* 4 (1): pp. 55 - 76; Palmira Brummett, "Foreign Policy, Naval Strategy, and the Defence of the Ottoman Empire in the Early Sixteenth Century", *The International History Review* 11, No. 4 (Nov., 1989), pp. 613 - 627; Andrew C. Hess, "The Evolution of the Ottoman Seaborne Empire in the Age of the Oceanic Discoveries, 1453 - 1525", *The American Historical Review*, Vol. 75, No. 7 (Dec., 1970), pp. 1892 - 1919.

者"。他率领近卫兵团发动了一场针对萨菲王朝的伊斯梅尔一世（Ismail I，1502~1524年在位）的征战，暂时稳定了东方，而后挥戈南下，近袭埃及的马姆卢克王朝（Mamluk Sultanate，1250－1517），占领了叙利亚和埃及。[①] 至此，奥斯曼帝国取得了在中东地区的绝对主导地位。几个世纪以来，陶鲁斯山脉（Taurus Mountains）一直是拜占庭帝国和阿拉伯世界，即基督教世界和穆斯林世界的分水岭，[②] 塞利姆的扩张征服使得奥斯曼帝国同时拥有了大马士革、开罗、麦加、麦地那和耶路撒冷这些具有重要历史意义的城市，在宗教世界中则更具象征意义。塞利姆一世统治的八年中，其主要的精力都集中在东方，使得基督教世界有了一段相对平静的时期，欧洲没有发生任何大规模的重要战役，但是征服和稳定奥斯曼帝国后方之后，塞利姆一世随即备战西征。然而塞利姆一世于1520年突然去世，其子苏莱曼继位。保罗·焦维奥说："走了一头脾气暴躁的雄狮，来了一只温顺的绵羊。"圭恰迪尼也认为苏莱曼其人温和、不好战。[③] 但是权力通常会改变一个人，通常会激发一个人潜在的欲望与野心，身负奥斯曼帝国事业的苏莱曼成为奥斯曼帝国苏丹之后，使欧洲再一次面临奥斯曼帝国的强大压力，同时基督教世界的所谓团结也因此更容易让人识破。1519年当选为神圣罗马帝国皇帝的查理五世从一开始就被卷入了与土耳其人的战争中。

苏莱曼一世（Suleiman I，1520~1566年在位）也被称为苏莱曼大帝（Suleiman the Magnificent）或"立法者"苏莱曼，在其统治时期奥斯曼帝国达到了帝国历史的巅峰。在这位苏丹的长期领导下，奥斯曼军队再一次转向西方。在巴尔干半岛、中欧，尤其是环地中海地区，土耳其人的出现已经是一个严重威胁基督教世界的政治现实了。意大利半岛的长期赢弱，在一定程度上也是奥斯曼帝国威胁产生的一个客观结果。位于中欧与南欧的波希米亚和匈牙利直面奥斯曼帝国，苏莱曼于1521年攻占曾长期阻挡奥斯曼人西进的贝尔格莱德，翌年攻陷罗得岛（Rhodes），长期驻守该岛的圣约翰骑士团的骑士曾不断骚扰土耳其、埃及之间的海上通道。[④] 此时苏莱曼已无后顾之忧，长驱直入，攻入匈牙利平原，直逼基督教世界的腹

---

① Kenneth M. Setton, *The Papacy and the Levant* (*1204 – 1571*)，Vol. III，pp. 142 – 170.

② 戴维森：《从瓦解到新生——土耳其的现代化历程》，第42~43页。

③ Kenneth M. Setton, *The Papacy and the Levant* (*1204 – 1571*)，Vol. III，p. 198.

④ *The Papacy and the Levant* (*1204 – 1571*)，Vol. III，pp. 199，203 – 216.

地，土耳其人的威胁已是近在咫尺。

1526 年 8 月 29 日，波希米亚和匈牙利国王路易二世（Louis II of Hungary and Bohemia，1516～1526 年在位）率领的匈牙利军队在莫哈奇（Mohács）被苏莱曼的大军击败，路易被杀，这次战役史称"莫哈奇战役"（Battle of Mohács）。① "莫哈奇战役的后果之巨大有如帕维亚战役，甚至超过帕维亚战役。从这时起哈布斯堡王室发现自己首当其冲，独当难局。"② 匈牙利的惨败使其损失了三分之二的国土，结束了匈牙利王国的独立历史，路易二世之后的王位继承成为哈布斯堡王室、奥斯曼帝国与其他贵族势力竞逐的目标。波希米亚王国（包括匈牙利西部和克罗地亚的一部分）落入奥地利哈布斯堡王室之手，奥斯曼帝国则占据了匈牙利的中部地区，拥有特兰西瓦尼亚（Transylvania）的宗主权，而匈牙利的北部控制在一些匈牙利贵族手中。查理五世的兄弟、路易二世的姻兄、帝国总督斐迪南继承了对波希米亚和匈牙利王位的权利③，围绕匈牙利王位继承，斐迪南与以约翰·佐波尧（John Zápolya）④ 为代表的匈牙利贵族展开了激烈的斗争（佐波尧得到了科尼亚克同盟和奥斯曼帝国的支持⑤），10 月 23 日斐迪南在布拉格宣告自己为国王，12 月 17 日一些匈牙利贵族承认他为匈牙利国王。这时在欧洲基督教国家中，拥有大片领地哈布斯堡王室的查理五世占据优势，而与之竞争的法兰西瓦洛亚王室的弗朗索瓦一世则借机寻求奥斯曼人的支持，与查理五世相抗衡，法兰西—奥斯曼联盟成为欧洲国际关系的一部分，也是保持列强均势的一个因素。

---

① Andrew C. Hess，"The Road to Victory：The Significance of Mohács for Ottoman Expansion"，in *From Hunyadi to Rákóczi：War and Society in Late Medieval and Early Modern Hungary*. Edited by János M. Bak，New York：BrooklynCollege Press，1982，pp. 179－188；László M. Alföldi，"The Battle of Mohács，1526"，in *From Hunyadi to Rákóczi：War and Society in Late Medieval and Early Modern Hungary*，pp. 189－201；Leslie S. Domonkos，"The Battle of Mohács as a Cultural Watershed"，in *From Hunyadi to Rákóczi：War and Society in Late Medieval and Early Modern Hungary*，pp. 203－224；Kenneth M. Setton，*The Papacy and the Levant*（*1204－1571*），Vol. III，pp. 248－249.

② G. R. 埃尔顿主编《新编剑桥世界近代史》（第二卷），第 454 页。

③ 1522 年路易二世与马克西米连一世的孙女、哈布斯堡的玛丽联姻，而路易二世的姐姐安娜与斐迪南联姻。

④ 1526 年 11 月，特兰西瓦尼亚贵族约翰·佐波尧加冕为匈牙利王国国王，联合奥斯曼帝国与斐迪南争夺匈牙利，1527 年 9 月战败。

⑤ *The Papacy and the Levant*（*1204－1571*），Vol. III，pp. 251－254.

　　哈布斯堡王室的势力在各个方面都受到土耳其人直接或间接的威胁。在中欧和地中海，冲突是在两条战线上展开的。如果考虑到意大利战争中与法国的斗争，事实上是在三条战线上。查理五世在各个方面都需要保卫自己的利益，动用各项巨大的资源。1529 年苏莱曼兵临维也纳城下，维也纳保卫战成为土耳其人入侵欧洲浪潮的最高点。苏莱曼后因天气和战线过长而退兵，[①] 但是这件事始终萦绕在欧洲人的脑海之中，挥之不去。除去在多瑙河流域的陆地交锋外，奥斯曼帝国的反哈布斯堡姿态在地中海海域也一目了然。奥斯曼海军与查理五世组织的一支欧洲国际联合舰队在地中海展开了激烈地争夺，虽然双方互有胜负，然而实际上欧洲人未能消除奥斯曼人对威尼斯的严重威胁，致使威尼斯人不得不退出与哈布斯堡王朝的联盟，转而与法国和奥斯曼土耳其联盟，从而形成了一种新的战略态势。而更具讽刺意味的是，奥斯曼帝国却成了欧洲宗教改革运动的一份极有价值的资产。[②] 不过，苏莱曼一世也未能摆脱两线作战的尴尬，哈布斯堡王室竭力敦促波斯人进攻苏莱曼，重新挑起他们之间的敌对情绪，以此试图抵消法土合作的影响。苏莱曼再度举兵东向，占领了包括巴格达在内的大片土地，其势力推进到波斯湾。在这里，苏莱曼试图打破葡萄牙人对波斯湾和印度洋贸易的垄断，这样他的帝国就能在东方贸易中恢复中间商的主导地位，但是均告失败。[③] 奥斯曼帝国已开始逐渐显露出颓势，苏莱曼缔造的帝国由于幅员辽阔，兼跨欧、亚、非三大洲，拥有漫长的海岸线，无论在外御还是内治方面，都会遇到异乎寻常的难题。奥斯曼人无法攻下维也纳，无法把葡萄牙人从印度洋赶走，而此时的欧洲在政治、经济、军事和外交上越来越趋于成熟，大洋航线的开辟和蓬勃发展虽然没有立刻使地中海贸易土崩瓦解，但是欧洲人却完成了对奥斯曼帝国侧翼的战略包抄。尽管如此，16 世纪中叶奥斯曼帝国可算是欧洲最强盛的国家。

　　奥斯曼帝国通过战争与外交实现了其对欧洲内部事务的干预。一个令

---

①　Andrew C. Hess（January 1973），"The Ottoman Conquest of Egypt（1517）and the Beginning of the Sixteenth‐Century World War"，pp. 55‐76；Kenneth M. Setton，*The Papacy and the Levant*（*1204‐1571*），Vol. III，pp. 325‐326.

②　Stephen A. Fischer‐Galati，*Ottoman Imperialism and German Protestantism，1521‐1555*，Harvard：Harvard University Press，1959，p. 117.

③　Colin Imber，*The Ottoman Empire，1300‐1650：The Structure of Power*. New York：Palgrave Macmillan，2002，p. 50.

人惊奇的现象是，奥斯曼人应该对欧洲宗教改革的成功和拉丁基督教世界的崩溃负部分责任。[1] 为了进一步削弱哈布斯堡王朝的力量，奥斯曼帝国曾向德国乃至北欧的新教地区提供包括经济援助在内的直接或间接帮助。由于忙于应对与奥斯曼帝国的战争和与瓦洛亚王室的争斗，哈布斯堡王朝无法对蓬勃发展的德国新教徒实施有力的弹压，使得宗教改革运动蓬勃发展。奥斯曼帝国长期对地中海区域形成威胁，造成该地区曾作为欧洲贸易中心地位的下降和最终的转移，中间贸易的不断衰落导致意大利历史地位的衰败，催生欧洲"海洋时代"的来临。在欧洲，人们注意到的是收缩现象、领土丧失、内部各种力量的重新调整，它们把欧洲一切有生力量限制在一个狭小的地区，但所幸的是，海洋方面却是开放的，16世纪的欧洲比14世纪的欧洲要小。这种"边界局势"的直接后果是两个新兴国家奥地利和勃兰登堡—普鲁士的崛起，这两个国家的肇始可以追溯到这一时期。[2]

奥斯曼帝国在15世纪至17世纪作为"欧洲的苦难之源"，给历史留下的印记实在是太深刻了。观察欧洲中世纪晚期和近代早期国际关系的发展过程，奥斯曼因素是无可回避的。[3] 在东欧，土耳其人是第一支从南向北成功侵入巴尔干半岛的异族异教力量，[4] 它带给东欧的历史影响今日依稀可见。在西欧，奥斯曼帝国的影响有助于一个因宗教改革而支离破碎的欧洲形成一种全新的国际关系格局，并发展出以共同的特性和纽带为中心的"欧洲"概念，所谓共同的特性和纽带主要包括共同的外交实践、共同的国际行为准则和从中世纪继承下来的封建依附关系，[5] 而穿插其间的奥斯曼帝国及其征服战争是导致欧洲近代国际秩序形成的一个变量，以常驻使节机制为特点的欧洲近代外交网络把近代的欧洲各国联合为一个整体，势力均衡原则犹如一只"看不见的手"维系着欧洲的国际秩序，使欧洲形

---

① 维克多·李·伯克：《文明的冲突：战争与欧洲国家体制的形成》，王晋新译，上海三联书店，2006，第120页。

② G. R. 埃尔顿主编《新编剑桥世界近代史》（第二卷），第28页。

③ Thomas Naff, "The Ottoman Empire and the European States System", in *The Expansion of International Society*. Edited by Hedly Bull, Oxford：Olarendon Press, 1984, pp. 143 – 169.

④ 首都师范大学历史系编《"世界历史上的文明/文化的比较与交流"学术研讨会：参会论文提要》，2007年4月。

⑤ 计秋枫：《略论近代欧洲国际体系的建立与演变》，《江苏社会科学》1995年第5期，第111～116页。

成了"一种匿名合作的社会"。①

以奥斯曼帝国、萨菲王朝、莫卧儿王朝为主导的伊斯兰世界不断对从中世纪向近代社会转型的欧洲构成冲击，导致欧洲内部的内聚性裂变，正是来自奥斯曼帝国对西欧的持续不断的战争挤压，才促成了欧洲各国去寻求能够恰当处理国与国之间关系的新型国际关系模式，采取更能符合现实的国际行为准则和外交模式，从而摆脱中世纪传统政治的羁绊，以世俗化的眼光而非以缺乏理性的宗教情感去判断敌友，从而形成彼此之间的均衡态势，这一过程其实就是欧洲近代国际关系模式形成与发展的过程。强调战争与外交在其间的重要作用，并不是为了淡化其他因素的作用，例如经济的基础性功能，文明的交流性作用也是不能忽视的。欧洲近代国际关系模式的形成与演变的考察视角本来就应该是多维的。② 既要充分估计战争

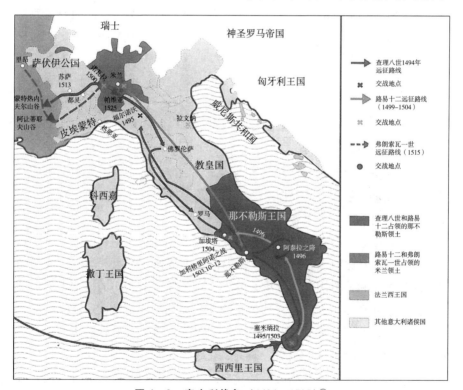

图 4 - 2　意大利战争（1494～1525）③

---

① 安东尼·吉登斯：《民族－国家与暴力》，胡宗泽、赵力涛译，三联书店，1998，第109页。

② 维克多·李·伯克：《文明的冲突：战争与欧洲国家体制的形成》，第10页。

③ 朱明：《地图上的法国史》（第二版），第108页。

暴力在国际体系形成变化过程中产生的巨大作用，同时也要看到外交网络的形成在塑造国际体系方面具有的巨大能量；既要看到奥斯曼文明对西欧社会造成的种种历史性的影响和冲击，也要看到这些影响、冲击表现或实现方式的多元化；既要对影响国际体系发展变革的西欧社会内部环境和矛盾进行深入地挖掘，又要对以往人们所忽略的欧洲近代国际关系模式形成的外部环境进行全面系统的考察。简而言之，奥斯曼帝国战争以及由此衍生出来的各种政治、经济、外交和文化联系，是欧洲中世纪秩序瓦解以及欧洲近代国际秩序形成过程中的一段不可磨灭的历史体验。

小　结

卷入意大利战争的既有国际性的力量，例如哈布斯堡家族的神圣罗马帝国、瓦洛亚家族的法兰西王国、被基督教视为异类的奥斯曼帝国、都铎时期的英格兰以及庞大的教会体系，又有地区性的力量，例如意大利半岛上的各种家族力量、勃艮第的地方贵族，等等；既有传统的封建家族关系，又有复杂的王朝王室关系，环环相扣，利益交织；既有地方性的冲突，也有国际性的战争，意大利战争进程中不同的阶段具有不同的主要矛盾。持续不断的彼此征战中，强者通过打击弱者扩张自己的领土，通过在意大利内外雇佣职业军队（罗马教皇的瑞士雇佣军就是一个典型的例子），将战争变成了一场昂贵的雇佣军之间的游戏，使意大利城市国家日益军事化，其国内的政治体系也逐渐瓦解。

意大利战争的进程曲折、复杂而且多维。考察欧洲近代国际关系的形成与演变的视角也应该是多维的。虚幻的帝国梦想、帝权与教权的势力角逐、国家主义和地方主义的矛盾关系、不同宗教组织之间的信仰论战、基督教世界与异教徒世界的对立冲突构成了一幅波澜壮阔的 16 世纪欧洲国际关系图景，其中既可看到奥斯曼文明对西欧社会造成的种种历史性的影响和冲击，也可看到这些影响、冲击表现或实现方式的多元化；既可深入挖掘影响国际体系发展变革的西欧社会内部的环境和矛盾，又可全面系统地考察以往人们所忽略的欧洲近代国际关系形成的外部环境。

第五章 荣誉与权力——君主之间的
战争(二)(1530～1547)

第一节 虚假的和平:1530～1534

自《康布雷和约》与博洛尼亚会晤之后,欧洲国际关系的重心已经由意大利半岛转移到了中南欧和地中海沿岸,处理德意志的宗教问题、稳固哈布斯堡家族在意大利半岛的统治地位、抵御奥斯曼帝国在地中海和中欧的颇具威胁性的进攻以及维护哈布斯堡家族在多瑙河流域的利益成为查理五世执政后期的主要任务,这种政治与宗教相互交织、错综复杂的局面正是意大利战争后期的特点。1530年6月5日,以平定意大利和皇帝加冕为毕生目标的帝国首席顾问大臣加蒂纳拉去世,12月1日以查理五世名义统治尼德兰的勃艮第的玛格丽特去世。这时,查理五世必须将政策的重心由意大利转向德意志和多瑙河流域,以巩固哈布斯堡王朝的家族统治。瓦洛亚王朝与哈布斯堡王朝之间的战争虽然暂时告一段落,可是深受中世纪传统政治熏陶的弗朗索瓦一世并没有忘记捍卫家族荣誉的神圣责任,和约仅给他提供了休养生息的机会,以便充实国库、加强军备和建立新的外交联盟。亨利八世解除婚姻的请求,由于查理五世从中作梗,教皇克莱门特七世不予批准,导致英格兰与帝国的关系降至低点。在1530年全1534年的所谓和平气氛之下,弗朗索瓦一世不遗余力地在德意志问题上为查理五世制造麻烦,公开与奥斯曼帝国联合在地中海向查理五世挑衅,试图建立一个包括德意志诸侯、英格兰、教皇和土耳其人在内的广泛的反哈布斯堡联盟。但是弗朗索瓦一世处理国内新教运动以及联合土耳其人的行为措施,让其建立反哈布斯堡联盟的外交努力在基督教世界也难以获得广泛的支持。

一 施马尔卡尔登同盟:反哈布斯堡王朝联盟的形成

德意志是哈布斯堡家族世袭领地之所在,对查理五世的帝国具有不可言喻的重要性,虽然它没有西班牙所拥有的美洲财富,而且查理五世甚至根本不愿驻留在潮湿寒冷的德意志，而把他在位的大部分时间留给了西班牙和低地国家。但是德意志却拥有欧洲最复杂的政治情势、最难以控制的宗教热情以及最重要的地缘战略地位，它是阻挡土耳其人侵略欧洲的第一道防线。面对德意志诡谲的政治变化与土耳其的虎视眈眈，查理五世还是需要运用外交手腕并发动多次战役，以求全力维持哈布斯堡家族在欧洲的政治地位。

　　身陷意大利战争的查理五世已经有九年没有到过德意志了，在这些年里，路德的宗教改革运动获得了充分发展。"随着宗教运动的蔓延发展，由于教会同当时的整个经济和社会结构紧密相连，这就日益显示出新事物在什么样的范围里震撼了在此以前的整个生活的基础。"[①] 宗教改革的风暴不仅在宗教方面影响巨大，也牵动德意志地区的政局发展，使哈布斯堡家族在德意志的政治秩序和宗教秩序面临着前所未有的考验，由于查理五世的帝国广博而分散，统治权力是借助于勃艮第、德意志等地的哈布斯堡家族成员的委任统治来实现的，在神圣罗马帝国的范围内，他统而不治（He reigned but did not rule），但是查理五世作为皇帝，也拥有至高无上的权力，主持召开帝国会议，仲裁和解决诸侯贵族之间的争端，利用一切机会扩大哈布斯堡家族领地。哈布斯堡家族通过战争和联姻成为帝国内拥有最多领地的王室家族，而且长期以来占据着皇帝的宝座，可以说是欧洲范围内势力最为强大的王室家族。1519 年施瓦本同盟[②]（Swabian League）击败维尔滕堡公爵（Duke of Württemberg），将其领地卖给了查理五世。[③] 维尔滕堡公国位于哈布斯堡家族世袭领地与勃艮第公国的佛朗什—孔泰之间，对于查理五世恢复勃艮第公国的全部领地具有重要的战略意义。为了更好地保护哈布斯堡家族在德意志的利益，确保其不在德意志时的统治秩序，查理五世任命其兄弟斐迪南为帝国总督，1522 年 2 月，在查理五世和斐迪南兄弟之间关于家族遗产分配的《布鲁塞尔协定》（Compact of Brus-

---

① 马克斯·布劳巴赫等：《德意志史》（第二卷，上册），第 72 页。
② 中世纪德意志的城市为保障自己的商业利益和特权，往往结成地区性的城市同盟，例如13 世纪成立的莱茵同盟、汉撒同盟，14 世纪成立的施瓦本同盟。施瓦本同盟是 1331 年由德意志南部施瓦本地区的奥格斯堡、乌尔姆等城市和一部分瑞士城市组成的同盟。1388 年同盟被迫解散。1488 年为反对维尔滕堡公爵等地方诸侯，施瓦本同盟重组并扩大，逐渐成为哈布斯堡王室维护帝国权威、遏制地方诸侯扩张、镇压农民起义的政治和军事同盟。1534 年施瓦本同盟解散。
③ Martin D. W. Jones, *Clash of Empires: Europe 1498 – 1560*, p. 6.

sels）中，斐迪南获得了王室的全部德意志领土，包括刚刚得到的维尔滕堡作为世袭封邑，而查理五世保留了尼德兰和父亲菲利普的遗产，还有位于意大利和尼德兰之间重要的战略上结合部阿尔萨斯，并终身担任阿尔萨斯的地方长官。[①]《布鲁塞尔协定》加强了哈布斯堡家族在帝国的统治地位，巩固了斐迪南在德意志的总督地位，避免了政治真空，为斐迪南当选罗马人的国王乃至皇帝创造了政治条件。同年斐迪南通过由马克西米连一世已经安排好的双重联姻，与匈牙利建立了更加牢固的联系，从而直接面对来自奥斯曼帝国的威胁。

马丁·路德掀起的宗教改革运动，让反对罗马教会的激愤情绪在德意志已经势同燎原之火不可收拾，千年以来的基督教传统遭遇到了前所未有的挑战，一位教皇使节这样说道："所有日耳曼人都武装起来抵抗罗马教会。整个世界为了即将在日耳曼举行的会议而哗然。教皇所颁开除教籍之训谕成为取笑的对象。很多人已经不再接受忏悔圣礼……马丁·路德的肖像画，头顶上被加画了光环。人们吻着这些画。肖像画大为畅销，使我无法购得一张……我不能上街，因为日耳曼人把手按在剑柄上，对我咬牙切齿。我希望教皇能赐我一张完全的赦罪状，并且假使我有什么三长两短，希望教皇能照顾我的兄弟姊妹。"[②]

查理五世虽为神圣罗马帝国皇帝，但是他要处理的问题实在是太多、太复杂了，意大利、西班牙、勃艮第和土耳其人等棘手的问题，让他既没有时间也没有金钱来集中处理德意志问题。1526年6月，施佩耶尔帝国会议（Diet of Speyer）举行，会议决定召开一次普遍的宗教会议以解决教会问题，暂时搁置围绕着沃尔姆斯谕令的争论，会议未召开前，各诸侯"应以能对上帝和皇帝陛下负责的政策施行统治"。这个决定是各方面对当前欧洲形势的一种权宜之计，却"成为宗教改革运动继续发展的合乎帝国法律的前提"[③]，新教徒对决定的解释是：认可路德教会的创立；承认各诸侯领地范围内之宗教自治；禁止天主教徒在路德教会势力范围内做弥撒。新教的势力范围迅速在德意志扩大，并且得到了越来越多的德意志诸侯的支持。新教运动的成长壮大与正在进行的意大利战争和奥斯曼帝国的扩张

---

① Martin D. W. Jones, *Clash of Empires*：*Europe 1498–1560*，p. 8；马克斯·布劳巴赫等：《德意志史》（第二卷，上册），第64页；马克思：《马克思历史学笔记》（第三册），第225页。

② 威尔·杜兰：《世界文明史·宗教改革》，第273页。

③ 《德意志史》（第二卷，上册），第96页。

也是分不开的，查理五世被牵制在意大利，而帝国总督斐迪南被深深卷入波希米亚、西里西亚和匈牙利的事务中，这些事务的背后经常出现土耳其人的身影。新教力量在欧洲国际舞台上开始发挥一定的作用，成为欧洲国际关系中一个不容忽视的因素。

根据查理五世与教皇之间的新谅解，1529 年 3 月 15 日第二次施佩耶尔帝国会议召开，考虑到查理五世同英格兰和法国在意大利的艰苦斗争还在继续进行，特别是由于斐迪南希望得到各诸侯的支持去对付业已推进到维也纳城下的土耳其人，斐迪南以皇帝代理人的身份提出会议应先讨论战争中的帝国支援问题，然而会议先讨论的却是宗教的争论，新教派居少数的会议执行委员会赞同废止第一次施佩耶尔帝国会议的决定，坚决执行沃尔姆斯谕令，以放逐任何改宗者相威胁。4 月 25 日出席帝国会议的新教徒把他们的不同观点公开写入向皇帝和未来的普遍宗教会议提出的申诉书中，从施佩耶尔动身广为散发，以示抗议。在上面署名的有黑森侯爵菲利普（Landgrave Philip of Hesse）、萨克森选侯约翰（John of Saxony）、勃兰登堡侯爵格奥尔格（Margrave George of Brandenburg）、不伦瑞克－吕内堡公爵恩斯特（Dukes Ernest and Franz of Brunswick－Lüneburg）和安哈尔特大公沃尔弗冈（Prince Wolfgang of Anhalt）等 7 名诸侯和 14 个帝国城市的代表，[①] 此后天主教徒便以"抗议者"（Protestant）一词来指新教徒。这样一来，已经在帝国表面统一中出现的裂痕进一步加深了。

这些"抗议者"出于两种理由坚持 1526 年施佩耶尔帝国等级会议决议：一是帝国法律上的理由，因为它是一致制定的，不能由多数来废除，尤其是在国家法上也没有说明它对少数的约束力；二是宗教上的理由，因为"涉及上帝荣誉和灵魂幸福的事情，每一个（等级）都必须面对上帝为自己辩解"。从此之后，这两个宗教集团在体制的意义上分道扬镳了。帝国体制的裂痕再也没有弥合。从帝国法律中引申出来的新教原则对其信徒意味着一种直接的危险，因为帝国等级会议决议也对任何改宗者以放逐相威胁。新教徒必须考虑保护自己。就在决议通过那一天，萨克森、黑森、纽伦堡、斯特拉斯堡和乌尔姆商定缔结一个如何才能对付未来进攻的秘密同盟。[②]

---

① 马克斯·布劳巴赫等：《德意志史》（第二卷，上册），第 114 页；马克思：《马克思历史学笔记》（第三册），第 274 页。
② 《德意志史》（第二卷，上册），第 114 页。

宗教问题的论争逐渐转到了政治层面，宗教与政治间不安的关系，造成的首要后果便是动摇了政治秩序的传统基础，[1] 而建立新教政治同盟的必要性成为各方新教势力的一致共识。德意志宗教秩序的巨大变化，让刚从意大利战争中暂时脱身的查理五世决定于 1530 年 6 月在奥格斯堡召开帝国会议（Diet of Augsburg），试图平息由新教运动带来的紧张局势，9 月23 日新教诸侯退出会议，协商破裂。11 月 19 日奥格斯堡帝国会议发表了一份语带威胁的文件，宣称沃尔姆斯谕令应予以严格遵行，凡是背叛罗马天主教的行为都要受到诅咒，所有新教举措都该受到谴责，给予新教徒三个月的宽限期，1531 年 4 月 15 日以后，不遵守本会规定者应受惩罚。文件经由查理五世批准后正式成为谕令，史称"奥格斯堡谕令"（Edict of Augsburg）。[2] 谕令实际上是对新教徒的宣战书，新教徒准备抵抗皇帝和帝国，"这时的主要问题不是信仰，而是要保护劫掠来的教会财产，捍卫诸侯的政权"。[3]

为了继续巩固哈布斯堡家族的帝国王朝统治地位，在除萨克森选侯之外的其他六位选侯的支持和查理五世的金钱贿赂之下，1531 年 1 月 5 日，斐迪南在科隆（Köln）当选为"罗马人的国王"。随后查理五世前往布鲁塞尔，任命自己的妹妹、寡居的匈牙利王后玛丽为尼德兰总督。面对帝国的威胁和哈布斯堡家族势力的日益壮大，德意志新教势力迅速克服了阻碍它们团结的神学方面的论争，1530 年 12 月 22 日，黑森、萨克森、勃兰登堡、不伦瑞克－吕内堡、安哈尔特、曼斯菲尔德、马格德堡和不来梅等诸侯和城市代表，在施马尔卡尔登（Schmalkalden）集会讨论反对皇帝推选斐迪南为罗马人的国王的政策，要求查理五世撤销审理宗教问题，并协商组成政治联盟以捍卫政治和宗教权利。1531 年 2 月 27 日，施马尔卡尔登同盟（League of Schmalkalden）正式缔结，如果任何一个同盟成员由于宗教信仰问题而遭到攻击，那么其他成员必须全力保卫它。"在任何场合"，协议说，"我们中任何一员为上帝之道和福音的教导或为其他任何与此有关的事遭受攻击，其他全体成员将立即尽其所能前往援助，帮助他脱离危难"。[4] 施马

---

① Kenneth M. Setton, *The Papacy and the Levant*（1204 - 1571），Vol. III，p. 353.

② David Jayne Hill, *A History of Diplomacy in the International Development of Europe*，Vol. II，p. 427.

③ 《马克思历史学笔记》（第三册），第 282 页。

④ Martin D. W. Jones, *Clash of Empires*：*Europe 1498 - 1560*，pp. 9 - 11.

尔卡尔登同盟的成立，很快受到法国、英格兰、斯堪的纳维亚国家以及反对斐迪南的匈牙利贵族的青睐，[①] 甚至教皇和土耳其人也在考虑能否利用它作为抗衡查理五世优势的力量，一个广泛的反哈布斯堡王室的政治和外交联盟正在形成。

弗朗索瓦一世在《康布雷和约》中承诺不干涉德意志事务，但是不断发展的新教运动和斐迪南的当选导致查理五世与新教诸侯之间的分歧日渐加深，这种情况让弗朗索瓦心中燃起了恢复法国传统权利的希望。1531年2月16日，在施马尔卡尔登集会的新教诸侯吁请弗朗索瓦提供帮助。为了慎重起见，5月弗朗索瓦派遣热尔韦·韦恩（Gervais Wain）出使德意志，了解实际情况。韦恩很快发现德意志的形势还是比较清晰的。尽管极力认为斐迪南的当选违背了《黄金诏书》以来的帝国传统，但是萨克森选侯对于哈布斯堡家族还是非常忠诚的，而黑森侯爵菲利普和巴伐利亚公爵家族则坚决反对哈布斯堡家族的事业。另外一个争议的焦点问题是维尔滕堡公国问题，黑森侯爵菲利普支持恢复乌尔里希公爵（Duke of Ulrich）的权利，但是巴伐利亚公爵家族由于担心新教向维尔滕堡公国传播而反对此事。作为联合反对哈布斯堡家族的第一步，在韦恩的调停下，10月26日巴伐利亚公爵家族与施马尔卡尔登同盟在萨尔费尔德（Saalfeld）结成特殊同盟，这个同盟的成员既包括新教诸侯，又包括天主教诸侯，成为弗朗索瓦德意志政策的基石。10月瑞士各州爆发宗教战争，弗朗索瓦企图通过外交方式插手瑞士事务，并于1532年3月承诺提供财政支持，加强瑞士与施马尔卡尔登同盟的联系，互相支持。为了支持重新占领维尔滕堡的计划，1532年5月26日法国、萨克森、黑森和巴伐利亚在沙伊尔（Scheyern）缔结同盟，弗朗索瓦承诺为将来的战争提供10万埃居的财政援助。[②]

弗朗索瓦的反哈布斯堡的外交策略不仅限于德意志和瑞士各州，他还将改善与英格兰和教皇的关系作为其政策的重点。为了协调双方在德意志问题上的立场，同年10月，弗朗索瓦一世与亨利八世在布洛涅举行了两人之间的第二次会晤，弗朗索瓦希望亨利八世能够负担部分向沙伊尔同盟

---

① 　William Robertson, *The History of the Reign of the Emperor Charles the Fifth*, Books V in *The Works of William Robertson*, *D. D. in Eight Volumes*, Vol. IV, pp. 40 – 43.

② 　Robert J. Knecht, *Francis I*, pp. 223 – 224; Robert J. Knecht, *The Rise and Fall of Renaissance France*, *1483 – 1610*, pp. 138 – 139.

提供的经费，而亨利八世则需要弗朗索瓦的支持，以疏通由于婚姻问题和沃尔西倒台而日益恶化的英格兰与罗马教廷的关系，为了表示双方的友谊与和睦关系，陪同亨利八世的安妮·博琳（Anne Boleyn）得到了一枚价值 15000 埃居的钻石，而亨利则免除了弗朗索瓦所欠的 30 万埃居；萨福克和诺福克公爵被授予圣米歇尔骑士称号，蒙莫朗西和沙博被授予嘉德骑士称号。[①] 然而，亨利八世的鲁莽破坏了弗朗索瓦的努力，借助于 1532 年的《岁贡法令》（Act of Annates）、1533 年的《上诉法令》（Act of Appeals）和 1534 年的《至尊法令》（Act of Supremacy），亨利八世最终从法律上否定了教皇权。[②] 弗朗索瓦并不希望由于亨利八世的一系列措施而破坏业已建立起来的法国与教皇的良好关系，认为亨利八世的行为只能是将教皇推向查理五世一边，不利于各方的政策需要。[③]

英法关系的削弱在一定程度上也是法国与教皇关系改善的结果。围绕着亨利八世的婚姻问题而展开的国际外交活动，由于各方的不同利益需求而变得错综复杂。经历战争之后的意大利半岛，在查理五世的主导之下成为帝国政治的附属品，在这样一个宗教团体竞相取悦世俗王侯的时代，教皇的权力也不足以保障罗马教廷的生存，教皇克莱门特七世及美第奇家族不得不生存在皇帝的巨大阴影之下，博洛尼亚会晤并没有根本消除克莱门特七世的疑虑，他担心普遍宗教会议的召开会影响教皇的权威，对查理五世任命其劲敌科隆纳主教为那不勒斯总督，把雷焦和摩德纳赏赐给费拉拉公爵的做法十分不满。[④] 克莱门特七世仍然希望在意大利能有一支与帝国相抗衡的力量为己所用，于是 1531 年 6 月 9 日与弗朗索瓦达成一项协议，安排其侄女凯瑟琳·德·美第奇（Catherine de'Medici）与弗朗索瓦的次子、奥尔良公爵亨利（后来的亨利二世）缔结婚姻，美第奇家族成为法国王室的一员，这项联姻对 1559 年之后的法国历史将有深远的影响。协议

---

① *LPV*, Nos. 1484–1485.

② 《岁贡法令》终止神职人员向教皇缴纳一切岁贡；《上诉法令》否定了教皇对英格兰教会行使的一切司法审判权；《至尊法令》明文宣告英王是英格兰国教会的最高首领，标志着英格兰教会与罗马教廷的正式决裂。详情参见刘城《英国教会：从双重纳税义务走向单一纳税义务》，《历史研究》2002 年第 6 期，第 131～141 页；刘城《十六世纪英国"王权至尊"的确立与教皇权的衰落》，《历史研究》2006 年第 2 期，第 138～150 页；刘城《英国中世纪教会研究》，第 165～166 页。

③ *LPVI*, Nos. 230, 254.

④ Kenneth M. Setton, *The Papacy and the Levant* (*1204–1571*), Vol. III, p. 346.

中还附带秘密条款：教皇支持法国恢复米兰和热那亚的权利。① 冲破了重重阻力之后，1533 年 10 月，弗朗索瓦一世与教皇克莱门特七世在马赛会晤，会谈涉及了宗教异端邪说的传播、召开普遍宗教会议和亨利八世的婚姻问题等，28 日凯瑟琳与亨利正式完婚。亨利八世的代表要求教皇取消开除教籍的敕令，并威胁向未来的宗教会议上诉，这激怒了弗朗索瓦和教皇，弗朗索瓦对英格兰代表说："我在想方设法尽可能地赢得教皇的支持，而你却在尽可能地设法失去他的支持。"② 英法之间已经失去互信，英格兰与罗马教廷的决裂已是不可逆转了，1534 年 3 月，罗马宗教法庭宣布亨利同阿拉贡的凯瑟琳的婚姻是合法的，解除婚姻的诉讼全都无效。

　　为了缓和由于宗教论争而产生的紧张局势，以换取新教徒对其与土耳其人战事的支持，1532 年 8 月查理五世召开了纽伦堡帝国会议，宣布了一项协议：在宗教会议举行之前，或在帝国会议做出新决议以前，任何一方都不应该在宗教信仰问题上强制另一方；宣布停止审理财政案件和其他涉及宗教的案件。③ 但是查理五世却不顾德意志诸侯的抗议，仍然把居民大多数为新教教徒的维尔滕堡公国作为世袭领地交给斐迪南。失去领地的维尔滕堡公爵乌尔里希向施马尔卡尔登同盟求援，弗朗索瓦利用这次机会，于 1534 年 1 月在法国的巴勒迪克山（Bar – le – Duc）和黑森侯爵菲利普会面并签署条约，黑森侯爵承诺三个月之内向斐迪南宣战，弗朗索瓦答应向乌尔里希公爵提供 125000 埃居的财政援助。④ 随后黑森侯爵菲利普出兵占领维尔滕堡，拥立乌尔里希公爵，6 月 29 日在萨克森选侯的调停之下菲利普与斐迪南达成和解：维尔滕堡公国归还乌尔里希，而乌尔里希承认这些领地是哈布斯堡家族的附属封地。失去维尔滕堡公国的直接统治，对于哈布斯堡家族是一个不小的损失，这让完全恢复勃艮第公国的努力更加艰难了。施马尔卡尔登同盟在德意志的影响力日渐增强。

　　回顾过去四年的外交政策，可以说弗朗索瓦一世取得了不小的成绩。

---

① A. W. Ward etc. ed. , *The Cambridge Modern History*, Vol. II, p. 67; *The Papacy and the Levant*（*1204 – 1571*）, Vol. III, p. 370.

② *LP* VI, Nos. 1403, 1425 – 1426; J. J. Scarisbrick, *Henry VIII*, pp. 319 – 320.

③ 马克思：《马克思历史学笔记》（第三册），第 285 页。

④ Robert J. Knecht, *Francis I*, p. 232.

他在既没有诉诸武力也没有公开违反《康布雷和约》的情况下，把教皇拉到了自己的一边，而且实现了家族的联合；德意志的政策成功地削弱了查理五世在德意志的统治地位。然而1534年下半年，有两件事情对于欧洲的国际关系产生了重要影响。第一件事情是9月25日，教皇克莱门特七世去世，这位教皇的去世让刚刚建立的法国与教廷的缓和关系失去了基础，家族联姻的政治意义淡化了不少，10月12日枢机主教亚历山德罗·法尔内塞（Alessandro Farnese）当选为教皇，取号保罗三世（Pope Paul III，1534～1549年在位），新教皇在法国和帝国之间更加摇摆不定，惧怕重现1527年的噩梦，扩大的意大利战争、西班牙在意大利的强势地位、地方教会的分离运动和土耳其人的威胁都是保罗三世不得不面对的考验。①第二件事情是标语告示事件（Affair of the Placards），此事对于法国的外交政策产生了更大影响。到弗朗索瓦一世时，相对独立的"高卢派教会"更是得到了罗马教皇的明确认可。因此，法国的新教传播呈现出这样一种局面：当新教的斗争矛头直接指向罗马教皇时，法国王权会持默许甚至同情的态度，但是当新教的炮火由教皇转移到天主教会的具体礼仪及基本信条之时，已经成为法国天主教会实际首脑的国王也就自然会对新教采取排斥的立场。当然，当对外斗争需要之时，王权有时还会对新教采取亦拉亦打的双面政策。弗朗索瓦时期对于新教徒的态度，时常是随着外交关系的变化而变化。1534年10月18日，一批新教徒在巴黎和奥尔良（其中包括弗朗索瓦的驻跸之地昂布瓦兹城堡）等城市到处张贴宣传宗教革新的标语告示，其中有些措辞非常激烈，对天主教会展开了猛烈的抨击。传统势力立即对新教徒进行了血腥镇压，半年之中仅在巴黎一地就有80名新教徒被处以火刑。张贴标语引发的愤怒致使加尔文离开了法国，并于1536年3月发表了《基督教原理》（*Institutes of the Christian Religion*），书中有一封致法国国王的书信，抗议这种迫害。② 这本书对近现代基督教以及近现代欧美思想的发展有着重要影响。标语告示事件对于欧洲范围内的新教徒影响很大，新教徒对于弗朗索瓦处理宗教问题的诚意产生了极大疑问，继而对于法国的国际环境造成了非常不好的影

---

① Kenneth M. Setton, *The Papacy and the Levant*（*1204 - 1571*），Vol. III, pp. 394 - 395.

② Robert J. Knecht, *Francis I*, pp. 248 - 252; John Calvin, *Institutes of the Christian Religion*, trans. by John Allen, Philadelphia: Presbyterian Board of Christian Education, 1928, pp. 20 - 40；陈文海：《法国史》，第157～159页。

响。① 多瑙河畔的战争不但没有保证使弗朗索瓦获得确实的收益，反而使他处于不利地位，以至于德意志的新教徒不愿意甘心情愿地和他一起公开反抗查理五世，而是出于自身的利益考虑而与哈布斯堡家族团结一致反对土耳其人。

二　远征突尼斯和《法土商约》：控制地中海的斗争

16 世纪的欧洲人依然生活在"圣战"的幻影之中。尽管跨越宗教界线的商品流通和商人往来日益频繁，但是沿俄罗斯南部，经巴尔干半岛，到地中海沿岸的基督教世界和伊斯兰世界的漫长边境地区，到处是延烧的战火。在德意志，斐迪南和帝国的诸侯们期盼查理作为神圣罗马帝国皇帝捍卫帝国的东南边境——哈布斯堡的奥地利，防止奥斯曼势力北上至多瑙河流域。在卡斯提尔和阿拉贡，臣民们盼望他们的国王能够阻止北非（Barbary）② 海盗的劫掠，以维护西班牙沿海各省的安全。③ 根据一位西班牙编年史学家记载，在 16 世纪的前四十年，从西班牙俘获的基督徒人数要比过去八百年被俘获的人数还要多。卡斯提尔和阿拉贡的每一次议会会议都会讨论一些必需的反制措施。另据记载，仅海拉丁·巴巴罗萨（Khair－ad－Din Barbarossa）在十年里就在巴塞罗那和格拉纳达之间的沿海地区俘获了 1 万名基督徒。④

与暗中支持德意志新教运动、插手匈牙利王位继承战争同时进行的弗朗索瓦一世与查理五世在地中海的斗争，是弗朗索瓦反哈布斯堡王室政策的重要组成部分。16 世纪上半叶欧洲出现了两个新问题：（1）北非和北非穆斯林海盗的活动；（2）奥斯曼帝国作为一个海上强国的兴起。这两个问题本来是不相关联的，但是在查理五世统治时期变得如此紧密交织，以致演化成西班牙帝国和奥斯曼帝国间一场争夺地中海控制权的斗争。北非问题基本上是西班牙征服格拉纳达和强迫卡斯提尔的摩尔人改宗基督教产生的后果。⑤ 1492 年以后，位于北非地中海沿岸的城市阿尔及尔（Al-

① D. L. Potter, *Foreign Policy in the Age of the Reformation*：*French Involvement in the Schmalkaldic War*，*1544－1547*，pp. 525－544.
② 专指北非伊斯兰教各国（埃及除外），埃及以西的北非伊斯兰教地区。
③ Kenneth M. Setton, *The Papacy and the Levant*（*1204－1571*），Vol. III, pp. 234－235.
④ James D. Tracy, *Emperor Charles V*，*Impresario of War*：*Campaign Strategy*，*International Finance*，*and Domestic Politics*，p. 133.
⑤ G. R. 埃尔顿主编《新编剑桥世界近代史》（第二卷），第 420 页。

giers）逐渐成为逃离西班牙的摩尔人的避难所，这里因商业的发展与海盗的劫掠而一度比较兴盛，许多流离失所的摩尔人加入了海盗行列，带着复仇性的愤怒转而劫掠一些毫无防备的基督教船只，这些海盗人多势众，其船队的规模有如国家的海军，他们袭击地中海北部海岸各地。16世纪上半叶，希腊人海拉丁·巴巴罗萨成为著名的北非海盗首领，因为他蓄了一脸红胡子，意大利人称他巴巴罗萨（Barbarossa）。为了巩固其地位，巴巴罗萨将的黎波里（Tripoli）①、突尼斯和阿尔及尔的统治权交给了奥斯曼帝国苏丹塞利姆一世。塞利姆一世死后，他作为土耳其的藩臣掌管阿尔及利亚，从那里袭击意大利和西班牙的海岸。1533年7月，弗朗索瓦一世接见了巴巴罗萨的使者，为奥斯曼帝国使臣出使法国铺平了道路，尽管当时苏莱曼一世忙于与波斯人作战而无暇西进，但是土耳其人与法国合作反对哈布斯堡王室已经有了一个良好的开端。同年巴巴罗萨被任命为土耳其舰队的总指挥官。1534年8月，巴巴罗萨兵占突尼斯，赶走了查理五世的盟友穆莱·哈桑（Muley Hassan），成为一支威胁哈布斯堡王室在地中海利益的主要力量。② 突尼斯与意大利的西西里岛隔海相望，常胜的土耳其舰队随时可能袭击撒丁岛、西西里岛和意大利沿岸各城市，威胁到商船乃至基督教国家舰队来往地中海的安全。

　　巴巴罗萨的势力在西地中海的日益壮大以及弗朗索瓦暗中联合土耳其蚕食帝国的地中海利益，引起了查理五世的不安。③ 在给斐迪南的一封信中，查理五世说道："我们必须认真看待这些事情。"④ 查理五世的大臣们建议加强意大利海岸，特别是阿普利亚的防务，同时，为了分散土耳其人在多瑙河一带的力量，开始在地中海东部发动强有力的海上攻势。⑤ 为了从德意志及中欧脱身，他指示负责和谈的使节代表灵活把握，在不损及皇帝荣誉的前提下达成和解。1532年在派遣使者到伊斯坦布尔后，苏丹与

①　1528年，经查理五世同意，圣约翰骑士团在非洲海岸的的黎波里建立要塞，并在1530年接受查理五世交付的保卫马耳他的任务。的黎波里的战略意义十分重要，它既可威慑北非海盗，又可作为防守两西西里的前沿阵地。

②　A. W. Ward etc. ed., *The Cambridge Modern History*, Vol. II, pp. 68 – 69；Robert J. Knecht, *Francis I*, pp. 233 – 234；马克思：《马克思历史学笔记》（第三册），第345～346页。

③　Kenneth M. Setton, *The Papacy and the Levant (1204 – 1571)*, Vol. III, pp. 395 – 396；《马克思历史学笔记》（第三册），第346页。

④　Karl Brandi, *The Emperor Charles V：the Growth and Destiny of a Man and of a World – Empire*, p. 360.

⑤　G. R. 埃尔顿主编《新编剑桥世界近代史》（第二卷），第683页。

斐迪南达成了一项停火协议。1534 年底，查理五世着手做战争准备。1535 年 5 月，查理五世率领舰队离开巴塞罗那驶往突尼斯，指挥舰队的是安德烈亚·多里亚。这次远征得到了教皇保罗三世、威尼斯、马耳他骑士团、葡萄牙以及其他意大利城市国家的支持与协助。远征军在迦太基（Carthage）登陆，继而占领了扼守突尼斯湾的军事要塞古莱塔（Goletta），7 月 21 日在一伙起义的基督徒奴隶的配合下，攻占突尼斯，解救了作为奴隶的万余名基督徒，重新拥立穆莱·哈桑，而巴巴罗萨战败落荒而逃。8 月中旬，查理五世率领军队登陆西西里，第一次造访那不勒斯。远征突尼斯的军事胜利成为查理五世一生中的几个重要时刻之一，也揭开了控制地中海的斗争序幕。① 1536 年 4 月，查理五世与教皇保罗三世会晤，但是弗朗索瓦派兵占领萨伏依和都灵的军事行动，让查理五世再一次面临着法国方面的战争威胁。

在意大利战争即将再次爆发的时刻，对查理五世的共同敌意让法国与奥斯曼帝国的关系更为紧密了。欧洲与奥斯曼帝国形成紧密外交关系是在 16 世纪上半叶，② 而引入这种关系并促使其发展的是法国国王弗朗索瓦一世，他将法土同盟政策作为其东方外交政策的重要组成部分。在基督教世界中法国不是第一个放弃对土耳其人的传统敌对政策的国家，早在 1500 年，威尼斯就与奥斯曼帝国缔结了某种程度的外交关系。当然弗朗索瓦一世真正迈出这一步需要承担一定的政治风险，因为这样做的结果很可能会在基督教世界中陷入孤立。曾经有人致信建议弗朗索瓦一世不要接受土耳其人的协助，去增强与查理五世的对抗地位，并警告他这样的举动将不可避免地起反作用。信中说道：“我的主人啊（我还如此称呼您），您已经将奥斯曼之剑刺入了所有基督徒的心，而且，您这样做也严重地伤害了您的一世英名。此外，您视之为敌的恺撒，他仅受了一点点的损害，或者可以说是没有，相反您只是巩固了他的事业。您将从哪里找到一个不缩手缩脚，或至少向您投以同情的基督教国王——不论是出于对我们的宗教的热诚，或是出于对土耳其军队的恐惧，可您现在选的是这样的同盟者吗？”③

弗朗索瓦一世遣使土耳其，第一位使节在中途被杀，所有公文被盗，

---

① Kenneth M. Setton, *The Papacy and the Levant* (*1204 – 1571*), Vol. III, pp. 396 – 398、400.

② De Lamar Jensen, *The Ottoman Turks in Sixteenth Century French Diplomacy*, pp. 451 – 470.

③ 《文艺复兴书信集》，李瑜译，学林出版社，2002，第 182 页。

而第二位使节则顺利地抵达并见到了苏莱曼大帝，有一个细节非常值得玩味，这位使节将应该是请求苏丹从侧背袭击哈布斯堡王朝的秘密信函藏于鞋底，[①] 深怕被公之于众。弗朗索瓦一世的亲土政策也是符合此时奥斯曼帝国利益的，由于奥斯曼势力在地中海区域的不断增长，需要在欧洲内部事务中寻求同盟者，因此苏莱曼登基伊始便着手与法国和后来的威尼斯建立友好盟邦关系，并赐予贸易特权，通过这些方式来削弱哈布斯堡王朝的势力。

1536 年 2 月，法国使臣拉福雷（La Foret）出使伊斯坦布尔，与奥斯曼帝国宰相易卜拉欣帕夏（Ibrahim Pasha）协商，希望获得苏丹的军事援助，缔结一项旨在 "确保在苏丹与法国国王之间……达成和平与和睦"[②] 的条约。随后法国与奥斯曼签订了一项通商条约（关于条约的真实性学界存有争议），1536 年《法土商约》的确产生了一定影响。条约规定了法国人在奥斯曼帝国领土上享受的各项贸易特权，法国和土耳其商人对等享有对方国家的国民待遇；法国臣民在奥斯曼帝国境内享有治外法权；法国享有在北非沿岸进行贸易的特权；法国人可以在奥斯曼帝国境内自由信奉基督教，处理相关的财产和遗产问题等。[③] 事实上，所有希望在利凡特进行商业往来的欧洲人最终不得不接受法国王室的保护，这项条约对于一直主导地中海贸易的威尼斯和意大利而言是一次沉重的打击，法国国王成为奥斯曼帝国境内所有基督徒以及前往耶路撒冷朝圣者的保护人，法国取代了威尼斯的地中海贸易主导地位。这项条约成为后来基督教势力与东方各国间签订条约的蓝本。

因为商人在当时的土耳其人看来是地位卑微的，这种 "赐予" 是奥斯曼帝国的一种高姿态，其中反映出了奥斯曼如何看待自己在世界上的地位，这在外交关系上表现得十分清楚：帝国可以接受外国派驻大使，但除非具有特殊使命的使节，帝国不向任何外国派驻常驻性质的使节，[④] 苏丹只在自己的都城签署条约，和平条约以及相应的各项贸易特权不是经过双方平等协商而制定出来的，而是一种恩赐，是一种单方面且可以收回的恩赐（Capitulations of the Ottoman Empire）。苏莱曼曾以这样的口气下书弗朗

---

① De Lamar Jensen, *The Ottoman Turks in Sixteenth Century French Diplomacy*, pp. 451 – 470.

② Kenneth M. Setton, *The Papacy and the Levant* (*1204 – 1571*), Vol. III, p. 400.

③ *The Papacy and the Levant* (*1204 – 1571*), Vol. III, p. 401.

④ Garrett Mattingly, *Renaissance Diplomacy*, p. 155.

索瓦一世："朕乃苏丹之苏丹，君主中之君主，四海方圆内诸王冠的分配者，上帝在地球上的投影；……汝系法兰西国国君，汝曾投书……"尽管有对欧洲的傲慢，但并不妨碍苏丹和法国国王在外交和军事上的合作。①这个行动在欧洲历史上有着极其重要的意义，"或许是文艺复兴的最具影响力的成果之一"②。法兰西第一任常驻大使于 1535 年赴任，其后 1583 年英格兰也派出了第一任大使。法国通过以常驻使节机制把信奉伊斯兰教的土耳其拉入正在构建的欧洲国际体系，为这个体系定下了一个纯粹现实主义的基调，③ 而宗教教义等意识形态因素已不再是国际关系的维系纽带，外交决策最根本的指导原则是王朝的自我利益。被视为"百合花和新月的渎圣结合"，法土同盟不仅实现了对哈布斯堡王朝的战略意图，因为随后两国军队多次在地中海采取联合军事行动，使查理五世无法摆脱在欧洲大陆和地中海两线作战的根本战略困境，而且同盟的确立提供了"现代史上欧洲均势之外部源泉或外部动因的最初重大表现，即法国援引欧洲外援的'侧翼大国'的决定性干预"④。

　　历史上伊斯兰世界与基督教世界的对抗和冲突是欧洲观念和王朝利益至上观念形成的一个重要原因，在对抗中欧洲区别出我者与他者，在冲突中崛起的欧洲国家认识到王权利益高于宗教情感的现实性，明确了自己的身份和认同。基督徒国家从对土耳其人的宗教仇恨和恐惧发展到在战争和外交中利用异教徒国家来达到其外交、军事和政治目的，这一转变的过程却是非常微妙的。法土同盟关系的确立就是一个很好的证明。法国"这种不择手段的做法所导致的后果是严重的，这些做法不仅实质上有助于德国新教的存在和土耳其人对地中海地区的控制（这就必然使意大利彻底衰落），而且也引出了有关国际关系和法律原则的重要问题"⑤。弗朗索瓦一世请求奥斯曼帝国苏丹的帮助，"证实了所有关于十字军和基督教世界的言论都是彻头彻尾的空谈。国际政治的核心长期以来（也许总是如此）就是一个权力和野心的问题。"⑥

---

① 戴维森：《从瓦解到新生——土耳其的现代化历程》，第 57～58 页。
② J. M. Thompson, *Lectures on Foreign History 1494 – 1789*, p. 56.
③ 朱瀛泉主编《国际关系评论》（2001），第 39～53 页。
④ 时殷弘：《现当代国际关系史（从 16 世纪到 20 世纪末）》，第 75 页。
⑤ G. R. 埃尔顿主编《新编剑桥世界近代史》（第二卷），第 14 页。
⑥ 《新编剑桥世界近代史》（第二卷），第 15 页。

第二节　意大利战事再启

意大利半岛至少在表面上，较为平静地享受了七年的和平时光。这一时期，意大利朝气蓬勃的生命力尚未被帝国的统治所窒息，文艺复兴有了全面的发展，并且借助于战争艺术、外交艺术和政治艺术迅速地向阿尔卑斯山以北传播，对包括法国在内的许多国家产生了重要影响，其中历史著述逐渐摆脱中世纪神学概念的束缚，寻求用人的精神和活动来解释历史事实，探索其内在联系，试图从中总结出历史事件的规律和政治品行的准则。政治科学的发展是意大利战争的重大成果之一。然而，意大利战争也确实让意大利半岛上的各城市国家不同程度地丧失了政治独立性，不得不服从于帝国的政治需要，此外还要经常面对来自法国的战争威胁。

米兰公爵弗兰西斯科·斯福查作为有名无实的统治者，接受查理五世的宗主统治，时刻提防弗朗索瓦一世的领土要求。《康布雷和约》中，弗朗索瓦勉强承认了弗兰西斯科·斯福查的统治地位，但他始终没有放弃重夺米兰的希望。1533 年 7 月，为弗朗索瓦效命的米兰人梅尔维埃（Merveilles）在米兰执行秘密任务时，遭到米兰当局的拘杀，这一事件引起了弗朗索瓦的强烈抗议，要求米兰公爵给予赔偿。[①] 梅尔维埃的使节身份成为双方争论的焦点，米兰以其为米兰公民为由，认为有权处置，而法国坚持其为法国使节，理应受到保护，威胁动用武力。虽然这个外交事件最后没有导致双方兵戎相见，但是弗朗索瓦的政治意图却是十分明显的。

教皇国自《巴塞罗那条约》之后，实际上已经丧失了对意大利的政治统治，不得不放弃争夺意大利的政治霸权，仅满足于维持自己的教会辖地和重塑罗马教会的宗教权威，1530 年 3 月，查理五世决定，埃斯特家族今后将拥有作为教会领地的费拉拉和作为帝国领地的摩德纳和雷焦。教皇克莱门特七世对于这项裁决也是敢怒不敢言，被迫接受。保罗三世的教廷政策则更多地关注意大利问题与宗教信诚和普世教会问题。

1532 年 4 月佛罗伦萨废除旧有的政治统治模式，代之以美第奇家族的世袭统治，亚历山德罗·德·美第奇的统治地位得到了查理五世的认同与

---

① Robert J. Knecht, *Francis I*, pp. 228 - 229；马克思：《马克思历史学笔记》（第三册），第 344～345 页。

支持，而美第奇家族也借助婚姻的方式，得以进入欧洲王室家族的行列。威尼斯是半岛上仅有的一个完全独立的城市国家，可是它在面对奥斯曼帝国、神圣罗马帝国和法国这些欧洲强国之时，过去的锋芒已经不复存在，其政治和经济地位都发生了明显的变化，唯一的优势是优良的外交传统仍然在这个圣马可共和国继续发挥着重大的作用，娴熟的外交技巧与具备敏锐观察力的外交队伍，使得威尼斯在日渐错综复杂的欧洲国际关系中能够游刃有余，艰难地维护着共和国的自由。1535 年 11 月米兰爵位的继承问题再度成为欧洲关注的焦点，一轮新的意大利战争即将展开。

一　米兰爵位继承问题、萨伏依问题与《尼斯停战协定》

1535 年的西欧处于战争边缘。查理五世远征突尼斯取得了辉煌的胜利，声望日隆，这进一步刺激了弗朗索瓦一世，法国王室上下一时之间充满了战争的狂热。弗朗索瓦对帝国使节言道："我根本无法遵守约定。如果皇帝陛下加紧备战，那么我别无选择，只能去做同样的事情。"[1] 春夏之际，弗朗索瓦巡视法国北方诸省，检阅各省最新组建的军团部队（the Provincial Legions）。根据 1534 年 7 月 24 日的政府法令，诺曼底、布列塔尼、皮卡第、朗格多克和吉耶讷各省各自组建一支军团部队，而勃艮第、香槟、尼韦奈（Nivernais）以及多菲内、普罗旺斯、里昂奈（Lyonnais）、奥弗涅（Auvergne）则分别联合组建军团部队。[2] 这七支步兵军团是弗朗索瓦试图摆脱对雇佣军的依赖而在王国内部招募军队、减少军费负担的一次军事尝试（军事改革没有达到预期的效果，弗朗索瓦的军队构成依然是以雇佣军为主力）。除了军事上的准备，弗朗索瓦还利用业已建立的外交网络，派遣使节出使奥斯曼帝国和意大利半岛。战争的脚步越来越近。

1535 年 11 月 1 日，米兰公爵弗兰西斯科·斯福查无嗣而终，他的死亡再次激活了尘封多年的米兰爵位继承问题。弗朗索瓦提议，米兰公国应该由其次子奥尔良公爵亨利继承，但是弗兰西斯科·斯福查留有遗言，把米兰交给皇帝。拥有米兰公国宗主权的查理五世也表示反对，他认为奥尔良公爵亨利是法国王位的第二继承人，而且作为凯瑟琳·德·美第奇的配偶，还对乌尔比诺公国拥有继承权利。亨利一旦拥有米兰，法国在意大利

---

①　*CSPSP* V（Part I），No. 130.

②　Robert J. Knecht, *Francis I*, pp. 246 - 248.

的影响势必就会恢复，因此查理五世反对将米兰赐封给亨利。① 1534 年查理五世的外甥女、丹麦公主克里斯蒂娜（Christina of Denmark）下嫁弗兰西斯科·斯福查，米兰爵位的继承问题更加复杂。斯福查死后，1536 年 4 月，查理五世战胜巴巴罗萨之后前往罗马，他在罗马表示不排除将米兰赐封给弗朗索瓦三子昂古莱姆公爵查理的可能性，② 希望透过克里斯蒂娜与昂古莱姆公爵查理的联姻，以换取法国在召开宗教会议、反对土耳其人和巴巴罗萨的威胁、承认斐迪南的当选以及亨利八世的婚姻诉讼等问题上的支持。

　　就在米兰爵位继承问题悬而未决之时，弗朗索瓦一世突然举兵入侵萨伏依公国。意大利战争的前几十年里，萨伏依公国一直依附于法国，法国几次入侵意大利都得到了萨伏依公国的支持与帮助。1521 年萨伏依公爵查理三世与葡萄牙公主比阿特丽斯（Beatrice of Portugal）缔结婚姻，1526 年查理五世与另一位葡萄牙公主伊萨贝拉结婚，萨伏依公国与帝国之间由于姻亲关系而建立了较为紧密的联系。《康布雷和约》签订之后，萨伏依公爵查理三世转投帝国。1530 年作为日内瓦伯爵和在该城享有代理主教权利的萨伏依公爵与几乎完全独立的城市共和国日内瓦爆发冲突，1536 年日内瓦得到瑞士伯尔尼以及新教徒的支持，占领了洛桑（Lausanne）等地。弗朗索瓦利用萨伏依公国国力虚弱之时，趁机用兵。弗朗索瓦之所以有此野心，还有另一层原因。弗朗索瓦的母亲萨伏依的露易丝是萨伏依公爵菲利普二世（Philip II，Duke of Savoy，1476～1497 在位）与波旁的玛格丽特（Margaret of Bourbon）之女，而查理三世却是菲利普二世第二次结婚所生。在与玛格丽特结婚时曾有一项决定：在继承王位方面，她的子女永远优先于公爵第二次结婚所生的子女。弗朗索瓦借口要求得到曾经属于玛格丽特的嫁妆和布雷斯（Bresse）这块领地以及一些不直接属于公国因而不是封地的地产。③ 1536 年 2 月 11 日，在多次交涉无果的情况下，弗朗索瓦命令法军入侵萨伏依公国，第一次动用了不久前法国各省组建的军团部队，法军迅速占领了布雷斯和比热（Bugey），24 日攻陷布雷斯地

① Robert J. Knecht，*Francis I*，p. 277；马克思：《马克思历史学笔记》（第三册），第 346～347 页。

② A. W. Ward etc. ed.，*The Cambridge Modern History*，Vol. II，pp. 69－70。

③ *Francis I*，p. 148；Glenn Richardson，*Renaissance Monarchy：The Reigns of Henry VIII，Francis I，and Charles V*，p. 85；《马克思历史学笔记》（第三册），第 347 页。

区布尔格（Bourg - en - Bresse），五日之后占领了尚贝里（Chambéry），萨伏依公爵查理三世避开法军逃往韦尔切利，3月萨伏依公国完全落入法国人之手。而后法军将领沙博继续东进皮埃蒙特，兵取都灵，围困了与米兰公国交界的韦尔切利。① 弗朗索瓦举兵占领萨伏依公国的意图十分明显，一方面试图恢复他认为属于其母亲的领地，另一方面希望借此增加在米兰爵位继承问题上的谈判筹码或是将萨伏依视为谈判失利之后入侵米兰的跳板，开辟进攻意大利的通道。

在法军入侵萨伏依的时候，查理五世身处意大利南部，鞭长莫及。安东尼奥·莱瓦奉命前往米兰阻挡法军的进攻，查理五世则率领精锐军队前往罗马，4月17日在教皇保罗三世和所有枢机主教面前，查理五世发表了一番讲话，一面剖析他缔造和平的苦心，一面历数弗朗索瓦的种种罪恶。他说，弗朗索瓦破坏《马德里条约》，破坏《康布雷和约》，与教会叛徒结盟，与基督教世界敌人结盟。② 最后他又要求弗朗索瓦和他决斗："让我们不要再流无辜百姓的血，让我们面对面解决争端。用什么武器由你挑选。……决斗之后，让德、法、西班牙组成联军，一方面，对付土耳其，一方面，根绝基督教世界之异端。"③ 5月11日弗朗索瓦回应道："我不明白皇帝陛下为何宣称同（萨伏依）公爵的战争违背了与他签订的各项条约，因为我的军队没有侵犯任何属于皇帝陛下的地方。相反我的将军和士官们接到了不准试图侵犯帝国领地的命令。"他愿意把萨伏依问题提交教皇仲裁，并且确信他的理由无可争辩。至于决斗的挑战，弗朗索瓦乐于接受，但强调皇帝没有复仇的正当理由，"如果战争爆发，那么不是我的错误造成的"④。

意大利北部的军事对峙让各方加快了军事调度和部署。4月沙博授命在皮涅罗尔（Pinerolo）、都灵、福萨诺（Fossano）和科尼（Coni）等地加派驻军，而后把大部分法国军队撤回法国，不久沙博把法军的指挥权交给了萨卢佐侯爵。5月查理五世亲自领军前往阿斯蒂，从帝国各地

---

① Robert J. Knecht, *Francis I*, p. 278.

② Kenneth M. Setton, *The Papacy and the Levant（1204 - 1571）*, Vol. Ⅲ, p. 399.

③ Dr. Ludwig Pastor, *The History of the Popes, From the Close of Middle Ages*, Vol. Ⅺ, pp. 247 - 252；Kenneth M. Setton, *The Papacy and the Levant（1204 - 1571）*, Vol. Ⅲ, p. 400；威尔·杜兰：《世界文明史·宗教改革》，第392页。

④ *CSPSP* Ⅴ（Part Ⅱ），No. 52.

征召集结了一支军队，帝国将领安东尼奥·莱瓦率军挺进皮埃蒙特，直接威胁留守的法国驻军。5 月 17 日一直觊觎蒙费拉伯国（County of Montferrat）、为法国效命的萨卢佐侯爵将圣米歇尔骑士勋章交还弗朗索瓦，他的变节几乎导致法军在皮埃蒙特的防线彻底崩溃，① 但是驻守福诺萨的法国驻军坚守一月有余，给弗朗索瓦驻防法国东南部留出了充足的时间。

尽管双方没有正式宣战，但是战争的爆发已经是不争的事实了。6 月 11 日弗朗索瓦驱逐了帝国驻法国的使团。同时教皇保罗三世任命枢机主教卡拉乔洛（Caracciolo）和特里武尔齐奥（Trivulzio，特里武尔齐奥家族与法国王室家族关系一直比较友好）为教皇使节（Cardinal – legate），分别派驻帝国和法国，调解双方分歧。7 月 13 日，查理五世不顾安东尼奥·莱瓦等人的反对和教皇的调解，执意举兵进攻普罗旺斯。② 7 月 14 日，蒙莫朗西被弗朗索瓦任命为法国军队的副统帅（Lieutenant – general，仅次于 the Constable），全权负责召集军队、指挥军事行动、任命军官以及相关的谈判事宜。7 月 25 日，查理五世以 50000 大军绕过阿尔卑斯山，沿罗讷河（Rhone）而上，对萨伏依的法军侧翼展开攻击，继而沿海岸线穿过尼斯入侵普罗旺斯，向马赛挺进。蒙莫朗西采取了敌进我退、敌退我进的不与帝国军队正面冲突的策略，消耗了帝国军队大量的财力和物力，并在阿维尼翁和瓦朗斯（Valence）构筑了坚固的营盘，以坚壁清野的政策把所有物资全部带走，防止帝国军队渡过罗讷河与来自西班牙的军队会合进入朗格多克。蒙莫朗西的战略方针在战争中发挥了重要作用，普罗旺斯和多菲内在蒙莫朗西的指挥下被解救。同时帝国军队在法国北部皮卡第和香槟的战事也遭遇挫折。9 月 13 日，备受缺水断粮和传染病困扰的查理五世不得不下令撤退，其中安东尼奥·莱瓦染病身亡，瓦斯托侯爵接替他担任米兰总督，查理五世乘船前往热那亚，随后回到了西班牙。

战争还在继续。1537 年 1 月，弗朗索瓦宣布收回在《马德里条约》中割让的弗兰德尔、阿图瓦和沙罗莱的宗主权，以巩固法国北部边境的安全，3 月法国军队从亚眠北上进攻阿图瓦，发动了对尼德兰地区的战争，但是皮埃蒙特的战事分散了弗朗索瓦的注意力，7 月 30 日对阵双方签订了

---

① Robert J. Knecht, *Francis I*, pp. 279 – 280.

② *CSPSP* V（Part II），Nos. 62、73 – 75；Kenneth M. Setton, *The Papacy and the Levant*（1204 – 1571），Vol. III, p. 413.

一项为期十个月的停战协定。意大利北部的战争仍在继续，法军的优势在米兰总督瓦斯托侯爵的坚决抵抗下日益消失，而土耳其的军事援助又显得杯水车薪，巴巴罗萨围攻西西里的计划成效甚微。1537 年 1 月，佛罗伦萨的亚历山德罗·德·美第奇遇刺身亡[1]，佛罗伦萨陷入了权力之争，2 月查理五世宣布科西莫·德·美第奇（Cosimo de'Medici，"黑带"乔凡尼之子）为佛罗伦萨公爵，佛罗伦萨成为帝国的坚定盟友。10 月蒙莫朗西率领法国军队越过阿尔卑斯山，解除了帝国军队的围困，几天之内迅速占领了皮埃蒙特。但是战争已经让双方耗费了大量精力，财政几近枯竭。11 月 16 日，在西班牙蒙松（Monzon）签订了一项为期三个月的停战协定，随后展开了下一步的和平会谈。双方同意把米兰公国交给昂古莱姆公爵查理，查理应该与罗马国王的女儿缔结婚姻。但是双方在米兰公国临时行政机构的过渡时间上意见分歧，加之其他难以逾越的问题，会谈最终失败，不过双方同意将停战时间延至来年的 6 月 1 日。[2]

　　1538 年弗朗索瓦的外交政策经历了一次巨大变化，这种变化在很大程度上是受到蒙莫朗西的影响。1538 年 2 月 10 日，蒙莫朗西被任命为王室总管（the Constable），成为法国军队的最高指挥官，这个职位自从波旁查理变节以来一直空悬。一位威尼斯使节这样写道："王室总管对（法国）国王具有很大的影响力，在法国他可以做他想做的一切事情，只有维持和平才能确保他具有如此高的权威。"[3] 蒙莫朗西相信实力在谈判中的价值。他为此通过 1538 年 1 月的停战协定巩固法国在皮埃蒙特和萨伏依的统治地位，加强东部和北部边境的驻防，而且保持与英格兰、奥斯曼帝国、德意志新教势力的盟友关系。

　　1538 年初欧洲国际形势似乎没有任何好转，然而急于召开宗教会议和讨伐土耳其人的教皇保罗三世对于基督教世界的和平极为热衷，他新任

---

[1]　关于亚历山德罗·德·美第奇的遇刺事件，详情请参见 Stefano Dall'Aglio, *The Duke's Assassin*: *Exile and Death of Lorenzino de'Medici*, translated by Donald Weinstein, New Haven&London: Yale University Press, 2015; Catherine Fletcher, *The Black Prince of Florence*: *the Spectacular Life and Treacherous World of Alessandro de'Medici*, Oxford: Oxford University Press, 2016.

[2]　Robert J. Knecht, *Francis I*, pp. 281 – 288; David Jayne Hill, *A History of Diplomacy in the International Development of Europe*, Vol. II, pp. 447 – 448; A. W. Ward etc. ed., *The Cambridge Modern History*, Vol. II, pp. 71 – 73; 马克思：《马克思历史学笔记》（第三册），第 352～353 页。

[3]　*Francis I*, p. 289.

命了两位教廷使节，负责在皇帝和法国国王之间调停，期望能把停战协定转变为一项永久的和平协议。1538 年 2 月 8 日，皇帝查理五世、教皇保罗三世、罗马国王斐迪南和威尼斯缔结神圣同盟，各方按一定比例分担战争费用，承诺提供陆路部队由乌尔比诺公爵指挥，共同装备一支舰队以对付土耳其以及巴巴罗萨，由安德烈亚·多里亚指挥，同盟允许弗朗索瓦参加。[1] 弗朗索瓦将此举视为一场敌对行动，根据同奥斯曼帝国达成的协议，巴巴罗萨的军事行动应当有利于弗朗索瓦，弗朗索瓦为此向教皇使节提出了严重抗议。[2] 但是最终教皇的调停努力还是见到了初步成效，弗朗索瓦同意与查理五世进行和谈。

5 月教皇保罗三世为了安排查理五世与弗朗索瓦一世之间的休战由海路抵达尼斯，由于萨伏依公爵拒绝把尼斯城交给教皇作为谈判地点，保罗三世不得已借宿于城外的一座方济各会的小修道院（Franciscan Monastery），而查理五世和弗朗索瓦一世则分别驻跸尼斯附近的维勒弗朗什（Villefranche）和维勒讷沃（Villeneuve），从 5 月到 6 月，年迈的教皇奔波于二者之间，每天轮流不断地与查理五世和弗朗索瓦一世会面，商议不同的方案。经过一个多月的艰苦谈判，在不可能达成永久和平协议的情况下，6 月 18 日，双方签订了一项为期十年的停战协定，史称《尼斯停战协定》（Truce of Nice），其中规定一切仍维持现状，查理五世和弗朗索瓦一世应派遣全权代表前往罗马继续协商。[3]《尼斯停战协定》对弗朗索瓦而言是一次胜利，它使法国可以继续占领萨伏依和皮埃蒙特三分之二的领土，并获得垂涎已久的通往意大利的通道，保持法国东部和北部边境的现状，而且还实际恢复了对于米兰公国的继承权利，否定了《康布雷和约》的部分条款。对比之下，萨伏依公爵却成为协定的最大牺牲品。

7 月 14 日，查理五世的舰船遭遇逆风被阻留在普罗旺斯沿岸，皇帝在朗格多克的艾格莫尔特（Aigues – Mortes，法国普罗旺斯地区，接近罗讷

① Dr. Ludwig Pastor, *The History of the Popes*, *From the Close of Middle Ages*, Vol. XI, pp. 276 – 277.

② *CSP SP* V（Part II），Nos. 187, 192.

③ *CSP SP* V（Part II），No. 206；Dumont, IV, Part II, pp. 169 – 172；Kenneth M. Setton, *The Papacy and the Levant*（*1204 – 1571*），Vol. III, pp. 440 – 441；Robert J. Knecht, *Francis I*, pp. 291 – 292.

河的出海口）受到弗朗索瓦的盛情接待，第二天查理五世登岸回访了弗朗
索瓦。一位目击者这样说道："我们看到的一切似乎像是一场梦。"[1] 双方
不触及政治问题，只叙亲情，气氛显得非常轻松愉快，彼此表达了共同维
护基督教世界和平的愿望。10 月 23 日，弗朗索瓦与尼德兰摄政匈牙利的
玛丽签署协议，弗朗索瓦承诺不支持尼德兰境内的反对势力，而玛丽则承
诺交还部分法国贵族在战争中丧失的土地与财产。随着西欧局势的逐渐缓
和，12 月弗朗索瓦派遣两位使节出使西班牙，向查理五世提出了以下建
议：(1) 遵守《尼斯停战协定》；(2) 奥尔良公爵查理 (1536 年 8 月 10
日弗朗索瓦的长子亡故，奥尔良公爵亨利成为王太子，昂古莱姆公爵查理
便成为奥尔良公爵) 与查理五世的女儿或侄女缔结婚姻，而查理五世的儿
子菲利普与弗朗索瓦的女儿玛格丽特公主联姻；(3) 弗朗索瓦将断绝与英
格兰的关系，参加征伐土耳其人的战争，与查理五世合作应对基督教世界
的重大问题。查理五世于 12 月 22 日同意了上述建议，并于 1539 年 2 月 1
日正式予以批准。[2] 1539 年 4 月，查理五世与施马尔卡尔登同盟签订《法
兰克福停战协定》(Truce of Frankfurt)，[3] 弗朗索瓦承诺保持中立，不再提
供任何支持。至于征伐土耳其人，弗朗索瓦采取了阳奉阴违的政策，以保
护在利凡特 (the Levant) 的法国利益。查理五世与弗朗索瓦一世关系的
缓和，对英格兰的国际生存环境产生了不利影响，特别是来自罗马教廷的
压力，让亨利八世不得不寻求与德意志新教徒建立密切的联系，阻止其与
法国关系的进一步恶化，让英格兰感到幸运的是，此时的皇帝与教皇正专
心与土耳其人在地中海争斗，而弗朗索瓦也不想与亨利八世彻底决裂，仍
然按惯例向英格兰派驻了新的常驻使节。

　　1539 年 8 月，由于拒绝缴纳军税，尼德兰地区的根特 (Ghent) 起
兵背叛查理，与布鲁日 (Bruges) 及伊普尔 (Ypres) 联合向法国投诚，
但弗朗索瓦拒绝接受。局势的发展迫使查理五世需要尽快赶往尼德兰镇
压叛乱，然而冬季航行穿过英吉利海峡是十分危险的，并且海路为叛兵
所阻，而从陆路穿越意大利路途遥远。弗朗索瓦获知后，即向查理五世
建议，邀请他由法国通行，因为以最短的路程穿越法国既省时，又能减
少开支，唯一担心的是安全问题。蒙莫朗西认为如果查理五世顺道访问

①　*Francis I*, p. 292.

②　*CSPSP* VI (Part I), No. 252；*LP* XIV (Part I), No. 198.

③　Kenneth M. Setton, *The Papacy and the Levant* (1204 - 1571), Vol. III, p. 452.

法国，那么可以借此机会劝说他放弃米兰。10 月 22 日查理五世正式接受了弗朗索瓦的邀请，查理一行在法国沿途城镇受到了盛情款待，查理五世与弗朗索瓦相谈甚欢，气氛甚是融洽，1540 年 1 月，查理五世离开法国前往布鲁塞尔。① 查理五世的法国之行，让一直主张和平谈判的蒙莫朗西等法国主和派人物以为和平即将到来，可是法国的这次外交举动不仅没有根本解决米兰爵位继承问题，反而进一步增添了奥斯曼帝国的种种担心、加深了德意志施马尔卡尔登同盟以及英格兰的疑虑且疏远了尼德兰内部的亲法势力。伏尔泰在《风俗论》中写道："查理五世和弗朗索瓦一世之间的纠纷和他们在欧洲造成的动荡特别具有这样的特点：时而坦率直言，时而口是心非；一会大发雷霆，一会言归于好；彼此猛烈诋毁，转眼又捐弃前嫌；既钩心斗角地玩弄手段又有品格高尚的互相信任，这些都离奇古怪地交织在一起。……当时有些事情是很可怕的，有些则是可笑的。"②

二 英格兰——神圣罗马帝国同盟与《克雷皮和约》

米兰爵位继承问题悬而未决始终是查理五世与弗朗索瓦一世之间的心结，《尼斯停战协定》营造的缓和氛围没有能够阻止事态向恶化的方向发展。1540 年 3 月，平叛之后的查理五世向法国提出了自己的和平方案：（1）查理五世的女儿玛丽公主与奥尔良公爵联姻，双方共同继承尼德兰、勃艮第和沙罗奈，在查理五世的有生之年，在其督导之下双方共同管理上述地区的行政事务；（2）如果玛丽公主无嗣而终，其领地应有查理五世的男性子孙继承；（3）弗朗索瓦的女儿玛格丽特公主与斐迪南的长子联姻，查理五世的儿子菲利普与纳瓦尔的让娜·德·阿尔伯雷特（Jeanne d'Albret）联姻；（4）弗朗索瓦放弃对米兰和埃丹（Hesdin）的权利及其占有的萨伏依领土；（5）弗朗索瓦应批准《马德里条约》，承诺加入保卫基督教世界和平的神圣同盟。③ 查理五世的和平方案对于法国的主和派是一次沉重打击。4 月弗朗索瓦做出回应，声称以尼德兰代替米兰是不可接受的，因为对于米兰的权利是基于世袭的继承权利和马克西米连一世给予

---

① Robert J. Knecht, *Francis I*, pp. 295 – 297.

② 伏尔泰：《风俗论》（中册），第 547 页。

③ Karl Brandi, *The Emperor Charles V: the Growth and Destiny of a Man and of a World – Empire*, pp. 430 – 431; *Francis I*, pp. 297 – 298.

路易十二的赐封，而且查理五世曾经就米兰问题做出过承诺；至于婚姻安排，弗朗索瓦持有保留态度；弗朗索瓦拒绝批准《马德里条约》和《康布雷和约》。① 经过几轮讨价还价，米兰问题依然是阻碍双方达成和平协议的最主要障碍，4 月以后弗朗索瓦褫夺了蒙莫朗西参与外交决策的权力，以吉斯兄弟为首的主战派开始主导法国的外交政策。10 月 11 日，查理五世把米兰公国赐封给自己的儿子菲利普，这进一步加速了蒙莫朗西的权力流失。艾格莫尔特会晤以来的欧洲缓和局面以蒙莫朗西的失宠而结束。

　　1540 年下半年，弗朗索瓦的外交政策通过联姻和外交结盟又重新回到了反哈布斯堡王室的轨道上来。由于克莱沃公爵威廉（Wilhelm, Duke of Cleves）与查理五世在格尔德恩（Guelders）的继承问题上发生争执，弗朗索瓦利用这一矛盾与横跨莱茵河两岸的克莱沃公国（Duchy of Cleves）建立了联姻关系（弗朗索瓦的外甥女、纳瓦尔的让娜·德·阿尔伯雷特与克莱沃公爵威廉联姻），还在一定程度上重新恢复了与施马尔卡尔登同盟的政治互信。为了修补由于艾格莫尔特会晤以来欧洲缓和局面导致的法国与奥斯曼帝国的紧张关系，同时离间威尼斯与查理五世的关系（1540 年 10 月，威尼斯与奥斯曼帝国缔结和约，让出了爱琴海上的许多岛屿以及两处军事重镇），1541 年 5 月，弗朗索瓦派遣安东尼奥·兰科尼（Antonio Rinconi）和切萨雷·弗雷戈索（Cesare Fregos）分别出使奥斯曼帝国和威尼斯，两位特使并没有选择途经瑞士的道路，而是南下通过由帝国占领的伦巴第，7 月 4 日两人在帕维亚附近被帝国军队截杀，所带函件尽数丢失。这个事件迅速演变成为一起严重的外交风波，引起了各方对于外交使节安全与法律地位问题的争论。② 当弗朗索瓦获知法国使节遇害的消息之后，暴跳如雷地说道："除非他给予我补偿，否则我将永远不再是皇帝的朋友。如果他拒绝，我要向世界宣布，我不能容忍这种侮辱，我要向他表明，我还是法兰西国王。"③ 法国政府就法国使节遇害事件向查理五世提出了严

---

①　*LPXV*，No. 457.

②　Linda Frey and Marsha Frey，"Fatal Diplomacy"，1541，*History Today* 40（August 1990），pp. 10 -15；Robert J. Knecht，*Francis I*，pp. 300 - 303；马克思：《马克思历史学笔记》（第三册），第 364～366 页。

③　David Jayne Hill，*A History of Diplomacy in the International Development of Europe*，Vol. II，p. 457.

重抗议，认为查理五世破坏了停战协定，使用暗杀手段和掠夺抢劫，并要求惩处米兰总督瓦斯托侯爵，作为报复法国政府在里昂逮捕了瓦伦西亚大主教奥地利的格奥尔格（George of Austria，马克西米连一世的私生子）。帝国方面则辩称安东尼奥·兰科尼是西班牙人，切萨雷·弗雷戈索是热那亚人，两人都是帝国的臣民，帝国有权处置他们。[1] 针对这起外交事件，双方据理力争，都试图把破坏停战协定的责任推给对方，最终双方同意交由教皇仲裁。此事成为新一轮意大利战争的导火索。

当奥斯曼帝国与斐迪南为争夺匈牙利而打得不可开交之时，7月巴巴罗萨又开始攻击意大利沿海城镇。10月查理五世率领一支舰队自西班牙出马罗卡岛（Mallorca），试图征服阿尔及尔，想一举歼灭巴巴罗萨，但由于猛烈的秋季风暴驱散了他的舰队和补给船只而彻底失败。在查理五世远征阿尔及尔的同时，弗朗索瓦加快了战争准备的步伐，在尼德兰，弗朗索瓦与克莱沃公爵结为攻守同盟，11月和次年7月弗朗索瓦分别与丹麦和瑞典签署条约，3月奥斯曼帝国承诺给予弗朗索瓦陆路和海上军事支持，1542年7月12日，弗朗索瓦在利尼昂巴鲁瓦（Ligny - en - Barrois）正式向查理五世宣战。[2] 意大利战争的战火又一次点燃，不过这次战争的首要目标和主战场不再是意大利半岛，而是尼德兰和西班牙北部。

法国军队分兵两路向查理五世的帝国同时发起了进攻，一支军队在奥尔良公爵查理的率领下，由北面向卢森堡方向推进，并且迅速占领了卢森堡；另一支4万人的主力部队在王太子亨利和安博元帅（Marshal d'Annebault）的率领下，由南面向比利牛斯山脚下的佩皮尼昂（Perpignan）方向挺进，阿尔瓦公爵用密集的炮火击退了法军对于佩皮尼昂的围攻，法军只好撤退，[3] 而北方战事由于奥尔良公爵驰援南方，致使卢森堡再次落入帝国军队之手，可以说法国军队出师不利。在弗朗索瓦为发动进一步的军事进攻而筹措军费之时，亨利八世与查理五世也正在为组成新的联盟而加紧磋商。

法国与英格兰关系的恶化是有多种原因的。英格兰与法国的许多条约和协议中，均会涉及财政和债务问题，例如1525年《穆尔条约》中规定弗朗索瓦支付亨利200万埃居的补助金，以分期付款的方式每年支付10

---

① *CSPSP* VI（Part I），No. 188.

② Robert J. Knecht，*Francis I*，pp. 303 - 304.

③ Erika Spivakovsky，"The Legendary 'First' Military Campaign of Philip"，*Renaissance Quarterly*，Vol. 21，No. 4（Winter，1968），pp. 413 - 419.

万埃居，一旦亨利去世支付款额必须达到总额的一半。由于常年战争导致
法国的军费开支与日俱增，弗朗索瓦频频陷于财政危机之中，拖欠欠款的
现象也是屡见不鲜，亨利八世为此经常抱怨弗朗索瓦，两国的关系势必会
受到一定影响。另外两国围绕着海权也是龃龉不断，弗朗索瓦与查理五世
之间的斗争不只局限于意大利半岛等地的陆路战争，还围绕着西太平洋的
贸易与航海、印度群岛以及邻海（Mare Clausum）与公海（Mare Liberum）
的争议等问题而展开。① 其中英格兰与法国之间的海上争议也是这一系列
斗争的一个重要方面，继而成为英格兰与法国的矛盾之一。还有一个对于
英格兰而言更是关乎国家稳定的重大问题，那就是苏格兰问题。16 世纪
40 至 50 年代，詹姆斯五世（James V of Scotland，1513~1542 年在位）死
后的苏格兰王权衰微，国内亲法派与亲英派斗争激烈。1543 年 7 月 1 日，
英格兰与苏格兰签署《格林威治条约》（Treaty of Greenwich），② 条约除了
建立两国之间的和平外，还安排了尚处幼年的苏格兰王位继承人玛丽·斯
图亚特（Mary Stuart）与英格兰威尔士亲王爱德华（即爱德华六世，
Edward VI of England）缔结婚约，然而不久战争爆发，苏格兰废除条约，
与法国重修旧好，法国对苏格兰的影响逐渐增强，亨利八世不得不面对法
国对于苏格兰事务的不断干涉。③ 综合以上原因，亨利八世与弗朗索瓦建
立的短暂友好关系面临着恶化的危险。另一方面亨利八世与查理五世的谈
判也并非一帆风顺，由于亨利八世的婚姻诉讼导致英格兰与罗马教廷、查
理五世的关系破裂。1536 年 1 月，阿拉贡的凯瑟琳死去，阻止两国恢复关
系的一个主要问题不复存在，但是查理五世不愿在任何条约中承认亨利八
世的宗教权力地位，视其为分裂教会的人。1540 年 7 月，亨利八世宣布与
第四任妻子克莱沃的安妮（Anne of Cleves，弗朗索瓦的姻亲兼盟友克莱沃
公爵威廉的妹妹）的婚姻无效，而且玛丽（凯瑟琳的女儿）的继承权问
题已被确认，这是向查理五世发出的一个积极信号。双方的谈判持续数周
之后，1543 年 2 月 11 日，两国秘密签署了一项条约，承诺两年之内联合
进攻法国。④ 在最后通牒于 6 月 22 日到期之时，亨利八世与查理五世向法

---

① Paul E. Hoffman, "Diplomacy and the Papal Donation 1493 – 1585", *The Americas*, Vol. 30, No. 2 (Oct., 1973), pp. 151 – 183.

② Dumont, IV, Part II, pp. 261 – 263.

③ *LP* XVIII (Part I), No. 804; LP XVIII (Part II), Nos. 481, 499.

④ *LP* XVIII (Part I), No. 144; Dumont, IV, Part II, pp. 252 – 257.

国正式宣战。

战争的对阵双方已经十分清楚了，站在法国一边的有瑞典、丹麦、克莱沃公国、苏格兰和奥斯曼帝国，而站在神圣罗马帝国一边的，只有英格兰。教皇保罗三世宣布中立。战火首先在法国的北部边境燃起，约翰·沃洛普爵士（Sir John Wallop）奉亨利八世之命，率领6000名英格兰士兵穿越英吉利海峡抵达加来，随后向尼德兰方向行进。[①] 处于严重财政困境的查理五世让留在西班牙摄政的儿子菲利普同葡萄牙公主玛丽亚（Maria, the Infanta of Portugal）结婚，把玛丽亚的陪嫁充作军费。在撤除对佩皮尼昂的包围之后，查理五世带领4000名西班牙士兵，从西班牙途径意大利，又招募了4000名意大利士兵，后来在德意志招募了14000名雇佣兵，扎营在波恩附近，会同尼德兰的军队，帝国军队的总数已增至32000名步兵和6600名骑兵。[②] 同时，旺多姆公爵波旁的安托万（Antoine de Bourbon, Duke of Vendome）率领皮卡第的法军占领利莱尔（Lillers），6月安博元帅的法军占领朗德勒西（Landrecies），克莱沃公爵威廉公开站在法国一边参加战争，入侵布拉班特（Brabant），战争在阿图瓦和埃诺（Hainaut）一带展开。

然而弗朗索瓦却在此时要求法国军队在兰斯（Rheims）附近按兵不动，把战争的重负推给了克莱沃公爵，用了整整一个夏季在埃诺一带与帝国军队周旋，法军攻势的减弱让克莱沃公爵处于十分危险的境地，因为查理五世正在莱茵河两岸集结军队。8月帝国军队侵入于利希公国（Duchy of Jülich），占领迪伦（Düren）。为了援救克莱沃公爵，弗朗索瓦命令奥尔良公爵和安博元帅进攻并占领卢森堡，可是为时已晚，9月7日克莱沃公爵与查理五世签署《芬洛条约》（Treaty of Venlo），根据这项条约，查理五世把侵占的于利希归还克莱沃公爵，而克莱沃公爵不得不把格尔德恩交给皇帝，并在他的世袭领地取消宗教改革。不久之后，教皇保罗三世宣布克莱沃公爵与纳瓦尔的让娜·德·阿尔伯雷特的婚姻无效，克莱沃公爵转而与查理五世的侄女缔结婚姻，格尔德恩永久并入尼德兰。至此弗朗索瓦在法国北部和莱茵河流域争取盟友的努力以失败告终。查理五世统率军队在莱茵河下游战败克莱沃公爵后，继续挺进朗德勒西，寻求与弗朗索瓦正

---

① J. J. Scarisbrick, *Henry VIII*, p. 389；马克思：《马克思历史学笔记》（第三册），第 371 页。

② 《马克思历史学笔记》（第三册），第 368 页。

面交锋。可弗朗索瓦却避开帝国军队，11 月撤退至圣康坦（Saint - Quentin），查理五世以总数 4 万人的兵力顺利占领康布雷，而后北上重新恢复了尼德兰的帝国统治秩序。至于英格兰军队，则在追击退却的法军时遭受重大损失，被迫返回加来。尼德兰战事暂时结束，弗朗索瓦进攻尼德兰和莱茵河下游以牵制查理五世在意大利北部和地中海的军事力量的策略失败了。

在尼德兰和莱茵河下游战争进行的同时，地中海成为这一轮战争的另一个主战场。1543 年 4 月，奥斯曼苏丹苏莱曼大帝把巴巴罗萨的舰队交给弗朗索瓦指挥，这支主要由 110 艘战舰组成的庞大舰队在巴巴罗萨的率领之下，离开达达尼尔海峡（Dardanelles），法国使节随行。沿途舰队洗劫了西西里岛和意大利的其他一些岛屿，带走了几千名基督徒做奴隶，于 7 月抵达马赛，并与在尼斯遭到安德烈亚·多里亚重挫的昂吉恩伯爵波旁的弗朗索瓦（Francois de Bourbon，Count of Enghien）率领的法国舰队会合。8 月 6 日，法土联合舰队出现在尼斯海域附近，次日在维勒弗朗什（Villefranche）登陆。悬挂法国百合花旗帜的战船和悬挂土耳其新月旗帜的战船向尼斯城发起了猛烈炮击，而陆路部队在尼斯城下也摆开了阵势，8 月 22 日尼斯城陷落，但是联军未能占领该城的要塞。9 月 8 日，萨伏依公爵和米兰总督瓦斯托侯爵的帝国援军解救了尼斯。尼斯之围（Siege of Nice）后，弗朗索瓦把土伦（Toulon）交给巴巴罗萨，用以装备战船和补救粮草。巴巴罗萨的舰队撤至土伦，土伦沦为土耳其的刀俎长达八个月。伏尔泰评价说："巴巴罗萨在土伦为所欲为。他把一座大的府第改作清真寺。而法国国王则在王国内用酷刑把许多领过路德教派圣礼的基督徒处死，却容许伊斯兰教徒在他的国内进行他们的宗教活动。这就是耶稣会士达尼埃尔所颂扬的虔诚。……一个保持公民品德的历史家理应承认，烧死路德派教徒是政治性活动，但这一行动却给伊斯兰教徒开了方便之门。"① 留在法国海岸过冬的巴巴罗萨和土耳其人在土伦的所作所为使基督教世界惶恐不安，也让弗朗索瓦处于十分尴尬的境地。1544 年 5 月，土耳其舰队终于驶离土伦，意大利沿岸的一些岛屿再遭洗劫，舰队于 8 月顺利驶进博斯普鲁斯海峡（Bosphorus），返回伊斯坦布尔。②

---

① 伏尔泰：《风俗论》（中册），第 550 页；马克思：《马克思历史学笔记》（第三册），第 369、371～372 页。

② Robert J. Knecht, *Francis I*, pp. 364 - 365; Kenneth M. Setton, *The Papacy and the Levant*（*1204 - 1571*），Vol. III, pp. 472 - 473.

意大利的皮埃蒙特是弗朗索瓦与查理五世之间争夺的第三个焦点地区。法国军队与帝国军队在这个地区形成了僵持局面。1543 年冬天弗朗索瓦加强了昂吉恩伯爵率领的法军兵力，1544 年 2 月，法军围攻卡里尼亚诺（Carignano），米兰总督瓦斯托侯爵从米兰赶去支援，4 月 14 日双方在切雷索莱（Ceresole）进行了激烈战斗，法国军队获得了胜利，① 但是战役的胜利没有给法国人带来任何好处，像福尔诺沃战役（1495 年）、阿尼亚德洛战役（1504 年）和拉文纳战役（1512 年）一样，英格兰和帝国的军队即将入侵法国的消息迫使弗朗索瓦从皮埃蒙特调走大部分法军回防，战争的主场回到了法国本土，意大利战事于 6 月结束。

1543 年 12 月 31 日，亨利八世与查理五世签署条约，两人共商决定于 1544 年 6 月 20 日之前亲自领兵征讨法国。根据条约：查理五世和亨利八世分别由香槟和皮卡第入侵法国；两军各自由 35000 名步兵和 7000 名骑兵组成，在巴黎会师。② 在条约生效之前，亨利八世和查理五世必须先行解决后顾之忧。1544 年 5 月，亨利八世获得了苏格兰方面保证不从后方威胁英格兰的承诺。③ 同时查理五世在 1544 年 6 月的施佩耶尔帝国会议上，以延长宗教和约和暂时妥协为条件获得了新教徒对法战争的支持，萨克森和勃兰登堡选侯同意加入对法战争。（弗朗索瓦试图派遣使团出席会议，但是帝国会议拒绝给予安全保证，法国使节在得知有被吊死的危险之后，只得返回法国。）④

1544 年 5 月，在法国边境上集结了两支帝国军队，一支由西西里总督费兰特·贡扎加（Ferrante Gonzaga, Viceroy of Sicily）统率，驻扎在卢森堡以北；另一支由查理五世亲自带领，驻扎在莱茵河西岸的巴勒登（Palatinate）。5 月 25 日贡扎加的军队占领卢森堡，南下向法国境内的科梅尔西（Commercy）和利尼（Ligny）挺进，并发布檄文声称皇帝发动战争的目的是"推翻与土耳其人联盟的暴君"⑤。7 月 8 日围攻圣迪济耶（Saint - Dizier），几天后查理五世领军与贡扎加合兵一处。

与此同时，由诺福克公爵托马斯·霍华德（Thomas Howard, Duke of

---

① *Francis I*, p. 367.

② *LP* XVIII（Part II），No. 526.

③ *LP* XIX（Part I），No. 314.

④ *LP* XIX（Part I），Nos. 132, 137, 160, 167.

⑤ Robert J. Knecht, *Francis I*, p. 367.

Norfolk）和萨福克公爵查理·布兰登（Charles Brandon, Duke of Suffolk）
率领的 4 万名英格兰士兵登陆加来。[1] 由加来分兵两路，一路围攻蒙特勒
伊（Montreuil），一路进攻布洛涅。7 月 14 日亨利八世亲临加来，坐镇指
挥围攻布洛涅。亨利八世与查理五世在战争目标的问题上发生了争执，查
理五世坚持向巴黎进军，而亨利八世则坚持先攻打布洛涅。8 月 17 日坚守
40 余天的圣迪济耶法国守军弹尽粮绝，出城投降。帝国军队虽然占领了
圣迪济耶，但是也消耗了大量的人力和物力。[2] 帝国军队随即迅速穿越香
槟地区，沿着马恩河右岸抵达巴黎近郊的苏瓦松（Soissons），巴黎陷入一
片恐慌。弗朗索瓦被迫向查理五世提出议和，实际上查理五世的军队也于
此时陷入了极端艰难的境地，亨利八世的英格兰军队不能提供有效策应，
而帝国士兵经常逃亡，军队的补给无法跟上，军费难以筹集，6 月 20 日在
给他的姐姐、法国王后埃莉诺的信中说："我的军费只够维持到 9 月 25 日
了。"[3] 还有德意志天主教派的诸侯拒绝接受施佩耶尔帝国会议的和平方
案，路德教派又开始蠢蠢欲动，德意志的宗教局面再度紧张起来。最终，
9 月 9～18 日，法国与帝国经过谈判，于 18 日在皮卡第的克雷皮（Crépy）
缔结了一项和约（亨利八世受到了正式邀请，但是未出席），史称《克雷
皮和约》（Treaty of Crépy）。[4]

　　《克雷皮和约》由两个协议组成，一个是公开的，另一个是秘密的。公
开的协议规定：（1）双方维持 1538 年《尼斯停战协定》时的领土现状；
（2）弗朗索瓦放弃对弗兰德尔、阿图瓦及那不勒斯等地的权利；（3）查
理五世放弃对勃艮第等公国的权利；（4）奥尔良公爵与查理五世或斐迪南
的女儿联姻，由查理五世在四个月之内做出决定；（5）如果奥尔良公爵与
皇帝的女儿玛丽公主结婚，那么新娘将以尼德兰和佛朗什—孔泰作为陪
嫁；（6）如果奥尔良公爵与斐迪南的女儿安娜公主结婚，那么新娘将以米
兰作为陪嫁，而弗朗索瓦将把波旁、昂古莱姆和沙泰勒罗（Chatellerault）
等公国赐给奥尔良公爵；（7）弗朗索瓦不支持亨利·德·阿尔伯雷特
（Henry d'Albret）对于纳瓦尔王国的权利；（8）和平解决法国与萨伏依公

---

[1]　J. J. Scarisbrick, *Henry VIII*, p. 394.

[2]　M. S. Anderson, *The Origins of the Modern European State System*, *1494 – 1618*, p. 9.

[3]　Karl Brandi, *The Emperor Charles V: the Growth and Destiny of a Man and of a World – Empire*, p. 522.

[4]　*LP* XIX（Part II）, Nos. 198 – 199, 205, 213; Dumont, IV, Part II, pp. 279 – 287.

国之间的领土争议；（9）弗朗索瓦承诺协助查理五世反对土耳其人。[1] 根据秘密协议，弗朗索瓦答应支持教会改革、宗教会议以及把新教徒引回罗马教会的怀抱。如有必要使用武力，弗朗索瓦承诺提供1万名步兵和400名骑兵，支持查理五世对新教徒的战争。[2]

《克雷皮和约》重申了以前的和约决议，和约条款对于查理五世是非常有利的，他既保留了在包括米兰爵位继承问题等一系列棘手问题上的政治主动权，又可以使其帝国事业在道义上获得基督教世界内天主教势力的支持与同情，与法国的和约成为他整顿德意志宗教和政治秩序的前提，成为他专心应对土耳其人威胁的政治保证。《克雷皮和约》对于弗朗索瓦一世而言，实际上是他继《马德里条约》《康布雷和约》和《尼斯停战协定》之后对查理五世乃至欧洲国际社会做出的又一次承诺，其内容和实质相差无几，但也表明了继查理八世和路易十二之后，弗朗索瓦一世的意大利事业依然是失败的，包括萨伏依和米兰在内的意大利问题将继续成为法国的困扰，直至1559年《卡托—康布雷奇和约》彻底做出了意大利的领土安排。

《克雷皮和约》的墨迹未干，法国内部就传出了不同声音，12月12日法国王太子亨利公开反对和约，认为和约损害了王国的根本利益。[3] 表示抗议的还有图卢兹法院的大法官和总检察长。[4] 作为和约核心条款的受益人，奥尔良公爵查理不仅要与帝国联姻，形成新的政治关系，而且会从弗朗索瓦手中获得大量的王室领地，在不远的将来很可能成为法国王国内的最大领主，勃艮第的历史有可能重演，法兰西王权会受到极大威胁，作为法国的未来君主，王太子亨利的担心是可以理解的。查理五世犹豫许久之后，决定让斐迪南的女儿与奥尔良公爵联姻。但是事与愿违，1545年9月9日奥尔良公爵病死，他的死实际破坏了《克雷皮和约》的政治基础，法国外交政策的改变也就显得顺理成章了，不过查理五世需要时间恢复德意志的秩序，而弗朗索瓦必须解决他与亨利八世之间的争端。

查理五世依据《克雷皮和约》退出了战争行列，但是弗朗索瓦一世与

---

[1]　*LP*XIX（Part II），Nos. 249 – 250，291.

[2]　D. L. Potter，*Foreign Policy in the Age of the Reformation*：*French Involvement in the Schmalkaldic War*，1544 – 1547，pp. 525 – 544.

[3]　Dumont，IV，Part II，pp. 288 – 289.

[4]　*LP*XIX（Part II），Nos. 597，740.

亨利八世之间的战争还在继续。1544 年 9 月，亨利八世攻占布洛涅。围绕布洛涅的归属问题，法国与英格兰时而在加来谈判，时而在陆上与海上继续作战，法国甚至派遣舰队登陆苏格兰（1545 年 3 月），联合苏格兰进攻英格兰北部。① 但是到了 1545 年 9 月，双方之间的战争陷入了僵局。经过查理五世从中斡旋，1546 年 6 月 7 日弗朗索瓦一世与亨利八世缔结《阿德尔条约》（Treaty of Ardres），也称作《坎普条约》（Treaty of Camp）。根据这项条约：（1）亨利应该得到 1523 年答应给他的那笔补助金，第一笔分期付款的款项应该于 1546 年 11 月以前付清；（2）亨利还应该得到 1529 年 1 月弗朗索瓦向他承诺的 512022 埃居；（3）法国八年后补缴 200 万埃居，作为布洛涅各要塞建筑的开销。这笔钱全部付清之后，布洛涅及其邻近的土地归还法国；（4）亨利不得毫无理由地攻击苏格兰。② 法国与英格兰之间的战争暂时告一段落。

　　弗朗索瓦统治法国的最后岁月，查理五世与德意志新教徒爆发了施马尔卡尔登战争（Schmalkaldic War, 1546－1547）。1546 年 3 月，处于不利地位的德意志新教徒请求法国和英格兰给予援助，但是弗朗索瓦要求重新选举帝国皇帝的条件、在布洛涅问题上的强硬态度以及针对国内新教势力的镇压策略，使德意志新教徒从政治现实的角度无法满足，从宗教情感的角度也是无法接受的。③

　　1547 年 1 月 28 日，亨利八世去世，3 月 31 日，弗朗索瓦一世去世。对弗朗索瓦一世来说，意大利事业和与查理五世之间的斗争一直是他政治生涯的主旋律。他统治法国时期，一方面，君主的权威已在政治哲学家和政府官员以及文艺复兴时代天才艺术家们的艰苦工作中有所体现，例如塞瑟尔的《君主制》和莱昂纳多·达·芬奇（Leonardo da Vinci, 1452－1519）的天才创作；另一方面，作为查理八世和路易十二意大利事业的继承者，弗朗索瓦一世为法国君主制开辟了独一无二的广阔前景。④ 一位当代法国历史学家对弗朗索瓦一世这样评价："他给后人留下了这样一位国

① *LPXX*（Part I），p. XXXII，Nos. 513，767，1049.

② *LPXXI*（Part I），No. 1014.

③ D. L. Potter, *Foreign Policy in the Age of the Reformation*：*French Involvement in the Schmalkaldic War, 1544－1547*, pp. 525－544.

④ 伊曼纽尔·沃勒斯坦：《现代世界体系》（第一卷），路爱国等译，高等教育出版社，1998，第 252～253 页。

王的印象：讲究排场，具有骑士风度，胜利时宽宏大度，失败时毫不气馁，他是一位不知疲倦地寻求'冒险'的英雄，这种'冒险'终于演成一场争夺欧洲霸权的长期冲突。"①

小　结

在历史的转折时期，一些看似过时的政治要素会主动适应新的形势需求并继续合力主导政治社会的走向。意大利战争中家族政治在国家交往和近代国际关系形成中事实发挥了重要作用。比如哈布斯堡家族势力向伊比利亚半岛、西欧和教廷的扩张渗透；意大利美第奇家族掌控的银行业对西欧重要王室经济、封建领主经济的渗透；卡斯蒂利亚和阿拉贡王室的联姻问题及西班牙家族势力的向外扩张问题；西班牙、英国、法国、神圣罗马帝国、教廷在各家族势力既联合又斗争的复杂局面下发生了不以国家王权意志为转移的政治事实；家族政治的复杂性直接影响西欧国际政治结构的重组和走向。

意大利战争牵扯各个家族的利益，而家族政治又是这一时期政治历史的主要特点，婚姻、继承、出生和死亡是当时国际关系中的焦点问题，对于理解家族政治在国家交往和近代国际关系形成中的主导地位、王权的发展、基督教国际主义精神的解体、新君主制国家的发展乃至民族国家的孕育都是至关重要的。中世纪以来的西欧家族政治有其自身的特点，家族政治在历史的转折时期逐步适应正在形成中的国家政治需求以保护和延续家族的政治利益，其实近代西方的国家政治体制在很大程度上就是家族政治平衡各方利益的运作结果。主要国家的家族政治应放在西欧社会的大历史背景下考察，各国政治和国际关系因家族政治的影响而呈现出了错综复杂的关系。家族政治也影响到近代早期西欧国际社会的形成过程。各国家族政治特点的多样性，造成了各国政治社会的多样性。意大利战争中各国家族势力向意大利的扩张问题，以及这些家族势力与神圣罗马帝国、罗马教廷等错综复杂的利益关系，对当时及以后的欧洲历史产生了重要影响。此外还需要关注一些看似不起眼的地方势

---

① 冯克诚、田晓娜主编《世界通史全编》（世界中世纪史编，之二），青海人民出版社，2002，第199页。

力，如卢卡、萨伏依等，它们同样在意大利战争时期欧洲的国际政治生活中扮演着特殊的角色。卢卡的银行信贷对当时欧洲历史产生了不可忽视的作用。位于意大利西北边陲的萨伏依公国，处在意大利与法国、瑞士等交往的要道上，在国际关系中有特殊的地位及作用。15、16 世纪新的欧洲政治格局的形成、教会政治势力的变迁等许多欧洲国际关系史的问题，仍需深入研究。

第六章 战争之尾声（1547～1559）

第一节 亨利二世的意大利战争

1547 年 3 月 31 日，王太子亨利成为法国国王，是为亨利二世（Henry II，1547～1559 年在位）。亨利二世的外交政策继续了弗朗索瓦时代的反哈布斯堡王室的政策传统。童年时代的亨利二世曾经因法国履行《马德里条约》的承诺而被作为人质，在查理五世的帝国度过了一段令其记忆深刻的四年囚徒生活，因此其外交政策多少增添了一点个人的情感色彩。凡是属于对查理五世不利之事，只要有机可乘，他均乐见其成。在查理五世忙于德意志宗教事务而身陷施马尔卡尔登战争之时，亨利二世首先整饬国内，实施司法和行政改革，扫除宗教异端，镇压某些边区省份反对税制的暴动，并重用蒙莫朗西。

16 世纪中后期，法国国内分别形成了以蒙莫朗西和吉斯兄弟为首的派系政治斗争格局，蒙莫朗西在亨利二世困顿之时曾经给予他很大帮助，因此即位之初，亨利二世便在圣日耳曼（Saint‐Germain）召见蒙莫朗西，并让其担任御前会议的首席顾问大臣。[①] 1547 年 4 月 12 日，蒙莫朗西宣誓就任王室总管，成为影响亨利二世内外政策的关键角色。亨利二世不仅调整了法国的权力结构，而且对法国对外事务做出了具体的人事安排，任命四位国务秘书专门负责不同事务，各司其职：纪尧姆·博歇尔（Guillaume Bochetel）负责处理与英格兰和苏格兰的关系，克洛德·洛贝潘（Claude de L'Aubespine）负责处理与德意志诸侯、萨伏依和瑞士各州的关系，科姆·克洛斯（Cosme Clausse）负责处理与西班牙和葡萄牙的关系，让·杜·蒂尔（Jean du Thier）负责处理与罗马教廷、威尼斯、皮埃蒙特和东方的关系，而蒙莫朗西负责统筹安排亨利二世的对外事务。[②]

[①] Frederic J. Baumgartner, *Henry II：King of France 1547 - 1559*, pp. 46 - 47；Robert J. Knecht, *The Rise and Fall of Renaissance France*, *1483 - 1610*, pp. 203 - 204.

[②] David Jayne Hill, *A History of Diplomacy in the International Development of Europe*, Vol. II, pp. 472 - 473.

围绕亨利二世的对外政策，蒙莫朗西主张通过谈判和平解决瓦洛亚王室与哈布斯堡王室以及英国与法国之间的利益纷争，而以吉斯兄弟为首的主战派则坚决要求以战争方式实现弗朗索瓦的未竟事业。吉斯家族（House of Guise）是洛林公爵家族的幼支，第一任吉斯公爵是洛林公爵勒内二世的次子，这样的传承关系也使得吉斯家族部分继承了安茹家族对那不勒斯王国的权利。① 吉斯家族在亨利二世统治时期影响日隆，对于 16 世纪中后期的法国历史走向影响很大。其实无论是主和派还是主战派，他们的不同之处仅在方式和方法上，而目的是一致的，即在一定的范围内反对哈布斯堡家族利益的无限扩张，实现法国王室家族利益的最大化。亨利二世没有忘记《克雷皮和约》和《阿德尔条约》给予法国的耻辱，但是他并没有急于发动对查理五世的战争，而是在其即位之初的几年里，着手解决由于布洛涅问题和苏格兰问题而日益紧张的英法关系以及争取德意志内部的反哈布斯堡家族势力，为发送新一轮的意大利战争创造一个良好的内外环境。正如当时教廷驻法国大使所言："这位虔诚的基督教国王完全专注于意大利事务。"②

一　《布洛涅条约》、帕尔玛战争和莱茵河中下游的战争

1547 年 1 月 28 日，年仅 9 岁的爱德华六世（Edward Ⅵ，1547～1553 年在位）即位成为英格兰国王，由其舅舅萨默塞特公爵（Duke of Somerset）摄政。《阿德尔条约》恢复了英格兰与法国的和平局面，然而法国亨利二世的即位让英法之间刚刚建立起来的和平关系又面临着极大挑战。对于亨利二世而言，把布洛涅割让给英格兰八年是不可接受的。1547 年至 1548 年，亨利二世利用司法程序严厉处分了曾驻守布洛涅的法国行政和军事官员，指控他们因叛国和懦弱致使布洛涅沦陷。③ 亨利二世对于布洛涅问题的态度以及为了重新夺回布洛涅而做的军事准备，让萨默塞特公爵感到了问题的严重性，亨利八世之后的英格兰困难重重，尤其是财政上举

① E. Armstrong, *The Italian Wars of Henry II*, pp. 602 – 612.
② 乔治·杜比主编《法国史》（上卷），第 583 页。
③ *CSP Foreign*, *Edward VI*, Nos. 173，175；David Potter, "A Treason Trial in Sixteenth – Century France：The Fall of Marshal du Biez, 1549 – 51", *The English Historical Review*, Vol. 105，No. 416（Jul.，1990），pp. 595 – 623.

步维艰，加之联合查理五世共同应对亨利二世的外交努力并不成功，① 在这种情况之下，萨默塞特公爵再一次产生了让爱德华六世与苏格兰王位继承人玛丽·斯图亚特联姻，从而把英格兰与苏格兰联合在一起的想法，但是这种想法却遭到苏格兰反英势力的强烈反对，他们拒绝与英格兰谈判。在英格兰不断施压之下，苏格兰转而向法国寻求保护。从1295年两国在巴黎签署协议反对英格兰以来，直至1560年的《爱丁堡条约》（Treaty of Edinburgh）签订，法国与苏格兰基本保持着较为紧密的"老同盟"（Auld Alliance）关系，这种关系让英格兰始终忌惮，用兵大陆总有后顾之忧如芒刺在背。另外苏格兰王太后玛丽（the Queen Dowager Mary of Guise）来自法国的吉斯家族，吉斯兄弟一直极力劝说亨利二世与苏格兰加强关系。1547年9月，苏格兰军队战败，英格兰与苏格兰的矛盾进一步加深，而苏格兰与法国的关系则进一步得到加强，法国派出军队登陆苏格兰，护送年幼的苏格兰女王玛丽·斯图亚特前往法国宫廷，与法国王太子弗朗索瓦（Dauphin Francis）缔结婚约。② 法国与苏格兰的姻亲关系更让法国在处理与英格兰的关系以及布洛涅问题上拥有更多的主动权。

1549年6月，萨默塞特公爵请求查理五世施以援手，但是遭到查理五世的婉言拒绝，因为查理五世不愿意在此时卷入与法国的冲突之中。8月亨利二世对英格兰宣战，亲自统率军队进攻布洛涅地区。10月英格兰政局发生变化，沃里克伯爵（Earl of Warwick）取代萨默塞特公爵，主政英格兰。沃里克伯爵决定结束与法国和苏格兰的战争，经过和平谈判，1550年3月24日，英格兰与法国签署了《布洛涅条约》（Treaty of Boulogne），根据条约规定：英格兰于4月25日以40万克朗的代价归还布洛涅，同时从苏格兰撤军。《布洛涅条约》被英格兰人形容为"本世纪英格兰签订的最屈辱的一个条约"。③ 为了进一步强化双边关系，1551年7月，法国与英格兰订立亨利二世之女伊丽莎白公主与爱德华六世的婚约，④ 这一阶段的英法和平关系一直维持到爱德华六世统治结束。没有了来自英格兰的威

---

① *CSPForeign*, *Edward VI*, Nos. 176, 180.

② *CSPForeign*, *Edward VI*, No. 477; David Jayne Hill, *A History of Diplomacy in the International Development of Europe*, Vol. II, p. 473.

③ *CSPForeign*, *Edward VI*, No. 212; Robert J. Knecht, *The Rise and Fall of Renaissance France*, *1483 - 1610*, pp. 207 - 208.

④ *CSPForeign*, *Edward VI*, No. 410.

胁，现在的亨利二世可以插手德意志和意大利事务了。

1542 年至 1544 年的意大利战争之后，帝国对于意大利半岛的统治获得进一步加强，但随之而来的，是查理五世与教皇保罗三世之间的矛盾日益加深。1545 年 12 月 13 日，特兰托宗教会议（Council of Trent）召开，德意志新教徒拒绝参加，查理五世决定对其施用武力。为此目的，1546 年 6 月 6 日，查理五世与教皇缔结条约，除了已经支付的 20 万杜卡特补助金之外，教皇承诺招募 12000 名士兵协助进行反对异端的战争，并且同意在战争期间及线后第一年捐赠西班牙教会收入的一半，从自西班牙各修道院领地财产中抽取 50 万杜卡特给予资助。① 1547 年 4 月 24 日，查理五世的军队在易北河畔赢得了施马尔卡尔登战争中决定性的米尔贝格战役（Battle of Mühlberg）的胜利，米尔贝格战役的胜利使"哈布斯堡王室的势力从来没有如此之大，如此傲慢，但同时也从未如此脆弱"②。凭借战场上的胜利，查理五世认为可以强行实施其宗教和解的计划。不过，正是由于查理五世的强势地位以及在宗教问题上的强硬态度，教皇保罗三世和查理五世在宗教和政治问题上逐渐产生分歧。保罗三世担心得胜的皇帝在宗教事务和意大利政治事务方面的权势不断上升，不希望特兰托宗教会议成为皇帝解决宗教和政治事务的御用工具。为了摆脱查理五世的影响，1547 年 1 月，他从查理五世的帝国军队中撤回了自己的军团，这个时间距离承诺的期限还有六个月；3 月宗教会议迁址博洛尼亚，然而西班牙籍主教拒绝服从教皇的谕令，查理五世也拒不承认在博洛尼亚继续召开的宗教会议，反对宗教会议已经通过或将要通过的各项决定。③

保罗三世对于查理五世的担心，不仅体现在对其欧洲权势的提升而产生的恐惧，而且表现在对于查理五世直接干预意大利事务损害教皇家族利益而感到日益不满。佛罗伦萨的美第奇家族与教皇所属的法尔内塞家族由于教皇暗中交结佛罗伦萨政治流亡者而长期不和，查理五世以支持美第奇家族统治的方式制约保罗三世及其家族势力的发展。帕尔玛公国和皮亚琴

---

① A. W. Ward etc. ed. , *The Cambridge Modern History*, Vol. II, pp. 80 – 81; Dr. Ludwig Pastor, *The History of the Popes, From the Close of Middle Ages*, Vol. XII, pp. 272 – 274; 马克斯·布劳巴赫等：《德意志史》（第二卷，上册），第 137～138 页。

② G. R. 埃尔顿主编《新编剑桥世界近代史》（第二卷），第 464 页。

③ *The Cambridge Modern History*, Vol. II, p. 81; Kenneth M. Setton, *The Papacy and the Levant* (*1204 – 1571*), Vol. III, pp. 497 – 503.

察公国位于意大利半岛由北部进入中部的要冲地带，对于控制米兰公国具有重要的军事和政治意义，教皇和皇帝都宣称对帕尔玛和皮亚琴察拥有权利。从 1520 年起查理五世就计划将这两个公国并入米兰，[1] 这样可以更好地统治米兰，对于财政资源经常出现危机的帝国而言，也是非常有好处的。教皇觊觎这两个地方一方面是出于地方和家族利益的考虑，另一方面也是希望能够阻止帝国在米兰公国势力的进一步扩张。1545 年 8 月，保罗三世把帕尔玛和皮亚琴察两个公国授予自己的私生子皮耶尔·路易吉·法尔内塞（Pier Luigi Farnese），而查理五世认为这两个地方属于米兰公国，拒绝批准这次授爵。热那亚的多里亚家族对查理五世忠心耿耿，把热那亚牢牢控制在家族手中，这种状况招来了当地贵族詹路易吉·菲耶斯科（Gianluigi Fiesco）的嫉妒与不满，于是密谋与法国达成协议，策划推翻多里亚统治。1547 年 1 月，菲耶斯科谋反事败。法尔内塞曾与菲耶斯科串通插手热那亚内政反对皇帝并投靠法国，这让查理五世对他更加敌视。1546 年查理五世提名费兰特·贡扎加担任米兰总督，引起教皇的强烈不满。1547 年 9 月 10 日，米兰总督费兰特·贡扎加密谋刺杀了法尔内塞，事后占领了皮亚琴察，帕尔玛则拥立保罗三世的孙子奥塔维奥·法尔内塞（Ottavio Farnese）为公爵。皇帝与教皇关系的持续恶化让亨利二世看到了插手意大利事务的机会，而保罗三世此时也主动与法国改善关系，希望阻止米兰地区的事态进一步向对不利于自己的方向发展。1547 年 6 月，保罗三世的另一个孙子奥拉齐奥·法尔内塞（Orazio Farnese）与亨利二世的私生女戴安娜联姻，亨利二世与保罗三世结成姻亲关系。1547 年 7 月和 1548 年 1 月，吉斯家族的洛林查理（Charles de Lorraine）和波旁的查理（Charles de Bourbon）分别被擢升为枢机主教。[2] 亨利二世在意大利的政治影响日渐扩大，然而一直梦想收回皮亚琴察的保罗三世却于 1549 年 11 月 10 日去世，他的死让意大利的政治形势又面临一次新的调整。

选举教皇的秘密会议历经 72 天和 61 轮投票[3]，亲法尔内塞派、亲法国派和亲帝国派等各方最终就教皇候选人做出妥协。1550 年 2 月 7 日，红

---

① M. J. Rodriguez – Salgado, *The Changing Face of Empire: Charles V, Philip II and Habsburg Authority, 1551 – 1559*, p. 41.

② Robert J. Knecht, *The Rise and Fall of Renaissance France, 1483 – 1610*, pp. 208 – 209; *The Cambridge Modern History*, Vol. II, p. 81; 马克思：《马克思历史学笔记》（第三册），第 388 页。

③ Kenneth M. Setton, *The Papacy and the Levant（1204 – 1571）*, Vol. III, p. 505.

衣主教乔瓦尼·马里亚·乔基·德尔蒙特（Giovanni Maria Ciocchi del Monte）当选为教皇，是为尤利乌斯三世（Pope Julius Ⅲ，1550～1555 年在位）。继任的教皇尤利乌斯三世在帕尔玛和皮亚琴察的归属问题上摇摆不定，先是承认奥塔维奥·法尔内塞是两个公国的合法继承人，① 而后又为了继续召开特兰托宗教会议而承认查理五世对这两个公国的权利。1551 年 4 月，尤利乌斯三世要求奥塔维奥交出帕尔玛，奥塔维奥随即宣布与亨利二世结盟，② 教皇军队和米兰总督费兰特·贡扎加率领的帝国军队把奥塔维奥紧紧地围困在帕尔玛。为了争夺帕尔玛公国和支持奥塔维奥，亨利二世拒不承认皇帝和教皇的特兰托宗教会议，于 8 月威胁查理五世将发动全面战争。为了不承担破坏《克雷皮和约》的政治责任，亨利二世宣称此举是他作为帕尔玛公国的盟友而采取的措施，查理五世则辩称其军事行动是在教皇的邀请之下，作为教会的捍卫者而对背叛的封臣实施的举措。③ 9 月驻守皮埃蒙特的法国军队突破教皇和皇帝军队的包围圈，到达帕尔玛，米兰的局势陡然紧张起来。④ 在尤利乌斯三世的调停之下，1552 年 4 月，亨利二世与查理五世和尤利乌斯三世达成停战协定：（1）帕尔玛公国仍归奥塔维奥；（2）奥塔维奥与罗马教廷谈判达成最终协议，协议达成之时其对法国的承诺终止；（3）亨利二世准备与教皇会晤，商谈有关教会事宜。⑤

　　为了维护帝国统治局面的稳定性和延续性，查理五世在施马尔卡尔登战争之后试图再次按照自己的意愿，针对帝国的权力继承问题做出符合家族利益的政治安排，但是这个计划却遭到包括天主教徒和新教徒在内的很多德意志诸侯的反对。查理五世和这些德意志诸侯的冲突成为亨利二世插手德意志事务的绝好借口，而对于这些诸侯来说，利用亨利二世也是他们反击查理五世的有效手段。1551 年 10 月，亨利二世与德意志反对查理五世的诸侯秘密结盟；1552 年 1 月 15 日，亨利二世在尚博尔堡批准了秘密条约，这个条约被称为《尚博尔条约》（Treaty of Chambord）。根据条约规

---

① Kenneth M. Setton, *The Papacy and the Levant*（1204 - 1571），Vol. Ⅲ，p. 526.

② Dr. Ludwig Pastor, *The History of the Popes*, *From the Close of Middle Ages*，Vol. ⅩⅡ，p. 449；*The Papacy and the Levant*（1204 - 1571），Vol. Ⅲ，p. 552.

③ *The History of the Popes*, *From the Close of Middle Ages*，Vol. ⅩⅢ，p. 133；*The Papacy and the Levant*（1204 - 1571），Vol. Ⅲ，pp. 555 - 557.

④ E. Armstrong, *The Italian Wars of Henry Ⅱ*，pp. 602 - 612.

⑤ *The History of the Popes*, *From the Close of Middle Ages*，Vol. ⅩⅢ，pp. 138 - 139；*The Papacy and the Levant*（1204 - 1571），Vol. Ⅲ，pp. 563 - 564.

定：（1）诸侯们同意为维持德意志政体而拿起武器，非经双方同意不得放下武器；（2）诸侯们可以即刻从亨利二世那里得到津贴 24 万埃居，每月领取 60000；（3）为了换取大量援款，诸侯们同意亨利二世根据条约占领属于帝国的梅斯（Metz）、图勒（Toul）、凡尔登（Verdun）三个主教辖区和康布雷，以帝国代理人的身份管辖以上城市，同时承认帝国的权利。[1]《尚博尔条约》是德意志诸侯"为了德国内部的利益第一次为法国人打开了通向帝国的大门，甚至提出在下一次皇帝选举中为他效劳。此外，对法国来说还出现了获得自由伯爵领地勃艮第、阿图瓦和弗兰德尔地区的新的可能性。"[2]

1552 年 2 月 12 日，亨利二世正式向查理五世宣战，在香槟集结军队，向梅斯、图勒和凡尔登进军，俨然一个"德意志自由"的捍卫者，他用德文和法文发表一篇宣言，宣言上面有一个花饰，上面写着"自由"，周围是"亨利，德意志及其俘获的诸侯的保护者"的字样。[3] 4 月至 6 月，法国军队穿越洛林，图勒、梅斯和凡尔登相继沦陷，法国在其东北边境地区获得了三个至关重要的战略要塞，得以在一直保持中立的洛林公国站稳脚跟，对洛林公国施加了更多的政治影响。法国军队继续向斯特拉斯堡进军，在斯特拉斯堡遭遇了顽强抵抗。同时尼德兰的帝国军队却进入法国北部，劫掠香槟地区，亨利二世被迫折返，占领卢森堡公国的南部。

1552 年 3 月，萨克森公爵莫里斯（Maurice of Saxony）领导下的德意志联盟以集结在法兰克尼亚（Franconia）的军队向奥格斯堡进发，并由此向蒂罗尔推进，5 月抵达巴伐利亚南部。由于在帝国继承问题上遭遇挫折，外加痛风的困扰，盲目信任莫里斯的查理五世于 1551 年冬季退居因斯布鲁克休养，结果在因斯布鲁克遭遇袭击，身边又没有军队，相随的只有一支小小的护卫队，他不得不从因斯布鲁克仓皇出逃，只得依赖斐迪南同叛乱的德意志诸侯们进行会谈。1551 年 5 月重新召开的特兰托宗教会议也在战事日益激烈的时刻不得不再次中断。斐迪南的斡旋与莫里斯的骑墙使

---

① Frederic J. Baumgartner, *Henry II：King of France 1547 – 1559*, p. 149；Robert J. Knecht, *The Rise and Fall of Renaissance France*, *1483 – 1610*, p. 215；R. B. Mowat, *A History of European Diplomacy*, *1451 – 1789*, p. 55；马克思：《马克思历史学笔记》（第三册），第 392～393 页。

② 马克斯·布劳巴赫等：《德意志史》（第二卷，上册），第 145 页。

③ Frederic J. Baumgartner, *Henry II：King of France 1547 – 1559*, pp. 150 – 151；马克思：《马克思历史学笔记》（第三册），第 406 页。

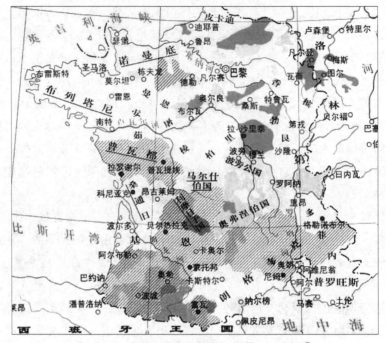

图 6-1　亨利二世占领梅斯、图勒、凡尔登①

德意志的形势迅速发生了变化，8 月莫里斯与斐迪南、巴伐利亚和选侯们达成《帕绍条约》（Treaty of Passau），各方无限期停战，并在对法战争中保持中立，② 查理五世虽然拒绝接受条约，但该条约毕竟为其率领军队向法国军队发动正面进攻提供了军事上的空间和时间。9 月初，帝国军队开始为全面围攻梅斯做准备，查理五世把尼德兰的军队并入自己的军队，11 月 10 日帝国军队进袭梅斯，由吉斯公爵弗朗索瓦·吉斯（Francis Guise）率领的法国守军在驻守洛林的法军配合之下，坚守梅斯长达两个月之久，最后严寒、食品匮乏和军费不足导致查理五世空手而返。吉斯公爵因解梅斯之围而一战成名，成为意大利战争后期法国军队的重要将领之一。③ 亨利二世在莱茵河中下游一带的战争取得了阶段性胜利。

---

① 张芝联、刘学荣主编《世界历史地图集》，第 80 页。

② R. B. Mowat，*A History of European Diplomacy，1451－1789*，p. 55.

③ Frederic J. Baumgartner，*Henry II：King of France 1547－1559*，pp. 156－159；Robert J. Knecht，*The Rise and Fall of Renaissance France，1483－1610*，pp. 216－218；M. S. Anderson，*The Origins of the Modern European State System，1494－1618*，p. 10.

二　远征托斯卡纳与《沃塞尔停战协定》

自从孤身逃离因斯布鲁克和围攻梅斯失利之后，身心疲惫的查理五世怀着沮丧的心情回到了尼德兰，从此再也没有返回德意志。他已经清楚地感觉到，他再也没有足够的精力去面对帝国的各种问题了，在 1552 年 4 月 4 日致其兄弟斐迪南的一封信中，不知如何逃脱险境的查理五世在字里行间以略带凄凉和悲伤的语气道出了自己身为皇帝的窘迫。

> 既然莫里斯公爵为了见你而推迟了行进，既然我确信他现在人是在奥格斯堡，而且他也了解到我在这乡下无论怎样防御都是无力和渺小的，既然我在此逗留越久，就越有可能让自己在早晨醒来时发现自己仍可在床上躺着，我就得解决如何离开此地的问题……但是去哪里呢？通往意大利的道路并不那么安全，在那里有那么多困难与麻烦在等着我……如果我确实去了那里，没有军队，我将会发现自己即便置身于任何地方，也没有权威。我看往威尼斯走也不安全，更重要的是，假设我可以经由威尼斯离开此地，我能到达的地方也不会比这儿安全……此外我会发现自己身边的士兵没有任何节制，无法无天，一个劲地抱怨没有在指定时间内收到报酬，并因他们感受到的极为糟糕的待遇而陷于绝望……假如我在那些现在滞留于奥格斯堡的人开始向这里进军之前就离开此地，你不难想象我进退两难的窘境；如果他们在我离开前以武力直逼此地，不消几天就拿下此地的话，我必须加速撤退，他的行进速度太快了，而我却因疾病缠身、年老体弱又需要照顾，很难适应这么快的速度……若要放弃德国，我不觉得自己有什么可屈服的，也没有什么为了自己的利益而需要宣布的。另外，他们手中有太多的权力，这于我不利……我去哪里呢？没有钱，也没有办法得到钱……同样令人担心的是，我若由海上前往西班牙，土耳其和法国的海军会在海上拦截我的去路……你完全可以抱有这样的想法，这将是多么值得称道的冒险啊！在我的身心日渐衰退的日子里，我应该有个令人愉快的结局。而且，我坚持认为，半个意大利会起来反抗，我们的附属国会全部落入法国人手中……我很清楚，如果成功了，好运和胜利便归于我执意坚持的一切；如果失败了，一切过错都在我……发现自己处于如此极端的境地，干脆把我自己托付给上帝，我

宁愿被看作一个老疯子，也不允许自己在暮年不去努力阻止我能阻止的事情，然后就永远完蛋了！如果要我在奇耻大辱和巨大危险中做一个选择，我宁愿选择危险……因此，我已经决定在今晚离开此地去弗兰德尔，我大部分的军队都集结在那里……我将在那里而不会远离德国。①

此时，暮年的查理五世已没有了过去的那种锋芒与骑士风度，在他身上更多地体现出了一种无奈和失落以及对于帝国的惆怅。不过他与亨利二世的战争还没有结束，身在尼德兰的查理五世依然要面对来自法国的战争威胁。1553 年 4 月，查理五世主动出兵进攻皮卡第，率军包围泰鲁阿纳，以此报复法国占领梅兹的行动，解除法国对于尼德兰的安全威胁。泰鲁阿纳是法国位于尼德兰的一块重要的战略飞地，被佛兰德尔、埃诺（Hainaut）和阿图瓦所包围。6 月泰鲁阿纳被攻占之后，查理五世下令将其夷为平地。接下来的几个月，帝国军队与法国军队在法国北部边境一带间歇性地发生了一些军事冲突，继承父亲爵位的萨伏依公爵伊曼纽尔·菲利贝托（Emmanuel Philibert）占领了埃丹，法国试图攻占康布雷的军事行动失败了。1554 年 6 月，亨利二世统兵入侵尼德兰，深入尼德兰南部，占领马里昂堡（Mariembourg）等军事要塞，逐渐接近布鲁塞尔，帝国军队伤亡惨重。然而在亨利二世的军队中，元帅圣安德烈（Marshal S. André）、弗朗索瓦·吉斯和蒙莫朗西经常争吵不休，蒙莫朗西为了实现自己的政治意愿，巩固已有的领土以及拯救在战争中被俘的儿子，成功地让亨利二世撤兵返回法国，因此吉斯家族与蒙莫朗西的矛盾日渐加深。

虽然查理五世在莱茵河中下游的战场中没有获得很大的进展，但在外交领域却成功地将英格兰拉入了帝国的阵营。1553 年 7 月 6 日，年仅 15 岁的英格兰国王爱德华六世去世，经过激烈的权力斗争，阿拉贡的凯瑟琳的女儿玛丽·都铎继承王位，是为玛丽一世（Mary I，1553～1558 年在位）②，天主教势力开始在英格兰重新抬头。为了进一步解决王位继承问题，1554 年 7 月 25 日，玛丽一世与查理五世的儿子、现为那不勒斯国王和米兰公爵的鳏居的菲利普结婚（1545 年 8 月葡萄牙公主玛丽亚于产后

① 《文艺复兴书信集》，李瑜译，第 193～194 页。
② 关于玛丽一世的统治与意大利战争之间的历史联系，可参见刘城《君主的责任：英格兰女王玛丽一世的统治》，《历史研究》2016 年第 6 期，第 160～172 页。

死去），尽管有关协议规定身为英格兰国王的菲利普无权令英格兰卷入进其父与法国的战争中，[1] 但是这项婚姻打破了亨利二世的由苏格兰女王玛丽·斯图亚特继承英格兰王位，继而联合法国、苏格兰和英格兰三个王室的幻想。婚姻协议对于未来可能产生的继承问题做出了如下安排：如果玛丽一世无嗣而终，那么菲利普在英格兰的权利将会自动终止；如果玛丽一世与菲利普生育了子女，他们的长子将会继承英格兰、尼德兰和佛朗什一孔泰；如果菲利普的长子唐·卡洛斯（Don Carlos）无嗣而终，除上述领土之外，二人的子女还将继承西班牙及其他附属国。[2] 一旦出现这种局面，意味着法国将面对足以致命的战略包围。

帕尔玛战争之后，亨利二世与法国宫廷内主战派的政治野心在意大利政治流亡者的鼓噪声中不断膨胀起来。这些政治流亡者鼓动法国进一步干涉意大利中部甚至南部的事务，1552 年 7 月，法国的图尔农主教（Cardinal Tournon，1536 年起担任普罗旺斯、萨伏依和皮埃蒙特法国军队的军事首领）与意大利的伊波利托·德·埃斯特主教（Ippolito d'Este）在基奥贾（Chioggia）举行会议，协商考虑扩大法国在帝国统治下的意大利中部和南部的政治影响，以分散查理五世对于莱茵河中下游的注意力。一种选择是进攻那不勒斯，另一种选择则是干涉锡耶纳的内部事务。[3] 前者尽管有奥斯曼帝国海军的支援，但风险较大，而后者由于托斯卡纳政治流亡者的影响以及锡耶纳港口的战略地位，可以在托斯卡纳形成一股反对帝国统治的政治风潮，于是锡耶纳成为法国的下一个目标。

位于意大利半岛中部托斯卡纳的锡耶纳和卢卡，长期以来生存在佛罗伦萨的阴影之下。科西莫主政佛罗伦萨之后，完全依赖于西班牙人。1547 年，锡耶纳由于内讧和派系斗争而接受了 100 名左右的西班牙驻军，西班牙人控制了锡耶纳的行政权力。1552 年 7 月，在亨利二世的支持之下，一些流亡在外的锡耶纳人鼓动民众"夺取失去的自由"，驱赶西班牙驻军。[4] 应锡耶纳人的要求，8 月亨利二世派遣军官保罗·德·泰尔姆（Paul de Termes）带领一支 5000 人的军队进驻锡耶纳。锡耶纳的政局变化引起了

---

[1]　*CSPSP* XII, p. 2；*CSPForeign*, *Mary*, Nos. 126 – 128, 241.

[2]　*CSPSP* XII, p. 2.

[3]　E. Armstrong, *The Italian Wars of Henry II*, pp. 602 – 612.

[4]　*The Italian Wars of Henry II*, pp. 602 – 612；马克思：《马克思历史学笔记》（第三册），第 418 页。

佛罗伦萨公爵科西莫的不安，他担心锡耶纳会成为佛罗伦萨政治流亡者的避风港，动摇美第奇家族的统治，于是密谋联合查理五世推翻锡耶纳政权。1553 年 1 月，科西莫兵围锡耶纳，亨利二世要求奥斯曼苏丹苏莱曼派舰队开进地中海，7 月土耳其与法国联合舰队出现在托斯卡纳海域附近，威胁进犯意大利南部，科西莫被迫撤军。随即法国占领了属于热那亚的科西嘉岛（Corsica），科西嘉岛成为沟通法国与意大利中部的战略要地，可是法国此举却把热那亚进一步推向了帝国一边。1554 年 1 月亨利二世派遣佛罗伦萨政治流亡者、法国王后凯瑟琳·德·美第奇的亲戚皮耶罗·斯特罗齐（Piero Strozzi）率领军队前往锡耶纳，这让科西莫十分害怕，于是派兵入侵锡耶纳。8 月 2 日，斯特罗齐在马尔恰诺战役（Battle of Marciano）中遭到惨败，1555 年 4 月，锡耶纳被迫投降，卢卡也最终屈服于科西莫的统治。[①] 虽然亨利二世干涉托斯卡纳的计划没能成功，可是意大利北部局势却出现了有利于法国的发展，法国不仅巩固了在皮埃蒙特的统治，而且控制了波河的出海口。[②]

亨利二世的托斯卡纳远征未能取得预期效果，反而招致了国内的日益不满，蒙莫朗西与吉斯家族的斗争不断激化，此时法国已经陷入财政危机。一直反对过深卷入意大利事务的蒙莫朗西利用自己的影响力，将亨利二世与查理五世拉到了谈判桌边。1555 年 5 月，在玛丽一世的调停下，双方于加来附近的马尔克（Marcq）举行谈判。谈判的进展并不顺利，亨利二世坚持维持现状，而查理五世则要求回归战前状态。[③] 1555 年 12 月 15 日，法国与帝国的代表在康布雷附近的沃塞尔修道院（Abbey of Vaucelles）继续举行停战谈判。[④] 1555 年 10 月和 1556 年 1 月，深陷财政危机和健康状况逐渐恶化的查理五世将帝国分割，而后逊位，于 1556 年 9 月离开尼德兰，返回

① M. J. Rodriguez - Salgado, *The Changing Face of Empire: Charles V, Philip II and Habsburg Authority, 1551 - 1559*, pp. 111 - 118; Judith Hook, "Habsburg Imperialism and Italian Particularism: The Case of Charles V and Siena", *European Studies Review*, Vol. 9 (1979), pp. 283 - 312.

② Frederic J. Baumgartner, *Henry II: King of France 1547 - 1559*, pp. 168 - 171; Robert J. Knecht, *The Rise and Fall of Renaissance France, 1483 - 1610*, pp. 231 - 232; 马克思：《马克思历史学笔记》（第三册），第 418～419 页。

③ *CSPSP* XIII, No. 192; Heinrich Lutz, "Cardinal Reginald Pole and the Path to Anglo - Papal Mediation at the Peace Conference of Marcq, 1553 - 1555", in *Politics and Society in Reformation Europe*. Edited by E. I. Kouri and Tom Scott, Hampshire: Macmillan, 1987, pp. 329 - 352; *The Rise and Fall of Renaissance France, 1483 - 1610*, p. 232.

④ *CSP Foreign*, Mary, No. 466.

西班牙隐居。1556 年 2 月 5 日，为了赢得树立政治权威和解决财政危机的时间，西班牙国王菲利普二世与亨利二世签订《沃塞尔停战协定》（Truce of Vaucelles），自协定签署之日起，五年之内一切均维持现状。①

第二节　查理五世逊位与神圣罗马帝国的分割

天主教徒费迪南德曾经劝诫他的外孙即查理五世："不要让青年时代的冲动左右了自己，不要让自己卷入与法国争夺霸权的冲突中去。尽管命运意外地把这么一大笔遗产降临到你的头上。"国际政治斗争经验丰富的费迪南德非常清楚，对于他的继承人而言，与法国的斗争绝不仅仅是一场轻轻松松的竞赛。他断言这场斗争将旷日持久、代价高昂，而且会耗费大量的精力。费迪南德继续说："一旦冲突爆发，将会在基督教世界发动一场永无休止的战争。"② 历史的发展为费迪南德的言论做出了恰当的注解。40 年以来，哈布斯堡王室与瓦洛亚王室之间的战争几乎从未间断过，帝国的财政和政治秩序混乱不堪，各个领地的忠诚经受着严峻的考验，许多帝国领地面临着入侵的威胁，战争期间的宗教改革、奥斯曼帝国战争、争夺地中海的优势地位、帝国的统治方式以及"缺钱荒"都是查理五世必须面临的帝国课题。第一重要的总是战争，而支配战争的主要动力是家族或王室的利益驱动。查理五世拥有与生俱来的权力这一事实，意味着家族性相当程度地根植于他的帝国政策之中。在实现家族或王室利益的实践过程中，战争、婚姻、外交、经济政策以及改变行政管理方式的需要，使查理五世的中世纪传统政治梦想在帝国的困境中逐渐走向家族王朝的现实主义政治。

一　神圣罗马帝国的困境

查理五世在 16 世纪的欧洲扮演着三个重要的角色——统治者、世袭者以及信仰的保卫者。③ 从帝国的角度来看，查理作为庞大帝国的统治者，治理着形形色色的王国与地区。身为哈布斯堡家族的继承者，查理从中获

---

① *CSPSP* XIII, Nos. 260 – 261；*CSP Foreign*，*Mary*，No. 463.

② M. J. Rodriguez Salgado，*The Changing Face of Empire：Charles V，Philip II and Habsburg Authority，1551 – 1559*，p. 1.

③ Stewart MacDonald，*Charles V：Ruler，Dynast and Defender of the Faith，1500 – 1558*，London：Hodder & Stoughton，1992，p. 1.

得了许多有利的条件，使之足以左右欧洲政局。身为神圣罗马帝国皇帝，他有义务担负起保卫基督教的责任，解决帝国境内新教迅速发展的问题，并且站在欧洲的最前线抵挡奥斯曼帝国的入侵。威廉·罗伯森在《查理五世统治史》中细腻地勾勒了查理五世的决策模式，他认为查理的事业成败与其性格有着极为密切的关系。他写道："……在形成计划的过程中，他出于本性与习惯，总是谨慎而且周详。……他习惯于周详地仔细思考每一个目标，小心且谨慎。他用尽所有的心力去思考问题，并且总是用一种严肃认真的态度想着他的计划，不会因为娱乐而改变方向，也很难因为消遣而松懈了心情。他在他的脑中安静地构思着解决之道。然后他会与他的大臣们讨论事务，在听取他们的意见后，会很坚决地做出决定，很少会遵循缓慢且犹豫不决的咨询。……查理的措施呈现出一个前后连贯的体系，在这个体系中，所有的环节都被安排好，所有的影响都已被预见，甚至所有的意外都已有解决的方法。他行事的敏捷果断和其有耐性的谨慎态度一样卓越。"[1] 然而"这位君主也有着源自勃艮第骑士世界的性格特点：对名誉和声望的强烈感情，渴望荣誉。这些特点在这样一位性格内向、沉默寡言和不可接近的人身上已不再具有那种如他的祖父马克西米连一世般赢得人心的出色的说服力和真正的声望，尽管他热衷于讲究排场和应酬。压在……肩上的重荷是他领地上的忧虑和困难，特别是无法摆脱的财政危机。查理不是反应迅速的即席演说家，也不是能轻易做出决定的人。他准时履行每天的职责，日益了解事务的吸引力以及琐碎事情的处理方式，时而同顾问们合作，时而又经常突然自行其是，这就使他在处理事务时劳神费心。"[2] 查理的谨慎与弗朗索瓦一世明快的处事方式形成了强烈对比，而其政策体系的一贯性又与亨利八世时而表现的神来一笔大异其趣，这是其性格的独特之处，也因为如此，查理五世的战争虽然通常都能取得令人满意的结果，但是过分的谨慎又往往使他犹豫不决，让机会稍纵即逝。

　　1550 年前后，查理五世的帝国正经历着一次重要的转折时期。首先，帝国的权力分配与帝国的权力运作在宗教冲突和王朝战争中逐渐出现了各自为政的地方化趋势，帝国的各种纽带渐趋弱化；其次，冗长的战争让帝国财政不堪重负，帝国的各个领地不再心甘情愿地为与本土无关的战争征

---

① William Robertson, *The History of the Reign of the Emperor Charles the Fifth*, *Books XII* in *The Works of William Robertson*, *D. D. in Eight Volumes*, Vol. V, pp. 139 – 143.

② 马克斯·布劳巴赫等：《德意志史》（第二卷，上册），第 59 页。

缴税收；最后，和平或战争是帝国面对政治、宗教和经济困境时必须做出的选择。

　　为了保持哈布斯堡王室的延续性以及帝国统治的有序性，查理五世对其帝国采取的是"统而不治、治而不统"的策略。在帝国缺乏统一且有效的行政系统和官僚系统的条件之下，查理五世的统治继续了中世纪的传统方式，对荣誉与光荣的渴望、履行上帝赋予的神圣职责、维护王国的领土和坚守从先辈那里继承下来的权利以及致力于基督教世界的团结与统一是查理五世的主要政治理念。查理五世是凝聚帝国的一个最重要的因素，是一个象征。在一系列的内外交困中，他依靠的是来自家族成员的支持与协作。查理五世让哈布斯堡家族的成员在帝国的领地上担任行政长官，他把尼德兰先后交给其姑母奥地利的玛格丽特（1518～1530年任尼德兰摄政）和妹妹匈牙利的玛丽（1531～1555年任尼德兰摄政）代为统治，这两位女性对于维护意大利战争中尼德兰对帝国的忠诚发挥了非常重要的作用；他把德意志委托给自己的兄弟斐迪南，让其担负起应对宗教改革和土耳其人对中东欧威胁的重任，继而以协议的方式对帝国的遗产做出了安排；[①]虽然在意大利的领地上查理五世没有直接任命王室成员担任总督，但是受他任命的地方总督仍然维护了比较正常的帝国统治。西班牙是查理五世帝国的重要统治区域，其总督直接负责意大利事务。自城市公社起义之后，西班牙的政治秩序基本恢复了正常，继续延续了传统的统治方式，阿拉贡和卡斯提尔的政治自主得到了一定程度的维护，在其外祖父母建立的一系列事务委员会的基础之上，查理五世（西班牙称之为卡洛斯一世）将事务委员会进一步扩大和专门化，以维持地方事务的正常运转（见图6－2[②]）。意大利战争期间查理五世经常穿行于帝国的各个领地，因此在其不在西班牙时，他把卡斯提尔的统治权力委托给妻子或儿子，在阿拉贡王国（包括纳瓦尔、撒丁岛、西西里、那不勒斯等地）、新西班牙（墨西哥）和新卡斯提尔（秘鲁）采用总督制。[③]

---

①　Horst Rabe and Peter Marzahl, " 'Comme representant nostre proper personne' —The Regency Ordinances of Charles V as a Historical Source", in *Politics and Society in Reformation Europe*, pp. 78 – 102.

②　Martin D. W. Jones, *Clash of Empires*: *Europe 1498 – 1560*, p. 60; Stephen J. Lee, *Aspects of European History 1494 – 1789*, p. 40.

③　*Clash of Empires*: *Europe 1498 – 1560*, p. 62; J. H. Elliott, *Imperial Spain*, *1469 – 1716*, p. 169.

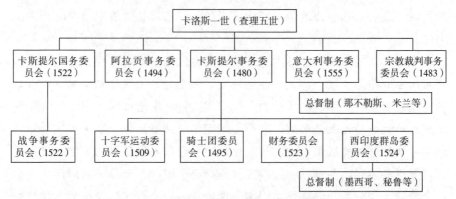

图6-2　查理五世的帝国治理体系

　　然而查理五世的帝国毕竟不是一个真正的统一的政治实体，权力分配与权力运作的过程中，总督或摄政的权力与皇帝的权力难免会发生冲突，究竟是服从地方利益还是顺从皇帝意愿便成了摆在地方实权统治者面前的一道难题，意大利战争期间战事频仍，每一次战争都需要地方财政、政治和军事上的实际支持，但是传统的地方自治精神却与帝国的光荣事业是格格不入的，地方议事机构对于征兵和征税的事项还是拥有一定权责的，1536年的根特叛乱就是一个很好的佐证。

　　1550年左右，查理五世与帝国领地之间、帝国领地与帝国领地之间由于战争的影响而导致矛盾日渐加深，查理五世感受到了他在帝国内的权力困局。1551年3月8日，查理五世同其他家族成员达成协议：由皇位继承人斐迪南游说各个选侯，选举其子菲利普为罗马国王；菲利普则支持斐迪南之子马克西米连的继承权。① 但是自从选举斐迪南为罗马国王以来，在德意志诸侯中间就产生了对哈布斯堡家族势力扩张的担心。查理五世的继承计划不仅是要排除和改变德意志的传统政治秩序，而且是要改变哈布斯堡家族奥地利世系的传承关系。斐迪南虽然出生在西班牙，但早已成为一名德意志王侯，始终从德意志诸侯的角度出发维护他在德意志的地位，这个协议把王朝权力连同一切财产都转给了哈布斯堡家族的西班牙世系，危害了斐迪南多年来的政治收益，这是斐迪南不能接受的。查理

　　① 　David Jayne Hill, *A History of Diplomacy in the International Development of Europe*, Vol. II, p. 470; M. J. Rodriguez – Salgado, *The Changing Face of Empire: Charles V, Philip II and Habsburg Authority, 1551 – 1559*, p. 39; 马克斯·布劳巴赫等：《德意志史》（第二卷，上册），第143～144页。

五世的努力没有成功，而他与斐迪南的关系开始渐行渐远，哈布斯堡家族的团结受到了严重损害，家族的西班牙世系与奥地利世系逐渐分道扬镳。

　　财政问题是意大利战争中法国、英格兰与神圣罗马帝国等国家都必须严肃对待的一个非常重大的国家课题。从长弓到大炮，从骑兵战到需要更多训练和纪律的步兵冲锋战，这些战争的技术转变表明，战争费用势必增加，需要的人数也随之增加，建立常备军较之按特定需要组建军队更为可取，这一点已越来越清楚。在新的时代要求下，无论封建主个人还是城市国家都无法真正负担起这笔费用，即使新兴的新君主制国家也难以长期承受，经常面临财政匮乏的窘境。1499 年当路易十二准备发动战争时，一位顾问曾经对他说，如果想要获得战争的胜利，需要三件东西："第一，金钱；第二，金钱；第三，还是金钱"。[①] 法国在 60 年中能够进行这场开支浩大的战争，是因为统治者可以通过多种方式为自己的事业攫取财富。随着王朝统治的代价不断增长和战争费用的不断增加，为了保护或者扩张他们的贸易和领土，君主们就有必要去增加他们的人力和金钱资源，维持他们的武装力量和统治秩序，而且还要偿还过去战争积累的债务。中世纪时期国王要"靠自己"（live of his own）的观念已经不可能实现了，中世纪的"靠自己"的观念要求国王在财政上能做到自给自足，依靠自己领地上的收入（ordinary revenue）维持领地的正常秩序，而税收通常是在特殊情况之下收取的额外（extraordinary）收入。随着王国领地的不断扩张以及其他统治需要，征收额外的税收渐渐成为常态，也使王国内的统治关系有时因之变得剑拔弩张，中世纪的这种传统观念显然不合时宜了，16 世纪的情况更是如此，以卖官鬻爵、向私人银行家大量举借外债、增加新的赋税等名目向领地摊派沉重的税收就成为君主们解决财政危机时经常采用的临时或长期措施。为了解决战争费用和方便出售官职，1522 年弗朗索瓦一世下令组建鬻官专门机构"额外收入署"（Bureau des parties casuelles），同时做出如下规定：官员可按双方同意的价格进行官职转让，国王从中提取 1/4 作为税款。后来国王开始设置闲职以供鬻卖，1542 年弗朗索瓦一世在本来已经非常混乱的行政区划之上又人为地建立了 15 个财政区，并增加可以用来鬻卖的官职。亨利二世在位期间，鬻官制继续发展，成为经常感到财政拮据的国

---

①　Martin D. W. Jones, *Clash of Empires：Europe 1498－1560*, p. 110.

王的一项可观的收入来源。[①] 意大利战争期间，法国农民的税收负担增长了80%，由于税负的不断增加导致了越来越多的反叛现象。[②] 王室税收提高的原因是多方面的：物价水平的不断提升；政府行政机构与人员的不断膨胀；王室对于权力与地位的不断追求等，其中战争费用的急剧增加以及战争债务的日积月累，都使得王室的财政状况迅速恶化。

查理五世的帝国财政问题较之法国更为复杂、更为严峻，帝国领地广博而且经济规模、经济成分和收入来源呈现多元化使帝国及其领地财政问题异常复杂，帝国政治和战争的需要使问题更趋严峻，马克西米连一世的苦恼在查理五世的身上更加突出。查理五世必须面对军队的窘境，"由于拖欠了巨额的军费，军队从行动的一开始就很少获得金钱的报偿；皇帝在经历了此时与先前的情况后，他的权力远比他的税收还多，前者使他有能力组织数量多于其税收所能支持的军队。根据所有这些理由，他发现要将他的军队保持在战场上是相当困难的。"[③] 哈布斯堡王朝引人注目的扩张及其宏伟的王朝政策，为帝国的财政开支增加了前所未有的压力，"查理的财政需要越来越成为他和各领地之间的关系围绕其旋转的支点。"[④] 卡斯提尔、那不勒斯和尼德兰承担了查理五世进行战争的大部分费用，尤其是查理五世统治的最后几年，试图维持和扩大帝国的财政支出，与法国经常性的战争和维持一支规模庞大的军队迫使帝国需要增加大量的军费开支，查理五世一方面千方百计地增加赋税名目，另一方面举借外债、求助于贷款。除去正常的财政收入，大量的私人商业信贷资金进入国库，政府通过这些短期或长期的贷款来弥补已经入不敷出的政府财税收入，以奥格斯堡的富格尔家族、韦尔泽家族（the Welsers）和热那亚银行家为代表的私人商业银行与帝国统治者之间的资金往来，以某种形式的商业特权转让或以国家的财政岁入作为担保，并且迫使政府承诺支付较高的贷款利息。1520～1542年查理五世以年利率18%的水平在西班牙大举借贷，1543～1551年这一利率上升至28%，1552～1556年更是达到了33%。这在一段时期内满足了查理五世与法国之间的战争需要，但是贷款绝大多数都是以

---

① 陈文海：《法国史》，第144页。

② Martin D. W. Jones, *Clash of Empires: Europe 1498 – 1560*, p.71.

③ William Robertson, *The History of the Reign of the Emperor Charles the Fifth*, *Books VIII* in *The Works of William Robertson*, *D. D. in Eight Volumes*, Vol. IV, p. 262.

④ G. R. 埃尔顿主编《新编剑桥世界近代史》（第二卷），第409页。

3～6个月不等的短期贷款为主。[①] 然而鉴于战争的冗长、资金流动的滞后、帝国信用的下降和其他非经济因素的影响，政府当局不能及时偿付债务，导致延期，1543年第一次发生了延期，此后延期更加频繁，而且持续的时间更长。[②]

随着美洲黄金白银的大量流入（16世纪40年代西班牙的海外殖民地墨西哥和秘鲁相继发现银矿[③]），本来可以指望资金的流入和殖民地市场的扩大而产生的外部刺激会促进西班牙特别是卡斯提尔的经济迅速发展，但是传统的经济模式阻碍了流入资金的再投入，丧失了经济结构升级的机会，帝国的赋税越来越沉重地落在平民身上。由于美洲涌入的财富大部分要帮助皇帝偿付战争费用，导致这些财富很少投向生产领域，西班牙在经济上的虚弱日益成为帝国和法国斗争中的不利因素。西班牙经济上的积弱将帝国财政的重负大部分转移到了尼德兰。尼德兰在15世纪和16世纪的欧洲商业和金融业发展中发挥了很重要的作用，然而使这个地区发生转变的是把尼德兰与帝国联系在一起的王朝纽带，低地国家在战争和联姻的安排下被卷入哈布斯堡王朝的统治中，被迫向帝国缴纳税款，成为帝国利益链条中一个非常重要的环节。与里昂在法国财政中的作用相类似，尼德兰的融资功能突出了它在帝国中的经济地位，也成为意大利战争中法国与帝国争斗的一个重点区域。但是赋税急剧增加引起的不满情绪在尼德兰悄然蔓延，1536年的根特叛乱成为以后尼德兰革命的先声。西班牙和尼德兰的经济发展左右着帝国财政的运转，1556年查理留给儿子的债务就高达450万利弗尔。[④]

在查理五世的帝国政治中，地方利益和地方忠诚始终是个突出的问题，伏尔泰说"查理五世的强盛只不过是一堆险象环生的荣誉和威严而已。他一生致力于东征西讨，却没能使他那些广大的属国构成一个彼此可以互相支援、向他提供强大常备军的强固而稳定的实体"。[⑤] 帝国团结的感情从未

---

① M. J. Rodriguez – Salgado, *The Changing Face of Empire：Charles V, Philip II and Habsburg Authority, 1551 – 1559*, pp. 66 – 67, 145；M. S. Anderson, *The Origins of the Modern European State System, 1494 – 1618*, p. 43.

② E. E. 里奇、C. H. 威尔逊主编《剑桥欧洲经济史》（第五卷），高德步等译，经济科学出版社，2002，第337页。

③ *The Origins of the Modern European State System, 1494 – 1618*, pp. 46 – 49.

④ 《新编剑桥世界近代史》（第二卷），第412页。

⑤ 伏尔泰：《风俗论》（中册），第557页。

充分发展以至于形成一种有效的政治力量。1555 年 9 月 25 日，不顾查理五世的坚决抗议，仍由查理召集的奥格斯堡帝国会议，在斐迪南的主持下经过艰苦谈判达成了《奥格斯堡宗教和约》（Peace of Augsburg），和约意味着最终放弃了帝国的统一信仰，承认德意志现存的宗教秩序。早已萌生退意的查理五世终于在 1555 年为自己的帝国遗产做出了政治安排。1555 年 10 月 25 日，苦于疾病折磨和过度操劳国事的查理五世在布鲁塞尔皇宫大厅里宣布退位，他在致辞中对其一生的经历做了回顾，其中说道："在上帝的帮助下，我从未停止过抵抗我的敌人，从未停止过努力履行上帝给予我的使命。在我东征西讨的过程中，有时是为了作战，有时是为了讲和。我去过（travelled，查理五世使用了旅行一词，实际上是征战各地）德意志 9 次，西班牙 6 次，意大利 7 次，法国 4 次，英格兰 2 次和非洲 2 次……我在地中海航行过 8 次，在西班牙海航行过 2 次。……尽管我参加了很多次战争，但是没有一次是我心甘情愿去的，现在要和你们说再见了，没能给你们留下一个坚定而持久的和平局面，这令我非常心痛。……"①

1556 年 1 月 16 日，查理五世正式颁布一项有利于菲利普二世的逊位谕令，把尼德兰（匈牙利的玛丽卸下了总督职务）、西班牙王位以及西班牙在海外和意大利的领地（米兰、那不勒斯）传给儿子菲利普二世（Philip II，1556～1598 年在位），但帝国的继承权则让给了他的兄弟罗马尼亚、匈牙利、波希米亚国王斐迪南（Emperor Ferdinand，1558～1564 年在位。1558 年，查理正式宣告帝国皇帝的称号以及德意志的统治权已转交给斐迪南）。② 无法冲破帝国困境的查理五世选择以逊位的方式离开欧洲政治的前台，查理的退位标志着中世纪欧洲传统政治的结束。不过，意大利战争还未结束，和平抑或战争依然是摆在菲利普二世和亨利二世面前的一个重要问题。

二　王朝斗争的继续：亨利二世与菲利普二世的冲突

《沃塞尔停战协定》的签署很大程度上是蒙莫朗西外交努力的成果，并没有获得法国上下，特别是吉斯兄弟的一致支持（这时洛林枢机主教正在罗马与教皇保罗四世协商联盟的事项）。如果帝国和意大利的政治局面

---

① Sir William Stirling - Maxwell, *The Cloister life of the Emperor Charles V*, London：John C. Nimmo, 1891, pp. 11 - 12.

② *CSPSP* XIII, Appendix：Miscellaneous 1555, pp. 444 - 445.

发生有利于法国主战派的任何变化，那么《沃塞尔停战协定》的命运会立刻发生改变。查理五世的逊位与新任罗马教皇的外交挑衅，成为破坏停战协定和发动新一轮冲突的导火索。

在查理五世为神圣罗马帝国遗产做出政治安排的同时，罗马教廷也发生了重要变化。1555 年 3 月 23 日，教皇尤利乌斯三世去世，4 月 9 日枢机主教马塞洛·切尔维尼（Marcello Cervini）当选为教皇，称马尔塞鲁斯二世（Pope Marcellus II），可是三个多星期后，尚未踏足欧洲国际政治舞台的马尔塞鲁斯二世于 5 月 1 日亡故，5 月 23 日，枢机主教、那不勒斯大主教吉安·彼得罗·卡拉法（Gian Pietro Carafa）当选为教皇，称保罗四世（Pope Paul IV，1555～1559 年在位）。身为那不勒斯名门望族之后的卡拉法在教皇利奥十世在位的时候，曾经担任驻英格兰和西班牙的教廷使节，那时候就十分排斥西班牙对那不勒斯的占领和统治。① 担任教皇伊始，保罗四世立刻改变了罗马教廷奉行的中立政策，将斗争的矛头直指哈布斯堡家族。

在查理五世转交帝国权力的时候，保罗四世这样评价查理五世和他的帝国，他说："（查理）是个既可怜又可悲的家伙，无论是身体上还是精神上，他都是个废物。……我们不再需要考虑这位皇帝、这位独裁者了。因为他拥有的一切就像一座古老破旧的房子，只要搬掉一块砖，这座房子便会成为一堆瓦砾；只要我们在意大利轻轻吹一口气，所有的一切便会变成一片废墟。"② 保罗四世的话固然有些夸大其词，但也在一定程度上反映出查理五世逊位给欧洲国际社会带来的影响。保罗四世和亨利二世都在极力渲染由于查理五世的逊位而给帝国带来的政治危机，让菲利普二世在树立其政治权威的过程中感受到欧洲国际舆论的压力和不利影响，赢得一场不见硝烟的宣传战。作为文艺复兴时期的教皇，保罗四世和他的几位前任一样，家族性的一面让他更多地要为家族成员谋取利益。1556 年 10 月的一份《关于教皇保罗四世的备忘录》（A Memorandum on Pope Paul IV's Doings）中写道："在他成为教皇之后，他让他的侄子卡洛·卡拉法（Carlo Carafa）成为枢机主教。卡洛是军人出身，大部分时间从事军事冒险活动，长期陪伴在法国国王身边。……不仅如此，教皇还把教廷的整个

---

① Gerard Noel, *The Renaissance Popes: Statesmen, Warriors and the Great Borgia Myth*, p. 310.
② Dr. Ludwig Pastor, *The History of the Popes, From the Close of Middle Ages*, Vol. XIV, pp. 127, 130.

管理权交给他。"①1555 年 10 月，洛林枢机主教和枢机主教图尔农同保罗四世议定了一项条约，条约于 12 月 15 日正式签署。根据这项条约，为了换取法国的支持，教皇同意把那不勒斯王国赐封给亨利二世的两个儿子中的一个，把米兰公国交给另一个儿子；亨利二世则同意把锡耶纳交给教皇。②《沃塞尔停战协定》成为保罗四世构筑法国与罗马教廷联盟的主要障碍，为了激怒菲利普二世，他要求后者把那不勒斯大主教教区交给卡洛·卡拉法，把皮亚琴察公国交给他的另一个亲戚卡梅里诺公爵（Duke of Camerino），但是遭到拒绝，为此他褫夺了忠于西班牙的科隆纳和奥尔西尼家族的财产，试图以科隆纳家族的领地作为其进犯那不勒斯的前沿阵地，并且计划宣布剥夺菲利普二世拥有那不勒斯领地的权利。③ 他告诉图尔农枢机主教："现在是打破停战协定、把那不勒斯王冠交给法国国王的时候了！"④

作为哈布斯堡家族传统的继承者和捍卫者，菲利普二世在一片怀疑目光的注视下正式登上了欧洲国际政治的舞台。虽然他没能够继承神圣罗马帝国的皇帝称号，而且失去了德意志，但是西班牙与英格兰的联姻关系与英格兰重返天主教大家庭的政治影响弥补了帝国分割时带来的某些利益缺失，哈布斯堡家族西班牙世系下的西班牙、尼德兰、英格兰、意大利的米兰和那不勒斯以及广阔的海外殖民地，和奥地利世系下德意志的政治平衡，在欧洲范围内形成了一个庞大的哈布斯堡体系。虽然政治上的貌似强大无法掩饰日益严重的财政危机，但是对于同样面临财政问题的法国而言，菲利普二世可以动员的资源还是比较丰富的。面对教皇保罗四世的不断挑衅，菲利普二世决定先发制人，1555 年 12 月底，阿尔瓦公爵被任命为米兰总督，率领西班牙军队进入那不勒斯。1556 年 9 月 1 日，阿尔瓦公爵领军攻入罗马涅，两个星期之后占领阿纳尼（Anagni），打开了通向罗马的道路，罗马陷入了一片恐慌，只得请求法国援助。11 月 14 日，亨利二世命令弗朗索瓦·吉斯带领一支 2 万人的军队救援教皇。同时卡洛·卡拉法从法国返回意大利，与阿尔瓦公爵签订了一项为期 40 天的停战协定，

----

① *CSPSP* XIII, No. 285.

② *CSPSP* XIII, Nos. 275, 285; Robert J. Knecht, *The Rise and Fall of Renaissance France, 1483 – 1610*, p. 232；马克思：《马克思历史学笔记》（第三册），第 423 页。

③ *CSPSP* XIII, No. 285; *The Rise and Fall of Renaissance France, 1483 – 1610*, p. 233.

④ *The Rise and Fall of Renaissance France, 1483 – 1610*, p. 234.

等待吉斯公爵到达意大利。1557 年 1 月，吉斯公爵的法国军队离开都灵，沿波河山谷行进，2 月中旬吉斯的岳父费拉拉公爵埃尔科莱·德·埃斯特（Ercole d'Este）和卡洛·卡拉法加入法军的战斗行列。但是吉斯与费拉拉公爵、卡拉法和教皇在进军路线上发生争执，费拉拉公爵主张进军帕尔玛公国，但是卡拉法反对这样做。吉斯想攻打佛罗伦萨，但卡拉法劝吉斯不要穿越托斯卡纳，而是穿越马尔凯，这激怒了费拉拉公爵。吉斯继而想远征那不勒斯，要求教皇提供港口以获得补给，遭到教皇的婉言拒绝。^① 与盟友意见相左让法国丧失了进攻那不勒斯的绝佳时机，4 月吉斯军队包围奇韦泰拉（Civitella），奇韦泰拉守军坚守城池数周，为阿尔瓦公爵集结军队争取了时间。阿尔瓦公爵率军击退法国与教皇的联军，直扑罗马，与此同时，科隆纳和奥尔西尼家族的流亡者在教皇国利用德意志和瑞士的雇佣军，夺回了被保罗四世占领的家族领地，保罗四世与教皇国岌岌可危。而此时阿尔瓦公爵却下令军队停止进攻，逼迫保罗四世进行和谈。^② 在教皇等待救援之时，由于法国北部战事吃紧，亨利二世决定从意大利撤军，让教皇独自面对阿尔瓦公爵的西班牙军队。1557 年 9 月 12 日，阿尔瓦公爵与教皇保罗四世签订《卡韦条约》（Treaty of Cave）：教皇不再结盟反对菲利普二世，并宽恕所有对他动武的人。《卡韦条约》之后，吉斯率领军队乘船驶向普罗旺斯沿岸，返回法国。意大利战争的最终结果将取决于正在法国北部进行的战事。

1557 年 1 月，亨利二世派遣蒙莫朗西率军进攻通往弗兰德尔的重镇杜埃（Douai），军事行动没有成功。亨利二世这次试探性的军事进攻实质上已经破坏了《沃塞尔停战协定》。2 月底，亨利二世向西班牙正式宣战，撕毁停战协定。3 月菲利普二世向法国宣战，而后由萨伏依公爵伊曼纽尔·菲利贝托、埃格蒙特伯爵拉莫拉尔（Lamoral，Count of Egmont）和恩斯特伯爵曼斯菲尔德（Ernst Count Mansfeld）分别率领的三支西班牙—尼德兰军队于 6 月进入法国，向圣康坦推进。根据菲利普二世与玛丽一世的

---

① Frederic J. Baumgartner，*Henry II*：*King of France 1547 - 1559*，pp. 179 - 190；M. J. Rodriguez - Salgado，*The Changing Face of Empire*：*Charles V*，*Philip II and Habsburg Authority*，*1551 - 1559*，pp. 157 - 159；*The Rise and Fall of Renaissance France*，*1483 - 1610*，p. 234；《马克思历史学笔记》（第三册），第 424～427 页。

② Dr. Ludwig Pastor，*The History of the Popes*，*From the Close of Middle Ages*，Vol. XIV，pp. 158，161 - 162.

婚姻协议，菲利普二世不能把英格兰卷入与皇帝的战争。[1] 但是菲利普二世辩称这场战争是他自己的战争，请求英格兰给予协助。在玛丽一世和菲利普二世的共同压力下，5 月，英格兰御前会议最终屈服，同意派遣军队参加对法战争。[2]

1557 年 8 月 10 日，西班牙—尼德兰军队与法国军队在圣康坦城郊进行了激烈交战，法军惨败，蒙莫朗西和圣安德烈元帅以及许多贵族都落入敌人之手，这场战役史称圣康坦战役（Battle of St. Quentin）。胜利后菲利普二世抵达营地，于 27 日强行攻占圣康坦。[3] 圣康坦战役后，缺乏政治和外交经验的菲利普二世并没有立即乘胜追击（实际上菲利普二世此时陷入了严重的财政危机，圣康坦战役发生前两个月，他被迫采取部分破产的政策[4]），而是考虑利用手中筹码与法国议和。战争的结果对法国来说是惨痛的，圣康坦的失守意味着通向巴黎的大门被打开了，巴黎有可能再一次面临兵临城下的危险。为避免局势进一步恶化，亨利二世即刻提调在意大利的弗朗索瓦·吉斯的军队驰援法国。10 月吉斯回到巴黎，被亨利二世任命为法军副统帅，代管全国军队。洛林枢机主教代替被俘的蒙莫朗西掌管法国的内政与外交事务，吉斯兄弟牢牢地掌握了法国的军政大权。1557 年底到 1558 年初法军发动了一次冬季攻势，1558 年 1 月吉斯公爵率军占领卢森堡、敦刻尔克以及英格兰在欧洲大陆仅存的陆地据点——加来。法军在战争中的元气稍有恢复，在莱茵河下游地区与西班牙—尼德兰军队形成了对峙的军事态势。吉斯公爵的一系列军事行动都取得了胜利，特别是加来的占领，这为法国打开了一个全新的局面，4 月法国王太子弗朗索瓦与吉斯兄弟的外甥女、苏格兰女王玛丽·斯图亚特缔结婚姻，吉斯兄弟在法国的权势和影响更是如日中天。

圣康坦战役的胜利提升了菲利普二世在欧洲国际舞台上的声望，换来了吉斯兄弟在法国国内权势的膨胀，而玛丽一世对法宣战换来的却是加来的失陷，从某种意义上说，西班牙和法国都取得了一定的胜利，但是难言

---

[1]　*CSPSP* XII, p. 2.

[2]　*CSPSP* XIII, pp. 295 – 296.

[3]　*CSP Ven* VI, Nos. 985 – 995；Frederic J. Baumgartner, *Henry II：King of France 1547 – 1559*, pp. 193 – 196.

[4]　M. S. Anderson, *The Origins of the Modern European State System*, *1494 – 1618*, p. 7；乔治·杜比主编《法国史》（上卷），第 586 页。

全胜。威尼斯驻英格兰使节乔瓦尼·米希尔（Giovanni Michiel）在其报告中对菲利普二世的战争做出了如下判断与分析：菲利普二世胜利的概率是微乎其微的。如果考虑到其领地的若干缺点与不足，菲利普二世继承的遗产给人留下的印象是，其权力不可能维持下去的。有四个主要的问题，而这四个问题很可能是无法克服的。其一，财政问题。他的领地已经深深陷入了财政困境，他不断给其领地施加财政压力，在其领地之上已经越来越不受欢迎了；其二，菲利普二世还需面对家族内部的怨气与嫉妒，并且得不到他们的帮助，他与皇帝斐迪南和马克西米连的紧张关系很能说明问题；其三，菲利普二世和他的顾问们都是新手，缺乏政府和战争管理的经验；其四，或许是最重要的原因，即菲利普二世个人的性格与能力。很多人相信，菲利普二世不喜欢军事冒险，缺乏战争经验，他不具备发动一次成功战役的能力，这一点可能会给他的敌人以极大的鼓舞，这些人相信与菲利普二世作战，他们会讨得很大便宜。[①] 乔瓦尼·米希尔站在那个时代做出的观察还是值得重视的，意大利战争持续至菲利普二世和亨利二世的时代，已经把当时王室从事战争的能力毫无保留地挥发殆尽了，但是时代的局限和战争成本的不断提高，让新兴的君主制国家无法承受如此高昂的战争费用，国家的破产也就是必然的结果。既然如此，解决问题的唯一出路只能是在和平的基础之上维持一种勉强的权力平衡。

第三节　《卡托—康布雷奇和约》：16 世纪欧洲和平宪章

1559 年 4 月 2 日和 3 日，在神圣罗马帝国领地康布雷奇（Cambrésis）的勒卡托（Le Cateau），法兰西分别与英格兰、西班牙签署了结束意大利战争的条约，4 月 2 日英格兰与苏格兰也签署了类似性质的条约，这三项条约统称为《卡托—康布雷奇和约》（Peace of Cateau – Cambrésis）。《卡托—康布雷奇和约》"以欧洲近代史上伟大的和约之一著称于世。"[②] 研究者评论说：这项和约是"《威斯特伐利亚和约》之前欧洲和平的根本宪章。"[③] 长

---

① *CSP Ven* VI, Nos. 131－132、884.

② G. R. 埃尔顿主编《新编剑桥世界近代史》（第二卷），第 467 页；R. B. Mowat, *A History of European Diplomacy*, *1451－1789*, p. 57。

③ David Jayne Hill, *A History of Diplomacy in the International Development of Europe*, Vol. II, p. 485.

期以来，国内史学界对于 1648 年的《威斯特伐利亚和约》（Peace of West-phalia）给予了高度重视，而对于此前《卡托—康布雷奇和约》这样重要的国际和约，国内学术界缺少深入研究，这对于了解和把握《威斯特伐利亚和约》以前的欧洲国际社会是一个严重的疏漏。①

一　塞尔康和勒卡托会谈

"……西欧的许多政治单位在一个阴谋充斥、战乱频仍的世界经历了无止境的扩张、联盟与合并。……总之，这是一个扩大战争、施展外交手腕和玩弄阴谋的时代。费用之剧增令人惊愕。一年的战争意味着政府的费用至少增加四倍，而大多数年份都有战争而没有和平。君主经常债台高筑，因而只得铤而走险。破产的威胁是一种驱之不散的阴影，对许多国家都非常现实。事实的真相是王侯并不自由，他们受到没有尽头也无法控制的财政危机的制约。"② 16 世纪中叶对于欧洲国际关系的历史发展而言，是一个重要的转折时期。意大利战争的持续进行越来越清楚地表明，国际斗争中国家的经济实力将在很大程度上决定和影响欧洲国际关系的历史发展，而经济能力的表现是以国家财政状况以及财政金融结构的有效性作为主要指标的。③

长达 60 多年的意大利战争已经成了"疲马之间的赛跑"（A Race Be-tween Spent Horses），④ 一系列的战争几乎耗尽了西班牙哈布斯堡王室和法国瓦洛亚王室发动战争的能力，也在日益考验着各方对于战争的决心和耐心，而王朝统治的代价也在迅速增长，尤其是 1557 年西班牙和法国全国性的破产以及迅速发展的新教运动致使战争的力量进一步损伤，和解已经为期不远了。

一千多年以来基督教信仰是联系欧洲的基本因素，16 世纪随着新教运动的不断展开和深化，信仰的分裂导致欧洲社会发生了深刻变化，它在

---

① 法国历史学家巴龙·阿方斯·德·鲁布尔（Baron Alphonse de Ruble）著有 *Le Traité de Cateau - Cambrésis* 一书，这部专著分析并探讨了《卡托—康布雷奇和约》的重要性及其对欧洲国际关系的影响，他认为《卡托—康布雷奇和约》的历史作用被严重低估了。

② 道格拉斯·诺思、罗伯斯·托马斯：《西方世界的兴起》，厉以平、蔡磊译，华夏出版社，1999，第 122 页。

③ M. S. Anderson, *The Origins of the Modern European State System*, *1494 - 1618*, pp. 44 - 45.

④ R. B. 沃纳姆主编《新编剑桥世界近代史》（第三卷），中国社会科学院世界历史研究所组译，中国社会科学出版社，1999，第 275 页。

逐渐瓦解着帝国和教皇的权威，迫使亨利二世和菲利普二世必须面对日益严重的宗教危机，努力铲除异端，恢复国内的宗教秩序。法国新教（1557年以后称为胡格诺派）的势力已经发展到能在 1559 年在巴黎召开第一届宗教大会的程度，[①] 加尔文的影响也逐渐深入西班牙的各个领地，在日益侵蚀着天主教的势力范围，各地传统的宗教秩序正在被打破。

亨利二世的法国宫廷内部以吉斯兄弟为代表的主战派和以蒙莫朗西等为代表的主和派围绕着内外政策明争暗斗。圣康坦战役后吉斯兄弟渐居上风，一度主导了法国的对外政策，坚持在意大利冒险，[②] 而身为战俘的蒙莫朗西则利用其影响力，联合法国国内的其他力量，敦促亨利二世与西班牙和谈，因此和谈得以实现在一定程度上也是法国国内各派政治力量斗争的结果。持续不断的战事让本已入不敷出的财政雪上加霜，军饷难以及时筹集，国库陷入极大的困境，卖官鬻爵和向私人银行家大量举借外债的情况更趋严重。[③] 由于财政状况持续恶化，国王只有依赖一些商业家族的借贷，1547 年弗朗索瓦一世去世时，法国王室的短期债务已高达 686 万利弗尔。1557 年底，法国的短期债务再度上升到 1220 万利弗尔。[④] 1558 年亨利二世被迫再次召集三级会议（自 1484 年以来的第一次）以商讨征缴更多的税收，但未能如愿。法国王室在面临越来越大的政府日常开支和战时军费时，经常身处破产的窘境。

表 6-1　1515～1559 年法国财政状况[⑤]

	王室年度财政收入（百万利弗尔）	王室债务（百万利弗尔）
1515 年	4.8	1.4
1517 年	5.0	4.0
1547 年	9.0	9.0
1559 年	12.0	43.0

---

① 威利斯顿·沃尔克：《基督教会史》，孙善玲等译，中国社会科学出版社，1991，第 484 页。

② 皮埃尔·米盖尔：《法国史》，蔡鸿滨等译，商务印书馆，1985，第 146 页。

③ Victoria Tin-bor Hui, *War and State Formation in Ancient China and Early Modern Europe*, Cambridge: Cambridge University Press, 2005, pp. 112-113.

④ E. E. 里奇、C. H. 威尔逊主编《剑桥欧洲经济史》（第五卷），第 335 页。

⑤ Martin D. W. Jones, *Clash of Empires: Europe 1498-1560*, p. 72; M. S. Anderson, *The Origins of the Modern European State System, 1494-1618*, p. 42.

表 6-2　1515~1553 年法国军费开支（百万利弗尔）①

1515 年	7.5
1521~1525 年	20.0
1536~1537 年	5.5
1542~1546 年	23.0
1553 年	13.0

　　菲利普二世统治下的诸多领地也是暗潮涌动，潜藏着极大的危机。为了支持菲利普二世的战争，王室的各个领地不得不想尽办法筹办粮饷，5 年之内尼德兰为战争支付了 800 万杜卡特，卡斯提尔则在 3 年间支付了 1100 万，② 领地之间的矛盾不断激化。1555 年神圣罗马帝国皇帝在西班牙的短期债务有 2400 万阿图瓦镑，在尼德兰有 600 万阿图瓦镑。③ 1557 年王室债务已占国家财政收入的 54%，④ 事实上菲利普二世已经陷于实际破产。查理五世的去世更加坚定了菲利普二世结束战争、缔结和平条约的期望，以便使他能尽早从北部地区返回西班牙。

表 6-3　1551~1554 年西班牙偿付的债务⑤

	贷款款额（杜卡特）		偿付款额（杜卡特）
1551 年	1476195	1552~1554 年	697664
1552 年	1769671	1552~1554 年	830997
1552 年	2975957		
1552 年	3036772		
1553 年	2975957	1552~1554 年	2813404（可能包含上述部分或全部款额）
1554 年	2101689		

　　1558 年夏，菲利普二世和亨利二世都将政策的重点转向了和平谈判。通过一些非正式渠道向对方表达和平的意愿，双方在马尔宽（Marcoing）和里尔（Lille）进行了初步接触和交谈⑥，最终亨利二世正式提出双方于 1558 年 10 月举行和平谈判，作为回应菲利普二世则公开要求双方达成一

---

① M. S. Anderson, *The Origins of the Modern European State System*, *1494 - 1618*, p. 42.
② R. B. 沃纳姆主编《新编剑桥世界近代史》（第三卷），第 312 页。
③ E. E. 里奇、C. H. 威尔逊主编《剑桥欧洲经济史》（第五卷），第 345 页。
④ Joycelyne G. Russell, *Peacemaking in the Renaissance*, p. 134.
⑤ M. J. Rodriguez - Salgado, *The Changing Face of Empire: Charles V, Philip II and Habsburg Authority*, *1551 - 1559*, p. 68.
⑥ *Peacemaking in the Renaissance*, pp. 137 - 138.

份永久的、全面的和平协议，而非临时性的停战协议。① 法国方面要求西班牙释放战时被俘的王室总管蒙莫朗西和圣安德烈元帅，并授权两人参与谈判，西班牙方面同意两人假释。② 英格兰被允许独立派遣使节，作为单独一方参与和平谈判。会谈三方皆派出了阵容强大的使团。法国亨利二世的谈判代表包括王室总管蒙莫朗西、圣安德烈元帅、洛林枢机主教查理·德·吉斯等人。菲利普二世的谈判代表则包括阿尔瓦公爵唐·费迪南德斯·阿尔瓦雷斯（Don Fernandez Alvarez, Duke of Alva）、奥兰治亲王威廉（William of Nassau—Dillenburg, Prince of Orange）、阿拉斯主教安托万·佩勒诺·格朗韦勒（Antoine Perrenot de Granvelle, Bishop of Arras）及国务顾问葡萄牙人鲁伊·戈麦斯（the Portuguese Ruy Gómez, Councilor of State）等人。代表英格兰的玛丽·都铎参加和谈的是第 12 代阿伦德尔伯爵亨利·菲查伦（Henry Fitzalan, 12th Earl of Arundel）、伊利主教托马斯·瑟尔比（Thomas Thirlby, Bishop of Ely）、坎特伯雷和约克教区监理尼古拉斯·沃顿（Nicholas Wotton, Dean of both Canterbury and York）。③

按照中世纪传统，神圣罗马帝国皇帝和教皇本应成为谈判调停人的首选，可时任教皇保罗四世由于过去的亲法行为而难以胜任，神圣罗马皇帝斐迪南一世本身作为和平谈判的参与方，其目的是恢复被法国占领的包括梅斯、图勒和凡尔登三个主教管辖区在内的帝国领土，自然也无法充当调停人的角色。两位君主最终确认由与两个王室均有血缘和藩属关系的洛林公爵夫人（Duchess of Lorraine，即查理五世的外甥女、米兰公爵弗兰西斯科·斯福查和洛林公爵弗朗索瓦的遗孀、丹麦的克里斯蒂娜④）作为谈判的主要调停人，发挥某种象征作用⑤。出于安全和对君主尊严的考虑，会谈选择在位于康什河（the Canche）左岸的塞尔康（Cercamp）的一个修道院中进行，后来由于塞尔康恶劣的气候条件和难以容忍的卫生条件，会谈地点改在了康布雷奇的勒卡托（Le Cateau），这里有一座废弃的康布雷主教城

① M. J. Rodrignez – Salgado, *The Changing Face of Empire: Charles V, Philip II and Habsburg Authority, 1551 – 1559*, pp. 306 – 307.

② *CSP Ven* VII, Nos. 31 – 32; Joycelyne G. Russell, *Peacemaking in the Renaissance*, p. 136.

③ *CSP Foreign*, Mary, No. 824.

④ Julia Cartwright, *Christina of Denmark, Duchess of Milan and Lorraine, 1522 – 1590*, New York: E. P. Dutton and Company, 1913, p. iv.

⑤ M. J. Rodriguez – Salgado, *The Changing Face of Empire: Charles V, Philip II and Habsburg Authority, 1551 – 1559*, pp. 307 – 308.

堡，因为这个地方名义上是神圣罗马帝国的采邑，并且长期保持中立。①

整个和平会谈分为两个阶段进行，第一阶段从 1558 年 10 月到 12 月在塞尔康举行，由于英格兰的玛丽女王去世和伊丽莎白一世（Elizabeth I，1558－1603 年在位）即位而临时中断，第二阶段从 1559 年 2 月到 4 月在勒卡托举行。和谈主要解决的是法国瓦洛亚王室和西班牙哈布斯堡王室之间的争议，而"解决的主要争端是自 1494 年以来左右着欧洲强权政治的问题：谁应是意大利半岛的主宰？"② 然而谈判面临的第一个最主要的，也是最棘手的障碍却是加来问题。

从 10 世纪到 11 世纪，加来由一个小小渔村发展成为一个重要的商贸港口，它与英格兰的多佛尔港（Dover）之间仅仅相距 30 余公里，是进出欧洲大陆的咽喉要塞。加来的历史命运与英格兰和法兰西的历史发展进程息息相关。自 11 世纪"诺曼征服"以后，历代英王通过婚姻和继承关系在法国拥有了大量领地，如诺曼底（Normandy）、安茹（Anjou）、阿基坦（Aquitaine）和普瓦图（Poitou）等地，特别是在亨利二世（Henry II of England，1154～1189 年在位）统治时期。争夺大陆领地及与法国的领土纠纷成为英格兰几个世纪以来的重要国策。百年战争期间，1347 年英格兰占领了加来。1360 年 10 月英法签订了《布雷蒂尼条约》（Treaty of Brétigny），法国承认英格兰对加来和法国西南地区大片领土的占领，并同意交纳 300 万金克朗以赎回国王，爱德华三世（1327～1377 年在位）则放弃对法国王位和诺曼底等地的要求③。1363 年，英格兰将加来确定为贸易中心港口（the Staple of Port），主要从事羊毛和皮革制品等商品的出口④。1372 年，加来在英格兰国会拥有了代表资格。直到 1379 年，加来仍然属于与法国教会有辖属关系的泰鲁阿纳教区（Diocese of Thérouanne），后划归坎特伯雷主教辖区（Diocese of Canterbury）。⑤ 1453 年，英格兰失去了除加来和海峡群岛之外的所有大陆领土。

---

① *CSP Ven* VI, Nos. 1225－1227；Joycelyne G. Russell, *Peacemaking in the Renaissance*, p. 144.

② R. B. 沃纳姆主编《新编剑桥世界近代史》（第三卷），第 197 页。

③ John Le Patourel, "The Treaty of Brétigny, 1360", *Transactions of the Royal Historical Society*, 5th Ser., Vol. 10（1960），pp. 19－39；Joycelyne G. Russell, *Peacemaking in the Renaissance*, p. 153.

④ Geroge A. Sandeman, *Calais under English Rule*, Oxford：B. H. Blackwell, 1908, p. 101.

⑤ *Calais under English Rule*, p. 59.

加来一度被称为"英格兰王冠上的一颗最耀眼的明珠"，其对英格兰的重要性在于，它是英格兰羊毛、皮革、锡和铅等商品物资进出口的重要通道，它的海关税收有时竟占英格兰国家税收的三分之一，是王国财政收入的主要来源之一①。加来总督的位置一时成为英格兰王公贵族觊觎的肥差。由于加来本身缺乏天然的安全屏障，军事驻防较为困难，英格兰也为此付出了高昂代价，另外，英格兰之所以能长期占有加来，很大程度上是法国瓦洛亚王室与勃艮第公爵之间斗争的结果，而这种僵局随着法国王室的胜利而被打破了。②1558年1月，法国的吉斯公爵率军占领加来，结束了英格兰对加来的统治，英格兰失去了在欧洲大陆仅存的陆地据点。加来问题成为议和各方交锋的焦点之一。

对于拥有加来的合法性问题，争论的主要双方各执一词。英格兰坚持要求法国归还加来，并偿还弗朗索瓦一世时代借贷的200万埃居欠款。③英格兰援引1360年《布雷蒂尼条约》，声称："作为放弃法国王位和领土的交换条件，法国放弃了它对加来的所有权利，并且分别在意大利战争期间的1527年和1546年英法相关协议中加以确认，因此法国应归还加来。"④身为玛丽女王的丈夫的菲利普二世也意识到，如果不能满足英格兰的要求，那么他不仅会失去英格兰的人心，而且和谈很难继续，很可能会重燃战火。

加来是法国和西班牙属地之间重要的缓冲地带，拥有加来对法国具有重要的军事意义，而加来问题的解决与不列颠群岛在当时欧洲政治中的关键性地位有着直接联系，因为条约很有可能让法国几乎完全被西班牙的领土所包围，如果不列颠群岛能涵盖进来，那么西班牙的包围圈就没有缺口了，这是法国所不乐见的，所以法国强调并坚持应先解决加来问题，而后再进行其他和谈事项。法国方面辩称："在两国君主之间，不存在任何优先的权利（Superiors），也不存在根据传统或条约而获得的权利（Prescription），因为他们之间缺少一位有权能的仲裁人。……所谓的《布雷蒂尼条约》是一个强加的条约，应是无效的，而且英格兰站在西班牙一边参加战

---

① Geroge A. Sandeman, *Calais under English Rule*, pp. 71 - 72.
② *Calais under English Rule*, pp. 42 - 56.
③ Joycelyne G. Russell, *Peacemaking in the Renaissance*, pp. 150 - 151；详见 1525 年 8 月英法签署的《穆尔条约》。
④ *CSP Foreign*, *Elizabeth*, I, Nos. 6 - 7；*Peacemaking in the Renaissance*, p. 153.

争，本身就是违反协议的非法行为，因此通过合法战争获得的加来理应归属法国。"① 加来问题的谈判陷入僵局，各方提出了多个不同的解决方案，但均遭失败，会谈处于破裂的边缘。

1558 年 11 月玛丽女王去世，她的去世意味着西班牙—英格兰联盟的自然终结，而英格兰议和代表必须等待新王的即位和最新的授权，和谈因而暂停。此时英格兰面临着不稳定的宗教局面和日渐紧张的教派关系，形势岌岌可危。伊丽莎白一世的即位和她的新教倾向给加来问题的解决又平添了新的变数。英格兰政策的任何变化都会引起力量天平的倾斜。菲利普二世希望能通过加来问题的解决，或者更进一步地缔结联姻关系来延续两国之间的联盟。② 可是伊丽莎白王位的合法性却成为谈判中法国的一个有力筹码，因为其母亲与亨利八世的婚姻不被教皇承认，她的出生被认为是非法的。玛丽·都铎去世之际，法国便立即宣布亨利二世的儿媳苏格兰的玛丽·斯图亚特（Mary Stuart）和其丈夫法国王太子为英格兰王后和国王，他们在招待英格兰议和官员的宴会上有意使用印有英格兰王徽的餐盘，③ 希望透过王位继承权的问题和强化与苏格兰的同盟关系，迫使英格兰软化在加来问题上的强硬立场。由于法国—苏格兰联盟的压力、王位继承权的潜在争议、可能被指责为破坏谈判甚至是破坏基督教世界和平的"麻烦制造者"以及来自国内天主教派分子的威胁，伊丽莎白一世采取了拖延策略，力争能够在加来问题上找到一个较为理想的解决方案，但是法国和苏格兰的现实威胁让伊丽莎白外交政策的天平逐渐倾向了西班牙。与苏格兰达成和平协议成为英格兰当时的第一要务。④ 当和谈在勒卡托重新开始的时候，女王要求英格兰代表⑤与西班牙保持经常性的协商和联系，但同时伊丽莎白一世委婉地拒绝了菲利普二世的联姻要求。在确认其王位巩固和掌握了国内政治斗争的主导权之后，伊丽莎白一世开始改变在加来问题上的强硬政策，在确保英格兰对加来保留领土权利，同时与苏格兰达成某种协议的基础之上，要求谈判代表自己灵活掌握。最终会谈接受了调

① Joycelyne G. Russell, *Peacemaking in the Renaissance*, pp. 152 – 153.

② M. J. Rodriguez – Salgado, *The Changing Face of Empire: Charles V, Philip II and Habsburg Authority, 1551 – 1559*, pp. 310 – 313.

③ R. B. 沃纳姆主编《新编剑桥世界近代史》（第三卷），第 278 页。

④ *CSP SP（Simancas）*, I, No. 36.

⑤ 和谈重启之时，英格兰更换了首席谈判代表，由埃芬汉男爵威廉姆·霍华德（William Howard, Baron Howard of Effingham）取代阿伦德尔伯爵。

停人洛林公爵夫人的妥协方案。

谈判面临的另一个主要障碍是萨伏依问题。萨伏依公国地处意大利半岛的西北部，位于法兰西王国和伦巴第平原之间，横跨阿尔卑斯西部山脊。萨伏依在历史上是神圣罗马帝国的边疆领地，11世纪萨伏依王室家族在塞尼山（Mont Cenis）和大圣贝尔纳关隘的两侧斜坡上都获得了领土，阿尔卑斯山以西是讲法语的萨伏依地区，包括尚贝里（Chambéry）、阿讷西（Annecy）和勃朗峰山峦（Mt. Blanc），一直延伸至日内瓦湖畔，以东是讲意大利语的皮埃蒙特地区，包括奥斯特（Aosta）、苏萨（Susa）和都灵，延伸到利古里亚海滨[1]。瑞士崛起之后，这个地区与帝国的主体隔离开来，逐渐演变为一个相对独立的公国。1046年萨伏依伯爵将皮埃蒙特纳入其领地范围，1416年萨伏依伯爵阿梅代奥八世（Amedeus VIII，1391－1434）获得公爵爵位，此后又从米兰手里夺得重镇韦尔切利（Vercelli），吞并了附近的一些封地和市镇，形成了较为强大的萨伏依公国。[2] 萨伏依公国成为米兰的重要屏障和进出意大利半岛的门户，具有重要的战略意义。

意大利战争期间，萨伏依公国经历了一段少主统治的时期，政治上依附于法国，国势日渐衰微。1536年法国占领并吞并萨伏依地区，从而在意大利夺得了一个重要的立足点。1544年9月法国通过《克雷皮和约》（Treaty of Crépy）将皮埃蒙特划归己有。[3] 1553年流亡的萨伏依公爵伊曼纽尔·菲利贝托从其父那里仅继承了奥斯塔、尼斯（Nice）、库内奥和韦尔切利等地。[4] 作为西班牙军队的统帅和圣康坦战役的胜利者，公爵一直希望恢复包括皮埃蒙特在内的萨伏依公国。

早在里尔会谈时，法国就明确表示"绝不放弃皮埃蒙特，除非重新获得米兰作为交换。但作为补偿，法国可以归还萨伏依领地和布雷斯地区（Bresse），并且促成萨伏依公爵与亨利二世的一个女儿联姻。"[5] 但这是西班牙无法接受的，因为他们担心法国保有皮埃蒙特，将为未来可能进攻

---

① 诺曼·戴维斯：《欧洲史》（下卷），郭方、刘北成等译，世界知识出版社，2007，第650页。

② 路易吉·萨尔瓦托雷利：《意大利简史——从史前到当代》，第294页。

③ 路易吉·萨尔瓦托雷利：《意大利简史——从史前到当代》，第359页。

④ Joycelyne G. Russell, *Peacemaking in the Renaissance*, p. 158.

⑤ Joycelyne G. Russell, *Peacemaking in the Renaissance*, p. 158.

米兰提供一个绝好的跳板，继而实现其对意大利半岛的野心，战略上萨伏依和米兰是西班牙与北方联系的重要环节，无论如何西班牙都希望能将法国彻底赶出意大利半岛。萨伏依公爵也拒绝部分地恢复萨伏依公国的提议。另外对于军事要塞的非军事化及法国拥有要塞的数量问题，西班牙和萨伏依公爵也持不同看法。然而问题的严重性其实本身就是一种不至于使谈判破裂的保证，可以防止局面发展到难以控制的地步，因为当时没有一个国家希望继续战争，协商仍在继续。为了削弱公爵与菲利普二世之间的联系，以体现法国在萨伏依的存在，法国最初提议亨利二世的女儿与伊曼纽尔·菲利贝托公爵联姻，但碍于皮埃蒙特的争议，亨利二世改变了想法，提出转由其妹妹玛格丽特公主（Madame Marguerite de France）与公爵成婚，以作为法国放弃皮埃蒙特的交换条件。① 最终在法国和西班牙的坚持之下，萨伏依公爵勉强接受了和谈的最终妥协方案。

除了上述两大争议之外，在意大利半岛交战各方之间还存有其他的领土争议。首先是科西嘉岛（Corsica）的控制权问题。科西嘉岛是继西西里岛（Sicily）、撒丁岛（Sardinia）、塞浦路斯岛（Cyprus）之后的地中海第四大岛，位于法国大陆东南，南隔博尼法乔海峡（Strait of Bonifacio）与意大利撒丁岛相望，历史上屡遭入侵。13～15世纪比萨、热那亚、阿拉贡等先后夺取科西嘉岛的控制权。1453年以后科西嘉岛从属于热那亚的统治，1553年法国在奥斯曼帝国海军的协助下占领该岛，成为法国觊觎意大利的重要海上基地，也是"插在菲利普二世和热那亚人之间的一个楔子"②，对西班牙在意大利和地中海的地位构成了严重威胁。会谈中西班牙援引阿拉贡对该岛的所谓继承权，③ 试图改变科西嘉岛的地位。经过几番较量，最终法国同意将该岛直接交还热那亚，而不是交给西班牙，以最大限度地保持对该岛的影响力。

其次是关于萨卢佐侯爵封地（Marquisate of Saluzzo）、蒙费拉侯爵封地（Marquisate of Montferrat）和锡耶纳共和国（Republic of Siena）的归属问

---

① M. J. Rodriguez – Salgado, *The Changing Face of Empire: Charles V, Philip II and Habsburg Authority, 1551 – 1559*, pp. 308 – 309.

② *The Changing Face of Empire: Charles V, Philip II and Habsburg Authority, 1551 – 1559*, p. 308.

③ Joycelyne G. Russell, *Peacemaking in the Renaissance*, p. 161.

题。1142 年至 1548 年，瓦斯托家族（House of Vasto）统治着萨卢佐侯爵封地。作为神圣罗马帝国的采邑，[①] 其领土分布在阿尔卑斯山南北及波河流域（the Po）一带，与萨伏依公国相邻。长期以来萨卢佐与萨伏依公国不断发生领土冲突，1548 年法国将其并入法国领土。历史上蒙费拉侯爵封地与法国和神圣罗马帝国的关系都很紧密，在意大利北部占有重要地位，1533 年至 1536 年西班牙曾短暂占领蒙费拉，之后西班牙占领军将其交与城市国家曼图亚（Mantua）的贡扎加家族（House of Gonzaga）统治。锡耶纳共和国位于南托斯卡纳地区，佛罗伦萨的南部，曾是意大利贸易、金融和艺术中心，13 世纪达到全盛。1555 年被佛罗伦萨占领，1559 年科西莫·德·美第奇（Cosimo de Medici）从菲利普二世手中获得锡耶纳城和其全部领土。[②]

联姻是解决领土争议的有效手段，和谈涉及两项联姻[③]，这是中世纪及近代早期欧洲外交谈判的传统重要内容。会谈除了涉及萨伏依公爵与法国的玛格丽特公主的婚事之外，还促成了法国与西班牙之间的联姻。不过在这个问题上，西班牙最初打算由西班牙的唐·卡洛斯王子（Don Carlos）与亨利二世的女儿伊丽莎白公主（Madame Élisabeth）成婚，但是法国则希望伊丽莎白公主与菲利普二世本人联姻，可是西班牙担心法国提婚背后隐藏着其他目的（如对米兰等地的领土要求）。后来随着各方斡旋，西班牙宣布"为了基督教世界的和平，菲利普二世决定接受这项婚姻，但条件是考虑到唐·卡洛斯王子的未来继承问题，条约不能包括给予他们后代任何领土变更的条款。"[④] 15、16 世纪，国家之间的联系依然受到王室家族之间关系的巨大影响，整个政治首先是家族政治，[⑤] 是建立在血缘关系基础之上的各级联姻关系。

勒卡托会谈广泛而纷杂，从某个军事要塞的争夺，对俘虏和叛国者的处理，到教堂财产的分割，乃至一件银盘或个人财产的归还，[⑥] 各方均据

---

① Joycelyne G. Russell, *Peacemaking in the Renaissance*, p. 161.

② Judith Hook, *Habsburg Imperialism and Italian Particularism：The Case of Charles V and Siena*, pp. 283 - 312.

③ Joycelyne G. Russell, *Peacemaking in the Renaissance*, p. 204.

④ *Peacemaking in the Renaissance*, p. 205.

⑤ 费尔南·布罗代尔：《菲利普二世时代的地中海和地中海世界》（第二卷），第 478 页。

⑥ M. J. Rodriguez - Salgado, *The Changing Face of Empire：Charles V, Philip II and Habsburg Authority, 1551 - 1559*, p. 307.

理力争，争取能获得更多的利益。尽管在一些问题上的争吵还在继续，譬如帝国召集宗教会议的责任问题，法国对米兰和西班牙对勃艮第的继承权问题①等，这些问题会成为《卡托—康布雷奇和约》之后影响欧洲国际关系的重要因素。不过，"所有国家都苦于内部动荡的折磨，那种动荡造成消耗的局面，并随着宗教意识的危机而加剧。"② 没有一个国家感觉有足够的力量去冒险挑起另一场全面的冲突，和谈终于在 1559 年 4 月 2 日和 3 日取得结果，达成了一份影响未来欧洲走向的和约。

二　《卡托—康布雷奇和约》的内容

《卡托—康布雷奇和约》按照签署的时间顺序，由三个条约构成：第一个是《卡托—康布雷奇和约之法兰西国王亨利二世与英格兰女王伊丽莎白一世之间的和平条约》（以下简称《英格兰—法兰西条约》），共有 21 项条款；第二个是《卡托—康布雷奇和约之苏格兰国王弗朗索瓦、王后玛丽·斯图亚特与英格兰女王伊丽莎白一世之间的和平条约》（以下简称《英格兰—苏格兰条约》），共有 11 项条款；第三个是《卡托—康布雷奇和约之西班牙国王菲利普二世与法兰西国王亨利二世之间的和平条约》（以下简称《法兰西—西班牙条约》），由一个序文、48 项条款和结束语组成。这些条款的内容总结起来可以分为以下几个部分。③

第一是原则性条款。三个条约均明文规定了签订和约的目的，即"保持……普遍的和平、永恒、真正和诚挚的和平。"（《法兰西—西班牙条约》序文）规定"双方相互睦邻，世代保持和平，互不侵犯。"（《法兰西—西班牙条约》第 1 条、《英格兰—法兰西条约》第 1~3 条、《英格兰—苏格兰条约》第 1~3 条）以及双方应享有和承担的其他权利和义务。

第二是事务性条款。这是和约的核心内容，具体而言主要有四个方面。

1. 关于宗教事务的条款：《法兰西—西班牙条约》第 2 条要求"为了维护基督教世界的和平以及宗教信仰的统一，两位国王将倡议召开宗教会

---

① Joycelyne G. Russell, *Peacemaking in the Renaissance*, pp. 200 - 201.
② R. B. 沃纳姆主编《新编剑桥世界近代史》（第三卷），第 275 页。
③ 《卡托—康布雷奇和约》的主要内容可参见 Dumont, V, Part I, pp. 31 - 34, 34 - 41; *CSP Foreign*, *Elizabeth*, I, Nos. 475, 483; Joycelyne G. Russell, *Peacemaking in the Renaissance*, pp. 242 - 251; Julia Cartwright, *Christina of Denmark*, *Duchess of Milan and Lorraine*, *1522 - 1590*, p. iv; *CSP Ven* VII, Nos. 43, 55 - 57.

议，以达成基督教会的改革和团结。"这一条款实际上强调了恢复正统信仰的必要性，毫无疑问菲利普二世和亨利二世都认为"比起其他事务，镇压异端是更加重要的事情"①。关于教区的划分和教堂财产的分割问题，由于长期战乱造成地方教会管辖权的数次变更，条约也做出了相应规定，例如《法兰西—西班牙条约》第 13 条就泰鲁阿纳教区②的划分规定："由任命的两名事务委员与兰斯大主教（Archbishop of Reims）的代表于第二年的 7 月 1 日在艾尔（Aire）协商此问题，他们应决定未来教区财产的平均分割，并请求教皇同意这项分割。"

2. 关于贸易及保障性的条款：涉及捕押外国船只特许证和报复性捕押特许证（Letters of Marque and Reprisal）的问题，一直以来欧洲各世俗君主颁发此类特许证，"授权其臣民使用武力捕押外国船只，以此来弥补外国船只给本国臣民造成的经济损失"③。而这样的授权往往导致持有此类许可证的船只从事一些非法贸易，甚至进行海盗活动，严重扰乱了正常的海上贸易秩序，类似情况愈演愈烈。因此《法兰西—西班牙条约》第 4 条明文规定："依据法律之规定，所有捕押外国船只特许证和报复性捕押特许证均停止使用，有明显违背公正原则的情况除外。"条约保证战后的通商自由，保护商人的合法权益，不干涉正常的贸易活动，"任何一方的臣民无论由陆路还是水路进出，只要遵守地方法规和习俗，都可自由出入对方领土或是经商"（《法兰西—西班牙条约》第 3 条、《英格兰—法兰西条约》第 5 条）。

3. 关于婚姻事务的条款：条约促成了两项联姻，即菲利普二世与法国的伊丽莎白公主的婚事和萨伏依公爵与法国的玛格丽特公主的婚事，两项联姻均附带丰厚的嫁妆和其他优厚的条件。《法兰西—西班牙条约》第 28 条规定："法国的伊丽莎白公主应被护送至边境，而后被迎入西班牙国王的领地。她应有 40 万埃居的婚前嫁妆，其中三分之一在婚典完成之时支付，三分之一在一年之后支付，剩余三分之一在一年之后的六个月内支付。所有款项需在十八个月之内在安特卫普支付完成。"第 30 条规定：

① Joycelyne G. Russell, *Peacemaking in the Renaissance*, p. 219.
② 泰鲁阿纳教区是法国在神圣罗马帝国治下的一块飞地，曾统辖包括加来在内的诸地，后其管辖范围因战乱时有变化。1553 年，查理五世率军包围泰鲁阿纳，以此报复法国占领梅兹的行动。泰鲁阿纳被攻占之后，查理五世下令将其夷为平地。泰鲁阿纳教区不复存在。
③ Garrett Mattingly, "No Peace Beyond What Line?", *Transactions of the Royal Historical Society*, Vol. XIII (1963), pp. 145 – 162.

"伊丽莎白公主的未来丈夫——西班牙国王——应赠予公主价值 50000 埃居的可继承的珠宝。"第 34 条规定："萨伏依公爵与法国的玛格丽特公主缔结婚姻。……法国的玛格丽特公主在放弃所有其他的要求和一年 3 万利弗尔嫁妆的情况之下，终身拥有贝里公爵领地（Duchy of Berri）及其现在拥有的领地，另外附加 30 万埃居的婚前嫁妆。"第 35 条规定："这项婚约在获得教皇特许之后，应在两个月之内兑现。……"事实说明，这一时期的国际关系并未完全脱离依据婚姻和血缘关系决定君主之间和王朝之间关系的中世纪传统，国家依然是君主的祖传产业。缔结婚姻关系对于确保家族的影响和保证和约条款的顺利实现是一个重要且行之有效的手段。

4. 关于领土变更的条款：这是和约中最复杂的内容，其中关于加来问题，由于连年的战乱，英格兰王国财源几近耗尽，如果为了保住在欧洲大陆的最后一个据点而重起战端，使英格兰进一步卷入欧洲大陆的纷争，将会每年耗费 15000 英镑的军资，[1] 这是英格兰无法承受的重负。在 1559 年的局面之下，伊丽莎白和她的顾问们充分意识到了危险，英格兰的对外贸易很大程度上依赖着西班牙控制下的安特卫普，它为英格兰的商品输出提供市场[2]。英格兰既无能力与法国继续交战，也不情愿去做西班牙的附庸。《英格兰—法兰西条约》让英格兰体面地解决了加来问题，条约第 7～14 条规定："加来在名义上仍是英格兰的领土，但由法国占领加来 8 年，之后或将其归还英格兰或支付 50 万克朗（Crown）作为补偿，[3] 由 7 至 8 名非法国臣民的商人对支付款额进行担保，并且由法国提交 4 名人质确保协议的执行。"

表 6-4　1539～1552 年英格兰军费开支（英镑）[4]

	亨利八世时期	爱德华六世时期	合　计
与法国的战争（1544.1～1550.5）	1013026	329527	1342552
修筑防御工事、驻防加来等地（1538.9～1552.7）	276766	94664	371430
与苏格兰的战争（1542.9～1550.5）	350243	603873	954116
海上作战	265024	213838	478862

①　Joycelyne G. Russell, *Peacemaking in the Renaissance*, p. 212.
②　R. B. 沃纳姆主编《新编剑桥世界近代史》（第三卷），第 279 页。
③　1567 年，在《卡托—康布雷奇和约》规定的 8 年期限到来之时，英国向法国提出交还加来，但法王以英国破坏和约规定等为由予以拒绝，英国仅表示了不满而已。1596 年西班牙一度占领加来，1598 年根据《韦尔万条约》，加来最终归属法国。
④　Richard Hoyle, "War and Public Finance", in *The Reign of Henry VIII: Politics, Policy and Piety*, p. 90.

续表

	亨利八世时期	爱德华六世时期	合　计
征战朗德勒西（1544）	36500		36500
国内驻军与修筑防御工事（1539.3～1552.9）	203206	87457	290663
镇压叛乱（1549）		27330	27330
合　　　计	2144765	1356688	3501453

关于萨伏依问题，《法兰西—西班牙条约》第34条和第35条规定恢复萨伏依—皮埃蒙特公国，其中包括"萨伏依公爵领地、皮埃蒙特公国（Principality of Piedmont）、阿斯蒂伯爵领地（County of Asti）等"。而法国保留了都灵、萨卢佐①、皮涅罗尔（Pinerolo）和其他几处军事要塞。萨伏依—皮埃蒙特公国的恢复具有重要的历史意义，由于公国对日内瓦周围地区的领土要求，瑞士与萨伏依的关系持续紧张。围绕着几处军事要塞的争议，萨伏依的发展又遭到法国越来越强烈的抵制，"公国便更多转向意大利方面发展，也许就这样奠定了它未来的发展基础。统一意大利的君主日后就来自这个地区，但这是相当遥远的事了"②。

关于莱茵河下游地区与其他意大利领土，《法兰西—西班牙条约》第11条规定："西班牙国王向法国国王交还圣康坦（S. Quentin）、哈姆（Ham）、勒卡特勒（Le Catelet）及其附属地区，法国国王则向西班牙国王交还蒂永维尔（Thionville）、马里昂堡（Mariembourg）、伊瓦尔（Yvoir）、当维尔（Damvillers）、蒙梅迪（Montmédy）及其附属地区。……"第21条规定："西班牙将蒙费拉侯爵领地交还曼图亚公爵。"第24条规定："法国国王欣然接受热那亚的友谊，将交还在科西嘉占领的所有土地。"第25条和第26条规定："法国从锡耶纳的领土上撤出军队及其他军事设施和装备。……佛罗伦萨公爵应批准本条约。"如此一来，美第奇家族事实上获得了锡耶纳的统治权。③伦巴第遭分裂，西部归萨伏依，南部和东部归法尔内塞家族（House of Farnese）和贡扎加家族，法尔内塞家族统治着帕尔玛和皮亚琴察公国（Duchy of Parma and Piacenza），贡扎加家族则统治着

---

① 1598年《韦尔万条约》将萨卢佐划归萨伏依公国，至此结束了法国在意大利半岛的存在。

② 丹尼斯·哈伊：《意大利文艺复兴的历史背景》，第115页。

③ 1569年佛罗伦萨公爵被教皇庇护五世授予托斯卡纳大公的封号，托斯卡纳成为意大利半岛的主要力量。

蒙费拉侯爵领地和曼图亚公国。

《法兰西—西班牙条约》还要求其他相关领土需恢复到 1551 年战争以前的状态，并在第 44 条规定了领土恢复的时效与顺序，即"条约签署之日起两个月之内、条约生效之日起一个月之内，法国应交还所承诺之领土。领土恢复开始之前，西班牙应提交由法国指定的 4 名人质确保领土的交割。在法国知会交还领土的一个月之内，西班牙开始领土交割，人质即可返回"。条约还对军事要塞非军事化的具体细节做出了要求（《法兰西—西班牙条约》第 11~14 条）。另外关于西班牙和法国之间一时不易解决的争议问题，《法兰西—西班牙条约》规定了处理相关问题应遵循的基本原则，即"在规定的时间之内，提交双方组成的仲裁委员会商讨解决。"[1]

第三是程序性条款。条约的执行和批准需经君主及相关各方附议、宣誓，再通过宗教仪式，诸如向神宣誓和祈祷而后方才生效，"条约批准之后，需在三个月之内送达对方"（《法兰西—西班牙条约》第 45~48 条、《英格兰—法兰西条约》第 19~21 条、《英格兰—苏格兰条约》第 8~11 条）。

三　《卡托—康布雷奇和约》的影响

《卡托—康布雷奇和约》结束了法国瓦洛亚王室和西班牙哈布斯堡王室在意大利半岛的长期战争，"经过旷日持久的斡旋和犹豫之后达成的这一和解，必然要在欧洲历史上的一些重大和约中享有其地位。历史学家们已经承认了它的这种地位，并以一般只有遇到结束欧洲长期争端的重大媾和行动时才有的那种大张旗鼓的方式来确认其重要性"。它的领土条款几乎沿用了一个世纪，开启了一个在主要欧洲强国之间 36 年无正式宣战的和平时期[2]，这项和约"将改变一百年来欧洲的政治关系"[3]，其主要条款（除了关于意大利事务的条款）将在欧洲国际公法中占据重要的地位。[4]

首先，这一重大政治事件标志着一个新时代的开始。16 世纪上半叶欧洲国际关系的历史主题是法国瓦洛亚王室和西班牙哈布斯堡王室争夺意大利半岛。《卡托—康布雷奇和约》承认了法国与西班牙之间的一种粗略而不稳定的均势（the Precarious Balance）。国际关系进一步朝向世俗化、

①　Joycelyne G. Russell, *Peacemaking in the Renaissance*, pp. 242–251.

②　R. B. 沃纳姆主编《新编剑桥世界近代史》（第三卷），第 19、204 页。

③　伊曼纽尔·沃勒斯坦：《现代世界体系》（第一卷），第 226 页。

④　R. B. Mowat, *A History of European Diplomacy*, 1451–1789, p. 57.

多极化的方向发展，教皇与神圣罗马帝国曾是中世纪普世主义的代表和反映，是影响欧洲国际关系的主导因素，可是在和谈中并没有出现教皇和皇帝代表的身影，基督教世界的普遍权威日渐衰落。面对欧洲世俗诸侯之间的相互混战，面对常驻使节制度带来的世俗国家关系之间的世俗变化，特别是法国与奥斯曼帝国同盟对于基督教世界的冲击，考虑到与奥斯曼帝国近似同盟的外交关系，法国甚至反对在《卡托—康布雷奇和约》中写明与西班牙共组联军远征奥斯曼帝国，① 这"证实了所有关于十字军和基督教世界的言论都是彻头彻尾的空谈。国际政治的核心长期以来（也许总是如此）就是一个权力和野心的问题"②。欧洲各国对于"基督教共同体"的认同感和责任感随着时代的变迁渐渐淡化了。

　　尽管查理五世时期的神圣罗马帝国曾力图重建在皇帝和教皇领导下基督教世界的统一欧洲的理念，但是查理五世的帝国理想失败了，事实上就某种程度而言，"《卡托—康布雷奇和约》就是对查理五世帝国计划终结所做的事后承认。"③ 帝国的性质开始发生变化。帝国的分割使得查理五世时代的哈布斯堡王朝的政治统一性遭到破坏，帝国"正从一个有着勃艮第的核心和灵感的普世的、基督教的帝国变成一个有着卡斯提尔的核心和灵感的西班牙的、天主教的帝国"④。

　　一位当时派驻西班牙的威尼斯大使这样评价和约："（和约之后的世界）现在有三股强大的势力，即法兰西、西班牙和土耳其。和约证实了神圣罗马帝国的光芒正在逐渐黯淡下来，而此时神圣罗马帝国皇帝对尼德兰和西班牙的统治权又被剥夺了。"⑤ 意大利半岛的命运最终决定于会议桌上，但"桌旁既没有来自意大利半岛的代表，甚至也没有教皇的代表；而涉及一些利益攸关的议题，诸如佛罗伦萨、曼图亚和威尼斯的使节和密探却在 70 英里外的布鲁塞尔宫廷外面搜寻着零星的消息。"⑥ 面对位于西、法两国之间的纳维尔王国的哀求，⑦ 法国三缄其口，一再拖

---

① Joycelyne G. Russell, *Peacemaking in the Renaissance*, pp. 200 – 201.

② G. R. 埃尔顿主编《新编剑桥世界近代史》（第二卷），第 15 页。

③ R. B. 沃纳姆主编《新编剑桥世界近代史》（第三卷），第 311 页。

④ 《新编剑桥世界近代史》（第二卷），第 431 页。

⑤ M. J. Rodriguez - Salgado, *The Changing Face of Empire: Charles V, Philip II and Habsburg Authority, 1551 - 1559*, p. 329.

⑥ 《新编剑桥世界近代史》（第三卷），第 197 页。

⑦ 1589 年纳瓦尔的亨利三世继承法国王位，是为亨利四世，由此开创了法国的波旁王朝。

延。① 萨伏依、科西嘉和锡耶纳等地的归属则成为法国和西班牙谈判的筹码，这是新时代的预兆。神圣罗马帝国皇帝虽然和教皇以及意大利各方一样，始终对意大利半岛的命运极为关注，特别是梅斯、图勒和凡尔登三个主教区的归属问题，但是帝国的代表却也未能参加会议。帝国的称号转属哈布斯堡家族的兄弟支系以后，皇帝便以东部边界守护者的姿态守护着多瑙河，此后 70 年内只是偶尔地介入西部事务。菲利普二世放弃了与神圣罗马帝国改善家族关系的良好时机，用三个主教区来换取法国撤出皮埃蒙特和萨伏依，而这两个地方名义上也是帝国的领地，而非西班牙的领地。这是一个最初的迹象，表明菲利普二世确信，无论谁执掌帝国权杖并领受神圣罗马帝国皇帝的称号，基督教世界的世俗权力都已由他的父亲传到他的手里。他确信帝国的实权以及与之相应的皇帝捍卫天主教信仰的主要职责已经转移至西班牙。② 这是新时代的又一个预兆。

　　1559 年以前的混战中，角逐各方时常改变立场，一系列的王朝事变让早先的混战转变为两大王室之间长期而又残酷的斗争。两个强大欧洲王室的争霸标志着欧洲大国政治的开端。首先，它是欧洲国际关系的历史新起点，以《卡托—康布雷奇和约》作为分水岭，16 世纪前半叶的西班牙和法国都在试图建构一个单一的"基督教帝国"，而 16 世纪后半叶的西欧各国都在努力创造团结一致的民族国家，并在非帝国的框架中获取政治和商业优势。③ "帝国的理想被抛弃了，建立强大国家是当时努力的方向"④。战争与和平的选择更多的是来自政治、经济以及宗教信仰的现实考虑。

　　其次，《卡托—康布雷奇和约》标志着以王朝统治为基础的国际关系模式开始出现。王朝统治决定了国际关系发展的未来。欧洲王室家族之间的婚姻、继承、出生和死亡往往决定了王朝的政治和外交走向。⑤ 传统外交的最高方式就是联姻——战争的和平镜像。⑥ 婚姻是重大的交易，⑦ 通过个人的结合可以得到领土的所有权，婚约的实现常常会带来不可预见的

---

① M. J. Rodriguez – Salgado, *The Changing Face of Empire: Charles V, Philip II and Habsburg Authority, 1551 – 1559*, p. 308.

② 《新编剑桥世界近代史》（第三卷），第 197～198 页。

③ 伊曼纽尔·沃勒斯坦：《现代世界体系》（第一卷），第 329 页。

④ 《现代世界体系》（第一卷），第 242 页。

⑤ Euan Cameron ed. , *The Sixteenth Century*, p. 62.

⑥ 佩里·安德森：《绝对主义国家的系谱》，第 23 页。

⑦ 费尔南·布罗代尔：《菲利普二世时代的地中海和地中海世界》（第二卷），第 478 页。

改变，而联姻的代价往往要小于武装扩张所付出的代价。譬如围绕那不勒斯王国继承权的争端是近代欧洲早期政治中一个重要因素，法国、阿拉贡通过婚姻和继承，与南意大利及西西里王国有着千丝万缕的家族联系，争议延续了几代人，成为意大利战争的直接导火索。查理五世的庞大帝国是时代统治规则的最好证明，通过所谓"幸福的奥地利模式[①]"，一系列的婚姻和意外死亡使得查理从母亲那里继承了西班牙、意大利和在新世界的事业，从父亲那里继承了哈布斯堡王朝的德意志领地、勃艮第、低地国家和佛朗什—孔泰地区，而后成为神圣罗马帝国的皇帝。16 世纪的整个外交活动的脉络都是以婚姻结果为转移的。

《卡托—康布雷奇和约》对于欧洲各国的影响也给予这种国际关系模式的发展以新的内涵和新的空间。《英格兰—法兰西条约》和《英格兰—苏格兰条约》结束了自 1066 年以来英格兰争夺法兰西领土的政策传统，[②]为伊丽莎白一世应对来自法国和苏格兰联盟的威胁争取了时间和空间。当时的政治观察家这样评论伊丽莎白一世即位时英格兰的内外状况：女王孤弱无助；王国精疲力竭；贵族积弱腐朽；精兵良将匮乏；百姓秩序混乱；司法执行不公；物价飞扬；内部互相倾轧；对外与法国开战；法国国王一只脚站在加来，另一只脚站在苏格兰，横跨在我们的王国之上；我们只有不变的敌人，没有坚强忠实的朋友。[③] 和约之后的欧洲国际舞台上，不列颠群岛的内部动荡使得这个地区随后成为西欧国际关系发展的焦点之一，动荡不定的主要政治原因就是英格兰王位继承的不确定性，[④] 玛丽·斯图亚特依然是伊丽莎白一世王位的最大威胁。1559 年之后新教运动在苏格兰的迅速发展，严重损伤了法国与苏格兰的同盟关系。翌年《爱丁堡条约》让英格兰与苏格兰三百年以来第一次携起手来，条约承认伊丽莎白继承英格兰王位的权利，大部分法国军队撤出了苏格兰。虽然英格兰和伊丽莎白一世并没有忘却加来，但是英格兰"这个大自然为自己营造，用以防止疾病和战争蹂躏的堡垒……这枚镶嵌在银色海面的宝石"[⑤]，正在学会

---

① 佩里·安德森：《绝对主义国家的系谱》，第 23 页。

② R. B. Mowat, *A History of European Diplomacy*, *1451 – 1789*, p. 57.

③ *A History of European Diplomacy*, *1451 – 1789*, p. 62.

④ R. B. 沃纳姆主编《新编剑桥世界近代史》（第三卷），第 276 页。

⑤ 莎士比亚：《莎士比亚全集》（增订本，第 3 册），朱生豪等译，译林出版社，1998，第 511 页。

面对和适应孤悬于欧洲大陆之外的这样一个事实。伊丽莎白一世利用自己的婚姻问题和王位继承问题周旋于各国之间，她的"纯英格兰的"政策[①]为英格兰赢得了更多的生存空间。英国的"光荣孤立"正在逐渐转变成一种优势，一种传统。

16世纪的欧洲政治舞台上，英格兰和苏格兰仅是扮演着次要的角色，最多不过是国际力量天平上的筹码而已，影响是有限的。西班牙和法国主导了欧洲国际关系的发展方向，上演着一幕幕大国政治的悲喜剧。《英格兰—法兰西条约》为西班牙与法国达成和平协议铺平了道路，两国和平协议的达成影响深远。《法兰西—西班牙条约》标志着法国连续四代君主利用继承问题执意进行的意大利战争失败了，除了保留几个军事要塞之外，法国被完全赶出了意大利。皮埃蒙特的丢失意味着失去了一个可以窥视意大利的桥头堡；科西嘉岛的丧失令法国在地中海可能无所作为；萨伏依—皮埃蒙特公国的恢复在法国和西班牙控制下的意大利之间设置了一个缓冲地带。[②] 法国对意大利半岛长达60多年的梦想和努力几乎化为乌有。[③] 蒙吕克等法国军人对条约愤愤不平，"在那一刻，随着笔尖轻轻一勾，所有一切都交出了，过去我们一切辉煌的胜利都因这三四滴墨水而被玷污，暗淡无光"[④]。

可是实际上，法国保留了包括都灵、萨卢佐和皮涅罗尔等意大利要塞，在任何时候都能威胁西班牙在意大利半岛的优势地位，而且法国收复了圣康坦、哈姆、勒卡特勒，保障了东北边境的安全，这是"确定无疑的大好事"[⑤]。《法兰西—西班牙条约》意味着法国外交政策的深刻转变。[⑥]法国成功占有了加来，利用苏格兰牵制英格兰。法国还不费周折地永久拥有了洛林（Lorraine）的三个大主教区——梅斯、图勒和凡尔登[⑦]，使突破西班牙在其北边和东边形成的包围成为可能，把其边境向莱茵河畔推进，有了一个更好的战略视野，为以后可能干涉和卷入神圣罗马帝国的内部事务创

---

① R. B. 沃纳姆主编《新编剑桥世界近代史》（第三卷），第279页。

② Joycelyne G. Russell, *Peacemaking in the Renaissance*, p. 214.

③ Frederic J. Baumgartner, *Henry II: King of France 1547–1559*, pp. 227–230.

④ 乔治·杜比主编《法国史》（上卷），第586页。

⑤ 皮埃尔·米盖尔：《法国史》，第148页。

⑥ R. B. Mowat, *A History of European Diplomacy, 1451–1789*, p. 60.

⑦ 1648年《威斯特伐利亚和约》追认法国在1552年占领的梅斯、图勒、凡尔登为法国领土。

造了条件。然而向莱茵河的推进，造成了几个世纪以来延续不断的边界争议，直至 1945 年才结束。[1] 和约签订之后，法国的领土从加来到比利牛斯山脉，从英吉利海峡到萨伏依公国及地中海沿岸，奠定了现代法国的基本版图。不过从意大利战争获取的有限收益并不能掩盖法国国内的严峻形势，财政每况愈下，新教运动蓬勃发展，国内的恐慌和不满情绪已呈蔓延之势。

相较而言，西班牙从《卡托—康布雷奇和约》当中获得的收益似乎是最为丰富的。西班牙在原有的地中海、低地国家和伊比利亚半岛的领土以及新大陆的基础之上，又增加了那不勒斯、西西里、撒丁岛，在托斯卡纳拥有军事要塞，通过米兰实现了对热那亚和科西嘉岛的间接控制，意大利半岛几乎成为西班牙的势力范围，并且西班牙控制着从意大利通往尼德兰的陆上通道——"西班牙大道"（Spanish Road）。所谓"西班牙大道"，是从热那亚起到米兰，北经瑞士、阿尔萨斯至洛林或西经萨伏依，穿越塞尼山、佛朗什—孔泰至洛林，再经洛林到达卢森堡（Luxembourg）、列日（Liège）和布拉班特（Brabant）等尼德兰地区。这条大道将西班牙及其领地和盟友连接在一起，是西班牙军事力量的主动脉，条约可以确保"西班牙大道"的战略作用得到充分发挥，这对法国的战略包围是必不可少的，也是保证哈布斯堡王朝国际优势地位的关键因素。帝国的分割使西班牙摆脱了中欧问题的纠缠。这些变化让西班牙在 16 世纪下半叶的欧洲拥有明显的优势地位。西班牙在欧洲大陆的霸权似乎是显而易见的，特别是法国亨利二世突然去世之后。哈布斯堡王朝统治下的西班牙的崛起"不仅仅是同时代西欧国家建设一系列经历中的一支插曲，它也是这一系列经历中的一个辅助性的决定因素"[2]。

布罗代尔在《菲利普二世时代的地中海和地中海世界》中认为，在总结和研究《卡托—康布雷奇和约》的时候，英国问题的产生和北欧事务的日趋重要性是不能低估的，这两点"或许比历史学家想象的更为重要"[3]。英国问题上文已然谈及，至于北欧事务则主要是指尼德兰地区正在发生的变化。1559 年夏末，菲利普二世准备离开布鲁塞尔前往西班牙，因为他相信"如果没有上帝的眷顾和西班牙的资金支持，哈布斯堡帝国的崩溃可

---

[1]　诺曼·戴维斯：《欧洲史》（上卷），第 549 页。
[2]　佩里·安德森：《绝对主义国家的系谱》，第 53 页。
[3]　费尔南·布罗代尔：《菲利普二世时代的地中海和地中海世界》（第二卷），第 476～477 页。

能在十年前就已经发生了"①。西班牙才是他真正的用武之地。《卡托—康布雷奇和约》之后的二十年，菲利普二世的主要精力都投入到与奥斯曼帝国的作战中。在与奥斯曼帝国的对峙中，西班牙在西地中海的霸权为其提供了有效保障。但是最终打败菲利普二世的灾难却正在低地地区酝酿着，"1559 年以后，……尼德兰得到一个争取独立并打碎西班牙枷锁的社会空间"②。一直以来，尼德兰是西班牙财税收入的重要来源，频繁的战事却加剧了尼德兰的财税负担，激起了普遍的不满和抗争。经过数十年的艰难反复，迅速发展的新教势力让尼德兰的不满情绪是一触即发，传统的忠诚几近耗竭，终于爆发了尼德兰革命，而"这次革命中的决定性要素就是 1559 年西班牙与法国签订的《卡托—康布雷奇和约》"③。

　　《卡托—康布雷奇和约》实际上结束了意大利事务作为欧洲政治核心的历史时期，意大利在欧洲历史的中心地位衰落了。和约之后的意大利半岛分布着米兰公国、萨伏依公国、托斯卡纳大公国、威尼斯共和国、教皇国及若干家族领地等。和约之后，随着西班牙政治统治和教皇精神统治的最终确立，意大利的形势变得相对平静，家族统治成为意大利半岛的主要统治方式。即使那些仍旧保持独立的城市国家，在重大的国际政治事务上，在深受西班牙直接统治或者受西班牙操纵的半岛本身的命运上，其作用也受到极大的削弱。唯法国还保留着某种对抗这种优势的能力。意大利诸国只具备徘徊于强国之间的有限力量。不过并非一切都是消极的，各公国的建政活动并向现代国家的转变在托斯卡纳和萨伏依仍在继续，特别是萨伏依—皮埃蒙特公国在政治和军事上具有显著的重要性，并为意大利保持了一点政治主动权。西班牙和法国在意大利半岛的持续角逐，使得意大利的统一问题将继续存在下去，共同的民族意识在逐步增强，这对整个欧洲都是至关重要的。④

　　《卡托—康布雷奇和约》"标志着欧洲外交史上一个时代的断然终结和另一个时代的开始"⑤。尽管 16 世纪下半叶欧洲的外交活动随着宗教信

---

①　M. J. Rodriguez - Salgado, *The Changing Face of Empire: Charles V, Philip II and Habsburg Authority, 1551 - 1559*, p. 356.

②　伊曼纽尔·沃勒斯坦：《现代世界体系》（第一卷），第 242 页。

③　《现代世界体系》（第一卷），第 225 页。

④　路易吉·萨尔瓦托雷利：《意大利简史——从史前到当代》，第 369 页。

⑤　R. B. 沃纳姆主编《新编剑桥世界近代史》（第三卷），第 197 页。

仰的分裂而有所减弱，① 但是意大利城市国家体系创造的均势思想和常驻使节制度以及相关的外交技术随着战争逐渐推广到了整个欧洲，这一过程与主权和严格划分国家间领土界限的确立一道，将会成为欧洲兴起和欧洲国际体系产生的核心特征。② 此后欧洲历史发展的主导权逐渐向阿尔卑斯山以西、以北转移，新生的新教国家诸如瑞典、丹麦、英格兰、苏格兰及日后的荷兰，开始在欧洲国际舞台上发挥各自的作用和影响，为欧洲国际关系的发展增添了新的因素③。欧洲国际关系在均势与非均势之间不断地徘徊，维持均势成为欧洲战争史和外交史的主旋律。

再次，《卡托—康布雷奇和约》是天主教特兰托改革依赖的政治基础。和约批准特兰托宗教会议重新召开，于是天主教改革开始制度化。"这不仅对一个民族，而且对所有基督教徒，都是卓越的事件"④。历史研究至今无法证实在《卡托—康布雷奇和约》之外，是否还存在关于双方联合镇压宗教异端的秘密协议。但是在1559年之后，客观上天主教力量一致把矛头指向了新教。⑤ 16世纪欧洲的政治与宗教总是联系在一起的，可以想见在这样一个宗教信诚还很高涨的年代，上帝的事业还是高于其他一切的。菲利普二世曾写信指示他的驻罗马大使："你可以使教皇陛下确信：我宁肯丧失我的全部国家和100次生命（如果我有100次生命的话），也不愿让宗教和上帝的利益遭受丝毫的损害，因为我既不打算也不希望做异端者的君主。"⑥ 和约在国际舞台上营造了一个相对和平的政治氛围，王朝之间争斗的结束使得国际斗争和国内斗争的焦点均转向了宗教问题。⑦新教现在面对的是政治上空前团结的天主教派，菲利普二世是其政治领袖。随着新教中的加尔文宗的不断壮人，日内瓦与罗马之间的宗教分歧越来越难以弥合，1559年6月2日天主教发布敕令向新教宣战，该敕令宣告："该死的异端分子们活动猖獗，要败坏我们的宗教信仰，是可忍，孰

---

① R. B. Mowat, *A History of European Diplomacy, 1451 - 1789*, p. 59; M. S. Anderson, *The Origins of the Modern European State System, 1494 - 1618*, p. 54.

② 巴里·布赞、理查德·利特尔：《世界历史中的国际体系——国际关系研究的再构建》，第187页。

③ David Jayne Hill, *A History of Diplomacy in the International Development of Europe*, Vol. II, p. 485.

④ 伊曼纽尔·沃勒斯坦：《现代世界体系》（第一卷），第279、239页。

⑤ Joycelyne G. Russell, *Peacemaking in the Renaissance*, pp. 216 - 220.

⑥ 《新编剑桥世界近代史》（第三卷），第316页。

⑦ *A History of European Diplomacy, 1451 - 1789*, p. 61.

不可忍!"①《卡托—康布雷奇和约》换来了王朝之间的和平，但是它无法浇灭宗教信仰分歧带来的宗教狂热和宗教激情。

宗教信仰一直是欧洲早期国际关系发展的重要因素，它在欧洲利益冲突的旋涡中扮演着举足轻重的角色。宗教改革以后的欧洲政治格局，基本上放弃了以宗教信仰为基准来看待西欧与世界其他地方关系的中世纪传统。②在1559年以后一个时期的政治事务中，出于对各种各样的紧张关系和对狂热的宗教热情的警觉，再加之明显的金钱匮乏，大多数王国在对外政策方面的野心有所收敛，并"日益集中力量在比较有限的内部治理方面来维护权威和改进统治方式"③。大国之间的国家对抗日益与各个国家内部的社会、政治和宗教冲突纠缠在一起，并日益转入国际上的宗教虔信派别之中。16世纪下半叶，天主教和新教之间的分歧把欧洲分裂为两大阵营，国家的对外与对内政策不得不考虑宗教敌对情况，而宗教少数派无处不受到怀疑。④天主教与新教之间的对立渗入外交领域，使馆礼拜堂问题（Embassy Chapel Question）引起各国对于外交使团的深度怀疑，破坏了常驻使节网络的现实作用，1551年爱德华六世派驻帝国的大使坚持使用新的英格兰国教祈祷书（*English Book of Common Prayer*），而查理五世对于在自己宫廷中举行异端礼拜式的愤怒几乎导致双方外交关系的中断，这种情况在《卡托—康布雷奇和约》之前的15世纪欧洲是从未遇到过的。⑤面对复杂的宗教争端和纷乱的国内外斗争，主权问题日益凸显出来，各国强调对主权的尊重成为可能实现和平的重要基础。

最后，《卡托—康布雷奇和约》暂时终止了欧洲大陆内部的帝国式扩张，海外利益的争夺将成为未来欧洲国际关系发展的重要领域。《卡托—康布雷奇和约》明确划分区别欧洲国家与其在欧洲之外创建的殖民地，这种划分几乎变成了一条法律原则，给了欧洲人以劫掠、攻击和定居的自由而不颠覆欧洲的和平。意大利战争期间，欧洲王室之间的斗争是多方面的，这种斗争不仅体现在欧洲大陆上的战争冲突，也体现在对海外权益的争夺上。教皇亚历山大六世1493年5月3日的诏书（*Inter caetera*）授权

---

① R. B. 沃纳姆主编《新编剑桥世界近代史》（第三卷），第291页。
② 彭小瑜：《教会法研究——历史与理论》，第282～285页。
③ R. B. 沃纳姆主编《新编剑桥世界近代史》（第三卷），第14页。
④ M. S. Anderson, *The Origins of the Modern European State System*, *1494–1618*, pp. 54–55.
⑤ 《新编剑桥世界近代史》（第三卷），第314、207页。

葡萄牙和西班牙瓜分美洲"发现"以后的非基督教世界。但法国坚持认为按照自然法和"万国法"（国际法），贸易在任何地方都是自由的，所谓的"分界线"只是西班牙和葡萄牙之间的私下协议，绝不是基督教世界公法的一部分。[1] 弗朗索瓦一世声称："太阳既照耀你也照耀他人……海洋是开放的，有效占领决定土地的归属。"在位期间他不断鼓励法国水手以及为法国船主服务的外国船员到"公海上航行"。西班牙和葡萄牙企图禁止外国船舶航行到他们主张权利的海洋区域，而法国私掠船进入美洲以及南下非洲海岸的海洋行为立刻遭到了西班牙和葡萄牙的抗议。1523 年还发生了劫夺装运墨西哥财宝船只的事件。[2] 1557 年一位驻西班牙的威尼斯大使在报告中写道："最近以来西班牙和法国关系的破裂，应部分地归咎于法国船只在西属印度群岛占领了许多地方，并阻碍了其他国家船只的航行。"[3] 为此西班牙的印度群岛委员会建议菲利普二世修筑城堡以保卫港口和到西印度群岛的通路，用武装的船舰保护美洲白银的运输，惩罚法国私掠船的海盗行为，因为非法贸易已经成为西班牙海外帝国的一个极具危险性的威胁。[4] 由于邻海与公海的争议由来已久，[5] 和谈中，法国与西班牙多次讨论法国进出西属印度群岛的权利，但是无法找到令各方都能接受的中间立场，因此和谈各方理智地回避了这个问题，在正式的和约中只字未提。但是和谈毕竟首次涉及了关于特殊地理界线内外的行动安排，这一方面制约了各国在欧洲的扩张，另一方面也促成了一项不同寻常的、未见诸文字的口头协议，即"在本初子午线以西和北回归线以南……一方对另一方所施加的暴力将不被认为触犯本条约"[6]。"界限之外不存在和平"（No Peace Beyond the Line）这种概念，在 1598 年《韦尔万条约》（Treaty of Vervins）中再次得到确认，成为以后国际法的一个基本原则。这种概念允许冒险家们在不扰乱欧洲和平的情况下任意进行掠夺、攻击或

---

[1] Paul E. Hoffman, *Diplomacy and the Papal Donation 1493 – 1585*, pp. 151 – 183.

[2] 乔治·杜比主编《法国史》（上卷），第 581 页；J. H. Elliott, *The Old World and the New, 1492 – 1650*, Cambridge: Cambridge University Press, 1970, pp. 100 – 101。

[3] Frances Gardiner Davenport, *European Treaties bearing on the History of United States and its Dependencies to 1648*, Washington, D. C.: Carnegie Institution of Washington, 1917, p. 220.

[4] *European Treaties bearing on the History of United States and its Dependencies to 1648*, p. 220.

[5] Garrett Mattingly, *No Peace Beyond What Line?* pp. 145 – 162.

[6] Wilhelm Georg Grewe, *The Epochs of International Law*, New York: Walter de Gruyter, 2000, p. 155.

移民，① 它规定了建立新的定居点的自由，也规定了抢掠的自由。② 事实上默许了各国在海外殖民活动中的所谓自由行动，各国的海外殖民政策在《卡托—康布雷奇和约》之后的历史时期随着各种政治、经济新因素的出现开始发生变化。

1557 年 9 月隐居的查理五世去世，1559 年 6 月亨利二世在比武中重伤而亡，同年 8 月教皇保罗四世撒手人寰，而同一时期，1556 年 1 月菲利普二世继位，1559 年夏末回到西班牙，他的离去标志着一个时代的结束，此后他再也没有离开过西班牙。1558 年 11 月伊丽莎白一世继承英格兰王位，她的足迹也仅限于不列颠岛，从未涉足欧洲大陆。1559 年亨利二世之后的法国由王太后凯瑟琳·德·美第奇摄政，法国陷入了激烈的权力斗争，不久爆发了长达 40 年的宗教战争。1563 年萨沃依—皮埃蒙特公国迁都都灵，伊曼纽尔·菲利贝托公爵的统治方式成为那个时代的典范。欧洲历史开始了一个全新的时代。

小　结

条约是国家之间相互交往的一种最重要和最普遍的法律形式，一直被视为规范、调整国家交往关系的重要工具。中世纪和近代早期的条约实践中，以教会法、习惯法以及民法等为法律渊源而形成的一系列政治实体的交往规范对条约的缔结和履行均有直接而重要的影响。由于政治上的统治者或被统治者均是上帝的子民，受上帝和圣经律法的规范和控制，因此这种以上帝律法为依归的自然法原则建立了一个普遍性的法律秩序。各个政治实体，如罗马教会、神圣罗马帝国、王国、封邦、贵族领地、自由城市等共同形成了一个在忠诚与效忠上相互交叠，而且在地理上相互交织的管辖区域和政治领土的网络，权利关系彼此交织，错综复杂。缔结条约则是一种权利主张的重要形式，缔约方可以是君主之间，也可以是君主与封臣之间，强调的是法律权利的平等，而非法律地位的平等。条约主体并非国家或政治实体，而是君主乃至封臣，因此所谓条约实为君主之间的私人协定，通常条约的序言详细列举了君主的所有封号和领地。各式条约

① G. R. 波特主编《新编剑桥世界近代史》（第一卷），第 656 页。
② 伊曼纽尔·沃勒斯坦：《现代世界体系》（第一卷），第 341 页。

为数众多、内容繁杂，这些条约主要是政治性的，如媾和，结盟，领土的继承、转让与赠予，缔结婚姻等，后来条约逐渐增加了一些经济性质的条款，如通商自由、保护外国人财产。通常条约通过用土地、要塞、珠宝或其他值钱的财产抵押，或提供人质的方法以及宣誓的手段来进行担保。

　　15 世纪以来，欧洲条约的实践过程中，无论是条约签署方的代表性、条约的适用范围、条约的批准程序还是在如何保障条约的有效执行方面，随着欧洲政治局势的不断演变、宗教信仰的分裂和海外殖民扩张活动的兴起，均出现了不同以往的细微变化，例如宣誓。宣誓是中世纪欧洲国家交往和条约缔结的关键步骤，也是"条约必须信守"原则的担保手段，它之所以成为个体之间相互信任的纽带，得益于宗教观念、道德观念、骑士精神和封建契约观念的相互作用。15 世纪和 16 世纪的几乎所有条约均有条款规定宣誓程序的具体要求和步骤，1530 年之后，宣誓行为才逐渐成为辅助活动，而书面批准开始占据重要位置。这一时期的很多条约同时还含有担保条款，如以人质、财产或领土作为抵押。在意大利战争时期的多项条约中，条约双方都以其所有财产保证条约的履行。在由第三人对条约进行担保的制度传统中，教皇最常充当保证人。在一些重要的条约中，缔约方通常会同意请求教皇对条约的效力给予肯定，在条约不能遵守时对违约一方施以教廷的惩罚，或者条约会直接约定承认教会的管辖权和仲裁权。然而意大利战争以来，由于教皇及教皇国的世俗化倾向，特别是新教势力的兴起，条约对教皇权威的承认度和宗教形式的要求逐渐下降。大约从 1540 年开始，所有明确要求教会法管辖或制裁的条款都不再被列入条约。① 条约实践中一些中世纪以来的传统、习惯和规范开始退出历史舞台。

　　结束意大利战争的《卡托—康布雷奇和约》对近代欧洲产生了重要影响。尽管和约之后的欧洲政治版图还是充斥着各种不同的效忠、不对称的主权、不规则的飞地，封建统治的标记依然清晰可辨，这一时期保持了不容低估的封建主义性质，② 但是欧洲政治的发展毕竟还是迎来了一个的重

---

① 李明倩：《论教会法对国际法的影响》，何勤华主编《法与宗教的历史变迁》，法律出版社，2011，第 212～231 页；Randall Lesaffer, *Peace Treaties and International Law: From the Late Middle Ages to World War One*, pp. 9–44。

② 佩里·安德森：《绝对主义国家的系谱》，第 26 页。

要转折点，在此后近一百年，欧洲国际政治基本上是在《卡托—康布雷奇和约》的框架之下运作的，[①] 直至三十年战争和缔结《威斯特伐利亚和约》，而如果需要研究三十年战争和《威斯特伐利亚和约》的历史起源，那么意大利战争是不可回避的，[②] 因为正是这六十余年的战争开启了近代欧洲国际争衡的序幕。

①　R. B. Mowat, *A History of European Diplomacy, 1451 - 1789*, p. 1.

②　N. M. Sutherland, *The Origins of the Thirty Years War and the Structure of European Politics*, pp. 587 - 625.

结束语　意大利战争时期的国际关系：外交与战争

意大利战争对欧洲的历史进程产生了重大影响。战争的起因依然具有封建特性，是为了确保或捍卫个人的财产权或继承权，为了制服某些不忠的附庸，为了捍卫基督教反对土耳其人（或者为教会反对异教徒）。[①] 但是随着意大利战争的持续、蔓延和展开，新的政治秩序、政治形态以及国际关系模式开始出现了，并且逐步地发展演变。[②] 事实上，早在意大利战争之前的岁月里，意大利就已经与西班牙、神圣罗马帝国、法国通过封建和宗族的纽带而紧密地联系在了一起。在不断深化变革的欧洲国际环境之中，一个新型的、显然是具有欧洲特点的外交和战争模式孕育而生。

（一）外交与权力均衡

近代国家体系形成之前的欧洲是"一个时而内争、时而表面上联合的基督教世界"[③]。地方主义和普世主义对中世纪欧洲外交产生了重要影响。马丁利有言，"从外交的观点来看，（中世纪与现代之间的）首要差异在于1400年时西方仍自视为一个自成一体的社会。事实上，此时的基督教世界已经被极度严重的内部冲突弄得四分五裂，被宗教分裂、教义争端和发生在阶级之间、族民之间、宗派之间和国王之间的地方性战争搞得分崩离析。可是拉丁基督教世界仍然自认为是一个整体。"[④] 15、16世纪，国家主义观念还不成熟，当时欧洲人效忠的表现，既具有地方性，也具有国际性。一方面，由于个人的封建依附关系，多数欧洲人的视野仍有浓厚的地方色彩；另一方面，在欧洲人的观念中，同时存在的还有"属于西方基督教世界国际大家庭的一种自觉感"[⑤]。这种自觉感不管欧洲内部的各种

---

① 迈克尔·霍华德：《欧洲历史上的战争》，第21页。
② Joycelyne G. Russell, *Peacemaking in the Renaissance*, p. 225.
③ 王黎：《欧洲外交史（1494~1925）》，第12页。
④ Garrett Mattingly, *Renaissance Diplomacy*, p. 16.
⑤ C. 沃伦·霍莱斯特：《欧洲中世纪简史》，第188页。

斗争与矛盾如何激烈，都是构成中世纪政治思想和政治活动的一个基本条件。对于所谓的"基督教世界"，学者彭小瑜认为这一概念有三层含义：其一，教皇是最高领袖；其二，基督教世界不是一个政教合一的实体，宗教事务和世俗事务在那里是不同的两个领域；其三，精神高于物质，在某些情况下，教皇作为宗教领袖是可以直接干预世俗事务的。[①] 可见，那个时期的国家概念与以后的国家概念是完全不同的，无论是王国或城市国家，还是贵族领地或自由城市，它们都是"基督教世界"的一个组成部分，它们之间有着源于传统习俗和公认原则的错综复杂的权利和义务关系，形成了一个"你中有我、我中有你"的权力格局和国际关系格局。欧洲中世纪的国际关系格局虽然显现出失序和无政府的混乱状态，就其政治、法律与风俗习惯的形式和内容而言，权力显然是分散的。这种国际关系格局在封建制度、政治联姻以及帝国和教会的普世存在等社会背景中，变得十分复杂。但这种多样性与共同性交织在一起的现象绝不是无序的表现，公共权力的观念仍然存在，虽然层层封授的封建关系给人以权利重叠的印象，但实际上它带来了某种形式的秩序和稳定，[②] 中世纪的基督教世界有其自身的一套以基督教教义的道德伦理为核心的国际规范及国际秩序。换言之，所谓的欧洲中世纪的国际秩序是宗教秩序与支离破碎的封建体系的结合。在以教皇和皇帝为代表的所谓普世权威下，以教会法、习惯法以及民法等为法律渊源，形成了一系列的交往规范，诸如主权观念的界定、条约的神圣义务原则、中立国与非交战国的权利、减轻战争伤亡、干预行为的合法性以及外交关系等。

与大多数中世纪的法律一样，中世纪国际秩序的所谓规范不是出自正式立法、律条或条约，而是源于被广泛公认的原则和确立已久的习俗。由这些传统习俗和原则形成的国际规范是由教会传统、封建传统、帝国传统——换言之是由基督教传统、日耳曼传统和罗马传统共同组成的，体现在教会法（Canon Law）、习惯法（Customary Law）和民法（Civil Law）之中。[③]

---

① 彭小瑜：《教会法研究——历史与理论》，第217页。

② William Robertson, *A View of the Progress of Society in Europe in The Works of William Robertson, D. D. in Eight Volumes*, Vol. III, pp. 9－15；侯建新：《"封建主义"概念辨析》，《中国社会科学》2005年第6期，第173～188页。

③ Garrett Mattingly, *Renaissance Diplomacy*, pp. 18－19；Edmund A. Walsh, *The History and Nature of International Relations*, pp. 69－73.

　　"教会法是以西欧中世纪罗马教皇及其教廷为核心，以基督教神学为思想基础形成的规则和章程的集合。随着教会势力的扩大和教皇权威的树立，教会法逐渐演化为一种超越国界和民族的带有综合性和普遍适用性的法律体系。它不仅涉及基督教会的组织、制度、教徒信仰与生活守则、还蕴含了丰富的国际法思想，对欧洲中世纪的国际秩序乃至近现代国际关系、国际法律规范都有着独特的贡献。"[1] 教会法行使着一种国际职能，其基本信条和根本目的是维护上帝以及由上帝创造的秩序，除了垄断性地管辖整个基督教世界的教士阶层以及其他涉及宗教事务的世俗人士之外，还通过遍布"基督教世界"的各级教会法庭处理教会的各种事务。[2] 11 世纪以来，教会法学家们大量地研究了许多后来被认为属于国际法范畴的问题，诸如主权的定义、条约的神圣不可侵犯性、和平的维护、中立者和非战斗人员的权利，以及正义战争的条件等。条约要以严肃的态度保持其庄严性，而且不可轻易撕毁；违背经过宣誓的条约文字，在宗教上是犯下了伪誓的重罪；严重者导致名誉扫地，并受到开除教籍和实施宗教禁令的严厉惩罚，[3] 因此，为了废除或不遵守条约文字，缔约方往往千方百计地寻找条约内容的破绽或不合理性，从而背弃条约。从这个角度出发，我们就可以理解意大利战争期间弗朗索瓦一世和查理五世等君王们对于条约的态度和表现了。由于罗马教会在欧洲享有广泛的利益，随着与罗马皇帝的斗争不断激化，教皇成为欧洲基督教世界第一个系统建立外交网络的政治力量，并且在教会法学家们的努力之下，形成了一套比较完整的关于教廷外交使节的地位、行为和权利的规范，[4] 可谓近代欧洲外交使节制度之滥觞。教会法的势力获得发展，相关论述提供了共同遵守的法律依据，成为调整基督教国家关系的规范，这样的"国际机制"不仅能起到某种稳定作用，而且对于后来欧洲外交体系和国际法的形成与发展产生了重要影响。

　　直接源自罗马法的中世纪民法，在中世纪法学家们的解释下其影响日

---

① 李明倩：《论教会法对国际法的影响》，何勤华主编《法与宗教的历史变迁》，第 212 页。

② J. Neville Figgis, "Respublica Christiana", *Transactions of the Royal Historical Society*, 3rd Ser., Vol. 5 (1911), pp. 63 – 88.

③ Garrett Mattingly, *Renaissance Diplomacy*, pp. 19 – 20; Randall Lesaffer, "The Medieval Canon Law of Contract and Early Modern Treaty Law", *Journal of the History of International Law*, Vol. 2, No. 2 (2000), pp. 178 – 198; 时殷弘：《现代国际体系的起源——从体系与单位双重视野出发的论述》，第 63 ~ 69 页。

④ Edmunol A. Walsh, *The History and Nature of International Relations*, pp. 79 – 80.

益增强。它延续了罗马帝国的民法传统，把基督教教义与王国、城市国家的惯例融入其中，为规范政治实体间和不同民族成员间的纠纷提供了合法性框架，成为中世纪国际规范中最重要的组成部分。① 无论是冲突还是和平共处，都是以公认的惯例为背景发生的。尽管中世纪充斥着冲突和暴力，争论经常借助于武力的方式做出了断，但习惯法还是得到了中世纪社会的尊重。正如人们经常诉诸武力一样，诉诸法律解决争端，重要的财产权利需要得到法律的认可，权利和荣誉经常被授予、剥夺或认可，习惯法在处理世俗社会中包括商人、海员、骑士和领主在内的各种关系问题上提供了某些共同规则，例如在夺取城市，赎回战俘，对待信使、俘虏和非战斗人员时骑士制度的准则应得到遵守。在和平时期或战争期间，也确实存在着一套人们共同接受的准则。例如，处理各政治实体之间关系的观念，有关外交代表制度、海上贸易、条约解释、战争活动的法规，以便在相应的范围之内规范贸易、航海、贵族交往、战时行为方式等。尽管习惯法在理念上带有地方特色，但是维护了地方传统和基本信念，对任何企图统一欧洲的帝国行动构成了障碍。习惯法在战争与外交中的反映，可以被视为欧洲近代国际关系实践与理论的早期源头。

"统一的基督教世界"或"基督教共同体"（Respublica Christiana）观念，是将欧洲国际关系置于更广阔的基督教世界的背景下，赋予世俗秩序一种神圣性质，以捍卫基督教世界的和平。那时的人们从基督教出发，而不是从民族国家出发来看待世事，政治统一体和宗教统一体汇合于"全体基督徒"这个更高一级的统一体内，通过基督教形成了一个信仰的共同体，即神圣帝国。② 这种观念在规范国际关系的时候，由教廷和神圣罗马帝国的权势、权威以及对于基督教世界的认同感促成并表现出来，尽管这样的观念在中世纪表达得很模糊。

作为基督教世界理念的体制表达，教会曾是欧洲中世纪国际秩序的支柱性力量，教会存在的真正价值在于它在精神上引领欧洲，团结和统一基督教世界。③ 教会体系在欧洲的巩固与扩大，是以罗马教皇地位的上升和教皇国的出现作为标志的，通过庞杂的教会组织，罗马长期成为欧洲国际

---

① Garrett Mattingly, *Renaissance Diplomacy*, pp. 20 – 22.

② 郭灵凤:《战争、和平与"基督教共同体"——伊拉斯谟思想论述之一》,《欧洲研究》2005 年第 2 期, 第 103 ~ 117 页; J. Neville Figgis, "Respublica Christiana", pp. 63 – 88.

③ 《战争、和平与"基督教共同体"——伊拉斯谟思想论述之一》, 第 103 ~ 117 页。

政治、宗教甚至金融中心，具有无可替代的普世性权威。沃尔特·厄尔曼
（Walter Ullmann）评价教会历史时说："这种教皇专制是联系古罗马时代
与近现代的重要纽带，古罗马时代的特征在罗马天主教会的表面上留下了
深深的烙印，这些特征不仅表现在法律层面，还表现在普世性的权威观念
方面。作为普世性的君主，教皇在一定程度上运用罗马原则，又在一定程
度上发展了罗马原则，而且还在一定程度上创立了许多新的原则并且将其
作为国际公法而被普遍承认。例如：保护教皇使节；给予使节安全通行的
权力；维护外交谈判的秘密性；遵守世俗君主之间订立的条约；谴责背弃
条约的行为；教皇有权废除或取消条约协定；革除世俗统治者的教籍或废
黜世俗统治者的王位；下令释放囚犯和给予人质人道待遇；保护政治流亡
者、异邦人和犹太人；谴责非正义的战争和海盗行为；批准和平条约；给
予从事正义战争的军队自由通行的权力；要求世俗统治者加入联盟；同意
被占领土地归属战胜一方，等等。"① 然而自 14 世纪以来，经历了天主教
会大分裂和宗教会议运动的洗礼，伴随着不断的分裂和改革，天主教会的
地位被不断削弱，教皇昔日的光环渐渐暗淡了下来，罗马的普世性成为神
话。如 1477 年法国路易十一与勃艮第的查理公爵缔结条约时，曾宣誓不
得请求教皇解除条约中诺言的效力。文艺复兴时期的教皇身陷家族政治和
地方政治之中而不能自拔，沦落为意大利半岛的一个地方诸侯。教皇的作
用已大为下降，而且当事双方往往要求教皇以私人身份进行调停。按照以
往的国际惯例，只有教皇享有豁免权，而到了 16 世纪签订条约时会出现
缔约双方规定不得请求豁免的条款。这些现象呈现出 16 世纪欧洲外交实
践中的若干变化。

神圣罗马帝国是欧洲中世纪国际秩序中的另一个支柱性力量，它的存
在是秉承了欧洲人继承罗马帝国一统欧洲的政治理念。统治者以"罗马人
皇帝"自居，继承查理大帝、奥托一世的事业，并声称拥有对于基督教世
界的普世权力。自罗马帝国崩溃以后，欧洲历史的主题之一便是以这种或
那种方式追求基督教世界的重新统一，追求普世性帝国。这样的追求先是
表现为法兰克人创建查理曼帝国的努力，随后表现为德意志人重建神圣罗
马帝国的历程，接着又转化为罗马教皇与神圣罗马帝国皇帝之间对意大利

---

① Walter Ullmann, *The Growth of Papal Government in the Middle Ages: A Study in the Idelogical Relation of Clerical to Lay Power*, p. 450.

半岛控制权的长期争斗。① 可是所谓的神圣罗马帝国在现实的残酷政治面前"既非神圣，也非罗马，更非帝国"，在与教皇的权力斗争中势力日渐衰微。意大利半岛的政治发展正是为实现这种帝国理想而努力的结果。意大利半岛作为古罗马帝国的统治中心，具有不可取代的象征意义，只有在罗马举行过加冕礼的皇帝才被视为真正意义上的神圣罗马帝国皇帝。然而随着帝国努力的一次次失败，神圣罗马帝国皇帝的各项决策越来越倾向于强调自己的家族和王朝利益，不再有人祈求帝国皇帝充当国际秩序的仲裁人了。②

帝国政治和教皇政治都是昔日罗马的遗产，过去的时代和过去的光荣已归尘土，神圣的共同体逐步呈现出多元化和领土化的趋势，基督教世界不可避免地分裂为多个不同的政治结构，这些政治结构始终不和，并且由于争夺领土和管辖权而持续地限入混乱。③ "中世纪王权的两大支柱——靠征战获得权力、财富和光荣，靠罗马教会获得神圣性、合法性，以及对民众的思想统治，均已摇摇欲坠。"④ 他们一方面高喊团结起来共同反对土耳其，另一方面却因惧怕奥斯曼帝国和意图扩大领地而积极与之进行政治交易，或希望土耳其成为盟友帮助他们反对其他基督教国家。

欧洲各国共同关心的不是土耳其，而是意大利。由于意大利城市国家之间的频繁战争加深了政治上的角逐，而扩张的倾向使外交往来日渐频繁。战争制造的紧张局势显然使得旧时的、公认的国际仲裁机制软弱且无力。在这个时期，外交史上发生了一个显著的变化，以往的临时性外交实际上已经不能满足政治的需要，各国需要随时了解其他国家的动向，战局的紧张使纯粹的外交常驻使节大量增加。⑤ 常驻使节制度的创立是意大利外交区别于中世纪外交的一个显著特征，也是近现代职业外交机制诞生的标志。

中世纪欧洲各国之间已经存在各种外交使节。中世纪的欧洲，因为权力自始至终既是分离的也是分享的，封建体系下的权力关系具有鲜明的地方主义时代特征，与欧洲所谓普世主义的表征看似矛盾却相融相生，因此

---

① 计秋枫：《戴维·J. 希尔和他的〈外交史〉》，第 102～107 页。
② G. R. 波特主编《新编剑桥世界近代史》（第一卷），第 380 页。
③ 麦尼尔：《竞逐富强——西方军事的现代化历程》，第 76 页。
④ 郭方：《英国近代国家的形成——16 世纪英国国家机构与职能的变革》，第 165 页。
⑤ 《新编剑桥世界近代史》（第一卷），第 382～383 页。

国内和国际很难得到明确的划分，王国与私人领地之间、公法与私法之间、对内关系与国际关系之间不存在明显的界限。由于中世纪时私人战争权的盛行，私人外交也相伴而生。不但国王、领主、诸侯以及教会人员，而且城市、议会、行会和大学之间也互派外交使团，通过谈判和仲裁解决争端、签订条约，但是他们都是根据需要而临时指定的特使，一般由贵族、王室成员或主教充任，一旦外交使命完成，其外交职务便被解除。其中值得注意的是，那个时代的外交使节一般都享有基于宗教理念的特别保护和某些特权，大使神圣不可侵犯是被普遍接受的观念。然而常驻使节直至中世纪后期还未出现，①教皇曾经在历代法兰克君主的宫廷派有常驻代表，但这不能被视为常驻使节制度的最早例子，因为这些教廷代表的使命是处理与教会有关的事务，而与国际事务没有直接的关系。欧洲中世纪末期的外交基本上是当时政治条件的产物，政治上的混乱决定了外交上的混乱，旨在结盟与瓦解对手的外交活动相当频繁。

早期希腊人的雄辩口才和谈判技巧、古罗马人的法律体系和外交档案管理、拜占庭帝国的外交制度和外交理念（政府专门设立掌管外交事务的机构、注重培养职业外交官和领事官员、外交礼仪和外交惯例②等）都在不同程度上影响着意大利人。文艺复兴时期，意大利险恶的政治环境助长了外交事务上的深思熟虑和阴谋算计，政治缠斗的局面要求各城市国家必须面对瞬息万变的形势并及时做出反应，外交往来不仅频繁而且日益重要，意大利城市国家之间发展出了具有区域性、国际性的广泛的条约关系。在继承前人创立的外交理念和制度的基础之上，意大利人在外交机制上做出了划时代的贡献。常驻使节制度和专职外交机构的建立为国家间形成有序的外交机制奠定了基础，是产生意大利国家体系乃至欧洲近代国家体系的前提。13世纪出现的常驻使节制度被不断证明是非常有效的外交沟通机制，职业外交代表逐渐取代过去的临时或短期使者。意大利各城市国家中，特别是米兰、威尼斯和佛罗伦萨，开始互派常驻使节以便更好地谈判相互间的国际事务，从而在欧洲开创了常驻使节制度的先河。由于外

---

① R. B. Mowat, *A History of European Diplomacy*, *1451 - 1789*, p. 3; Edmund A. Walsh, *The History and Nature of International Relations*, p. 85.

② 在外交礼仪方面，当代外交依然保持着拜占庭人所创立的外交惯例，如新任外交使节需向所在国政府递交国书，以示友好和承认平等；外国来宾受邀检阅东道主国家的军事仪仗队，以炫耀国威和实力。

交需要而举行的庆典和仪式，逐渐发展成为意大利各城市国家的重要且极具特色的城市社会生活内容之一，① 通过庆典仪式日益凸显外交的重要意义，形成了意大利社会生活中那种开放性、竞争性和创造性的外交氛围和环境。

图 1　庆典仪式中的外交使节②

1450 年米兰公爵派其秘书尼科代莫·达·蓬特雷莫利（Nicodemo da Pontremoli）常驻佛罗伦萨，这是近代意义上的第一位常驻使节（这一点尚存争议③）。文艺复兴时期的外交官大多数具备良好的人文主义教育背景，敏锐的判断力、现实的政治眼光和丰富的外交经历使他们深知政治实

---

① 有关庆典仪式在对外交往中的作用，可参见王挺之《佛罗伦萨的公众庆典仪式与文艺复兴》，《历史研究》1987 年第 5 期，第 151~164 页。

② Catherine Fletcher, *Our Man in Rome*: *Henry VIII and his Italian Ambassador*.

③ Garrett Mattingly, *The First Resident Embassies*: *Mediaeval Italian Origins of Modern Diplomacy*, pp. 423 - 439; Harold Nicolson, *The Evolution of Diplomatic Method*, p. 35; R. B. Mowat, *A History of European Diplomacy*, *1451 - 1789*, p. 5.

践的复杂性和现实利益的重要性，马基雅维里和圭恰迪尼就是两个非常典型的例子。到了 15 世纪，意大利城市国家开始向西班牙、德意志、法国和英格兰派遣常驻使节，其他国家纷起效法。1463 年、1474 年和 1479 年米兰、佛罗伦萨和威尼斯分别遣使常驻法国巴黎，1490 年、1496 年米兰和威尼斯分别遣使常驻英格兰伦敦。[①] 正是因为米兰常驻法国使节贝尔焦伊索奥伯爵表现出熟练的外交手腕，才使得查理八世的许多近臣支持远征意大利的计划。[②] 意大利战争期间各国之间订立专约，规定互派使节。欧洲主要宫廷逐渐形成接受或派遣常驻使节的风尚，外交谈判是能够避免或减少战争的有效手段之一，成为各国普遍接受的观点。自 15 世纪末期以来，由于共同专注于意大利事态而需要保持密切而持续的接触，英格兰、法国、西班牙和德意志开始经常性互派使节常驻，1488 年和 1493 年西班牙首次派遣使节常驻英格兰和马克西米连一世治下的神圣罗马帝国，1509 年英格兰首次遣使常驻其他国家，同年法国首次遣使常驻神圣罗马帝国，截至 1547 年，法国在本国以外的 10 个国家派遣了常驻使节，其中从 1518 年到 1541 年奥诺雷·德·凯（Honoré de Caix）作为法国常驻葡萄牙使节长达 23 年之久，[③] 常驻使节制度在欧洲外交领域得以逐渐常态化。

常驻使节大致应当行使五项主要职责：（1）大使必须鼓动驻在国君主采取符合本国君主利益的政策；（2）防止敌对政策的酝酿，这其中可能包括破坏外交对手活动的行为；（3）大使必须向本国君主提交政策建议；（4）不惜一切代价捍卫本国君主的名声；（5）如果有必要，大使还应该参与正式谈判，特别要注意努力获取情报并向国内报告，使节报告必须预测未来的局势发展。[④] 作为执行对外政策的有力工具，常驻使节不再像中世纪的使节那样"为了上帝的和平"，大使的首要职责与政府的其他官员一样，以语言和行动去建议和思考如何保持和扩大自己国家的势力，[⑤] 提供情报成为常驻外交的主要目的，以呈文和报告的方式对所驻国家的人

---

① M. S. Anderson, *The Origins of the Modern European State System*, 1494 – 1618, pp. 54, 58.

② Garrett Mattingly, *The First Resident Embassies：Mediaeval Italian Origins of Modern Diplomacy*, pp. 423 – 439; David Jayne Hill, *A History of Diplomacy in the International Development of Europe*, Vol. II, p. 154.

③ *The Origins of the Modern European State System*, 1494 – 1618, p. 54.

④ G. R. Berridge, Maurice Keens - Soper and T. G. Otte, *Diplomatic Theory from Machiavelli to Kissinger*, pp. 16 – 17.

⑤ Garrett Mattingly, *Renaissance Diplomacy*, p. 95.

口、财富、军队组成、诸侯之间的关系等做出较为详细的论述，大使们详尽描绘所在国政治事件背后的历史背景，他们不仅带来了大量的政治、经济、军事以及人文地理信息，也受到某种鼓励对利益、动机、人物心理等复杂的因素进行客观冷静的剖析。例如，威尼斯驻英格兰使节乔瓦尼·米希尔在 1557 年 5 月 13 日的外交报告中，对英格兰的方方面面都有十分详细的描述。① 16 世纪和 17 世纪的威尼斯驻外使节的报告被认为是关于个人描述及外交观察的第一流的权威著作，把人们的内心活动和外部世界的复杂事件一起清晰地呈现在世人面前。马基雅维里的《驻外公使论集》（或称《通信集》）收录了他从 1498 年 11 月至 1527 年 5 月担任各类外交公职时所写的各类信件、呈文和报告，从中可以看出常驻使节对于战时欧洲各国国情及相互关系的详细观察。为了防止情报途中泄密，外交人员还必须熟悉书写密码、联络暗号和使用隐形墨水等技巧。② 职业外交官日益受到

图 2　汉斯·霍尔拜因的《大使》（Hans Holbein's *The Ambassadors*）③

---

① 　*CSP Ven* VI, No. 884.

② 　G. R. 波特主编《新编剑桥世界近代史》（第一卷），第 388～390 页；王黎：《欧洲外交史（1494～1925）》，第 22 页。

③ 　画中右边那位名叫让·德·丁特维尔（Jean de Dinteville），是法国派驻英王亨利八世宫廷的使节。左边是他的密友拉沃尔主教乔治·德·塞尔夫（Georges de Selve, Bishop of Lavaur）。

社会的重视，有关外交职业的著作开始出现，如埃尔莫劳·巴尔巴罗的《论外交官》（*De officio legati*）和奥塔维亚诺·马吉（Ottaviano Maggi，？－1586）的《大使二论》（*De legato libri duo*，1566）等。① 国际政治的现实必然使外交具有前所未有的重要性，常驻使节制度的发展带动了欧洲外交的经常化、工具化和制度化，推动了欧洲外交的世俗化发展方向。无论国家间友好还是敌对，欧洲各国已经生存在一个彼此需要密切交往但又缺少普遍权威的国际体系之中。

15世纪和16世纪，常驻使节制度的发展不可避免地也带有鲜明的时代特征。大使的出身是出任使节的重要条件，从贵族当中选择大使或任命出身名门望族的人为大使是当时的通例。不这样做会破坏本国在驻在国的形象，在外交上是一种愚蠢行为或被视为是对驻在国的不尊重。出使国外的大使通常可以配备至少一名副使或称为公使，其作用是收集情报、观察分析形势、协助大使办理交涉事务。公使的出身不是问题，很多公使并非贵族出身，出身不算名门的马基雅维里曾多次担任公使，负责外事交涉与撰写报告等具体工作。尽管是公使，但并非不重要，公使的地位比较复杂，对公使的使用视形势而定，使节的身份和层级对处理某些外交问题也会产生一定影响，出于事务的特殊性或节约开支等原因，政府不希望派遣真正的大使时，通常会派遣公使或由使馆委托参与某些略显次要的外交活动。语言障碍、经费短缺、货币兑换、交涉用度乃至贿赂费用是那个时期驻外使节经常面临的现实问题。马基雅维里曾写过一篇题为"赴法国国王宫廷进行外交交涉者注意事项"的小文，令他有切肤之感。② 但即便是在这种情况下，公使的作用仍不仅仅是交涉，他的观察和报告对本国政府而言，仍是最可信赖的情报来源。另外，文艺复兴时期也有外国人受雇出任驻外使节的情况，如意大利人格雷戈里奥·卡萨利担任英格兰驻罗马大使长达6年，主要负责交涉亨利八世解除婚姻的事宜。这种现象说明常驻使节制度的发展也是渐进的，还未完全制度化。

常驻使节制度的迅速发展也是由于战争各方保持均势外交政策所要求的相互戒备与合作的自然结果。由于对意大利的共同关注和各国向外扩张

---

① 刘明翰主编，王挺之、刘耀春著《欧洲文艺复兴史》（城市与社会生活卷），第120页。
② 盐野七生：《我的朋友马基雅维利——佛罗伦萨的兴亡》，第182～188页。

的意向，常驻外交的发展在欧洲国家之间"形成了一种对国际协定反复无常的诡诈外交，和一种变化莫测、互相恐惧和互不信任的气氛"①，法国著名外交家菲利普·德·科米纳说："让外国使节们常来常往是不安全的，因为他们经常谈论一些不好的事情。"② 彼此之间的戒备与合作，是建立在力量均衡的基础之上的。

　　"均势"一词在15世纪结束前就使用了，③ 1454年《洛迪和约》被国际法学者誉为首次体现均势理念的国际和约。在长期的外交实践中，尽管观察角度和认识有所不同，但马基雅维里和圭恰迪尼均注意到了意大利半岛上存在的微妙的"势力均衡"现象。马基雅维里把历代教皇在意大利各城市国家之间维持平衡的惯用伎俩视为意大利灾难的根源。圭恰迪尼在《意大利史》中从均势角度论述了意大利国家间非自觉性的脆弱平衡，肯定了佛罗伦萨美第奇家族维护意大利平衡的外交实践，强调外交艺术在构建均势过程中的作用与维护均势状态的重要性。随着意大利战争的深入展开，随着查理五世建立普世帝国的失败，均势思想在欧洲国际政治领域得以传播和扩展，渐渐成为欧洲政治家自觉的行动指南。《意大利史》英译本译者在将他的译著奉献给伊丽莎白一世时，就曾劝诫女王："上帝给了您力量的天平仪和砝码，让您按您的意愿来反复衡量您所处时代基督教世界诸国王们的行动和意图。"④ 意大利战争是推动意大利外交实践、机制和技术向整个欧洲扩展的重要事件，它构成了"意大利微型国际体系向欧洲近代国际体系扩展的联结点"。⑤

　　15世纪和16世纪，法国、西班牙、英格兰、神圣罗马帝国和意大利等国家之间的关系史基本上是政治联姻史，各国有意识地建立家族关系网来维护政治和经济利益，最常见且最有效的做法就是联姻。王室家族之间的联姻是各国政治的核心问题和外交谈判的重要议题，构成了各国政治生活的基础，成为协议和条约的重要甚至是核心条款。纵观意大利战争，战

---

① G. R. 波特主编《新编剑桥世界近代史》（第一卷），第383页。

② M. S. Anderson, *The Rise of Modern Diplomacy*, *1450 – 1919*, p. 13.

③ Alfred Vagts & Detlev F. Vagts, "The Balance of Power in Internatioanl Law: A History of an Idea", *The American Journal of International Law*, Vol. 73, No. 4 (Oct., 1979), pp. 555 – 580.

④ Alfred Vagts: "The Balance of Power: Growth of an Idea", *World Politics*, Vol. 1, No. 1 (Oct., 1948), pp. 82 – 101.

⑤ 朱瀛泉主编《国际关系评论》（2001），第49页。

争与联姻之间的互动关系是一个非常重要的历史和外交现象，[①] 这种现象一直持续到18、19世纪，由此折射出了欧洲国际关系史的一个显著特点。王朝关系在很大程度上是联姻的自然产物，这个问题笔者已经多次谈及。制定条约与联姻结盟，是君主确保周边地区和平稳定而可利用的两种手段。伊拉斯谟在《论基督徒君主的教育》中说："君主们必须尽力在彼此之间达成持久的和平，并为此制定共同的计划。即便有一桩婚姻带来了和平，肯定也不能够持久。一旦某一方去世，和睦的牢固纽带就被打破。但如果一种和平的局面是建立在真正的原则基础上，那就是持久稳固的。有些人可能有不同意见，认为生儿育女之后就延续了联姻带来的同盟。如果情况是这样的，战争又为何常常是在那些同胞手足之间爆发呢？恰恰相反，特别是那些导致统治者变更的子嗣的出生，导致统治权从一地转移到另一地，或疆域从一国转给另一国，就是这类事情常常发生并引发最剧烈的动荡。……因此，这些联姻的措施并不能成功地防止战争，只能成功地让战争更频繁、更可怕。因为要是各个王国通过婚姻相互联结，一旦某位君主受到侵犯，就诉诸亲戚互助的原则，召唤其他所有的君主，那么为了一些鸡毛蒜皮的小事，整个基督教世界的大部分就立即被拖入战事，为了抚慰一个人的赌气，就要让基督徒血流成河。我有充分的理由不列举实例，以免冒犯任何人。"[②]

（二）战争与国家

战争是一个十分古老的话题。中世纪的传统认为，生活在基督教世界的基督徒之间应该维持和平的状态，追求和平是中世纪思想的重要元素。和平是上帝的化身，爱好和平是所有被教导要学会宽恕甚至爱敌人的信徒们的基本要求，教会负有传播基督教基本理念即传播和平的使命。"基督教会宣扬，和平是绝对的善，它有利于促进基督教世界的秩序、公正和统一。"[③] 然而中世纪的欧洲政治分裂、社会秩序混乱、战争频仍，面对战争等一系列的武力问题对欧洲社会秩序和安全的危害，面对人类无休止的

① Paula Sutter Fichtner, *Dynastic Marriage in Sixteenth - Century Habsburg Diplomacy and State-craft: An Interdisciplinary Approach*, pp. 243 - 265; Melissa Meriam Bullard, *Marriage Politics and the Family in Florence: The Strozzi - Medici Alliance of 1508*, pp. 668 - 687.

② 伊拉斯谟：《论基督徒君主的教育》，代序第9页、第150～151页。

③ 施诚：《论中古西欧"上帝的和平"运动》，《历史研究》2001年第1期，第99～104页。

野心，圣奥古斯丁（St. Augustine of Hippo，354－430）以一种悲观主义的情调理解人、国家与战争，认为正义的战争是被允许的，提出了基督教的正义战争思想，他对武力冲突的正当性解释对国际关系的发展产生了深刻的影响。战争作为实现信仰的工具的概念是在不断变化之中的。10世纪欧洲王权式微，骑士的暴力行为屡见不鲜，贵族之间的私战不断，暴力的社会环境让教会开始承担起先前王权的职责，以维护基督教世界的和平、秩序与正义为己任，发起了"上帝的和平"（Peace of God）和"上帝的休战"（Truce of God）运动。通过"上帝的和平"运动，正义战争逐渐被认为是得到上帝支持的战争，在一定范围内使武力的合法使用获得了教会的支持和认可，教会通过支持各种骑士团体和军事组织，呼吁基督徒之间保持和平，鼓励基督徒与异教徒作战，用战争来维护上帝的事业。[①] "将战争当作一种实施正义的行动这一宗教概念，使军事义务囿于有地的骑士及其随从阶层这一限制，连同一套作为使军队结为一体的主要纽带来起作用的道德——法律规则——这些就是决定中世纪军事组织形式和战争方法的要素。"[②]

中世纪欧洲一直处于持续不断的战争、掠夺与类似无政府的状态，战争是政治生活的主旋律，中世纪的军事组织是欧洲社会构成的有机组成部分，骑士在精神上和经济上是中世纪的特有产物。身为战争主力的骑士阶层发展出其独特的气质。他们对于战争抱持一种人性的态度，他们基于人性和维护正义的立场而慷慨地帮助需要帮助的人，以追求荣誉为其终极目标。人性、英勇、荣誉作为骑士精神的核心价值是区分中世纪与现代不同风俗的重要指标。因为骑士精神的熏陶，中世纪后期的所有战争都伴随着人性的观念，它使勇猛和暴力的气质趋于文雅和浪漫，并将战争视为获取荣誉的手段。[③] 贵族是在光荣、有用和骑士文学的熏陶之下逐渐成长起来的，并且在一定程度上形成了这样一种观念，即"在伟大的事业中，战争是一种神圣的裁判"。[④] 从事战争是一件光荣的事业，荣誉主要建立在武

① Edmund A. Walsh, *The History and Nature of International Relations*, pp. 77－79.

② Felix Gilbert, *Machiavelli: The Renaissance of the Art of War*, 收录于《马基雅维利全集03：用兵之道》，时殷弘译，第250页。

③ William Robertson, *A View of the Progress of Society in Europe in The Works of William Robertson, D. D. in Eight Volumes*, Vol. III, pp. 62－65.

④ Joachim von Elbe, "The Evolution of the Concept of the Just War in International Law", *The American Journal of International Law*, Vol. 33, No. 4（Oct., 1939），pp. 665－688；G. R. 波特主编《新编剑桥世界近代史》（第一卷），第374页。

功之上，中世纪的骑士精神对于中世纪末期与近代早期的欧洲战争依然具有重大的作用和影响，对于个人身份和荣誉的注重，对于财产和精神理想的崇尚和向往，使得欧洲战争保留了浓重的中世纪骑士遗风。① 理论上而言，中世纪的骑士理想是超然于政治分裂之上的，在所谓的基督徒团结起来的感召之下，与异教徒进行不懈的斗争，维护基督教世界的和平与安宁。然而，中世纪末期以来，虽然骑士精神的宗教浪漫主义理想在表面上没有发生根本的变化，但是理想的具体内涵却发生了重大的转变："骑士精神被单纯地加以利用，以示对君主个人的世俗忠诚。""在 15 世纪下半叶的英格兰、法兰西、勃艮第和德意志帝国，骑士精神获取了新的活力和新的发展方向。"② 那种超然的、普世的理想逐渐被服务于王国的贵族现实政治所取代。当货币经济的发展迅速动摇中世纪的社会基础时，军事体制和军事理念也随之而改变。从封建军队到职业军队、从封建国家到官僚制的新君主制国家的转变过程虽然缓慢，但是货币经济的影响为军事体制的变革奠定了重要基础，促成了雇佣军的出现及以后常备军的发展，"在骑士制度闪光的表象后面，暴露出物质利益那凡俗的本质"③。封建主义发展出来的道德规则、骑士传统和交往规范对军队的无形约束逐渐消失。

出于财产和感情等方面的原因，贵族们渴望进行战争和参与国外的冒险事业，意大利战争在贵族的鼓动之下，按照国王的意旨旷日持久地进行了 60 余年。随着战争的继续，战争技术和组织方式迅速发展，战争形态出现了重大变化，战争日益频繁，战争过程中的暴力也随之放大，一战决定胜负的时代慢慢过去了。战争"像吃饭、喝水和做其他事情一样，是一件再正常不过的事情"④。圭恰迪尼在其《格言与反思》中写道："在 1494 年以前，战争是旷日持久的，战斗是不流血的，围攻城镇所遵循的

① P. S. Fichtner, "The Politics of Honor: Renaissance Chivalry and Hapsburg Dynasticism", *Bibliotheque d'Humanisme et Renaissance*, Vol. 29 (1967), pp. 567 – 580.

② M. S. Anderson, *The Origins of the Modern European State System, 1494 – 1618*, p. 24; Malcolm Vale, *War and Chivalry: Warfare and Aristocratic Culture in England, France and Burgundy at the End of the Middle Ages*, London: Duckworth, 1981, p. 168; Sydney Anglo, ed., *Chivalry in the Renaissance*, Woodbridge: Boydell Press, 1990, p. 32.

③ Felix Gilbert, *Machiavelli: The Renaissance of the Art of War*, 收录于《马基雅维利全集 03: 用兵之道》，时殷弘译，第 251 页。

④ Russel Tarr, "What Caused the Italian Wars of 1494 – 1516", *Historical Review*, March 2001, pp. 33 – 37; Joachim von Elbe, *The Evolution of the Concept of the Just War in International Law*, pp. 665 – 688.

方法，行动缓慢而变化不定；尽管大炮已经在使用，但操作者缺乏技术，杀伤力很小。因此要推翻一个国家的统治者颇为不易。但是法国人在侵犯意大利的时候给我们的战争注入了许多新生的东西，结果迄至1521年为止，旷野一旦丧失，国家也随之陷落。"①

　　意大利战争被军事史学家视为第一场具有近现代意义的战争，它标志着军事史上战争技术在本质上的转变，② 经过改进的火器（火枪和轮式炮架青铜火炮）首次得到了广泛使用。菲利克斯·吉尔伯特在评估发明火药的重要性时认为，有三个重要因素加快了枪炮演化的速度。第一，货币经济的兴起；第二，封建王室试图摆脱对臣属的依赖，建立一种可靠的权力基础；第三，封建纽带的削弱导致在军事组织方面试验创新的趋势。③ 由于意大利城市国家之间的政治和军事形势，在武器制造领域，意大利人曾一度领先于欧洲其他国家，尤其是大炮的制造技术。不断增加的大炮尺寸和重量，导致杀伤力的提升，攻城效果明显，但机动性能较差，大炮通常由牛车牵引，在野战中较难有效发挥其功效。15世纪末以来，北方各国，尤其是法国的火器制造技术开始超越意大利人，法国大炮的优越性在意大利战争前期充分体现出来。相较陈旧笨重、发射间隔较长且移动缓慢的意

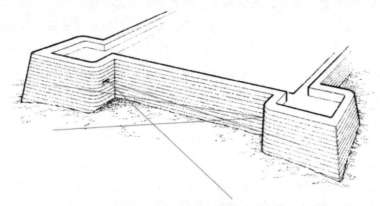

图 3　意大利式棱堡体系④

① Francesco Guicciardini, *Maxims and Reflections* (*the Ricordi*), p. 57.
② Rebecca Ard Boone, *War, Domination, and the Monarchy of France: Claude de Seyssel and the Language of Politics in the Renaissance*, p. 15.
③ Felix Gilbert, *Machiavelli: The Renaissance of the Art of War*，收录于《马基雅维利全集03：用兵之道》，时殷弘译，第251页。
④ Thomas F. Arnold, *The Renaissance at War*, p. 40.

大利式大炮，法国式大炮体量较轻，机动灵活，野战能力突出，易于赢得战场主动权，新式大炮的出现使意大利的"攻守之势"发生了革命性的逆转，意大利战争成为探索新型火力的试验温床。

　　新式大炮给城市防御提出严峻挑战，旧有防御体系不能适应新形势，促使意大利人积极尝试改进防御工事，文艺复兴时期的不少艺术家和军事工程师在实践中不断改进旧有体系，莱昂纳多·达·芬奇和米开朗琪罗（Michelangelo，1475－1564）等都曾设计和修筑防御工事，创立筑城学理论的阿尔布雷希特·丢勒（Albrecht Dürer，1471－1528）在1527年写过一篇讨论城市防御工事的著作。[1] 军事防御工事（意大利式棱堡体系）的构筑在欧洲军事历史上发挥了关键作用，为了抵御攻城炮、保护要塞和要塞之外的领土，意大利式棱堡体系在意大利军事工程人员的不断摸索中逐渐发展并成熟起来，取代了中世纪城墙之上高高挺立的圆形或方形高塔，这一体系降低了要塞城墙高度，增加厚度，把防御工事修筑成锯齿波浪形，重新设计角楼和进入堡垒的门道，制造一个陡坡来形成适宜的火力区，每一个棱堡就是一个火力点，每两个棱堡可成掎角之势，实现火力的交叉射击，棱堡体系结合内外壕沟的改进大幅提升了防御能力，达到退敌护城的目的。意大利第一个严格意义上的棱堡是1501年在教皇国修筑的内图诺要塞（the papal fortress of Nettuno）。1530年左右，棱堡逐渐成为意大利最主要的军事建筑形式。[2] 第一场真正展示棱堡体系有效性的主要战役是1500年的比萨保卫战。意大利式棱堡体系的出现不仅增强了城市的防御能力，而且一定程度上改变了城市形态，但是修建棱堡防御体系耗资甚巨。这种新型防御工事的数量不断增加直到布满了整个战场，意大利战争中的许多战役（特别是在帕维亚战役结束之后）都变成了一次又一次的持久包围战。[3] 意大利式棱堡体系等军事技术随着意大利战争的扩大化，逐渐开始向阿尔卑斯山以北欧洲各国传播，1554年两部探讨棱堡体系并配有详细图解的专著在意大利问世。[4] 来自于阿尔卑斯山以北的军事工程

[1]　Jeremy Black，*European Warfare，1494－1660*，p. 85；刘明翰主编，王挺之、刘耀春著《欧洲文艺复兴史》（城市与社会生活卷），第107页。

[2]　Thomas F. Arnold，*The Renaissance at War*，p. 45.

[3]　麦尼尔：《竞逐富强——西方军事的现代化历程》，第95页；M. S. Anderson，*The Origins of the Modern European State System，1494－1618*，p. 17。

[4]　*The Renaissance at War*，p. 45－46.

技术人员纷至沓来，学习意大利人在防御工事与围攻战方面取得的最新成就。

表1　15、16世纪欧洲战争规模①

时　　间	主要作战方	主要战役（投入兵力）	兵力规模（粗略统计）
1491 年	法国	布列塔尼战争	20000
1494 年	法国	查理八世入侵意大利	28000
1499 年	法国	路易十二入侵意大利	27000
1509 年	法国	阿尼亚德洛战役	30000
1509 年	威尼斯	阿尼亚德洛战役	29500
1510 年	西班牙	远征的黎波里	34500
1512 年	法国（同盟）	投入意大利战场的主要兵力	29000
1512 年	瑞士各州	南下意大利	24000
1525 年	法国	帕维亚战役	28000
1525 年	神圣罗马帝国（查理五世）	帕维亚战役	28000
1532 年	神圣罗马帝国（查理五世）	与奥斯曼帝国的战争	100000
1536 年	法国	保卫普罗旺斯	45000
1536～1537 年	法国与查理五世	各方在伦巴第和普罗旺斯投入的兵力	60000
1544 年	法国与查理五世	投入法国战场的兵力	35000
1544 年	英格兰（同盟）	投入法国战场的兵力	48000
1552 年	神圣罗马帝国（查理五世）	帝国主要兵力	150000
1552 年	神圣罗马帝国（查理五世）	梅斯战役	50000
1552 年	法国	梅斯战役	38000
1557 年	西班牙	圣康坦战役	45000
1558 年	法国	投入兵力	50000

---

① John Rigby Hale. *War and Society in Renaissance Europe*, *1450 - 1620*, Baltimore：The Johns Hopkins University Press, 1985, pp. 62 - 63.

　　雇佣军虽然依旧发挥着非常重要的军事作用，但常备军的建设也成为国防发展的方向。虽然持矛披甲、尚武任侠的骑士作风依稀可见，但是由于政治生存条件的剧变，战争的特点在改变，骑兵的重要性在下降，轻骑兵逐渐取代重骑兵，而步兵对于战争的影响在上升，可以说是意大利战争将步兵再次推到了战场上的主要位置，1494 年查理八世入侵意大利时，法军骑兵与步兵的比例为 13：15；1509 年阿尼亚德洛战役时，法军骑兵与步兵之比是 14：16，威尼斯骑兵与步兵之比则是 9：20；1525 年帕维亚战役时，比例达到 5：24；1552 年梅斯战役时，则达到 6：32。[1] 战争变得更加需要精密策划，更加专业化。意大利战争期间，在某种意义上战争变得更加需要认真对待，单纯的匹夫之勇不再决定战役的胜负，战争中日益强调战略、军纪与技术，这让几百年的中世纪军事传统变得暗淡无光。[2] 意大利战争对欧洲军事发展产生了不可低估的影响，军队的规模化与常备化不仅更多地强调军队的纪律性与军事装备技术的广泛使用，而且非常重视各军种之间的协调与合作。由于步兵的持续作用和炮兵、火器的不断发展，不难发现在意大利战争时期，其破坏性和造成伤亡的程度并不亚于阿尔卑斯山以北的国家，战争不再是那些谙于战争规章的职业人员个人考虑的问题，它更多地成为大国要考虑的政治问题。战争规模的扩大不可避免地带来了国家权力的增长。采邑天然要分担战争的岁月已经一去不复返。战争变为大规模的国家与国家之间的战争，渐渐取代了贵族之间为了争夺领地的私战，结果是国际性的战争增加了，规模扩大了。战争的扩大意味着军事开支的高涨，军事实力和经济实力之间矛盾性的互动关系深深影响了战争在社会生活中的地位，促使统治者寻找更加有效的财税来源，然而日益增长的军费开支迫使君主必须要考虑持续战争的代价及后果，最终意大利战争在国家财政破产的窘境中落下了帷幕。

　　外交与战争是国家对外关系的两种主要表现形式。在意大利战争时期严酷的冲突环境与多方争霸的现实国际政治中，免不了采取外交或战争手段。外交新理念的产生和军事技术的进步为统治者"对主权的掌控创造了更好的条件，由此带来的权力高度集中，使得许多根据不同理论和实践所

---

① John Rigby Hale. *War and Society in Renaissance Europe*, 1450 – 1620, p. 53.

② Rebecca Ard Boone, *War*, *Domination*, *and the Monarchy of France*；*Claude de Seyssel and the Language of Politics in the Renaissance*, p. 107.

建立的国家大体上形成了一个体系"①。"主权的思想是基于罗马法的原则中国王拥有至高无上的权力而提出的，在有关国王权力的争论中开始发挥着重要的作用。但将其称作'最高权力'或'主权'的尝试，无疑为近代早期欧洲绝对主义主权观的出现以及近代国家思想的产生奠定了基础。"② 16 世纪主权观念在欧洲获得了特有的解读，主权的对外方面构成了欧洲特有的新现象。它意味着对多数国家地位的承认，承认这些国家享有领土不受侵犯的平等权利，认为国家可以在平等的基础上建立相互关系，由此奠定了近代外交关系的基础。长期以来，主流国际关系理论以主权国家为国际体系的基本元素，关注以外交—军事互动为主的国际体系研究，因此，标志现代主权国家缘起的三十年战争和 1648 年《威斯特伐利亚和约》通常被视为国际关系历史的开端，而大国、均势、战争与外交则构成了国际关系史的主题。这样一种理论视角下的国际关系史解读，往往将国际关系的历史叙述简单化、绝对化。从中世纪到近代，从封建主义到近代主权国家体系，在这种二元对立的分析框架中，1648 年之前的国际关系史成为近代欧洲国家体系形成与发展的历史注脚。事实上，欧洲中世纪与近代早期的政治结构演变、政治实体间的互动过程与内外权利合法性的论争对欧洲国际体系产生了重要影响，从地理和时间两个限度探讨欧洲国际体系的缘起具有重要的学术价值。欧洲近代主权国家体系的形成是一个漫长复杂的历史过程，必须着眼于欧洲中世纪知识的演变和政治的发展，近代主权国家体系的建构脱胎于结构和功能高度分化、政治上支离破碎的封建主义的中世纪，体现着一定的继承性与延续性，中世纪传统政治和法律理念对于近代欧洲外交及国际秩序始终发挥着重要影响，关于战争与和平（"上帝的和平"运动、骑士主义）、关于使节与领事（使节制度、常驻使节制度、领事制度、领事裁判权）、关于陆地与海洋（仲裁制度、"界限之外不存在和平"、公海自由、通商自由）的理论与实践成为欧洲国际法规之渊源，其中有大量非系统的论述试图为政治实体间在战争与和平、外交与军事中的关系制定一套行为准则。欧洲中世纪与近代早期的国际关系发展是理解欧洲国际体系的关键，近代主权国家体系中的主要元素在中世纪的理论与实践中有着深厚的根基。

---

① 克里斯·布朗、特里·南丁、尼古拉斯·里格编著《政治思想中的国际关系学：从古希腊到一战的文本》，王文、张胜军、赵刚等译，上海人民出版社，2012，第 172 页。
② 《政治思想中的国际关系学：从古希腊到一战的文本》，第 175 页。

　　在这个漫长的历史过程中，一套以主权国家为基本要素的国际法体系正在逐渐取代传统基督教世界的公共权力观念。这个过程本身包含三个层次：政治事实（新君主制国家的兴起与发展）、法律事实（国际范围内政治实体间交往规范的演变）和观念事实（内外权利的合法性论证）。作为一种政治事实，新君主制国家演化为主权国家是在一定的社会历史情境下，通过不断的外交实践和战争洗礼而得以实现的，"国家主权不是先天的存在，而是于领土空间的社会建构"①。把"为战斗而战斗""为胜利而胜利"奉为人生信条、融民族使命与个人野心于一体的新君主们，通过外交和战争等方式削弱贵族权力，进而扩展和维护自己的权威，排斥一切内外竞争者的权力，独立于其他国家的法律权威之外，将主权定义为国家的最高权力，强调主权的神圣性，"历史性地充当了创建近代欧洲国家体系的政治领导力量"②。作为一种法律事实，它是基于何种观念基础来肯定从新君主制国家兴起到主权国家体系形成的政治事实的？又是如何影响了国家的形态和国际关系的变化？政治秩序的整合过程，促使"国家"从教会、帝国、封建诸侯以及自治城市等众多社会控制装置中脱颖而出，一跃成为排他性地垄断合法暴力的"主权"独享者。③"国家在独特的近代术语中得以概念化——国家被看作它的疆域之内的法律和合法力量的唯一源泉，而且是它的公民效忠的唯一恰当目标。"④对于正在形成中的国际关系，近代早期的欧洲法学家和政治思想家也开始探讨如何在坚持国家权益的前提下进行国家之间的交往，如何通过神法、自然法、实在法及它们之间的关系论证来提供国家政权的法理基础，继而形成了激烈而富有历史意义的学理论争。观念事实的形成过程来源于历史实践和理论思辨。研究欧洲的理性传统与法的精神对欧洲国际关系的观念塑造，是个很好的切入点。近代主权国家崛起，新的国家政治体制在酝酿和构建，奠定在新的国家政治体制之上的国与国之间的关系逐渐显露，集中体现欧洲理性传统与法制精神的罗马法及其中的自然法内容逐渐取代教会权威，又一次扮演起

---

①　星野昭吉：《全球政治学：全球化进程中的变动、冲突、治理与和平》，刘小林、张胜军译，新华出版社，2000，第90页。

②　张凤阳：《马基雅维里的两张面孔——兼评当代西方共和主义的思想史叙事》，《南京大学学报》（哲学·人文科学·社会科学）2015年第4期，第122~131页。

③　《马基雅维里的两张面孔——兼评当代西方共和主义的思想史叙事》，第122~131页。

④　昆廷·斯金纳：《近代政治思想的基础》（上卷：文艺复兴），第2页。

法律保障、法律制约的角色，以适应国际社会变化的现实需求。这种转换既延续了欧洲国际关系的历史传统，又继承了欧洲思想和知识的思考模式即分析传统。围绕海外殖民和海上航行事务的法律研究，拓宽了欧洲国际关系的理论范围。以弗朗西斯科·德·维多利亚（Francisco de Victoria，1480-1546）为代表的西班牙国际法学派对正义战争与非正义战争原则等问题的论述，体现出早期欧洲思想家从法律角度研究战争与和平命题的努力。维多利亚等法学思想家是处在不断扩张时期的西班牙帝国的公民，为帝国的扩张提供道义的辩护自然成为他们理论研究的重点，而意大利的思想家们则生活在一个时刻受到外来威胁的年代里，他们思考的中心问题是秩序与安全。这种文化与政治背景的差异有助于解释意大利人著作中对于国际关系和国家权力的关注，例如均势理论。意大利战争是这个转变过程中第一场有全局意义的重大战争，它为一个范围广大和多元的欧洲国际体系奠定了基础，制度性地促进了欧洲国际社会和外交体系的近代转型。

中世纪国际关系中骑士准则下的国际规范或道德规范，随着欧洲外交制度和战争方式的变化而日益显得过时了，意大利城市国家体系下的国际关系实践中，均势的实践和互派常驻使节的实践"形成了特定的游戏规则来规范外交活动、结盟以及国家间争权夺利战争的特定规则。这些规则成了后来出现的国际法体系的渊源。尽管意大利体系在16世纪早期法国的征服中被瓦解，但这一新兴的国际关系实践最终为欧洲其他国家以及整个世界所接受"①。欧洲的历史开始进入了大国争衡的时代，人们看到的是帝国的收缩、领土的变迁、内部各种力量的重新调整，若干次的欧洲战争为的就是遏制某一国家在欧洲的扩张行动和强势地位，维持欧洲表面的势力均衡，这些欧洲战争在历史上有一个序曲，它是"从哈布斯堡——瓦洛亚两王朝间的历次'意大利战争'开始的"②。

---

① 克里斯·布朗、特里·南丁、尼古拉斯·里格：《政治思想中的国际关系学：从古希腊到一战的文本》，第173页。
② 阿诺尔德·约瑟·汤因比：《历史研究》（下），第332页。

参考文献

（一）文献史料

1. *Calendar of State Papers and Manuscripts in the Archives and Collections of Milan* [*CSP Mil*], ed. Allen B. Hinds, 1 Vol. London, 1912.

2. *Calendar of State Papers Relating to English Affairs in the Archives of Venice* [*CSP Ven*], ed. Rawdon Brown, G. Cavendish Bentinck etc. , 38 Vols. London, 1864 – 1947.

3. *Calendar of State Papers, Foreign Series* [*CSP Foreign*], ed. William B. Turnbull, Joseph Stevenson etc. , 28 Vols. London, 1861 – 1867.

4. *Calendar of State Papers, Scotland* [*CSP Sco*], ed. Joseph Bain and William K. Boyd, 9 Vols. London, 1898 – 1915.

5. *Calendar of State Papers, Spain (Simancas)* [*CSP SP (Simancas)*], ed. Martin A. S. Hume, 4 Vols. London, 1892 – 1899.

6. *Calendar of State Papers, Spain* [*CSP SP*], ed. G. A. Bergenroth, Pascual de Gayangos and Royal Tyler, 19 Vols. London, 1862 – 1954.

7. Calvin, John *Institutes ofthe Christian Religion*, trans. by John Allen, Philadelphia: Presbyterian Board of Christian Education, 1928.

8. CominesPhilip de. *The Historical Memoirs of Philip de Comines*, London, 1817.

9. *Correspondence of the Emperor Charles V and His Ambassadors at the Courts of England and France*, ed. William Bradford, London: Shakspeare Press, 1850.

10. Davenport, Frances Gardiner. *European Treaties bearing on the History of United States and its Dependencies to* 1648, Washington, D. C. : Carnegie Institution of Washington, 1917.

11. Detmold, Christian E. (ed. & trans.), *The Historical, Political, and Diplomatic Writings of Niccolò Machiavelli*, 4 Vols. Boston 1882.

12. Du Bellay, Guillaume and Martin. *Mémoires (1513 – 1547)*, ed. V – L. Bourrilly and F. Vindry, 4 Vols. Paris: 1908 – 1919.

13. Dumont, J. *Corps universel diplomatique du droit des gens* ［Dumont］．8 Vols. Amsterdam, 1726－1731.

14. Giustinian, Sebastian. *Four Years at the Court of Henry VIII*, trans. by Rawdon Brown, London：Smith, Elder, & Co., 1854.

15. Glaser, Dr. F. L. ed. *Pope Alexander VI and His Court*, *Extracts From the Latin Diary of Johannes Burchardus*, New York：Nicholas L. Brown, 1921.

16. Guicciardini, Francesco. *Maxims and Reflections（the Ricordi）*, Mario Domandi（trans.）, Philadelphia：University of Pennsylvania Press, 1972.

17. Guicciardini, Francesco. *The History of Italy*, translated by Chevalier Austin Parke Goddard, London：JohnTowers, 1753.

18. Guicciardini, Francesco. *The History of Italy*, translated, edited, with notes and an introduction by Sidney Alexander, Princeton, N. J.：Princeton University Press, 1969.

19. *Letters and Papers*, *Foreign and Domestic*, *Henry VIII* ［LP］, ed. J. S. Brewer, James Gairdner and R. H. Brodie, 28 Vols. London, 1864－1920.

20. Monluc, Blaise de *The Habsburg－Valois Wars and the French Wars of Religion*, Ian Roy ed., London：Longman Group Limited, 1971.

21. Philips, Charles and Alan Axelrod. *Encyclopedia of Wars*, Vol. 2. New York：Facts on File, 2005.

22. Ritchie, Robert. *Historical Atlas of the Renaissance*, New York：Thalamus Publishing, 2004.

23. Sanuto, Marino. *Venice*, *Cità Excelentissima*：*Selections from the Renaissance Diaries of Marin Sanudo*, translated by Linda L. Carroll, Baltimore：JohnsHopkinsUniversity Press, 2008.

24. Seyssel, Claude de. *The Monarchy of France*, translated by J. H. Hexter, New Haven, Conn.：Yale University Press, 1981.

25. Strayer, Joseph ed., *Dictionary of the Middles Ages*, New York：Charles Scribner's Sons, 1988.

26. 《圣经》, 中国基督教三自爱国运动委员会, 中国基督教协会, 2003。

27. 阿奎那：《阿奎那政治著作选》, 马清槐译, 商务印书馆, 1982。

28. 本韦努托·切利尼：《切利尼自传》, 王宪生译, 团结出版社, 2006。

29. 但丁：《神曲·炼狱篇》, 朱维基译, 上海译林出版社, 1984。

30. 圭恰迪尼：《意大利史》，辛岩译，广西师范大学出版社，2014。

31. 圭恰迪尼：《格言集》，周施延译，广西师范大学出版社，2013。

32. 杰夫里·巴勒克拉夫主编《泰晤士世界历史地图集》，三联书店，1985。

33. 杰弗里·帕克编，蒋焰译《博尔贾宫廷：布尔夏德日记选（插图本)》，吉林出版集团有限责任公司，2016。

34. 尼科洛·马基雅维里：《佛罗伦萨史》，李活译，商务印书馆，1996。

35. 尼科洛·马基雅维里：《君主论》，潘汉典译，商务印书馆，1986。

36. 尼科洛·马基雅维利：《马基雅维利全集03：用兵之道》，时殷弘译，吉林出版集团有限责任公司，2013。

37. 尼科洛·马基雅维利：《马基雅维利全集04：戏剧·诗歌·散文》，徐卫翔、刘儒庭、胡维译，吉林出版集团有限责任公司，2013。

38. 尼科洛·马基雅维利：《马基雅维利全集05：书信集·上》，段保良译，吉林出版集团有限责任公司，2013。

39. 尼科洛·马基雅维利：《马基雅维利全集06：书信集·下》，段保良译，吉林出版集团有限责任公司，2013。

40. 尼科洛·马基雅维利：《马基雅维利全集07：政务与外交著作·上》，王永忠译，吉林出版集团有限责任公司，2013。

41. 尼科洛·马基雅维利：《马基雅维利全集08：政务与外交著作·下》，徐卫翔、段保良等译，吉林出版集团有限责任公司，2013。

42. 尼科洛·马基雅维利：《兵法》，袁坚译，商务印书馆，2014。

43. 沙士比亚著，朱生豪等译《莎士比亚全集》（增订本）第3册，凤凰传媒集团、译林出版社，1998。

44. 托马斯·莫尔：《乌托邦》，戴镏龄译，商务印书馆，1996。

45. 《文艺复兴书集集》，李瑜译，学林出版社，2002。

46. 伊拉斯谟：《论基督徒君主的教育》，李康译，上海世纪出版集团，2003。

（二）研究著作

1. Anderson, M. S. *The Origins of the ModernEuropeanState System, 1494 – 1618*, London and New York: Longman, 1998.

2. Anderson, M. S. *The Rise of Modern Diplomacy, 1450 – 1919*, London and New York: Longman, 1993.

3. Anglo, Sydney ed. *Chivalry in the Renaissance*, Woodbridge: Boydell Press, 1990.

4. Arfaioli, Maurizio. *The Black Bands of Giovanni: Infantry and Diplomacy During the Italian Wars (1526 – 1528)*, Pisa: PisaUniversity Press, Edizioni Plus, 2005.

5. Arnaldi, Girolamo. *Italy and Its Invaders*, trans. by Antony Shugaar, Harvard: HarvardUniversity Press, 2005.

6. Arnold, Thomas F. *The Renaissance at War*, London: Cassell & Co. , 2001.

7. Bacon, Francis. *The History of the Reign of King Henry VII and Selected Works*, Brian Vickers ed. , Cambridge: CambridgeUniversity Press, 1998.

8. Barzini, Luigi. *The Italians*, New York: Atheneum Publishers, 1964.

9. Baumgartner, Frederic J. *Henry II: King of France 1547 – 1559*, Durham and London: Duke University Press, 1988.

10. Baumgartner, Frederic J. *Louis XII*, New York: St. Martin's Press, 1994.

11. Berridge, G. R. Keens – Soper, Maurice and Otte, T. G. *Diplomatic Theory from Machiavelli to Kissinger*, New York: Palgrave, 2001.

12. Black, Christopher F. *Early Modern Italy: A Social History*, London: Routledge, 2001.

13. Black, Jeremy. *A Military Revolution? Military Change and European Society, 1550 – 1800*, Atlantic HighlandsNJ: Humanities Press International, 1991.

14. Black, Jeremy. *European Warfare, 1494 – 1660*, London and New York: Routledge, 2002.

15. Blockmans, Wim and Nicolette Mout ed. , *The World of Emperor Charles V*, Amsterdam: Koninklijke Nederlandse Akademie van Wetenschappen, 2004.

16. Blockmans, Wim. *Emperor Charles V, 1500 – 1558*, trans. by Isola van den Hoven – Vardon. New York: OxfordUniversity Press, 2002.

17. Boone, Rebecca Ard. *War, Domination, and the Monarchy of France: Claude de Seyssel and the Language of Politics in the Renaissance*, Leiden; Boston: Brill, 2007.

18. Brady, Thomas A. Jr. *Handbook of European History, 1400 – 1600*, Leiden, New York and London: E. J. Brill, 1994.

19. Brandi, Karl. *The Emperor Charles V: the Growth and Destiny of a Man and of a World – Empire*, trans. by C. V. Wedgwood, London: J. Cape, 1939.

20. Bridge, John S. C. *A History of France from the Death of Louis XI*, 5 Vols. Oxford: Oxford University Press, 1921 – 1936.

21. Caferro, William. *Mercenary Companies and the Decline of Siena*. Baltimore: The Johns Hopkins University Press, 1988.

22. Calisse, Carlo. *A History of Italian Law*, London, 1928.

23. Cameron, Euan ed., *The Sixteenth Century*, Oxford: Oxford University Press, 2006.

24. Canning, Joseph. *A History of Medieval Political Thought*, *300 – 1450*, London and New York: Routledge, 1996.

25. Carter, Charles. *The Western European Powers*, *1500 – 1700*, Ithaca and New York: Cornell University Press, 1971.

26. Cartwright, Julia. *Christina of Denmark*, *Duchess of Milan and Lorraine*, *1522 – 1590*, New York: E. P. Dutton and Company, 1913.

27. Chamberlin, Eric Russell. *The Fall of the House of Borgia*, New York: The Dial Press, 1974.

28. Chambers, David. *Popes*, *Cardinals and War*: *the Military Church in Renaissance and Early Modern Europe*, London: Tauris, 2006.

29. Claude, Inis L. Jr. *Power and International Relations*, London: Random House, 1966.

30. Cochrane, Eric. Historians and Historiography in the Italian Renaissance, Chicago and London: The University of Chicago Press, 1981.

31. Cochrane, Eric. *Italy*, *1530 – 1630*, London and New York: Longman, 1988.

32. Crowson, P. S. *Tudor Foreign Policy*, New York: St. Martin's Press, 1973.

33. Dall'Aglio, Stefano. *The Duke's Assassin*; *Exile and Death of lorenzino de'Medici*, translated by Donalol Weinstein, New Haver & London: Yale Vniversity Press, 2015.

34. Davis, James C. (ed. & trans.) *Pursuit of Power*: *Venetian Ambassador's Reports on Spain*, *Turkey*, *and France in the Age of Philip II*, *1560 – 1600*, London: Harper & Row, Publishers, 1970.

35. Dehio, Ludwig. *The Precarious Balance*: *The Politics of Power in Europe*, *1494 – 1945*, London: Chatto & Windus, 1963.

36. Derian, James Der. *On Diplomacy*: *A Genealogy of Western Estrangement*,

Oxford：Basil Blackwell，1987.

37. Elliott，J. H. *Europe Divided*，*1559 - 1598*，Oxford：Blackwell，2000.

38. Elliott，J. H. *Imperial Spain*，*1469 - 1716*，London：Edward Arnold，1963.

39. Elliott，J. H. *The Old World and the New*，*1492 - 1650*，Cambridge：Cambridge University Press，1970.

40. Fischer - Galati，Stephen A. *Ottoman Imperialism and German Protestantism*，*1521 - 1555*，Harvard：Harvard University Press，1959.

41. Fletcher，Catherine. *Dsplomacy in Renaissance Rome*：*The Rise of the Resident Ambassador*，Cambridge：Cambridge Vniversity Press，2015.

42. Fletcher，Catherine. *Our Man in Rome*：*Henry VIII and his Italian Ambassador*，London：The Bodley Head，2012.

43. Fletcher，Catherine. *The Black Prince of Florence*：*the Spectacnlar life and Treacherous World of Alessandro de'Medici*，Oxford Vniversity Press，2016.

44. Fournel，Jean - Louis et Jean - Claude Zancarini. *Les guerres d'Italie*：*Des batailles pour l'Europe*（*1494 - 1559*），Paris：Gallimard，2003.

45. Gilbert，Felix. *Machiavelli and Guicciardini*：*Politics and History in Sixteenth - Century Florence*，New York and London：Princeton Univeristy Press，1984.

46. Gilbert，Felix. *The Pope*，*His Banker*，*and Venice*，Harvard：Harvard University Press，1991.

47. Grewe，Wilhelm Georg. *The Epochs of International Law*，New York：Walter de Gruyter，2000.

48. Hackett，Francis. *Francis the First*，Garden City，New York：Doubleday，Doran&Co. ，1937.

49. Hale，John Rigby. *Florence and the Medici*，London：Phoenix，2001.

50. Hale，John Rigby，*Machiavelli and Renaissance Italy*，London：Penguin Books，1972

51. Hale，John Rigby. *Renaissance Europe*，*1480 - 1520*，Oxford；Malden，Mass. ：Blackwell，2000.

52. Hale，John Rigby. *War and Society in Renaissance Europe*，*1450 - 1620*，Baltimore：The Johns Hopkins University Press，1985.

53. Hall，Bert. *Weapons and Warfare in Renaissance Europe*：*Gunpowder Technology and Tactics*，Baltimore：JohnsHopkinsUniversity Press，1997.

54. Hamilton, Keith and Richard Langhorne. *The Practice of Diplomacy*: *Its Evolution, Theory and Administration*, London and New York: Routledge, 1995.

55. Harari, Yuval Noah. *Renaissance Militany Memoirs*: *War, History, and Identity, 1450 – 1600*, Woodbridge: The Boydell Press, 2004.

56. Hare, Christopher. *Maximilian the Dreamer, Holy Roman Emperor 1459 – 1519*, New York: Charles Scribner's Sons, 1913.

57. Helm, P. J. *History of Europe, 1450 – 1660*, New York: Frederick Ungar Publishing Co. , 1961.

58. Hibbert, Christopher. *The Rise and Fall of the House of Medici*, London: Penguin Books, 1979.

59. Hill, David Jayne. *A History of Diplomacy in the International Development of Europe*, Vol. IILondon: Longmans, Green, and Co. , 1914.

60. Hook, Judith. *The Sack of Rome*: 1527, New York: Palgrave Macmillan, 2004.

61. Hui, Victoria Tin – bor. *War and State Formation in Ancient China and Early Modern Europe*, Cambridge: Cambridge University Press, 2005.

62. Imber, Colin. *The Ottoman Empire, 1300 – 1650*: *The Structure of Power*. New York: Palgrave Macmillan, 2002.

63. Johnson, Arthur Henry. *Europe in the Sixteenth Century*, 1494 – 1598, London: Rivingtons, 1923.

64. Jones, J. A. P. *Europe, 1500 – 1600*, Glos: Nelson Thornes Ltd. , 1998.

65. Jones, Martin D. W. *Clash of Empires*: *Europe* 1498 – 1560, Cambridge: Cambridge University Press, 2000.

66. Jouvenel, Bertrand de *On Power*: *Its Nature and the History of Its Growth*, Boston: Beacon Press, 1962.

67. Kamen, Henry. *Philip of Spain*, New Haven and London: Yale University Press, 1997.

68. Kirshner, Julius ed. *Italy 1530 – 1630*, London: Longman, 1988.

69. Knecht, Robert J. *Francis I*, Cambridge: Cambridge University Press, 1982.

70. Knecht, Robert J. *The Rise and Fall of Renaissance France*, 1483 – 1610, Oxford: Blackwell, 2001.

71. Knecht, Robert J. *The Valois*: *Kings of France, 1328 – 1589*, London; New York: Hambledon and London, 2004.

72. Knutsen, Torbjorn L. *A History of International Relations Theory*: *An Introduction*, *Manchester and New York*: *Manchester University Press*, 1992.

73. Konstam, Angus. *Pavia 1525*: *The Climax of the Italian Wars*, Oxford: Osprey Publishing, 1996.

74. Lee, Stephen J. *Aspects of European History 1494 – 1789*, London: Routledge, 1984.

75. Lesaffer, Randall. *Peace Treaties and International Law*: *From the Late Middle Ages to World War One*, Cambridge: Cambridge University Press, 2004.

76. Lindsay, Thomas M. *A History of the Reformation*, New York: Charles Scribner's Sons, 1913.

77. Lodge, R. *The Close of the Middle Ages*, *1272 – 1494*, London: Rivingtons, 1906.

78. MacDonald, Stewart. *Charles V*: *Ruler, Dynast and Defender of the Faith*, *1500 – 1558*, London: Hodder & Stoughton, 1992.

79. Mackenney, Richard. *Sixteenth Century Europe*: *Expansion and Conflict*, New York: Palgrave, 1993.

80. Mallett, Michael. *Mercenaries and Their Masters*: *Warfare in Renaissance Italy*, London: The Bodley Head, 1974.

81. Mallett, Michael Edward. *The Borgias*: *the Rise and fall of a Renaissance Dynasty*, London: The Bodley Head, 1969.

82. Mallett, Michael and Shaw, Christine. *The Italian Wars*, *1494 – 1559*: *War, State and Society in Early Modern Europe*, Harlow: Pearson, 2012.

83. Martines, Lauro. *Power and Imagination*: *City – States in Renaissance Italy*, Baltimore: The Johns Hopkins University Press, 1988.

84. Mattingly, Garrett. *Renaissance diplomacy*, New York: Dover Publications, 1988.

85. Morris, T. A. *Europe and England in the Sixteenth Century*, London and New York: Routledge, 1998.

86. Mowat, R. B. *A History of European Diplomacy*, *1451 – 1789*, London: Edward Arnold & Co. , 1928.

87. Mulgan, Catherine. *Renaissance Monarchies*, *1469 – 1558*, Cambridge: Cambridge University Press, 1998.

88. Nicol, Donald M. *Byzantium and Venice*: *A Study in Diplomatic and*

Cultural Relations, Cambridge: Cambridge University Press, 1988.

89. Nicolle, David. *Fornovo 1495: France's Bloody Fighting Retreat*, Oxford: Osprey Publishing, 1996.

90. Nicolle, David. *Italian Medieval Armies, 1300 – 1500*, London: Osprey, 1983.

91. Nicolson, Harold. *The Evolution of Diplomatic Methods*, London: Constable, 1954.

92. Noel, Gerard. *The Renaissance Popes: Statesmen, Warriors and the Great Borgia Myth*, New York: Carrol & Graf Publishers, c2006.

93. Norwich, John Julius. *A History of Venice*, New York: Knopf: Distributed by Random House, 1982, New York: Knopf: Distributed by Random House, 1982.

94. O'Callaghan, Joseph F. *A History of Medieval Spain*, Ithaca: Cornell University Press, 1975.

95. Oman, Sir Charles. *A History of the Art of War in the Sixteenth Century*, London: Greenhill Books, 1999.

96. Parker, Geoffrey. *The Military Revolution: Military Innovation and the Rise of the West, 1500 – 1800*, Cambridge: Cambridge University Press, 1988.

97. Pastor, Dr. Ludwig. *The History of the Popes, From the Close of Middle Ages*, Vols. V – XV, London: Kegan Paul, Trench, Trubner, & Co. Ld., 1901 – 1951.

98. Pellegrini, Marco. *Le guerre d'Italia 1494 – 1530*, Bologna: ll Mulino, 2009.

99. Potter, David. *A History of France, 1460 – 1560: The Emergence of a Nation State*, London: Macmillan, 1995.

100. Potter, David. *Renaissance France at War: Armies, Culture and Society, c. 1480 – 1560*, Woodbridge: The Boydell Press, 2008.

101. Potter, David. *War and Government in the French Provinces: Picardy 1470 – 1560*, Cambridge: Cambridge Vniversity Press, 1993.

102. Prodi, Paolo. *The Papal Prince, One Body and Two Souls: the Papal Monarchy in Early Modern Europe*, trans. by Susan Haskins, Cambridge: CambridgeUniversity Press, 1987.

103. Pullen, Brian. *Early Renaissance Italy*, London: Allen Lane, 1973.

104. Queller, Donald E. *The Office of Ambassador in the Middle Ages*, Princeton

and New Jersey: Princeton University Press, 1967.

105. Richardson, Glenn. *Renaissance Monarchy: The Reigns of Henry VIII, Francis I, and Charles V*, London: Arnold, 2002.

106. Robertson, William. *The Works of William Robertson, D. D. in Eight Volumes*, Oxford: Talboys and Wheeler, 1825.

107. Rodriguez – Salgado, M. J. *The Changing Face of Empire: Charles V, Philip II and Habsburg Authority, 1551 – 1559*, Cambridge: Cambridge University Press, 1988.

108. Russell, Joycelyne G. *Peacemaking in the Renaissance*, London: Gerald Duckworth & Co. Ltd. , 1986.

109. Russell, Joycelyne. G. *The Field of Cloth of Gold: Men and Manners in 1520*, London: Routledge & Kegan Paul, 1969.

110. Sandeman, Geroge A. *Calais under English Rule*, Oxford: B. H. Blackwell, 1908.

111. Satow, Sir Ernest. *A Guide to Diplomatic Practice*, London, New York and Toronto: Longmans, Green and Co. , 1932.

112. Scarisbrick, J. J. *Henry VIII*, Berkeley: The University of California Press, 1968.

113. Seton – Watson, R. W. *Maximilian I, Holy Roman Emperor*, Westminster: Archibald Constable & Co. Ltd. , 1902.

114. Setton, Kenneth M. *The Papacy and the Levant, 1204 – 1571*, Vols. II – IV, Philadelphia: The American Philosophical Society, 1978 – 1984.

115. Shaw, Christine. *Julius II: The Warrior Pope*, Oxford: Blackwell Publishers, 1993.

116. Shaw, Christine. *The Politics of Exile in Renaissance Italy*, Cambridge: Cambridge University Press, 2000.

117. Sismondi, J. C. L. *A History of the ItalianRepublics*, New York: Harper & Brothers, Publishers, 1864.

118. Stirling – Maxwell, Sir William. *The Cloister life of the Emperor Charles V*, London: John C. Nimmo, 1891.

119. Taylor, Frederick L. *The Art of War in Italy, 1494 – 1529*, Cambridge: Cambridge University Press, 1921.

120. Thompson, J. M. *Lectures on Foreign History 1494 – 1789*, Oxford: Basil Blackwell, 1937.

121. Tracy, James D. *Emperor Charles V, Impresario of War: Campaign Strategy, International Finance, and Domestic Politics*, Cambridge: Cambridge University Press, 2002.

122. Ullmann, Walter. *The Growth of Papal Government in the Middle Ages: A Study in the Idelogical Relation of Clerical to Lay Power*, London: Methuen & Co. Ltd, 1962.

123. Vale, Malcolm. *War and Chivalry: Warfare and Aristocratic Culture in England, France and Burgundy at the End of the Middle Ages*, London: Duckworth, 1981.

124. Voegelin, Eric. *History of Political Ideas (Volume IV): Renaissance and Reformation*, Columbia: University of Missouri Press, 1998

125. Waley, Daniel. *The Italian City – Republics*, London and New York: Longman, 1988.

126. Walsh, Edmund A. *The History and Nature of International Relations*, New York: The Macmillan Company, 1922.

127. Walsh, R. J. *Charles the Bold and Italy (1467 – 1477): Politics and Personnel*, Liverpool: Liverpool University Press, 2005.

128. Ward, A. W. etc. ed. *The Cambridge Modern History*, Vol. I&II, Cambridge: Cambridge University Press, 1907.

129. Wight, Martin. *Systems of States*, Leicester: Leicester University Press, 1977.

130. Wintroub, Michael. *A Savage Mirror: Power Identity, and Knowledge in Early Modern France*, Stanford, Calif. : Stanford University Press, 2006.

131. Young, George Fredderick. *The Medici*, Modern Library, 1930.

132. Young, William. *European War and Diplomacy, 1337 – 1815: A Bibliography*, Lincoln: iUniverse, Inc. , 2003.

133. Zimmermann, T. C. Price. *Paolo Giovio: The Historian and the Crisis of Sixteenth – Century Italy*, New Jersey: Princeton University Press, 1995.

134. 明石欽司『ウェストファリア条約——その実像と神話』, 東京: 慶應義塾大学出版会, 2009。

135. C. 沃伦·霍莱斯特:《欧洲中世纪简史》, 陶松寿译, 商务印书馆，1988。

136. E. E. 里奇、C. H. 威尔逊主编，高德步等译《剑桥欧洲经济史》（第五卷），经济科学出版社，2002。

137. G. R. 埃尔顿主编，中国社会科学院世界历史研究所组译《新编剑桥世界近代史》（第二卷），中国社会科学出版社，2003。

138. G. R. 波特主编，中国社会科学院世界历史研究所组译《新编剑桥世界近代史》（第一卷），中国社会科学出版社，1988。

139. J. W. 汤普森：《历史著作史》（上卷，第二分册），谢德风译，商务印书馆，1988。

140. R. B. 沃纳姆主编，中国社会科学院世界历史研究所组译《新编剑桥世界近代史》（第三卷），中国社会科学出版社，1999。

141. 阿·米尔：《德意志皇帝列传》，李世隆等译，东方出版社，1995。

142. 阿诺尔德·约瑟·汤因比：《历史研究》（下），曹未风等译，上海人民出版社，1997。

143. 安东尼·吉登斯：《民族—国家与暴力》，胡宗泽、赵力涛译，三联书店，1998。

144. 巴里·布赞、理查德·利特尔：《世界历史中的国际体系——国际关系研究的再构建》，刘德斌主译，高等教育出版社，2004。

145. 保罗·斯特拉森：《美第奇家族——文艺复兴的教父们》，马永波、聂文静译，新星出版社，2007。

146. 本尼迪克特·安德森：《想象的共同体——民族主义的起源与散布》，吴叡人译，上海人民出版社，2003。

147. 波将金等合编《外交史》（第一卷，上），史源译，三联书店，1979。

148. 伯尔曼：《法律与革命——西方法律传统的形成》，贺卫方等译，中国大百科全书出版社，1993。

149. 陈衡哲：《西洋史》，辽宁教育出版社，1998。

150. 陈文海：《法国史》，人民出版社，2004。

151. 陈文海：《法国史》（修订本），人民出版社，2014。

152. 戴维森：《从瓦解到新生——土耳其的现代化历程》，张增健、刘同舜译，学林出版社，1996。

153. 丹尼斯·哈伊：《意大利文艺复兴的历史背景》，李玉成译，三联书店，1988。

154. 道格拉斯·诺思、罗伯斯·托马斯:《西方世界的兴起》,厉以平、蔡磊译,华夏出版社,1999。

155. 费尔南·布罗代尔:《菲利普二世时代的地中海和地中海世界》(第二卷),吴模信译,商务印书馆,1996。

156. 冯克诚、田晓娜主编《世界通史全编》(世界中世纪史编)(之二),青海人民出版社,2002。

157. 伏尔泰:《风俗论》(中册),梁守锵等译,商务印书馆,2000。

158. 郭方:《英国近代国家的形成——16世纪英国国家机构与职能的变革》,商务印书馆,2007。

159. 汉斯·摩根索:《国家间政治——权力斗争与和平》,徐昕、郝望、李保平译,北京大学出版社,2006。

160. 赫·赫德、德·普·韦利编《意大利简史》,罗念生、朱海观译,商务印书馆,1975。

161. 赫伯特·格隆德曼等:《德意志史》(第一卷,上、下册),张载扬等译,商务印书馆,1999。

162. 侯树栋:《德意志中古史:政治、经济社会及其他》,商务印书馆,2006。

163. 基佐:《欧洲文明史——自罗马帝国败落起到法国革命》,程洪逵、沅芷译,商务印书馆,1998。

164. 罗伯特·罗伯兹著《英国史》(上册),贾士蘅译,五南图书出版公司,1986。

165. 杰夫·贝里奇、莫里斯·基恩斯-索珀、奥特:《外交理论——从马基雅弗利到基辛格》,陆悦璘、高飞译,北京大学出版社,2006。

166. 杰弗里·帕克等著《剑桥插图战争史》,傅景川等译,山东画报出版社,2004。

167. 克里斯·布朗、特里·南丁、尼古拉斯·里格编著《政治思想中的国际关系学:从古希腊到一战的文本》,王文、张胜军、赵刚等译,上海人民出版社,2012。

168. 克罗齐:《那不勒斯王国史》,王天清译,中国社会科学出版社,2005。

169. 昆廷·斯金纳:《马基雅维里》,李永毅译,译林出版社,2014。

170. 昆廷·斯金纳:《近代政治思想的基础》(上卷:文艺复兴),奚瑞森、亚方译,商务印书馆,2002。

171. 雷海宗:《西洋文化史纲要》,王敦书整理,上海古籍出版社,2001。

172. 李筠：《论西方中世纪王权观——现代国家权力观念的中世纪起源》，社会科学文献出版社，2013。

173. 利奥波德·冯·兰克：《拉丁与日耳曼民族史（1494～1514)》，付欣等译，广西师范大学出版社，2015。

174. 刘城：《英国中世纪教会研究》，首都师范大学出版社，1996。

175. 刘德斌主编《国际关系史》，高等教育出版社，2003。

176. 刘明翰：《罗马教皇列传》，人民出版社，2013。

177. 刘明翰主编，刘明翰、朱龙华、李长林著《欧洲文艺复兴史》（总论卷），人民出版社，2010。

178. 刘明翰主编，刘新利、陈志强著《欧洲文艺复兴史》（宗教卷），人民出版社，2008。

179. 刘明翰主编，孙锦泉、徐波、侯树栋著《欧洲文艺复兴史》（史学卷），人民出版社，2010。

180. 刘明翰主编，王挺之、刘耀春著《欧洲文艺复兴史》（城市与社会生活卷），人民出版社，2008。

181. 刘明翰主编，朱孝远著《欧洲文艺复兴史》（政治卷），人民出版社，2010。

182. 路易吉·萨尔瓦托雷利：《意大利简史——从史前到当代》，沈珩、祝本雄译，商务印书馆，1998。

183. 马克·布洛赫：《封建社会》（上卷），张绪山译，商务印书馆，2004。

184. 马克斯·布劳巴赫等：《德意志史》（第二卷，上册），陆世澄、王昭仁译，商务印书馆，1998。

185. 迈克尔·霍华德：《欧洲历史上的战争》，褚律元译，辽宁教育出版社，1998。

186. 麦尼尔：《竞逐富强——西方军事的现代化历程》，倪大昕、杨润殷译，学林出版社，1996。

187. 诺曼·戴维斯：《欧洲史》（上、下卷），郭方、刘北成等译，世界知识出版社，2007。

188. 欧金尼奥·加林主编《文艺复兴时期的人》，李玉成译，三联书店，2003。

189. 帕尔默、科尔顿：《近现代世界史》（上册），孙福生译，商务印书馆，1988。

190. 佩里·安德森：《绝对主义国家的系谱》，刘北成、龚晓庄译，上海人民出版社，2001。

191. 彭小瑜：《教会法研究——历史与理论》，商务印书馆，2003。

192. 皮埃尔·米盖尔：《法国史》，蔡鸿滨等译，商务印书馆，1985。

193. 乔治·杜比主编，吕一民、沈坚、黄艳红等译《法国史》（上卷），商务印书馆，2014。

194. 乔治·霍兰·萨拜因：《政治学说史》（下册），盛葵阳、崔妙因译，商务印书馆，1986。

195. 时殷弘：《现当代国际关系史（从16世纪到20世纪末）》，中国人民大学出版社，2006。

196. 汤普逊：《中世纪经济社会史》（上、下册），耿淡如译，商务印书馆，1997。

197. 唐纳德·R. 凯利：《多面的历史：从希罗多德到赫尔德的历史探询》，陈恒、宋立宏译，三联书店，2003。

198. 托布约尔·克努成：《国际关系理论史导论》，余万里，何宗强译，天津人民出版社，2004。

199. 王黎：《欧洲外交史（1494～1925）》，天津人民出版社，2011。

200. 威尔·杜兰：《世界文明史·文艺复兴》，幼师文化公司译，东方出版社，1999。

201. 威尔·杜兰：《世界文明史·宗教改革》，幼师文化公司译，东方出版社，1998。

202. 威利斯顿·沃尔克：《基督教会史》，孙善玲等译，中国社会科学出版社，1991。

203. 威廉·马丁、皮埃尔·贝津：《瑞士史》，李肇东等译，辽宁人民出版社，1989。

204. 维克多·李·伯克：《文明的冲突：战争与欧洲国家体制的形成》，王晋新译，上海三联书店，2006。

205. 沃格林：《政治观念史稿（卷四）·文艺复兴与宗教改革》，孔新峰译，华东师范大学出版社，2016。

206. 星野昭吉：《全球政治学：全球化进程中的变动、冲突、治理与和平》，刘小林、张胜军译，新华出版社，2000。

207. 雅各布·布克哈特：《意大利文艺复兴时期的文化》，何新译，商务印书馆，1983。

208. 盐野七生：《我的朋友马基雅维利——佛罗伦萨的兴亡》，田建华、田建国译，中信出版社，2016。

209. 伊曼纽尔·沃勒斯坦：《现代世界体系》（第一卷），路爱国等译，高等教育出版社，1998。

210. 伊旺·克卢拉：《文艺复兴时期卢瓦尔河谷的城堡》，肖红译，上海人民出版社，2007。

211. 伊兹科维兹：《帝国的剖析——奥托曼的制度与精神》，韦德培译，学林出版社，1996。

212. 尤尔根·哈贝马斯：《合法性危机》，刘北成、曹卫东译，上海人民出版社，2000。

213. 约翰·巴克勒等：《西方社会史》（第二卷），霍文利等译，广西师范大学出版社，2005。

214. 詹姆斯·W. 汤普逊：《中世纪晚期欧洲经济社会史》，徐家玲等译，商务印书馆，1992。

215. 詹姆斯·布赖斯：《神圣罗马帝国》，孙秉莹等译，商务印书馆，1998。

216. 周春生：《马基雅维里思想研究》，上海三联书店，2008。

217. 周春生：《文艺复兴史研究入门》，北京大学出版社，2009。

218. 周桂银：《欧洲国家体系中的霸权与均势》，陕西师范大学出版社，2004。

219. 朱龙华：《意大利文艺复兴的起源与模式》，人民出版社，2004。

220. 朱孝远：《近代欧洲的兴起》，学林出版社，1997。

（三）论文与论文集

1. Abulafia, David ed. , *The French Descent into Renaissance Italy 1494 – 95*: *Antecedents and Effects*, Aldershot：Variorum – Ashgate，1995.

2. Ady, Cecilia M. "The Invasions of Italy", in *The New Cambridge Modern History*, Vol. I, Cambridge：Cambridge University Press，2008，pp. 343 – 367.

3. Alföldi, László M. "The Battle of Mohács, 1526", in *From Hunyadi to Rákóczi*：*War and Society in Late Medieval and Early Modern Hungary*. Edited by János M. Bak, New York：Brooklyn College Press，1982，pp. 189 – 201.

4. Armstrong, E. "The Italian Wars of Henry II", The *English Historical Review*, *Vol.* 30, No. 120 (Oct., 1915), pp. 602 – 612.

5. Baron, Hans. "A Struggle for Liberty in the Renaissance: Florence, Venice, and Milan in the Early Quattrocento", 2 Parts. *The American Historical Review*, Vol. 58, No. 2 (Jan., 1953), pp. 265 – 289 & *The American Historical Review*, Vol. 58, No. 3 (Apr., 1953), pp. 544 – 570.

6. Behrens, B. "Treatises on the Ambassador Written in the Fifteenth and Early Sixteenth Centuries", *The English Historical Review*, Vol. 51, No. 204 (Oct. 1936), pp. 616 – 627.

7. Bouwsma, William J. "The Politics of Commynes", *The Journal of Modern History*, Vol. 23, No. 4 (Dec., 1951), pp. 315 – 328.

8. Brucker, Gene A. "'The Horseshoe Nail': Structure and Contingency in Medieval and Renaissance Italy", *Renaissance Quarterly*, Vol. 54, No. 1 (Spring, 2001), pp. 1 – 19.

9. Brummett, Palmira. "Foreign Policy, Naval Strategy, and the Defence of the Ottoman Empire in the Early Sixteenth Century", *The International History Review* 11, No. 4 (Nov., 1989), pp. 613 – 627.

10. Bullard, Melissa Meriam. Marriage "Politics and the Family in Florence: The Strozzi – Medici Alliance of 1508", *The American Historical Review*, Vol. 84, No. 3 (Jun., 1979), pp. 668 – 687.

11. Coolidge, W. A. B. "The Passages of the Alps in 1518", *The English Historical Review*, Vol. 30, No. 120 (Oct., 1915), pp. 681 – 691.

12. Domonkos, Leslie S. "The Battle of Mohács as a Cultural Watershed", in *From Hunyadi to Rákóczi: War and Society in Late Medieval and Early Modern Hungary*. Edited by János M. Bak, New York: Brooklyn College Press, 1982, pp. 203 – 224.

13. Doucet, R. "France under Charles VIII and Louis XII", in *The New Cambridge Modern History*, Vol. I, Cambridge: Cambridge University Press, 2008, pp. 292 – 315.

14. Elbe, Joachim von. "The Evolution of the Concept of the Just War in International Law", *The American Journal of International Law*, Vol. 33, No. 4 (Oct., 1939), pp. 665 – 688.

15. Ferguson, Wallace K. "Toward the ModernState", *Renaissance Studies*, No. 2 (London, Ontario: Univ. of Western Ontario, 1963), pp. 147 – 148.

16. Fichtner, P. S. *The Politics of Honor*: "Renaissance Chivalry and Hapsburg Dynasticism", *Bibliotheque d'Humanisme et Renaissance*, Vol. 29 (1967), pp. 567 – 580.

17. Fichtner, Paula Sutter. "Dynastic Marriage in Sixteenth – Century Habsburg Diplomacy and Statecraft: An Interdisciplinary Approach", *The American Historical Review*, Vol. 81, No. 2 (Apr. , 1976), pp. 243 – 265.

18. Figgis, J. Neville. "Respublica Christiana", *Transactions of the Royal Historical Society*, 3rd Ser. , Vol. 5 (1911), pp. 63 – 88.

19. Finlay, Robert. "Fabius Maximus in Venice: Doge Andrea Gritti, the War of Cambrai, and the Rise of Habsburg Hegemony, 1509 – 1530", *Renaissance Quarterly*, Vol. 53, No. 4 (Winter, 2000), pp. 988 – 1031.

20. Finlay, Robert. "Politics and History in the Diary of Marino Sanuto", *Renaissance Quarterly*, Vol. 33, No. 4 (Winter, 1980), pp. 585 – 598.

21. Finlay, Robert. "The ImmortalRepublic: The Myth of Venice during the Italian Wars (1494 – 1530)", *Sixteenth Century Journal*, Vol. 30, No. 4 (Winter, 1999), pp. 931 – 944.

22. Finlay, Robert. *Venice Besieged: Politics and Diplomacy in the Italian Wars, 1494 – 1534*, Hampshire: Ashgate Publishing Limited, 2008.

23. Franke, Winfried. "The Italian City – State System as an International System", in *New Approaches to International Relations*. Edited by M. Kaplan, New York: St. Martin's Press, 1968.

24. Frey, Linda and Frey, Marsha. "Fatal Diplomacy, 1541", *History Today* 40 (August 1990), pp. 10 – 15.

25. Frigo, Daniela ed. *Politics and Diplomacy in Early Modern Italy: The Structure of Diplomatic Practice, 1450 – 1800*, trans. by Adrian Belton, Cambridge: Cambridge University Press, 2000.

26. Fubini, Riccardo. "The Italian League and the Policy of the Balance of Power at the Accession of Lorenzo de'Medici", *The Journal of Modern History*, Vol. 67, Supplement: The Origins of the State in Italy, 1300 – 1600 (Dec. , 1995), pp. S166 – S199.

27. Gilbert, Felix. "Venetian Diplomacy Before Pavia: From Reality to Myth", in *The Diversity of History: Essays in Honour of Sir Herbert Butterfield*. Edited by J. H. Elliott and H. G. Koenigsberger, London: Routledge and Kegan Paul Ltd. , 1970, pp. 79 – 116.

28. Guilmartin, John F. Jr. "Ideology and Conflict: The Wars of the Ottoman Empire, 1453 – 1606", *Journal of Interdisciplinary History*, Vol. 18, No. 4, The Origin and Prevention of Major Wars (Spring, 1988), pp. 721 – 747.

29. Gunn, S. J. "The Duke of Suffolk's March on Paris in 1523", *The English Historical Review*, Vol. 101, No. 400 (Jul. , 1986), pp. 596 – 634.

30. Gunn, Steven. "The French Wars of Henry VIII", in *The Origins of War in Early Modern Europe*. Edited by Jeremy Black, Edinburgh: J. Donald, 1987, pp. 28 – 51.

31. Gwyn, Peter. "Wolsey's Foreign Policy: The Conferences at Calais and Bruges Reconsidered", *The Historical Journal*, Vol. 23, No. 4 (Dec. , 1980), pp. 755 – 772.

32. Hale, J. R. "Armies, Navies and the Art of War", in *The New Cambridge Modern History*, Vol. II, Cambridge: Cambridge University Press, 2008, pp. 540 – 569.

33. Hale, J. R. "International Relations in the West: Diplomacy and War", in *The New Cambridge Modern History*, Vol. I, Cambridge: Cambridge University Press, 2008, pp. 259 – 291.

34. Hayes, Carlton J. H. "Medieval Diplomacy", in *The History and Nature of International Relations*. Edited by Edmund A. Walsh, New York: The Macmillan Company, 1922, pp. 69 – 89.

35. Hess, Andrew C. (January 1973), "The Ottoman Conquest of Egypt (1517) and the Beginning of the Sixteenth – Century World War", *International Journal of Middle East Studies* 4 (1): pp. 55 – 76.

36. Hess, Andrew C. "The Road to Victory: The Significance of Mohács for Ottoman Expansion", in *From Hunyadi to Rákóczi: War and Society in Late Medieval and Early Modern Hungary*. Edited by János M. Bak, New York: Brooklyn College Press, 1982, pp. 179 – 188.

37. Hess, Andrew C. "The Evolution of the Ottoman Seaborne Empire in the

Age of the Oceanic Discoveries, 1453 – 1525", *The American Historical Review*, Vol. 75, No. 7 (Dec. , 1970), pp. 1892 – 1919.

38. Hoffman, Paul E. "Diplomacy and the Papal Donation 1493 – 1585", *The Americas*, Vol. 30, No. 2 (Oct. , 1973), pp. 151 – 183.

39. Hook, Judith. "Habsburg Imperialism and Italian Particularism: The Case of Charles V and Siena", *European Studies Review*, Vol. 9 (1979), pp. 283 – 312.

40. Hoyle, Richard. "War and Public Finance", in *The Reign of Henry VIII: Politics, Policy and Piety*. Edited by Diarmaid MacCulloch, London: Macmillan Press Ltd. , 1995, pp. 75 – 99.

41. Ilardi, "Vincent. Fifteenth – Century Diplomatic Documents in Western European Archives and Libraries (1450 – 1494)", *Studies in the Renaissance*, Vol. 9 (1962), pp. 64 – 112.

42. Ilardi, Vincent. *Studies in Italian Renaissance Diplomatic History*, London: Variorum Reprints, 1986.

43. Ilardi, Vincent. "The Italian League, Francesco Sforza, and Charles VII 1454 – 1461", *Studies in the Renaissance*, Vol. 6 (1959), pp. 129 – 166.

44. Jensen, "De Lamar. The Ottoman Turks in Sixteenth Century French Diplomacy", *Sixteenth Century Journal*, Vol. 16, No. 4 (Winter, 1985), pp. 451 – 470.

45. Kirshner, Julius ed. *The Origins of the State in Italy, 1300 – 1600*, Chicago and London: The University of Chicago Press, 1996.

46. Koenigsberger, H. G. "The Empire of Charles V", in *The New Cambridge Modern History*, Vol. II, Cambridge: Cambridge University Press, 2008, pp. 339 – 376.

47. Lesaffer, "Randall. The Medieval Canon Law of Contract and Early Modern Treaty Law", *Journal of the History of International Law*, Vol. 2, No. 2 (2000), pp. 178 – 198.

48. Lutz, Heinrich. "Cardinal Reginald Pole and the Path to Anglo – Papal Mediation at the Peace Conference of Marcq, 1553 – 1555", in *Politics and Society in Reformation Europe*. Edited by E. I. Kouri and Tom Scott, Hampshire: Macmillan, 1987, pp. 329 – 352.

49. Mallett, Michael. "Diplomacy and War in Later Fifteenth – Century Italy", *Proceedings of the British Academy*, Vol. 67 (1981), pp. 267 – 288.

50. Mattingly, Garrett. "International Diplomacy and International Law", in *The New Cambridge Modern History*, Vol. III, Cambridge: Cambridge University Press, 2008, pp. 149 – 170.

51. Mattingly, Garrett. "An Early Nonaggression Pact", *The Journal of Modern History*, Vol. 10, No. 1 (Mar. , 1983), pp. 1 – 30.

52. Mattingly, Garrett. "No Peace Beyond What Line"? *Transactions of the Royal Historical Society*, Vol. XIII (1963), pp. 145 – 162.

53. Mattingly, Garrett. "The First Resident Embassies: Mediaveal Italian Origins of Modern Diplomacy", *Speculum*, Vol. 12, No. 4 (Oct. , 1937), pp. 423 – 439.

54. Naff, Thomas. "The Ottoman Empire and the European States System", in *The Expansion of International Society*. Edited by Hedly Bull, Oxford: Olarendon Press, 1984, pp. 143 – 169.

55. Najemy, John M. ed. *Italy in the Age of the Renaissance 1300 – 1550*, Oxford: Oxford University Press, 2004.

56. Patourel, John Le. "The Treaty of Brétigny, 1360", *Transactions of the Royal Historical Society*, 5th Ser. , Vol. 10 (1960), pp. 19 – 39.

57. Potter, D. L. *Foreign Policy in the Age of the Reformation: French Involvement in the Schmalkaldic War*, 1544 – 1547, *The Historical Journal*, Vol. 20, No. 3 (Sep. , 1977), pp. 525 – 544.

58. Potter, David. "Foreign Policy", in *The Reign of Henry VIII: Politics, Policy and Piety*. Edited by Diarmaid MacCulloch, London: Macmillan Press Ltd. , 1995, pp. 101 – 133.

59. Potter, David. "A Treason Trial in Sixteenth – Century France: The Fall of Marshal du Biez, 1549 – 51", *The English Historical Review*, Vol. 105, No. 416 (Jul. , 1990), pp. 595 – 623.

60. Queller, Donald E. "Early Venetian Legislation Concerning Foreign Ambassadors", *Studies in the Renaissance*, Vol. 12 (1965), pp. 7 – 17.

61. Rabe, Horst and Marzahl, Peter. " 'Comme representant nostre proper personne ' – The Regency Ordinances of Charles V as a Historical

Source", in *Politics and Society in Reformation Europe*. Edited by E. I. Kouri and Tom Scott, Hampshire: Macmillan, 1987, pp. 78 – 102.

62. Robinson, "A. M. F. The Claim of the House of Orleans to Milan", *English Historical Review*, Vol. 3, No. 3 (Jan. , 1888), pp. 34 – 62.

63. Rodriguez – Salgado, Maria J. "The Habsburg – Valois Wars", in *The New Cambridge Modern History*, Vol. II, Cambridge: Cambridge University Press, 2008, pp. 377 – 400.

64. Rogers, Clifford J. *The Military Revolution Debate: Readings on the Military Transformation of Early Modern Europe*. Boulder; San Francisco; Oxford: Westview Press, 1995.

65. Russell, J. G. "The Search for Universal Peace: The Conferences at Calais and Bruges in 1521", *The Historical Research*, Vol. 44, Issue 110 (Nov. , 1971), pp. 162 – 193.

66. Santosuosso, Antonio. "Anatomy of Defeat in Renaissance Italy: The Battle of Fornovo in 1495", *The International History Review*, Vol. 16, No. 2 (May, 1994), pp. 221 – 250.

67. Scheller, "Robert W. Gallia Cisalpina: Louis XII and Italy 1499 – 1508", *Simiolus: Netherlands Quarterly for the History of Art*, Vol. 15, No. 1 (1985), pp. 5 – 60.

68. Shaw, Christine. "Alexander VI, Cesare Borgia and the Orsini", *European Studies Review*, Vol. 11 (1981), pp. 1 – 23.

69. Shaw, Christine. *Italy and the European Powers: The Impact of War, 1500 – 1530*, Leiden; Boston: Brill, 2006.

70. Small, Graeme. "Of Burgundian Dukes, Counts, Saints and Kings (14C. E – c. 1500)", in *The Ideology of Burgundy: the Promotion of National Consciousness, 1364 – 1565*. Edited by D'Arcy Jonathan Dacre Boulton and Jan R. Veenstra, Leiden; Boston: Brill, 2006.

71. Spivakovsky, Erika. "The Legendary 'First' Military Campaign of Philip", *Renaissance Quarterly*, Vol. 21, No. 4 (Winter, 1968), pp. 413 – 419.

72. Stein, Robert. "Seventeen: The Multiplicity of a Unity in the Low Countries. ", in *The Ideology of Burgundy: the Promotion of National Consciousness, 1364 – 1565*. Edited by D'Arcy Jonathan Dacre Boulton and Jan

R. Veenstra, Leiden; Boston: Brill, 2006.

73. Sutherland, N. M. "The Origins of the Thirty Years War and the Structure of European Politics", *The English Historical Review*, Vol. 107, No. 424 (Jul., 1992), pp. 587 – 625.

74. Tarr, Russel. "What Caused the Italian Wars of 1494 – 1516", *Historical Review*, March 2001, pp. 33 – 37.

75. Ullmann, Walter. "The Development of the Medieval Idea of Sovereignty", *The English Historical Review*, Vol. 64, No. 250 (Jan., 1949), pp. 1 – 33.

76. Vagts, Alfred & Detlev F. "The Balance of Power in Internatioanl Law: A History of an Idea", *The American Journal of International Law*, Vol. 73, No. 4 (Oct., 1979), pp. 555 – 580.

77. Vagts, Alfred. "The Balance of Power: Growth of an Idea", *World Politics*, Vol. 1, No. 1 (Oct., 1948), pp. 82 – 101.

78. Watkins, John. "Toward a new diplomatic history of medieval and early modern Europe", *Journal of Medieral and Early Modern Studies* 38 (2008), 1 – 14.

79. Wernham, R. B. "The British Question 1559 – 1569", in *The New Cambridge Modern History*, Vol. III, Cambridge: Cambridge University Press, 2008, pp. 209 – 233.

80. 陈文海:《〈撒利克法典〉在法国中世纪后期的复兴和演化》,《历史研究》1998 年第 6 期。

81. 郭灵凤:《战争、和平与"基督教共同体"——伊拉斯谟思想论述之一》,《欧洲研究》2005 年第 2 期。

82. 何勤华主编《法与宗教的历史变迁》,法律出版社,2011。

83. 计秋枫:《戴维·J. 希尔和他的〈外交史〉》,《史学月刊》2007 年第 12 期。

84. 计秋枫:《略论近代欧洲国际体系的建立与演变》,《江苏社会科学》1995 年第 5 期。

85. 计秋枫:《欧洲中世纪秩序的瓦解与近代国际体系的形成》(博士论文,未刊)。

86. 刘城:《君主的责任:英格兰女王玛丽一世的统治》,《历史研究》

2016 年第 6 期，第 160~172 页。

87. 刘城：《十六世纪英国"王权至尊"的确立与教皇权的衰落》，《历史研究》2006 年第 2 期。

88. 刘城：《英国教会：从双重纳税义务走向单一纳税义务》，《历史研究》2002 年第 6 期。

89. 刘耀春：《意大利城市政治体制与权力空间演变（1000~1600）》，《中国社会科学》2013 年第 5 期。

90. 孟广林：《塞瑟尔的〈法国君主制度〉与"新君主制"学说》，《历史研究》2004 年第 2 期。

91. 米辰峰：《瓦拉批驳〈君士坦丁赠礼〉的学术得失》，《史学月刊》2006 年第 3 期。

92. 彭小瑜：《超越世俗，超越政治——解读〈教会法典〉第 330~367 条》，《中国学术》第十五辑。

93. 秦海波：《从西班牙历史看"民族国家"的形成》，《世界历史》2008 年第 3 期。

94. 邱美珠：《文艺复兴时期的意大利外交》，《集美大学学报》（哲学社会科学版）第 5 卷第 3 期。

95. 施诚：《论中古西欧"上帝的和平"运动》，《历史研究》2001 年第 1 期。

96. 时殷弘：《现代国际体系的起源——从体系与单位双重视野出发的论述》，《史学月刊》2007 年第 7 期。

97. 王挺之：《近代外交原则的历史思考——论马基雅维里主义》，《历史研究》1993 年第 3 期。

98. 一叶：《神话的建构？》，《读书》2012 年第 11 期。

99. 张凤阳：《马基雅维里的两张面孔——兼评当代西方共和主义的思想史叙事》，《南京大学学报（哲学·人文科学·社会科学）》2015 年第 4 期。

100. 张乃和：《英国学派与中世纪欧洲模式研究》，《吉林大学社会科学学报》2007 年第 2 期。

101. 周桂银：《意大利城邦国家体系的特征及其影响》，《世界历史》1999 年第 1 期。

102. 周桂银：《意大利战争与欧洲国家体系的初步形成》，《史学月刊》

2002 年第 11 期。

103. 朱瀛泉主编《国际关系评论》（2001），南京大学出版社，2001。

（四）地图与工具书

1. 杰弗里·巴勒克拉夫主编《泰晤士世界历史地图集》，三联书店，1985。

2. 卡尔·马克思：《马克思历史学笔记》（第三册），中央编译局马恩室译，中国人民大学出版社，2005。

3. 威廉·兰格：《世界史编年手册》（古代和中世纪部分），刘绪贻等译，三联书店，1981。

4. 《钱伯斯世界历史地图》，杨慧枚译，三联书店，1981。

5. 张芝联、刘学荣主编《世界历史地图集》，中国地图出版社，2002。

6. 朱明：《地图上的法国史》（第二版），东方出版中心，2016。

7. 新华通讯社译名室编《世界人名翻译大辞典》（上下卷），中国对外翻译出版公司，1993。

8. 中国地名委员会编《外国地名译名手册》（中型本），商务印书馆，1993。

附录一　重要历史事件年表（Chronology）

1454 年

4 月 9 日　《洛迪和约》——"意大利平衡"形成

1456 年

3 月　热那亚成为法国的保护国

1458 年

7 月 12 日　教皇加里斯都三世颁布敕令重申对那不勒斯的宗主权

1477 年

8 月 19 日　勃艮第的玛丽与奥地利大公马克西米连结婚，哈布斯堡家族获得佛朗什—孔泰和尼德兰

1478 年

4 月 26 日　帕齐阴谋

1482 年

12 月 23 日　法国路易十一与尼德兰缔结《阿拉斯条约》

1492 年

1 月 24 日　教皇、威尼斯和洛多维科缔结联盟
4 月 29 日　法国查理八世与洛多维科缔结联盟
11 月 3 日　法国查理八世与英格兰亨利七世缔结《埃普塔尔和约》

1493 年

1 月 19 日　法国查理八世与阿拉贡的费迪南德缔结《巴塞罗那条约》
5 月 23 日　法国查理八世与神圣罗马帝国皇帝（未加冕）马克西米连一世缔结《森里斯条约》

1494 年

6 月 7 日　西班牙与葡萄牙缔结《托德西利亚斯条约》

8 月 23 日　法国查理八世率军远征那不勒斯

11 月 25 日　法国查理八世与佛罗伦萨缔结条约

1495 年

1 月 18 日　法国查理八世与教皇亚历山大六世就入侵那不勒斯达成协议

2 月 22 日　法国查理八世占领那不勒斯

3 月 31 日　威尼斯同盟建立

6 月 28 日　塞米纳拉战役

7 月 6 日　福尔诺沃战役

10 月 9 日　法国查理八世与米兰公爵洛多维科缔结《韦尔切利和约》

1498 年

7 月　法国路易十二与英格兰亨利七世缔结和平条约

8 月　法国路易十二与天主教徒费迪南德缔结和平条约

8 月　法国路易十二与尼德兰摄政菲利普缔结《巴黎条约》

1499 年

2 月 9 日　法国路易十二与威尼斯缔结联盟条约

3 月 16 日　法国路易十二与瑞士各州缔结联盟条约

10 月 6 日　法国占领米兰

11 月　切萨雷率军进攻罗马涅地区

1500 年

4 月　法国重新占领米兰，俘虏洛多维科

11 月 11 日　法国路易十二与天主教徒费迪南德缔结《格拉纳达条约》，瓜分那不勒斯

1501 年

6 月 25 日　教皇亚历山大六世批准《格拉纳达条约》

8 月 10 日　法国路易十二与马克西米连一世、菲利普大公缔结《里昂条约》

9月　那不勒斯国王费代里戈率部投降

1502 年

6月　法国与西班牙为争夺那不勒斯开战

1503 年

4月28日　切里尼奥拉战役
12月29日　加里格利亚诺战役

1504 年

1月31日　法国与西班牙停火，那不勒斯沦为西班牙总督辖区
9月　教皇、法国和西班牙在布卢瓦就威尼斯问题签署了一项秘密条约
9月22日　法国路易十二与马克西米连一世、菲利普大公缔结《布卢瓦条约》

1505 年

10月12日　法国路易十二与天主教徒费迪南德缔结《布卢瓦条约》

1506 年

5月　路易十二的女儿克劳迪娅与昂古莱姆伯爵弗朗索瓦（即后来的弗朗索瓦一世）缔结婚约，瓦洛亚王室与哈布斯堡王室联姻计划破裂。

1507 年

6月　法国的路易十二与天主教徒费迪南德在萨沃纳秘密会晤

1508 年

3月　马克西米连一世南下意大利，被威尼斯战败
12月10日　康布雷同盟建立

1509 年

3月23日　教皇尤利乌斯二世加入康布雷同盟
4月14日　阿尼亚德洛战役

1510 年

2月15日　教皇尤利乌斯二世与威尼斯达成和解

3 月 14 日 教皇尤利乌斯二世与瑞士各州缔结联盟条约

7 月 3 日 教皇尤利乌斯二世将那不勒斯赐封给西班牙

1511 年

10 月 4 日 神圣同盟建立

11 月 13 日 英格兰亨利八世加入神圣同盟

12 月 20 日 英格兰亨利八世与天主教徒费迪南德缔结《威斯敏斯特条约》

1512 年

4 月 11 日 拉文纳战役

11 月 19 日 马克西米连一世加入神圣同盟

1513 年

3 月 14 日 法国路易十二与威尼斯缔结联盟，瓜分意大利北部

4 月 1 日 法国路易十二与天主教徒费迪南德缔结停战协定，割让纳瓦尔王国南部

6 月 6 日 诺瓦拉战役

1514 年

1 月 法国正式宣布放弃里昂公会议，承认第五次拉特兰宗教会议

8 月 7 日 法国路易十二与英格兰亨利八世缔结和平条约

1515 年

3 月 24 日 法国弗朗索瓦一世与查理大公（即后来的查理五世）缔结《巴黎条约》

4 月 5 日 法国弗朗索瓦一世与英格兰亨利八世缔结《伦敦条约》

8 月 法国弗朗索瓦一世率军入侵意大利

9 月 14～15 日 马里尼亚诺战役

10 月 13 日 法国弗朗索瓦一世与教皇利奥十世达成协议

12 月 法国弗朗索瓦一世与教皇利奥十世缔结博洛尼亚政教协定

1516 年

8 月 18 日 法国弗朗索瓦一世与西班牙卡洛斯一世（即后来的查理

五世）缔结《努瓦永和约》

11 月 29 日　法国弗朗索瓦一世与瑞士各州缔结弗里堡永久和约

1517 年

3 月 11 日　法国弗朗索瓦一世、皇帝马克西米连一世和西班牙卡洛斯一世缔结《康布雷和约》

1518 年

10 月 4 日　法国弗朗索瓦一世与英格兰亨利八世缔结《伦敦条约》

1519 年

6 月 17 日　教皇利奥十世与西班牙卡洛斯一世缔结条约，允许卡洛斯一世拥有那不勒斯

6 月 28 日　查理五世被选举为罗马人的国王，是为查理五世

1520 年

5 月 26 日　查理五世第一次访问英格兰

6 月　法国弗朗索瓦一世与英格兰亨利八世举行"金锻军营会晤"

6 月 15 日　教皇利奥十世颁布敕书，斥责路德的著作与言论

7 月 14 日　法国弗朗索瓦一世与查理五世缔结《加来条约》

10 月 23 日　查理五世在亚琛加冕

1521 年

5 月　查理五世颁布沃尔姆斯谕令

5 月 8 日　教皇利奥十世与查理五世缔结联盟条约

1521 年

8 月　加来和平会议

8 月 23 日　查理五世与英格兰亨利八世缔结秘密条约

11 月 24 日　教皇利奥十世、英格兰亨利八世与查理五世缔结《加来条约》

12 月 28 日　法国的弗朗索瓦一世与苏格兰缔结联盟条约

1522 年

4 月 27 日　比科卡战役

6 月 19 日　查理五世与英格兰亨利八世缔结《温莎条约》

12 月　土耳其人占领罗德岛

1523 年

7 月 11 日　法国波旁查理与查理五世签订协议，波旁公爵变节

8 月 3 日　教皇阿德里安六世加入查理五世的帝国联盟

1524 年

4 月 30 日　塞西亚河战役

7～8 月　查理五世入侵普罗旺斯失利

12 月 12 日　教皇克莱门特七世与法国弗朗索瓦一世缔结秘密条约

1525 年

2 月 24 日　帕维亚战役，法国弗朗索瓦一世被俘

6 月　法国弗朗索瓦一世由意大利被押解至西班牙

8 月 29 日　莫哈奇战役

8 月 30 日　法国摄政萨伏依的露易丝与英格兰亨利八世缔结《穆尔条约》

1526 年

1 月 14 日　法国弗朗索瓦一世与查理五世缔结《马德里条约》

3 月 17 日　法国弗朗索瓦一世以两个王子为人质换来人身自由

4 月 15 日　法国弗朗索瓦一世批准《穆尔条约》

5 月 22 日　科尼亚克神圣同盟建立

6 月　施佩耶尔帝国会议决定召开普世宗教会议，暂时搁置对沃尔姆斯谕令的争论

1527 年

4 月 30 日　法国弗朗索瓦一世与英格兰亨利八世缔结《威斯敏斯特条约》

5 月 6 日　罗马之劫

8 月 18 日　法国弗朗索瓦一世与英格兰亨利八世缔结《亚眠条约》

10 月 31 日　教皇克莱门特七世与帝国达成协议

12 月 7 日　教皇克莱门特七世逃离罗马

12 月　英格兰亨利八世请求教皇解除其与阿拉贡的凯瑟琳的婚姻

12 月 16 日　法国显贵会议

1528 年

1 月 22 日　英格兰、法国向查理五世宣战

8 月 11 日　热那亚的安德烈亚·多里亚与查理五世签订雇佣合同，多里亚家族背叛法国

1529 年

4 月 25 日　德意志新教徒抗议第二次施佩耶尔帝国会议执行沃尔姆斯谕令的决定

6 月 29 日　教皇克莱门特七世与查理五世缔结《巴塞罗那条约》

8 月 5 日　法国弗朗索瓦一世与查理五世缔结《康布雷和约》

11 月　教皇克莱门特七世与查理五世在博洛尼亚会晤

12 月 23 日　查理五世与意大利主要城市国家缔结普遍和约

1530 年

2 月 22 日　查理五世加冕为意大利国王

2 月 24 日　查理五世正式加冕为罗马皇帝

8 月　佛罗伦萨向帝国军队投降

9 月 23 日　德意志新教徒退出奥格斯堡帝国会议，与天主教徒正式决裂

11 月 19 日　查理五世颁布奥格斯堡谕令

1531 年

1 月 5 日　斐迪南当选为罗马人的国王

2 月 27 日　施马尔卡尔登同盟正式成立

6 月 9 日　法国弗朗索瓦一世与教皇克莱门特七世缔结条约

7 月　查理五世封亚历山德罗·德·美第奇为佛罗伦萨世袭公爵

10 月 26 日　巴伐利亚公爵家族与施马尔卡尔登同盟结成萨尔费尔德同盟

1532 年

5 月 26 日　法国、萨克森、黑森和巴伐利亚缔结沙伊尔同盟

10 月　法国弗朗索瓦一世与英格兰亨利八世于布洛涅举行会晤

1533 年

7 月　梅尔维埃事件

10 月　法国弗朗索瓦一世与教皇克莱门特七世于马赛举行会晤

1534 年

1 月　法国弗朗索瓦一世与黑森侯爵菲利普缔结巴勒迪克山条约

10 月 18 日　标语告示事件

1535 年

5～7 月　查理五世远征突尼斯

11 月 1 日　米兰公爵弗兰西斯科·斯福查无嗣而终

1536 年

2 月　法国弗朗索瓦一世与奥斯曼帝国苏丹苏莱曼大帝缔结通商条约

2 月 11 日　法国入侵萨伏依公国

4 月　教皇保罗三世与查理五世于罗马会晤

7 月 25 日　查理五世再次入侵普罗旺斯

1537 年

1 月　佛罗伦萨的亚历山德罗·德·美第奇遇刺身亡

2 月　查理五世宣布科西莫·德·美第奇为佛罗伦萨公爵

11 月 16 日　法国弗朗索瓦一世与查理五世缔结《蒙松停战协定》

1538 年

2 月 8 日　神圣同盟建立

6 月 18 日　法国弗朗索瓦一世与查理五世缔结《尼斯停战协定》

7 月 14 日　法国弗朗索瓦一世与查理五世于艾格莫尔特会晤

10 月 23 日　法国弗朗索瓦一世与尼德兰摄政玛丽缔结条约

1539 年

4 月　查理五世与施马尔卡尔登同盟缔结《法兰克福停战协定》

8 月　根特叛乱

10 月 22 日　查理五世接受法国邀请，途径法国前往尼德兰

1540 年

9 月 27 日　教皇保罗三世批准成立耶稣会

10 月　威尼斯与奥斯曼帝国缔结和约

1541 年

7 月 4 日　法国特使被害事件

10 月　查理五世远征阿尔及尔

1542 年

7 月 12 日　法国弗朗索瓦一世正式向查理五世宣战

1543 年

2 月 11 日　英格兰亨利八世与查理五世缔结秘密条约

6 月 22 日　英格兰亨利八世与查理五世正式向法国宣战

7 月 1 日　英格兰与苏格兰缔结《格林威治条约》

8 月　尼斯之围

9 月 7 日　查理五世与克莱沃公爵威廉缔结《芬洛条约》

12 月 31 日　英格兰亨利八世与查理五世缔结条约

1544 年

4 月 14 日　切雷索莱战役

9 月 18 日　法国弗朗索瓦一世与查理五世缔结《克雷皮和约》

12 月 12 日　法国王太子亨利公开反对《克雷皮和约》

1545 年

12 月 13 日　特兰托宗教会议召开

1546 年

6 月 7 日　法国弗朗索瓦一世与英格兰亨利八世缔结《阿德尔条约》

1546～1547 年

施马尔卡尔登战争

1547 年

1 月　热那亚菲耶斯科谋反事败

3 月　特兰托宗教会议迁往博洛尼亚

4 月 24 日　米尔贝格战役

6 月　教皇保罗三世与法国亨利二世联姻

9 月 10 日　帕尔玛—皮亚琴察公爵皮耶尔·路易吉·法尔内塞遇刺身亡

1550 年

3 月 24 日　英格兰爱德华六世与法国亨利二世缔结《布洛涅条约》

1552 年

1 月 15 日　法国亨利二世与反对查理五世的德意志诸侯缔结《尚博尔条约》

4 月　法国亨利二世、教皇尤利乌斯三世和查理五世达成停战协定，结束帕尔玛战争

4 ~ 6 月　法国占领梅斯、图勒、凡尔登

7 月　萨克森公爵莫里斯与斐迪南、巴伐利亚和选侯们缔结《帕绍条约》

8 月　法国远征托斯卡纳

11 月 ~ 1553 年 1 月　梅斯之围

1554 年

7 月 25 日　英格兰玛丽一世与查理五世的儿子菲利普缔结婚姻

8 月 2 日　马尔恰诺战役

1555 年

9 月 25 日　《奥格斯堡宗教和约》

10 月 25 日　查理五世宣布逊位

12 月 15 日　教皇保罗四世与法国亨利二世缔结联盟

1556 年

1 月 16 日　查理五世颁布逊位谕令，分割神圣罗马帝国

2 月 5 日　法国亨利二世与西班牙菲利普二世缔结《沃塞尔停战协定》

11 月 14 日　法国亨利二世命令吉斯公爵进军意大利

1557 年

8 月 10 日　圣康坦战役

9 月 12 日　教皇保罗四世与阿尔瓦公爵缔结《卡韦条约》

1558 年

1 月　吉斯公爵占领加来

10～12 月　塞尔康和平会议

1559 年

2～4 月　勒卡托和平会议

4 月 2 日　英格兰伊丽莎白一世分别与法国亨利二世、苏格兰国王弗朗索瓦和王后玛丽·斯图亚特缔结《卡托—康布雷奇和约》

4 月 3 日　法国亨利二世与西班牙菲利普二世缔结《卡托—康布雷奇和约》

附录二　译名对照表

地名译名对照表

Aare River　阿勒河

Abbiategrasso　阿比亚泰格拉索

Abruzzi　阿布鲁齐

Adda　阿达河

Adige River Plain　阿迪杰河平原

Adriatic　亚得里亚海

Aigues – Mortes　艾格莫尔特

Aire　艾尔

Aix – en – Provence　普罗旺斯地区艾
克斯

Alessandria　亚力山德里亚

Algiers　阿尔及尔

Alps　阿尔卑斯山脉

Alsace　阿尔萨斯

Anagni　阿纳尼

Ancona　安科纳

Angouleme　昂古莱姆

Anguillara　安圭拉腊

Anjou　安茹

Annecy　阿讷西

Aosta　奥斯特

Apennines　亚平宁山脉

Apulia　阿普利亚

Aquitaine　阿基坦

Ardres　阿德尔

Arezzo　阿雷佐

Arno　亚诺河

Arras　阿拉斯

Asola　阿索拉

Asti　阿斯蒂

Auvergne　奥弗涅

Auxonne　欧克索讷

Aversa　阿韦尔萨

Avignon　阿维尼翁

Bar　巴尔

Barbary　北非伊斯兰教地区

Barcelona　巴塞罗那

Bar – le – Duc　巴勒迪克山

Barletta　巴列塔

Bayonne　巴约讷

Bellinzona　贝林佐纳

Bergamo　贝加莫

Berne　伯尔尼

Bertinoro　贝尔蒂诺罗

Besancon　贝藏松

Béthune　贝蒂纳

Bidassoa，River　比达索阿河

Bologna　博洛尼亚

Bolsena　博尔塞纳

Bonifacio，Strait of　博尼法乔海峡

Bordeaux　波尔多

Bosphorus　博斯普鲁斯海峡

Franche Comté　佛朗什—孔泰

Franconia　法兰克尼亚

Friuli　弗留利

Gaeta　加埃塔

Gallarate　加莱拉

Garigliano River　加里格利亚诺河

Gascony　加斯科涅

Genoa　热那亚

Ghent　根特

Ghiara d'Adda　阿达河上的贾拉

Glarus　格拉鲁斯

Goletta　古莱塔

Gorizia　戈里齐亚

Gravelines　格拉沃利讷

Great St Bernard Pass　大圣贝尔纳山口

Grenoble　格勒诺布尔

Guelders　格尔德恩

Guienne　吉耶讷

Guines　吉讷

Guyenne　吉耶讷

Hainaut　埃诺

Ham　哈姆

Hesdin　埃丹

Innsbruck　因斯布鲁克

Ionian　伊奥尼亚海

Ischia　伊斯基亚岛

Isonzo　伊松佐河

Jura Mountains　侏罗山脉

Köln　科隆

La Spezia　拉斯佩齐亚

Lambro, River　兰布罗河

Landrecies　朗德勒西

Languedoc, Province of　朗格多克省

Lausanne　洛桑

Lavoro　拉沃罗省

Le Cateau　勒卡托

Le Catelet　勒卡特勒

Levant　利凡特

Liège　列日

Ligny　利尼

Ligny – en – Barrois　利尼昂巴鲁瓦

Liguria　利古里亚海

Lille　里尔

Lillers　利莱尔

Lion, Gulf of　利翁海湾

Livorno　里窝纳

Locarno　洛加诺

Loches　洛什

Lonato　洛纳托

Loreto　洛雷托

Lorraine　洛林

Lucca　卢卡

Lucerne　卢塞恩

Lugano, Lake　卢加诺湖

Lunigiana　卢尼贾纳

Luxembourg　卢森堡

Lyonnais　里昂奈

Macon　马孔

Maggiore, Lake　马乔列湖

Magione　马焦内

Mallorca　马罗卡岛

Mantua　曼图亚

Marche　马尔凯

Marcoing　马尔宽

Marcoussis　马尔库斯

Marcq　马尔克

Mariembourg　马里昂堡

Maritime Alps　近海的阿尔卑斯山支脉

Metz　梅斯

Meuse River　默兹河

Schwager　施瓦格

Schwyz　施维茨

Seminara　塞米纳拉

Senigallia　塞尼加利亚

Serezana　萨尔察纳

Sicily　西西里

Simplon Pass　辛普朗山口

Soissons　苏瓦松

Spoleto　斯波莱托

Styria　斯蒂利亚

Susa　苏萨

Sutri　苏特里

Taranto　塔兰托

Taro，Valley of the River　塔罗河谷

Taurus Mountains　陶鲁斯山脉

Terracina　泰拉奇纳

Thérouanne　泰鲁阿纳

Thionville　蒂永维尔

Tiber　台伯河

Ticino Valley　提契诺河谷

Ticino，River　提契诺河

Tirol　蒂罗尔

Toledo　托莱多

Tortona　托尔托纳

Toul　图勒

Toulon　土伦

Toulouse　图卢兹

Touraine　图赖讷

Tournai　图尔奈（比利时）

Tournay　图尔奈（法国）

Trani　特拉尼

Transylvania　特兰西瓦尼亚

Treviso　特雷维索

Trieste　的里雅斯特

Tripoli　的黎波里

Turin　都灵

Tyrrhenian　第勒尼安海

Udine　乌迪内

Unterwalden　翁特瓦尔登

Urbino　乌尔比诺

Uri　乌里

Valence　瓦朗斯

Valencia　巴伦西亚

Varese　瓦雷泽

Vaucelles，Abbey of　沃塞尔修道院

Venice　威尼斯

Vercelli　韦尔切利

Verdun　凡尔登

Vicenza　维琴察

Vienna　维埃纳

Villafranca　维拉弗兰卡

Villefranche　维勒弗朗什

Villeneuve　维勒讷沃

Wallachia　瓦拉几亚

Ypres　伊普尔

Yvoir　伊瓦尔

Zeeland　泽兰

Zürich　苏黎世

Zug　楚格

人名译名对照表

Adrian IV　阿德里安四世（教皇）

Adrian VI　阿德里安六世（教皇）

Adrian, Cardinal of Tortosa　托尔托萨红
　衣主教阿德里安

Alba, Duke of　阿尔瓦公爵

Albany, Duke of　奥尔巴尼公爵

Albert II of Austria　阿伯特二世

Albornoz, Cardinal　阿尔沃诺斯主教

Albret, Charlotte　夏洛特·德·阿尔伯
　雷特

Albret, Jeanne d'　让娜·德·阿尔伯
　雷特

Albret, Henry d'　亨利·德·阿尔伯
　雷特

Albret, Jean d'　让·阿尔伯雷特

Alexander III　亚历山大三世（教皇）

Alexander VI　亚历山大六世（教皇）

Alfonso I of Naples　阿尔方索一世

Alfonso II of Naples　阿尔方索二世

Alfonso of Aragon　阿尔方索五世

Alfonso, Archbishop of Saragossa　萨拉戈
　主教阿尔方索

Alighieri, Dante　但丁

Alvarez, Don Fernandez　唐·费迪南德
　斯·阿尔瓦雷斯

Alviano　阿尔维亚诺

Amboise, Georges　乔治·德·昂布瓦兹

Amedeus VIIIof Savoy　阿梅代奥八世

Anjou – Durazzo　安茹—杜拉佐家族

Anjou – Provenza　安茹—普罗文扎家族

Anne of Cleves　克莱沃的安妮

Anne of France　安娜

Annebault, Marshal　安博元帅

Antonello of St. Severino（Prince of Saler-
　no）　萨莱诺亲王安东内里·迪·圣
　塞韦里诺

Aquinas, Thomas　托马斯·阿奎那

Aragon – Trastama　阿拉贡—特拉斯塔马
　拉家族

Arthur, Prince of Wales　阿瑟

Aubigny, Stuart　奥比尼

Avalos, Fernando d', Marquis of Pescara
　佩斯卡拉侯爵费尔南多·德·阿瓦
　洛斯

Baglione　巴利奥尼家族

Bainbridge, Christopher　克里斯托弗·
　班布里奇

Barbarossa, Khair – ad – Din　海拉丁·
　巴巴罗萨

Baschi, Perron de　佩龙·德·巴斯基

Bayazid II　巴耶泽德二世

Beatrice of Portugal　葡萄牙的比阿特
　丽斯

Belgioioso, Count of　贝尔焦伊索奥伯爵

Bentivoglio　本蒂沃利奥家族

Berengar of Friuli　弗留利的贝伦加尔

Berry, Duke of　贝里公爵

Bochetel, Guillaume　纪尧姆·博歇尔

Boleyn, Anne　安妮·博琳

Bonnivet　博尼韦

Borgia, Cesare　切萨雷·博尔贾

Borgia, Roderic　罗德里戈·博尔贾

Bourbon Charles de　波旁的查理

Bourbon, Antoine de, Duke of Vendome
　旺多姆公爵波旁的安托万

Bourbon, Francois de, Count of Enghien
　昂吉恩伯爵波旁的弗朗索瓦

Bourbon – Montpensier　蒙庞西耶—波旁

Brandon, Charles, Duke of Suffolk　萨福
　克公爵查理·布兰登

Brissonet, Monsieur　纪尧姆·布里松内

Calixtus III　加里斯都三世（教皇）

Camerino, Duke of　卡梅里诺公爵

Caracciolo　卡拉乔洛

Carafa, Carlo　卡洛·卡拉法

Carafa, Gian Pietro　吉安·彼得罗·卡
　拉法

Cardona, Ramòn de　雷蒙多·德·卡
　多纳

Carlos, Don　唐·卡洛斯

Carlotta of Naples　那不勒斯的卡洛塔

Catherine of Aragon　阿拉贡的凯瑟琳

Cervini, Marcello　马塞洛·切尔维尼

Chabot, Philippe　菲利普·沙博

Charlemagne　查理曼

Charles de Lannoy, Viceroy of Naples　那
　不勒斯总督拉努瓦

Charles III of Durazzo　杜拉佐的查理
　三世

Charles of Anjou　安茹查理

Charles of Provence　普罗旺斯的查理

Charles the Bald　秃头查理

Charles the Bold　大胆查理

Charles the Fat　胖子查理

Charles V of France　查理五世

Charles V, Emperor　查理五世

Charles VI of France　查理六世

Charles VII of France　查理七世

Charles VIII of France　查理八世

Chièvres　基耶维

Chigi, Agostino　阿戈斯蒂诺·基吉

Christina of Denmark　丹麦的克里斯蒂娜

Cibo, Franceschetto　弗兰切斯凯托·
　西博

Cisneros, Ximénes de　希门尼斯·德·
　西斯内罗斯

Clausse, Cosme　科姆·克洛斯

Clement IV　克莱门特四世（教皇）

Clement V　克莱门特五世（教皇）

Clement VII　克莱门特七世（对立教皇）

Clement VII　克莱门特七世（教皇）

Colonna　科隆纳家族

Colonna, Fabrizio　法布里乔·科隆纳

Colonna, Prospero　普罗斯佩·科隆纳

Comines, Philip de　菲利普·德·科
　米纳

Constantine I, Roman Emperor　君士坦丁
　一世

Córdova, Gonzalo Fernández de　贡萨
　洛·费尔南德斯·德·科尔多瓦

da Polenta　达波伦塔家族

da Vinci, Leonardo　莱昂纳多·达·
　芬奇

del Monte, Giovanni Maria Ciocchi　乔瓦
　尼·马里亚·乔基·德尔蒙特

Doria, Andrea　安德烈亚·多里亚

Philip II, Duke of Savoy　菲利普二世

Philip III of France　腓力三世

Philip IV of France　腓力四世

Philip of Bresse　布雷斯的菲利普

Philip the Handsome　菲利普

Piccolomini, Francesco　弗朗西斯科·皮科洛米尼

Pius II　庇护二世（教皇）

Pius III　庇护三世（教皇）

Pontremoli, Nicodemo da　尼科代莫·达·蓬特雷莫利

Reims, Archbishop of　兰斯大主教

René II (Duke of Lorraine)　勒内二世

René of Anjou　安茹勒内

Renée of France　勒妮公主

Richard I　理查一世

Rinconi, Antonio　安东尼奥·兰科尼

Robert de la Mark　马尔克的罗贝尔

Robertson, William　威廉·罗伯森

Rovere, Francesco della　弗朗切斯科·德拉·罗韦雷

Rovere, Francesco Maria della　弗朗西斯科·马里亚·德拉·罗韦雷

Rovere, Galeotto della　加莱奥托·德拉·罗韦雷

Rovere, Giuliano della　朱利亚诺·德拉·罗韦雷

Rovere, Sisto Gara della　西斯托·加拉·德拉·罗韦雷

Rudolf I, Emperor　鲁道夫一世

Rudolph of Germany　鲁道夫伯爵

S. André, Marshal　元帅圣安德烈

Saint-Pol, the comte de　圣保罗伯爵

Saluzzo, Marquis of　萨卢佐侯爵

Sanuto, Marino　马里诺·萨努多

Savonarola, Girolamo　吉罗拉莫·萨沃纳罗拉

Selim I　塞利姆一世

Seyssel, Claude de　克洛德·德·塞瑟尔

Sforza, Ascanio　阿斯卡尼奥·斯福查

Sforza, Caterina　卡泰里娜·斯福查

Sforza, Francesco I　弗朗切斯科·斯福查

Sforza, Giovan Galeazzo　乔万·加莱亚佐·斯福查

Sforza, Massimiliano　马西米利亚诺·斯福查

Sigismund, Emperor　西格斯蒙特

Sixtus IV　西克斯图斯四世（教皇）

Somerset, Duke of　萨默塞特公爵

St. Augustine of Hippo　圣奥古斯丁

Stephen II　斯蒂芬二世（教皇）

Strozzi, Piero　皮耶罗·斯特罗齐

Stuart, Mary　玛丽·斯图亚特

Suffolk, Duke of　萨福克公爵

Suleiman I　苏莱曼一世

Suzanne　苏珊娜

Sylvester I　西尔维斯特一世（教皇）

Termes, Paul de　保罗·德·泰尔姆

Terrail, Pierre, seigneur de Bayard　贝亚尔堡领主皮埃尔·泰拉伊

Their, Jean du　让·杜·蒂尔

Thirlby, Thomas　托马斯·瑟尔比

Tournon, Cardinal　图尔农主教

Trivulzio, Gian Giacomo　吉安·贾科莫·特里武尔齐奥

Ulrich, Duke of　乌尔里希公爵

Urban VI　乌尔班六世（教皇）

Valentinois, Duke of　瓦伦蒂诺公爵

条约、战争、历史事件及其他译名对照表

Amiens Treaty of　亚眠条约

Annates，Act of　岁贡法令

Appeals，Act of　上诉法令

Aragon，Kingdom of　阿拉贡王国

Ardres，Treaty of　阿德尔条约

Arras，Treaty of　阿拉斯条约

Asti，County of　阿斯蒂伯爵领地

Augsburg，Diet of　奥格斯堡帝国会议

Augsburg，Edict of　奥格斯堡谕令

Augsburg，Peace of　奥格斯堡宗教和约

Auld Alliance　老同盟

Barcelona，Treaty of　巴塞罗那条约

Basel，Council of　巴塞尔宗教会议

Basel，Treaty of　巴塞尔条约

Beaucaire，Seneschal of　博凯尔司法
总管

Benevento，Treaty of　贝内文托条约

Berri，Duchy of　贝里公爵领地

Bicocca，Battle of　比科卡战役

Blois，Treaty of　布卢瓦条约

Bologna，Concordat of　博洛尼亚教务
专约

Boulogne，Comté of　布洛涅伯国

Boulogne，Treaty of　布洛涅条约

Brabant，Duchy of　布拉班特公国

Brétigny，Treaty of　布雷蒂尼条约

Breton Wars　布列塔尼战争

Bruges，Treaty of　布鲁日条约

Brussels，Compact of　布鲁塞尔协定

Burgundy，County of　勃艮第伯国

Burgundy，Duchy of　勃艮第公国

Calais，Treaty of　加来条约

Cambrai，Peace of　康布雷和约

Camp，Treaty of　坎普条约

Canon Law　教会法

Canterbury，Diocese of　坎特伯雷主教
辖区

Cantons　（瑞士）州

Cateau‐Cambrésis，Peace of　卡托—康
布雷奇和约

Catholic Kings　天主教的国王

Cave，Treaty of　卡韦条约

Cerignola，Battle of　切里尼奥拉战役

Challenge of Barletta　巴列塔挑战

Chambord，Treaty of　尚博尔条约

Charolais，County of　沙罗莱伯国

Chioggia War　基奥贾港战争

Civil Law　民法

Cleves，Duchy of　克莱沃公国

Cognac，Holy League of　科尼亚克神圣
同盟

Constable　王室总管

Constance，Peace of　康斯坦茨条约

Constantine，Donation of　君士坦丁赠礼

Cousul　执政官

Crépy，Treaty of　克雷皮和约

Middle Francia, Middle Frankish Kingdom 中法兰克王国

Middle Kingdom 中部王国

Milan, Duchy of 米兰公国

Mohács, Battle of 莫哈奇战役

Montefeltro, County of 蒙特费尔特罗伯国

Montferrat, County of 蒙费拉伯国

Montferrat, Marquisate of 蒙费拉侯爵封地

Moore, Treaty of 穆尔条约

Morat, Battle of 莫拉战役

Mühlberg, Battle of 米尔贝格战役

Nancy, Battle of 南锡战役

Navarre, Kingdom of 纳瓦尔王国

Nice, Siege of 尼斯之围

Nice, Truce of 尼斯停战协定

Notables, Assembly of 显贵会议

Novara, Battle of 诺瓦拉战役

Noyon, Treaty of 努瓦永和约

Papal Encyclical 教皇通谕

Papal Gonfaloniere 教会最高行政长官

Papal States 教皇国

Parlement of Paris 巴黎高等法院

Parma and Piacenza, Duchy of 帕尔玛和皮亚琴察公国

Parties Casuelles, Bureau des 额外收入署

Passau, Treaty of 帕绍条约

Patrimonium Petri 圣彼得的遗产

Pavia, Battle of 帕维亚战役

Pazzi Conspiracy 帕齐阴谋

Peace of God 上帝的和平

Pepin, Donation of 丕平献土

Perpetual Confederation, Treaty of 永久同盟条约

Piedmont, Principality of 皮埃蒙特公国

Pisa, Council of 比萨宗教会议

Placards, Affair of 标语告示事件

Portugal, Kingdom of 葡萄牙王国

Pragmatique Sanction deBourges 布尔日国务诏书

Pressburg, Treaty of 普雷斯堡和约

Provincial Legions 军团部队

Prüm, Partition of 普吕姆分割

Ravenna, Battle of 拉文纳战役

Reconquista 收复失地运动

Regnum Italicum (Kingdom of Italy), 意大利王国

Respublica Christiana 基督教共同体

Revolt of the Comuneros 城市公社社员起义

Ribemont, Treaty of 利贝蒙条约

Royal Council 皇家委员会

Sack of Rome 洗劫罗马

Safavid Dynasty 波斯萨菲王朝

Saluzzo, Marquisate of 萨卢佐侯爵封地

Santa Hermandad (Holy Brotherhood) 神圣兄弟会

Schmalkalden, League of 施马尔卡尔登同盟

Schmalkaldic War 施马尔卡尔登战争

Seminara, Battle of 塞米纳拉战役

Senlis, Treaty of 森里斯条约

Sesia, Battle of 塞西亚河战役

Seventeen Provinces 十七省

Sicilian Vespers, War of the 西西里晚祷战争

Siena, Republic of 锡耶纳共和国

Spanish Road 西班牙大道

Speyer, Diet of　施佩耶尔帝国会议

Spurs, Battle of　马刺战役

St. Quentin, Battle of　圣康坦战役

Supremacy, Act of　至尊法令

Sutri, Donation of　苏特里捐赠

Swabian League　施瓦本同盟

Swiss Pike Phalanx　瑞士长枪方阵

Taille Royale　王家军役税

Thérouanne, Diocese of　泰鲁阿纳教区

Thirty Years War　三十年战争

Tordesillas, Treaty of　托德西利亚斯条约

Toulouse, County of　图卢兹伯国

Tours, Synod of　图尔全国宗教会议

Trent, Council of　特兰托宗教会议

Truce of God　上帝的休战

Vaucelles, Truce of　沃塞尔停战协定

Venice, League of　威尼斯同盟

Venice, Treaty of　威尼斯和约

Venlo, Treaty of　芬洛条约

Vercelli, Treaty of　韦尔切利和约

Verdun, Treaty of　凡尔登条约

Vermandois, Comté of　韦尔芒伯国

Vervins, Treaty of　韦尔万条约

Wars in Lombardy　伦巴第战争

West Francia, Western Frankish Kingdom　西法兰克王国

Westminster, Treaty of　威斯敏斯特条约

Westphalia, Peace of　威斯特伐利亚和约

Windsor, Treaty of　温莎条约

Worms Concordat　沃尔姆斯政教协定

Worms, Diet of　沃尔姆斯帝国会议

Worms, Edict of　沃尔姆斯谕令

附录三　王室家族世系图

注：关于图中数字与符号意义：（1）代表初婚；（2）代表再婚，依此类推。"＝"代表结婚。

法兰西王位继承世系图（1328）

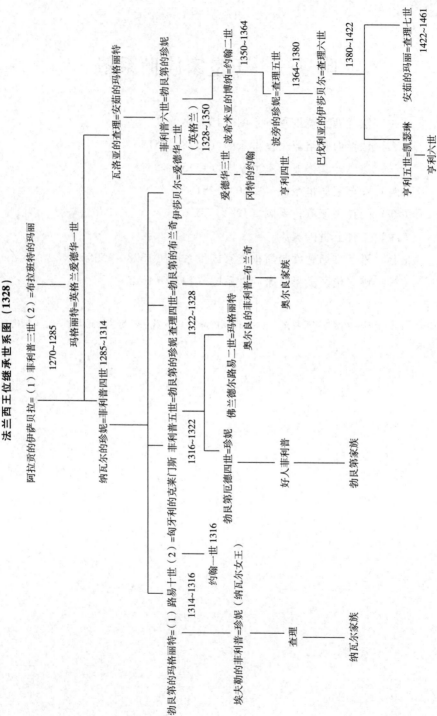

法兰西瓦洛亚王室世系图（1328～1515）

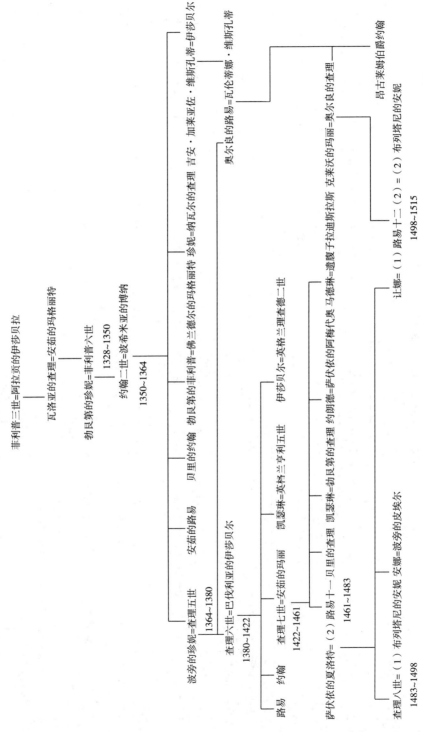

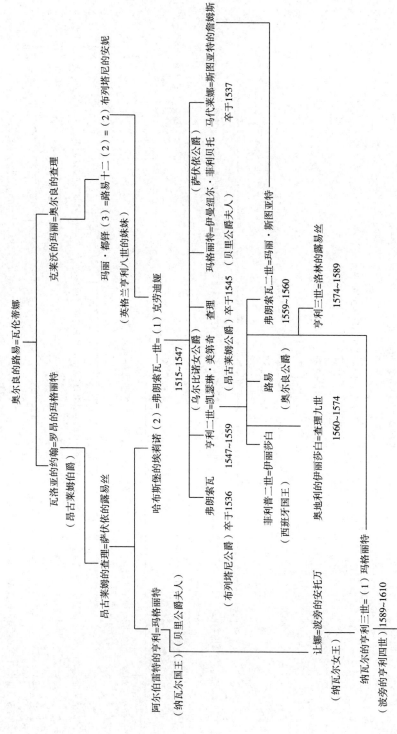

法兰西瓦洛亚王室世系图（1515～1559）

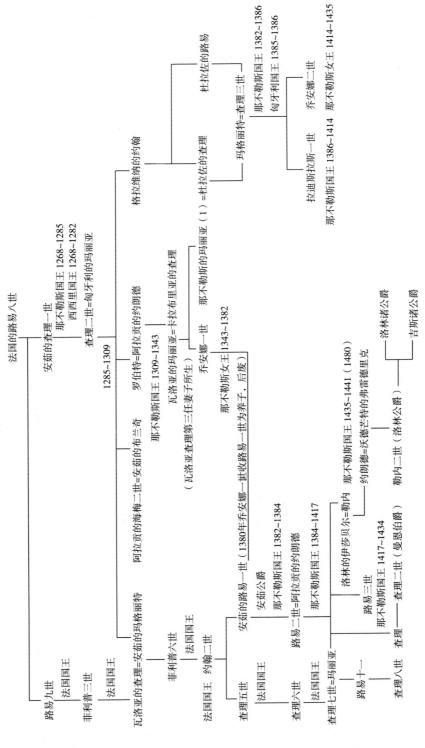

安茹家族世系图（1266～1481）

阿拉贡家族世系图 （1291～1516）

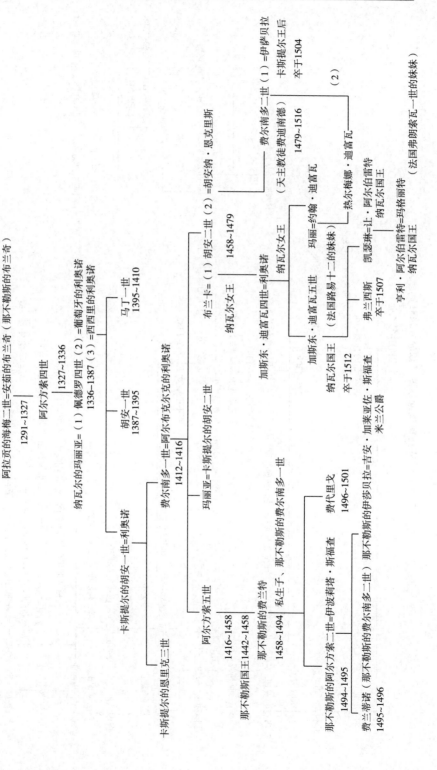

查理五世的家族

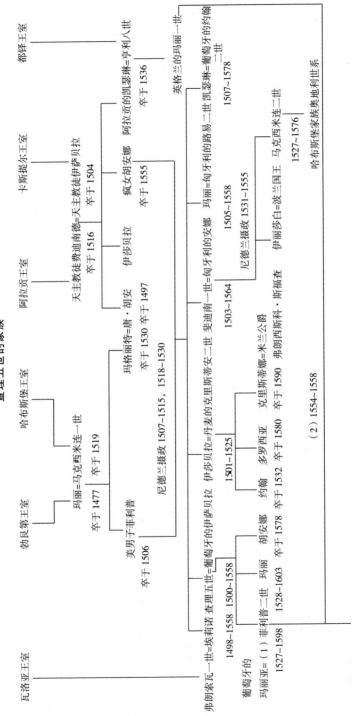

瓦洛亚王室　　勃艮第王室　　哈布斯堡王室　　阿拉贡王室　　卡斯提尔王室　　都铎王室

玛丽=马克西米连一世
卒于1477　卒于1519

美男子菲利普
卒于1506

天主教徒费迪南德=天主教徒伊萨贝拉
卒于1516　卒于1504

玛格丽特=唐·胡安　　伊莎贝拉　　疯女胡安娜　　阿拉贡的凯瑟琳=亨利八世
卒于1530　卒于1497　　　　　　　卒于1555　　　　　　　　卒于1536

尼德兰摄政1507-1515, 1518-1530

弗朗索瓦一世=埃莉诺　查理五世=葡萄牙的伊莎贝拉　伊莎贝拉=丹麦的克里斯蒂安二世　斐迪南一世=匈牙利的安娜　玛丽=匈牙利的路易二世
1498-1558 1500~1558　　　　　　　　　　　　　1501~1525　　　　　　　　　　　1503~1564　　　　　　1505~1558

英格兰的玛丽一世

葡萄牙的凯瑟琳=葡萄牙的约翰三世
1507~1578

尼德兰摄政1531-1555

胡安娜　约翰　多罗西亚　克里斯蒂娜=米兰公爵
卒于1578 卒于1532 卒于1580 卒于1590

弗朗西斯科·斯福查

伊丽莎白=波兰国王　马克西米连二世
1527~1576

葡萄牙的
玛丽亚=（1）菲利普二世 玛丽 胡安娜
1527-1598 1528-1603 卒于1578
　　　　　（2）1554~1558

哈布斯堡家族西班牙世系

哈布斯堡家族奥地利世系

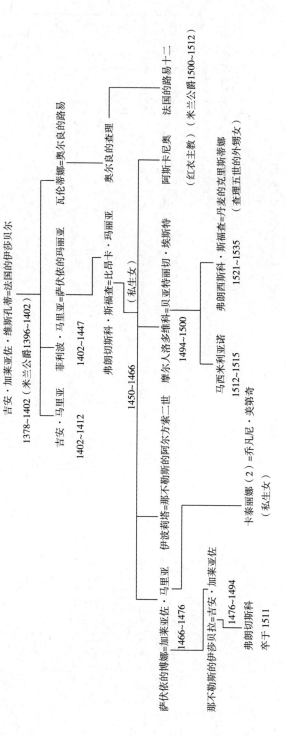

米兰维斯孔蒂与斯福查家族世系图（1378～1535）

佛罗伦萨美第奇家族世系图（1434～1621）

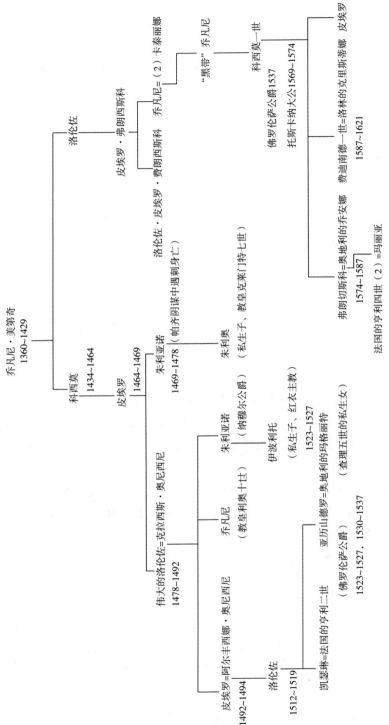

后　记

　　本书是我承担的国家社会科学基金后期资助项目"意大利战争研究（1494～1559）"（14FSS007）的结项成果，也是在我博士论文的基础之上修改而成的。从初涉意大利战争研究到本书即将付梓，历经十余载，回首思量，当初的我还无法体会到，自己无意中选择了一个如此庞大艰深的题目，也难以设想为了能够清晰地勾勒出意大利战争的全貌，自己竟然需要付出如此久长的努力，细想其中滋味，恐是一言难尽的。

　　2006 年金秋，我北上拜在首都师范大学历史学院刘城教授门下，攻读博士学位。从论文的选题、资料的收集到思路的拓展以及论文初稿的修改，刘城教授始终给予了耐心的指导和不懈的支持，是她引导我进入了中世纪晚期和近代早期欧洲国际关系史研究的广阔天地，为我今后研究欧洲国际关系史开辟了一片极具研究价值的领域。在研究的过程中，刘城教授不仅以严谨的治学态度和精神要求学生，而且还在国外访学之余帮助学生查找资料，又不辞辛劳地把厚厚的资料带回国内。老师的支持、鼓励与教诲成为我人生中最为感念的记忆。博士论文答辩之际，刘城教授为我组成了一个堪称"豪华阵容"的论文答辩小组，小组成员包括北京大学彭小瑜教授、朱孝远教授、徐龙飞教授，中国社会科学院世界历史研究所赵文洪研究员和首都师范大学徐蓝教授、刘新成教授、梁占军教授。老师的良苦用心既是对我几年学习的肯定，也是希望各位博学良师为我今后的研究指明道路。前辈学者视野宽广、思维缜密，提出了许多切中要害的意见和非常具有启发性、建设性的观点与思路。

　　意大利战争是欧洲中世纪与近代早期国际关系史研究的重要课题，也是欧洲文艺复兴史研究的重要内容。在那个经济社会变迁、暴力冲突升级和学术思想变革的时代，战争不仅带来了欧洲外交与军事领域制度性与技术性的重大变革，而且开启了近代欧洲国际争衡的序幕，目睹了欧洲国际关系的一系列诸如主权、常驻使节制度、军事制度等基本要素的诞生，见证了人们围绕这些现象的性质、过程及内涵开始的最初理论思考与争辩。从一个更为广阔的纵向维度来认识和评价意大利战争，将欧洲国际关系研究从"威斯特伐利亚体系"往前追溯至16世纪构筑的欧洲秩序，从而有助于解释现代国际关系基本要素的产生和西欧多国体系的形成，并深入理解16世纪欧洲国际关系历史的丰富性和重要性，更有助于了解和把握近代欧洲国际体系的形成与发展，继而弥补"威斯特伐利亚体系"对于研究欧洲国际关系的不足与缺憾，博士毕业之后的几年时间里，国内外学界关于意大利战争的研究著述也逐渐增多，不仅为进一步研究意大利战争提供了丰富的史料与思路，也为后续的研究提供了重要的学术路径。语言问题是意大利战争研究的瓶颈。如专家在修改意见中提出，"成果使用材料颇多，多为英文与中文（包括翻译类）图书，意大利语、法语、德语、西班牙语或相近的拉丁文材料甚少"。主要依赖英语国家学者的研究成果确实是不够的，在这方面不仅需要大量的基础性工作，而且要有具备驾驭各种语言和材料的能力，这需要学界同仁的共同努力。

鉴于意大利战争研究的广度、深度与意义，这本书仅能作为意大利战争研究的一个史实性成果，有些问题尚未及深入与展开。尽管如此，本书可为今后该领域的深入研究打下一个坚实的基础，同时也希望能为学界同仁提供一定的参考，起到抛砖引玉的作用，若能为此助一臂之力，则不胜欣慰。

值本书出版之际，我要特别感谢首都师范大学历史学院的徐蓝教授和英国伯明翰大学历史系的罗伯特·斯旺森教授。徐蓝教授在我论文选题、资料收集的过程中给予了重要的支持，在治学方法与具体的课题研究方面让我受益匪浅，为我今后的研究道路提供了很多的帮助。斯旺森教授多次访问首都师范大学，每次与教授的交谈，都会从中获取许多非常有价值的学术信息，斯旺森教授还通过电子邮件为我罗列了详细书目，这些都对意大利战争研究的推进发挥了重要的作用。在此，我还要感谢杨宏伟、付亮等各位同门，正是由于他们的帮助和支持，我才能克服各种困难与疑惑。烟台大学的许多同事也给予了很多帮助和关心，这里也一并致以感谢。过去经历的点点滴滴以及诸位师友的支持与鼓励，对于本书的完成都是至关重要的。感谢国内外学者的宝贵研究成果，这是研究得以推进的重要基础。感谢全国哲学社会科学规划办公室对研究从立项到结项整个过程的支持与肯定以及对出版的资助。特别感谢社会科学文献出版社刘学谦老师不辞辛劳、耐心、细致的编辑工作。总之，感恩之情难以用语言量度，谨以最朴实的话语致以最崇高的敬意。当然，本书值得商榷和不当之处在所难免，敬请斧正。

最后，还要特别感谢我的父母、兄嫂、可爱的小侄女以及其他至亲好友，他们的关爱总是最及时、最温暖的！

蒲利民

2018 年 1 月 18 日于烟台大学

图书在版编目（CIP）数据

意大利战争研究：1494～1559／蒲利民著．－－北京：
社会科学文献出版社，2018.8
国家社科基金后期资助项目
ISBN 978－7－5201－2174－3

Ⅰ.①意…　Ⅱ.①蒲…　Ⅲ.①意大利战争－研究－
1494～1559　Ⅳ.①K546.33

中国版本图书馆 CIP 数据核字（2018）第 016145 号

·国家社科基金后期资助项目·

意大利战争研究（1494～1559）

著　　者／蒲利民

出 版 人／谢寿光
项目统筹／祝得彬　刘学谦
责任编辑／刘学谦

出　　版／社会科学文献出版社·当代世界出版分社（010）59367004
　　　　　　地址：北京市北三环中路甲 29 号院华龙大厦　邮编：100029
　　　　　　网址：www.ssap.com.cn
发　　行／市场营销中心（010）59367081　59367018
印　　装／三河市龙林印务有限公司

规　　格／开　本：787mm×1092mm　1/16
　　　　　　印　张：31.5　字　数：531 千字
版　　次／2018 年 8 月第 1 版　2018 年 8 月第 1 次印刷
书　　号／ISBN 978－7－5201－2174－3
审 图 号／GS（2018）3995 号
定　　价／168.00 元

本书如有印装质量问题，请与读者服务中心（010－59367028）联系